为注册会计师行业提供专业领跑的力量

会计审计实务前沿专题研究

计學撮要 2015

瑞华会计师事务所(特殊普通合伙)技术与标准部 编著

立信会计出版社
LIXIN ACCOUNTING PUBLISHING HOUSE

图书在版编目(CIP)数据

计学撮要．2015：会计审计实务前沿专题研究/ 瑞华会计师事务所(特殊普通合伙)技术与标准部编著．—上海：立信会计出版社，2015.12

ISBN 978 - 7 - 5429 - 4850 - 2

Ⅰ.①计… Ⅱ.①瑞… Ⅲ.①企业管理—会计制度—研究—中国 Ⅳ.①F279.23

中国版本图书馆 CIP 数据核字(2015)第 293041 号

责任编辑 张巧玲
封面设计 周崇文

计学撮要 2015
——会计审计实务前沿专题研究

出版发行	立信会计出版社		
地　　址	上海市中山西路 2230 号	邮政编码	200235
电　　话	(021)64411389	传　　真	(021)64411325
网　　址	www.lixinaph.com	电子邮箱	lxaph@sh163.net
网上书店	www.shlx.net	电　　话	(021)64411071
经　　销	各地新华书店		
印　　刷	上海肖华印务有限公司		
开　　本	787 毫米×1092 毫米	1/16	
印　　张	38	插　　页	2
字　　数	776 千字		
版　　次	2015 年 12 月第 1 版		
印　　次	2017 年 2 月第 5 次		
印　　数	12 401—15 500		
书　　号	ISBN 978 - 7 - 5429 - 4850 - 2/ F		
定　　价	85.00 元		

序

不断提供专业领跑的力量

本书是瑞华会计师事务所(特殊普通合伙)技术与标准部近期会计审计专业课题研究成果和实务问题解答的精粹。

全书共分为三大专题:

专题Ⅰ“若干会计审计专题”探讨了新三板挂牌申报审计中的若干常见问题,以及互联网企业收入确认方面经常遇到的若干问题。

专题Ⅱ“相关准则实务操作指南”包含2014年内新修订的长期股权投资、合并财务报表两项准则和2014年内新发布的合营安排准则的实务操作指南,对这些新修订和新发布的会计准则进行了解读,介绍了这些准则的基本内容,并详细分析了其对财务会计实务操作的影响和应注意的问题。

专题Ⅲ“会计审计实务问答(Q&A)”采用“问题解答”的形式,共收录问题185个,涉及固定资产、无形资产和研究开发支出、资产减值、职工薪酬和股份支付、生产成本归集与分摊、收入确认与建造合同、企业收到政府补助和其他财政资金、所得税会计、长期股权投资、企业合并和合并财务报表、金融工具和套期会计、租赁会计、建设经营移交方式(BOT)参与公共基础设施建设业务、会计政策、会计估计变更及会计差错更正、报表列报和披露、现金流量表、关联方关系及其交易认定与披露、非经常性损益认定、审计技术、相关法律等20多个类别。

从我多年会计审计研究的心得看，我国相关准则条文的字里行间，蕴藏难以言尽的共识性意涵，存在实质性运用的专业判断空间，如何贴其意，尽其神，合其旨，不走样，不附会，不爬行，正是《计学撮要》系列书籍的初衷所在。

本书着眼于会计审计实务前沿思考，着力将会计审计相关准则落实落准落细。相信会对企业财务会计、会计师事务所、监管机构、投资银行以及财经界有关人士不无裨益。毕竟理论与实务之间存在多重空间，难免挂一漏万，敬请方家教正。

为者常成，行者常至。几年来，我们陆续出版了《计学撮要》系列研究书籍，形成了瑞华会计师事务所的品牌载体，阐释了瑞华会计师事务所的技术路线，丰富了注册会计师行业的专业实践。这一技术标准的创新驱动得到了财政部会计司高一斌司长、中国注册会计师协会陈毓圭秘书长、中国证监会贾文勤首席会计师等领导同志的肯定与支持，在此，致以诚挚的敬意！

我们将深入推进“技术立所、文化兴所、品牌强所”的结构升级、动力转换，为中国会计审计和中国资本市场的创新发展不断提供专业领跑的力量。

是为序。

张连起

2015 年 11 月 20 日

目 录

专题Ⅲ 会计审计实务问答(Q&A)

专题 I

若干会计、审计专题

- 新三板挂牌与审计相关问题
- 互联网企业收入确认若干问题

第一章

新三板挂牌与审计相关问题

第一节 新三板挂牌企业历史出资问题

全国中小企业股份转让系统(以下简称“股转系统”)于 2013 年 2 月 8 日发布并于 2013 年 12 月 30 日修订的《全国中小企业股份转让系统业务规则(试行)》(以下简称“《股转系统业务规则》”)明确了股票挂牌的六项条件,其中第一条即为:依法设立且存续满两年。此处的“依法设立”除了包括公司设立的主体、程序合法、合规外,还包括公司股东出资合法、合规,出资方式及比例应符合《公司法》相关规定。

股转系统第二次全国培训会(2014 年 4 月 2 日在上海举办)上明确:对于像资产转移手续不全、出资不实等出资问题,在挂牌前一定要解决。本节主要讨论新三板挂牌企业历史出资问题中常见的“以无形资产出资”、“以国有资产出资”等相关问题及其解决途径。

一、以无形资产出资

以实物、知识产权、土地使用权等非货币财产出资的,应当评估作价,核实财产,明确权属,财产权转移手续办理完毕。

(一)无形资产出资的一般性规定

我国 1994 年 7 月 1 日开始实施的《公司法》对无形资产出资有以下要求:第一,对用作出资的工业产权、非专利技术等无形资产必须进行评估作价;第二,无形资产出资的金额不得超过有限责任公司注册资本的 20%,国家对采用高新技术成果有特别规定的除外;第三,用作出资的无形资产应当依法办理财产权转移手续;第四,必须经法定验资机构验资并出具证明。

2006 年 1 月 1 日开始实施的现行《公司法》对无形资产出资比例放宽了限制,仅要求货币出资金额不得低于有限责任公司注册资本的 30%,即无形资产出资比例可达到有限责任公司注册资本的 70%,而对于进行评估、办理财产权转移手续、经法定验资机构验资等其他要求则予以沿用。

2013 年 12 月 28 日第十二届全国人民代表大会常务委员会第六次会议通过了《关于修改〈中华人民共和国海洋环境保护法〉等七部法律的决定》,对《公司法》进行了第三次修正，取消了货币出资不得低于 30%的要求，自 2014 年 3 月 1 日起生效。

另就无形资产出资比例问题，2006 年 5 月被废止的《关于以高新技术成果出资入股若干问题的规定》(国科发政字[1997]326 号，自 1997 年 7 月 4 日起施行)和《〈关于以高新技术成果出资入股若干问题的规定〉实施办法》(1998 年 5 月 7 日科学技术部、国家工商局国科发政字[1998]171 号发布)曾规定“以高新技术成果出资入股，作价总金额可以超过公司注册资本的百分之二十，但不得超过百分之三十五”；而 1999 年国务院办公厅批转的《关于促进科技成果转化的若干规定》也规定“以高新技术成果向有限责任公司或非公司制企业出资入股的，高新技术成果的作价金额可达到公司或企业注册资本的 35%，另有约定的除外”。

(二) 挂牌新三板对企业无形资产出资的审核要求

1. 用作出资的无形资产应权属清晰，不存在权利限制。

如果属于商标、专利、著作权等知识产权，应考虑知识产权的剩余保护年限。根据相关法律规定，发明专利的保护期限是 20 年，实用新型专利、外观设计专利、商标则分别是 10 年，著作权是作者终身及死后 50 年，如果作为核心技术的发明专利在出资时剩余保护年限过短，企业设立后不能继续使用，必然对企业的持续经营能力造成影响。如果用作出资的无形资产属于非专利技术，则不存在保护年限的问题，但是无论出资技术是否为专利，均应关注职务发明问题，确保用作出资的无形资产不存在权利瑕疵，即股东必须对其出资的无形资产拥有所有权(或土地使用权)，如果作为出资的无形资产其性质是职务作品、合作作品、专利技术，或是其他非独占的知识产权时，出资股东必须获得相应的授权或许可。

2. 用以出资的无形资产价值不存在高估或者对公司无价值等情形。

根据法律规定，无形资产必须符合可以用货币估价和可以依法转让的要求，股东不得以知名度、自然人姓名、商誉、思想等作价出资。而用作出资的无形资产应能对公司经营起到重要作用并能产生一定收益，该无形资产必须经评估后对公司具有价值且评估价值公允，一旦用作出资的无形资产出资后公司从未使用或者估值过高，则可能构成出资不实。

3. 无形资产出资程序符合法律法规的规定。

根据法律规定，无形资产出资一般需经过评估、所有权转移以及验资等程序。无形资产价值评估应由依法设立的第三方资产评估机构进行，并且评估一般首选采用收益额、收益期限和折现率等指标的“收益法”。而所有权转移即无形资产出资应办理财产权转移手续，将财产权属由股东变更为公司。至于验资要求则是货币出资、实物出资、无形资产出资等各种出资形式均需履行的必备程序，股东缴纳出资后，必须经依法设立的验资机构验资并出具证明(注：2014 年 3 月 1 日以后，验资为非必经程序)。

如果无形资产出资缺乏上述程序要求中的任何一项，或者评估 /验资的中介机构不具备相应的资质，均属于出资瑕疵，将对公司在新三板挂牌造成障碍。

4. 无形资产出资额占公司注册资本的比例不得超出法律法规规定的限额。

由于我国法律法规对于无形资产出资比例有过不同的规定,因此必须结合出资当时的法律法规予以规范。前文已经述及,1994年实施的旧《公司法》规定无形资产出资不得超过公司注册资本的20%,而2006年实施的新《公司法》则将无形资产占注册资本的比例提高到70%。但是实践中,在新三板挂牌的很多高新技术企业,尤其是2006年以前成立的企业,无形资产的出资比例远远高于20%,很多企业是以国家科技部和工商总局颁发的文件中规定的35%的上限来注资的,更有很多地方政府为了鼓励当地高新技术企业的发展,以地方性法规或规章的形式大大放宽了以高新技术成果投资时的出资比例,如北京市2000年12月8日第十一届人民代表大会常务委员会第二十三次会议通过的《中关村科技园区条例》(注:已于2010年被废止)第十一条就规定"以高新技术成果作价出资占企业注册资本的比例,可以由出资各方协商约定",2001年2月13日北京市人民政府第三十二次常务会议又通过了《中关村科技园区企业登记注册管理办法》(注:已被废止),该办法第十三条"以高新技术成果出资所占注册资本(金)和股权的比例不做限制,由出资人在企业章程中约定。企业注册资本(金)中以高新技术成果出资应当经法定评估机构评估",第十四条"出资人以高新技术成果出资的,应当出具高新技术成果说明书。该项高新技术成果应当由企业的全体出资人一致确认,并应该在章程中写明。经全体出资人确认的高新技术成果可以作为注册资本(金)登记注册"。

自2014年3月1日起,《公司法》不再对包括无形资产在内的非货币财产出资占注册资本总额的比例规定上限。但是,出资是否合法合规,要依据当初出资行为发生时有效的法律法规规定加以判断。如果存在非货币财产出资超出当时有效的法律法规规定的法定比例等问题的,则虽然现行的《公司法》已取消了该比例限制,但仍将被视作出资瑕疵。

(三)解决拟挂牌新三板企业无形资产出资问题的方法

一般情况下,针对如上问题的解决方法如下。

1. 针对无形资产的产权归属或权利瑕疵问题。

如果企业在设立时用以出资的无形资产该股东并没有权利处分,但在企业设立以后,该股东取得了其所有权(或土地使用权),那么,只要在企业申请挂牌前,将该无形资产的权利转移给企业,且由有关验资机构出具补充验资报告,就不会对企业申请上新三板挂牌交易造成实质性影响;如果无形资产产权转移存在重大障碍的,应以等额货币补足出资。

若涉嫌职务发明问题,如果是公司用无形资产出资,就应有合理证据表明该项无形资产属于职务发明;如果是自然人股东以无形资产出资,就要有合理证据表明该无形资产不属于职务发明。对于自然人股东以无形资产出资的,如果是股东在公司任职时形成的,无论是以专利技术还是以非专利技术出资,股东都有可能涉嫌利用公司提供物质或者其他条件完成的该等职务成果(职务发明),该等专利技术或者非专利技术应当属于职务成果(职务发明),产权一般应归属于公司。针对职务发明的解决方法有两种:一是,通过现金置换相关无形资产出资进行，有些地方工商登记部门允许此种做法，有些地方工商部门因为法律上没有明确规定，而不允许公司采用此种做法；二是，公司先根据《公司法》的规定进行减资处理，即专项减掉无形资产（会计师可以在减资的验资报告进行专项说明公司本次减资的标的是无形资产），再采用以等值货币增资至原来资本状况。相关无形资产再赠送给公司。

2. 针对无形资产价值评估问题。

如果评估出资的无形资产出资后，公司从来没有使用过该无形资产，也即出资资产对公司没有价值或不适用于公司经营，应由出资股东将账面余额用等值货币或其他资产回购，对不实摊销的部分再以等值货币或其他资产补足。实践中，有些企业为了申报高新技术企业，创始股东与大学合作，购买与公司主营业务无关的无形资产注入公司，或者股东以自己拥有的专利技术或者非专利技术投资入股公司，之后，可能因为相关无形资产本身与公司主营业务不相关，或者由于公司主营业务发生变更等原因，公司从未使用过该等无形资产，则此种情况涉嫌出资不实，公司需要通过减资程序予以规范。

如果出资资产确实在有效使用或对公司经营是必要的，但没有达到预期的收益价值，则应当聘请具有证券从业资格的评估机构，对当时作价出资时的评估结果进行复核。如果经复核认为作价金额符合当时的情况，后来因为市场环境变化等原因导致该无形资产产生的效益不如预期，则站在出资的时点上，很难说就是出资不实，这种情况，应先将无形资产根据《企业会计准则第 8 号——资产减值》的规定计提减值准备，再由原出资股东将减值补足，将减值部分对应的摊销额再以等值货币或其他资产补足。如果经复核认为当初出资时的作价不符合当时的情况，即存在出资不实的情况，则应当根据实际创造的效益情况对当初接受投入时的作价金额进行调整，使其能够以一个比较合理的价值反映在公司的财务报表中。这些对投入资产的入账价值和后续折旧、摊销的调整应作为前期重大差错进行追溯重述。

一般来说，在处理无形资产价值高估问题时，应作出相应说明，表示出资技术未能发挥原来估计的作用，作价偏高，经重新评估，股东协商调低作价或者由原股东补足作价偏高的部分，同时应在相关的董事会、股东会或交易文本中统一口径，以解释为价值评估或客观情况发生变化等方面的问题而非出资不实。由出资股东以货币形式予以补足的，为避免日后出现纠纷，无责任的其他股东还要同时出具书面承诺书，表示不再追究出资瑕疵或出资不实的股东的责任。

总体来说，对于无形资产价值问题的弥补措施，主要包括置换和补足。一般情况下，除非有确凿证据表明当初出资时的作价是合理的，后因情况变化导致其发生减值，否则不建议采取计提减值准备的方式消除其价值不实问题。从另一方面讲，企业在计提资产减值准备后，股东再将减值损失金额用现金补足，很可能产生逻辑矛盾，即：如果确实不存在出资不实情况，则股东为何要以补足减值金额的方式承担额外责任？如果存在出资不实情况，则为何采用计提减值准备的会计处理？

需要注意的是：如果用作出资的无形资产虽然存在权属或作价方面的瑕

疵，但确实为企业生产经营所需，今后也将继续留在企业使用的，则应当确保在账务调整之后，该无形资产能够以一个比较合理的价值继续保留在企业的账面上，而不能将其价值全部冲销。

3. 出资程序瑕疵问题。

法律规定用作出资的无形资产必须由专业机构进行评估，也即不能由股东随意认定。如果没有评估报告，应由中介机构就是否存在出资不实出具意见。在不存在恶意行为、不造成出资不实，或是通过评估复核等手段予以验证，或是价值已摊销完毕并转化为经营成果、对未来没有影响、不存在潜在风险的情况下，一般不会构成挂牌障碍。

对于验资报告存在瑕疵的情形，应由会计师进行复核，说明出资真实足额、有效、完整；由券商和律师出具专业意见，说明出资的真实性、合法性和充实性。从北京市的实际做法来看，企业出资可以没有验资报告，但是有其他相应的要求：如果是货币出资，需要全部银行入账单或审计报告以确认公司收到出资；如果是非货币性出资，则需要评估报告和审计报告，而其实审计报告有点验资报告的意味。那么在这种情况下，尽管没有验资报告，只要能取得入账单或者评估报告、审计报告也可以验证股东出资的真实性和充实性。

用以出资的无形资产必须及时办理财产转移手续。如果没有办理无形资产的财产转移手续，排除虚假出资情况，实际上属于股东出资不实。如以非专利技术出资的，出资股东应以法定方式向企业交付该技术并保证企业在使用该技术上不存在技术障碍。

由于新三板对中介机构资质没有明确要求，所以比较鲜见中介机构没有相应资质的情况，而从事上市业务的验资机构和评估机构必须具有证券从业资格。如果验资机构不具备相应资质，则需要对其出具的报告进行复核。

4. 针对无形资产出资比例过高的问题。

法律之所以要对无形资产的出资比例作规定，主要是为了避免企业财产如全部属于无形资产带来的价值不确定性和变现困难，有助于维持企业的债务清偿能力。企业无形资产出资比例过高的情况一般出现在新《公司法》实施以前，多属历史遗留问题。

如果遇到企业在设立当时或是增资过程中用无形资产出资的比例过高，首先要说明无形资产是高新技术成果，并与拟挂牌企业的主营业务高度相关，必要时需寻找当地相关的文件支持，如上述北京市的相关规定，实际上，新三板挂牌企业中有很多都存在这种问题，如曾经无形资产出资比例高达 80%的圣博润和达到 60%的双杰电气。虽然这些地方规定可能违背了上位法《公司法》的规定，但只要有地方政府的明确依据，对挂牌新三板而言一般并不会构成实质性障碍。

其次根据国家科学技术委员会和国家工商行政管理局于 1997 年 7 月联合颁布的《关于以高新技术成果出资入股若干问题的规定》(注：已于 2006 年被废止)规定，出资入股的高新技术成果作价金额超过公司注册资本 20%的，需报省级以上科技管理部门认定。但是，实际上出资比例超标的很多企业根本没有取得相关认定,这就导致企业在挂牌新三板时需要重新对出资进行处理。

如果以其他非高新技术成果的无形资产出资,由于无形资产每年需要摊销,如果申报期无形资产余额比例已经低于 20%,由于其大部分金额在历史上已经摊销,可能不构成投资者和监管部门关注的重点,则要说明该出资不实的情况对企业的资本的影响情况、对后续股东利益的影响、该无形资产对企业的发展贡献程度等。在此情况下,如果该出资不实的情况对企业的资本的影响较小、对后续股东利益的影响较小,且该无形资产对企业的发展贡献巨大,则这种历史问题一般不会成为挂牌障碍。但是,如果历史遗留问题对发行构成持续性影响,还是应以等额货币置换超标无形资产为佳。

二、以国有资产出资

挂牌企业历史上是以国有资产出资的,应遵守有关国有资产评估的规定。

目前规范国有资产评估管理的最基本法规是国务院于 1991 年发布的《国有资产评估管理办法》(国务院令第 91 号,以下简称"国务院 91 号令")。根据现行的国有资产管理体制,国有非金融企业资产评估的主管部门为国务院国资委,国有金融企业资产评估的主管部门为财政部。这两个主管部门分别根据国务院 91 号令的精神,对各自职权范围内的资产评估事项制定了一系列管理规定,其基本原则是一致的。

企业国有资产的评估,目前主要由国务院 91 号令、《国有资产评估管理若干问题的规定》(财政部令第 14 号,以下简称"财政部 14 号令")、《企业国有资产评估管理暂行办法》(国资委令第 12 号,以下简称"国资委 12 号令")、《金融企业国有资产评估监督管理暂行办法》(财政部令第 47 号)、国务院国资委《关于加强企业国有资产评估管理工作有关问题的通知》(国资委产权[2006]274 号,以下简称"274 号文")规范。

根据上述文件的规定,企业国有资产评估项目实行核准制和备案制。国资委 12 号令第二十条也规定:国有资产监督管理机构下达的资产评估项目核准文件和经国有资产监督管理机构或所出资企业备案的资产评估项目备案表是企业办理产权登记、股权设置和产权转让等相关手续的必备文件。因此,注册会计师需要关注资产评估结果是否已经按照规定的权限和程序进行了核准或备案。只有经过合法的核准或备案程序的资产评估结果才能作为制定和审批改制方案,以及改制企业进行账务调整的依据。

有关国有资产评估的具体要求,可以参考《计学撮要 2011》相关内容。

三、对历史上由中介公司进行代出资(垫资)等情形导致的出资不实问题的处理

实务中,有些公司在创业初期存在找中介公司进行代出资(垫资)的情形,也有一些从事特殊行业的公司,相关法律规定注册资本达到一定的标准才可以

从事某些行业或者可以参与某些项目的招投标而找中介公司进行代出资(垫资)的情形。该等情形涉嫌虚假出资,大部分企业在财务上处理该等问题时,验资进来的现金很快转给中介公司提供的关联公司,而拟挂牌公司在财务报表上以其他应收款长期挂账处理。该等情况的解决方案,一般是公司股东找到相关代出资(垫资)的中介,由股东将曾经代出资(垫资)的款项归还给该中介,并要求中介机构将相关款项支付给公司,作为已挂账的其他应收款收回。如果拟挂牌公司已经将代出资(垫资)进来的注册资本通过虚构合同的方式支付出去,或者做坏账核销,则构成虚假出资,公司需要慎重处理该等情形,本着解决问题,规范公司历史上存在的法律瑕疵,在公司没有造成损害社会及他人利益的情况下,公司应采取恰当的方式进行处理。

四、案例

【案例1】 以人力资源、管理资源出资(联动设计430266)

公司设立时,股东黄万良、朱桂兰、任德才和黄玉娇以人力资源出资340万元。根据2001年2月19日武汉东湖开发区管理委员会颁布的《武汉东湖开发区管委会关于支持武汉光电子信息产业基地(武汉·中国光谷)建设若干政策实施细则的通知》(武新管综[2001]10号)第七条之规定:“股东以人力资源入股的,经全体股东约定,可以占注册资本的35%(含35%)以内。”因此公司以人力资源出资事项符合该法规规定。

公司设立时,武汉留创园以管理资源出资10万元。根据2000年4月12日武汉市人民政府《关于加快高新技术创业服务中心建设与发展步伐的通知》(武政办[2000]63号)第七条之规定:“鼓励创业中心通过投资、提供优质服务等方式持有在孵企业的一定股权。”武汉创业园为武汉东湖新技术开发区管委会依据武新管人[2002]16号《关于成立武汉留学生创业园管理中心的决定》设立的创业管理中心,因此其以管理资源出资符合《关于加快高新技术创业服务中心建设与发展步伐的通知》的规定。

2012年11月3日,根据公司股东会决议,全体股东一致同意股东武汉留学生创业园管理中心、黄万良、黄玉娇、朱桂兰和赖明云以现金置换原注册资本中以实物、人力资源、管理资源方式的出资。置换具体情况如表1-1所示。

表1-1 置换具体情况

注册资本币种:人民币　　货币单位:元

序号	股东名称	原实物出资	原人力资源出资	原管理资源出资金额	现金置换金额
1	武汉留学生创业园管理中心			100 000.00	100 000.00
2	黄万良	3 420 000.00	2 800 000.00		6 220 000.00
3	黄玉娇	200 000.00	200 000.00		400 000.00

（续表）

序号	股东名称	原实物出资	原人力资源出资	原管理资源出资金额	现金置换金额
4	朱桂兰	50 000.00	400 000.00		450 000.00
5	赖明云	150 000.00			150 000.00
小计		3 820 000.00	3 400 000.00	100 000.00	7 320 000.00

置换后的注册资本仍为人民币 1 000 万元，变更后各股东持股比例不变。上述出资经武汉中天奇会计师事务有限责任公司予以审验，并出具武奇会验字[2012]第 004 号《验资报告》予以验证。

【案例 2】 非专利技术出资比例违反《公司法》规定(铜牛信息 430423)

2005 年 9 月 21 日，铜牛针织集团及高鸿波等 9 方共同出资 100 万元设立了北京铜牛信息科技有限公司(以下简称"有限公司")，其中无形资产 78 万元，货币资金 22 万元。

铜牛针织集团及高鸿波等 9 方用于出资的无形资产为出资各方共同拥有的非专利技术"易纺制衣 ERP 系统技术"，受出资人委托，北京新京联成资产评估有限公司对该项无形资产进行评估，并出具了新京评报字[2005]第 B0096 号评估报告书，确认该项非专利技术的评估值为 78 万元。

2005 年铜牛集团以股权形式将该非专利技术 46 万元的估值分割给相关软件开发人员并签署"非专利技术分割协议"，铜牛集团和相关软件人员以该专利技术和货币资金 22 万元，成立有限公司。

2004 年 8 月 28 日修订的《中华人民共和国公司法》第二十四条第二款规定："以工业产权、非专利技术作价出资的金额不得超过有限责任公司注册资本的百分之二十，国家对采用高新技术成果有特别规定的除外。"

2000 年 12 月 8 日，北京市人大常委会依据国务院《关于建设中关村科技园区有关问题的批复》(国函[1999]45 号)颁布了《中关村科技园区条例》(北京市人大常委会公告第 25 号)(以下称"《条例》")(有效期至 2010 年 12 月 23 日)，北京市人民政府于 2001 年 3 月 2 日颁布了《中关村科技园区企业登记注册管理办法》(北京市人民政府令第 70 号)(以下称"《办法》")(有效期至 2007 年 11 月 23 日)；上述法规对中关村科技园区内企业以高新技术成果作价出资规定如下：

《条例》第十一条规定："以高新技术成果作价出资占企业注册资本的比例，可以由出资各方协商约定。"

《办法》第十三条规定："以高新技术成果出资设立公司和股份合作企业的，对其高新技术成果出资所占注册资本(金)和股权的比例不作限制，由出资人在企业章程中约定。企业注册资本(金)中以高新技术成果出资的，对高新技术成果应当经法定评估机构评估。"第十四条规定："出资人以高新技术成果出资，应当出具高新技术成果说明书；该项高新技术成果应当由企业的全体出资人一致确认,并应当在章程中写明。经全体出资人确认的高新技术成果可以作为注册资本(金)登记注册。”第十五条规定:“工商行政管理机关对以高新技术成果作价出资的,应当在《营业执照》经营范围栏的最后项下注明作为非货币出资的技术成果的价值金额、占注册资本的比例以及是否办理了财产转移手续的情况。”

【案例 3】 技术出资超比例且未评估(风格信息 430216)

2004 年 8 月 6 日,公司召开股东会并作出股东会决议,同意张聪慧以货币出资 20 万元,占注册资本 10%;惠新标以货币出资 70 万元,占注册资本 35%,以人力资源出资 40 万元,占注册资本 20%,以高新技术成果——嵌入式数字电视 ASI 码流监视设备出资 70 万元,占注册资本 35%。其中张聪慧以货币出资 20 万元,惠新标本次无形资产合计出资 110 万元、货币出资 20 万元于公司设立时一次性缴足,另外 50 万元货币出资由惠新标于公司成立 3 年内缴足。

2004 年 8 月 11 日,上海市张江高科技园区领导小组办公室出具《关于批准嵌入式数字电视 ASI 码流监测设备项目评估合格的函》(沪张江园区办项评字[2004]012 号)认定为上海市高科技园区高新技术成果转化项目,所有者为惠新标。

2004 年 8 月 11 日,上海申洲会计师事务所有限公司出具《验资报告》(沪申洲[2004]验字第 552 号)验证,截至 2004 年 8 月 10 日,有限公司以高新技术成果——嵌入式数字电视 ASI 码流监视设备出资的 70 万元已完成转移手续。

2005 年 3 月 18 日,张江高科技园区领导小组办公室评估认定“嵌入式数字电视 ASI 码流监测设备”评估价值为 210 万元。2005 年 4 月 20 日,上海市高新技术成果转化项目认定办公室颁发证书认定“嵌入式数字电视 ASI 码流监测设备为上海市高新技术成果转化项目,权属单位为上海风格信息技术有限公司”,该项目可享受《上海市促进高新技术成果转化的若干规定》有关优惠政策。

2012 年 11 月 9 日,上海众华资产评估有限公司出具《惠新标个人所拥有的部分资产追溯性评估报告》(沪众评报字[2012]第 357 号),确认“嵌入式数字电视 ASI 码流监视设备于评估基准日 2004 年 8 月 11 日的市场价值为 71.605 9 万元”。

2012 年 11 月 15 日,股份公司召开 2012 年第三次临时股东大会通过《关于上海风格信息技术股份有限公司设立时以高新技术成果、人力资源出资的议案》,确认有限公司设立时股东出资真实到位,不存在虚假出资、出资不实等情况,有限公司或股份公司的出资或股权不存在纠纷或潜在纠纷。

上海市工商行政管理局为鼓励软件企业发展设置了宽松的企业出资和注册登记政策。有限公司设立时以高新技术成果出资的比例和程序虽不符合当时《公司法》的相关规定,但符合国务院关于印发《鼓励软件产业和集成电路产业发展的若干政策》的通知(国发[2000]18 号)的精神和上海市工商行政管理局 2001 年出台的《关于鼓励软件产业和集成电路产业发展促进高新技术成果转化的若干实施意见》(沪工商注[2001]第 97 号)的规定,同时也符合现行《公司法》关于无形资产出资比例的要求。另外,上述高新技术成果出资经上海众华资产评估有限公司追溯评估,其价值并未被高估,并已全部转移至公司。因此,该部分出资真实到位，不存在虚假出资、出资不实等情况。

【案例 4】 无形资产出资瑕疵，先减资再现金增资（金日创 430247）

2011 年 11 月，公司股东付宏实、李喜钢、李皎峰以其拥有的知识产权——非专利技术“热电厂水处理控制系统”对公司进行增资，并以该非专利技术截至评估基准日 2011 年 11 月 15 日的评估价值 500 万元作为出资金额。

此次股东用作增资的非专利技术存在可能被认定为职务成果的问题。由于投入该项非专利技术的股东付宏实为公司董事长兼总经理，股东李喜钢为公司董事，李皎峰为公司董事、副总经理，该项技术与公司主营业务具有较大相关性，因此存在该项技术被认定为上述股东在公司任职期间的职务成果，其权属属于公司造成出资不实的风险。因此，为彻底规范公司的历史出资，维护其他股东的利益，上述股东决定以现金形式对该无形资产出资进行置换补正，在法律程序上采用了先减资后增资的形式。减资完成后，非专利技术的所有权人付宏实、李喜钢和李皎峰均同意将无形资产无偿转让给公司，并由公司享有无形资产的所有权，完成了整改，得到认可。

【案例 5】 土地取得方式与证载信息不一致（成科机电 430257）

公司序号 1-3 所涉土地使用权的证载土地使用类型为“作价入股”，实质均为公司通过“转让”、“购买”获得。其原因是在公司办理前述土地权属变更登记过程中引用了原权属人海泰集团取得该宗地的方式，而实质上，前述序号 1 所涉及土地使用权系公司向海泰集团支付土地转让金合法取得的；序号 2-3 所涉及土地使用权系购买地上建筑物所分摊获得。

经调查，公司律师认为：海泰集团大宗土地来源系作价入股取得后，成科机电根据与海泰集团签订的《国有土地使用权出让合同》依法有偿取得天津滨海高新技术产业开发区天津华苑产业区海泰发展一路 6 号的土地使用权并缴纳了土地使用权转让款，成科机电取得土地使用权合法有效；海泰集团未以土地使用权作价入股成科机电，成科机电土地使用权登记信息与实际情况不符，原因来源于海泰集团大宗土地登记类型而登记为作价入股，不构成对成科机电的潜在的法律风险。

【案例 6】 无形资产出资瑕疵，现金补正（奥特美克 430245）

2006 年 4 月，有限公司股东吴玉晓和路小梅以非专利技术“水资源远程实时监控网络管理系统技术”出资 640 万元，两人各自占比均为 50%。由于该项非专利技术与公司的生产经营相关，不排除利用了公司的场地和办公设备甚至公司的相关技术成果，无法排除出资人职务成果的嫌疑，以此项技术出资存在瑕疵，公司决定以现金对该部分出资予以补正。

2012 年 8 月 29 日，有限公司召开股东会，决议由股东路小梅和吴玉晓分别以现金 320 万元对公司 2006 年 4 月的非专利技术出资 640 万元进行补正，并计入资本公积。2012 年 8 月 31 日，兴华会计师事务所出具[2012]京会兴核字第 01012239 号审核报告，对上述补正出资的资金进行了审验，确认截至 2012 年 8 月 31 日，公司已收到上述股东的补足出资，并已进行了合理的会计处理。补正该出资后，公司的注册资本，实收资本不变。

【案例 7】 设立时注册资本低于《公司法》的规定(三意时代 430255)

经核查,依据有限公司设立时生效的《公司法》第二十三条的规定,科技开发、咨询、服务性公司的注册资本最低为人民币 10 万元。有限公司设立时注册资本为人民币 3 万元,不符合当时《公司法》的规定。

但依据《北京市工商行政管理局转发市政府办公厅〈关于同意在中关村科技园区进行高新技术企业注册登记改制改组试点的通知〉的通知》(京工商发[2000]127 号)文件第三条的规定,高新技术企业中有限责任公司申请登记注册时,其注册资本达到 3 万元(含)以上,即予登记注册。

因此,有限公司设立时注册资本虽不符合当时施行的《公司法》规定,但有限公司出资人的出资真实,且符合北京市人民政府以及北京市工商行政管理局的相关规定,不存在潜在法律风险,不会对本次挂牌转让造成不利影响。

第二节 会计师在新三板申报财务报表审计业务中的关注事项

对企业挂牌申报财务报表的审计,在很多方面与一般的上市公司财务报表审计是类似的。这是因为申报财务报表是其报告期内各年度或期间已审计的财务报表的组合,除了少数几处地方以外,企业挂牌申报财务报表的编制和披露要求与一般上市公司年度财务报表也是很类似的。同时,对企业挂牌申报财务报表的审计,同样应当遵循《中国注册会计师审计准则》的规定。

但是,企业挂牌申报财务报表审计在某些方面比一般上市公司年度财务报表的审计更为复杂,尤其是在初次接受审计委托,或者经历过相对复杂的改制重组的情况下。为此,注册会计师在执行企业挂牌申报财务报表审计的过程中,需要考虑扩大向内部专家咨询的范围(尤其是对于报表编制基础等重大会计审计问题),并注意运用分析程序识别风险和存在不一致与矛盾的领域。必要时,应考虑追加实施详细审计程序。

在审计企业挂牌申报财务报表时,需要特别关注以下各事项。

一、关注申报财务报表中《企业会计准则》的执行问题

申请挂牌公司一般属于民营企业,其在改制前,一般执行原《企业会计制度》、《企业会计准则》或者行业会计制度等,但由于其一般经营业务比较简单,可能不会涉及复杂的新旧会计准则衔接问题。即使这样,注册会计师在执行改制审计后申报审计的过程中,应当以被审计单位的资产负债表期初数为基础,分析《企业会计准则第 38 号——首次执行企业会计准则》第五条至第十九条和《企业会计准则解释第 1 号》第七条、第八条等相关规定要求在首次执行日进行追溯调整的事项对可比期间利润表和可比期初资产负债表的影响,按照追溯调整的原则,将调整后的可比期间利润表和资产负债表,作为可比期间的申报财

务报表。具体包括：

第一，对于申报财务报表中涉及企业会计政策变更时点以后期间的数据，应当全面遵循新企业会计准则的确认、计量、披露和列报要求。

第二，对于申报财务报表中涉及企业会计政策变更之前的时点和期间的数据：

(1) 就其确认和计量，应当是在按照原《企业会计制度》和原企业会计准则确定的确认和计量结果的基础上，就《企业会计准则第 38 号——首次执行企业会计准则》第五条至第十九条等相关规定所规定的首次执行日追溯调整事项进行追溯调整所得到的结果，也就是仅仅部分运用新企业会计准则中的确认和计量规定，对于《企业会计准则第 38 号——首次执行企业会计准则》未要求在首次执行日进行追溯调整的事项，仍然保持原《企业会计制度》和原企业会计准则下的确认和计量结果。

(2) 就其披露和列报，为了确保报表列报口径的一致性和财务指标的可比性，在申报财务报表及其附注中，对于涉及企业会计政策变更之前的时点和期间的数据，也应按照 2014 年修订后《企业会计准则第 30 号——财务报表列报》等新企业会计准则及其应用指南和《公开发行证券的公司信息披露编报规则第 15 号——财务报告的一般规定》(2014 年修订)规定的内容和格式进行列报、披露，包括报表和附注的格式、合并财务报表的合并范围的确定，以及每股收益、分部信息、关联方关系及其交易信息的披露等，均应执行新企业会计准则和证监会发布的与新企业会计准则配套的信息披露规范的规定。

二、利用专家的工作

与其他财务报表审计业务类似，在企业挂牌申报财务报表的审计中，也可能需要利用专家的工作。对此需要遵循《中国注册会计师审计准则第 1421 号——利用专家的工作》及其指南的规定。

根据《中国注册会计师审计准则第 1421 号——利用专家的工作》的规定，注册会计师利用专家工作的领域主要包括：对特定资产的估价；对资产的数量和实物状况的测定；需用特殊技术或方法的金额测算；未完成合同中已完成和未完成工作的计量；涉及法律法规和合同的法律意见；等等。在确定是否需要利用专家的工作时，注册会计师应当考虑下列因素：项目组成员对所涉及事项具有的知识和经验；根据所涉及事项的性质、复杂程度和重要性确定的重大错报风险；预期获取的其他审计证据的数量和质量。

在利用专家的工作时，我们需要评价专家的客观性、执业资格、经验和所掌握的资源，并获取关于专家工作范围及其结果的充分、适当的审计证据(包括了解专家选择的假设和方法，并根据对申请挂牌公司的了解和实施其他审计程序的结果，考虑专家选择的假设和方法是否适当和合理)，以确信专家的工作可以满足审计的需要。同时，我们应当对通过利用专家工作而形成的审计结论负责。

在企业挂牌申报财务报表的审计中，我们最经常遇到的利用专家工作的两种情形是:①利用资产评估报告,包括审核企业改制中按评估结果进行账务调整的合理性,以及确定非同一控制下企业合并所形成的子公司的各项可辨认资产、负债的初始计量金额,作为资产减值测试中确定资产或资产组可收回金额的参考依据等;②利用律师的法律意见作为会计处理的依据。

三、重新考虑以前年度的审计工作

在很多情况下,申请挂牌企业在已经进行改制前才开始委托我们对其执行审计工作,而企业挂牌需要报送两年一期的财务报表,在有些情况下,申报会计师无法对报告中的上期比较数据执行现场审计程序,我们需要对以前年度的审计工作进行重新考虑,主要包括以下一些方面:

(1) 编制财务报表所依据的会计制度和准则的差异及其调节:该客户以前年度编制财务报表时所依据的会计制度和准则可能与适用于上市公司的会计规范不一致,因此需要对以前年度的财务报表进行调整。"原始财务报表与申报财务报表的差异比较表"(如有差异)是发行申请材料中必备的组成部分,并且申报会计师需要对该差异比较表出具专项意见。因此,我们必须关注这些调整事项的合理性。

(2) 根据《中国注册会计师审计准则第 1331 号——首次接受委托时对期初余额的审计》针对期初财务报表数据执行审计,同时,考虑被审计单位面临的环境发生变化,由原来主要是针对报税目的的财务报表编制和审计转变为主要以申请挂牌和后续信息披露为目的的财务报表编制和审计时,对计划重要性水平、可容忍误差和未调整错报最低限额的重新考虑可能导致某些在以往年度的审计中可以接受的非重大会计差错在企业挂牌申报财务报表中必须作出调整。对此可能需要向客户做好解释。另一方面,随着计划重要性水平、可容忍误差和未调整错报最低限额标准的降低,需要在企业挂牌审计的背景下考虑前任注册会计师以往年度审计程序的性质、范围和时间是否恰当,必要时追加实施审计程序以获取额外的审计证据。

四、关注以前年度/期间的非标准审计报告所涉及事项的影响

申报财务报表被出具无保留意见的审计报告(包括带强调事项段的无保留意见在内)是申请挂牌公司获准实施企业挂牌的一项基本条件。在对申报财务报表实施审计时,申报财务报表报告期内及其以前期间的原始财务报表如曾被出具非标准审计意见,则我们需要注意考虑导致以往年度发表非标准审计意见的事项的影响是否已经消除,因而能否对申报财务报表出具标准的无保留意见审计报告。例如:

(1) 如果当时因存在重大不确定性事项而出具带强调事项段的审计意见的,随着时间的流逝,该重大不确定性事项是否已得到最终解决或已基本明朗化;或者可以获取新的证据,使其不确定性对申报财务报表的影响大为缩小。

(2) 如果当时因审计范围受限，无法获取充分、适当的审计证据而出具保留意见的，是否可以通过实施额外的审计程序，获得关于当时状态的新的审计证据，以对申报财务报表中该期间/时点的数据形成明确的审计结论。

(3) 如果当时因申请挂牌公司的会计处理不符合适用的会计准则和会计制度的规定而出具非标准审计意见的，则相关的会计差错在申报财务报表中是否已经予以更正。

五、审计中对税务事项的特殊考虑

虽然股转系统未要求申请挂牌企业提供“主要税种纳税情况的说明及注册会计师出具的意见”，但是，挂牌企业的税务事项应当引起我们的关注。我们可能需要在申报财务报表审计中已实施的常规税项审计程序之外，对各主要税种的纳税申报及缴纳情况追加审计程序，包括扩大审计抽样的样本量，扩大分析程序的实施范围，必要时甚至应考虑实施全面的详细审计(如全面检查各期间、各税种的缴款书和完税证明等)，以规避相关的税务风险。

另外，在审计中还要关注改制重组、关联交易定价、递延所得税、境外税务事项等相关事项的税务影响，并关注与税务机关之间是否存在重大的争议和未决税务事项等。此方面的问题通常较为复杂，因而应当及时向税务专家或税务师事务所有关专业人士寻求咨询意见，必要时与主管税务机关沟通。如果未决税务事项影响重大，可以考虑提请申请挂牌公司的控股股东出具担保函(或称承诺函)，承诺如公司上市后被税务机关要求补缴税款以及缴纳滞纳金或罚款，则由控股股东给予全额补偿，以确保拟上市公司净资产的保全，避免日后原股东和新股东之间发生纠纷。但是，控股股东的担保函并不能替代、减轻或免除申请挂牌企业管理层对相关税务事项进行恰当会计处理和充分、适当的信息披露的责任。

六、实施额外的审计程序

在企业挂牌申报财务报表的审计中，可能需要实施一些额外的审计程序，或者改变某些常规审计程序的性质、时间和范围。例如：对信息系统环境和相关内部控制的进一步考虑；对会计估计的审核；对关联方关系及其交易的审核；截止测试程序；存货的前推/后推测试；等等。尤其需要关注申报财务报表中对改制重组过程的处理和披露是否恰当，所使用的编制基础和合并会计处理方法是否符合企业会计准则和通常的实务惯例等。

如果申报财务报表报告期的最后一期期末并非为年末，则申请挂牌公司在很多情况下并不会像在年末那样实施一次全面的存货盘点。此时我们需要在对存货收发的内部控制加以考虑的基础上，利用最近一次存货盘点/监盘程序(通常在上年年末)的实施结果和客户的存货账簿记录，谨慎地实施前推或者后推程序，以确定报告期末结存存货的数量和余额。

七、关注申报财务报表中每股收益(EPS)的计算

很多公司在挂牌前都经历过多次增资扩股和复杂的集团架构重组,因此申请挂牌公司的股本在申报财务报表的报告期内可能发生过多次变化。此时需要关注申报财务报表所示的各期每股收益的计算基础是否可比。目前每股收益计算和披露的主要依据是《企业会计准则第 34 号——每股收益》和《公开发行证券公司信息披露编报规则第 9 号——净资产收益率和每股收益的计算及披露》(2010 年修订)。

关于企业挂牌申报财务报表报告期内发生的一些特殊的股份变动情况的处理,需要特别关注以下一些规定:

(1) 非同一控制下的企业合并,作为对价发行的普通股股数,从购买日起计算;同一控制下的企业合并,作为对价发行的普通股股数,应当计入各列报期间普通股的加权平均数。(《企业会计准则第 34 号——每股收益》第六条第(三)项)(注:根据这一规定,在申报财务报表报告期内如发生过同一控制下的企业合并,则在计算基本每股收益时,所使用的加权平均普通股股数应当是合并完成后存续实体在合并完成之日起到申报财务报表报告期末止期间内的发行在外加权平均普通股股数,即视同作为同一控制下企业合并的对价所发行的普通股在申报财务报表的报告期的最早期初即已发行。)

(2) 发行在外普通股或潜在普通股的数量因派发股票股利、公积金转增资本、拆股而增加或因并股而减少,但不影响所有者权益金额的,应当按调整后的股数重新计算各列报期间的每股收益。上述变化发生于资产负债表日至财务报告批准报出日之间的,应当以调整后的股数重新计算各列报期间的每股收益。(《企业会计准则第 34 号——每股收益》第十三条第一款、第二款)

(3) 按照《企业会计准则第 28 号——会计政策、会计估计变更和差错更正》的规定对以前年度损益进行追溯调整或追溯重述的,应当重新计算各列报期间的每股收益。(《企业会计准则第 34 号——每股收益》第十三条第三款)

八、关注申报财务报表中分部报告的分部划分口径是否恰当

根据《企业会计准则第 35 号——分部报告》及其应用指南以及《企业会计准则解释第 3 号》的规定,企业内部管理要求(包括内部组织结构、管理要求、内部报告制度等)是确定经营分部的划分口径时应予考虑的重要因素。该准则的应用指南进一步指出:企业的内部组织结构、管理结构以及向董事会或类似机构内部报告制度的安排,通常会考虑或结合企业风险和报酬的主要来源和性质等相关因素。

同时,《全国中小企业股份转让系统公开转让说明书内容与格式指引(试行)》"公司财务"部分中,根据业务特点披露各类收入的具体确认方法,以表格形式披露报告期内各期营业收入、利润、毛利率的主要构成及比例,按照产品

(服务)类别及业务、地区分部列示,报告期内发生重大变化的应予以说明。

由此可见,由于在分部报告和公开转让说明书的"公司业务"部分中,分部的划分口径在很大程度上都是取决于企业的内部管理要求和管理模式,因此这两者的分部划分口径通常应是一致的。如果存在差异,应提请企业对此作出修改以消除该差异。

九、关注申报财务报表附注中关联交易披露的完整性

如果拟挂牌公司在申报财务报表报告期内经历过改制重组、剥离调整、收购兼并、分立等架构变化,则其在整个报告期内的关联方的范围也将会相应地有一个变化的过程。对此,需要根据集团架构在申报财务报表报告期内的变化情况,确定每一关联方与拟挂牌公司存在关联方关系的期间范围,并在申报财务报表附注中作出披露;同时,因为关联方关系的存在是认定关联交易的前提,故每一企业只有在其与拟挂牌公司存在关联方关系的期间内与拟挂牌公司之间发生的交易才需要作为关联交易披露,对此问题,在采集用于编制和审核财务报表附注的信息时应当予以注意,尤其是当股权变动发生于年度中间的情况下,应当将该年度内拟挂牌公司与该企业之间进行的交易以股权变动日为界进行分段统计。

第二章

互联网企业收入确认若干问题

第一节　互联网企业新型交易模式的收入确认探讨

互联网行业是指从事互联网运营服务、应用服务、信息服务、网络产品和网络信息资源的开发、生产以及其他与互联网有关的服务活动的行业总称。通常,互联网企业按服务类型或功能可以分为行业基础服务、商务应用、交流娱乐和互联网媒体四个大类。其中:

(1) 行业基础服务类,主要以日常常用的功能为主。它主要包括新闻资讯(新浪、搜狐等)、信息搜索(百度等)、邮箱和信息撮合(58同城、赶集网等)几类。行业基础服务类网站以用户免费为策略,吸引了大批个人用户,主要商业模式是通过广告等后端收费模式实现收入。

(2) 商务应用类,主要包括电子商务、人才招聘、网络教育和第三方支付等几种。其中,电子商务类占主要部分。

(3) 交流娱乐类,主要功能是满足用户的互动交流和娱乐,包括即时通讯(QQ、微信、来往等)、视频(土豆、优酷、乐视网、爱奇艺等)、社区(豆瓣、天涯等)和游戏(泡泡堂、17173)等网络应用。

(4) 互联网媒体类,主要包括媒体门户网站、网络广告等。这类网站的核心是提供媒体的功能,通过广告业务获利。

此外,还有一些利用互联网为传统业务提供新型服务,或在互联网企业和用户之间提供连接服务等从事与互联网相关的一些企业。

互联网行业创造了很多新型的交易模式,注册会计师在遇到这类新型交易时,对于如何判断交易收入确认的方法和确认时点经常感到困惑。本部分主要针对一些互联网行业新型交易的收入确认方法进行探讨。

一、提供广告服务

对于媒体类和提供基础服务类的互联网企业来说,提供广告服务占据了其收入的较大部分。

(一) 基于时间的广告服务

基于时间的广告服务,属于比较传统的方式,企业通常按照发布广告的时间长短、次数等收取费用。其收入确认与一般的电视、书报杂志的广告收入确认并无不同。根据《〈企业会计准则第 14 号——收入〉应用指南》规定，传播媒介的收费应在有关的广告与公众见面时确认收入。因此在实务中，通常是在广告已经播出，并获取经客户确认的排期单或结算单等单据后确认收入的实现。

（二）基于效果的广告服务

基于效果的广告的目的是促进销售（或其他消费者行动），而不是建立品牌知名度。在基于效果的广告服务中，客户只需要为可衡量的结果付费（With Performance-based advertising, the advertiser pays only for measurable results）。因此如果合同中约定的广告是基于广告效果（如点击率）的，则不应再将广告的播出时间、次数等作为确认收入的基础。

实务中，通常需要对广告效果进行统计（如对点击率进行统计），在达到合同约定的广告效果后确认收入的实现。有时在广告服务期尚未结束时，就已经达到约定效果，则应在服务期结束和达到广告效果中较晚的时点确认收入实现。

二、B2C 模式的电子商务

在目前的电子商务模式中，企业与消费者之间的电子商务，即 B2C（Business to Customer）比较普遍。B2C 模式是消费者利用网络直接参与经济活动的形式，企业直接将产品或服务推上网络，并提供充足的资讯与便利的接口吸引消费者选购，通过网络将产品或服务销售给消费者个人。

（一）B2C 的盈利模式

B2C 产品销售的盈利模式可分为两种：销售平台式网站和自主销售式网站。

1. 销售平台式网站。

网站并不直接销售产品，而是为了商家提供 B2C 的平台服务，通过收取虚拟店铺出租费、交易手续费、加盟费等来实现盈利。淘宝 B2C 购物平台——天猫就是其典型代表。淘宝提供天猫这一 B2C 平台，收取加入天猫商家一定费用，并根据提供服务级别的不同收取不同的服务费和保证金。

2. 自主销售式网站。

与销售平台不同，自主销售式需要网站直接销售产品。与销售平台相比运营成本较高，需要自行开拓产品供应渠道，并构建一个完整的仓储和物流配送体系或者发展第三方物流加盟商，将物流服务外包。

（二）B2C 的收入确认方法

对于“销售平台式网站”模式的收入确认比较简单，根据其提供服务类型的不同一次性或分期将租赁费、交易手续费或加盟费确认收入即可。

对于“自主销售式网站”模式的收入确认，则比较复杂。首先应进一步区分该销售是属于直销，还是代销，即：收入确认和计量应采用“总额法”还是“净额法”。参照 2009 年修订后的《国际会计准则第 18 号——收入》附录第 21 段，在判断收入的确认和列报应当采用“总额法”还是“净额法”时，首先需要明确的问题就是企业(报告主体)在交易中所处的地位,即其自身是否构成交易的一方,并直接承担交易的后果;还是仅仅在交易双方之间起到居间的作用,仅仅就其提供的居间代理服务收取佣金,而并不承担交易的后果。换言之,企业与供应商之间的交易是否为独立于企业与顾客或用户之间的交易的另一项交易;企业是否承担了所交易的商品或服务的所有权上的主要风险和报酬。

在确定企业在交易中所处的地位是否为代理人时,需要综合考虑所有事实和因素(尤其是重大风险和报酬的承担情况),作出适当的职业判断。如果企业并未承担与货物销售或劳务提供相关的重大风险和报酬,则其应当认定为代理人。通常表明企业处于代理人地位的一项特征是:企业在交易中赚取的报酬是事先确定的,或者是按交易笔数和固定的金额标准计算,或者是就向客户收取的款项按确定比例计算。(可参考《计学撮要 2011》第 141～146 页“收入的确认和列报采用‘总额法’还是‘净额法’的问题”)

这里需要强调的是:“总额法”和“净额法”的差异不仅仅是收入、成本计量金额的同增同减,更重要的是其反映出来的风险与报酬、权利与义务的享有和承担情况,以及相关的业务模式。这会进一步影响企业所适用的收入核算会计模式,以及收入确认时点的判断。

如果企业的销售属于直销,即采用“总额法”确认收入,则此处应适用“自主销售式网站”模式,需在该模式的框架内进一步判断收入的确认时点。根据企业会计准则对销售商品收入确认的原则,只有风险与报酬转移才能确认收入。电子商务销售的重要特点是网上支付功能,一般如不能提供货到同时收款的,都会要求先行网上支付。但电子商务通常也附有无条件退货承诺,所以其收入确认通常不能简单以交付商品作为确认的标志,即使商品已交付,也不意味着与所有权相关的风险转移。即:如果存在规定时期内有无条件退货的条款,即使对方确认收货,也要等退货期满才能确认收入。如不存在无条件退货的条款,也应考虑因质量问题购买方可能存在退货的问题,在退货比率能够根据以往的经验和客户的信用合理预估的情况下,可在客户收到货物后确认收入,并预计质量保证相关负债;如不能合理预计退货比率则应到质量保证期满时再确认收入。

如果企业的销售属于代销,即采用“净额法”确认收入,实质上属于提供交易平台的服务(即提供劳务),可按照前述“销售平台式网站”模式的方法确认收入。此时因为不存在商品所有权上主要风险和报酬的承担和转移过程,故不适用“自主销售平台式模式”。

三、特许权使用费收入

特许权使用费是指他人使用本企业资产(如商标权、专利权、软件、音乐版权、唱片和动画片)所支付的费用。网络时代因信息传递和信息共享的需求,使得互联网企业也经常涉及特许权转让方面的情况。在特许使用费收入确认方面,通常可以参考以下规定:

《〈企业会计准则第 14 号——收入〉应用指南》规定:“属于提供设备和其他

有形资产的特许权费，在交付资产或转移资产所有权时确认收入；属于提供初始及后续服务的特许权费，在提供服务时确认收入。”

《计学撮要 2011》第 135 页将《国际会计准则第 18 号——收入》附录中对“许可证费和特许使用费”确认原则的指引转录如下：

他人使用企业的资产（如商标权、专利权、软件、音乐版权、唱片和动画片）所支付的许可证费和特许使用费，通常根据协议的实质予以确认。实务中，这可能在协议生效期内按直线法确认，例如，当许可证持有人有权在指定时期内使用某种技术时。

对于一项固定收费的权利转让，或是根据一项不可取消的合同规定不能退回的保证金的权利转让，并且允许许可证受让人自由利用那些权利，而许可证让予人则不再具有应履行的余留义务，这样的权利转让实质上是销售。许可证让予人在交货后无需履行后续义务的软件使用许可协议就是一例。另一个例子是，许可证让予人对所允许的在市场上展览动画片的权利，并对其发行商不再实施控制，也不期望从票房收入中获取更多的收入。在这种情况下，应在销售时确认收入。

在某些情况下，许可证费或特许使用费是否能收到，依某一未来事项是否发生而定。在这种情况下，只有当许可证费或特许使用费很有可能收到时（通常是在该事项发生时），才确认收入。

实务中如何确定特许权使用费转让的收入，应具体分析合同条款，考虑是否包含重大后续服务义务，是否具有退款权利、并综合考虑授权许可期限等因素进行判断。

【案例 1】 转让域名账号

某公司从事信息服务业务，主要产品之一为信息名址。终端客户需向公司预付注册使用费，才可以开通使用注册号，同时约定注册号使用期限最长不得超过 10 年。

分析：

根据前述背景信息，应区分两种情况讨论：

(1) 如果合同条款约定，若客户在注册号使用年限内，放弃使用注册号，则有权收回已预付尚未消费完毕的剩余年限的注册使用费。该种模式下的使用费收入可在授权使用年限内按直线法确认。

(2) 如果合同条款约定，客户在注册号使用年限内（最长不得超过 10 年），放弃使用注册号，则无权收回已预付尚未消费完毕的剩余年限注册使用费。该种模式实际上是买断式销售业务，应在相关价款已经收到或取得了收款的证据，并将域名提交给客户时，按合同价款一次性确认收入，不在使用期内分摊。

四、奖励积分的处理

（一）以消费方式获得的积分

电商企业通常设计了各类激励计划来吸引和鼓励消费者购物，比如，消费积分，按消费额度赠送一定积分，如每消费 10 元赠送 1 积分；评价积分，利用商品评价功能，对进行评价的消费者赠送积分；晒单积分，通过晒单贴向其他网友分享所购商品的购物经历、使用心得、真实照片等来获得积分，等等。消费者所获得的积分一般可用来换购部分商品，可以是全额换购，也可以是抵减部分价款，有时也可以换购第三方的其他的商品或服务，如鲜花速递服务、美容券等。

对于奖励积分的会计核算，可遵循以下方法。

1．以积分换购自身提供的商品或服务。

无论是消费积分、评价积分还是晒单积分，其实质都是基于消费者的消费行为，即：赠送积分的“赠”并非无条件，而是以“买”为前提的，所以应当把“买”和“赠”作为一个整体进行处理，将“买”部分的总价确认为营业收入，所售出商品和附送积分对应的成本均作为营业成本。基于消费者获得的积分在没有换购为其他商品或服务时，销售尚未实现，则应将收取或应收的价款在本次销售产生的收入与奖励积分的公允价值之间进行分配，将取得的货款或应收货款扣除奖励积分公允价值的部分确认为营业收入，奖励积分的公允价值确认为递延收益。待消费者在以后期间使用积分换购商品或抵减货款时，再将递延收益转为当期营业收入。

在客户兑换奖励积分时，企业应将原计入递延收益的与所兑换积分相关的部分确认为收入。实务中，消费者不一定把全部的奖励积分都兑换了，所以每个资产负债表日都应重新估计有多少积分会被兑换，确认收入的金额应当以被兑换用于换取奖励积分数额占该资产负债表日估计会被兑换的积分总数的比例为基础计算确定。一般采用：

客户累计使用的奖励积分总数/(总奖励积分×本资产负债表日预计兑换率)计算出截至该资产负债表日累计的递延收益摊销数(即因奖励积分累计确认的收入)，然后再减去以前年度已经摊销的递延收益(即以前年度累计因奖励积分累计确认的收入)，便得出递延收益的本期摊销数(即本期因奖励积分确认的收入)。

或者：

根据本资产负债表日未兑换积分×预期兑换率计算出资产负债表日递延收益的应有余额(尚未被兑换的积分公允价值)，该余额与期初递延收益的差额计入当期营业收入。

2．以积分换购第三方的商品或服务。

在消费者以积分兑换第三方提供的商品或服务时，企业应当首先判断其应采用“总额法”还是“净额法”确认收入，即其在该交易中的地位是代理人还是首要责任人(具体标准参考《计学撮要 2011》第 141～146 页“收入的确认和列报采用‘总额法’还是‘净额法’的问题”)，如果企业的地位是代理人，应在第三方有义务提供奖励且有权接受因提供奖励的计价时，将原计入递延收益的金额与应支付给第三方的价款之间的差额确认为收入；但如果企业的地位是首要责任人，则应按该部分奖励积分的总额确认收入，同时将从第三方购入商品或服务的对价确认为成本。(可参考 IFRIC 13 第 8 段的规定)

3. 具体规定。

《企业会计准则讲解2010》第230～231页规定如下：

某些情况下企业在销售产品或提供劳务的同时会授予客户奖励积分，如航空公司给予客户的里程累计等，客户在满足一定条件后将奖励积分兑换为企业或第三方提供的免费或折扣后的商品或服务。企业对该交易事项应当分别以下情况进行处理：

(1) 在销售产品或提供劳务的同时，应当将销售取得的货款或应收货款在本次商品销售或劳务提供产生的收入与奖励积分的公允价值之间进行分配，将取得的货款或应收货款扣除奖励积分公允价值的部分确认为收入，奖励积分的公允价值确认为递延收益。奖励积分的公允价值为单独销售可取得的金额。如果奖励积分的公允价值不能够直接观察到，授予企业可以参考被兑换奖励的公允价值或其他估值技术估计奖励积分的公允价值。在下列情况下，授予企业可能减少奖励积分的公允价值：①向未从初始销售中获得奖励积分的客户提供奖励积分的公允价值；②奖励积分中预期不会被客户兑换的部分。

(2) 获得奖励积分的客户满足条件时有权取得授予企业的商品或服务，在客户兑换奖励积分时，授予企业应将原计入递延收益的与所兑换积分相关的部分确认为收入，确认为收入的金额应当以被兑换用于换取奖励的积分数额占预期将兑换用于换取奖励的积分总数比例为基础计算确定。获得奖励积分的客户满足条件时有权取得第三方提供的商品或劳务的，如果授予企业代表第三方归集对价，授予企业应在第三方有义务提供奖励且有权接受因提供奖励的计价时，将原计入递延收益的金额与应支付给第三方的价款之间的差额确认为收入；如果授予企业自身归集对价，应在履行奖励义务时按分配至奖励积分的对价确认收入。企业因提供奖励积分而发生的不可避免成本超过已收和应收对价时，应按《企业会计准则第13号——或有事项》有关部门亏损合同的规定处理。

IFRIC 13第8段的规定如下：

8. 如果第三方提供奖励，主体应评估其分配至奖励积分的对价是归集至主体自身账户(即作为交易的本金)，还是代表第三方归集(即作为第三方的代理商)。

(1) 如果主体代表第三方归集对价，则应当：

① 按留存在主体自身账户的净额来计量收入，即分配至奖励积分的对价与因第三方提供奖励而应向其支付的金额之间的差额。

② 在第三方有义务提供奖励并有权接受因提供奖励的对价时，将上述净额确认为收入。一旦授予奖励积分时此类事项就可能发生。另外一种情况是，如果客户可以选择从主体或第三方索要奖励，则当且仅当客户选择从第三方索要奖励时，才可能发生此类事项。

(2) 如果主体在其自身的账户上归集对价，则应当以分配至奖励积分的总对价来计量收入，并且在主体履行其奖励义务时确认为收入。

(二) 以非消费方式获得的积分的处理

有的时候消费者获得积分并非完全来源于购买行为，也可以通过其他途径

(比如:签到)获得。根据《企业会计准则——基本准则》和《企业会计准则第14号——收入》对“收入”的定义:“收入,是指企业在日常活动中形成的、会导致所有者权益增加的、与所有者投入资本无关的经济利益的总流入”,即“导致所有者权益增加的经济利益总流入”是收入的一项基本特征。相应地,只有以消费形式所获得的积分的使用才会形成企业的收入。消费者通过每天签到等方式获取的积分无论是否使用均不会给企业带来经济利益流入,不应形成企业的收入。在消费者使用该积分时,积分的公允价值应作为销售费用处理,视同是对所有产品做的一种普适性的促销。

因此,在消费者使用积分时,企业应当区分和统计不同来源形成的积分的生成和使用情况,对于使用因消费形成的积分的部分计入当期营业收入,对于因使用其他非消费途径形成的积分的部分计入当期销售费用。

【案例 2】

某消费者在购买价款为100元的商品时,分别使用了以前消费获得的积分和签到积分抵减了本次购买价款各10元,则账务处理为:

借:货币资金	80	
营业费用	10	
递延收益	10	
贷:营业收入		100

如果由于系统条件所限,无法区分消费形成积分和非消费形成积分,或者存在被操纵的担忧,也可采用其他方法。例如,如果企业能够根据历史数据预计消费形成积分和非消费形成积分的比例,则可对消费者使用的积分进行比例划分,分别处理;如果非消费形成的积分所占的比例比较小,可视同全部积分均为消费形成。在实务中,也可能遇到一些其他的划分方法,需要注意该方法应符合企业实际情况,并且一贯执行。

五、互联网企业销售中如何区分无偿赠送和捆绑销售

互联网企业,特别是互联网销售企业通常追求规模效应,只有具备了足够的规模,才能在众多竞争者中脱颖而出。因此互联网销售的促销手段往往花样百出,其目的都是在最短的时间内迅速形成规模,阻挡其他竞争对手,最终获得利润。

互联网企业的促销手段种类众多,但对于会计处理来说,最重要的是需要判断促销手段对应的成本应计入销售费用还是冲减营业收入,即:需要区分该促销本质上是属于“无偿赠送”还是“捆绑销售”。

(一)无偿赠送和捆绑销售的区别

“无偿赠送”的受赠方通常无需履行一定的义务(如购买一定价值的商品)即可获赠,比如,所谓的“来就送”,网络销售中比较常见的签到、下载安装注册客户端即送优惠券等方式。此时的赠品成本应确认为销售费用,不确认收入和结转成本。因为此时赠品成本的付出并无对应的经济利益流入,所以不满足确

认收入的条件。

而“捆绑销售”的消费者通常需要履行一定的义务，获赠是以购买为前提的，比如，“买一赠一”中赠送的商品就属于捆绑销售，需要以“买一”为前提，这种促销方式即属于捆绑销售。应将“买”部分的总价确认为销售收入，所售出商品和附送赠品的成本均转为营业成本，不应单独把其中的赠品成本确认为销售费用。

（二）属于无偿赠送的促销方式

除了每天签到、用户注册等“来即送”的比较通常的促销手段外，属于无偿赠送的促销方式还包括以下几种。

1. 特定期间的促销。

比如，滴滴顺风车的“橘色星期一”。在“橘色星期一”活动期间，在所有开通滴滴顺风车的城市，每位乘客均有每天两次免单 10 公里的机会。此种促销面向所有潜在乘客，只要乘车即有此优惠，并不以之前曾经消费过做条件，其目的是对企业业务进行全面推广，因此免单的成本应计入销售费用。

2. 定价促销。

比如，一些网站的“一元秒杀”或“免费试用”活动，涉及的相关产品的实际价值远大于 1 元，采取此种促销方式的往往是为了短时间内聚集大量潜在消费者，带动其他产品的全面销售，而并不是为了该 1 元商品的折价促销(实际上该 1 元商品往往有数量限制)，因此其本质上不属于“商业折扣”，相关折扣成本应计入销售费用。

（三）属于捆绑销售的促销方式

捆绑式销售的促销方式比较普遍，除了互联网销售企业外，其他企业也经常使用，也是我们比较常见的。除了前述四、(一)我们讨论过的消费送积分(有时也以优惠券的形式)外，通常还包括“买一赠一”、“满送满减”、“加 1 元多 1 件”、“第二件半价”、“套餐优惠”等方式。

第二节　网络游戏公司的收入确认探讨

近几年来，网络游戏行业迅猛发展，吸引了包括国内各大门户网站、游戏行业以外的网络运营公司、上市投资公司及部分海外游戏运营公司的多方加入。目前中国的网络游戏市场异常繁荣，IPO 和上市网络游戏公司也呈日渐增长趋势。作为一种特殊行业，网络游戏公司的业务模式与其他传统行业显著不同，特别是在收入确认方面，与其他传统行业有较大差异。相应地，在审计方法和技巧等方面也与一般企业不同。

本部分是对网络游戏公司的业务模式、收入确认方法、审计关注点等进行的一般性的探讨。在具体实务操作中尚需要根据各个网络游戏公司不同的个性化特点采取有针对性的审计方法，不宜一概照搬。

一、网络游戏的分类

根据使用平台的不同，网络游戏一般分为PC端游戏（包含：端游、页游）和移动（手机）端游戏，这两者的区别主要在于游戏玩家使用的是PC端还是手机，两者的业务模式和收入确认方式是基本一致的，下文的讨论均同时适用于PC端游戏和手机游戏。

根据收费模式的不同，网络游戏分为计时收费、道具收费和增值服务收费等几种。其中：

计时收费：包括点卡收费，指网游公司主要依据游戏玩家的游戏时间收取点卡费，收入与玩家的人数和游戏时间成正比。包月计时收费，是指网络游戏玩家一次性购买一个时段，这个时段内玩家可以随时上网游戏，不管有没有在线游戏，均算作消费。

道具收费：指在游戏时间上不再收费，但在游戏中提供道具商城出售一些虚拟道具，如炫丽的服装坐骑和一些影响游戏平衡的道具，玩家可以自愿花钱购买这些虚拟道具以获得更好的游戏体验。

增值服务收费：包括付费会员收费（网游玩家根据不同的收费标准获得不同的会员等级以及不同的特权）；游戏功能收费（将网游功能切割为多个部分，玩家可根据自己的需要选择购买或租用某些功能）；网络广告收费；客户端收费（指某些游戏厂商要求玩家购买客户端才能进行游戏，不过游戏本身是免费的）；交易收费（游戏本身不收费，官方不出售道具，全部装备由打怪掉落或任务产出。玩家相互交易获得装备道具，官方从中收取一定的交易手续费）等。

二、网络游戏的运营模式

网络游戏的产业链主要包括：游戏开发商——游戏运营商——游戏平台商——用户。产业链中的各个环节可能发生重合，比如，游戏开发商可能同时作为运营商负责游戏的运营、平台商同时也可能是游戏运营的主体。由于平台商公司业务类型通常较复杂，并不仅仅涉及网络游戏方面，因此本文仅涉及网游公司作为游戏开发商和运营商角色时的运营模式及收入确认方面的讨论。

虽然各个网络游戏公司（作为开发商和运营商）的业务模式各有特色，细节各有不同，但总体上来说可分为三种：自营模式、联营模式以及授权运营模式。

（一）自营模式

自营模式是指网络游戏公司通过自有的游戏平台发布并运营游戏。在自主运营模式下，网络游戏公司全面负责游戏产品的推广、客户服务、技术支持和维护等工作。

1. 登录注册。

玩家直接登录网游公司的游戏平台，或从其他推广方的链接登录游戏平台，并注册成为用户。

2. 充值消费。

玩家可以通过网银、第三方支付平台等方式向游戏充值,目前使用较多的充值方式是第三方支付平台,如支付宝、快钱、神州付、易宝等。玩家充值成功后,充值额自动兑换成虚拟游戏币并添加到游戏玩家在游戏中的账户中。

如果是付费游戏,玩家可以使用游戏币进行游戏。如果是免费游戏,玩家可以使用游戏币购买道具等装备。

3. 网游公司与第三方支付平台的结算。

网游公司一般与第三方支付平台签订服务合同,开立收款账户,按约定期限提取资金并支付渠道使用费。

通常,在每月月初,第三方支付平台会出具上月对账单(包含充值平台账户名,充值订单号,充值金额等),网游公司数据中心也会提供一份清单(包含游戏玩家账号、充值订单号、充值金额等),两者应核对一致,如有差异需及时沟通处理。

(二) 联营模式

联营模式是指游戏运营商与游戏平台类公司(如腾讯平台、UC 平台、91 平台、360 手机助手、百度多酷、新浪平台、FACEBOOK 等)合作,共同联合运营游戏产品的运营方式。在联合运营模式下,游戏平台公司负责网游平台的提供和推广、充值服务以及计费系统的管理,游戏运营商负责游戏运营、版本更新、技术支持和维护,并提供客户服务。

在联营模式下,游戏玩家是通过平台公司进行游戏的登录和注册的。如需要充值,则进入网游平台商游戏平台的充值中心,选择充值方式和充值金额,并填写相关支付信息完成充值。

(三) 授权运营模式

授权运营模式主要指游戏运营商以版权金或预付款的形式获得游戏开发商产品的代理权,在运营商所获资质的平台上发行。由运营商负责游戏的发行推广、游戏运营收入的结算,一般使用运营商所获资质的平台运营商的用户管理体系及充值接口,开发商主要负责提供游戏产品、相关的软件及技术支持、部分客服等。

三、各种运营模式下的收入确认方法

(一) 自营模式下的收入确认

1. 道具收费游戏:网游公司在游戏玩家实际使用虚拟游戏币购买虚拟道具时,即玩家实际消费时确认收入。

尽管几乎所有的网游平台都规定,玩家已经充值到账户的金额不管是否实际使用均不予退回,但考虑到尽管该充值金额不会退回,但其仍在玩家个人的账户中,所有权仍属于游戏玩家,玩家随时都可能将其在游戏规则范围内自主消费,因此在玩家充值但未消费时尚不满足收入确认条件。同时,在玩家实际使用虚拟游戏币购买道具时方确认收入也符合网络游戏公司的惯例。

此外,还有一些游戏规定,玩家充值的金额如果在一定期限内(如 3 个月)

仍然没有消费，则游戏币失效，不能再消费，此时，网游公司可将该部分失效的游戏币对应的充值金额确认为失效当期的收入。

2. 计时收费游戏：网游公司按照玩家的人数和实际游戏时间确认收入。在付费游戏中，如果存在道具等装备的购买则收入确认方法同上述免费游戏。

（二）联营模式下的收入确认

联营模式下，网游公司（运营商）一般主要提供游戏运营等技术支持方面的工作，游戏玩家是通过网游平台商的充值中心进行充值的，充值金额由联营方收取。因此对于网游公司（运营商）来说，完成了该期间的应承担的义务，并依据协议获得从联营平台商处取得分成款的权利时即可确认收入。通常，网游公司（运营商）与联营平台之间分成结算的基础是当期游戏玩家的充值金额。

因此，联营模式下，一般是根据网游公司（运营商）与各平台商的合作协议约定，将期间玩家的充值金额扣除支付给第三方的渠道费用后，按照一定的分成比例计算后确认各方应得的收入金额。

通常在月末时，网游平台商在运营平台的端口获取玩家充值情况，按照与网游公司（运营商）约定的日期发布该月结算单，网游公司（运营商）将结算单与平台游戏终端的充值数据进行核对。双方确认结算数据后，按照合作协议所约定的分成比例及双方确认的充值数据进行结算，网游公司（运营商）据此进行收入确认。

（三）授权运营模式下的收入确认

授权运营模式一般涉及游戏开发商和运营商。

对于网游公司（开发商）来说，其一般采取的授权运营模式的收款方式为：首先收取一次性的版税金，然后在游戏运营期间在根据双方的协议约定收取分成收入。

1. 版权金收入。

对于网游公司（开发商）一次性收取的版权金，实务中存在两种确认方式：

第一种，将一次性收取的版权金列为“递延收益”，在协议约定的受益期间内按直线法摊销确认营业收入。

在授权运营模式下，网络游戏公司（开发商）要承担技术支持、游戏升级以及提供部分客服等连续性的义务，该等后续服务对于网络游戏的正常运营来说比较重大，因此通常将初始一次性收取的版权金收入予以递延分期确认收入。

第二种，将版权金一次性确认收入。

此类收入的确认模式是按照特许权使用费收入，如果没有后续提供重大服务的义务，在满足下列条件时，也可以将版权金一次性确认收入。

(1) 合同已经签订并按照合同的约定取得收入。

(2) 游戏已经制作完成，版本已经交付，并公测完成上线。

(3) 不存在与授权相关的尚未履行的其他责任和义务。

(4) 款项的可回收性有合理的保障。

2. 分成收入。

在授权运营模式下，网游公司（开发商）是依据协议在获得从游戏运营商处取得分成款的权利时确认收入。

对于网游公司(运营商)来说,其取得授权的网络游戏,可能采取自营方式,也可能采取与其他游戏平台商联营模式运营,其收入确认方法参见前述自营模式和联营模式部分的描述。

四、网游公司的审计关注要点

(一)IT 审计

无论网游公司采取的是自营、联营或授权模式,或几种联合的业务模式,其游戏的运营均依赖于游戏网络系统、收入结算的基础数据也均来源于游戏系统,所以在对网游公司执行审计时,必须要进行 IT 审计,以确定整个游戏系统是否有效。重点关注收入数据的完整性、准确性和真实性,对信息系统一般性控制的审计(包括开发、变更、安全、运行维护等四个方面)。例如:

(1) 是否能够区分付费玩家和免费玩家。

(2) 是否存在恶意修改游戏数据的内部控制缺陷。

(3) 系统管理授权体系是否得到有效执行。

(4) 自营游戏平台及联营游戏平台数据是否存在混淆情况。

(5) 自营游戏与联营游戏的游戏币的消耗是否存在混淆的情况。

(6) IT 专家确认的其他 IT 审计程序。

(二)其他审计程序

对于自营游戏来说,网游公司收入确认的数据基本来源于游戏系统,因此在完成 IT 审计,确认网游公司的业务系统是有效的情况下,可重点采用检查、函证、分析等其他审计程序对收入数据的真实、完整性进行进一步审计。

1. 检查程序。

针对每一种游戏,首先应确定其业务模式。如某种游戏收入既有来源于自营也有来源于联营/授权模式(此种情况比较常见),则应区分自营收入和联营/授权收入分别进行检查。

针对不同的业务模式,可执行的审计程序包括(但不限于)以下内容:

第一,自营模式:

(1) 获取游戏玩家在报告期内的充值金额及消费金额数据,并与收入明细表相核对。

(2) 确认是否以玩家消费金额作为确认收入的依据,如果存在差异,差异原因是什么。

(3) 获取第三方支付平台提供的充值数据,与报告期玩家的充值金额相核对。

……

第二,联营/授权模式:

(1) 获取联营方/代理方出具的结算单(内容可能包括充值金额、渠道费用、分成比例、分成金额等),并与公司自有系统数据进行核对。

(2) 获取网游公司与联营方/代理方数据核对的资料,判断对结算单的调整是否恰当。

(3) 确认是否以经双方确认的结算单作为确认收入的依据。

(4) 检查是否存在收入确认的跨期问题:如企业在期后获得资产负债表日之前的结算单,一般应作为资产负债表日后调整事项处理,但如果在资产负债表日后根据双方签订的补充协议等对结算金额确定方式进行了调整的,则调整的影响金额应计入修改后协议生效的当期。

(5) 收入确认的金额计算是否与网游公司与联营/授权协议具体条款(如分成比例、扣除渠道成本等约定)相一致。

……

2. 函证程序。

例如:

(1) 对报告期内各充值平台的充值金额进行函证,并与系统平台中的充值数据进行核对。

(2) 结合应收账款的审计,对报告期内与较大的联营方/代理方的结算金额进行函证,并与收入确认金额相核对。

……

3. 分析程序。

在执行网游企业收入确认的审计时,一般企业使用的分析程序,如年度、月度波动分析、毛利率分析、与其他同行业对比分析等手段仍然适用。在分析波动原因时,需要考虑网游企业的业务特点,如考虑不同的运营模式、游戏产品的生命周期、游戏的上线时间、版本更新时间、新功能上线时间、促销政策、资料片发布、推广政策等因素对收入及毛利波动的影响。因其分析方法与一般企业相似,此处不再赘言。下文仅就网游企业审计中比较有特点的分析方式(非全部)进行介绍:

第一,总体分析。

可以采用图表等形式分析各运营模式下的收入金额、充值金额、消费金额的趋势是否正常,比如:

(1) 某游戏自营模式,其曲线图如图 2-1 所示。

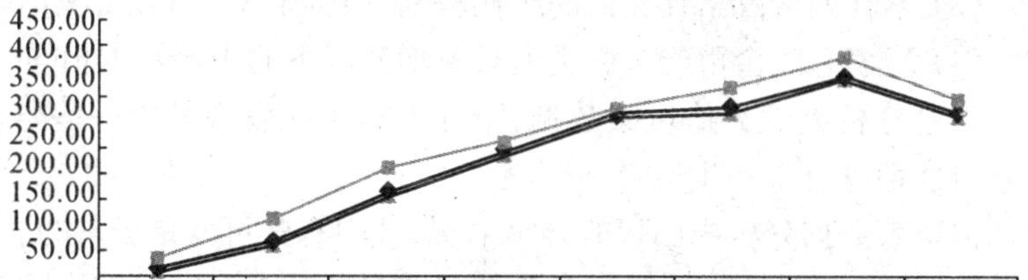

	201211	201212	201301	201302	201303	201304	201305	201306
充值金额	27.56	107.58	209.29	256.91	320.64	363.43	417.90	338.49
消费金额	11.92	61.59	164.63	248.24	318.64	329.16	391.81	319.01
收入确认金额	11.92	61.59	164.63	248.24	318.64	329.16	391.81	319.01

图 2-1 自营模式曲线图

该游戏采用自营模式，因此各期间收入确认金额与玩家的消费金额相同，曲线重合；消费金额曲线与充值金额曲线的趋势相似，差异不大，基本符合一般游戏玩家的充值、消费规律。

(2) 某游戏联营模式，其曲线图如图 2-2 所示。

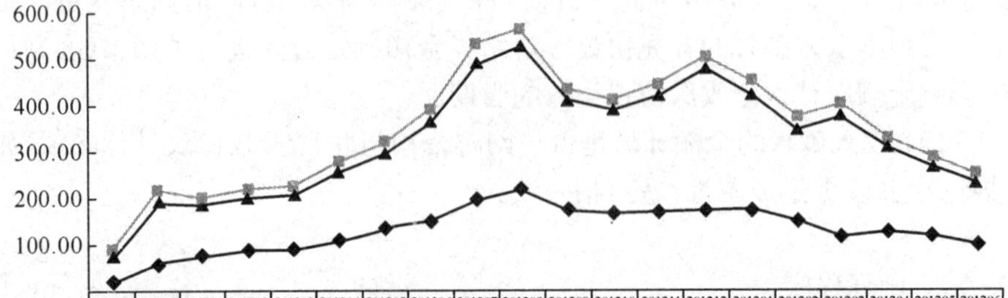

	201111	201112	201201	201202	201203	201204	201205	201206	201207	201208
充值金额	89.11	216.81	202.61	216.66	226.75	275.28	319.69	390.98	533.73	561.95
消费金额	78.96	198.33	191.39	203.09	209.34	259.15	297.91	366.05	491.97	530.54
收入确认金额	20.54	55.49	80.18	88.12	91.25	108.64	135.31	149.74	197.77	220.69

	201209	201210	201211	201212	201301	201302	201303	201304	201305	201306
充值金额	434.81	415.14	446.82	501.92	453.09	372.26	401.13	328.86	288.06	248.96
消费金额	410.29	393.91	422.51	479.72	425.13	352.43	378.24	309.98	271.41	234.83
收入确认金额	173.30	167.89	169.72	174.24	172.00	152.28	117.35	126.77	118.84	99.78

图 2-2 联营模式曲线图

该游戏采用联营模式，首先消费金额曲线与充值金额曲线趋势一致，且金额差异不大，符合一般游戏玩家的充值、消费规律。收入确认金额为充值金额扣除渠道费用后按照一定分成比例计算应分得的金额，从上图来看，收入曲线趋势与充值曲线趋势大体一致，差异部分可能与游戏不同运营期间渠道费用的高低，以及不同充值金额下分成比例的不同相关，需要审计人员根据具体情况进行具体分析，以确定是否存在异常。

第二，玩家数据分析。

此外，还可以获取某游戏充值金额、消费金额前若干名(如前 100 名)玩家的具体情况，如账号、支付方式、支付终端信息、充值金额、充值时间、消费时间、消费金额、游戏等级等进行分析。

通常，网络游戏的正常玩家的账号大多具备以下一些类似特征：

(1) 充值时使用同一个支付渠道账户，基本使用相同支付渠道(如支付宝等)。

(2) 单次充值金额及充值时间具有随意性。

(3) 累计消费占累计充值的比例较高，很少出现大量充值却不消费的情况。

(4) 玩家之间金币购买各类道具及增值服务的比例基本相同。

通过分析大额充值玩家数据，审计人员可能发现其中一些异常情况，可以有针对性地进行下一步检查。

但玩家数据分析中出现的异常情况，其中有些可能是正常的。

比如，一个支付账号对应多个游戏账号的情况、账户出现大量游戏币余额等情况可能是商人模式造成的。有的游戏里有商人交易模式，在该模式中，商人通过在游戏充值活动期间大量充值获得更多作为奖励的免费游戏币，然后在游戏中将游戏币卖给其他游戏玩家，双方可能在第三方支付平台进行场外支付交易。此类商人玩家可能拥有多个游戏账号，账号的用户名出现有规律的情况

(如用连续数字命名);一个账号在多个区创建角色;创建非常明显的商人角色名称;游戏角色等级、战力较低;一个账号对应超过一个支付终端信息等。

又比如,一个账号对应超过一个支付终端信息。该种情况可能系两人或多人同玩一个账号,或账号已被出售给下一玩家所致。

不同的游戏规则设置不同,可能出现的情况也不同,因此在对玩家数据分析时,审计人员应针对不同情况具体分析。

4. 其他程序。

(1) 在检查各个游戏充值、消费金额较大的玩家信息时,审计人员还应注意是否存在网游公司自身的员工大量充值的情况。有些网游公司可能存在让公司员工在游戏运营期间测试游戏的情况,审计人员应根据实际情况具体分析该情况是否正常,是否对收入确认产生影响。

(2) 通过对游戏玩家的 IP 地址进行分析,确认是否存在区域集中的情况,是否可能存在虚假收入情况。

(3) 必要/可能时,审计人员可以与充值额较大的玩家取得联系,验证系统中记录的情况是否正确。

(4) 作为网游公司的审计人员,除了需要对整个游戏行业有所了解外,还应该对被审计单位所涉及各个游戏项目的设置、规则比较熟悉。必要时,审计人员也可以以玩家身份进入游戏,注册账号,充值,消费,以测试游戏系统的运行情况。

专题Ⅱ

相关准则实务操作指南

第一部分 《企业会计准则第 2 号——长期股权投资》(2014 年修订)实务操作指南

- 概述
- 准则的具体内容
- 与国际财务报告准则存在的差异
- 附件

第二部分 《企业会计准则第 33 号——合并财务报表》(2014 年修订)实务操作指南

- 概述
- 准则的具体内容
- 与国际会计准则存在的差异
- 对业务的影响

第三部分 《企业会计准则第 40 号——合营安排》(2014 年修订)实务操作指南

- 合营安排准则发布的背景和目标
- 合营安排准则的具体内容

第一部分

《企业会计准则第 2 号——长期股权投资》(2014 年修订)实务操作指南

第一章

概　　述

一、准则发布的背景

（一）保持与国际准则修订趋同

财政部自 2006 年发布《企业会计准则第 2 号——长期股权投资》[CAS 2(2006)]及其应用指南以后，又根据国际财务报告准则(IFRS)的相关变动，通过准则解释等文件陆续修订了部分长期股权投资准则的内容。2011 年 5 月，国际会计准则理事会(IASB)发布了修订后的《国际会计准则第 27 号——个别财务报表》[IAS 27(2011)]和《国际会计准则第 28 号——联营和合营企业中的投资》[IAS28(2011)]。为保持我国企业会计准则与国际财务报告准则的持续趋同，并对 2006 年后发布的相关修订进行整合完善，财政部于 2012 年 11 月 15 日发布了《企业会计准则第 2 号——长期股权投资(修订)》(征求意见稿)，征求意见截止日为 2013 年 2 月 16 日。

2014 年 3 月 13 日，财政部完成长期股权投资准则的修订工作，并发布了《关于印发修订〈企业会计准则第 2 号——长期股权投资〉的通知》(财会[2014]14 号)，对 CAS 2(2006)进行了整体修订。

（二）整合企业会计准则解释和年报通知等相关内容，完善我国准则体系

2006 年发布第 2 号准则及相关应用指南实施 7 年以来，规范了企业长期股权投资的会计处理，但在实务中也提出了一些问题，比如对企业长期股权投资的有关规定散见于准则的应用指南、讲解和企业会计准则解释中，一定程度上不利于准则的理解和实施。2014 年发布的第 2 号准则[以下简称 CAS 2(2014)]整合了准则解释等引入的变动，如分步实现合并、分步处置子公司时个别财务报表中长期股权投资的处理；企业合并取得投资相关费用不再资本化等，进一步完善了准则体系。

（三）适应企业实务需要

原准则对权益法的有关会计处理作出了规定。近年来，实务中反映，关于被投资方除净损益、其他综合收益和分红以外的其他权益变动，原准则的相关规定仍不够明确，不能满足实务需要。为推动企业会计准则的有效实施、提高企业会计信息质量，有必要通过修订原准则进一步明确此问题。

二、准则修订的主要内容

（一）明确了长投准则规范的范围及其与其他相关准则的衔接内容

1. 修订后准则的规范范围较原准则相比有所缩减，仅包含对子公司、合营企业和联营企业的长期股权投资的确认和计量。投资方对被投资单位不具有控制、共同控制和重大影响的长期股权投资，无论是否具有活跃市场、公允价值能否可靠确定，均不再属于长期股权投资准则的规范范围，而属于《企业会计准则第 22 号——金融工具确认和计量》的规范范围。对于投资方对被投资单位不具有控制、共同控制和重大影响，且在活跃市场无报价，公允价值不能可靠确定的长期股权投资，将作为“可供出售金融资产”核算。

2. 新长投准则删除了关于“控制”、“共同控制”的定义，改在《企业会计准则第 33 号——合并财务报表》(2014 年修订)和《企业会计准则第 40 号——合营安排》中予以规范。

3. 关于风险投资机构、共同基金以及类似主体、投资性主体等特殊主体所持有股权投资的准则适用问题：

(1) 将《企业会计准则讲解》第三章第一节对“风险投资机构、共同基金以及类似主体持有的、在初始确认时按照《企业会计准则第 22 号——金融工具确认和计量》的规定以公允价值计量且其变动计入当期损益的金融资产”排除出长期股权投资准则规范范围的规定提升到准则正文层面。

(2) 与《企业会计准则第 33 号——合并财务报表》(2014 年修订)对投资性主体编制合并报表的豁免规定相对应，要求投资性主体对不纳入合并财务报表的子公司的权益性投资适用《企业会计准则第 22 号——金融工具确认和计量》进行核算。

(3) 对于投资方对联营企业的权益性投资其中一部分通过风险投资机构、共同基金、信托公司或包括投连险基金在内的类似主体间接持有的情形，引入公允价值计量选择权。

4. 长期股权投资的披露，适用《企业会计准则第 41 号——在其他主体中权益的披露》，不再在《企业会计准则第 2 号——长期股权投资》中规范。

5. 针对新长投准则与原长投准则的衔接，新长投准则明确规定：“在本准则施行日之前已经执行企业会计准则的企业，应当按照本准则进行追溯调整，追溯调整不切实可行的除外。”

（二）修订了长期股权投资初始计量标准

与《企业会计准则解释第 6 号》第二条的规定相对应，强调对于同一控制下企业合并形成的长期股权投资的会计核算所依据的“账面价值”是指“被合并方所有者权益在最终控制方合并财务报表中的账面价值的份额”。

长期股权投资初始计量标准的修订，将直接影响长期股权投资初始成本的确认金额及合并报表编制过程中的权益抵销。

（三）新增了关于持有待售的对合营、联营企业投资的处理

新长投准则参照《国际会计准则第28号——在联营企业和合营企业中的投资》第20、21段，引入了关于持有待售的对合营、联营企业投资的处理规定（见第十六条）。

（四）引入对通过下属投资主体所持有的合营、联营企业投资的计量选择权

新长投准则参照《国际会计准则第28号——在联营企业和合营企业中的投资》第18、19段，引入了对通过下属投资主体所持有的合营、联营企业投资的公允价值计量选择权（见第九条）。

（五）明确了权益法核算中的问题

新长投准则第十一条规定：“投资方对于被投资单位除净损益、其他综合收益和利润分配以外所有者权益的其他变动，应当调整长期股权投资的账面价值并计入所有者权益。”

（六）调整了核算方法转换时的衔接规定

新长投准则第十四条、第十五条对以下四种情况下的核算方法转换问题作出了规定：

(1) 从无重大影响或共同控制，变为具有重大影响或共同控制（第十四条第一款）。

(2) 从不控制到控制（第十四条第二款）。

(3) 从具有共同控制、重大影响到不具有共同控制、重大影响（第十五条第一款）。

(4) 从控制到不控制（第十五条第二款）。

我们理解，上述衔接规定的变动，部分原因是准则适用范围的变动，导致原先由长期股权投资准则规范的“对被投资单位不具有控制、共同控制或重大影响，且在活跃市场中没有报价、公允价值不能可靠计量的权益性投资”改为由金融工具准则规范，而金融工具准则要求对金融资产初始计量采用公允价值。

其中，对于上述第(1)、第(3)两种情况下的衔接规定与现行的《企业会计准则讲解》第三章第四节对此类情况下的衔接规定存在重大差异；对上述第(2)、第(4)两种情况下的衔接规定基本延续了《企业会计准则解释第4号》第三条和第四条的相关规定，但也有一定调整。详见附件1：《企业会计准则第2号——长期股权投资》(2014年修订)与2006年版本对比。

（七）整合了原准则解释、讲解中的部分规定

新长投准则整合了原准则解释、讲解中的部分规定，使准则更加系统化。

第二章

准则的具体内容

第一节 总则部分

一、制定目的

规范长期股权投资的确认、计量。

二、定义

长期股权投资指投资方对被投资单位实施控制、重大影响的权益性投资，以及对其合营企业的权益性投资。即长期股权投资分为对子公司、联营企业、合营企业的投资。

（一）控制的含义

控制是指投资方拥有对被投资方的权利，通过参与被投资方的相关活动而享有可变回报，并且有能力运用对被投资方的权力影响其回报金额。关于控制和相关活动的理解及具体判断，适用《企业会计准则第33号——合并财务报表》及其应用指南(2014)。投资方能够对被投资单位实施控制的，被投资单位为其子公司。投资方属于《企业会计准则第33号——合并财务报表》规定的投资性主体且子公司不纳入合并财务报表的情况除外。

（二）重大影响的含义

重大影响是指投资方对被投资单位的财务和经营政策有参与决策的权力，但并不能够控制或者与其他方一起共同控制这些政策的制定。在确定能否对被投资单位施加重大影响时，应当考虑投资方和其他方持有的被投资单位当期可转换公司债券、当期可执行认股权证等潜在表决权因素。投资方能够对被投资单位施加重大影响的，被投资单位为其联营企业。

企业通常可以通过以下一种或几种情形来判断是否对被投资单位具有重大影响：

(1) 在被投资单位的董事会或类似权力机构中派有代表。这种情况下，由于在被投资单位的董事会或类似权力机构中派有代表，并相应享有实质性的参与决策权，投资方可以通过该代表参与被投资单位财务和经营政策的制定，达到对被投资单位施加重大影响。

(2) 参与被投资单位财务和经营政策制定过程。这种情况下，因可以参与被投资单位的政策制定过程，在制定政策过程中可以为其自身利益提出建议和意见，从而可以对被投资单位施加重大影响。

(3) 与被投资单位之间发生重要交易。有关的交易因对被投资单位的日常经营具有重要性，进而一定程度上可以影响到被投资单位的生产经营决策。

(4) 向被投资单位派出管理人员。这种情况下，通过投资方对被投资单位派出管理人员，管理人员有权力主导被投资单位的相关活动，从而能够对被投资单位施加重大影响。

(5) 向被投资单位提供关键技术资料。因被投资单位的生产经营需要依赖投资方的技术或技术资料，表明投资方对被投资单位具有重大影响。

在实务操作中，重大影响是否存在的判断是需要综合考虑多方面因素所作出的综合判断，上述的考虑因素是通常情况下在考虑这一问题时通常会考虑到的因素，但不能过分强调其中某一因素在其中的“决定性作用”，事实上没有一项参考因素的影响可以是决定性的，或者“一票否决”的。另外，由于“控制”具有唯一性(一个被投资方不可能有两个控股股东)，而“重大影响”不具有唯一性，因此判断“重大影响”存在与否的主观性和难度在某种意义上更大于对“控制”的判断。

在实务操作中判断“重大影响”是否存在时，尤其需要关注以下问题。

1. 不能仅仅依据“在被投资单位的董事会或类似权力机构中派有代表”即判断对该被投资单位具有重大影响。

在实务中，对于持股比例在 20%以下的长期股权投资，要认可对被投资企业具有重大影响，通常不能仅仅依据派驻一名董事的事实，还需要收集其他方面的进一步证据，例如：双方之间重大的日常业务往来(或者互为战略合作伙伴关系等)；派驻董事人数多于 1 名或者派驻重要的高级管理人员；被投资企业在技术、市场、原料供应渠道、管理等方面对本企业的重大依赖；被投资企业的股权较为分散，本企业所持股权虽未达到控制程度，但仍显著高于其他股东等。

重大影响的定义是“投资方对被投资单位的财务和经营政策有参与决策的权力，但并不能够控制或者与其他方一起共同控制这些政策的制定”，因此，在被投资单位并非结构化主体(指在确定其控制方时没有将表决权或类似权利作为决定因素而设计的主体)的情况下，重大影响归根结底是要通过在董事会上提出议案和参与表决的方式，促使有利于自身利益的财务、经营政策方面的议案获得通过(但对所议事项不具有单方面的决定权或者否决权)。因此，虽然派驻了董事，但是如果不能单独提出议案，或者由其他原因导致影响或改变表决结果的潜在可能性较小的，则不能认为具有重大影响。例如：①被投资企业的股权高度分散(如在一些金融企业中)，且董事的总人数较多(根据《公司法》规定，有限责任公司的董事人数最多可为 13 人，股份有限公司的董事人数最多可为 19 人)，此时如果只派驻 1 名董事，很可能无法对董事会的表决结果产生重大影响，也无权单独提出议案；②根据董事会的议事规则或者职责分工，本公司派驻的董事为非执行董事或者在某些方面的权限受到限制；③各方股东之间存在关联方关系（如集团财务公司，股东基本上都是同一集团的成员企业），最终都听命于其母公司，可能不能完全基于自身利益和立场作出决策和发表意见；④除本公司以外的其他股东存在关联方关系或者一致行动关系，对本公司派驻的董事形成较大的制约；⑤本公司所派驻的董事无法及时获取作出决策所需的财务信息和其他相关信息等等。在此情况下，尽管派驻了董事，但很可能仍然不能对被投资单位的财务、经营决策产生实质性的影响力。

2. 关注潜在表决权的影响。

投资方可能拥有认股权证、股票看涨期权、可转换为普通股的债务或权益工具或其他类似工具，如果执行或转换这些工具，将有可能赋予该主体对另一主体财务或经营决策的额外表决权，或减少其他主体的表决权（即潜在表决权）。在评估主体是否具有重大影响时，需要考虑目前存在的可执行或可转换的潜在表决权（包括由其他主体持有的潜在表决权）及其影响。例如，当潜在表决权直到将来某一日期或直到将来发生某一事项才能执行或转换时，该潜在表决权就不是当前可执行或可转换的。

投资方在评估潜在表决权是否有助于形成重大影响时，需要考量影响潜在表决权的所有事实和情况（包括行使潜在表决权的条件以及任何需要单独或是共同考虑的其他合同约定），但不包括管理层的意图以及执行或转换这些潜在表决权的财务能力。[需注意的是：此处对判断“重大影响”时对潜在表决权的考虑，与《企业会计准则第 33 号——合并财务报表》（2014 年修订）和 IFRS 10 对判断对被投资方是否具有控制权时对潜在表决权的考虑有所不同。根据《企业会计准则第 33 号——合并财务报表（2014 年修订）》和 IFRS 10 规定，在判断潜在表决权是否构成实质性权利时，需要考虑行权价格或转换价格、行权的财务能力以及行权期等因素，但 CAS 2（2014）在判断重大影响时对潜在表决权的考虑没有引入这些因素。]

3. 当严格的长期性限制削弱了联营企业或合营企业向投资者转移资金的能力时的考虑。

当严格的长期性限制削弱了联营企业或合营企业向投资方转移资金的能力时，不豁免投资方应用权益法对联营企业和合营企业中的投资进行会计处理。这是因为这种情况可能并不会妨碍投资方对联营企业或合营企业的共同控制或重大影响。投资方在评价其对被投资者实施共同控制或重大影响的能力时，应当考虑该联营企业或合营企业向主体转移资金时存在的限制，但这些限制本身并不妨碍共同控制或重大影响的存在。

4. 对“代理人”因素的考虑。

与《企业会计准则第 33 号——合并财务报表》（2014 年修订）要求在判断权力与可变回报之间的联系时考虑决策者是“主要责任人”还是“代理人”类似，在判断投资方对被投资方是否具有重大影响时，投资方也要考虑此类受托行使（或委托他人行使）表决权的情形的影响。

对于不同的被投资企业,应当根据每个公司的个案情况分析对其是否具有重大影响,不能一概而论。股权比例、是否派驻董事和是否具有重大影响这三者之间存在一定的相关关系,但不是必然的。关键还是要针对每个被投资企业的个案情况,在分析的基础上得出个案的结论。如果确有证据表明对一些被投资单位,因为持股比例较高、该公司董事人数较少等原因,确实对其财务、经营决策具有实质性的重大影响力,而对另外一些被投资企业不具有实质性的重大影响力的,则根据不同情况作出的不同处理结果应当是可以得到解释的。

(三)合营企业投资

投资方与其他合营方一同对被投资单位实施共同控制且对被投资方净资产享有权利的权益性投资。

共同控制,是指按照有关约定对某项安排所共有的控制,并且该安排的相关活动必须经过分享控制权的参与方一致同意后才能决策。

合营企业,是指合营方对该安排的净资产享有权利的合营安排。合营方对合营企业的投资采取权益法核算。在确定被投资单位是否为合营企业时,应当按照《企业会计准则第 40 号——合营安排》及其应用指南(2014)的有关规定进行判断。

三、适用范围

下列各项适用其他相关会计准则:

(1) 外币长期股权投资的折算,适用《企业会计准则第 19 号——外币折算》。长期股权投资属于非货币性资产,因此期末无需进行汇兑损益调整。对于境外经营子公司持有的长期股权投资,在将其外币财务报表折算到人民币(或其他列报货币)时,应采用期末现行汇率折算。

(2) 风险投资机构、共同基金以及类似主体持有的、在初始确认时按照《企业会计准则第 22 号——金融工具确认和计量》的规定以公允价值计量且其变动计入当期损益的金融资产,投资性主体对不纳入合并财务报表的子公司的权益性投资,以及本准则未予规范的其他权益性投资,适用《企业会计准则第 22 号——金融工具确认和计量》。原因为对被投资单位具有控制、共同控制或重大影响的权益性投资,投资方承担的是被投资方的经营风险。而不具有控制、共同控制或重大影响的投资,投资方承担的是投资资产的价格变动风险、被投资方的信用风险。两种投资所承担的风险特征显著不同,因此,应当由不同准则进行规范。

四、披露

长期股权投资的披露,适用《企业会计准则第 41 号——在其他主体中权益的披露》。

第二节 初始计量

对于长期股权投资在个别财务报表中的初始确认和计量，区分为企业合并取得和其他方式取得两种类型。

一、企业合并形成的初始投资成本

企业合并形成的初始投资成本的计量，分以下两种情况处理。

（一）同一控制下企业合并形成的长期股权投资成本

1. 合并方以支付现金、转让非现金资产或承担债务方式作为合并对价的，应当在合并日按照所取得的被合并方在最终控制方合并财务报表中的净资产的账面价值的份额作为长期股权投资的初始投资成本。被合并方在合并日的净资产账面价值为负数的，长期股权投资成本按零确定，同时在备查簿中予以登记。长期股权投资初始投资成本与支付的现金、转让的非现金资产以及所承担债务账面价值之间的差额，应当调整资本公积（资本溢价或股本溢价）；资本公积（资本溢价或股本溢价）的余额不足冲减的，依次冲减盈余公积和未分配利润。如果被合并方在被合并以前，是最终控制方通过非同一控制下的企业合并所控制的，则合并方长期股权投资的初始投资成本还应包含相关的商誉金额。

这里需要注意以下几点：

一是与《企业会计准则解释第 6 号》第二条对合并报表层面的处理规定相对应，在合并方的个别报表层面，作为同一控制下企业合并会计处理基础的“账面价值”不是指被合并方的资产、负债在其自身财务报表层面的账面价值，而是指被合并方的各项资产、负债在最终控制方合并报表层面显示的账面价值，即对最终控制方而言的“账面价值”（consolidated value）。即，如果原先该被合并方是通过非同一控制下企业合并方式进入到最终控制方的合并范围内的，则此处的“账面价值”将是以原先非同一控制下合并购买日的公允价值为基础持续计算的金额。即此时同一控制下合并的会计处理就是将原先最终控制方合并报表层面的处理“下推”（push down）到同一控制下合并的合并方的合并报表层面。如果原先最终控制方通过非同一控制下企业合并取得该被合并方控制权时，在购买日产生了商誉的，则该商誉也应当一并“下推”到同一控制下企业合并的合并方的合并报表层面。

二是在初始投资成本小于所支付的合并对价的账面价值时，该差额是“依次冲减”资本公积（资本溢价或股本溢价）、盈余公积和未分配利润，按照顺序从前往后冲减，将排列在前的项目的余额冲减至零后仍不足冲减的，则继续冲减排列在后的项目，直至差额全部冲减完毕；而不是同时等比例冲减各项股东权益项目。

三是在按照合并日应享有被合并方净资产的账面价值的份额确定长期股

权投资的初始投资成本时，前提是合并前合并方与被合并方采用的会计政策应当一致。企业合并前合并方与被合并方采用的会计政策不同的，应基于重要性原则，统一合并方与被合并方的会计政策。在按照合并方的会计政策对被合并方净资产的账面价值进行调整的基础上，计算确定长期股权投资的初始投资成本。

四是如果被合并方编制合并财务报表，则应当以合并日被合并方的合并财务报表中的"归属母公司普通股股东的净资产"为基础确定长期股权投资的初始投资成本。

(1) 合并方以支付现金、转让非现金资产或承担债务方式作为合并对价：

如果初始投资成本＞合并对价(即贷方差额)：

借：长期股权投资(被合并方净资产在最终控制方合并财务报表中的账面价值的份额)
　贷：银行存款等(支付的合并对价的账面价值)
　　资本公积——股本溢价或资本溢价(差额)

如果初始投资成本＜合并对价(即借方差额)：

借：长期股权投资(被合并方净资产在最终控制方合并财务报表中的账面价值的份额)
　资本公积——股本溢价或资本溢价(差额)
　盈余公积("资本公积——股本溢价或资本溢价"不足冲减的差额)
　利润分配——未分配利润("资本公积——股本溢价或资本溢价"、盈余公积不足冲减的差额)
　贷：银行存款等(支付的合并对价的账面价值)

【例1】 2×10年6月30日，P公司向同一集团内S公司的原股东A公司定向增发1 000万股普通股(每股面值为1元，市价为8.68元)，取得S公司100%的股权，相关手续于当日完成，并能够对S公司实施控制。合并后S公司仍维持其独立法人资格继续经营。S公司之前为A公司于2×08年以非同一控制下企业合并的方式收购的全资子公司。合并日，S公司财务报表中净资产的账面价值为2 200万元。A公司合并财务报表中的S公司净资产账面价值为4 000万元(含商誉500万元)。假定P公司和S公司都受A公司同一控制。不考虑相关税费等其他因素影响。

本例中，P公司在合并日应确认对S公司的长期股权投资，初始投资成本为应享有S公司在A公司合并财务报表中的净资产账面价值的份额及相关商誉，会计处理如下：

借：长期股权投资——投资成本	40 000 000	
贷：股本		10 000 000
资本公积——股本溢价		30 000 000

(2) 合并方发生的审计、法律服务、评估咨询等中介费用以及其他相关管理费用，于发生时计入当期损益。

2. 合并方以发行权益性证券作为合并对价的，应当在合并日按照所取得的被合并方在最终控制方合并财务报表中的净资产的账面价值的份额作为长期股权投资的初始投资成本。按照发行股份的面值总额作为股本，长期股权投资初始投资成本与所发行股份面值总额之间的差额，应当调整资本公积（资本溢价或股本溢价）；资本公积（资本溢价或股本溢价）不足冲减的，依次冲减盈余公积和未分配利润。与发行权益性工具作为合并对价直接相关的交易费用，应当冲减资本公积（资本溢价或股本溢价），不足冲减的依次冲减盈余公积和未分配利润。与发行债务性工具作为合并对价直接相关的交易费用，应当计入债务性工具的初始确认金额。

如果初始投资成本＞合并对价（即贷方差额），则：

借：长期股权投资（被合并方净资产在最终控制方合并财务报表中的账面价值的份额）
　应收股利（应享有被投资单位已宣告尚未发放的现金股利）
　贷：股本等（发行权益性证券的面值）
　　资本公积——股本溢价（差额）

如果初始投资成本＜合并对价（即借方差额），则：

借：长期股权投资（被合并方净资产在最终控制方合并财务报表中的账面价值的份额）
　应收股利（已宣告但尚未发放的现金股利或利润）
　资本公积——股本溢价或资本溢价（差额）
　盈余公积（“资本公积——股本溢价或资本溢价”不足冲减的差额）
　利润分配——未分配利润（“资本公积——股本溢价或资本溢价”、盈余公积不足冲减的差额）
　贷：股本等（发行权益性证券的面值）

3. 企业通过多次交易分步取得同一控制下被投资单位的股权，最终形成企业合并的，应当参照《企业会计准则第 33 号——合并财务报表（2014 年修订）》第五十一条的规定，判断多次交易是否属于“一揽子交易”，并根据不同情况分别作出处理。

(1) 属于“一揽子交易”的，合并方应当将各项交易作为一项取得控制权的交易进行会计处理。通过多次交易分步实现的企业合并，各项交易的条款、条件以及经济影响符合以下一种或多种情况，通常表明应将多次交易作为一揽子交易进行会计处理：①这些交易是同时或者在考虑了彼此影响的情况下订立的；②这些交易整体才能达成一项完整的商业结果；③一项交易的发生取决于至少一项其他交易的发生；④一项交易单独看是不经济的，但是和其他交易一并考虑时是经济的。

(2) 不属于“一揽子交易”的，在取得控制权日，合并方应按照以下步骤进行会计处理：

a. 确定同一控制下企业合并形成的长期股权投资的初始投资成本。在合并日，根据合并后应享有被合并方净资产在最终控制方合并财务报表中的账面价值的份额，确定长期股权投资的初始投资成本。

b. 长期股权投资初始投资成本与合并对价账面价值之间的差额的处理。合并日长期股权投资的初始投资成本，与达到合并前的长期股权投资账面价值加上合并日进一步取得股份新支付对价的账面价值之和的差额，调整资本公积

(资本溢价或股本溢价);资本公积不足冲减的,依次冲减盈余公积和未分配利润。

c. 合并日之前持有的股权投资,因采用权益法核算或金融工具确认和计量准则核算而确认的其他综合收益,暂不进行会计处理,直至处置该项投资时采用与被投资单位直接处置相关资产或负债相同的基础进行会计处理;因采用权益法核算而确认的被投资单位净资产中除净损益、其他综合收益和利润分配以外的所有者权益其他变动,暂不进行会计处理,直至处置该项投资时转入当期损益。其中,处置后的剩余股权根据本准则采用成本法或权益法核算的,其他综合收益和其他所有者权益应按比例结转,处置后的剩余股权改按金融工具确认和计量准则进行会计处理的,其他综合收益和其他所有者权益应全部结转。

d. 编制合并财务报表。合并方应当按照《企业会计准则第 20 号——企业合并》和《企业会计准则第 33 号——合并财务报表》的规定编制合并财务报表。合并方在达到合并之前持有的长期股权投资,在取得日与合并方与被合并方同处于同一方最终控制之日孰晚日与合并日之间已确认有关损益、其他综合收益和其他所有者权益变动,应分别冲减比较报表期间的期初留存收益或当期损益。

【例 2】 2×12 年 1 月 1 日,H 公司取得同一控制下的 A 公司 25%的股份,实际支付款项 6 000 万元,能够对 A 公司施加重大影响。相关手续于当日办理完毕。当日,A 公司可辨认净资产账面价值为 22 000 万元(假定与公允价值相等)。2×12 年及 2×13 年度,A 公司共实现净利润 1 000 万元,无其他所有者权益变动。2×14 年 1 月 1 日,H 公司以定向增发 2 000 万股普通股(每股面值为 1 元,每股公允价值为 4.5 元)的方式购买同一控制下另一企业所持有的 A 公司 40%股权,相关手续于当日完成。进一步取得投资后,H 公司能够对 A 公司实施控制。当日,A 公司在最终控制方合并财务报表中的净资产的账面价值为 23 000 万元。假定 H 公司和 A 公司采用的会计政策和会计期间相同,均按照 10%的比例提取盈余公积。H 公司和 A 公司一直同受同一最终控制方控制。上述交易不属于“一揽子交易”。不考虑相关税费等其他因素影响。

H 公司有关会计处理如下:

a. 确定合并日长期股权投资的初始投资成本。

合并日追加投资后 H 公司持有 A 公司股权比例:25%+40%=65%。

合并日 H 公司享有 A 公司在最终控制方合并财务报表中净资产的账面价值的份额:23 000×65%=14 950(万元)。

b. 长期股权投资初始投资成本与合并对价账面价值之间的差额的处理。

原 25%的股权投资采用权益法核算,在合并日的原账面价值=6 000+1 000×25%=6 250(万元);追加投资(40%)所支付对价的账面价值=2 000×1=2 000(万元);合并对价账面价值=6 250+2 000=8 250(万元);长期股权投资初始投资成本与合并对价账面价值之间的差额=14 950-8 250=6 700(万元)。

借:长期股权投资——投资成本 149 500 000
　贷:长期股权投资——投资成本 60 000 000
　　长期股权投资——损益调整 2 500 000
　　资本公积——股本溢价 67 000 000
　　股本 20 000 000

（二）非同一控制下的企业合并

非同一控制下的企业合并,购买方在购买日应当按照《企业会计准则第 20 号——企业合并》的有关规定确定的合并成本作为长期股权投资的初始投资成本。

1. 非同一控制下的控股合并中,购买方应当按照确定的企业合并成本作为长期股权投资的初始投资成本。

企业合并成本包括购买方付出的资产、发生或承担的负债、发行的权益性工具或债务性工具的公允价值之和。其中,支付的非货币性资产作为对价的,所支付的非货币性资产在购买日的公允价值与其账面价值的差额应作为资产处置损益,计入企业合并当期的利润表(营业外收入或营业外支出)。如果合并涉及以库存商品等作为合并对价的,应按库存商品的公允价值,贷记“主营业务收入”科目,并同时结转相关的成本。涉及增值税的,还应进行相应的处理。

购买方为企业合并发生的审计、法律服务、评估咨询等中介费用以及其他相关管理费用,应于发生时计入当期损益;购买方作为合并对价发行的权益性工具或债务性工具的交易费用,应当计入权益性工具或债务性工具的初始确认金额。

【例 3】 2×12 年 3 月 31 日,A 公司取得 B 公司 70%的股权,取得该部分股权后能够对 B 公司实施控制。为核实 B 公司的资产价值,A 公司聘请资产评估机构对 B 公司的资产进行评估,支付评估费用 50 万元。合并中,A 公司支付的有关资产在购买日的账面价值与公允价值如表 2-1 所示。假定合并前 A 公司与 B 公司不存在任何关联方关系。不考虑相关税费等其他因素影响。

表 2-1　有关资产在购买日的账面价值与公允价值

2×12 年 3 月 31 日　　单位:元

项　目	账面价值	公允价值
土地使用权(自用)	40 000 000	64 000 000
专利技术	16 000 000	20 000 000
银行存款	16 000 000	16 000 000
合　计	72 000 000	100 000 000

注:A 公司用作合并对价的土地使用权和专利技术原价为 6 400 万元,至企业合并发生时已累计摊销 800 万元。

本例中,因 A 公司与 B 公司在合并前不存在任何关联方关系,应作为非同一控制下的企业合并处理。A 公司对于合并形成的对 B 公司的长期股权投资,会计处理如下:

借:长期股权投资——投资成本	100 000 000
管理费用	500 000
累计摊销	8 000 000
贷:无形资产	64 000 000
银行存款	16 500 000
营业外收入	28 000 000

2. 企业通过多次交易分步实现非同一控制下企业合并的,在编制个别财务报表时,应当按照原持有的股权投资的账面价值加上新增投资成本之和,作为改按成本法核算的初始投资成本。

购买日之前持有的股权采用权益法核算的,相关其他综合收益和其他所有者权益变动的处理原则如下:

(1) 相关其他综合收益应当在处置该项投资时采用与被投资单位直接处置相关资产或负债相同的基础进行会计处理,即在购买日(核算方法由权益法转为成本法之日),购买方个别报表层面不对这部分其他综合收益进行账务处理,留待后续处置股权时再进行结转。其中,处置后的剩余股权根据本准则采用成本法或权益法核算的,其他综合收益和其他所有者权益应按比例结转,处置后的剩余股权改按金融工具确认和计量准则进行会计处理的,其他综合收益和其他所有者权益应全部结转。

(2) 因被投资方除净损益、其他综合收益和利润分配以外的其他所有者权益变动而确认的所有者权益,应当在处置该项投资时相应转入处置期间的当期损益。购买日之前持有的股权投资,采用《企业会计准则第 22 号——金融工具确认和计量》进行会计处理的,应当将按照《企业会计准则第 22 号——金融工具确认和计量》确定的股权投资的公允价值加上新增投资成本之和,作为改按成本法核算的初始投资成本。原持有股权的公允价值与账面价值之间的差额以及原计入其他综合收益的累计公允价值变动应当全部转入改按成本法核算的当期投资收益。

【例 4】 2×10 年 1 月 1 日,A 公司以每股 5 元的价格购入某上市公司 B 公司的股票 100 万股,并由此持有 B 公司 2%股权。A 公司与 B 公司不存在关联方关系。A 公司将对 B 公司的投资作为可供出售金融资产进行会计处理。2×13年 1 月 1 日,A 公司以现金 1.75 亿元为对价,向 B 公司大股东收购 B 公司 50%的股权,相关手续于当日完成。假设 A 公司购买 B 公司 2%股权和后续购买 50%的股权不构成"一揽子交易",A 公司取得 B 公司控制权之日为 2×13 年 1 月 1 日,B 公司当日股价为每股 7 元,B 公司可辨认净资产的公允价值为 2 亿元,不考虑相关税费等其他因素影响。

购买日前,A 公司持有对 B 公司的股权投资作为可供出售金融资产进行会计处理,购买日前 A 公司原持有可供出售金融资产的账面价值:7×100=700(万元);本次追加投资应支付对价的公允价值:17 500 万元;购买日对子公司按成本法核算的初始投资成本:17 500+700=18 200(万元);购买日前 A 公司原持有可供出售金融资产相关的其他综合收益:(7−5)×100=200(万元),购买日该其他综合收益转入购买日所属当期投资收益。

借:长期股权投资——投资成本 182 000 000
　贷:可供出售金融资产 7 000 000
　　银行存款 175 000 000

借:其他综合收益 2 000 000
　贷:投资收益 2 000 000

【例 5】 2×10 年 1 月 1 日,A 公司以现金 3 000 万元自非联方处取得了 B 公司 20%股权,并能够对其施加重大影响。当日,B 公司可辨认净资产公允价值为 1.4 亿元。2×12 年 7 月 1 日,A 公司另支付现金 8 000 万元,自另一非关联方处取得 B 公司 40%股权,并取得对 B 公司的控制权。购买日,A 公司原持有的对 B 公司的 20%股权的公允价值为 4 000 万元,账面价值为 3 500 万元,A 公司确认与 B 公司权益法核算相关的累计其他综合收益为 400 万元,其他所有者权益变动 100 万元;B 公司可辨认净资产公允价值为 1.8 亿元。假设 A 公司购买 B 公司 20%股权和后续购买 40%的股权的交易不构成"一揽子交易"。以上交易的相关手续均于当日完成。不考虑相关税费等其他因素影响。

购买日前,A 公司持有 B 公司的投资作为联营企业进行会计核算,购买日前 A 公司原持有股权的账面价值 3 000+400+100=3 500(万元);本次投资应支付对价的公允价值:8 000 万元;购买日对子公司按成本法核算的初始投资成本:8 000+3 500=11 500(万元)。

购买日前 A 公司原持有股权相关的其他综合收益 400 万元以及其他所有者权益变动 100 万元在购买日均不进行会计处理。

A 公司合并财务报表的会计处理,见合并财务报表准则应用指南的相关内容。

3. 初始投资成本中包含的已宣告尚未发放现金股利或利润的处理。

企业无论是以何种方式取得长期股权投资,取得投资时,对于支付的对价中包含的应享有被投资单位已经宣告但尚未发放的现金股利或利润应确认为应收项目,不构成取得长期股权投资的初始投资成本。

【例 6】 假定甲公司取得对乙公司的长期股权投资时,乙公司已经宣告但尚未发放现金股利,甲公司按其持股比例计算确定可分得 60 万元。不考虑所得税影响。

甲公司在确认该长期股权投资时,应将包含的现金股利部分单独进行以下会计处理,不计入长期股权投资的初始投资成本:

借:应收股利 600 000
　贷:银行存款 600 000

4. 或有对价。

(1) 同一控制下企业合并形成的长期股权投资的或有对价。

同一控制下企业合并方式形成的长期股权投资,初始投资时,应按照《企业会计准则第 13 号——或有事项》的规定,判断是否应就或有对价确认预计负债或者确认资产,以及应确认的金额;确认预计负债或资产的,该预计负债或资产金额与后续或有对价结算金额的差额不影响当期损益,而应当调整资本公积(资本溢价或股本溢价),资本公积(资本溢价或股本溢价)不足冲减的,依次冲减盈余公积和未分配利润。

(2) 非同一控制下企业合并形成的长期股权投资的或有对价。

投资方取得被投资单位的权益性投资时,交易各方在投资协议中约定,根据未来一项或多项或有事项的发生,投资方通过发行额外证券、支付额外现金或其他资产等方式追加投资对价,或者要求被投资单位返还之前已经支付的对价,即存在或有对价安排。投资方应将或有对价作为取得投资转移对价的一部分,按照其在取得投资日的公允价值计入长期股权投资的初始投资成本。同时,根据《企业会计准则第 13 号——或有事项》、《企业会计准则第 22 号——金融工具确认和计量》和《企业会计准则第 37 号——金融工具列报》等准则的有关规定,相应将或有对价确认为权益、金融负债或金融资产。

取得长期股权投资日后,或有对价为权益性质的,不确认其后续公允价值变动;或有对价为金融资产或金融负债性质的,应按照《企业会计准则第 22 号——金融工具的确认和计量》采用公允价值计量,公允价值变化产生的利得和损失应当根据该准则的规定计入损益(如或有对价被归类为以公允价值计量且其变动计入当期损益的金融资产或金融负债)或其他综合收益(如或有对价被归类为可供出售金融资产)。

上述对非同一控制下企业合并所涉及的或有对价在购买方个别报表层面的会计处理原则可以归结为:将《企业会计准则第 20 号——企业合并》规定的购买方合并报表层面对或有对价的初始确认和计量以及后续计量原则“下推”到购买方个别报表层面。

二、除企业合并形成以外,以其他方式取得的初始投资成本

长期股权投资可以通过不同的方式取得,除企业合并形成的长期股权投资外,通过其他方式取得的长期股权投资,应当按照以下要求确定初始投资成本。

1. 以支付现金取得的长期股权投资,应当按照实际应支付的购买价款作为初始投资成本,包括购买过程中支付的手续费等必要支出。但所支付价款中包含的被投资单位已宣告但尚未发放的现金股利或利润应作为应收项目核算,不构成取得长期股权投资的成本。

【例 7】 2×10 年 2 月 10 日,甲公司自公开市场中买入乙公司 20%的股份,实际支付价款 16 000 万元,支付手续费等相关费用 400 万元,并于同日完成了相关手续。甲公司取得该部分股权后能够对乙公司施加重大影响。不考虑相关税费等其他因素影响。甲公司应当按照实际支付的购买价款及相关交易费用作为取得长期股权投资的成本,有关会计处理如下:

借:长期股权投资——投资成本	164 000 000	
贷:银行存款		164 000 000

2. 以发行权益性证券取得的长期股权投资，应当按照发行权益性证券的公允价值作为初始投资成本。与发行权益性证券直接相关的费用，应当按照《企业会计准则第 37 号——金融工具列报》的有关规定确定。但不包括应自被投资单位收取的已宣告但尚未发放的现金股利或利润。其中，权益性证券的公允价值应按《企业会计准则第 39 号——公允价值计量》等相关准则确定。在确定投资者投入的长期股权投资的公允价值时，有关长期股权投资存在活跃市场的，应当参照活跃市场中的市价确定其公允价值；不存在活跃市场，无法按照市场信息确定其公允价值的情况下，应当将按照一定的估值技术等合理的方法确定的价值作为其公允价值。

一般而言，投资者投入的长期股权投资应根据法律法规的要求进行评估作价，在公平交易中，投资者投入的长期股权投资的公允价值与所发行证券(工具)的公允价值不应存在重大差异。在极少数情况下存在重大差异的，如有确凿证据表明，取得长期股权投资的公允价值比所发行证券(工具)的公允价值更加可靠的，应以投资者投入的长期股权投资的公允价值为基础确定其初始成本。

与发行权益性证券直接相关的费用指支付给有关证券承销机构等的手续费、佣金等与发行直接相关的费用(可以理解为：在其他条件相同的情况下，如果改用现金作为对价的支付方式就不会发生的费用)，不构成取得长期股权投资的成本。该部分费用应自所发行证券的溢价发行收入中扣除，溢价收入不足冲减的，应依次冲减盈余公积和未分配利润。

投资方通过发行债务性证券(债务性工具)取得长期股权投资的，比照通过发行权益性证券(权益性工具)处理。

【例 8】 2×10 年 3 月，A 公司通过增发 6 000 万股普通股(每股面值 1 元)，从非关联处取得 B 公司 20%的股权，所增发股份的公允价值为 10 400 万元。为增发该部分股份，A 公司向证券承销机构等支付了 400 万元的佣金和手续费。相关手续于增发当日完成。假定 A 公司取得该部分股权后能够对 B 公司施加重大影响。B 公司 20%股权的公允价值与 A 公司增发股份的公允价值不存在重大差异。不考虑相关税费等其他因素影响。

本例中，由于 B 公司 20%股权的公允价值与 A 公司增发股份的公允价值不存在重大差异，A 公司应当以所发行股份的公允价值作为取得长期股权投资的初始投资成本，有关会计处理如下：

借：长期股权投资——投资成本	104 000 000	
贷：股本		60 000 000
资本公积——股本溢价		44 000 000

发行权益性证券过程中支付的佣金和手续费，应冲减权益性证券的溢价发行收入，会计处理如下：

借：资本公积——股本溢价	4 000 000	
贷：银行存款		4 000 000

【例 9】 非上市企业 A 公司成立时，H 公司以其持有的对 B 公司的长期股权投资作为出资投入 A 公司。B 公司为上市公司，其权益性证券有活跃市场报价。投资合同约定，H 公司作为出资的长期股权投资作价 4 000 万元。该作价与其公允价值相当。交易完成后，A 公司注册资本增加至 16 000 万元。其中 H 公司的持股比例为 20%。A 公司取得该长期股权投资后能够对 B 公司施加重大影响。不考虑相关税费等其他因素影响。

本例中，H 公司向 A 公司投入的长期股权投资具有活跃市场报价，而 A 公司所发行的权益性工具的公允价值不具有活跃市场报价，因此，A 公司应采用 B 公司股权的公允价值来确认长期股权投资的初始成本。

A 公司应进行的会计处理为：

借：长期股权投资——投资成本	40 000 000	
贷：实收资本		32 000 000
资本公积——资本溢价		8 000 000

3. 通过非货币性资产交换取得的长期股权投资，其初始投资成本应当按照《企业会计准则第 7 号——非货币性资产交换》的有关规定确定。

4. 通过债务重组取得的长期股权投资，其初始投资成本应当按照《企业会计准则第 12 号——债务重组》的有关规定确定。

5. 企业进行公司制改建。此时，对资产、负债的账面价值按照评估价值调整的，长期股权投资应以评估价值作为改制时的认定成本，评估值与原账面价值的差异应计入资本公积（资本溢价或股本溢价）。

上述长期股权投资初始成本的主要确认和计量原则如表 2-2 所示。

表 2-2　　长期股权投资初始成本的主要确认和计量原则

项目	企业合并中取得的长期股权投资（对子公司的投资）		企业合并以外取得的长期股权投资（对联营/合营企业投资）
	同一控制下企业合并	非同一控制下企业合并	
长期股权投资初始确认和计量	按照取得被合并方净资产账面价值的份额作为长期股权投资的初始投资成本。 合并直接相关费用计入当期损益。	以支付对价的公允价值作为长期股权投资的初始投资成本。 合并直接相关费用计入当期损益。	一般以支付对价的公允价值作为长期股权投资的初始投资成本；在交易不具有商业实质或公允价值无法取得时，以投出资产账面价值确认。取得投资直接相关费用计入投资成本。

第三节　后 续 计 量

长期股权投资在持有期间，根据投资方对被投资单位的影响程度分别采用成本法及权益法进行核算。

在个别财务报表中，投资性主体对子公司的会计处理应与合并报表原则一致。“投资性主体”对其子公司投资的核算方法,应按合并报表准则的相关规定进行处理。根据合并报表准则,投资性主体对其不同类型子公司的核算方法为:为其投资活动提供相关服务的子公司,应纳入合并范围并编制合并财务报表,相应地,个别财务报表中对此类子公司采用成本法进行核算;投资性主体的其他子公司不应当予以合并,在个别财务报表和合并财务报表中,此类子公司均按照公允价值计量且其变动计入当期损益。

风险投资机构、共同基金以及类似主体(如投资连接保险产品)持有的、在初始确认时按照《企业会计准则第 22 号——金融工具确认和计量》准则的规定以公允价值计量且其变动计入当期损益的金融资产,应当按照金融工具确认和计量准则进行后续计量。

投资方对联营企业的权益性投资,其中一部分通过风险投资机构、共同基金、信托公司或包括投连险基金在内的类似主体间接持有的,无论以上主体是否对这部分投资具有重大影响,投资方都可以按照《企业会计准则第 22 号——金融工具确认和计量》的有关规定,对间接持有的该部分投资选择以公允价值计量且其变动计入损益,并对其余部分采用权益法核算。

除上述以外,对子公司的长期股权投资应当按成本法核算,对合营企业、联营企业的长期股权投资应当按权益法核算,不允许选择按照金融工具确认和计量准则进行会计处理。

一、成本法

(一)成本法的适用范围

根据长期股权投资准则,投资方持有的对子公司投资应当采用成本法核算,投资方为投资性主体且子公司不纳入其合并财务报表的除外。投资方在判断对被投资单位是否具有控制时,应综合考虑直接持有的股权和通过子公司间接持有的股权。在个别财务报表中,投资方进行成本法核算时,应仅考虑直接持有的股权份额,即:母公司在其个别报表层面,应仅就其直接持有的子公司股权投资进行成本法核算,不反映由其他子公司间接持有的子公司股权投资及其损益和其他综合收益情况。但是,只要投资方凭借其直接持有和长期股权投资准则要求投资方对子公司的长期股权投资采用成本法核算,主要是为了避免在子公司实际宣告发放现金股利或利润之前,母公司垫付资金发放现金股利或利润等情况,解决了原来权益法核算下投资收益不能足额收回导致超分配的问题。

(二)成本法下长期股权投资账面价值的调整及投资损益的确认

采用成本法核算的长期股权投资,在追加投资时,按照追加投资支付的成本的公允价值及发生的相关交易费用增加长期股权投资的账面价值。被投资单位宣告分派现金股利或利润的,投资方根据应享有的部分确认当期投资收益。

【例 10】 2×12 年 1 月,甲公司自非关联处以现金 800 万元取得对乙公司

60%的股权，相关手续于当日完成，并能够对乙公司实施控制。2×13 年 3 月，乙公司宣告分派现金股利，甲公司按其持股比例可取得 10 万元。不考虑相关税费等其他因素影响。

甲公司有关会计处理如下：

2×12 年 1 月：

借：长期股权投资　　8 000 000

　　贷：银行存款　　8 000 000

2×13 年 3 月：

借：应收股利　　100 000

　　贷：投资收益　　100 000

注：(1)企业按照上述规定确认自被投资单位应分得的现金股利或利润后，应当考虑长期股权投资是否发生减值。在判断该类长期股权投资是否存在减值迹象时，应当关注长期股权投资的账面价值是否大于享有被投资单位净资产(包括相关商誉)账面价值的份额等类似情况。出现类似情况时，企业应当按照《企业会计准则第 8 号——资产减值》对长期股权投资进行减值测试，可收回金额低于长期股权投资账面价值的，应当计提减值准备。

(2) 子公司将未分配利润或盈余公积直接转增股本(实收资本)，且未向全体股东提供等值现金股利或利润的选择权时，母公司并没有获得收取股利或者利润的权力，上述交易通常属于子公司自身权益结构的重分类，母公司不应确认相关的投资收益。这样规定的原因是：被投资企业通过所有者权益内部结转方式(含股票股利和资本公积、盈余公积转增资本)增加其注册资本和实收资本(或股本)，只是其所有者权益内部各项目之间的结构调整，并不改变各投资方所持有或控制的经济资源及其风险和报酬特征，因此对各投资方而言都是不具有商业实质的(相比之下，如果分得现金股利，则持有现金和持有被投资企业的净资产份额相比，其风险和报酬特征存在显著差异，因而是具有商业实质的)，相应地，各投资方不能就所获得的转增股份确认投资收益。

如果在宣告发放股利时授予全体股东选择领取现金分红或者转增股份的选择权，则此时的交易实质相当于是被投资企业首先对各股东分配现金股利，然后各股东再自行决定是否以现金方式向被投资企业增资，此时的分配股利和增资不是“一揽子交易”，此时股东无论是领取现金股利还是获得转增的股份，均可确认相应的投资收益。

二、权益法

(一) 适用范围

权益法核算适用范围为投资方对合营企业、联营企业的投资。

本准则规定，对合营企业和联营企业投资应当采用权益法核算。投资方在判断对被投资单位是否具有共同控制、重大影响时，应综合考虑直接持有的股权和通过子公司间接持有的股权。在综合考虑直接持有的股权和通过子公司间接持有的股权后，如果认定投资方在被投资单位拥有共同控制或重大影响，在个别财务报表中，投资方进行权益法核算时，应仅考虑直接持有的股权份额；在合并财务报表中，投资方进行权益法核算时，应同时考虑直接持有和间接持有的份额。投资方对联营企业的权益性投资，其中一部分通过风险投资机构、共同基金、信托公司或包括投连险基金在内的类似主体间接持有的，无论以上主体是否对这部分投资具有重大影响，投资方都可以按照《企业会计准则第22号——金融工具确认和计量》的有关规定，对间接持有的该部分投资选择以公允价值计量且其变动计入损益，并对其余部分采用权益法核算。

（二）初始投资或追加投资时的核算

初始投资或追加投资时，按照初始投资成本或追加投资的投资成本，增加长期股权投资的账面价值。对于取得投资时初始投资成本与应享有被投资单位可辨认净资产公允价值份额之间的差额，应区别情况处理。

(1) 初始投资成本大于投资时应享有被投资单位可辨认净资产公允价值份额的，不调整长期股权投资的初始投资成本。由于该部分差额是投资方在取得投资过程中通过作价体现出的与所取得股权份额相对应的商誉价值及被投资单位不符合确认条件的资产价值，这种情况下不要求对长期股权投资的成本进行调整。被投资单位可辨认净资产的公允价值，应当比照《企业会计准则第20号——企业合并》的有关规定确定。

(2) 长期股权投资的初始投资成本小于投资时应享有被投资单位可辨认净资产公允价值份额的，其差额应当计入当期损益，同时调整长期股权投资的成本。由于该部分差额体现为双方在交易作价过程中转让方的让步，该部分经济利益流入应作为收益处理，计入取得投资当期的营业外收入，同时调整增加长期股权投资的账面价值。

（三）持有投资期内的核算

持有投资期间，随着被投资单位所有者权益的变动相应调整增加或减少长期股权投资的账面价值，并分别以下情况处理：

(1) 对于因被投资单位实现净损益和其他综合收益而产生的所有者权益的变动，投资方应当按照持股比例计算应享有的份额，增加或减少长期股权投资的账面价值，同时确认投资损益和其他综合收益。

(2) 对于被投资单位宣告分派的利润或现金股利计算应分得的部分，相应减少长期股权投资的账面价值。

(3) 对于被投资单位除净损益、其他综合收益以及利润分配以外的因素导致的其他所有者权益变动，应当相应调整长期股权投资的账面价值，同时确认资本公积(其他资本公积)。

(4) 在持有投资期间，被投资单位编制合并财务报表的，应当以合并财务报表中净利润、其他综合收益和其他所有者权益变动中归属于被投资单位的金额为基础进行会计处理。

【例 11】 2×11 年 1 月，A 企业取得 B 公司 30%的股权，支付价款 6 000

万元。取得投资时,被投资单位净资产账面价值为 15 000 万元(假定被投资单位各项可辨认净资产的公允价值与其账面价值相同)。A 企业在取得 B 公司的股权后,能够对 B 公司施加重大影响。不考虑相关税费等其他因素影响。

本例中,应对该投资采用权益法核算。取得投资时,A 企业有关会计处理如下:

借:长期股权投资——投资成本 60 000 000
　贷:银行存款 60 000 000

长期股权投资的初始投资成本 6 000 万元大于取得投资时应享有被投资单位可辨认净资产公允价值的份额 4 500 万元(15 000×30%),该差额 1 500 万元不调整长期股权投资的账面价值。

假定本例中取得投资时被投资单位可辨认净资产的公允价值为 24 000 万元,A 企业按持股比例 30%计算确定应享有 7 200 万元,则初始投资成本与应享有被投资单位可辨认净资产公允价值份额之间的差额 1 200 万元应计入取得投资当期的营业外收入。有关会计处理为:

借:长期股权投资——投资成本 72 000 000
　贷:银行存款 60 000 000
　　营业外收入 12 000 000

(四) 确认应享有(或分担)被投资单位的净利润的核算

在确认应享有(或分担)被投资单位的净利润(或净亏损)时,在被投资单位账面净利润的基础上,应考虑以下因素的影响进行适当调整:

(1) 被投资单位采用的会计政策和会计期间与投资方不一致的,应按投资方的会计政策和会计期间对被投资单位的财务报表进行调整,在此基础上确定被投资单位的损益。

权益法下,是将投资方与被投资单位作为一个整体对待,作为一个整体其所产生的损益,应当在一致的会计政策基础上确定,被投资单位采用的会计政策与投资方不同的,投资方应当基于重要性原则,按照本企业的会计政策对被投资单位的损益进行调整。

(2) 以取得投资时被投资单位固定资产、无形资产等的公允价值为基础计提的折旧额或摊销额,以及有关资产减值准备金额等对被投资单位净利润的影响。

被投资单位利润表中的净利润是以其持有的资产、负债账面价值为基础持续计算的,而投资方在取得投资时,是以被投资单位有关资产、负债的公允价值为基础确定投资成本,取得投资后应确认的投资收益代表的是被投资单位资产、负债在公允价值计量的情况下在未来期间通过经营产生的损益中归属于投资方的部分。投资方取得投资时,被投资单位有关资产、负债的公允价值与其账面价值不同的,未来期间,在计算归属于投资方应享有的净利润或应承担的净亏损时,应考虑被投资单位计提的折旧额、摊销额以及资产减值准备金额等进行调整。

投资企业对被投资单位的净利润进行调整时，应考虑重要性原则，不具有重要性的项目可不予调整。

但存在下列情况之一的，投资企业可以按照被投资单位的账面净损益与持股比例计算确认投资损益，但应在附注中说明这一事实及其原因：①投资企业无法合理确定取得投资时被投资单位各项可辨认资产等的公允价值；②投资时被投资单位可辨认资产的公允价值与其账面价值相比，两者之间的差额不具有重要性的；③其他原因导致无法取得被投资单位的有关资料。

注意：

(1) 按被投资单位实现的净利润计算应享有的份额并确认为投资收益时，如果被投资单位实现的净利润中包括法规或企业章程规定不属于投资企业的净利润，应按扣除不能由投资企业享有的净利润的部分后的金额计算。如：计算确认对外商投资企业的投资收益时，应以扣除职工奖励及福利基金的本期计提额后的净利润作为计算投资收益的基数。

(2) 尽管在评估投资方对被投资单位是否具有重大影响时，应当考虑潜在表决权的影响，但在确定应享有的被投资单位实现的净损益、其他综合收益和其他所有者权益变动的份额时，潜在表决权所对应的权益份额不应予以考虑。

(3) 如果被投资单位发行了分类为权益的可累积优先股等类似的权益工具，无论被投资单位是否宣告分配优先股股利，投资方计算应享有被投资单位的净利润时，均应将归属于其他投资方的累积优先股股利予以扣除。

【例 12】 2×13 年 1 月 10 日，甲公司购入乙公司 30%的股份，购买价款为 2 200万元，自取得投资之日起能够对乙公司施加重大影响。取得投资当日，乙公司可辨认净资产公允价值为 6 000 万元，除表 2-2 所列项目外，乙公司其他资产、负债的公允价值与账面价值相同。如表 2-3 所示。

表 2-3 **资产相关价值** 金额单位：万元

项目	账面原价	已提折旧摊销	公允价值	乙公司预计使用年限(年)	甲公司取得投资后剩余使用年限(年)
存货	500		700		
固定资产	1 200	240	1 600	20	16
无形资产	700	140	800	10	8
小计	2 400	380	3 100		

假定乙公司于 2×13 年实现净利润 600 万元，其中在甲公司取得投资时的账面存货有 80%对外出售。甲公司与乙公司的会计年度及采用的会计政策相同。固定资产、无形资产等均按直线法提取折旧或摊销，预计净残值均为 0。假定甲、乙公司间未发生其他任何内部交易。

2×13 年 12 月 31 日，甲公司在确定其应享有的投资收益时，应在乙公司实现净利润的基础上，根据取得投资时乙公司有关资产的账面价值与其公允价值差额的影响进行调整(假定不考虑所得税及其他税费等因素影响)：

存货账面价值与公允价值的差额应调减的利润 =(700－500)×80%＝160(万元)

固定资产公允价值与账面价值差额应调整增加的折旧额 =1 600/16－1 200/20＝40(万元)

无形资产公允价值与账面价值差额应调整增加的摊销额 =800/8－700/10＝30(万元)

调整后的净利润＝600－160－40－30＝370(万元)

按照甲公司应享有份额＝370×30%＝111(万元)确认投资收益的相关会计处理为：

借:长期股权投资——损益调整	1 110 000
贷:投资收益	1 110 000

(五)纳入合并财务报表范围的相关处理

对于投资方或纳入投资方合并财务报表范围的子公司与其联营企业及合营企业之间发生的未实现内部交易损益应予抵销

投资方与联营企业及合营企业之间发生的未实现内部交易损益,按照应享有的比例计算归属于投资方的部分,应当予以抵销,在此基础上确认投资损益。投资方与被投资单位发生的内部交易损失,按照《企业会计准则第 8 号——资产减值》等规定属于资产减值损失的,应当全额确认。

投资方与其联营企业及合营企业之间的未实现内部交易损益抵销与投资方与子公司之间的未实现内部交易损益抵销有所不同,母子公司之间的未实现内部交易损益在合并财务报表中是全额抵销的(无论是全资子公司还是非全资子公司),而投资方与其联营企业及合营企业之间的未实现内部交易损益抵销仅仅是投资方(或是纳入投资方合并财务报表范围的子公司)享有联营企业或合营企业的权益份额。

应当注意的是,投资方与联营、合营企业之间发生投出或出售资产的交易,该资产构成业务的,应当按照《企业会计准则第 20 号——企业合并》、《企业会计准则第 33 号——合并财务报表》的有关规定进行会计处理。有关会计处理如下:

(1) 联营、合营企业向投资方出售业务的,投资方应按《企业会计准则第 20 号——企业合并》的规定进行会计处理。投资方应全额确认与交易相关的利得或损失。

(2) 投资方向联营、合营企业投出业务,投资方因此取得长期股权投资但未取得控制权的,应以投出业务的公允价值作为新增长期股权投资的初始投资成本,初始投资成本与投出业务的账面价值之差,全额计入当期损益。投资方向联营、合营企业出售业务,取得的对价与业务的账面价值之间的差额,全额计入当期损益。

之所以对投资方与合营、联营企业之间投出或出售业务的交易作出全额确认相关损益的特殊规定,其具体理由和影响请参阅后文[例 13]中的分析。由此需要关注的是:投资方与合营、联营企业之间投出或出售的资产是否构成"业务"的判断可能会对投资方财务报表所显示的财务状况和经营成果产生重大影响。

【例 13】 A 公司为最终控制方(母公司),B 公司系 A 公司的控股子公司,持股比例 52%,C 公司系 A 公司的控股子公司,持股比例 65%,D 公司系 C 公司投资的联营企业,持股比例 36%,D 公司其余股东持股 64%。

股权结构如图 2-1 所示。

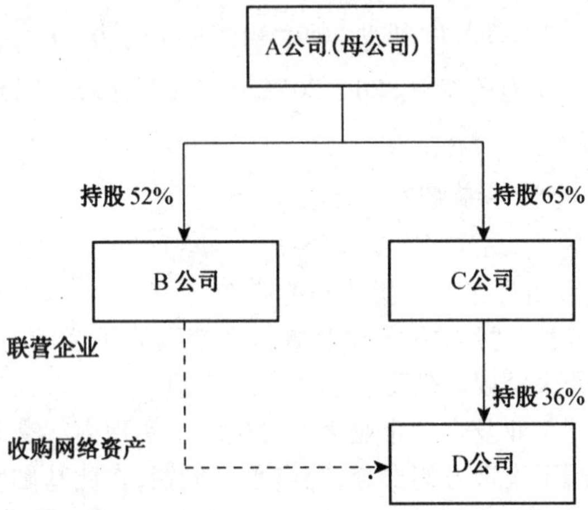

图 2-1　股权结构图

发生如下经济业务事项:

(1) 2013 年 12 月 31 日,B 公司完成对 D 公司网络资产及相关业务的收购,此项资产收购构成业务合并,形成非同一控制下的业务合并。B 公司支付的合并对价为 60 000 万元,网络资产公允价值为 34 000 万元,两者差额 26 000 万元在合并报表中体现为商誉。

(2) 2013 年 12 月 31 日,C 公司根据 D 公司经营状况,按持股比例确认投资收益 26 000×36%=9 360(万元)。D 公司经营状况如表 2-4 所示。

表 2-4　　D 公司经营状况　　单位:万元

日　期	科目	金额	S备注
2013 年 12 月 31 日	所有者权益	73 000	
2013 年度	净利润	26 000	其中处置网络资产营业外收入 25 000 万元

上述事项在 A 公司编制 2013 年年报时,C 公司确认的投资收益与 D 公司出售网络资产有关,购买网络资产的 B 公司是 A 公司合并范围内控股子公司,企业在编制 A 公司的合并报表时,C 公司对 D 公司个别报表层面确认的投资收益,与合并报表层面因 B 公司完成对 D 公司网络资产的收购确认的商誉,是否应按比例抵销?

分析:

(1) 本案例所涉及的各公司中,由图 2-1 可知 C 公司和 B 公司之间不存在股权投资关系,而是平行关系,即 C 公司直属于 A 公司,不在 B 公司的控制范围之内。

(2) 本案例与一般的投资方与联营企业之间逆流交易的区别在于交易标的构成“业务”。由于合并集团(A 公司的合并报表会计主体)原先通过联营企业在该业务中享有 36%的权益,现在通过业务收购享有其 100%的权益(按 B 公司的期末股权结构计算,其中 48%属于持有 B 公司股权的少数股东),因此可以看作一项通过分步交易实现的非同一控制下的业务合并,根据《企业会计准则解释第 4 号》第三条的规定,此时的合并成本应按照所支付的合并对价的公允价值计量,在合并报表层面对所取得的资产、负债也按照公允价值予以初始计量。

(3) 如果按照长期股权投资准则规定的权益法核算原则,合并报表层面实际的合并成本应等于合并对价的公允价值减去权益法核算中被抵销的内部交易未实现损益的相应份额,也就是说,企业合并准则(在 IFRS 体系下对应的准则为 IFRS 10&IFRS 3)与长期股权投资准则(在 IFRS 体系下对应的准则为 IAS 28)在这个问题上存在冲突,目前这个问题也已被国际会计准则理事会(IASB)和国际财务报告解释委员会(IFRIC)关注到。《计学撮要 2013》中的“问题 3-2-67 以子公司股权向合营企业投资时,在个别报表和合并报表层面的处理”就是一个类似的介绍合并报表准则和长期股权投资准则之间发生冲突如何解决的案例。

(4) 为此,IASB 于 2012 年 12 月发布了一项征求意见稿《投资企业与其联营或合营企业之间的资产转让或投入(对 IFRS 10 和 IAS 28 的建议修订)》Sale or Contribution of Assets between an Investor and its Associate or Joint Venture (proposed amendments to IFRS 10 and IAS 28)》,其中建议在 IAS 28 中增设第 31A 段,其内容为:“投资方(包括其纳入合并财务报表范围的子公司)与其联营或合营企业之间发生资产转让或投入交易,如果该资产构成 IFRS 3 所定义的‘业务’,则相关损益应当在投资方的财务报表中全额确认(即投资方在该交易所产生的损益中应享有或承担的份额不予以抵销)”[The gain or loss resulting from the sale or contribution of assets that constitute business, as defined in IFRS 3, between an investor (including its consolidated subsidiaries) and its associate or joint venture is recognised in full in the investor's financial statements (ie the investor's interest in the gains or losses resulting from these transactions is not eliminated).]。

另外,在该征求意见稿的“结论基础”部分的 BC8 段中提到:

IASB 和解释委员会决定,“顺流”和“逆流”交易均应受到该项对 IFRS 10 和 IAS 28(2011)的建议修订的影响。IASB 和解释委员会关注到,如果联营或合营企业向投资方出售资产,而该项资产构成“业务”(在一项“逆流”交易中),由此导致投资方取得对该业务的控制权,则该投资方应根据 IFRS 3 的规定,将该业务作为一项业务合并进行处理。IASB 和解释委员会得出结论,认为该投资方应当:

① 按公允价值确认所取得的资产和负债；

② 确认在联营或合营企业的处置该项业务的损益中所应享有或承担的份额。

IASB 和解释委员会关注到，投资方运用 IAS 28（如本征求意见稿所建议的）中的要求在其财务报表中进行会计处理的结果，与 IFRS 3 对分步交易实现企业合并的会计处理要求是一致的。

[The IASB and the Interpretations Committee decided that both 'upstream' and 'downstream' transactions should be affected by the proposed amendments to IFRS 10 and IAS 28 (2011). The IASB and the Interpretations Committee noted that if assets that constitute a business were to be sold by an associate or joint venture to the investor (in an 'upstream' transaction), with the result that the investor takes control of that business, the investor would account for this transaction as a business combination in accordance with IFRS 3. In that case, the IASB and the Interpretations Committee concluded that the investor should:

(a) recognise the assets and liabilities acquired at their fair values; and

(b) recognise its share in the associate's or joint venture's gains or losses resulting from the disposal of the business.

The IASB and the Interpretations Committee noted that the accounting treatment in the investor's financial statements resulting from the application of the requirements in IAS 28 (as proposed in this Exposure Draft) is consisten twith the requirements in IFRS 3 for a business combination that is achieved in stages.]

从目前征求意见的反馈情况看，反响良好，大部分反馈意见均支持该修改，同时该修改也得到了 IFRIC 的支持。

(5) 因此，针对本案例，基于不同准则存在冲突，以及目前 IASB 和 IFRIC 对该冲突的解决方案已经形成倾向性意见的事实（虽然修改后的准则尚未正式发布），我们理解：①C 公司对 D 公司进行权益法核算时，不涉及对内部交易损益的抵销和调整问题。②在 A 公司合并报表层面，B 公司收购 D 公司网络资产业务的交易属于向联营企业购买构成业务的资产组（非同一控制下业务合并）。在编制 A 公司的合并报表时，不需对 C 公司个别报表层面确认的对 D 公司的权益法投资收益和 A 公司合并报表层面确认的合并商誉进行抵销。

【例 14】 甲公司为某汽车生产厂商。2×13 年 1 月，甲公司以其所属的从事汽车配饰生产的一个分公司（构成业务），向其持股 30%的联营企业乙公司增资。同时，乙公司的其他投资方（持有乙公司 70%股权）也以现金 4 200 万元向乙公司增资。增资后，甲公司对乙公司的持股比例不变，并仍能施加重大影响。上述分公司（构成业务）的净资产（资产与负债的差额，下同）账面价值为 1 000 万元。该业务的公允价值为 1 800 万元。不考虑相关税费等其他因素影响。

本例中，甲公司是将一项业务投给联营企业作为增资。甲公司应当按照所投出分公司(业务)的公允价值 1 800 万元作为新取得长期股权投资的初始投资成本,初始投资成本与所投出业务的净资产账面价值 1 000 万元之间的差额 800 万元应全额计入当期损益。

投出或出售的资产不构成业务的,应当分别顺流交易和逆流交易进行会计处理。顺流交易是指投资方向其联营企业或合营企业出售资产。逆流交易是指联营企业或合营企业向投资方出售资产。未实现内部交易损益体现在投资方或其联营企业、合营企业持有的资产账面价值中的,在计算确认投资损益时应予抵销。

(1) 对于投资方向联营企业或合营企业出售资产的顺流交易,在该交易存在未实现内部交易损益的情况下(即有关资产未对外部独立第三方出售或未被消耗),投资方在采用权益法计算确认应享有联营企业或合营企业的投资损益时,应抵销该未实现内部交易损益的影响,同时调整对联营企业或合营企业长期股权投资的账面价值;投资方因投出或出售资产给其联营企业或合营企业而产生的损益中,应仅限于确认归属于联营企业或合营企业其他投资方的部分。即在顺流交易中,投资方投出资产或出售资产给其联营企业或合营企业产生的损益中,按照应享有比例计算确定归属于本企业的部分不予确认。

【例 15】 2×10 年 1 月,甲公司取得了乙公司 20%有表决权的股份,能够对乙公司施加重大影响。2×13 年 11 月,甲公司将其账面价值为 600 万元的商品以 900 万元的价格出售给乙公司,乙公司将取得的商品作为管理用固定资产核算,预计使用寿命为 10 年,净残值为 0。假定甲企业取得该项投资时,乙公司各项可辨认资产、负债的公允价值与其账面价值相同,两者在以前期间未发生过内部交易。乙公司 2×13 年实现净利润为 1 000 万元。不考虑相关税费等其他因素影响。

本例中,甲公司在该项交易中实现利润 300 万元,其中的 60 万元(300×20%)是针对本公司持有的对联营企业的权益份额,在采用权益法计算确认投资损益时应予抵销,同时应考虑相关固定资产折旧对损益的影响,即甲公司应当进行以下会计处理:

借:长期股权投资——损益调整[(10 000 000－3 000 000＋25 000)×20%]
　　1 405 000

　贷:投资收益　　1 405 000

(2) 对于联营企业或合营企业向投资方投出或出售资产的逆流交易,比照上述顺流交易处理。即,存在未实现内部交易损益的情况下(即有关资产未对外部独立第三方出售),投资方在采用权益法计算确认应享有联营企业或合营企业的投资损益时,应抵销该未实现内部交易损益的影响。即当投资方自其联营企业或合营企业购买资产时,在将该资产出售给外部独立第三方之前,不应确认联营企业或合营企业因该交易产生的损益中本企业应享有的部分。

【例 16】 甲公司于 2×13 年 6 月取得乙公司 20%有表决权股份,能够对乙公司施加重大影响。假定甲公司取得该项投资时,乙公司各项可辨认资产、负债的公允价值与其账面价值相同。2×13 年 11 月,乙公司将其成本为 600 万元的某商品以 900 万元的价格出售给甲公司，甲公司将取得的商品作为固定资产，预计使用寿命为 10 年，采用直线法计提折旧，净残值为 0。至 2×13 年资产负债表日，甲公司未对外出售该固定资产。乙公司 2×13 年实现净利润为1 600 万元。不考虑相关税费等其他因素影响。

甲公司在按照权益法确认应享有乙公司 2×13 年净损益时，应进行以下会计处理：

借：长期股权投资——损益调整[(16 000 000－3 000 000＋25 000)×20%]　　2 605 000
　贷：投资收益　　2 605 000

或者：

借：长期股权投资——损益调整(16 000 000×20%)　　3 200 000
　贷：投资收益　　3 200 000

借：投资收益[(3 000 000－25 000)×20%]　　595 000
　贷：长期股权投资——损益调整　　595 000

应当说明的是，投资方与其联营企业及合营企业之间发生的无论是顺流交易还是逆流交易产生的未实现内部交易损失，其中属于所转让资产发生减值损失的，有关未实现内部交易损失不应予以抵销。

【例 17】 2×10 年 1 月，甲公司取得乙公司 20%有表决权的股份，能够对乙公司施加重大影响。2×13 年，甲公司将其账面价值为 400 万元的商品以 320 万元的价格出售给乙公司。2×13 年资产负债表日，该批商品尚未对外部第三方出售。假定甲公司取得该项投资时，乙公司各项可辨认资产、负债的公允价值与其账面价值相同，两者在以前期间未发生过内部交易。乙公司 2×13 年净利润为 1 000 万元。不考虑相关税费等其他因素影响。

甲公司在确认应享有乙公司 2×13 年净损益时，如果有证据表明该商品交易价格 320 万元，其账面价值 400 万元之间的差额为减值损失的，不应予以抵销。甲公司应当进行以下会计处理：

借：长期股权投资——损益调整(10 000 000×20%)　　2 000 000
　贷：投资收益　　2 000 000

（六）被投资单位其他综合收益变动的处理

被投资单位其他综合收益发生变动的，投资方应当按照归属于本企业的部分，相应调整长期股权投资的账面价值，同时增加或减少其他综合收益。

【例 18】 A 企业持有 B 企业 30%的股份，能够对 B 企业施加重大影响。当期 B 企业因持有的可供出售金融资产公允价值的变动计入其他综合收益的金额为 1 200 万元，除该事项外，B 企业当期实现的净损益为 6 400 万元。假定 A 企业与 B 企业适用的会计政策、会计期间相同，投资时 B 企业各项可辨认资产、负债的公允价值与其账面价值亦相同。双方在当期及以前期间未发生任何内部交易。不考虑所得税影响因素。

A 企业在确认应享有被投资单位所有者权益的变动时：

借：长期股权投资——损益调整	19 200 000	
——其他综合收益	3 600 000	
贷：投资收益		19 200 000
其他综合收益		3 600 000

（七）取得现金股利或利润的处理

按照权益法核算的长期股权投资，投资方自被投资单位取得的现金股利或利润，应抵减长期股权投资的账面价值。在被投资单位宣告分派现金股利或利润时，借记“应收股利”科目，贷记“长期股权投资——损益调整”科目。

（八）超额亏损的确认

投资方确认应分担被投资单位发生的损失，原则上应以长期股权投资及其他实质上构成对被投资单位净投资的长期权益减记至零为限，投资方负有承担额外损失义务的除外。

这里所讲“其他实质上构成对被投资单位净投资的长期权益”通常是指长期应收项目，比如，投资方对被投资单位的长期债权，该债权没有明确的收回计划、且在可预见的未来期间不准备收回的，实质上构成对被投资单位的净投资。应予说明的是，该类长期权益不包括投资方与被投资单位之间因销售商品、提供劳务等日常活动所产生的长期债权。

投资方在确认应分担被投资单位发生的亏损时，应将长期股权投资及其他实质上构成对被投资单位净投资的长期权益项目的账面价值综合起来考虑，在长期股权投资的账面价值减记至零的情况下，如果仍有未确认的投资损失，应以其他长期权益的账面价值为基础继续确认。另外，投资方在确认应分担被投资单位的净损失时，除应考虑长期股权投资及其他长期权益的账面价值以外，如果在投资合同或协议中约定将履行其他额外的损失补偿义务，还应按《企业会计准则第 13 号——或有事项》的规定确认预计将承担的损失金额。

企业在实务操作过程中，在发生投资损失时，应借记“投资收益”科目，贷记“长期股权投资(损益调整)”科目。在长期股权投资的账面价值减记至零以后，考虑其他实质上构成对被投资单位净投资的长期权益，继续确认的投资损失应借记“投资收益”科目，贷记“长期应收款”科目；因投资合同或协议约定导致投资方需要承担额外义务的，按照或有事项准则的规定，对于符合确认条件的义务，应确认为当期损失，同时确认预计负债，借记“投资收益”科目，贷记“预计负债”科目。

除上述情况仍未确认的应分担被投资单位的损失，应在账外备查登记。

值得注意的是，在合并财务报表中，子公司发生超额亏损的，子公司少数股东应当按照持股比例分担超额亏损。即在合并财务报表中，子公司少数股东分担的当期亏损超过了少数股东在该子公司期初所有者权益中所享有的份额的，其余额应当冲减少数股东权益。

在确认了有关的投资损失以后，被投资单位以后期间实现盈利的，应按以上相反顺序分别减记已确认的预计负债、恢复其他长期权益和长期股权投资的账面价值，同时确认投资收益。即应当按顺序分别借记“预计负债”、“长期应收款”、“长期股权投资”等科目，贷记“投资收益”科目。

【例 19】 甲企业持有乙企业 40%的股权，能够对乙企业施加重大影响。2×12年 12 月 31 日，该项长期股权投资的账面价值为 4 000 万元。2×13 年，乙企业由于一项主要经营业务市场条件发生变化，当年度亏损 6 000 万元。假定甲企业在取得该投资时，乙企业各项可辨认资产、负债的公允价值与其账面价值相等，双方所采用的会计政策及会计期间也相同。因此，甲企业当年度应确认的投资损失为 2 400 万元。确认上述投资损失后，长期股权投资的账面价值变为 1 600 万元。不考虑相关税费等其他因素影响。

如果乙企业 2×13 年的亏损额为 12 000 万元，甲企业按其持股比例确认应分担的损失为 4 800 万元，但长期股权投资的账面价值仅为 4 000 万元，如果没有其他实质上构成对被投资单位净投资的长期权益项目，则甲企业应确认的投资损失仅为 4 000 万元，超额损失在账外进行备查登记；在确认了 4 000 万元的投资损失，长期股权投资的账面价值减记至零以后，如果甲企业账上仍有应收乙企业的长期应收款 1 600 万元，该款项从目前情况看，没有明确的清偿计划，且在可预见的未来期间不准备收回（并非产生于商品购销等日常活动），则甲企业应进行以下会计处理：

借：投资收益	40 000 000	
贷：长期股权投资——损益调整		40 000 000
借：投资收益	8 000 000	
贷：长期应收款		8 000 000

（九）被投资单位除净损益、其他综合收益以及利润分配以外的所有者权益的其他变动

被投资单位除净损益、其他综合收益以及利润分配以外的所有者权益的其他变动的因素，主要包括被投资单位接受其他股东的非货币资本性投入、被投资单位发行可分离交易的可转债中包含的权益成分、以权益结算的股份支付、其他股东对被投资单位增资导致投资方持股比例变动等。投资方应按所持股权比例计算应享有的份额，调整长期股权投资的账面价值，同时计入资本公积（其他资本公积），并在备查簿中予以登记，投资方在后续处置股权投资但对剩余股权仍采用权益法核算时，应按处置比例将这部分资本公积转入当期投资收益；对剩余股权终止权益法核算时，将这部分资本公积全部转入当期投资收益。

【例 20】 2×10 年 3 月 20 日，A、B、C 公司分别以现金 200 万元、400 万元和 400 万元出资设立 D 公司，分别持有 D 公司 20%、40%、40%的股权。A 公司对 D 公司具有重大影响，采用权益法对有关长期股权投资进行核算。D 公司自设立日起至 2×12 年 1 月 1 日实现净损益 1 000 万元，除此以外，无其他影响净资产的事项。2×12 年 1 月 1 日，经 A、B、C 公司协商，B 公司对 D 公司增资 800 万元，增资后 D 公司净资产为 2 800 万元，A、B、C 公司分别持有 D 公司

15%、50%、35%的股权。相关手续于当日完成。A公司仍对D公司具有重大影响。假定A公司与D公司适用的会计政策、会计期间相同，双方在当期及以前期间未发生其他内部交易。不考虑相关税费等其他因素影响。

本例中，2×12年1月1日，B公司增资前，D公司的净资产账面价值为2 000万元，A公司应享有D公司权益的份额为400万元(2 000×20%)。B公司单方面增资后，D公司的净资产增加800万元，A公司应享有D公司权益的份额为420万元(2 800×15%)。A公司享有的权益变动20万元(420−400)，属于D公司除净损益、其他综合收益和利润分配以外所有者权益的其他变动。

A公司对D公司的长期股权投资的账面价值应调增20万元，并相应调整“资本公积——其他资本公积”。

【例21】 甲企业持有乙企业40%的股权，能够对乙企业施加重大影响。2×12年12月31日该项长期股权投资的账面价值为4 000万元。2×13年2月15日，乙企业向其200名管理人员每人授予100股股票期权，这些职员从2×13年1月1日起在乙企业连续服务3年，每人即可以4元每股的价格购买100股A公司股票。乙企业估计该期权在授予日的公允价值为15元。截至2×13年12月31日，有20名职员离开乙企业，乙企业估计3年中离开的职员的比例为20%。因此，乙企业确认了80 000元股份支付费用[(15×200×100×80%)/3]，并相应确认“资本公积——其他资本公积”。

假设在乙企业没有发生其他引起净资产变动的事项的情况下，就该项被投资单位资本公积的增加，甲企业应相应确认长期股权投资32 000元(80 000×40%)(借记“长期股权投资——其他综合收益和其他权益变动”科目)，以及“资本公积——其他资本公积”科目32 000元(80 000×40%)。此处借记“长期股权投资——其他综合收益和其他权益变动”科目的金额与就上述乙企业的股份支付费用中应归属甲企业的份额所确认的“长期股权投资——损益调整”科目贷方发生额相抵销，即对长期股权投资总额的净影响为零。

(十) 投资方持股比例增加但仍采用权益法核算的处理

投资方因增加投资等原因对被投资单位的持股比例增加，但被投资单位仍然是投资方的联营企业或合营企业时，投资方应当按照新的持股比例对股权投资继续采用权益法进行核算。在新增投资日，如果新增投资成本大于按新增持股比例计算的被投资单位可辨认净资产于新增投资日的公允价值份额，不调整长期股权投资成本；如果新增投资成本小于按新增持股比例计算的被投资单位可辨认净资产于新增投资日的公允价值份额，应按该差额，调整长期股权投资成本和营业外收入。进行上述调整时，应当综合考虑与原持有投资和追加投资相关的商誉或计入损益的金额。

【例22】 2×10年1月1日，A公司以现金2 500万元向非关联方购买B公司20%的股权，并对B公司具有重大影响。当日，B公司可辨认净资产公允价值与账面价值相等，均为10 000万元。2×10年1月1日至2×13年1月1日期间，B公司实现净损益2 000万元，除此之外，无其他引起净资产发生变动的事项。2×13年1月1日，A公司以现金1 200万元向另一非关联方购买B公司10%的股权，仍对B公司具有重大影响，相关手续于当日完成。当日，B公司可辨认净资产公允价值为1.5亿元。不考虑相关税费等其他因素影响。

本例中，A公司于2×10年1月1日第一次购买B公司股权时，应享有B公司可辨认净资产公允价值份额为2 000万元(10 000×20%)，A公司支付对价的公允价值为2 500万元，因此A公司2×10年1月1日确认对B公司的长期股权投资的初始投资成本为2 500万元，其中含500万元的内含商誉。

借：长期股权投资——投资成本	25 000 000	
贷：银行存款		25 000 000

A公司2×13年1月1日第二次购买B公司股权时，应享有B公司可辨认净资产公允价值份额为1 500万元(15 000×10%)，A公司支付对价的公允价值为1 200万元，A公司本应调整第二次投资的长期股权投资成本为1 500万元，并将300万元的负商誉确认300万元的营业外收入，然而，由于A公司第一次权益法投资时确认了500万元的内含正商誉，两次商誉综合考虑后的金额为正商誉200万元，因此，A公司2×13年1月1日确认的对第二次投资的长期股权投资的初始投资成本仍为1 200万元，并在备查簿中记录两次投资各自产生的商誉和第二次投资时综合考虑两次投资产生的商誉后的调整情况。

借：长期股权投资——投资成本	12 000 000	
贷：银行存款		12 000 000

(十一) 股票股利的处理

被投资单位分派股票股利的，投资方不作会计处理，但应于除权日注明所增加的股数，以反映股份的变化情况。

三、长期股权投资的核算方法转换

CAS 2(2014)第十四条、第十五条对以下四种情况下的核算方法转换问题作出了规定：

(1) 从无重大影响或共同控制，变为具有重大影响或共同控制(第十四条第一款)。

(2) 从不控制到控制(第十四条第二款)。

(3) 从具有共同控制、重大影响到不具有共同控制、重大影响(第十五条第一款)。

(4) 从控制到不控制(第十五条第二款)。

上述规定与原准则相比存在一定差异。对这些衔接规定的具体运用，说明如下。

(一) 由金融资产转换为以权益法或成本法核算的长期股权投资

1. 因增加投资导致由金融工具投资转换为对联营企业或合营企业的投资。

原持有的对被投资单位的股权投资(不具有控制、共同控制或重大影响的)，按照《企业会计准则第22号——金融工具确认和计量》作为金融资产进行会计处理的，因追加投资等原因导致持股比例上升，能够对被投资单位施加共同控制或重大影响的，在转按权益法核算时，投资方应当按照《企业会计准则第22号——金融工具确认和计量》确定的原股权投资的公允价值加上为取得新增投资而应支付对价的公允价值，作为改按权益法核算的初始投资成本。原持有的股权投资分类为可供出售金融资产的，其公允价值与账面价值之间的差额，以及原计入其他综合收益的累计公允价值变动应当转入改按权益法核算的当期损益。

然后，比较上述计算所得的初始投资成本，与按照追加投资后全新的持股比例计算确定的应享有被投资单位在追加投资日可辨认净资产公允价值份额之间的差额，前者大于后者的，不调整长期股权投资的账面价值；前者小于后者的，差额应调整长期股权投资的账面价值，并计入当期营业外收入。

【例23】 2×12年2月，A公司以600万元现金自非关联方处取得B公司10%的股权。A公司根据金融工具确认和计量准则将其作为可供出售金融资产核算。

2×13年1月2日，A公司又以1 200万元的现金自另一非关联方处取得B公司12%的股权，相关手续于当日完成。当日，B公司可辨认净资产公允价值总额为8 000万元，A公司对B公司的可供出售金融资产的账面价值1 000万元，计入其他综合收益的累积公允价值变动为400万元。取得该部分股权后，按照B公司章程规定，A公司能够对B公司施加重大影响，对该项长期股权投资转为采用权益法核算。不考虑相关税费等其他因素影响。

本案例中，2×13年1月2日，A公司原持有10%股权的公允价值为1 000万元，为取得新增投资而支付对价的公允价值为1 200万元，因此A公司对B公司22%股权的初始投资成本为2 200万元。

A公司对B公司新持股比例为22%，应享有B公司可辨认净资产公允价值的份额为1 760万元(8 000×22%)。由于初始投资成本(2 200万元)大于应享有B公司可辨认净资产公允价值的份额(1 760万元)，因此，A公司无需调整长期股权投资的成本。

2×13年1月2日，A公司确认对B公司的长期股权投资，进行会计处理如下：

借：长期股权投资——投资成本	22 000 000	
资本公积——其他资本公积	4 000 000	
贷：可供出售金融资产		10 000 000
银行存款		12 000 000
投资收益		4 000 000

2. 因增加投资导致由金融工具投资转换为对子公司的投资。

投资方因追加投资等原因能够对非同一控制下的被投资单位实施控制的，在编制个别财务报表时，应当按照原持有的股权投资的账面价值(注：如果原先作为金融资产核算的，则由于金融工具会计核算的特点，通常需按公允价值进行后续计量,因此转换日的账面价值通常实质上等于该日的公允价值)加上新增投资成本之和,作为改按成本法核算的初始投资成本。购买日之前持有的股权投资按照《企业会计准则第 22 号——金融工具确认和计量》的有关规定进行会计处理的,原计入其他综合收益的累计公允价值变动应当在改按成本法核算时转入当期损益。上述转换的初始投资成本如表 2-5 所示。

表 2-5 转换的初始投资成本

金融工具投资转换为其他类型的投资的核算	
转换为对联营企业或合营企业的投资	转换为对子公司的投资(非同一控制下企业合并)
转换日后采用权益法核算	转换日后采用成本法核算
1. 初始投资成本=原股权投资的公允价值+新增投资成本	1. 初始投资成本=原股权投资的账面价值(通常实质上等于转换日公允价值)+新增投资成本
2. 原持有的股权投资分类为可供出售金融资产的,原计入其他综合收益的累计公允价值变动转入当期损益	2. 原持有的股权投资分类为可供出售金融资产的,原计入其他综合收益的累计公允价值变动转入当期损益

(二)权益法核算转换为按成本法核算的长期股权投资或金融资产

1. 因增加投资导致由对联营企业和合营企业的投资转换为对子公司的投资。

投资方因追加投资等原因能够对非同一控制下的被投资单位实施控制的,在编制个别财务报表时,应当按照原持有的股权投资账面价值加上新增投资成本之和,作为改按成本法核算的初始投资成本。购买日之前持有的股权投资因采用权益法核算而确认的其他综合收益,应当在处置该项投资时采用与被投资单位直接处置相关资产或负债相同的基础进行会计处理。

2. 因减少投资导致由对联营企业和合营企业投资转换为金融工具投资。

原持有的对被投资单位具有共同控制或重大影响的长期股权投资,因部分处置等原因导致持股比例下降,不能再对被投资单位实施共同控制或重大影响的,应改按《企业会计准则第 22 号——金融工具确认和计量》对剩余股权投资进行会计处理,其在丧失共同控制或重大影响之日的公允价值与账面价值之间的差额计入当期损益。原采用权益法核算的相关其他综合收益应当在终止采用权益法核算时,采用与被投资单位直接处置相关资产或负债相同的基础进行会计处理,因被投资方除净损益、其他综合收益和利润分配以外的其他所有者权益变动而确认的所有者权益,应当在终止采用权益法核算时全部转入当期损益。

【例 24】 甲公司持有乙公司 30%的有表决权股份,能够对乙公司施加重大影响,对该股权投资采用权益法核算。2×12 年 10 月,甲公司将该项投资中的 50%出售给非关联方,取得价款 1 800 万元。相关手续于当日完成。甲公司无法再对乙公司施加重大影响,将剩余股权投资转为可供出售金融资产。出售时,该项长期股权投资的账面价值为 3 200 万元,其中投资成本 2 600 万元,损益调整为300万元，其他综合收益为200万元(性质为被投资单位的可供出售金融资产的累计公允价值变动)，除净损益、其他综合收益和利润分配外的其他所有者权益变动为100万元。剩余股权的公允价值为1 800万元。不考虑相关税费等其他因素影响。

甲公司确认有关股权投资的处置损益相关的会计分录：

借：银行存款　　18 000 000
　贷：长期股权投资　　16 000 000
　　投资收益　　2 000 000

同时，由于终止采用权益法核算，将原确认的相关其他综合收益全部转入当期损益：

借：其他综合收益　　2 000 000
　贷：投资收益　　2 000 000

由于终止采用权益法核算，将原计入资本公积的其他所有者权益变动全部转入当期损益：

借：资本公积——其他资本公积　　1 000 000
　贷：投资收益　　1 000 000

剩余股权投资转为可供出售金融资产，当天公允价值为1 800万元，账面价值为1 600万元，两者差异应计入当期投资收益。

借：可供出售金融资产　　18 000 000
　贷：长期股权投资　　16 000 000
　　投资收益　　2 000 000

上述转换的初始投资成本如表2-6所示。

表2-6　　转换的初始投资成本

对联营企业或合营企业的投资转换为其他类型的投资的核算	
转换为对子公司的投资(非同一控制下)	转换为金融工具投资
转换日后采用成本法核算	转换日后采用成本法核算
1. 初始投资成本＝原股权投资的账面价值＋新增投资成本	1. 处置部分长期股权投资的账面价值与实际取得价款之间的差额，计入当期损益
2. 购买日之前原持有的股权投资因采用权益法核算而确认的其他综合收益，在处置该项投资时采用与被投资单位直接处置相关资产或负债相同的基础进行会计处理	2. 处置后剩余股权在丧失共同控制或重大影响之日按照公允价值进行计量，公允价值与账面价值之间的差额计入当期损益
	3. 处置日之前原股权投资因采用权益法核算而确认的其他综合收益，在终止采用权益法核算时采用与被投资单位直接处置相关资产或负债相同的基础进行会计处理

(三)成本法核算转换为按权益法核算的长期股权投资或金融资产

1. 因减少投资导致由对子公司的投资转换为对联营企业和合营企业的

投资。

投资方因处置部分权益性投资等原因丧失了对被投资单位的控制，在编制个别财务报表时，处置部分长期股权投资的账面价值与实际取得价款之间的差额，应当计入当期损益；处置后的剩余股权能够对被投资单位实施共同控制或施加重大影响的，应当改按权益法核算，并对该剩余股权视同自取得时即采用权益法核算进行调整。

在丧失对原有子公司控制权但仍具有重大影响或共同控制的情况下，虽然在合并财务报表和个别财务报表中对剩余股权均采用权益法核算，但金额却可能存在差异。这是因为，在合并财务报表中转换日确认的长期股权投资金额为剩余股权在丧失控制权日的公允价值，而在个别财务报表中转换日确认的长期股权投资金额则为取得时相应的投资成本加上视同自取得时即采用权益法进行调整的金额，该差额将在持有构成对被投资单位的共同控制或重大影响的剩余股权投资期间持续存在。

核算程序为：

(1) 首先应按处置或收回投资的比例结转应终止确认的长期股权投资成本。

(2) 然后，比较剩余长期股权投资的成本与按照剩余持股比例计算原投资时应享有被投资单位可辨认净资产公允价值的份额，前者大于后者的，属于投资作价中体现的商誉部分，不调整长期股权投资的账面价值；前者小于后者的，在调整长期股权投资成本的同时，调整留存收益。

(3) 对于原取得投资时至处置投资时(转为权益法核算)之间被投资单位实现净损益中投资方应享有的份额，一方面应当调整长期股权投资的账面价值，同时，对于原取得投资时至处置投资当期期初被投资单位实现的净损益(扣除已发放及已宣告发放的现金股利和利润)中应享有的份额，调整留存收益，对于处置投资当期期初至处置投资之日被投资单位实现的净损益中享有的份额，调整当期损益；在被投资单位其他综合收益变动中应享有的份额，在调整长期股权投资账面价值的同时，应当计入其他综合收益；除净损益、其他综合收益和利润分配外的其他原因导致被投资单位其他所有者权益变动中应享有的份额，在调整长期股权投资账面价值的同时，应当计入“资本公积——其他资本公积”。

(4) 长期股权投资自成本法转为权益法后，未来期间应当按照长期股权投资准则规定计算确认应享有被投资单位实现的净损益、其他综合收益和所有者权益其他变动的份额。

【例 25】 A 公司原持有 B 公司 60%的股权，能够对 B 公司实施控制。2×12年 11 月 6 日，A 公司对 B 公司的长期股权投资的账面价值为 6 000 万元，未计提减值准备，A 公司将其持有的对 B 公司长期股权投资中的 1/3 出售给非关联方，取得价款 3 600 万元，当日被投资单位可辨认净资产公允价值总额为 16 000 万元。相关手续于当日完成，A 公司不再对 B 公司实施控制，但具有重大影响。A 公司原取得 B 公司 60%股权时，B 公司可辨认净资产公允价值总额为 9 000 万元(假定公允价值与账面价值相同)。自 A 公司取得对 B 公司长期股权投资后至部分处置投资前，B公司实现净利润5 000万元。其中，自A公司取得投资日至2×12年年初实现净利润4 000万元。假定B公司一直未进行利润分配。除所实现净损益外，B公司未发生其他计入资本公积的交易或事项。A公司按净利润的10%提取盈余公积。不考虑相关税费等其他因素影响。

本例中，在出售20%的股权后，A公司对B公司的持股比例为40%，对B公司施加重大影响。对B公司长期股权投资应由成本法改为按照权益法核算。有关会计处理如下：

(1) 确认长期股权投资处置损益。

借：银行存款　　36 000 000

　贷：长期股权投资　　20 000 000

　　投资收益　　16 000 000

(2) 调整长期股权投资账面价值。

剩余长期股权投资的账面价值为4 000万元，与原投资时应享有被投资单位可辨认净资产公允价值份额之间的差额400万元(4 000－9 000×40%)为商誉，该部分商誉的价值不需要对长期股权投资的成本进行调整。

处置投资以后按照持股比例计算享有被投资单位自购买日至处置投资日期初之间实现的净损益为1 600万元(4 000×40%)，应调整增加长期股权投资的账面价值，同时调整留存收益；处置期初至处置日之间实现的净损益400万元，应调整增加长期股权投资的账面价值，同时计入当期投资收益。企业应进行以下会计处理：

借：长期股权投资　　20 000 000

　贷：盈余公积　　1 600 000

　　利润分配——未分配利润　　14 400 000

　　投资收益　　4 000 000

2. 因减少投资导致由对子公司投资转换为金融工具投资。

投资方因处置部分权益性投资等原因丧失了对被投资单位的控制，在编制个别财务报表时，处置部分长期股权投资的账面价值与实际取得价款之间的差额，应当计入当期损益；处置后的剩余股权不能对被投资单位实施共同控制或施加重大影响的，应当改按《企业会计准则第22号——金融工具确认和计量》的有关规定进行会计处理，其在丧失控制之日的公允价值与账面价值间的差额计入当期损益。

【例26】 甲公司持有乙公司60%的有表决权股份，能够对乙公司实施控制，对该股权投资采用成本法核算。2×12年10月，甲公司将该项投资中的80%出售给非关联方，取得价款8 000万元。相关手续于当日完成。甲公司无法再对乙公司实施控制，也不能施加共同控制或重大影响，将剩余股权投资转为可供出售金融资产。出售时，该项长期股权投资的账面价值为8 000万元，剩余股权投资的公允价值为2 000万元。不考虑相关税费等其他因素影响。

甲公司有关会计处理如下：

借:银行存款　　80 000 000
　贷:长期股权投资　　64 000 000
　　投资收益　　16 000 000

剩余股权投资转为可供出售金融资产,当天公允价值为 2 000 万元,账面价值为 1 600 万元,两者差异应计入当期投资收益。

借:可供出售金融资产　　20 000 000
　贷:长期股权投资　　16 000 000
　　投资收益　　4 000 000

上述转换的初始投资成本如表 2-7 所示。

表 2-7　　转换的初始投资成本

对子公司的投资转换为其他类型的投资的核算	
转换为对联营企业或合营企业的投资	转换为金融工具投资
1. 处置部分长期股权投资的账面价值与实际取得价款之间的差额,计入当期损益	1. 处置部分长期股权投资的账面价值与实际取得价款之间的差额,计入当期损益
2. 剩余股权视同自取得时即采用权益法核算	2. 剩余股权在丧失控制之日按公允价值计量,公允价值与账面价值之间的差额计入当期损益

(四)关于投资性主体转变时的会计处理

当企业由非投资性主体转变为投资性主体时,其对自转变日起不再纳入合并财务报表范围的子公司采用公允价值计量且其变动计入当期损益,转变日公允价值和原账面价值的差额计入所有者权益。

当企业由投资性主体转变为非投资性主体时,其对自转变日起开始纳入合并财务报表范围的子公司采用成本法进行后续计量。转变日的公允价值为成本法核算的初始成本。

(五)核算方法转换的小结

1. "跨越会计处理界线"原则在核算方法转换的衔接处理中的应用。

上述列举的核算方法转换情形共有六种,各有不同的处理原则。看似复杂,实际上是有规律可循的。这个规律就是遵循"跨越会计处理界线"(crossing the accounting boundary)原则。

"跨越会计处理界线"原则最早是在 2010 年发布的《企业会计准则解释第 4 号》中引入的,指因在另一主体所享有权益的增减变化而导致会计处理方法的变更(如:成本法或以公允价值计量的金融资产←→权益法核算←→合并报表)。

在合并报表层面,因控制权的变动(会计处理界线)而导致会计处理方法变更的任何权益变动被视为重大的经济事项(a significant economic event),该等交易被视同为原资产(如果权益增加)或剩余资产(如果权益减少)按公允价值处置并立即按同一公允价值回购进行会计核算。其在合并报表层面的具体表现为:

(1) 原先不具有控制、共同控制或者重大影响的权益性投资(按成本法或作为以公允价值计量的金融资产核算)(如,10%)在通过企业合并增加为控制性权益(如,75%)后,该先前持有的权益应按购买日(取得控制权之日)的公允价值重新计量,所产生的任何利得应计入损益。同样,先前计入其他综合收益的利得应按相关准则的要求重分类至损益。

(2) 原按权益法核算的对联营企业或合营企业的长期股权投资(如,40%),在通过企业合并增加为控制性权益(如,75%)后,该先前持有的权益应按公允价值重新计量,所产生的任何利得应计入损益。

(3) 在处置对子公司的股权导致丧失控制权时,保留的任何在前子公司享有的权益应在丧失控制权之日按公允价值计量。该公允价值在计算处置时归属于母公司的利得或损失时得以反映,并成为后续按权益法、成本法或金融工具准则对保留的剩余权益进行会计处理的初始账面金额。

"跨越会计处理界线"原则在合并报表层面的上述表现,分别在原先的《企业会计准则解释第 4 号》第三条对"分步购买实现非同一控制下企业合并"和第四条对"处置子公司股权并导致丧失控制权但仍保留部分剩余权益"在合并报表层面的处理原则中得到体现,这些规定在《企业会计准则第 33 号——合并财务报表》(2014 年修订)的第四十八条和第五十条中继续得到延续。

在个别报表层面,CAS 2(2014)在对股权投资的核算方法转换进行衔接处理时,也引入了"跨越会计处理界线"的原则,但需要注意的是:个别报表层面"跨越会计处理界线"的判断标准与合并报表层面是不同的。个别报表层面的"跨越会计处理界线"是以核算科目的变化为判断标准,即:在个别报表层面,核算科目由金融资产变为长期股权投资,或者由长期股权投资变为金融资产,均属于"跨越会计处理界线",但长期股权投资的权益法和成本法之间的转换不属于"跨越会计处理界线"。而合并报表层面的"跨越会计处理界线"是以控制权的取得或丧失为判断标准。另外,金融资产和对合营、联营企业的长期股权投资之间的转换不涉及控制权的取得或丧失,且这些事项在个别报表层面和合并报表层面的处理原则一致,因此在合并报表层面也被视为"跨越会计处理界线"的事项。个别报表和合并报表层面对"跨越会计处理界线"的认定标准的异同如表 2-8 所示。

表 2-8　　认定标准

	个别报表层面	合并报表层面
金融资产→合营或联营企业	√	√
金融资产→子公司	√	√
合营或联营企业→子公司	×	√
合营或联营企业→金融资产	√	√
子公司→合营或联营企业	×	√
子公司→金融资产	√	√

根据是否在个别报表层面构成"跨越会计处理界线",可以把前面讨论的个

别报表层面核算方法转换的六种情形总结如下：

(1) 在构成“跨越会计处理界线”的情况下，如果属于增持股权等原因导致的影响力或控制力上升，则对原持有的股权应按照转换日的公允价值重新计量；如果属于减持股权等原因导致的影响力或控制力下降，则应在确认被处置的部分股权的处置收益的同时对剩余股权进行重新计量。这两种情况下重新计量的金额与原账面价值之间的差额均计入当期损益。同时与原持有的股权相关的其他综合收益等应予以全部结转。因此在转换日有可能确认损益。

(2) 在不构成“跨越会计处理界线”的情况下，不能对原有权益或剩余权益按转换日公允价值进行重新计量。与原持有投资或剩余投资相关的其他综合收益等也不作结转处理[到后续实际处置长期股权投资时再按照 CAS 2(2014)中关于处置长期股权投资的规定进行结转]。因此在转换日不会确认损益。

2. 其他综合收益的转出处理——如何理解“与被投资单位直接处置相关资产或负债相同的基础”？

CAS 2(2014)第十四条第二款规定，投资方因追加投资等原因能够对非同一控制下的被投资单位实施控制的，“……购买日之前持有的股权投资因采用权益法核算而确认的其他综合收益，应当在处置该项投资时采用与被投资单位直接处置相关资产或负债相同的基础进行会计处理。……”

CAS 2(2014)第十五条第一款规定，投资方因处置部分股权投资等原因丧失了对被投资单位的共同控制或重大影响的，“……原股权投资因采用权益法核算而确认的其他综合收益，应当在终止采用权益法核算时采用与被投资单位直接处置相关资产或负债相同的基础进行会计处理。”

上述两处都提到了对原先采用权益法核算而确认的其他综合收益，应当“采用与被投资单位直接处置相关资产或负债相同的基础进行会计处理”，那么应当如何理解这一要求？

我们理解，这一要求是与《企业会计准则第 30 号——财务报表列报》(2014 年修订)将其他综合收益分为两大类的规定相关的。根据《企业会计准则第 30 号——财务报表列报》(2014 年修订)第三十三条规定：

其他综合收益项目应当根据其他相关会计准则的规定分为下列两类列报：

① 以后会计期间不能重分类进损益的其他综合收益项目，主要包括重新计量设定受益计划净负债或净资产导致的变动、按照权益法核算的在被投资单位以后会计期间不能重分类进损益的其他综合收益中所享有的份额等；

② 以后会计期间在满足规定条件时将重分类进损益的其他综合收益项目，主要包括按照权益法核算的在被投资单位以后会计期间在满足规定条件时将重分类进损益的其他综合收益中所享有的份额、可供出售金融资产公允价值变动形成的利得或损失、持有至到期投资重分类为可供出售金融资产形成的利得或损失、现金流量套期工具产生的利得或损失中属于有效套期的部分、外币财务报表折算差额等。

根据上述规定，在对原先采用权益法核算形成的其他综合收益进行结转时，应注意区分其他综合收益形成的不同来源：

(1) 如果被投资单位存在设定受益性质的离职后福利计划，其在每期末按照《企业会计准则第 9 号——职工薪酬(2014 年修订)》的规定重新计量设定受益计划净负债或净资产导致的变动所形成的其他综合收益，投资方在权益法核算时按股权比例计算应享有或承担的部分，在后续处置投资或终止采用权益法核算时，投资方应当遵循《企业会计准则第 9 号——职工薪酬》(2014 年修订)第十六条的规定，对这部分其他综合收益不允许转回至损益，但可以在权益范围内转移这些在其他综合收益中确认的金额。

(2) 除上述情况外，与长期股权投资权益法核算相关的其他综合收益在后续处置投资或终止采用权益法核算时应当转入损益(一般是转入“投资收益”)。

3. 追溯调整问题。

当丧失对子公司的控制权但保留重大影响或共同控制，因而需转为权益法核算时，CAS 2(2014)第十五条要求“对该剩余股权视同自取得时即采用权益法核算进行调整”。我们理解，该规定意味着在个别报表层面需对剩余股权自当初取得时开始即按照权益法核算进行追溯调整，并相应重新列报个别报表层面的各相关期间比较数据。但该项追溯调整既不属于会计政策变更，也不属于前期会计差错更正，而是一项特殊的前期调整事项，具体会计处理请参阅前文[例 25]。

4. 与 CAS 2(2006)下核算方法转换规定的主要差异。

(1) 对于“从无重大影响或共同控制，变为具有重大影响或共同控制”(即原准则下为“成本法→权益法”，新准则下为“金融资产→合营或联营企业”)的情形，《企业会计准则讲解》(2010)第三章第四节(原书第 44～45 页)要求区分原持有的长期股权投资以及新增长期股权投资两部分分别处理，对原持有的长期股权投资视同自取得时即采用权益法核算并追溯调整，并对属于被投资单位实现净损益以外的其他原因导致的被投资单位可辨认净资产公允价值变动中应享有的份额，在调整长期股权投资账面价值的同时，应当计入“资本公积——其他资本公积”。CAS 2(2014)要求按照“跨越会计处理界线”的原则处理，对原持有的投资不再要求视同自取得时即采用权益法核算并追溯调整。

(2) 对于“从不控制到控制”的核算方法转换，CAS 2(2014)基本延续了《企业会计准则解释第 4 号》第三条对通过多次交易实现非同一控制下企业合并时个别报表层面的会计处理规定，但有以下变化：

a. 对原持有投资相关的其他综合收益的处理原则不同：原持有投资作为长期股权投资核算的，所确认的其他综合收益需到处置该项投资时才能转出处理；原作为可供出售金融资产核算的，所确认的其他综合收益在核算方法转换时即转入损益。

b. 对原按权益法核算的长期股权投资相关的其他综合收益，如属于《企业会计准则第 30 号——财务报表列报》(2014 年修订)第三十三条所指的“按照权益法核算的在被投资单位以后会计期间不能重分类进损益的其他综合收益中所享有的份额”的，则在处置该项投资时也不能转入损益。

(3) 对于“从具有共同控制、重大影响到不具有共同控制、重大影响”的核算方法转换，新规定与原先《企业会计准则讲解》第三章第四节“权益法转为成本法”的衔接规定有所不同，而与 IAS 28 第 22～24 段基本一致(IAS 28 第 22～24 段的英文原文和中文译文参阅本操作指南附录中的脚注)。

(4) CAS 2(2014)对于丧失控制权时的会计处理规定，基本延续了《企业会计准则解释第 4 号》第四条的相关规定。但是，其中对于“处置后的剩余股权不能对被投资单位实施共同控制或施加重大影响的，应当改按《企业会计准则第 22 号——金融工具确认和计量》的有关规定进行会计处理，其在丧失控制之日的公允价值与账面价值间的差额计入当期损益”的规定，事实上把合并报表层面以公允价值计量此类剩余股权的规定“下推”到了个别报表层面，与解释 4 号第四条的规定相比是有变化的。

四、长期股权投资的处置以及因处置等原因导致长期股权投资核算方法的转换

(一) 长期股权投资处置

(1) 企业持有长期股权投资的过程中，由于各方面的考虑，决定将所持有的对被投资单位的股权全部或部分对外出售时，应相应结转与所售股权相对应的长期股权投资的账面价值，一般情况下，出售所得价款与处置长期股权投资账面价值之间的差额，应确认为处置损益。

(2) 投资方全部处置权益法核算的长期股权投资时，原权益法核算的相关其他综合收益应当在终止采用权益法核算时采用与被投资单位直接处置相关资产或负债相同的基础进行会计处理，因被投资方除净损益、其他综合收益和利润分配以外的其他所有者权益变动而确认的所有者权益，应当在终止采用权益法核算时全部转入当期投资收益。

(3) 投资方部分处置权益法核算的长期股权投资，剩余股权仍采用权益法核算的，原权益法核算的相关其他综合收益应当按比例转出，采用与被投资单位直接处置相关资产或负债相同的基础进行会计处理；因被投资方除净损益、其他综合收益和利润分配以外的其他所有者权益变动而确认的所有者权益，应当按比例结转入当期投资收益。

【例 27】 A 公司持有 B 公司 40%的股权并采用权益法核算。2×13 年 7 月 1 日，A 公司将 B 公司 20%的股权出售给第三方 C 公司，对剩余 20%的股权仍采用权益法核算。A 公司取得 B 公司股权至 2×13 年 7 月 1 日期间，确认的相关其他综合收益为 400 万元(其中，350 万元为按比例享有的 B 公司可供出售金融资产的公允价值变动，50 万元为按比例享有的 B 公司重新计量设定受益计划净负债或净资产所产生的变动)，享有 B 公司除净损益、其他综合收益和利润分配以外的其他所有者权益变动为 100 万元。不考虑相关税费等其他因素影响。

A 公司原持有股权相关的其他综合收益和其他所有者权益变动应按如下方法进行会计处理：

第一,其他综合收益。

a. 转入当期损益:350 万元的其他综合收益属于被投资单位可供出售金融资产的公允价值变动,由于剩余股权仍继续根据长期股权投资准则采用权益法进行核算,因此,应按处置比例(20% /40%)相应结转计入当期投资收益 350 /2 =175(万元)。

b. 转入其他的权益科目:50 万元的其他综合收益属于被投资单位重新计量设定受益计划净负债或净资产所产生的变动,由于剩余股权仍继续根据长期股权投资准则采用权益法进行核算,因此,应按处置比例(20% /40%)并按照被投资单位处置相关资产或负债相同的基础进行会计处理。

第二,其他所有者权益变动。

由于剩余股权仍继续根据长期股权投资准则采用权益法进行核算,因此应按处置比例(20% /40%)相应结转计入当期投资收益 100 /2=50(万元)。

再假设,2×13 年 12 月,A 公司再向第三方公司处置 B 公司 15%的股权,剩余 5%股权作为可供出售金融资产,按《企业会计准则第 22 号——金融资产确认和计量》进行会计处理,且该次处置 B 公司 15%股权的交易与前次处置 B 公司 20%股权的交易并非“一揽子交易”。A 公司原持有股权相关的其他综合收益和其他所有者权益变动应按以下方法进行会计处理:

第一,其他综合收益。

a. 转入当期损益。

处置后的剩余股权改按《企业会计准则第 22 号——金融资产确认和计量》进行会计处理,其他综合收益 175 万元属于被投资单位可供出售金融资产的公允价值变动,应在转换日全部结转,同时计入当期投资收益。

b. 转入其他的权益科目。

处置后的剩余股权改按《企业会计准则第 22 号——金融资产确认和计量》进行会计处理,其他综合收益 25 万元属于被投资单位重新计量设定受益计划净负债或净资产所产生的变动,按照被投资单位处置相关资产或负债相同的基础进行会计处理。

第二,其他所有者权益变动。

由于剩余股权改按《企业会计准则第 22 号——金融资产确认和计量》进行会计处理,因此,应在转换日全部结转,计入当期投资收益 50 万元。

(二) 因处置等原因导致长期股权投资核算方法的转换

长期股权投资在持有期间,因处置投资等原因可能导致长期股权投资核算方法由一种方法转为另一种方法,包括权益法核算转公允价值计量,以及成本法核算转公允价值计量或权益法核算。具体原理及核算参看第(三)部分“长期股权投资的核算方法转换”内容。

企业通过多次交易分步处置对子公司股权投资直至丧失控制权,如果上述交易属于“一揽子交易”的,应当将各项交易作为一项处置子公司股权投资并丧失控制权的交易进行会计处理;但是,在丧失控制权之前每一次处置价款与所处置的股权对应的长期股权投资账面价值之间的差额,在个别财务报表中，应当先确认为其他综合收益，到丧失控制权时再一并转入丧失控制权的当期损益。

（三）相关所得税影响

根据我国《企业所得税法》的相关规定，符合条件的居民企业之间的股息、红利等权益性投资收益为免税收入。因此，通常情况下，当居民企业持有另一居民企业的股权意图为长期持有，通过股息、红利或者其他协同效应获取回报时，其实质所得税率为零，不存在相关所得税费用。只有当居民企业通过转让股权获取资本利得收益时，该笔资产转让利得才产生相应的所得税费用。

从资产负债表角度考虑，资产的账面价值代表的是企业在持续持有及最终处置某项资产的一定期间内，该项资产能够为企业带来的未来经济利益，而其计税基础代表的是在这一期间内，就该项资产按照税法规定可以税前扣除的金额。当资产的账面价值大于其计税基础的，两者之间的差额将会于未来期间产生应税金额，增加未来期间的应纳税所得额及应交所得税，对企业形成经济利益流出的义务。根据《企业会计准则第 18 号——所得税》的相关规定，企业对与子公司、联营企业、合营企业投资等相关的应纳税暂时性差异，应当确认递延所得税负债，只有在同时满足以下两个条件时除外：一是投资企业能够控制暂时性差异转回的时间；二是该暂时性差异在可预见的未来很可能不会转回。当投资方改变其持有意图拟对外出售时，不再符合上述条件，应确认其递延所得税影响。

在实务操作中，对于与在子公司、合营企业、联营企业的长期股权投资相关的递延所得税资产或负债的确认和计量中的一些特殊问题，还可以参考已出版的《计学撷要》系列中的相关案例。

五、长期股权投资的减值

长期股权投资如果存在减值迹象的，应当按照相关准则的规定计提减值准备。其中：

(1) 长期股权投资中对子公司、联营企业及合营企业的投资，应当按照《企业会计准则第 8 号——资产减值》的规定确定其可收回金额及应予计提的减值准备，可收回金额应当根据资产的公允价值减去处置费用后的净额与资产预计未来现金流量的现值两者之间较高者确定，减值损失一经确认，不得转回；

(2) 企业持有的对被投资单位不具有共同控制或重大影响，在活跃市场中没有报价、公允价值不能可靠计量的长期股权投资，通常作为可供出售金融资产核算，应当按照《企业会计准则第 22 号——金融工具确认和计量》的规定确定其可收回金额及应予计提的减值准备。当其公允价值发生严重或非暂时性下跌，或者出现其他表明发生减值的客观证据时，应当计提减值准备，其减值金额为成本(初始计量金额)与公允价值之间的差额，确认的减值损失直接计入当期损益，同时还应将原直接计入所有者权益的因公允价值下降形成的累计损失予以转出，计入当期损益(该转出的累计损失，为可供出售金融资产的初始取得成本扣除已收回本金和已摊销金额、当前公允价值和原已计入损益的减值损失后的余额)。减值准备提取后,不得通过损益转回。

第四节 特殊交易的会计处理

(一) 持有待售的对联营企业或合营企业的权益性投资

持有待售的对联营企业或合营企业的权益性投资的认定、会计处理和列报,应遵循企业会计准则体系对持有待售非流动资产的会计处理和报表列报的一般要求。

根据《企业会计准则第 30 号——财务报表列报》(2014 年修订)第四十二条规定,同时满足下列条件的企业组成部分(或非流动资产,下同)应当确认为持有待售:该组成部分必须在其当前状况下仅根据出售此类组成部分的惯常条款即可立即出售;企业已经就处置该组成部分作出决议,如按规定需得到股东批准的,应当已经取得股东大会或相应权力机构的批准;企业已经与受让方签订了不可撤销的转让协议;该项转让将在一年内完成。

根据 CAS 2(2014),对持有待售的对联营企业和合营企业的权益性投资的会计处理,应遵循以下规定:

(1) 对联营企业或合营企业的权益性投资全部或部分分类为持有待售资产的,投资方应当按照《企业会计准则第 4 号——固定资产》的有关规定处理,对于未划分为持有待售资产的剩余权益性投资,应当继续采用权益法进行会计处理。

(2) 已划分为持有待售的对联营企业或合营企业的权益性投资,不再符合持有待售资产分类条件的,应当从被分类为持有待售资产之日起采用权益法进行追溯调整。分类为持有待售期间的财务报表应当作相应调整。

上述规定系对应于 IAS 28(2011 年修订)第 20、21 段。其英文原文为:

20 An entity shall apply IFRS 5 to an investment, or a portion of an investment, in an associate or a joint venture that meets the criteria to be classified as held for sale. Any retained portion of an investment in an associate or a joint venture that has not been classified as held for sale shall be accounted for using the equity method until disposal of the portion that is classified as held for sale takes place. After the disposal takes place, an entity shall account for any retained interest in the associate or joint venture in accordance with IFRS 9 unless the retained interest continues to be an associate or a joint venture, in which case the entity uses the equity method.

21 When an investment, or a portion of an investment, in an associate or a joint venture previously classified as held for sale no longer meets the criteria to be so classified, it shall be accounted for using the equity method retrospectively as from the date of its classification as held for sale. Financial state-

ments for the periods since classification as held for sale shall be amended accordingly.

中文翻译：

20. 主体应对符合持有待售条件的联营企业和合营企业中的投资或部分投资应用《国际财务报告准则第 5 号》。在处置分类为持有待售的那部分投资之前，对联营企业和合营企业中未被分类为持有待售的剩余投资部分应采用权益法进行会计处理。处置发生后，主体应根据《国际财务报告准则第 9 号》对联营企业或合营企业中的剩余权益进行会计处理，除非剩余权益继续归属于适用权益法的联营企业或合营企业投资。

21. 当之前划分为持有待售的联营企业和合营企业中的投资或部分投资不再符合这种分类条件时，该投资应从被分类为持有待售之日开始追溯采用权益法进行会计处理。分类为持有待售期间的财务报表应作相应调整。

另外需要注意的是：根据 IAS 28(2011 年修订)第 20 段，“在处置分类为持有待售的那部分投资之前，对联营企业和合营企业中未被分类为持有待售的剩余投资部分应采用权益法进行会计处理。处置发生后，主体应根据《国际财务报告准则第 9 号》对联营企业或合营企业中的剩余权益进行会计处理，除非剩余权益继续归属于适用权益法的联营企业或合营企业投资”。但 CAS 2(2014)没有强调这一点。

持有待售的对联营企业、合营企业的长期股权投资属于“持有待售非流动资产”的组成部分，其在资产负债表上的列报应遵循《企业会计准则第 30 号——财务报表列报(2014 年修订)》的相关规定，在“流动资产”大类下单独设置“被划分为持有待售的非流动资产及被划分为持有待售的处置组中的资产”项目予以反映。

（二）通过风险投资机构、共同基金、信托公司或包括投连险基金在内的类似主体间接持有的对联营企业权益性投资的公允价值计量选择权

根据 CAS 2(2014)第九条规定，投资方对联营企业的权益性投资，其中一部分通过风险投资机构、共同基金、信托公司或包括投连险基金在内的类似主体间接持有的，无论以上主体是否对这部分投资具有重大影响，投资方都可以按照《企业会计准则第 22 号——金融工具确认和计量》的有关规定，对间接持有的该部分投资选择以公允价值计量且其变动计入损益，并对其余部分采用权益法核算。

IAS 28(2011 年修订)第 18、19 段的英文原文如下：

18 When an investment in an associate or a joint venture is held by, or is held indirectly through, an entity that is a venture capital organisation, or a mutual fund, unit trust and similar entities including investment-linked insurance funds, the entity may elect to measure investments in those associates and joint ventures at fair value through profit or loss in accordance with IFRS 9.

19 When an entity has an investment in an associate, a portion of which is

held indirectly through a venture capital organisation, or a mutual fund, unit trust and similar entities including investment-linked insurance funds, the entity may elect to measure that portion of the investment in the associate at fair value through profit or loss in accordance with IFRS 9 regardless of whether the venture capital organisation, or the mutual fund, unit trust and similar entities including investment-linked insurance funds, has significant influence over that portion of the investment. If the entity makes that election, the entity shall apply the equity method to any remaining portion of its investment in an associate that is not held through a venture capital organisation, or a mutual fund, unit trust and similar entities including investment-linked insurance funds.

中文翻译：

18. 当联营企业或合营企业中的投资被风险资本组织、共同基金、信托公司和包括投连险基金在内的类似主体持有或间接持有时，主体可以根据《国际财务报告准则第 9 号》对联营企业和合营企业中的投资选择以公允价值计量且其变动计入损益。

19. 当主体在联营企业中的投资有一部分是通过风险资本组织、共同基金、信托公司或包括投连险基金在内的类似主体间接持有时，无论该风险资本组织、共同基金、信托公司和包括投连险基金在内的类似主体是否对这部分投资具有重大影响，主体都可以根据《国际财务报告准则第 9 号》对联营企业中的这部分投资选择以公允价值计量且其变动计入损益。如果主体作了这样的选择，主体应对投资中未通过风险资本组织、共同基金、信托公司和包括投连险基金在内的类似主体持有的剩余部分应用权益法。

第五节 衔接规定

根据 CAS 2(2014)第十九条规定，在本准则施行日之前已经执行企业会计准则的企业，应当按照本准则进行追溯调整，追溯调整不切实可行的除外。具体应当采用《企业会计准则第 28 号——会计政策、会计估计变更和差错更正》及其应用指南和讲解中关于会计政策变更追溯调整法的相关规定进行衔接处理，并调整前期比较报表的列报。

在转换到 CAS 2(2014)之日(即 2014 年 7 月 1 日)，企业应当重点关注以下具有普遍性且可能影响较大的新旧准则差异事项的衔接处理。

（一）对被投资企业不具有控制、共同控制或重大影响的长期股权投资的重分类

根据 CAS 2(2014)的规定，投资方对被投资单位不具有控制、共同控制和重大影响的长期股权投资，无论是否具有活跃市场、公允价值能否可靠确定，均不再属于长期股权投资准则的规范范围，而属于《企业会计准则第 22 号——金

融工具确认和计量》的规范范围。对于投资方对被投资单位不具有控制、共同控制和重大影响,且在活跃市场无报价,公允价值不能可靠确定的长期股权投资,将作为"可供出售金融资产"核算。因此,在 2014 年 7 月 1 日,企业应把原准则下按成本法核算的对被投资企业不具有控制、共同控制和重大影响,且在活跃市场上没有报价、公允价值不能可靠计量的长期股权投资,重分类到"可供出售金融资产"。前期比较资产负债表上的列报方式也应一并调整。

根据《企业会计准则第 22 号——金融工具确认和计量》第三十二条第(二)项规定:"在活跃市场中没有报价且其公允价值不能可靠计量的权益工具投资,以及与该权益工具挂钩并须通过交付该权益工具结算的衍生金融资产,应当按照成本计量",因此我们理解此类长期股权投资转为适用金融工具准则后,多数可能性仍然是按成本进行后续计量,即对资产负债表上报告的期末账面价值不产生影响。

但是,由于金融工具准则规定对金融资产的初始计量需按公允价值,因此按金融工具准则确定的初始计量金额可能不同于按《企业会计准则第 2 号——长期股权投资(2006)》第四条所确定的初始计量金额,例如最初取得一项长期股权投资时,因交易对手系关联方等原因导致作价不公允,即当初的取得成本并未代表该项股权投资于取得日的公允价值,则此时需对该项可供出售金融资产的列报金额进行调整,但不切实可行的(即当初取得日的公允价值已无法可靠确定时)除外。

(二)以前年度权益法核算中的若干具体做法与 CAS 2(2014)的具体要求不一致时的追溯调整

例如,根据 CAS 2(2014)第十一条规定,"投资方对于被投资单位除净损益、其他综合收益和利润分配以外所有者权益的其他变动,应当调整长期股权投资的账面价值并计入所有者权益"。据此,如果以前年度在权益法核算中,在合营企业和联营企业中所占股权比例因其他股东单方面增资而被稀释,但所占权益份额增加,且仍作为合营企业或联营企业以权益法核算的情况下,本企业将所增加享有的权益份额计入投资收益而不是资本公积的,则在新准则生效日也应按照新准则的上述规定进行追溯调整。

(三)投资核算方法转换的新旧差异的影响

由于新旧准则对核算方法转换的衔接处理规定不同,导致新准则生效日相关科目的余额与假设交易发生时即按 CAS 2(2014)的相关规定进行处理的应有结果不一致的,也应按照 CAS 2(2014)的相关规定进行追溯调整。

【例 28】 某企业集团于 2010 年 1 月 1 日投资 A 公司,初始投资成本为 1.7 亿元,持股比例为 21%,按权益法核算。2012 年 1 月 1 日,A 公司首次公开发行股票,由于该集团认为仍对 A 公司具有重大影响,仍对其在长期股权投资中核算,而未将其重分类列入"可供出售金融资产"。2013 年 1 月 1 日,某企业集团通过二级市场出售了一部分 A 公司的股票(下表计算过程中忽略出售股数对长投成本及损益的影响),持股比例下降至 20%以下,并且其在 A 公司决策层的影响力下降,故拟将此项投资重分类列入可供出售金融资产(不准备在短期内通过二级市场买卖获取价差收益)。相关数据如表 2-9 所示。

表 2-9　　相关数据

项　　目	数据关系	金额(万元)
某集团对 A 公司的投资成本	1	17 000.00
持股比例		21%
被投资单位实现净利润(2010 年 1 月 1 日至 2013 年 1 月 1 日)		5 000.00
被投资单位资本溢价(2010 年 1 月 1 日至 2013 年 1 月 1 日)		3 000.00
投资后—变更前,按权益法核算(净利润)	2	1 050.00
投资后—变更前,按权益法核算(资本公积变动)	3	630.00
长期股权投资余额(截至 2013 年 1 月 1 日)	4=1+2+3	18 680.00
持股数量(股)		100 000 000.00
股票市价(2013 年 12 月 31 日)		7.00
公允价值		70 000.00

此问题在 CAS 2(2006)和 CAS 2(2014)下的处理方法不同。鉴于此处丧失重大影响是在 2013 年 1 月,因此在 2013 年年报中先按 CAS 2(2006)的规定处理,但到 CAS 2(2014)生效后,应进行追溯调整。

1. CAS 2(2006)下的核算方法转换规定。

CAS 2(2006)下对原按权益法核算的长期股权投资因丧失重大影响转换为可供出售金融资产的处理,一般参照《企业会计准则讲解》(2010)第三章第四节关于"权益法转换为成本法"的以下规定:

因追加投资原因导致原持有的对联营企业或合营企业的投资转变为对子公司投资的,长期股权投资账面价值的调整应当按照本章第二节的有关规定处理。除此之外,因减少投资导致长期股权投资的核算由权益法转换为成本法(投资企业对被投资单位不具有共同控制或重大影响,并且在活跃市场中没有报价,公允价值不能可靠计量的长期股权投资)的,应以转换时长期股权投资的账面价值作为按照成本法核算的基础。

据此,在 2013 年 1 月丧失重大影响,转为可供出售金融资产核算之日,被审计单位应作以下账务处理:

借:可供出售金融资产——成本　　186 800 000
　贷:长期股权投资——成本　　170 000 000
　　长期股权投资——损益调整　　10 500 000
　　长期股权投资——其他权益变动　　6 300 000

借:可供出售金融资产——公允价值变动　　513 200 000
　贷:递延所得税负债　　128 300 000

资本公积——其他资本公积 384 900 000

借:所得税费用——递延所得税费用(10 500 000×25%) 2 625 000
资本公积——其他资本公积(6 300 000×25%) 1 575 000
贷:递延所得税负债 4 200 000

2. 在CAS 2(2014)下的核算方法转换调整。

根据CAS 2(2014)第十五条第一款规定:“投资方因处置部分股权投资等原因丧失了对被投资单位的共同控制或重大影响的,处置后的剩余股权应当改按《企业会计准则第22号——金融工具确认和计量》核算,其在丧失共同控制或重大影响之日的公允价值与账面价值之间的差额计入当期损益。原股权投资因采用权益法核算而确认的其他综合收益,应当在终止采用权益法核算时采用与被投资单位直接处置相关资产或负债相同的基础进行会计处理。”

因此,假设在丧失重大影响之日按照CAS 2(2014)的上述规定处理,则会计分录应为:

借:可供出售金融资产——成本 700 000 000
贷:长期股权投资——成本 170 000 000
长期股权投资——损益调整 10 500 000
长期股权投资——其他权益变动 6 300 000
投资收益 513 200 000

借:资本公积——其他资本公积 6 300 000
贷:投资收益 6 300 000

假设该部分投资收益在税法上不要求立即纳税,而是在后续转让该可供出售金融资产时允许在税前扣除的成本仍按原成本17 000万元为基础计算,则仍应将该项可供出售金融资产账面价值(70 000万元)与计税基础(17 000万元)之间的差额确认递延所得税负债,会计分录如下:

借:所得税费用——递延所得税费用[700 000 000－170 000 000)×25%]
132 500 000
贷:递延所得税负债 132 500 000

3. 2014年7月1日的新旧准则转换衔接处理。

根据CAS 2(2014)第十九条规定:“在本准则施行日之前已经执行企业会计准则的企业,应当按照本准则进行追溯调整,追溯调整不切实可行的除外”。

据此,在2014年7月1日,该企业应编制以下会计分录,以完成该规定所要求的新旧准则衔接追溯调整:

借:可供出售金融资产——成本 513 200 000
贷:可供出售金融资产——公允价值变动 513 200 000

借:资本公积——其他资本公积 389 625 000
贷:利润分配——未分配利润 389 625 000

同时,在编制2014年度财务报表时,对2013年度的前期比较数据应相应进行调整,所涉及的调整项目包括资本公积(减少 38 962.50 万元)、所得税费用(增加 12 987.50 万元)、投资收益(增加 51 950 万元)、未分配利润(增加 38 962.50万元)。(注:此处未考虑追溯调整事项对前期法定盈余公积的影响)

另外,新旧长期股权投资准则对投资性主体所持股权投资,持有待售的对合营企业和联营企业的权益性投资,通过风险投资机构、共同基金、信托公司或包括投连险基金在内的类似主体间接持有的对联营企业权益性投资的公允价值计量选择权等会计处理规定也作出了重大的改变。涉及这些事项的企业在新旧准则衔接时也应当关注这些变化的影响,相应进行追溯调整处理。

第六节 相关披露

与长期股权投资相关的财务报表附注披露要求,是由《企业会计准则第 41 号——在其他主体中权益的披露》中的相关内容予以规范的。具体内容和要求如下。

(一) 重大判断和假设的披露

企业应当披露对其他主体实施控制、共同控制或重大影响的重大判断和假设,以及这些判断和假设变更的情况,包括但不限于下列各项:

(1) 企业持有其他主体半数或以下的表决权但仍控制该主体的判断和假设,或者持有其他主体半数以上的表决权但并不控制该主体的判断和假设。

(2) 企业持有其他主体 20%以下的表决权但对该主体具有重大影响的判断和假设,或者持有其他主体 20%或以上的表决权但对该主体不具有重大影响的判断和假设。

(3) 企业通过单独主体达成合营安排的,确定该合营安排是共同经营还是合营企业的判断和假设。

(4) 确定企业是代理人还是委托人的判断和假设。

同时,企业还应当披露被确定为投资性主体的重大判断和假设,以及虽然不符合投资性主体的一项或多项特征但仍被确定为投资性主体的原因。企业(母公司)由非投资性主体转变为投资性主体的,应当披露该变化及其原因,并披露该变化对财务报表的影响,包括对变化当日不再纳入合并财务报表范围子公司的投资的公允价值、按照公允价值重新计量产生的利得或损失以及相应的列报项目。企业(母公司)由投资性主体转变为非投资性主体的,应当披露该变化及其原因。

(二) 在不纳入合并报表范围的子公司中权益的披露

(1) 企业是投资性主体且存在未纳入合并财务报表范围的子公司、并对该子公司权益按照公允价值计量且其变动计入当期损益的,应当在财务报表附注中对该情况予以说明;同时,对于未纳入合并财务报表范围的子公司,企业应当披露下列信息:子公司的名称、主要经营地及注册地;企业对该子公司的持股比例;持股比例不同于企业持有的表决权比例的,企业还应当披露该表决权比例;

企业的子公司也是投资性主体且该子公司存在未纳入合并财务报表范围的下属子公司的，企业应当按照上述要求披露该下属子公司的相关信息。

(2) 企业是投资性主体的，对其在未纳入合并财务报表范围的子公司中的权益，应当披露与该权益相关的风险信息：

该未纳入合并财务报表范围的子公司以发放现金股利、归还贷款或垫款等形式向企业转移资金的能力存在重大限制的，企业应当披露该限制的性质和程度。

企业存在向未纳入合并财务报表范围的子公司提供财务支持或其他支持的承诺或意图的，企业应当披露该承诺或意图，包括帮助该子公司获得财务支持的承诺或意图；在没有合同约定的情况下，企业或其子公司当期向未纳入合并财务报表范围的子公司提供财务支持或其他支持的，企业应当披露提供支持的类型、金额及原因。

合同约定企业或其未纳入合并财务报表范围的子公司向未纳入合并财务报表范围、但受企业控制的结构化主体提供财务支持的，企业应当披露相关合同条款，以及可能导致企业承担损失的事项或情况。在没有合同约定的情况下，企业或其未纳入合并财务报表范围的子公司当期向原先不受企业控制且未纳入合并财务报表范围的结构化主体提供财务支持或其他支持，并且所提供的支持导致企业控制该结构化主体的，企业应当披露决定提供上述支持的相关因素。

（三）在合营安排或联营企业中权益的披露

(1) 存在重要的合营安排或联营企业的，企业应当披露下列信息：合营安排或联营企业的名称、主要经营地及注册地。企业与合营安排或联营企业的关系的性质，包括合营安排或联营企业活动的性质，以及合营安排或联营企业对企业活动是否具有战略性等；企业的持股比例；持股比例不同于企业持有的表决权比例的，企业还应当披露该表决权比例。

(2) 对于重要的合营企业或联营企业，除了披露前述(1)所要求的相关信息以外，还应当披露：对合营企业或联营企业投资的会计处理方法；从合营企业或联营企业收到的股利；合营企业或联营企业在其自身财务报表中的主要财务信息，该主要财务信息应当是按照权益法对合营企业或联营企业相关财务信息调整后的金额；合营企业或联营企业主要财务信息按照权益法调整至企业对合营企业或联营企业投资账面价值的调节过程；对合营企业或联营企业投资存在公开报价的，还应当披露其公允价值。投资性主体无需披露本段要求的信息。

(3) 企业在单个合营企业或联营企业中的权益不重要的，应当分别就合营企业和联营企业两类披露下列信息：按照权益法进行会计处理的对合营企业或联营企业投资的账面价值合计数；对合营企业或联营企业的净利润、终止经营的净利润、其他综合收益、综合收益等项目，企业按照其持股比例计算的金额的合计数。投资性主体无需披露本段要求的信息。

(4) 其他披露：合营企业或联营企业以发放现金股利、归还贷款或垫款等形式向企业转移资金的能力存在重大限制的，企业应当披露该限制的性质和程度。

企业对合营企业或联营企业投资采用权益法进行会计处理,被投资方发生超额亏损且投资方不再确认其应分担合营企业或联营企业损失份额的,应当披露未确认的合营企业或联营企业损失份额,包括当期份额和累积份额。

企业应当单独披露与其对合营企业投资相关的未确认承诺,以及与其对合营企业或联营企业投资相关的或有负债。

(四)在未纳入合并财务报表范围的结构化主体中权益的披露

对于未纳入合并财务报表范围的结构化主体,企业应当披露下列信息(投资性主体无需披露本部分要求的内容):

(1) 未纳入合并财务报表范围的结构化主体的性质、目的、规模、活动及融资方式。

(2) 在财务报表中确认的与企业在未纳入合并财务报表范围的结构化主体中权益相关的资产和负债的账面价值及其在资产负债表中的列报项目。

(3) 在未纳入合并财务报表范围的结构化主体中权益的最大损失敞口及其确定方法。企业不能量化最大损失敞口的,应当披露这一事实及其原因。

(4) 在财务报表中确认的与企业在未纳入合并财务报表范围的结构化主体中权益相关的资产和负债的账面价值与其最大损失敞口的比较。

企业发起设立未纳入合并财务报表范围的结构化主体,但在资产负债表日该结构化主体中没有权益的,企业不需要披露上述(2)～(4)项要求的信息,但应当披露企业作为该结构化主体发起人的认定依据,并分类披露企业当期从该结构化主体获得的收益、收益类型,以及转移至该结构化主体的所有资产在转移时的账面价值。

向未纳入合并财务报表范围的结构化主体提供财务支持或其他支持的意图,包括帮助该结构化主体获得财务支持的意图。在没有合同约定的情况下,企业当期向结构化主体(包括企业前期或当期持有权益的结构化主体)提供财务支持或其他支持的,还应当披露提供支持的类型、金额及原因,包括帮助该结构化主体获得财务支持的情况。

第三章

与国际财务报告准则存在的差异

一、核算方法不同

(1) 投资方个别报表层面，中国会计准则对合营、联营企业的长期股权投资采用权益法核算，而 IFRS 作为可供出售金融资产核算，仅在合并报表或经济主体财务报表中体现权益法核算。

(2) 中国会计准则中，长期股权投资一经提取减值准备后不得转回。

(3) CAS 2(2014)第十一条规定"投资方对于被投资单位除净损益、其他综合收益和利润分配以外所有者权益的其他变动，应当调整长期股权投资的账面价值并计入所有者权益"。但对此问题，IFRS 下并未作出规范，实务中对因其他股东单方面增资等原因导致本企业持股被动稀释但所占权益份额增加的会计处理，较为普遍采用的方法是类似于中国证监会会计部于 2011 年 1 月发布的《上市公司执行企业会计准则监管问题解答》(2011 年第 1 期，总第 5 期)第一问中的处理方法，即"视同处置"。

2012 年 11 月，IASB 发布了征求意见稿《权益法：在其他净资产变动中应享有的份额(对 IAS 28 的建议修订)》，其征求意见已于 2013 年 3 月结束。该征求意见稿所建议的处理方法与 CAS 2(2014)第十一条的上述规定类似，但从实际征求意见的情况看争议很大。根据 IASB 的会议记录，2014 年 5 月，IASB 决定停止该项目，IFRS 下关于此问题的会计处理仍然不明确。最终 IFRS 下对此问题将如何规范，尚待观察。

二、初始投资成本确认不同

(1) 对于取得长期股权投资直接相关的费用、税金及其他必要支出是否直接记为初始投资成本存在差异(IFRS 对此问题没有明确规定，但如果参照金融工具准则对金融资产初始计量的规定，作为可供出售金融资产时，取得成本应计入初始计量金额中)。

(2) 中国准则对同一控制下企业合并形成的长期股权投资的初始计量有特别规定，与 IFRS 差异较大。而且在企业合并形成的长期股权投资和非企业合并形成的长期股权投资的初始计量中对直接交易费用有不同的考虑，这也是

IFRS 所没有的。

三、核算方法转换的会计处理不同

(1) 对于由金融资产到对合营或联营企业长期股权投资的转换(CAS 2(2014)第十四条第一款),IFRS 下没有明确规定,在实务中存在多种可接受的处理方法。CAS 2(2014)要求"应当按照《企业会计准则第 22 号——金融工具确认和计量》确定的原持有的股权投资的公允价值加上新增投资成本之和,作为改按权益法核算的初始投资成本。原持有的股权投资分类为可供出售金融资产的,其公允价值与账面价值之间的差额,以及原计入其他综合收益的累计公允价值变动应当转入改按权益法核算的当期损益。"

(2) 由于投资方个别报表层面对合营、联营企业的权益法核算是中国准则下特有的规定,由此导致了个别报表层面对核算方法转换的一些特殊规定,例如丧失对子公司的控制权并变为合营或联营企业时个别报表层面的追溯调整处理等。

附 件

表 2-10 《企业会计准则第 2 号——长期股权投资(2014 年修订)》与 2006 年版本对比

注:楷体为 2014 年修订的准则新增加的内容,仿宋字体是删除的 2006 年版准则的内容。以细黑字体突出显示的内容为我们认为可能对实务操作产生较大的实质性影响,需重点关注的变化内容。

2014 年修订版	2006 年版	备 注
第一章 总 则	第一章 总 则	
第一条 为了规范长期股权投资的确认、计量,根据《企业会计准则——基本准则》,制定本准则。	第一条 为了规范长期股权投资的确认、计量和相关信息的披露,根据《企业会计准则——基本准则》,制定本准则。	披露内容将由《企业会计准则第 41 号——在其他主体中权益的披露》规范(见 2014 年修订版第四条)。
第二条 本准则所称长期股权投资,是指投资方对被投资单位实施控制、重大影响的权益性投资,以及对其合营企业的权益性投资。		投资方对被投资单位不具有控制、共同控制和重大影响的长期股权投资,无论是否具有活跃市场、公允价值能否可靠确定,均不再属于长期股权投资准则的规范范围,而属于《企业会计准则第 22 号——金融工具确认和计量》的规范范围。对于投资方对被投资单位不具有控制、共同控制和重大影响,且在活跃市场无报价,公允价值不能可靠确定的长期股权投资,将作为"可供出售金融资产"核算。 根据《企业会计准则第 22 号——金融工具确认和计量》第三十二条第(二)项规定:"在活跃市场中没有报价且其公允价值不能可靠计量的权益工具投资,以及与该权益工具挂钩并须通过交付该权益工具结算的衍生金融资产,应当按照成本计量",因此我们理解此类长期股权投资转为适用金融工具准则后,多数可能性仍然是按成本进行后续计量。但是,由于金融工具准则规定对金融资产的初始计量需按公允价值,因此按金融工具准则确定的初始计量金额可能不同于按《企业会计准则第 2 号——长期股权投资(2006)》第四条所确定的初始计量金额。
在确定能否对被投资单位实施控制时,投资方应当按照《企业会计准则第 33 号——合并财务报表》的有关规定进行判断。投资方能够对被投资单位实施控制的,被投资单位为其子公司。投资方属于《企业会计准则第 33 号——合并财务报表》规定的投资性主体且子公司不纳入合并财务报表的情况除外。		
在确定被投资单位是否为合营企业时,应当按照《企业会计准则第 40 号——合营安排》的有关规定进行判断。		

第三条　下列各项适用其他相关会计准则：	第二条　下列各项适用其他相关会计准则：	
（一）外币长期股权投资的折算，适用《企业会计准则第19号——外币折算》。	（一）外币长期股权投资的折算，适用《企业会计准则第19号——外币折算》。	
（二）风险投资机构、共同基金以及类似主体持有的、在初始确认时按照《企业会计准则第22号——金融工具确认和计量》的规定以公允价值计量且其变动计入当期损益的金融资产，投资性主体对不纳入合并财务报表的子公司的权益性投资，以及本准则未予规范的其他权益性投资，适用《企业会计准则第22号——金融工具确认和计量》。	（二）本准则未予规范的长期股权投资，适用《企业会计准则第22号——金融工具确认和计量》。	该段内容最早见于《企业会计准则讲解》第三章第一节："长期股权投资准则规范的权益性投资不包括风险投资机构、共同基金以及类似主体（如投资连接保险产品）持有的、在初始确认时按照《企业会计准则第22号——金融工具确认和计量》的规定指定为以公允价值计量且其变动计入当期损益的金融资产或者分类为交易性金融资产的投资。风险投资机构、共同基金以及类似主体持有的、在初始确认时按照《企业会计准则第22号——金融工具确认和计量》的规定指定为以公允价值计量且其变动计入当期损益的金融资产或者划分为交易性金融资产的投资，即使符合持有待售条件，也应继续按《企业会计准则第22号——金融工具确认和计量》的规定核算"。 另外此处规定"投资性主体对不纳入合并财务报表的子公司的权益性投资"不属于长期股权投资准则规范范围，与《企业会计准则第33号——合并财务报表》对投资性主体编制合并报表的豁免规定相衔接。
第四条　长期股权投资的披露，适用《企业会计准则第41号——在其他主体中权益的披露》。		
第二章　初始计量	第二章　初始计量	
第五条　企业合并形成的长期股权投资，应当按照下列规定确定其初始投资成本：	第三条　企业合并形成的长期股权投资，应当按照下列规定确定其初始投资成本：	

（续表）

2014 年修订版	2006 年版	备　注
(一) 同一控制下的企业合并,合并方以支付现金、转让非现金资产或承担债务方式作为合并对价的,应当在合并日按照被合并方所有者权益在最终控制方合并财务报表中的账面价值的份额作为长期股权投资的初始投资成本。长期股权投资初始投资成本与支付的现金、转让的非现金资产以及所承担债务账面价值之间的差额,应当调整资本公积;资本公积不足冲减的,调整留存收益。 合并方以发行权益性证券作为合并对价的,应当在合并日按照被合并方所有者权益在最终控制方合并财务报表中的账面价值的份额作为长期股权投资的初始投资成本。按照发行股份的面值总额作为股本,长期股权投资初始投资成本与所发行股份面值总额之间的差额,应当调整资本公积;资本公积不足冲减的,调整留存收益。	(一) 同一控制下的企业合并中,合并方以支付现金、转让非现金资产或承担债务方式作为合并对价的,应当在合并日按照取得被合并方所有者权益账面价值的份额作为长期股权投资的初始投资成本。长期股权投资初始投资成本与支付的现金、转让的非现金资产以及所承担债务账面价值之间的差额,应当调整资本公积;资本公积不足冲减的,调整留存收益。 合并方以发行权益性证券作为合并对价的,应当在合并日按照取得被合并方所有者权益账面价值的份额作为长期股权投资的初始投资成本。按照发行股份的面值总额作为股本,长期股权投资初始投资成本与所发行股份面值总额之间的差额,应当调整资本公积;资本公积不足冲减的,调整留存收益。	与《企业会计准则解释第 6 号》第二条的规定相对应。该条规定已经要求“合并方编制财务报表时,在被合并方是最终控制方以前年度从第三方收购来的情况下,应视同合并后形成的报告主体自最终控制方开始实施控制时起,一直是一体化存续下来的,应以被合并方的资产、负债(包括最终控制方收购被合并方而形成的商誉)在最终控制方财务报表中的账面价值为基础,进行相关会计处理。合并方的财务报表比较数据追溯调整的期间应不早于双方处于最终控制方的控制之下孰晚的时间。”
(二) 非同一控制下的企业合并,购买方在购买日应当按照《企业会计准则第 20 号——企业合并》的有关规定确定的合并成本作为长期股权投资的初始投资成本。 **合并方或购买方为企业合并发生的审计、法律服务、评估咨询等中介费用以及其他相关管理费用,应当于发生时计入当期损益。**	(二) 非同一控制下的企业合并中,购买方在购买日应当以按照《企业会计准则第 20 号——企业合并》确定的合并成本作为长期股权投资的初始投资成本。	新增内容系与《企业会计准则解释第 4 号》第一条的规定相对应,将该条规定的合并报表层面处理原则下推到个别报表层面。在《企业会计准则讲解(2010)》第 34 页中已有该规定。
第六条　除企业合并形成的长期股权投资以外,其他方式取得的长期股权投资,应当按照下列规定确定其初始投资成本:	第四条　除企业合并形成的长期股权投资以外,其他方式取得的长期股权投资,应当按照下列规定确定其初始投资成本:	
(一) 以支付现金取得的长期股权投资,应当按照实际支付的购买价款作为初始投资成本。初始投资成本包括与取得长期股权投资直接相关的费用、税金及其他必要支出。	(一) 以支付现金取得的长期股权投资,应当按照实际支付的购买价款作为初始投资成本。初始投资成本包括与取得长期股权投资直接相关的费用、税金及其他必要支出,**但实际支付的价款中包含的已宣告但尚未领取的现金股利,应作为应收项目单独核算。**	该项删除内容对实务操作应无实际影响。实际支付的价款中包含的已宣告但尚未领取的现金股利仍应作为应收项目单独核算。

(二) 以发行权益性证券取得的长期股权投资，应当按照发行权益性证券的公允价值作为初始投资成本。**与发行权益行证券直接相关的费用，应当按照《企业会计准则第37号——金融工具列报》的有关规定确定。**	(二) 以发行权益性证券取得的长期股权投资，应当按照发行权益性证券的公允价值作为初始投资成本。	
	(三) 投资者投入的长期股权投资，应当按照投资合同或协议约定的价值作为初始投资成本，但合同或协议约定价值不公允的除外。	
(三) 通过非货币性资产交换取得的长期股权投资，其初始投资成本应当按照《企业会计准则第 7 号——非货币性资产交换》的有关规定确定。	(四) 通过非货币性资产交换取得的长期股权投资，其初始投资成本应当按照《企业会计准则第 7 号——非货币性资产交换》确定。	
(四) 通过债务重组取得的长期股权投资，其初始投资成本应当按照《企业会计准则第 12 号——债务重组》的有关规定确定。	(五) 通过债务重组取得的长期股权投资，其初始投资成本应当按照《企业会计准则第 12 号——债务重组》确定。	
第三章　后续计量	第三章　后续计量	
第七条　投资方能够对被投资单位实施控制的长期股权投资应当采用成本法核算。	第五条　下列长期股权投资应当按照本准则第七条规定，采用成本法核算：	
	(一) 投资企业能够对被投资单位实施控制的长期股权投资。	
	控制，是指有权决定一个企业的财务和经营政策，并能据以从该企业的经营活动中获取利益。投资企业能够对被投资单位实施控制的，被投资单位为其子公司，投资企业应将子公司纳入合并财务报表的范围。 投资企业对子公司的长期股权投资应当采用本准则规定的成本法核算，编制合并财务报表时，应当按照权益法进行调整。	对“控制”和“共同控制”的定义，分别改在《企业会计准则第33号——合并财务报表》和《企业会计准则第40号——合营安排》中规范，长期股权投资准则不再涉及这些内容。

（续表）

2014 年修订版	2006 年版	备　注
	（二）投资企业对被投资单位不具有共同控制或重大影响，并且在活跃市场中没有报价、公允价值不能可靠计量的长期股权投资。	如前所述，此类投资将改为由《企业会计准则第 22 号——金融工具确认和计量》规范，不再纳入长期股权投资准则的规范范围。
	共同控制，是指按照合同约定对某项经济活动所共有的控制，仅在与该项经济活动相关的重要财务和生产经营决策需要分享控制权的投资方一致同意时存在。投资企业与其他方对被投资单位实施共同控制的，被投资单位为其合营企业。 重大影响，是指对一个企业的财务和经营政策有参与决策的权利，但并不能够控制或者与其他方一起共同控制这些政策的制定。投资企业能够对被投资单位施加重大影响的，被投资单位为其联营企业。	
	第六条　在确定能否对被投资单位实施控制或是施加重大影响时，应当考虑投资企业和其他方持有的被投资单位当期可转换公司债券、当期可执行认股权证等潜在表决权因素。	
第八条　采用成本法核算的长期股权投资应当按照初始投资成本计价。追加或收回投资应当调整长期股权投资的成本。被投资单位宣告分派的现金股利或利润，应当确认为当期投资收益。	第七条　采用成本法核算的长期股权投资应当按照初始投资成本计价。追加或收回投资应当调整长期股权投资的成本。被投资单位宣告分派的现金股利或利润，确认为当期投资收益。投资企业确认投资收益，仅限于被投资单位接受投资后产生的累积净利润的分配额，所获得的利润或现金股利超过上述数额的部分作为初始投资成本的收回。	整合《企业会计准则解释第 3 号》第一条规定，相应删除 2006 版准则中“确认投资收益仅限于被投资单位接受投资后产生的累积净利润的分配额”的规定。

第九条　投资方对联营企业和合营企业的长期股权投资，应当按照本准则第十条至第十三条规定，采用权益法核算。 投资方对联营企业的权益性投资，其中一部分通过风险投资机构、共同基金、信托公司或包括投连险基金在内的类似主体间接持有的，无论以上主体是否对这部分投资具有重大影响，投资方都可以按照《企业会计准则第22号——金融工具确认和计量》的有关规定，对间接持有的该部分投资选择以公允价值计量且其变动计入损益，并对其余部分采用权益法核算。	第八条　投资企业对被投资单位具有共同控制或重大影响的长期股权投资，应当按照本准则第九条至第十三条规定，采用权益法核算。	根据IAS 28(2011年修订)第18、19段，引入此处的"公允价值计量选择权"。①

① IAS 28(2011年修订)第18、19段的英文原文如下：

18When an investment in an associate or a joint venture is held by, or is held indirectly through, an entity that is a venture capital organisation, or a mutual fund, unit trust and similar entities including investment-linked insurance funds, the entity may elect to measure investments in those associates and joint ventures at fair value through profit or loss in accordance with IFRS 9.

19When an entity has an investment in an associate, a portion of which is held indirectly through a venture capital organisation, or a mutual fund, unit trust and similar entities including investment-linked insurance funds, the entity may elect to measure that portion of the investment in the associate at fair value through profit or loss in accordance with IFRS 9 regardless of whether the venture capital organisation, or the mutual fund, unit trust and similar entities including investment-linked insurance funds, has significant influence over that portion of the investment. If the entity makes that election, the entity shall apply the equity method to any remaining portion of its investment in an associate that is not held through a venture capital organisation, or a mutual fund, unit trust and similar entities including investment-linked insurance funds.

中文翻译如下：

18·当联营企业或合营企业中的投资被风险资本组织、共同基金、信托公司和包括投连险基金在内的类似主体持有或间接持有时，主体可以根据《国际财务报告准则第9号》对联营企业和合营企业中的投资选择以公允价值计量且其变动计入损益。

19·当主体在联营企业中的投资有一部分是通过风险资本组织、共同基金、信托公司或包括投连险基金在内的类似主体间接持有时，无论该风险资本组织、共同基金、信托公司和包括投连险基金在内的类似主体是否对这部分投资具有重大影响，主体都可以根据《国际财务报告准则第9号》对联营企业中的这部分投资选择以公允价值计量且其变动计入损益。如果主体作了这样的选择，主体应对投资中未通过风险资本组织、共同基金、信托公司和包括投连险基金在内的类似主体持有的剩余部分应用权益法。

（续表）

2014 年修订版	2006 年版	备　注
	第三章	
第十条　长期股权投资的初始投资成本大于投资时应享有被投资单位可辨认净资产公允价值份额的，不调整长期股权投资的初始投资成本；长期股权投资的初始投资成本小于投资时应享有被投资单位可辨认净资产公允价值份额的，其差额应当计入当期损益，同时调整长期股权投资的成本。	第九条　长期股权投资的初始投资成本大于投资时应享有被投资单位可辨认净资产公允价值份额的，不调整长期股权投资的初始投资成本；长期股权投资的初始投资成本小于投资时应享有被投资单位可辨认净资产公允价值份额的，其差额应当计入当期损益，同时调整长期股权投资的成本。	
被投资单位可辨认净资产的公允价值，应当比照《企业会计准则第 20 号——企业合并》的有关规定确定。	被投资单位可辨认净资产公允价值应当比照《企业会计准则第 20 号——企业合并》的规定确定。	
第十一条　投资方取得长期股权投资后，应当按照应享有或应分担的被投资单位实现的净损益**和其他综合收益**的份额，分别确认投资收益**和其他综合收益**，同时调整长期股权投资的账面价值；投资方按照被投资单位宣告分派的利润或现金股利计算应享有的部分，相应减少长期股权投资的账面价值；投资方对于被投资单位除净损益、其他综合收益和利润分配以外所有者权益的其他变动，应当调整长期股权投资的账面价值并计入所有者权益。 **投资方在确认应享有被投资单位净损益的份额时，应当以取得投资时被投资单位可辨认净资产的公允价值为基础，对被投资单位的净利润进行调整后确认。** 被投资单位采用的会计政策及会计期间与投资方不一致的，应当按照投资方的会计政策及会计期间对被投资单位的财务报表进行调整，并据以确认投资收益**和其他综合收益等**。	第十条　投资企业取得长期股权投资后，应当按照应享有或应分担的被投资单位实现的净损益的份额，确认投资损益并调整长期股权投资的账面价值。投资企业按照被投资单位宣告分派的利润或现金股利计算应分得的部分，相应减少长期股权投资的账面价值。	
第十二条　投资方确认被投资单位发生的净亏损，应当以长期股权投资的账面价值以及其他实质上构成对被投资单位净投资的长期权益减记至零为限，投资方负有承担额外损失**义务**的除外。	第十一条　投资企业确认被投资单位发生的净亏损，应当以长期股权投资的账面价值以及其他实质上构成对被投资单位净投资的长期权益减记至零为限，投资企业负有承担额外损失的情况除外。	

被投资单位以后实现净利润的，投资方在其收益分享额弥补未确认的亏损分担额后，恢复确认收益分享额。	被投资单位以后实现净利润的，投资企业在其收益分享额弥补未确认的亏损分担额后，恢复确认收益分享额。	
第十三条　投资方计算确认应享有或应分担被投资单位的净损益时，与联营企业、合营企业之间发生的未实现内部交易损益按照应享有的比例计算归属于投资方的部分，应当予以抵销，在此基础上确认投资收益。 投资方与被投资单位发生的未实现内部交易损失，按照《企业会计准则第8号——资产减值》等的有关规定属于资产减值损失的，应当全额确认。	第十二条　投资企业在确认应享有被投资单位净损益的份额时，应当以取得投资时被投资单位各项可辨认资产等的公允价值为基础，对被投资单位的净利润进行适当调整后确认。	整合《企业会计准则解释第1号》第七条的有关内容，无实质性变化。
	被投资单位采用的会计政策及会计期间与投资企业不一致的，应当按照投资企业的会计政策及会计期间对被投资单位的财务报表进行调整，并据以确认投资损益。	
	第十三条　投资企业对于被投资单位除净损益以外所有者权益的其他变动，应当调整长期股权投资的账面价值并计入所有者权益。	
第十四条　投资方因追加投资等原因能够对被投资单位施加重大影响或实施共同控制但不构成控制的，应当按照《企业会计准则第22号——金融工具确认和计量》确定的原持有的股权投资的公允价值加上新增投资成本之和，作为改按权益法核算的初始投资成本。原持有的股权投资分类为可供出售金融资产的，其公允价值与账面价值之间的差额，以及原计入其他综合收益的累计公允价值变动应当转入改按权益法核算的当期损益。		第十四条是对“从无重大影响或共同控制，变为具有重大影响或共同控制”和“从不控制到控制”情况下的核算方法转换的相关规定。 其中，对于前者的衔接规定与现行的《企业会计准则讲解》第三章第四节对此类情况下的衔接规定存在重大差异。

(续表)

2014 年修订版	2006 年版	备　注
投资方因追加投资等原因能够对非同一控制下的被投资单位实施控制的，在编制个别财务报表时，应当按照原持有的股权投资账面价值加上新增投资成本之和，作为改按成本法核算的初始投资成本。购买日之前持有的股权投资因采用权益法核算而确认的其他综合收益，应当在处置该项投资时采用与被投资单位直接处置相关资产或负债相同的基础进行会计处理。购买日之前持有的股权投资按照《企业会计准则第 22 号——金融工具确认和计量》的有关规定进行会计处理的，原计入其他综合收益的累计公允价值变动应当在改按成本法核算时转入当期损益。在编制合并财务报表时，应当按照《企业会计准则第 33 号——合并财务报表》的有关规定进行会计处理。		对于“从不控制到控制”的核算方法转换，基本延续了《企业会计准则解释第 4 号》第三条对通过多次交易实现非同一控制下企业合并时个别报表层面的会计处理规定，但有以下变化： 1. 对原持有投资相关的其他综合收益的处理原则不同：原持有投资作为长期股权投资核算的，所确认的其他综合收益需到处置该项投资时才能转出处理；原作为可供出售金融资产核算的，所确认的其他综合收益在核算方法转换时即转入损益。 2. 对原按权益法核算的长期股权投资相关的其他综合收益，如属于《企业会计准则第 30 号——财务报表列报(2014 年修订)》第三十三条所指的“按照权益法核算的在被投资单位以后会计期间不能重分类进损益的其他综合收益中所享有的份额”的，则在处置该项投资时也不能转入损益。
第十五条　投资方因处置部分股权投资等原因丧失了对被投资单位的共同控制或重大影响的，处置后的剩余股权应当改按《企业会计准则第 22 号——金融工具确认和计量》核算，其在丧失共同控制或重大影响之日的公允价值与账面价值之间的差额计入当期损益。原股权投资因采用权益法核算而确认的其他综合收益，应当在终止采用权益法核算时采用与被投资单位直接处置相关资产或负债相同的基础进行会计处理。	第十五条　投资企业因减少投资等原因对被投资单位不再具有共同控制或重大影响的，并且在活跃市场中没有报价、公允价值不能可靠计量的长期股权投资，应当改按成本法核算，并以权益法下长期股权投资的账面价值作为按照成本法核算的初始投资成本。 因追加投资等原因能够对被投资单位实施共同控制或重大影响但不构成控制的，应当改按权益法核算，并以成本法下长期股权投资的账面价值或按照《企业会计准则第 22 号——金融工具确认和计量》确定的投资账面价值作为按照权益法核算的初始投资成本。	第十五条　是对“从控制到不控制”和“从具有共同控制、重大影响到不具有共同控制、重大影响”的核算方法转换的规定。 对于“从具有共同控制、重大影响到不具有共同控制、重大影响”的核算方法转换，新规定与原先《企业会计准则讲解》第三章第四节“权益法转为成本法”的衔接规定有所不同，而与 IAS 28 第 22～24 段基本一致①。

① IAS 28(2011 年修订)第 22～24 段的英文原文如下：

22An entity shall discontinue the use of the equity method from the date when its investment ceases to be an associate or a joint venture as follows:

(a) If the investment becomes a subsidiary, the entity shall account for its investment in accordance with IFRS 3 Business Combinations and IFRS 10.

(b) If the retained interest in the former associate or joint venture is a financial asset, the entity shall measure the retained interest at fair value. The fair value of the retained interest shall be regarded as its fair value on initial recognition as a financial asset in accordance with IFRS 9. The entity shall recognise in profit or loss any difference between:

(i) the fair value of any retained interest and any proceeds from disposing of a part interest in the associate or joint venture; and

(ii) the carrying amount of the investment at the date the equity method was discontinued.

(c) When an entity discontinues the use of the equity method, the entity shall account for all amounts previously recognised in other comprehensive income in relation to that investment on the same basis as would have been required if the investee had directly disposed of the related assets or liabilities.

23Therefore, if a gain or loss previously recognised in other comprehensive income by the investee would be reclassified to profit or loss on the disposal of the related assets or liabilities, the entity reclassifies the gain or loss from equity to profit or loss (as a reclassification adjustment) when the equity method is discontinued. For example, if an associate or a joint venture has cumulative exchange differences relating to a foreign operation and the entity discontinues the use of the equity method, the entity shall reclassify to profit or loss the gain or loss that had previously been recognised in other comprehensive income in relation to the foreign operation.

24 If an investment in an associate becomes an investment in a joint venture or an investment in a joint venture becomes an investment in an associate, the entity continues to apply the equity method and does not remeasure the retained interest.

中文翻译如下：

22・当主体的投资不再是联营企业或合营企业时，主体应按照下列要求终止采用权益法：

(1) 如果该投资成为子公司，主体应根据《国际财务报告准则第 3 号——企业合并》和《国际财务报告准则第 10 号》对该投资进行会计处理。

(2) 如果原联营企业或合营企业的剩余权益是金融资产，主体应以公允价值计量该剩余权益。剩余权益的公允价值应视为根据《国际财务报告准则第 9 号》对金融资产进行初始确认的公允价值。主体应将以下两者的差异计入损益：

① 剩余权益的公允价值和联营企业或合营企业中部分权益的处置收入；和

② 终止采用权益法时该投资的账面金额。

(3) 当主体终止采用权益法时，对于以前确认为其他综合收益的所有与该投资有关的金额，主体应当采用与被投资者直接处置相关资产或负债相同的基础进行会计处理。

23・因此，如果被投资者以前在其他综合收益确认的利得或损失，在处置相关资产或负债时被重分类至损益，则主体在终止采用权益法时将利得或损失从权益重新分类至损益(作为重分类调整)。例如，如果联营企业或合营企业存在与境外经营有关的累积汇兑差额，并且该主体终止采用权益法，则该主体应将以前在其他综合收益中确认的、与境外经营有关的利得或损失重分类至损益。

24・如果联营企业中的投资变成合营企业中的投资，或者合营企业中的投资变成联营企业中的投资，主体继续应用权益法，不再重新计量剩余权益。

(续表)

2014 年修订版	2006 年版	备　注
投资方因处置部分权益性投资等原因丧失了对被投资单位的控制的，在编制个别财务报表时，处置后的剩余股权能够对被投资单位实施共同控制或施加重大影响的，应当改按权益法核算，并对该剩余股权视同自取得时即采用权益法核算进行调整；处置后的剩余股权不能对被投资单位实施共同控制或施加重大影响的，应当改按《企业会计准则第 22 号——金融工具确认和计量》的有关规定进行会计处理，其在丧失控制之日的公允价值与账面价值间的差额计入当期损益。在编制合并财务报表时，应当按照《企业会计准则第 33 号——合并财务报表》的有关规定进行会计处理。		此处对于丧失控制权的规定，基本延续了《企业会计准则解释第 4 号》第四条的相关规定。但是，其中对于“处置后的剩余股权不能对被投资单位实施共同控制或施加重大影响的，应当改按《企业会计准则第 22 号——金融工具确认和计量》的有关规定进行会计处理，其在丧失控制之日的公允价值与账面价值间的差额计入当期损益”的规定，事实上把合并报表层面以公允价值计量此类剩余股权的规定“下推”到了个别报表层面，与解释 4 号第四条的规定相比是有变化的。

（续表）

2014 年修订版	2006 年版	备　注
第三章		
第十六条　对联营企业或合营企业的权益性投资全部或部分分类为持有待售资产的，投资方应当按照《企业会计准则第 4 号——固定资产》的有关规定处理，对于未划分为持有待售资产的剩余权益性投资，应当采用权益法进行会计处理。 已划分为持有待售的对联营企业或合营企业的权益性投资，不再符合持有待售资产分类条件的，应当从被分类为持有待售资产之日起采用权益法进行追溯调整。分类为持有待售期间的财务报表应当作相应调整。		新引入“对合营和联营企业的权益性投资全部或部分分类为持有待售资产”的会计处理规定，对应于 IAS 28(2011 年修订)第 20、21 段。 根据 IAS 28(2011 年修订)第 20 段，“在处置分类为持有待售的那部分投资之前，对联营企业和合营企业中未被分类为持有待售的剩余投资部分应采用权益法进行会计处理。处置发生后，主体应根据《国际财务报告准则第 9 号》对联营企业或合营企业中的剩余权益进行会计处理，除非剩余权益继续归属于适用权益法的联营企业或合营企业投资①”。但此处修订后的中国准则没有强调这一点。
第十七条　处置长期股权投资，其账面价值与实际取得价款之间的差额，应当计入当期损益。采用权益法核算的长期股权投资，在处置该项投资时，采用与被投资单位直接处置相关资产或负债相同的基础，按相应比例对原计入其他综合收益的部分进行会计处理。	第十六条　处置长期股权投资，其账面价值与实际取得价款的差额，应当计入当期损益。采用权益法核算的长期股权投资，因被投资单位除净损益以外所有者权益的其他变动而计入所有者权益的，处置该项投资时应当将原计入所有者权益的部分按相应比例转入当期损益。	此处修改内容与《企业会计准则第 30 号——财务报表列报》引入“以后会计期间不能重分类进损益的其他综合收益项目”的概念有关。根据该准则规定，“以后会计期间不能重分类进损益的其他综合收益项目，主要包括重新计量设定受益计划净负债或净资产导致的变动、按照权益法核算的在被投资单位以后会计期间不能重分类进损益的其他综合收益中所享有的份额等”。据此，对于“按照权益法核算的在被投资单位以后会计期间不能重分类进损益的其他综合收益中所享有的份额”，在处置相关的以权益法核算的长期股权投资时，不能转出计入当期损益，但可在投资方的所有者权益项目内部进行重分类调整。

① 该段的英文原文为：Any retained portion of an investment in an associate or a joint venture that has not been classified as held for sale shall be accounted for using the equity method until disposal of the portion that is classified as held for sale takes place. After the disposal takes place, an entity shall account for any retained interest in the associate or joint venture in accordance with IFRS 9 unless the retained interest continues to be an associate or a joint venture, in which case the entity uses the equity method.

（续表）

2014年修订版	2006年版	备　注
	第三章	
第十八条　投资方应当关注长期股权投资的账面价值是否大于享有被投资单位所有者权益账面价值的份额等类似情况。出现类似情况时，投资方应当按照《企业会计准则第8号——资产减值》对长期股权投资进行减值测试，可收回金额低于长期股权投资账面价值的，应当计提减值准备。	第十四条　按照本准则规定的成本法核算的在活跃市场中没有报价、公允价值不能可靠计量的长期股权投资，其减值应当按照《企业会计准则第22号——金融工具确认和计量》的规定处理；其他按照本准则核算的长期股权投资，其减值应当按照《企业会计准则第8号——资产减值》的规定处理。	整合了《企业会计准则解释第3号》第一条的有关内容，明确长期股权投资准则规范范围内的长期股权投资的减值适用《企业会计准则第8号——资产减值》。
	第四章　披露	与长期股权投资相关的披露内容将由《企业会计准则第41号——在其他主体中权益的披露》规范，在长期股权投资准则中不再涉及。
	第十七条　投资企业应当在附注中披露与长期股权投资有关的下列信息：	
	（一）子公司、合营企业和联营企业清单，包括企业名称、注册地、业务性质、投资企业的持股比例和表决权比例。	
	（二）合营企业和联营企业当期的主要财务信息，包括资产、负债、收入、费用等的合计金额。	
	（三）被投资单位向投资企业转移资金的能力受到严格限制的情况。	
	（四）当期及累计未确认的投资损失金额。	
	（五）与对子公司、合营企业及联营企业投资相关的或有负债。	
第四章　衔接规定		
第十九条　在本准则施行日之前已经执行企业会计准则的企业，应当按照本准则进行追溯调整，追溯调整不切实可行的除外。		
第五章　附　则		
第二十条　本准则自2014年7月1日起施行。		

第二部分

《企业会计准则第33号——合并财务报表》(2014年修订)实务操作指南

第一章

概　　述

2014年2月17日,财政部发布《关于印发修订〈企业会计准则第33号——合并财务报表〉的通知》(财会[2014]10号),正式发布了《企业会计准则第33号——合并财务报表》(2014年修订)(以下简称"准则"、"新准则"或"合并报表准则"),要求自2014年7月1日起在所有执行企业会计准则的企业范围内施行,鼓励在境外上市的企业提前执行。财政部于2006年2月25日发布的《财政部关于印发〈企业会计准则第1号——存货〉等38项具体准则的通知》(财会[2006]3号)中的《企业会计准则第33号——合并财务报表》(以下简称"原准则"或"原合并报表准则")同时废止。

本实务操作指南重点讲解了新准则发生的主要变化,旨在帮助使用者了解新准则的具体内容,理解新准则的精神实质,掌握新准则对实务的影响,不能代替阅读《企业会计准则第33号——合并财务报表》(2014年修订)及其应用指南和讲解,也不能代替使用者对合并财务报表的编制和列报所作出的专业判断。

一、准则发布的背景

(一)与国际准则修订趋同

2011年5月,国际会计准则理事会发布了《国际财务报告准则第10号——合并财务报表》(IFRS 10),取代了原《国际会计准则第27号——合并财务报表和单独财务报表》中有关合并的部分以及《解释公告第12号——特殊目的主体》,从2013年1月1日或之后日期开始的年度期间生效,允许提前使用①。新修订的IFRS 10引入了新的"控制"的定义,可能导致按照新的"控制"的定义确定的合并范围与之前相比产生变化,因此应用新准则时需要重新评估投资者是否控制被投资者。此外,IFRS 10就一系列情况下如何应用控制原则提供了详细指引,包括实质性控制的判断、委托与代理关系的判断、潜在表决权的考虑等。

我国2006年发布的企业会计准则体系实现了与国际财务报告准则的趋同。2010年,财政部又发布了《中国企业会计准则与国际财务报告准则持续趋同路线图》。为借鉴国际财务报告准则完善我国企业会计准则体系,实现中国准则与国际财务报告准则的持续趋同,财政部会计司借鉴《国际财务报告准则第10号——合并财务报表》中的做法,并结合我国实际情况,对2006年发布的《企业会计准则第33号——合并财务报表》进行了修订,并于2014年2月17日正式发布了《企业会计准则第33号——合并财务报表》(2014年修订)。

（二）吸收解释公告、年报通知等相关内容,完善准则体系

2006年,我国企业会计准则体系发布后,财政部陆续通过《企业会计准则解释》第1～6号、2008—2012年各年度针对执行企业会计准则的企业的年报工作通知(财会函[2008]60号、财会[2009]16号、财会[2010]25号、财会[2011]25号、财会[2012]25号)、《关于不丧失控制权情况下处置部分对子公司投资会计处理的复函》(财会便[2009]14号)、《关于非上市公司购买上市公司股权实现间接上市会计处理的复函》(财会便[2009]17号)等文件形式对准则中的部分内容进行了修订和完善。但由于上述规定散见在不同文件中,同时有的文件法律层次较低,不便于企业贯彻实施。

新准则将散见于解释公告、年报通知、司便函等文件中的有关规定进行了全面梳理和整合,完善了准则体系。

二、准则修订的主要内容

（一）"控制"的定义和要素

原合并报表准则和新准则都规定,合并报表的合并范围应当以"控制"为基础予以确认。但对于"控制"的定义以及评估投资方是否控制被投资方时的主要考虑因素,新准则发生了较大变化,如表2-11所示。

---

① 与《国际财务报告准则第10号——合并财务报表》一同发布的还有《国际财务报告准则第11号——合营安排》、《国际财务报告准则第12号——在其他主体中的权益的披露》和《国际财务报告准则第13号——公允价值计量》。与此同时,国际会计准则理事会还对《国际会计准则第1号——财务报表列报》、《国际会计准则第19号——雇员福利》、《国际会计准则第27号——合并财务报表和单独财务报表》(修订后更名为《国际会计准则第27号——单独财务报表》)和《国际会计准则第28号——在联营企业和合营企业中的投资》进行了修订。除了修订后的《国际会计准则第1号》于2012年7月1日生效外,上述其他新发布或修订的国际财务报告准则都将于2013年1月1日起生效。

表 2-11 新旧准则变化对照

原准则	新准则	备注
控制,是指一个企业能够决定另一个企业的财务和经营政策,并能据以从另一个企业的经营活动中获取利益的权力。(第六条)	控制,是指投资方拥有对被投资方的权力,通过参与被投资方的相关活动而享有可变回报,并且有能力运用对被投资方的权力影响其回报金额(第七条)。 控制的定义包含三项基本要素,在判断投资方是否能够控制被投资方时,如果投资方具备以下所有的要素,则投资方能够控制被投资方: (1) 拥有对被投资方的权力。 (2) 通过参与被投资方的相关活动而享有可变回报。 (3) 有能力运用对被投资方的权力影响其回报金额。	(1) 控制的新定义反映了投资方不仅可以通过决定被投资的财务和经营政策,还可以通过多种方式对被投资方拥有权力;同时明确了获取"可变回报"的形式也是多样的。 (2) 如果"控制三要素"中的一项或多项发生了变化,要求投资者重新评估其是否控制被投资者。

在很多情况下,如果表决权能够控制决策并为表决权持有者提供可变回报,那么拥有多数表决权的投资方能够控制被投资方。但是,在其他情况下(例如存在潜在表决权,或者投资方未持有被投资方多数表决权),以上判定方式未必适用。此时则需要根据相关事实和情况进一步评估控制要素,确定哪个投资方(如有)能够控制被投资方。

此外,新准则对于在以下情况如何运用控制原则也作出了规定:

(1) 当表决权赋予了投资方权力的情况(包括投资方没有持有该被投资方多数表决权以及存在潜在表决权的情况)。

(2) 当被投资方的设计使得表决权不再是决定谁控制被投资方的关键因素时,例如,表决权仅仅与管理性事务相关,以及相关活动是根据合同安排确定的情况。

(3) 涉及委托代理关系的情况。

(4) 投资方控制被投资方特定资产(单独主体)的情况。

关于对控制要素以及合并范围的分析和考虑,参见第二章第三节"合并范围"。

值得特别注意,以及在某些情况下可能导致根据《企业会计准则第 33 号——合并财务报表(2006)》采用的处理方法发生改变的情形包括:

(1) "事实"控制——持有被投资者 50%以下投票权的投资者通过合同安排和潜在投票权以外的其他方法控制被投资者。(注:新准则并没有使用术语"事实"控制(de facto control)。)新准则要求企业在此类情况下评估是否存在控制时应考虑所有事实和情况,包括投资者相对于其他表决权持有者持有的表决权的比例,其他表决权的分布情况,以及其他表决权持有者在之前股东会议上的投票模式。

(2) 潜在表决权——与《企业会计准则第 33 号——合并财务报表(2006)》一样,新准则要求在评估控制时应考虑潜在表决权,例如可转换工具或期权所产生的潜在表决权。然而,与《企业会计准则第 33 号——合并财务报表(2006)》不同的是,新准则并未将潜在表决权限定为目前可行使或目前可转换的潜在表决权(在评估潜在表决权是否导致控制时,需要考虑所有相关的事实和情况)。

(3) 结构化主体——在确定其控制方时没有将表决权或类似权利作为决定因素而设计的主体(如,表决权仅限于主导行政事务而相关活动则由合同安排主导)。

(4) 代理关系——当决策者担任另一方代理人的情况。对被投资方相关活动有决策权的决策者若仅以另一方代理的身份进行决策,该决策者并不控制被投资方。相反,委托代理行使决策权的投资方在评估其是否控制被投资方时,应视同这些决策权由其直接持有。

(5) 当被投资方的一部分应被认定为一个单独主体的情况——当被投资方的特定一组资产和负债(即,被投资方的一部分)应被认定为一个单独主体以便于确定该部分是否投资方的子公司的情况。根据新准则规定,如果被投资方的一部分基本可以单独与被投资方的其余部分区分开来,则为合并目的该部分应被视为单独主体。

(二) 对投资性主体编制合并财务报表的豁免规定

原合并报表准则第四条规定"母公司应当编制合并财务报表";第十条规定"母公司应当将其全部子公司纳入合并财务报表的合并范围",要求所有拥有子公司的母公司均应编制合并财务报表,同时所有被母公司控制的子公司均应包括在母公司编制的合并报表范围内。但新准则对投资性主体编制合并财务报表方面作出了豁免:

"母公司应当编制合并报表。如果母公司是投资性主体,且不存在为其投资活动提供相关服务的子公司,则不应当编制合并报表,该母公司按照本准则第二十一条规定以公允价值计量其对所有子公司的投资,且公允价值变动计入当期损益。"(第四条)

"母公司应当将其全部子公司(包括母公司所控制的单独主体)纳入合并范围。如果母公司是投资性主体,则只应将那些为其投资活动提供相关服务的子公司(如有)纳入合并范围并编制合并财务报表,其他子公司不应予以合并,母公司对其他子公司的投资应当按照公允价值计量且其变动计入当期损益。"(第二十一条)

"投资性主体的母公司本身不是投资性主体,则应当将其控制的全部主体,包括那些通过投资性主体间接控制的主体,纳入合并报表范围。"(第二十四条)

新准则对投资性主体编制合并财务报表作出豁免,主要考虑以下因素。

1. 与国际准则趋同。

国际会计准则理事会(IASB)在 2012 年 10 月发布了《投资主体(对 IFRS 10、IFRS 12 和 IAS27 的修订)》,规定投资主体不应合并其子公司或者在其获得对另一主体的控制时应用《国际财务报告准则第 3 号——企业合并》,除非该子公司系提供与投资主体投资活动相关的服务。相反,投资主体应按照《国际财务报告准则第 9 号——金融工具(或在采用 IFRS 9 之前,《国际会计准则第 39 号——金融工具:确认和计量》)》,以公允价值计量在子公司中的投资且公允价值的变动计入损益。但是对于投资性主体的母公司,除非该母公司本身也是一个投资性主体,否则投资性主体的母公司应合并其控制的所有主体,包括通过作为投资性主体的子公司控制的主体。

2. 我国的实际情况。

随着我国市场经济的发展,投资性主体越来越多,这类主体所采用的业务模型与其他大多数主体不同,它对其所有的投资都基于公允价值管理,无论是简单投资、联营企业或子公司投资。投资性主体在对内对外进行业绩评价、提供决策依据的时候都以公允价值为基础。此外,要求投资性主体对所有子公司投资都纳入合并范围还会影响可比性,因为投资性主体对子公司进行合并,但对其他非控制性权益投资可能都是采用公允价值计量,从而造成不可比,增加对投资性主体业绩评价的难度,也不能反映投资主体的业务管理模式。而且随着我国资本市场的不断完善,评估及风险投资行业的发展,公允价值也比以前容易取得。

但需要强调的是,准则同时还规定投资性主体的母公司本身如果不是投资性主体,则应将其控制的全部主体纳入合并范围。即:尽管投资性主体本身没有将那些未为其投资活动提供服务的子公司纳入合并范围,但作为投资性主体的母公司,则应将那些间接控制的子公司纳入合并范围。

(三) 吸纳解释公告、年报通知、司便函的相关规定

表 2-12　　新吸纳的相关规定

新准则	原规定出处
母公司购买子公司少数股东拥有的子公司股权,在合并财务报表中,因购买少数股权新取得的长期股权投资与按照新增持股比例计算应享有子公司自购买日或合并日开始持续计算的净资产份额之间的差额,应当调整资本公积(资本溢价或股本溢价),资本公积不足冲减的,调整留存收益。(第四十七条)	母公司在编制合并财务报表时,因购买少数股权新取得的长期股权投资与按照新增持股比例计算应享有子公司自购买日(或合并日)开始持续计算的净资产份额之间的差额,应当调整所有者权益(资本公积),资本公积不足冲减的,调整留存收益。(《企业会计准则解释第 2 号》第二条)
企业因追加投资等原因能够对非同一控制下的被投资方实施控制的,在合并财务报表中,对于购买日之前持有的被购买方的股权,应当按照该股权在购买日的公允价值进行重新计量,公允价值与其账面价值的差额计入当期投资收益;购买日之前持有的被购买方的股权涉及权益法核算下的其他综合收益等的,与其相关的其他综合收益等应当转为购买日所属当期收益。购买方应当在附注中披露其在购买日之前持有的被购买方的股权在购买日的公允价值、按照公允价值重新计量产生的相关利得或损失的金额。(第四十八条)	企业通过多次交易分步实现非同一控制下企业合并的,应当区分个别财务报表和合并财务报表进行相关会计处理: (一) 在个别财务报表中…… (二) 在合并财务报表中,对于购买日之前持有的被购买方的股权,应当按照该股权在购买日的公允价值进行重新计量,公允价值与其账面价值的差额计入当期投资收益;购买日之前持有的被购买方的股权涉及其他综合收益的,与其相关的其他综合收益应当转为购买日所属当期投资收益。购买方应当在附注中披露其在购买日之前持有的被购买方的股权在购买日的公允价值、按照公允价值重新计量产生的相关利得或损失的金额。(《企业会计准则解释第 4 号》第三条)

（续表）

新准则	原规定出处
母公司在不丧失控制权的情况下部分处置对子公司的长期股权投资，在合并财务报表中，处置价款与处置长期股权投资相对应享有子公司自购买日或合并日开始持续计算的净资产份额之间的差额，应当调整资本公积(资本溢价或股本溢价)，资本公积不足冲减的，调整留存收益。(第四十九条)	母公司在不丧失控制权的情况下部分处置对子公司的长期股权投资，在合并财务报表中处置价款与处置长期股权投资相对应享有子公司净资产的差额应当计入所有者权益。(《关于不丧失控制权情况下处置部分对子公司投资会计处理的复函》(财会便[2009]14 号))
企业因处置部分股权投资等原因丧失了对被投资方的控制权的，在编制合并财务报表时，对于剩余股权，应当按照其在丧失控制权日的公允价值进行重新计量。处置股权取得的对价与剩余股权公允价值之和，减去按原持股比例计算应享有原有子公司自购买日或合并日开始持续计算的净资产的份额之间的差额，计入丧失控制权当期的投资收益，同时冲减商誉。与原有子公司股权投资相关的其他综合收益等，应当在丧失控制权时转为当期投资收益。(第五十条)	企业因处置部分股权投资或其他原因丧失了对原有子公司控制权的，应当区分个别财务报表和合并财务报表进行相关会计处理： (一) 在个别财务报表中…… (二) 在合并财务报表中，对于剩余股权，应当按照其在丧失控制权日的公允价值进行重新计量。处置股权取得的对价与剩余股权公允价值之和，减去按原持股比例计算应享有原有子公司自购买日开始持续计算的净资产的份额之间的差额，计入丧失控制权当期的投资收益。与原有子公司股权投资相关的其他综合收益，应当在丧失控制权时转为当期投资收益。企业应当在附注中披露处置后的剩余股权在丧失控制权日的公允价值、按照公允价值重新计量产生的相关利得或损失的金额。 (《企业会计准则解释第 4 号》第四条)
企业通过多次交易分步处置对子公司股权投资直至丧失控制权的，如果处置对子公司股权投资直至丧失控制权的各项交易属于“一揽子交易”的，应当将各项交易作为一项处置子公司并丧失控制权的交易进行会计处理；但是，在丧失控制权之前每一次处置价款与处置投资对应的享有该子公司净资产份额的差额，在合并财务报表中应当确认为其他综合收益，在丧失控制权时一并转入丧失控制权当期的损益。 处置对子公司股权投资的各项交易的条款、条件以及经济影响符合下列一种或多种情况，通常表明应将多次交易事项作为“一揽子交易”进行会计处理： (一) 这些交易是同时或者在考虑了彼此影响的情况下订立的。 (二) 这些交易整体才能达成一项完整的商业结果。	企业通过多次交易分步处置对子公司股权投资直至丧失控制权的，应当按照《关于执行会计准则的上市公司和非上市企业做好 2009 年年报工作的通知》(财会[2009]16 号)和《企业会计准则解释第 4 号》(财会[2010]15 号)的规定对每一项交易进行会计处理。处置对子公司股权投资直至丧失控制权的各项交易属于“一揽子交易”的，应当将各项交易作为一项处置子公司并丧失控制权的交易进行会计处理；但是，在丧失控制权之前每一次处置价款与处置投资对应的享有该子公司净资产份额的差额，在合并财务报表中应当确认为其他综合收益，在丧失控制权时一并转入丧失控制权当期的损益。 处置对子公司股权投资的各项交易的条款、条件以及经济影响符合以下一种或多种情况，通常表明应将多次交易事项作为“一揽子交易”进行会计处理： (1) 这些交易是同时或者在考虑了彼此影响的情况下订立的。

（续表）

新准则	原规定出处
(三) 一项交易的发生取决于其他至少一项交易的发生。 (四) 一项交易单独考虑时是不经济的，但是和其他交易一并考虑时是经济的。 (第五十一条)	(2) 这些交易整体才能达成一项完整的商业结果。 (3) 一项交易的发生取决于其他至少一项交易的发生。 (4) 一项交易单独看是不经济的，但是和其他交易一并考虑时是经济的。 (《企业会计准则解释第 5 号》第五条)
因抵销未实现内部销售损益导致合并资产负债表中资产、负债的账面价值与其在所属纳税主体的计税基础之间产生暂时性差异的，在合并资产负债表中应当确认递延所得税资产或递延所得税负债，同时调整合并利润表中的所得税费用，但与直接计入所有者权益的交易或事项及企业合并相关的递延所得税除外。(第三十条(五))	企业在编制合并财务报表时，因抵销未实现内部销售损益导致合并资产负债表中资产、负债的账面价值与其在所属纳税主体的计税基础之间产生暂时性差异的，在合并资产负债表中应当确认递延所得税资产或递延所得税负债，同时调整合并利润表中的所得税费用，但与直接计入所有者权益的交易或事项及企业合并相关的递延所得税除外。 (《企业会计准则解释第 1 号》第九条)
子公司当期综合收益中属于少数股东权益的份额，应当在合并利润表中综合收益总额项目下以“归属于少数股东的综合收益总额”项目列示。(第三十五条)	企业合并利润表也应按照上述规定进行调整。在“综合收益总额”项目下单独列示“归属于母公司所有者的综合收益总额”项目和“归属于少数股东的综合收益总额”项目。 (《企业会计准则解释第 3 号》第七条)
子公司少数股东分担的当期亏损超过了少数股东在该子公司期初所有者权益中所享有的份额的，其余额仍应当冲减少数股东权益。(第三十七条)	在合并财务报表中，子公司少数股东分担的当期亏损超过了少数股东在该子公司期初所有者权益中所享有的份额的，其余额仍应当冲减少数股东权益。(《企业会计准则解释第 4 号》第六条)

第二章

准则的具体内容

第一节　总　　则

新合并报表准则第一条至第六条主要规范了合并财务报表的定义、范围、编制合并财务报表的豁免规定以及准则不涉及的范围等内容，具体如表 2-13 所示。

表 2-13　　新合并报表准则的具体内容

项目	具 体 内 容	备　　注
定义	• 合并财务报表，是指反映母公司和其全部子公司形成的企业集团整体财务状况、经营成果和现金流量的财务报表。 • 母公司，是指控制一个或一个以上主体（含企业、被投资单位中可分割的部分，以及企业所控制的结构化主体等，下同）的主体。 • 子公司，是指被母公司控制的主体。 （第二条）	1. 合并报表定义与原合并报表准则无实质性差异。 2. 新准则对于母公司及子公司的定义与原合并报表准则相比，扩大了适用范围，即不仅仅是企业，被投资单位中可分割的部分、企业所控制的结构化主体在编制合并报表时均可作为子公司。在少数情况下，非企业的特殊主体也可能成为母公司。
范围	• 合并财务报表至少应当包括下列组成部分：（一）合并资产负债表；（二）合并利润表；（三）合并现金流量表；（四）合并所有者权益（或股东权益，下同）变动表；（五）附注。 • 企业集团中期期末编制合并财务报表的，至少应当包括合并资产负债表、合并利润表、合并现金流量表和附注。 （第三条）	1. 与原合并报表准则无实质性差异。 2. 新准则增加了企业集团中期合并财务报表的范围，与《企业会计准则第 32 号——中期财务报告》要求一致。
豁免规定	• 母公司应当编制合并财务报表。如果母公司是投资性主体，且不存在为其投资活动提供相关服务的子公司，则不应编制合并财务报表，该母公司按照本准则第二十一条规定以公允价值计量其对所有子公司的投资，且公允价值变动计入当期损益。 （第四条）	1. 与原准则存在实质性差异。 2. 关于投资性主体的相关内容参见第二章第二节“投资性主体”。

（续表）

项目	具体内容	备注
不涉及的范围	• 外币财务报表折算，适用《企业会计准则第19号——外币折算》和《企业会计准则第31号——现金流量表》。（第五条） • 关于在子公司权益的披露，适用《企业会计准则第41号——在其他主体中权益的披露》。（第六条）	1. 关于外币财务报表折算适用准则的部分与原合并报表准则无实质性差异。 2. 新准则删除了原披露要求，对子公司权益的披露的适用《企业会计准则第41号——在其他主体中权益的披露》。参见第二章第六节"披露"。

虽然新准则对合并财务报表的定义没有发生变化，但强调了合并财务报表主体的整体概念。尽管合并财务报表的编制者是母公司，但其所对应的会计主体是由母公司及其控制的所有子公司所构成的合并财务报表主体。合并财务报表是站在合并财务报表主体的立场上，以纳入合并范围的企业个别财务报表为基础，根据其他有关资料，抵销母公司与子公司、子公司相互之间发生的内部交易，考虑了特殊交易事项对合并财务报表的影响后编制的，旨在反映合并财务报表主体作为一个整体与该主体以外的方面发生的交易和事项对该主体的财务状况、经营成果和现金流量的影响。

因此在编制合并财务报表时应当将母公司和所有子公司作为整体来看待，视为一个会计主体，母公司和子公司发生的经营活动在合并财务报表中的反映，都应当从企业集团这一整体的角度进行考虑。

第二节 投资性主体

新准则对投资性主体合并财务报表的豁免规定，是新旧合并报表准则的一项差异[第一部分二(二)]。

一、投资性主体的定义

投资性主体的定义中包含了三个需要同时满足的条件(准则第二十二条)：

(1) 该公司是以向投资者提供投资管理服务为目的，从一个或多个投资者处获取资金。

(2) 该公司的唯一经营目的，是通过资本增值、投资收益或两者兼有而让投资者获得回报。

(3) 该公司按照公允价值对几乎所有投资的业绩进行考量和评价。

(一) 提供投资管理服务

投资性主体的主要活动是向投资者募集资金，其目的是为这些投资者提供投资管理服务，这是一个投资性主体与其他企业的显著区别。

（二）经营目的

投资性主体的唯一经营目的应该是以取得投资收益或资本增值的方式，为投资方获取回报。投资性主体的经营目的一般可能通过其设立目的、投资管理方式、投资期限、投资退出战略等体现出来，具体表现形式可以是通过募集说明书、公司章程或合伙协议以及所发布的其他公开信息。例如，一个基金在募集说明书中可能说明其投资的目的是为了实现资本增值、一般情况下的投资期限为3～5年、制定了比较清晰的投资退出战略等，这些描述与一个投资性主体的经营目的是一致的；反之，一个基金的经营目的如果是与被投资方合作开发、生产或者销售某种产品，则说明其不是一个投资性主体。

1. 向投资方或第三方提供投资相关服务。

一个投资性主体可能向投资方或者第三方提供投资咨询、投资管理、投资的日常行政管理及支持等服务。这些服务是投资活动的衍生，即使重大，也不会影响该主体符合投资性主体的条件。

如果与投资活动相关的服务是由母公司直接提供或通过子公司间接提供的，例如向被投资方提供管理服务和战略建议，或者财务支持（贷款、资本承诺或担保），如果这些活动也是为了使投资回报（资本增值、投资收益或两者兼有）最大化，并且不构成投资性主体单独、重大的经营活动，或者其产生的收入不构成单独、重大的收入来源时，亦不会影响投资性主体的性质。但如果上述活动是通过投资性主体的子公司提供的，则作为投资性主体的母公司应当编制合并财务报表合并该子公司。

2. 向被投资方提供服务和支持。

一个投资性主体可能向被投资方提供管理或战略建议服务，或者贷款、担保等财务方面的支持，如果这些活动与其获取资本增值或者投资收益的整体目的是一致的，且这些活动本身并不构成一项单独的重要收入来源，在这种情况下，该主体的经营目的仍然可能与一个投资性主体的经营目的相符。如果一个投资性主体设立一家子公司，专门为被投资方提供投资咨询、投资管理等服务，那么这个投资性主体应该合并这家子公司。

3. 投资目的及回报方式。

如果投资方享有除资本增值和/或投资收益以外的利益，则可能表明其未满足投资性主体的经营目的条件，例如使用被投资方的资产或技术；存在与被投资方共同开发、生产和销售商品的合营安排；由被投资方对投资方的借款提供财务担保或资产抵押等。

有的时候，一个主体投资于另一个主体可能出于多种目的，例如，一个企业集团从事高科技产品的研发生产和销售，其发起设立了一家基金专门投资于一些尚处于研发初期的创新企业以获取资本增值，同时，该企业集团还以这种方式进行高科技研发的筛选，即与被投资企业签订协议，如果其中某项高科技产品研发成功，该集团享有优先购买权。这种情况下，该基金的经营目的还包含了为投资方所在的企业集团获取新产品开发的渠道，为投资方获取资本增值或投资收益并不是该基金的唯一经营目的，因此，该基金不符合投资性主体的条件。

下面列举了一些与投资性主体经营目的不相符的投资目的及回报：

(1) 购买、使用、交换或开发被投资方的资产或技术。这还包括该主体(或其所在企业集团中的其他企业)拥有更大(与其在被投资方中享有权益的比例相比)的权利或排他的权利购买被投资方的资产、技术、产品或服务(例如，持有一项购买权，若被投资方的一项资产开发成功，则有权向其购买该资产)。

(2) 该主体(或其所在企业集团中的其他企业)与被投资方为了开发、生产、销售或提供产品或服务而达成合营安排或其他协议。

(3) 被投资方为该主体(或其所在企业集团中其他企业)的借款提供财务担保或以被投资方的资产作为抵押。不过一个投资性主体可以用其对被投资方的投资作为任何借款的抵押(即，一个主体不会仅仅因为用其对被投资方的投资作为任何借款的抵押而被认为不符合投资性主体的定义和判断标准)。

(4) 该主体的关联方持有一项购买权，可以向该主体(或其所在企业集团中的其他企业)购买该主体的被投资方的所有者权益。

(5) 该主体(或其所在企业集团中的其他企业)与被投资方之间发生这类交易：交易条款较为特殊，若交易对方不是该主体或其所在企业集团中其他企业的关联方，也不是被投资方的关联方，则不会有这样的交易条款；交易不是按照公允价值进行的；属于被投资方或该主体(或其所在企业集团中其他企业)业务活动的一个重大组成部分。

如果一个主体的投资战略是在同一个行业、地区或者市场进行多项投资，从而被投资方之间可能形成协同效应，从而增加其从这些投资中可获得的资本增值和投资收益，这种情况下，该主体不会仅仅因为被投资方之间存在前段所述的交易而导致其不符合投资性主体的定义。

4. 退出战略。

在判断是否满足投资性主体关于经营目的的条件时，考虑投资期限是至关重要的。投资性主体和其他主体的一个区别就是投资性主体不打算无期限地持有其投资，而只计划持有一段时间。所以投资性主体针对其不同的投资组合应当具有不同的投资计划(退出战略)。

一个主体如果为其投资制定了退出战略，这可以用来证明该主体的经营目的，尤其是权益类投资和非金融投资，因为这类投资是有可能被无限期持有的。退出战略应清晰地描述资本退出时间表。退出战略可以按照所持投资的类型或组合来制定，不需要明确到每一个单项投资。但如果没有这样一个退出战略，则有可能表明其计划无限期地持有相关投资。

将有期限的债务工具持有至到期，可以视为已经存在一个退出战略，因为主体不可能无限期持有这类债务工具。但如果持有的是永续债务投资，则也应该为其制定退出战略。因为没有退出战略，则可能意味着该主体计划无限期持有。

在投资主体的评估中，那些仅针对违约事项的退出机制不被视为退出战略。

退出战略可能体现为多种形式，例如：

通过首次公开发行、非公开配售、业务出售、将被投资方的所有者权益分配给投资方以及资产出售(包括在被投资方清算后出售被投资方的资产，例如当这个基金是一个有期限的基金时)等方式实现退出；对于公开交易的股权类投资，退出战略有可能是通过非公开配售或在公开市场出售。房地产投资的退出战略可能是通过专业的房地产交易商或通过公开市场进行出售。

一个主体持有对其他主体的一些投资，被投资主体可能可能出于法律、监管、税务或类似商业原因而与该主体存在联系。该主体可能并未就这一类投资制定退出战略。但是，如果被投资方系投资性主体，对其本身拥有的投资有退出战略，则该主体有可能符合投资性主体的条件。

（三）公允价值计量

作为一个提供投资管理服务、为取得资本增值或投资收益或两者兼有而进行投资的主体，应当以公允价值作为其首要的计量和评价属性，因为相比于合并子公司财务报表或者按照权益法核算来说，公允价值计量所提供的信息更具有相关性。公允价值计量体现在：其关键管理人员在评估投资业绩的时候应当主要基于公允价值进行评估；在会计准则允许的情况下，在向投资方报告其财务状况和经营成果时应当以公允价值计量其投资。具体而言，投资主体应符合以下要求：

1. 在会计准则允许的情况下，在向投资方报告其财务状况和经营成果时应当以公允价值计量其投资。

为了满足该项标准，投资性主体应当：

(1) 选择以公允价值模式计量其所持有的投资性房地产。

(2) 适用《企业会计准则第 2 号——长期股权投资》第三条第(二)项的豁免规定，对合营、联营企业的长期股权投资不采用权益法核算。

(3) 根据《企业会计准则第 22 号——金融工具确认和计量》的相关规定，按公允价值计量其所持有的金融资产。

2. 向其关键管理人员提供公允价值信息，以供他们据此评估投资业绩或作出投资决策。即：在对其关键管理人员的内部报告中，应报告公允价值信息；关键管理人员在评价其几乎所有投资的业绩和作出投资决策时，以公允价值作为首要的评价尺度。

投资性主体也可能持有某些非投资资产，例如，总部办公楼、办公设备等固定资产，以及承担金融负债。投资性主体定义中的“公允价值计量”要求仅适用于该主体所持有的投资。相应地，投资性主体对其所持有的非投资资产和所承担的金融负债无需按公允价值进行计量。

二、投资性主体的特征

投资性主体有以下四个典型特征(准则第二十三条)：

(1) 拥有一个以上投资。

(2) 拥有一个以上投资者。

(3) 投资者不是该主体的关联方。

(4) 其所有者权益以股权或类似权益方式存在。

通常情况下,一个投资性主体应该同时满足其定义中的三个条件(第二章第二节一),但并不要求同时具备上述四项特征。当一个主体符合投资性主体的定义,但不完全具备上述四个特征的情况下,需要审慎评估,判断是否有确凿证据证明虽然缺少一个或几个典型特征,但该主体仍然符合投资性主体的定义。

(一) 拥有一个以上投资

一个投资性主体通常会同时拥有多项投资以分散其风险,并使其回报最大化。投资性主体通常直接或间接持有一个投资组合,例如,某些投资性主体仅持有一项对另一投资性主体的投资,但被投资的投资性主体持有多项投资。但如果一个主体只拥有一项投资,仍然有可能符合投资性主体的定义,尤其是处于过渡期的投资性主体,例如,该主体刚设立,尚未寻找到多个符合要求的投资项目;或者该主体刚处置了部分投资,尚未进行新的投资;或者该主体正处于清算过程中。也有一些特殊的投资性主体可能只进行一项投资,例如,某项投资要求较高的最低出资额,单个投资方很难进行如此高额的投资,这种情况下,一个投资性主体可能被用来募集各个投资方的资金以集中投资。

(二) 拥有一个以上投资者

典型的投资性主体通常拥有多个投资者,多个投资者通过投资性主体集中资金,以获取单个投资者可能无法单独获取的投资管理服务和投资机会。拥有多个投资者使投资性主体或其集团成员获取除资本增值、投资收益以外的收益的可能性减小。一个投资性主体在过渡期也可能只有一个投资者,比如,刚刚设立、正在积极识别合资格投资者和募集资金的投资性主体,处于清算过程中的投资性主体,正处于投资方更替过程中的投资性主体。还有一些特殊的投资性主体,其投资者只有一个,但其目的是为了代表或支持一个比较广泛的投资者集合的利益而设立的。例如一个企业设立一个年金基金,其目的是为了支持该企业职工退休后福利,这种情况下,该基金虽然只有一个投资方,但却代表了一个比较广泛的投资者集合的利益,仍然属于投资性主体。

(三) 投资者不是该主体的关联方

投资性主体通常拥有若干投资者,这些投资者既不是其关联方,也不是该投资主体所在集团的成员,这一情况使投资性主体或其集团成员获取除资本增值和投资收益以外的收益的可能性减小;反之,一个主体的投资方中包括了与该主体存在关联关系的投资方,则该主体或者关联投资方更有可能存在除了获取资本增值或者投资收益之外的其他投资目的,在这种情况下,需要更为谨慎地判断和确凿的证据来证明其唯一的经营目的是取得资本增值或投资收益或两者兼有。

但是有的情况下，关联投资方的存在并不意味着该主体就不符合投资性主体的定义，例如。一个基金的投资方之一可能是该基金的关键管理人员出资设立的企业，其目的是更好地对基金的关键管理人员进行激励，这样的安排并不影响该基金符合投资性主体的条件。

（四）该主体的所有者权益以股权或类似权益存在

一个投资性主体并不一定必须是单独的法律实体，但无论其采取什么样的法律形式，其所有者权益应该采取股份、合伙权益或者类似权益份额的形式，且净资产按照所有者权益比例份额享有。然而，拥有不同类型的投资者，并且其中一些投资者可能仅对某类或某组特定投资拥有权利，或者不同类型的投资者对净资产享有不同比例的分配权的情况，并不说明该主体必然不属于投资性主体。

某些情况下，一些特殊主体（如基金、信托）的所有者权益可能不符合《企业会计准则第 37 号——金融工具列报》下权益的定义从而被分类为金融负债，但其持有者仍然是按照其持有的相应所有者份额享有净资产的一定比例，仍然使该等债务工具的持有人享有或承担该主体公允价值变动带来的投资回报，这一点并不妨碍该特殊主体是否是投资性主体的判断。

三、判断投资性主体的案例

【案例 1】 是否符合投资性主体的定义-1

A 有限合伙企业于 2×10 年设立，合伙年限为 10 年。根据合伙协议，A 有限合伙企业的设立目的是投资于有潜力高速增长的企业以实现资本增值。H 公司作为普通合伙人拥有 A 有限合伙企业 1%的资本，并承担识别合适投资的责任，75%的有限合伙人向 A 有限合伙企业提供了 99%的资本，这些有限合伙人与 H 公司不存在关联关系。

A 有限合伙企业成立当年，没有合适的投资。2×11 年，A 有限合伙企业获得对 B 公司的控制权，2×12 年获得对其他 5 家经营公司的权益投资。除上述情况外，A 有限合伙企业不从事其他活动。A 有限合伙企业以公允价值计量和评价其投资，并向普通合伙人 H 公司和其他外部投资者提供这些信息。A 有限合伙企业计划在合伙年限内以直接出售、推动其投资公司公开上市后出售该投资公司股份等方式处置这些投资。

本例中，A 有限合伙企业在 2×10 年至 2×12 年符合投资性主体的定义，主要原因如下：一是 A 有限合伙企业的资金主要由有限合伙人提供，并向有限合伙人提供投资管理服务；二是 A 有限合伙企业的唯一活动是向经营公司进行权益投资以实现资本增值，A 有限合伙企业有明确的退出战略；三是 A 有限合伙企业以公允价值计量和评价其投资，并向其投资者提供这些信息。

【案例 2】 是否符合投资性主体的定义-2

A 技术公司设立 B 高新技术基金，以投资于高新技术创业公司而获取资本增值。A 技术公司持有 B 高新技术基金 70%的权益并且控制该基金,该基金其余 30%的权益由其他 10 个不相关投资者持有。

A 技术公司同时持有以公允价值购买 B 基金持有投资的选择权,如果行使该选择权,A 技术公司将受益于 B 基金被投资者开发的技术。B 基金没有明确的退出投资的计划,且 B 基金由该基金投资者代理人作为投资顾问管理。

本例中,即使 B 基金的经营目的是为资本增值而进行投资,并向其投资者提供投资管理服务,B 基金也不是投资性主体,主要原因如下:一是 A 公司持有购买 B 基金持有投资的选择权,B 基金被投资方开发的资产将使 A 技术公司受益,这样,除资本增值外,B 基金还提供了其他利益;二是 B 基金的投资计划不包括作为权益投资的投资退出战略,A 技术公司持有的选择权并非由 B 基金控制,也不构成退出战略。

四、投资性主体的转换

投资性主体的判断需要持续进行,当有事实和情况表明构成投资性主体定义的三个要素发生变化,或者任何典型特征发生变化时,应当重新评估其是否符合投资性主体。

(一)当母公司由非投资性主体转变为投资性主体

此时,除仅将为其投资活动提供相关服务的子公司纳入合并财务报表范围编制合并财务报表外,企业自转变日起对其他子公司不再予以合并,其会计处理参照部分处置子公司股权但不丧失控制权的处理原则[第二章第五节二(一)],具体如下:

(1) 该子公司不再纳入合并范围,相应地,终止确认与其他子公司相关资产(包括商誉)及负债的账面价值,以及其他子公司相关少数股东权益(包括属于少数股东的其他综合收益)的账面价值。

(2) 按照对该子公司的投资在转变日的公允价值确认一项以公允价值计量且其变动计入当期损益的金融资产。

(3) 同时将对该子公司的投资在转变日的公允价值作为处置价款,其与当日合并财务报表中该子公司净资产(资产、负债及相关商誉之和,扣除少数股东权益)的账面价值之间的差额,调整资本公积(资本溢价或股本溢价),资本公积不足冲减的,调整留存收益。

(二)当母公司由投资性主体转变为非投资性主体

此时,应将原未纳入合并财务报表范围的子公司于转变日纳入合并财务报表范围,原未纳入合并财务报表范围的子公司于转变日的公允价值视同为购买的交易对价。具体如下:

(1) 将转变日视作为购买日。

(2) 将该子公司于转变日的公允价值作为合并对价。

(3) 按照非同一控制下企业合并的会计处理方法进行会计处理。

第三节 合并范围

一、控制

(一) 控制的定义

合并财务报表的合并范围应当以控制为基础予以确定。任何投资方,不管其对被投资方的涉入性质如何,均应评估其是否控制被投资方从而确定是否为母公司。控制,是指投资方拥有对被投资方的权力,通过参与被投资方的相关活动而享有可变回报,并且有能力运用对被投资方的权力影响其回报金额。当投资方因参与被投资方的相关活动而享有可变回报,且有能力运用对被投资方的权力来影响上述回报时,投资方即控制被投资方。

因此,当且仅当投资方满足下列所有条件时,投资方可控制被投资方(控制的三要素):

(1) 拥有对被投资方的权力(第二章第三节四)。

(2) 通过参与被投资方的相关活动而享有可变回报(第二章第三节五)。

(3) 有能力运用对被投资方的权力影响其回报金额(第二章第三节六)。

图 2-2 描述了控制三要素之间的关系。

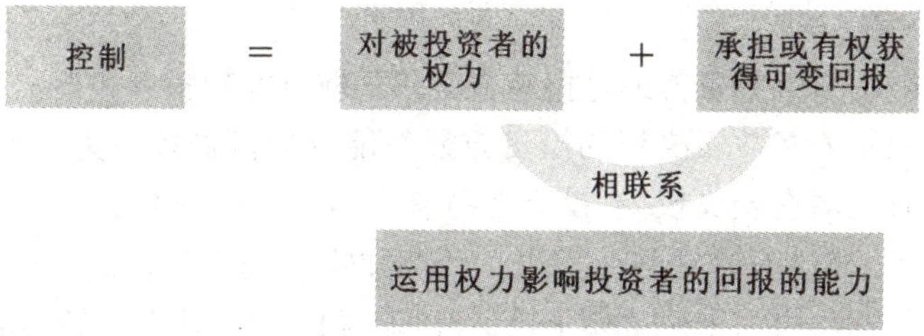

图 2-2 控制三要素之间的关系

这三个控制要素将在本操作指南后续部分分别进行论述。

虽然合并财务报表准则提到了拥有控制的"投资方",但并没有定义"投资方"一词。参考 IFRS 10 的相关规定,其第 5 段指出"无论投资者涉入的性质如何",投资者均有可能控制被投资者。其附录 B 第 B15 段特别列举了通过管理合同(如果该合同赋予持有者主导相关活动的能力)实现控制的例子。因此,并无规定要求投资者对被投资者的权益的形式必须是债务或权益工具。

控制的主体是唯一的,这意味着仅有一方(如有)可以控制被投资方,不可能出现多个投资方同时对同一被投资方具有控制权的情况。

其他主体享有与被投资方活动相关的保护性权利(第二章第三节四(二)4)的事实并不妨碍投资者控制该被投资方。

(二) 评估控制需要考虑的因素

投资方应当在综合考虑所有事实和情况的基础上评价它能否控制被投资方。图 2-3 列示了投资方在进行控制评估时的一般框架。

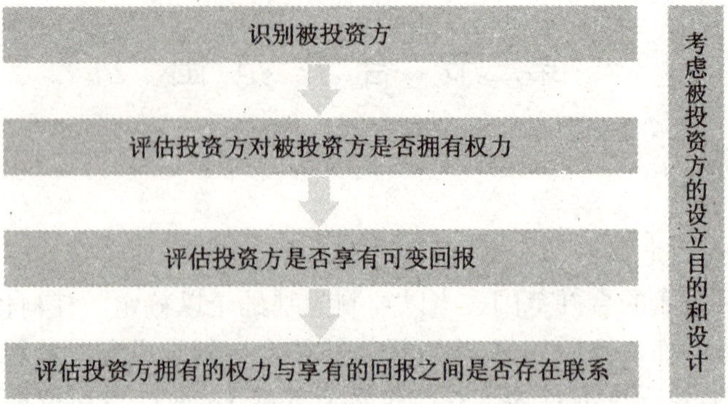

图 2-3　投资方在进行控制评估时的一般框架

在识别被投资方后,确定投资方是否控制被投资方需要考虑以下因素:

(1) 被投资方的设立目的。

(2) 被投资方的相关活动以及如何对相关活动作出决策。

(3) 投资方享有的权利是否使其目前有能力主导被投资方的相关活动。

(4) 投资方是否通过参与被投资方的相关活动而享有可变回报。

(5) 投资方是否有能力运用其对被投资方的权力影响其回报金额。

(6) 投资方与其他方的关系。

在一些较复杂的情况下,投资方在评价对被投资方的控制时,还应考虑它与其他方的关系。

在很多情况下,当投资方通过持有表决权获取可变回报并控制被投资方的决策时,持有被投资方多数表决权的投资方显然能够控制被投资方。但是,在其他情况下(比如存在潜在表决权,或投资方持有半数以下表决权),投资方未必能够控制被投资方。在这些情况下,投资方应当根据所有事实和情况,对上述要素进行评估并作进一步分析,来确定哪个投资方(如有)能够控制被投资方。

评估控制的过程如表 2-14 所示。

表 2-14　　　　评 估 控 制

识别权力: 确定哪一方(如有)拥有权力,即目前有能力主导被投资方相关活动。权力包括: • 表决权; • 潜在表决权(认股权证或可转换工具); • 任命关键人员的权力; • 管理协议所赋予的决策权; • 解雇关键人员的权力。	⇨	评估回报: 评估投资方通过参与被投资方相关活动而享有的可变回报。回报有正面的、负面的或两者兼有。回报包括: • 红利; • 报酬; • 其他,例如规模经济效应、成本节约、稀缺资源或产品、协同效应,或其他投资者无法获得的回报。	⇨	评估权力与回报之间的关系: 评估投资方是否有能力运用其权力影响因参与被投资方的相关活动而享有的回报,确定投资方是主要责任人还是代理人。考虑如下因素: • 决策权范围; • 其他方享有的权利; • 薪酬水平; • 因持有被投资方中的其他权益所承担可变回报的风险。
考虑被投资方的设立目的和设计				

需要注意的是:如果存在控制,则仅有一方可以控制被投资方。当两个或两个以上投资方共同控制被投资方时,如果没有其他投资方的配合,任何一个投资方都不能单独控制被投资方,则各投资方应按照《企业会计准则第40号——合营安排》的规定核算其在被投资方中的权益。

(三)有限合伙企业的特殊考虑

有限合伙企业是一种典型的合伙形式,它为部分合伙人(有限合伙人)提供有限责任保护。有限合伙企业的结构和有限合伙企业的普通合伙人的职能在不同的合伙企业及不同的国家和地区内存在重大差异。有限合伙企业通常必须满足特定的法律和税务标准才能成为有限合伙企业;因此,其结构往往是以形式为导向的。有限合伙企业的普通合伙人和有限合伙人的权利和义务通常是不同的。有限合伙企业管理的职能通常仅由普通合伙人实施,有限合伙人一般不允许参与管理。而某些普通合伙人行使的职能仅旨在令主体符合有限合伙企业的资格标准而设计。

由于有限合伙企业的特殊性,因此在确定其合伙人是否控制合伙企业时需要基于相关事实和情况进行审慎判断,需要考虑特定的合伙企业结构及不同国家和地区内的不同规定等相关因素。一般而言,在应用控制的三要素确定有限合伙企业的合伙人是否控制合伙企业时,需要基于相关事实和情况进行审慎判断。以下是对通常情况下若干应注意事项的提示:

(1) 如果普通合伙人在合伙企业的净资产或净收益中不享有权益,则该普通合伙人很可能不控制该合伙企业(但需注意的是必须确定已识别和考虑了普通合伙人的所有回报)。

(2) 对于某些合伙企业,有限合伙人可能拥有合伙企业的主要经济利益但却不拥有主导相关活动的权力(如当另一合伙人拥有控制且该合伙人并非是有限合伙人的代理时)。

(3) 同时担任唯一普通合伙人、或者有权罢免唯一普通合伙人的有限合伙人,可能行使控制从而控制该合伙企业。

二、识别被投资方

尽管“投资方”这一术语未经定义,但IFRS 10利用它代表可能控制一个或多个其他主体的报告主体,利用“被投资方”代表已经或者可能成为报告主体子公司的主体。识别被投资方通常比较简单,它可能是一个有限责任公司、股份有限公司、尚未进行公司制改建的国有企业,也可能是一个合伙企业、信托、专项资产管理计划等。在少数情况下,被投资方的一个可分割部分——单独主体(第二章第三节八)可能应当纳入合并财务报表范围,在实务中,一些房地产企业为了避税,可能会采用此类安排。

三、被投资方的设立目的和设计

当评估对被投资方的控制时,投资方应考虑被投资方的设立目的及设计,以明确哪些是相关活动,相关活动的决策机制,谁拥有现时能力主导这些活动,以及谁从这些活动中获得可变回报。

了解被投资方的设立目的和设计有助于了解每个投资方的目的,即:投资方为何参与被投资方的相关活动,参与了哪些活动。因此在识别哪个投资方控制被投资方时,了解被投资方的设立目的和设计非常关键。被投资方的设立目的和设计在控制判断的很多环节都需要考虑。

具体来说,了解被投资方的设立目的和设计有助于确定以下方面:

(1) 被投资方存在哪些风险,投资方参与被投资方相关活动可能产生哪些风险?

(2) 相关活动是指哪些活动?

(3) 被投资方相关活动的决策机制是怎样的?

(4) 哪个投资方有能力主导被投资方的相关活动?

(5) 哪些投资方能够通过参与被投资方相关活动而享有其可变回报?

(6) 被投资方相关活动如何影响投资方的回报?

(7) 如果投资方拥有对被投资方的权力、享有其可变回报,那么它是否有能力运用其对被投资方的权力影响其回报金额?

如果对被投资方的控制是通过持有被投资方权益工具而获得一定比例表决权或是潜在表决权的方式来实现,在不存在其他改变决策机制的安排时,控制的评估主要着重于判断哪一方(如有)能够通过行使表决权来决定被投资方的财务和经营政策。例如,在最简单的情况下,在不存在其他因素时,通常持有半数以上表决权的投资方控制被投资方,但是如果章程或者其他协议有某些特殊约定,例如,被投资方相关活动的决策需要2/3以上表决权比例通过,在这种情况下,拥有半数以上表决权并不意味着必然能够对被投资方实施控制。

如果在被投资方的设计中,表决权不是判断能否控制被投资方的决定性因素,其仅与被投资方的日常行政管理活动有关,而被投资方的相关活动可能是由其他合同安排规定的,则在这种情况下,投资方在考虑被投资方的设立目的和设计时,还应考虑被投资方的设立带来了哪些风险和收益;被投资方将哪些风险和收益转移给了参与其活动的各方;投资方是否面临这些风险和收益。所考虑的风险不仅包括下行风险,也包括可能的上行收益。

【案例3】

A企业为有限合伙企业,经营期限为3年。A企业将这些资金全部用于对非关联方B公司的一家全资子公司C增资,增资完成后,A持有C公司60%的股权及表决权,B公司持有C公司40%的股权及表决权。根据协议,B公司将在3年后以固定价格回购A企业持有的C公司股权。C公司是专门建造一个大型资产并用于租赁的项目公司,其建造期为5年,A企业增资的时候,C公司的资产已经建造了2年。本案例中,被投资方的业务活动是用5年的时间建造一个大型资产,之后以租金的方式取得回报。A企业增资的时候,C公司的资产建造已经开始,很可能很多与建造事项有关重要事项的决策已完成,当A企业的经营期限结束并将持有的C公司股份以固定价格出售给B公司时,C公司刚刚完成建造活动，尚未开始产生回报。在这种情况下，A 企业并不能主导 C 公司的相关活动，而且 A 企业也无法通过参与 C 公司取得可变回报，A 企业是通过 B 公司回购股权来收回其投资成本并取得收益的，因此，即使 A 企业拥有半数以上的表决权，也不能控制被投资方。

四、投资方对被投资方是否拥有权力

控制的第一个要素是权力。投资方享有现时权利使其目前有能力主导被投资方的相关活动，而不论其是否实际行使该权利，视为投资方拥有对被投资方的权力（准则第九条）。因而在投资方评估其是否拥有对被投资方的权力时，“相关活动”以及“现时权利”是两个很重要的概念。

（一）相关活动及其决策

1. 识别相关活动。

相关活动是指对被投资方的回报产生重大影响的活动（准则第七条）。投资方应重点关注对被投资方的回报产生重大影响的活动，而不是对被投资方回报影响甚微或没有影响的行政活动。

对许多企业而言，经营和财务活动通常对其回报产生重大影响。但在实务中，被投资者设立的目的和设计的不同意味着“相关活动”亦各不相同，应在考虑所有相关事实和情况后进行判断。这些活动可能包括但不限于下述活动：

（1）商品或劳务的销售和购买。

（2）金融资产的管理。

（3）资产的购买和处置。

（4）研究与开发活动。

（5）融资活动，包括确定资本结构和获取融资。

就相关活动所作出的决策的例子包括但不限于：

（1）就被投资方的经营、融资等活动作出决策，包括编制预算。

（2）任命被投资方的关键管理人员或服务提供商，并决定其报酬，以及终止其作为服务提供商的业务关系或者将其予以辞退。

相关活动一般由企业章程及协议中约定的权力机构（例如股东会、董事会）来决策，特殊情况下，相关活动的决策也可能基于合同协议约定等原因由其他机构来主导，如专门设置的管理委员会等等。有限合伙企业的相关活动可能由合伙人会议决策，也可能是由普通合伙人或者投资管理公司等机构或人员决策。

【案例 4】 企业在不同环境和情况下的相关活动

A 资产管理公司设立一家投资公司 B，A 公司占 B 公司 30％的股权，剩余 70％股权由与 A 公司无关联关系的公众投资者持有，这些投资者的持股比例十分分散。此外，B 公司还向其他公众投资者发行一项债务工具。B 公司使用发行债务工具和权益工具所筹集的资金进行金融资产组合投资。当所持金融资产组合出现违约事项时，B 公司的权益工具持有人首先承担违约损失，剩余损失由债务工具持有人承担。在违约损失超过权益工具金额之前,A 公司管理 B 公司的投资组合,当违约损失超过权益金额之后,由债务工具持有人指定的其他方开始管理 B 公司存在违约事项的资产及剩余金融资产的投资。

本例说明企业在不同环境和情况下的相关活动可能不同。在未发生违约或违约损失小于权益工具金额的情况下,B 公司的相关活动是金融资产投资组合的管理,而在违约损失超过权益工具的金额后,B 公司的相关活动转变为违约资产及剩余金融资产的管理。

2. 相关活动在评估权力中的应用。

在大多数情况下,当投资方通过持有表决权或类似权利主导被投资方时,其权力往往是通过统驭被投资者的战略性经营和财务政策而获得的。但对于并非由表决权或类似权利主导的被投资方,以及当多个利益方对被投资者的不同活动同时拥有决策权的时候,识别相关活动尤其重要。特别是"相关活动"定义中的修饰语"重大影响",要求在评估权力时应关注的活动是对被投资者的回报具有重大影响的活动,而不是对被投资者回报影响甚微或没有影响的行政活动。这对于评估并非通过投票权或类似权利主导的被投资者,且被投资者中可能有多方对不同活动拥有决策权的控制而言尤其重要。

投资方是否拥有权力,不仅仅取决于被投资方的相关活动,还取决于对相关活动进行决策的方式,例如,对被投资方的经营、融资等活动作出决策(包括编制预算)的方式,任命被投资方的关键管理人员、给付薪酬及终止劳动合同关系的决策方式等。

相关活动一般由企业章程、协议中约定的权力机构(例如,股东会、董事会)来决策,特殊情况下,相关活动也可能根据合同协议约定等由其他主体决策,如专门设置的管理委员会等。有限合伙企业的相关活动可能由合伙人大会决策,也可能由普通合伙人或者投资管理公司等决策。

3. 一项以上的相关活动。

被投资方的相关活动通常有多个,并且可能不是同时进行。当两个或两个以上投资方能够分别单方面主导被投资方的不同相关活动时,例如,某个投资方可能通过持有表决权主导某一项活动,而另一个投资方可能通过合同主导被投资方的其他活动,则能够主导对被投资方回报产生最重大影响的活动的一方拥有对被投资方的权力。投资方考虑的因素可能包括:

(1) 被投资方的设立目的和设计(第二章第三节三)。

(2) 影响被投资方利润率、收入和企业价值的决定因素。

(3) 各投资方拥有的与上述决定因素相关的决策权的范围及其对被投资方回报的影响程度。

(4) 投资方对于可变回报的风险承担的大小。

以下例子说明在不同投资方主导两类对被投资方回报产生重大影响的活动时,该如何考虑。

【案例 5】 不同投资方主导两类对被投资方回报产生重大影响的活动

A 公司和 B 公司共同投资 C 公司,C 公司的主营业务活动为药品研发和销售。根据C公司章程和合资协议的约定,在所研发药品获得相关监管部门的生产批准前,A公司可以单方面主导C公司药品研发活动,而在获得相关监管部门的生产批准后,则由B公司单方面主导该药品的生产和营销决策。

在本例中,C公司的研发、生产和营销活动均会对C公司的回报产生重大影响。投资方除了需结合上述四点进行综合分析以外,还需要考虑以下具体因素:获得监管部门批准的不确定性和难易程度(考虑投资方成功开发药品并获取生产批准的历史纪录、目前药品的所处的开发阶段、预测所需开发时间、同类药品开发的难易程度等因素);开发完成后哪一方投资者可实际控制该药品相关的经营活动(如取得同类药品营销渠道和实现销售业绩的难易程度)等。

当药品研发属于最相关活动时,能够主导研发的投资方A公司拥有对被投资方的权力;当药品生产和销售属于最相关活动时,能够主导产品生产和销售的投资方B公司拥有对被投资方的权力。

然后,为确定A、B公司能否控制C公司,A、B公司还需要评估他们能否通过参与被投资方的相关活动而享有可变回报,并且有能力运用对被投资方的权力影响其回报金额。

在后续期间内,如果相关事实或者相关环境因素发生变化,则投资方应当重新考虑前述评估结论。

如果同时存在多项对被投资方的回报产生重大影响的相关活动,但这些相关活动均由同一投资方主导时(例如,当对这些相关活动的主导均通过表决权实现时),就没有必要判断哪项相关活动对被投资方回报的影响最大,因为此时无论从哪项相关活动来衡量,最终得出主导权归属的结论总是相同的。

(二)现时权利

一旦识别出相关活动,下一步是确定哪个投资方(如有)目前有能力主导这些活动,即:谁拥有对被投资方的权力。权力来源于权利。为拥有对被投资方的权力,投资方必须享有现时权利使其目前有能力主导被投资方的相关活动。因此,权力的评估应以投资方主导被投资方相关活动的能力为基础;尤其,IFRS 10并不要求投资方实际行使其权力。拥有现时能力主导被投资方相关活动的投资方拥有主导被投资方的权力,即使其主导的权利尚未被行使。相反,投资方曾经主导被投资方相关活动的证据有助于确定投资方是否拥有权力,但是仅凭此类证据本身不足以得出投资方是否具有主导被投资方的权力的结论。

投资方可以拥有对被投资方的权力,即使其他主体拥有的现时权利使其在目前具有参与主导相关活动的能力(如,另一主体拥有重大影响)。

1. 赋予投资者对被投资者权力的权利。

投资方对被投资方的权力可能源自各种权利,例如:

(1) 表决权或潜在表决权。

(2) 委派或罢免有能力主导被投资方相关活动的该被投资方关键管理人员或其他主体的权利。

(3) 为了投资方的利益而决定被投资方进行某项交易或否决某项交易的权利。

(4) 由管理合同授予的决策权利。

(5) 上述权利结合在一起。

通常情况下,当被投资方具有一系列对回报产生重要影响的经营及财务活动,且需要就这些活动连续地进行实质性决策时,表决权或类似权利(单独或结合其他安排)将赋予投资方权力。

但在一些情况下,表决权不能对被投资方回报产生重大影响(例如,表决权可能仅与日常行政活动工作有关),被投资方的相关活动由一项或多项合同安排决定[第二章第三节四(四)]。这种情况下,投资方应评估相关合同安排,考虑被投资方的设立目的和设计,并综合考虑相关因素,以确定其是否拥有充足的权利使其获得对被投资方的权力。

2. 当难以确定投资者的权利是否足以赋予其权力时应考虑的因素。

某些情况下,确定投资方是否拥有充足的权利使其获得对被投资方的权力比较困难。此时,投资方应考虑其自身是否拥有实际能力单独主导被投资方的相关活动。投资方应把下列因素与投资方享有的权利、被投资方的设立目的与设计结合,进行综合考虑(注:此处所列考虑因素仅为举例,并未穷举所有可能需考虑的因素):

(1) 投资方是否能够任命或批准被投资方的关键管理人员,这些关键管理人员能够主导被投资方的相关活动。

(2) 投资方是否能够出于自身利益决定或者否决被投资方的重大交易。

(3) 投资方是否能够控制被投资方董事会等类似权力机构成员的任命程序,或者从其他表决权持有人手中获得代理投票权。

(4) 投资方与被投资方的关键管理人员或董事会等类似权力机构中的多数成员是否存在关联关系(例如,被投资方的首席执行官与投资方的首席执行官为同一人)。

(5) 投资方与被投资方之间存在特殊关系。

有时,一些迹象表明,投资方与被投资方之间存在特殊关系,该关系意味着投资方在被投资方中享有的权益不仅仅是被动消极的权益。存在一个或几个迹象未必说明投资方必然享有权力。然而,这类迹象的存在可能说明投资方拥有其他相关权利,这些权利可能为投资方享有权力提供了证据,例如,①被投资方有能力主导其相关活动的关键管理层人员是投资方的现任或前任职工;②被投资方的经营活动依赖于投资方。例如,被投资方依赖于投资方提供经营活动所需的大部分资金;投资方为被投资方的大部分债务提供了担保;被投资方在关键服务、技术、供应或原材料方面依赖于投资方;投资方掌握了诸如专利权、商标等对被投资方经营而言至关重要的资产;被投资方依赖于投资方为其提供具备与被投资方经营活动相关专业知识等的关键管理人员等;③被投资方活动的重大部分有投资方参与其中,或者是以投资方的名义进行;④投资方自被投资方承担可变回报的风险或享有可变回报的收益的程度远超过其持有的表决权或其他类似权利的比例。例如,投资方承担或有权获得被投资方回报的比例为70%,但仅持有不到半数的表决权。

(6) 投资方因参与被投资方的相关活动而获得的可变回报越大，其获取权力的动机越强。因此，享有被投资方的大部分可变回报是投资方具有权力的一项证明，但其本身并不足以推定投资方对被投资方必然具有权力。

(7) 其他相关因素(如有)。

在将投资方的相关权利与上述(1)～(7)所述因素结合起来进行综合考虑时，应赋予(1)～(4)所描述的因素更多的权重。

投资方持有被投资方表决权的比例越低，否决投资方提出的关于相关活动的议案所需一致行动的其他投资方数量越少，投资方就越需要在更大程度上运用上述证据，以判断是否拥有主导被投资方相关活动的权利。

3. 实质性权利。

赋予权力的权利必须是能够主导相关活动的现时权利。投资方在评估其是否拥有权力时仅要求考虑有关被投资方的实质性权利，包括自身享有的以及其他方享有的实质性权利。实质性权利，是指持有人在对相关活动进行决策时有实际能力行使的可执行权利(准则第十一条)。仅享有保护性权利的投资方不拥有对被投资方的权力，从而无法控制被投资方。

(1) 判断实质性权利的主要考虑因素。

判断一项权利是否为实质性权利，应当综合考虑相关事实和情况。表 2-15 列明了需要考虑的一些因素(未包括所有因素)。

表 2-15　　评估实质性权利的考虑因素

因　素	实　例
• 是否存在限制(经济上的、操作上的及其他)使得持有者不能行使权利?	• 财务处罚或奖励; • 行权价格或转换价格高; • 合同条款或条件的限定(如行权期间短); • 缺乏行权的合理机制(被投资方的成立文件或适用的法律或规章缺乏明确、合理的允许持有人行使权利的机制); • 无法取得行权的必要信息; • 其他方不愿意或不能够承担现有持有者的权利，或提供专门服务; • 法律法规的限制(如禁止国外投资者行权)。
• 当权利的行使须获得多方同意，或当权利由多方持有时，是否存在实际可行的机制使得这些权利持有人在其愿意的情况下能够一致行权?	• 需要一致行使权利的投资方越多，权利是实质性权利的可能性越少; • 存在恰当的机制，能提供相关投资方集体行权的能力(如果他们选择共同行权); • 独立于决策者的董事会可以作为一个众多投资方一致行使权利的机制。
• 持有权利的投资方(一方或多方)能否从行使权利中获益?	• 潜在表决权的行权价格或转换价格，例如，是否为价内期权; • 投资方能从合并被投资方中获利(利益可以是货币形式的，或是其他形式的，如实现投资方和被投资方的协同效应)。

此外,在评估权利是否为实质性权利时,还应当考虑被投资方的设立目的和设计(第二章第三节三)。例如:授予这些权利的原因;行使该权利要求提供(或获得)的补偿,该补偿是否反映公允价值;如果其他投资方没有取得该权利,理由是什么等。在首次授予权利和现有权利发生变化时,都应当考虑这些因素。

当潜在投票权为"价外"时,该潜在投票权是实质性的可能性较低,但仍然可能。须根据所有相关事实和情况的审慎分析进行判断。例如,即使股份期权为价外且预计在未来会一直如此,在考虑持有者行使期权时准备支付的控制溢价后,仍可能判断其是实质性的。

确定潜在投票权是否是实质性权利不完全是基于工具的行权价格或转换价格与其涉及股份的现时市场价格的比较。尽管行权价格或转换价格是需要考虑的因素之一,但是在确定潜在投票权是否是实质性权利时要求全面考虑多项因素,包括评估工具的目标和条款设计、考虑投资者是否由于其他原因(例如,实现投资者与被投资者之间的协同效应)而获益,以及确定是否存在任何壁垒阻碍潜在投票权持有者行使或转换这些权利。

潜在投票权亦可能来源于远期合同。在这种情况下,可能没有必要考虑工具的行权价格或转换价格,因持有者可能没有拒绝接受涉及的股份或其他工具的权力。准则并未明确表明,如果工具的行使或转换不能由任意一方决定时(例如在远期合同中),考虑该工具的行使价格或转换价格是无关的,但这可能是符合逻辑的解读。例如,投资者持有不能以净额结算的购入被投资者的额外股份的远期合同。此类合同的一个重要特征是持有者没有是否"行使"的选择权,因为不论如何持有者都须在到期时按远期合同支付款项并收到额外股份。因此,在确定潜在投票权是否是实质性权利时,似乎没有必要考虑行使这些权利能为投资者带来的潜在利益,因为无论如何投资者都将获得额外股份。对于此类情况,关键的决定性因素是远期合同的时间安排,即是否在需要作出涉及主导相关活动的决策之前获得额外股份(详见下文"当前无法实际行使的实质性权利")。

(2)当前无法实际行使的实质性权利。

实质性权利应是在对相关活动进行决策时可执行的权利。通常要求实质性权利应是在当前可供行使的,但是,某些情况下,即使当前无法实际行使该权利,权利也可能是实质性权利。

此条件最明显适用于潜在投票权的情况。这与《企业会计准则第33号——合并财务报表》(2006)的要求可能正好相反,以往在评估投资者是否具有控制权时,只需考虑是否存在目前可执行或目前可转换的潜在投票权及其影响。根据《企业会计准则第33号——合并财务报表》(2006),例如当潜在投票权直到将来某一日期或直到将来发生某一事项才能行使或转换时,该潜在投票权就不是目前可执行或目前可转换的。

《企业会计准则第33号——合并财务报表》(2014年修订)在很大程度上参考了《IFRS 10——合并财务报表》,且与后者保持实质性趋同。在制定IFRS 10

时,IASB 考虑了潜在投票权在行使或转换之前是否赋予其持有者主导被投资者相关活动的现时能力。IASB 得出结论认为:当①这些投票权为实质性权利;且②这些投票权在行使或转换时(与持有者的其他现时权利一同考虑(如有))赋予持有者主导被投资者相关活动的现时能力时,潜在投票权可以赋予其持有者主导被投资者相关活动的现时能力。根据 IASB 的观点,实质性潜在权利持有者实际上与持有多数投票权的消极股东或实质性剥夺权持有者处于同等地位。若不存在其他因素,控制模式规定被投资者由持有多数投票权的股东控制,尽管该股东可能需要一定时间去组织会议以行使其权利。类似地,潜在投票权持有者也需采取措施获得投票权。在任何一种情况下,问题的关键都在于需要采取的措施是否足够重大,会阻止投资者获得主导被投资者相关活动的现时能力。

【案例 6】 当前不能行使的权利也可能是实质性权利

投资方持有一份将于 25 天后结算的远期股权购买合同,该合同赋予投资方行权后能够持有被投资方的多数表决权股份。另外,能够对被投资方相关活动进行决策的最早时间是 30 天才能召开的特别股东大会。其他投资方不能对被投资方相关活动现行的政策作出任何改变。

本例中,虽然投资方持有的远期股权购买合同 25 天后才能结算,不是当前可执行的权利,但是由于股东大会最早召开的时间在 30 天后,晚于远期合同的可行权日(25 天后),在投资方执行远期合同之前,没有其他任何一方可以改变与被投资方的相关活动有关的决策。因此,虽然该权利当期不可执行,但仍然为一项实质性权利。

(3) 没有实际行使的实质性权利。

投资方即使没有行使权利,但只要其具有现时能力主导被投资方的相关活动,就能够拥有对被投资方的权力。投资方曾经主导被投资方相关活动的证据有助于确定投资方是否拥有权力,但这些证据本身不能得出投资方是否拥有权力的结论。

(4) 其他投资方拥有的实质性权利。

某些情况下,被投资方的其他投资方可能也拥有可行使的实质性权利,从而使本投资方不能控制被投资方。其他方拥有的可行使的实质性权利不一定是待决策事项的提议权(主动性权利),可能仅是一些批准或否定议案的权利(被动性权利),只要这些权利不仅仅是保护性权利,则其他方拥有的这些实质性权利可能会使得投资方不能控制被投资方。

4. 保护性权利。

投资方在评估是否拥有对被投资方的权力时,应当评估其享有的权利或其他方享有的权利是否为保护性权利。

保护性权利,是指仅为了保护权利持有人利益却没有赋予持有人对相关活动决策权的一项权利(准则第十二条)。由于权力是控制的必要因素,因而投资方仅持有保护性权利不能对被投资方实现控制,也不能阻止其他方对被投资方控制。

(1) 被投资方发生根本性改变或发生例外情况。

保护性权利通常仅适用于被投资方发生根本性改变或某些特殊例外的情况,但并非所有在例外情况下行使的权利或在不确定事项发生时才行使的权利都是保护性权利。当被投资方的活动和回报已被预先设定,只有在发生某些特定事项时才需要进行决策,且这些决策对被投资方的回报产生重大影响,则该等事项引发的活动属于相关活动,对这些相关活动行使的权利就不是保护性权利。例如:被投资方出现违约贷款时投资方出售其资产的权利,因为违约被认为是一种异常情况,因此该权利属于保护性权利。但是,如果情况发生变化使得违约不再是一项异常事项(如被投资方违约贷款并申请破产时),享有该权利的投资方需要根据事实和情况的变更,重新评估该项权利是否转变为实质性权利而不再是保护性权利。

(2) 保护性权利的实例。

保护性权利通常包括应由股东大会(或股东会,下同)行使的修改公司章程,增加或减少注册资本,发行公司债券,公司合并、分立、解散或变更公司形式等事项持有的表决权。保护性权利的实例包括但不限于:

• 贷款方限制借款方进行会对借款方信用风险产生不利影响从而损害贷款方利益的活动的权利。

• 少数股东批准超过正常经营范围的资本性支出或发行权益工具、债务工具的权利。

• 贷款方在借款方发生违约行为时扣押其资产的权利。

• 投资方对被投资方与其关联方进行交易的否决权。

(3) 否决权。

第一,对年度预算的否决权。

很多情况下,如果确定经营预算是对被投资方回报产生重大影响的活动,那么对年度经营预算的否决权属于实质性权利,而不单是保护性权利。

例如,被投资方的经营预算非常详尽并且管理层没有偏离预算的自主权,投资方拥有否决被投资方年度经营预算的权力。此种情况下,如果投资方否决了预算,被投资方管理层必须重新起草和重新提议预算,并将改写后的预算重新发送给享有否决权的投资方。因此批准年度经营预算对被投资方的回报能够产生最重大影响,即:在批准年度经营预算是最相关活动时,投资方持有的年度经营预算的否决权是实质性权利而不是保护性权利。

第二,其他否决权。

其他否决权主要包括对变更以下内容的否决权:

• 公司章程的修订;

• 被投资方总部地址;

• 被投资方名称;

• 审计机构。

因为上述这些事项极少能够对被投资方的回报产生重大影响,因此投资者持有的对此类事项变更的否决权通常都属于保护性权利。

(4) 特许经营权。

对于被投资方为被特许人的情况,特许经营协议经常给予特许人保护特许品牌的权利,也通常会赋予特许人某些与被特许人经营相关的决策权。那么,特许经营权能够为特许人提供权力,还是仅仅为保护性权利呢?

一般而言,特许人的权利并不限制其他方有能力作出对被特许人回报有重大影响的决策。特许经营协议中规定的特许人的权利也不必然导致特许人目前有能力主导对被特许人的相关活动。

在对被投资方进行分析时,需要区分两种权利,即,目前有能力作出对被特许人回报产生重大影响的决策的权利与有能力作出保护特许品牌的决策的权利的不同。对于被特许人的法律形式和资本结构等基本的决策的控制可能由特许人之外的其他方来决定,该等决策可能会对被特许人的回报产生重大的影响。如果其他方享有现时权利使其目前有能力主导被特许人的相关活动,则特许人不拥有对被特许人的权力。特许人提供的财务支持越少,特许人面临的被特许人的可变回报越小,则特许人就越有可能只拥有保护性权利。

在分析特许人是否拥有对被特许人的权力时,应当分析被特许人的设立目的和设计。特许人是否拥有权力取决于能够对被特许人回报产生重大影响的相关活动是什么,以及哪个投资方目前能够主导该活动。能够对被特许人的回报产生重大影响的活动通常包括以下内容:

- 确定或改变被特许人的经营政策;
- 设定被特许人的商品价格;
- 选择供应商;
- 购买商品和服务;
- 选择、购买或处置设备;
- 任命、支付薪酬或解聘关键管理人员;
- 为特许经营活动提供资金。

如果以上活动由其他投资方主导,而除此之外的其他活动由特许人主导,那么就需要分析哪一项活动对被特许人的回报产生最重大的影响,据以判断对该被特许人控制权的归属。

5. 获取权利的诱因。

投资方具有获取能够带来权力的权利的诱因,可能是投资方对被投资方拥有权力的一种迹象,但拥有诱因本身并不能带来权力。比如:

(1) 投资方通过参与被投资方活动获取的可变回报越多,其获取能够给予权力的权利的诱因就越大。因此,投资方对可变回报承担大部分风险可能表明它拥有权力。但是,投资方承担风险的程度本身不足以确定投资方是否拥有对被投资方的权力。

(2) 投资方可能明确或隐含地承诺以确保被投资方能够按预期持续经营。这种承诺可能增加投资方对可变回报应承担的风险,从而增强了投资方获取能够给予权力的权利的诱因。因此,确保被投资方按预期持续经营的承诺可能是投资方拥有权力的迹象,但承诺本身不能提供权力,也不会妨碍其他方拥有权力。

（三）表决权

权力源于现时权利，通常情况下，投资方通过表决权或类似权利获得主导被投资方相关活动的现时权利。

在确定对被投资方是否拥有权力时，需要考虑的表决权是对被投资方经营计划、投资方案、年度财务预算方案和决算方案、利润分配方案和弥补亏损方案、内部管理机构的设置、聘任或解聘公司经理及确定其报酬、公司的基本管理制度等事项进行表决而持有的权利。表决权比例通常与其出资比例或持股比例是一致的，但公司章程另有规定的除外。

很多情况下，对权力的评估比较容易。通常应首先了解被投资方设立的目的和设计（第二章第三节三），如果被投资方的权力直接且仅来源于股票等类似权益工具所授予的按比例表决权，在没有任何能够改变决策的额外协议时，对控制的评估取决于哪一方（如有）能够行使决定被投资方经营和财务政策所需的足够表决权。最简单的一个例子，在不考虑其他任何因素的情况下，持有多数表决权的投资方可以控制被投资方。

不过，在考虑与表决权相关的其他因素时，投资方通过和其他表决权持有者之间的合同协议、其他合同协议产生的权利、事实控制、潜在表决权等方式（或上述各种方式的组合），即使只拥有被投资方少数表决权，也能够拥有权力。

1. 持有被投资方半数以上表决权。

(1) 持有半数以上表决权的权力。

当被投资方的相关活动由持有半数以上表决权的投资方表决决定，或者主导相关活动的权力机构的多数成员由持有半数以上表决权的投资方指派，而且该权力机构的决策由多数成员主导时，假定其他事实和情况都不相关［如下述第二章第三节四（三）1(2)“持有半数以上表决权但无权力”的情况］，则持有半数以上表决权的投资方拥有对被投资方的权力。

【案例 7-1】 被投资方的相关活动由持有被投资方多数表决权的投资方主导

A 主体和 B 主体分别持有 C 主体 60%和 40%的普通股。C 主体的相关活动通过股东会议上多数表决主导。在股东会议上，每股普通股享有一票表决权。若不存在其他因素（如，A 主体与 B 主体之间的股东协议另有规定），C 主体的相关活动由持有 C 主体大多数表决权的一方主导。

因此，若不存在其他相关因素，因为 A 主体是 C 主体大多数表决权的持有者，故 A 主体拥有对 C 主体的权力。

【案例 7-2】 被投资方的相关活动由权力机构主导，该权力机构的多数成员由持有被投资者大多数表决权的投资方任命

A 主体和 B 主体分别持有 C 主体 60%和 40%的普通股。C 主体的相关活动以董事会会议上多数表决主导。A 主体和 B 主体根据其享有 C 主体所有者权益的比例，各自有权任命 6 名董事和 4 名董事。

若不存在其他相关因素，因为 A 有权任命主导 C 主体相关活动的董事会的大多数成员。A 主体拥有对 C 主体的权力。

(2) 持有半数以上表决权但无权力。

持有被投资者半数以上表决权的投资者,仅当其表决权是实质性权利,并且使该投资者具有主导该被投资方相关活动的现时能力(通常通过决定财务和经营政策实现)时,才拥有对被投资者的权力。

某些情况下,持有半数以上表决权不能给予持有者主导相关活动的权力:

• 当其他方拥有现时权利使其可以主导被投资方的相关活动(例如,持有半数以下表决权的其他方拥有实质性潜在表决权,并据此取得主导被投资方相关活动的现时权利),且该其他方不是投资方的代理人时,则投资方不拥有对被投资方的权力。

• 当投资方所拥有的表决权并非实质性权利时,即使持有多数表决权,投资方也不拥有对被投资方的权力。例如,在被投资方相关活动被政府、法院、管理人、接管人、清算人或监管人等其他方主导时,投资方无法凭借其拥有的表决权主导被投资方的相关活动,因此,投资方即使持有被投资方过半数的表决权,也不拥有对被投资方的权力。

• 当持有多数表决权的一方是其他投资方的实质代理人时,该投资方不拥有对被投资方的权力。

• 当被授予表决权的决策者属于代理人时,该决策者不拥有对被投资方的权力。

有些情况下,根据相关章程、协议或其他法律文件,主导相关活动的决策所要求的表决权比例高于持有半数以上表决权的一方持有的表决权比例,例如,被投资方的公司章程规定,与相关活动有关的决策必须由出席会议的投资方所持 2/3 以上的表决权通过。这种情况下,持有半数以上但不足 2/3 表决权的投资方,虽然表决权比例超过半数,但该表决权本身不足以赋予投资方权力,应结合其他因素进行进一步的分析与判断。

(3) 破产期间的表决权。

很多国家或地区的法律规定,当企业处于财务困难时,可申请破产保护或重整,在此期间内债权人对公司的求偿权受到限制。例如,处于财务困难的被投资方可能由清算人、接收人或法院指定的管理人按照重组计划接管。在这种情况下,应当综合考虑相关事实和情况,重新评估持有多数表决权的投资方是否仍然对被投资方拥有权力。

被投资方一旦进入破产程序,破产法庭(或受托人、行政主管部门)可能会主导其经营和财务政策,导致持有多数表决权的股东不一定仍然能够主导被投资方的经营和财务政策(假定其为相关活动)。此时,通常应当考虑以下几方面的情况:

• 破产期间由谁任命管理层;

• 由谁(如股东、债权方的受托人)主导管理活动;

• 管理层是否需获得除股东以外的其他方的批准(如对于重大和/或异常交易);

• 由谁商议重组计划。

即使被投资方进入破产程序后持有半数以上表决权的投资方仍保留权力(即他们保留了主导相关活动的现时能力),但这并不表明该投资方必然控制被投资方。原因在于投资方可能无法满足控制的另外两个要素:即可能无法获取可变回报,或无法通过其权力影响可变回报金额。因此,被投资方申请破产保护或退出破产时,投资方可能丧失对被投资方的控制。

投资方丧失对被投资方的控制时,需要确定其在被投资方所享有权益的会计处理的方法,如果投资方对被投资方具有重大影响(但不控制),应按照《企业会计准则第 2 号——长期股权投资》的规定采用权益法进行核算;如果投资方对被投资方不具有重大影响,应按照《企业会计准则第 22 号——金融工具确认和计量》,将对被投资方的投资作为金融工具进行会计处理。

此外,被投资方申请破产时,持有该被投资方其他权利的投资方还应当考虑对控制的评估是否发生改变。例如,由于导致产生权利的事件不再是例外情况,之前视为保护性权利的权利(比如在破产事件中通常由债权人任命管理人的权利)可能变成能够给予权力的权利。

从我国的实际情况来看,母公司对于处于清算期间的子公司是否仍然能够控制,一般可按以下原则掌握:

第一,已依据《企业破产法》相关规定进入破产程序的子公司,由于已被法院指定的破产管理人接管,原母公司通常不再能够主导其相关活动;且此类子公司一般资不抵债,破产程序的主要目标是保证各类债权人公平受偿,清算完成后通常并没有剩余财产可供分配给股东,即清算结果不会影响其股东的经济利益,股东不再能从该子公司的清算活动中获取可变回报,所以进入破产程序的子公司一般不应纳入其原母公司的合并范围。

第二,对于股东自行组织清算(非破产清算)的子公司,根据《公司法(2013年修订)》第一百八十三条的规定,有限责任公司的清算组由股东组成,股份有限公司的清算组由董事或者股东大会确定的人员组成,即其母公司通常可决定清算组成员任免事项和决定清算过程中的重大事项;同时清算的结果(清算结束后的剩余财产分配)将直接影响母公司可从中获取的经济利益,即母公司在清算期间仍然能够主导被清算子公司的相关活动(清算),且有权从其清算活动中获取可变回报,并运用其主导权影响被投资方的可变回报金额,所以母公司对于处于此类清算期间的子公司一般仍然具有控制权,应继续将其纳入合并范围。

2. 持有被投资方半数以下表决权(事实控制)。

持有半数或半数以下表决权的投资方(或者虽持有半数以上表决权,但表决权比例仍不足以主导被投资方相关活动的投资方,本部分以下同),在满足一定条件时,仍然可能拥有对被投资者的权力。

投资者可以通过以下两个步骤来评估本身是否对被投资者拥有权力:

步骤 1:

• 投资方持有的表决权相对于其他投资方持有的表决权份额的大小,以及其他投资方持有表决权的分散程度；

• 与其他表决权持有人的合同安排；

• 其他合同安排产生的权利；

• 投资方和其他方持有的潜在表决权，如可转换公司债券、可执行认股权证。

步骤 2：

• 其他显示投资方在需要决策时拥有现时能力主导被投资方相关活动的事实或情况。

在被投资方的相关活动是通过表决权进行决策的情况下，投资者如果在考虑了步骤 1 的四个因素后，仍未能确定其是否拥有对被投资者的权力，则需要继续考虑步骤 2。如果投资方在考虑了以上所有相关情况和事实(步骤 1 和步骤 2)后仍不能确定投资方是否拥有被投资方的权力，则投资方不控制被投资方。

(1) 步骤 1。

第一，投资方持有的表决权相对于其他投资方持有的表决权份额的大小，以及其他投资方持有表决权的分散程度。

如何确定投资者持有的足以赋予其权力的表决权的绝对份额及相对份额，或者如何确定其他投资方持有的表决权是否分散，合并报表准则未提供清晰明确的界线。但通常情况下，投资者拥有主导被投资者相关活动的现时能力的可能性随以下因素的增加而增大：

• 投资者持有的表决权数量(即，所持表决权的绝对份额)；

• 投资者持有的表决权所占比例相对于其他表决权持有者的表决权所占比例(即，所持表决权的相对规模)；

• 否决投资者需要联合行动的其他方数量(即，其他表决权持有者的分散程度)。

投资方持有的表决权比例越高，越有可能有现时能力主导被投资方相关活动；与其他方持有的表决权比例相比，投资方持有的表决权比例越高，越有可能有现时能力主导被投资方相关活动；为否决投资方而需要联合一致的行动方越多，投资方越有可能有现时能力主导被投资方相关活动；反之亦然。

对于表决权的影响问题，须基于所有事实和情况进行审慎判断。在执行分析时，应当考虑的因素包括(但不限于)：需要股东表决的决策的性质；是否存在迹象表明部分表决者为关联方；表决者之间是否存在任何共同决策安排(合同安排或其他安排)。同时还应当考虑允许其他投票权持有者交换其意见的机制；法律框架，包括影响股东行为的实务和限制(通常因司法管辖区而异)。

第二，与其他表决权持有人的合同安排。

投资方自己拥有的表决权不足，但通过与其他表决权持有人的合同安排(例如一致行动协议)使其可以控制足以主导被投资方相关活动的表决权，从而拥有被投资方的权力。该类合同安排需确保投资方能够主导其他表决权持有人的表决，即，其他表决权持有人按照投资方的意愿进行表决，而不是与其他表决权持有人协商根据双方协商一致的结果进行表决(否则就成为合同各方对被投资方的“共同控制”)。

第三,其他合同安排产生的权利。

投资方可能通过拥有的表决权和其他决策权相结合的方式使其目前有能力主导被投资方的相关活动。例如,合同赋予投资方在被投资方的权力机构中指派若干成员的权利,而该等成员足以决定权力机构对相关活动的决策。又如,投资方可能通过表决权和合同安排给予的其他权利,使其目前有能力主导被投资方的生产活动,或主导被投资方的其他经营和财务活动,从而对被投资方的回报产生重大影响。但是,在不存在其他权利时,仅仅是被投资方对投资方的经济依赖(如供应商和其主要客户的关系)不会导致投资方对被投资方拥有权力。

第四,投资方和其他方持有的潜在表决权。

见下文“第二章第三节四(三)3. 潜在表决权”。

(2) 步骤 2。

投资者如果在考虑了步骤 1 的四个因素后,仍未能确定其是否拥有对被投资者的权力,则需要继续考虑步骤 2:是否存在其他显示投资方在需要决策时拥有现时能力主导被投资方相关活动的事实或情况。例如:被投资方的其他股东是否均为被动的财务投资者,以及被投资方以往股东大会的表决权行使情况。

投资者持有的表决权绝对份额越少、相对规模越小,否决投资者需要联合行动的其他方数量越少,评估投资者的权利是否足以赋予其权力所需要依据的额外事实和情况就越多。进一步的分析应考虑第二章第三节四(二)2“当难以确定投资者的权利是否足以赋予其权力时应考虑的因素”所述的各种因素,并遵循各种的因素的权重要求。

(3) 示例。

在下面的[案例 5]至[案例 8]中,假设:

• 表决权使投资方有能力主导对被投资方的回报产生最大影响的活动(即表决权是产生控制权的因素);

• 股东之间在表决时所作出的决策彼此独立,即股东之间不存在一致行动关系;

• 关于相关活动的议案需在股东大会上以简单多数通过;

• 没有其他需考虑的特殊事实或情况。

【案例 8-1】 实际权力的评估——仅须执行步骤 1(表决权的份额和分散程度)

A 投资方拥有被投资方 48%的表决权,剩余表决权由数千位其他股东持有,但没有其他股东持有超过 1%的表决权。没有任何股东与其他股东达成协议或能够作出共同决策。

本案例中大量股东必须表决一致才能以多数票否决 A 投资方提出的议案,实际上这种情况很难发生,因此 A 投资者确定拥有 48%的表决权将足以使其拥有控制权。在这种情况下,基于持有股权的绝对规模及其他股东持有股权的相对规模，A 投资方无需考虑权利的任何其他证据，即可断定其对被投资方拥有权力。

【案例 8-2】 实际权力的评估——仅须执行步骤 1（表决权的份额和分散程度）

A 投资方持有被投资方 45%的表决权，其他两位投资方各持有被投资方 26%的表决权，剩余表决权由其他三位股东持有，各占 1%。不存在影响决策的其他安排。

在这种情况下，只要其他两位投资方（合计持股 52%）联合起来，就能够阻止 A 投资方主导被投资方的相关活动，因此 A 投资方表决权的规模及其与其他股东持有的投票权的相对规模，足以判断 A 投资方对被投资方不拥有权力。

【案例 9-1】 实际权力的评估——仅须执行步骤 1（与其他表决权持有者的合同安排）

E 公司有 4 名投资方，分别为 A 公司、B 公司、C 公司和 D 公司。A 公司持有 E 公司 40%的普通股，其他 3 位投资方各持有 20%。E 公司的相关活动受其董事会主导，董事会由 6 名董事组成，其中 3 名董事由 A 公司任命、剩余 3 名董事分别由 B 公司、C 公司和 D 公司任命。

A 公司和 B 公司单独签订合同安排，约定 B 公司任命的董事必须与 A 公司任命的董事在董事会上表决时采取一致意见。

若不存在其他因素，该合同安排赋予 A 公司在董事会议上获得涉及相关活动的大多数表决权，这一事实将使 A 公司拥有对 E 公司的权力，即使 A 公司并未持有 E 公司的大多数表决权。

【案例 9-2】 实际权力的评估——仅须执行步骤 1（与其他表决权持有者的合同安排）

E 公司有 4 名投资方，分别为 A 公司、B 公司、C 公司和 D 公司。A 公司持有 E 公司 40%的普通股，其他 3 位投资方各持有 20%。E 公司的相关活动受其董事会主导，董事会由 6 名董事组成，其中 3 名董事由 A 公司任命、剩余 3 名董事分别由 B 公司、C 公司和 D 公司任命。

为避免董事审议陷入僵局，股东们签订协议赋予 A 公司任命的 1 名董事作为董事会主席，并且在董事会会议上享有额外的一票。

股东协议有效地赋予 A 公司在董事会会议上获得相关活动的大多数表决权。若不存在其他因素，这将使 A 公司拥有对 E 公司的权力，即使 A 公司并未持有 E 公司的大多数表决权。

【案例 10】 实际权力的评估——仅须执行步骤 1（其他合同安排产生的权利）

A 投资方持有被投资方 40%的表决权，其他 12 位投资方各持有被投资方 5%的表决权。股东协议授予 A 投资方任免负责主导相关活动的管理人员及设定其薪酬的权利。若要改变该协议，须获得 2/3 的多数表决同意。在这种情况下，单凭 A 投资方持有表决权的绝对规模和与其他股东持有表决权的相对规模，无法断定 A 投资方拥有足以赋予其权力的权利。但是，考虑到股东协议条款赋予 A 投资方任免管理人员及设定其薪酬的权利，且即使其他投资方全部联合起来也无法撤销该权利，足以说明 A 投资方拥有对被投资方的权力（当评估 A 投资方是否拥有权力时，不应考虑 A 投资方可能尚未行使该权利的事实或 A 投资方行使其甄选、任命或罢免管理人员的权利的可能性）。

【案例 11-1】 实际权力的评估——还须执行步骤 2

B 公司对 A 公司的持股比例为 25%，A 公司的第二、第三大股东的持股比例分别为 12%及 10%，其他股东持股比例均小于 1%。在历年来的股东大会中，出席股东大会的股东所持的表决权总数约 55%左右。A 公司的各股东之间不存在关联关系。A 公司的各股东均未持有潜在表决权。

在此种情况下，B 公司对 A 公司的持股比例相对其他股东而言，并不显著高于其他股东。B 公司虽然为第一大股东，但第二、第三大股东持股比例合计达到 22%，已经十分接近于第一大股东 25%的持股比例。此外，A 公司的各股东均未持有其他合同安排的权利，A 公司的各股东也均未持有潜在表决权。

在经过步骤 1 的评估后，无法确定 A 公司是否对 B 公司拥有权力，则需要进而考虑步骤 2 的因素。在 A 公司历年来的股东大会中，出席股东大会的股东所持的表决权总数约 55%左右，B 公司所持 25%的表决权未能超过出席股东大会的股东所持表决权的半数。

综合考虑，B 公司认定其自身并不具有对 A 公司的权力。

【案例 11-2】 实际权力的评估——还须执行步骤 2

某一投资方持有被投资方 45%的投票权。其他 11 位投资方各持有被投资方 5%的投票权。股东之间不存在合同安排以互相协商或作出共同决策。

在这种情况下，单凭投资方持有的投票权的绝对规模和与其他股东持有的投票权的相对规模，无法对投资方是否拥有足以赋予其权力的权利作出结论。应考虑其他可能为投资方是否拥有权力提供证据的额外事实和情况。

3. 潜在表决权。

在进行控制分析时，投资方需要考虑其自身及其他投资方持有的潜在表决权的影响，以便确定其对被投资方是否拥有权力。潜在表决权是获得被投资方表决权的权利，例如可转换工具、认股权证、远期股权购买合同或期权所产生的权利。

第一，确定潜在表决权是否给予其持有者权力时所需考虑的因素。

(1) 潜在表决权是否为实质性的。在分析控制时，仅考虑满足实质性权利要求的潜在表决权[第二章第三节四(二)3“实质性权利”中的相关指引同样适用于潜在投票权]。

(2) 投资方是否持有其他表决权或其他与被投资方相关的决策权，这些权利与投资方持有的实质性潜在表决权结合后是否赋予投资方拥有对被投资方的权力。

(3) 潜在表决权工具的设立目的和设计，以及投资方参与被投资方的其他方式的目的和设计。这包括分析相关工具和安排的条款和条件，以及投资方接受这些条款和条件的期望、动机和原因。

第二，确定潜在表决权是否为实质性权利

确定潜在表决权是否为实质性权利，通常需要考虑行权价格或转换价格、行权的财务能力以及行权期等因素，如表 2-16 所示。

表 2-16　　确定潜在表决权是否为实质性权利需要考虑的因素

评估因素	非实质性权利	需要根据事实和情况具体判断	实质性权利
行权价格	重大价外期权	价外期权	市场价格(公允价值)或价内期权
行权的财务能力	持有者不具有行权的财务能力	持有者可能必须融资才能获得行权所需资金	持有者有足够的现金或可用资金来行权
行权期	不可行权	在相关活动决策之前可行权	当前可行权

(1) 行权价格。

在评价潜在表决权能否赋予持有人权力时，需要考虑转换价格或者行权价格的影响，因为价格因素可能会构成对行权的障碍。这是新的《企业会计准则第 33 号——合并财务报表》(2014 年修订)与原准则相比的一个重大变化。需要考虑的因素包括：

• 深度价外期权(或转换权、其他形式的潜在表决权等，本部分以下同)——通常被认为不是实质性的。

• 价外期权(但并非深度价外期权)——需运用判断，以评价行权所带来的额外利益能否大于所支付的额外成本(相对于行权时的公允价值而言)，包括与该价外期权的行使相关的可变回报的风险和收益。

• 按市价(公允价值)——应考虑该期权赋予其持有人的权利是否不同于公开市场上的第三方可获得的权利。

• 价内期权——通常被认为是实质性的。

在评估行权价格时，应当考虑行权价格的性质(重大价外期权、价外期权或价内期权)是否在整个行权期内预期保持不变，或可能在将来发生变化。评估行权价格不仅仅需要依据期权的性质或仅在报告期末进行评估，因为只有能够赋予投资方主导被投资方相关活动的现实权利时，潜在表决权(以期权为例，下同)才能给予持有者权力，如果在报告日某期权属于重大价外期权，但在被投资方相关活动需要被决策之前预期将成为价内期权，那么该期权可能为实质性权利。由于需综合考虑多方面因素，因此不能仅仅依据市场条件的改变(即标的股票的市价波动)即得出需改变合并报表范围的结论。

【案例 12】 从行权价格分析潜在表决权是否为实质性权利

A 公司与 B 公司分别持有被投资方 70%及 30%的表决权。除此之外，根据 A 公司与 B 公司签订的期权合同，B 公司可以在目前及未来两年内以固定价格购买 A 公司持有的被投资方 50%的表决权。根据该价格，上述期权在目前及预计未来两年内都是深度价外期权。历史上，A 公司一直通过表决权主导被投资方的相关活动。

这种情况下,B 公司目前拥有购买 A 公司表决权的可行使期权,一旦行使将使 B 公司拥有被投资方 80%表决权。但由于这些期权在目前及预计未来两年内都为深度价外期权,B 公司无法从该期权的行使中获利,因此这些期权并不构成实质性权利,在评估 B 公司对于被投资方是否拥有权力时不应予以考虑。

(2) 行权的财务能力。

由于财务能力可能成为妨碍行权的"经济上的障碍",在评估期权是否为实质性权利时,应当考虑投资方是否具有支付行权价的财务能力。如果投资方预计能够为价内期权行权取得融资,则通常表明期权是实质性权利;如果有证据表明投资方无法融资来执行价内期权,则期权可能不是实质性权利(这种情况比较少见)。

通常情况下,期权持有者很可能具有执行非重大价外期权的财务能力,并可以通过执行期权从协同效应中获利,此时该期权可能属于实质性权利(当被投资方对期权持有者而言具有战略重要性时,通常出现这种情况)。

【案例 13】 从行权的财务能力分析潜在表决权是否为实质性权利

A 公司与其他两个投资方各自持有被投资方 1/3 的表决权。除了权益工具外,A 公司同时持有被投资方发行的可转换债券,这些可转换债券可以在目前及未来两年内任何时间以固定价格转换为被投资方的普通股。按照该价格,目前该期权为价外期权,但非深度价外。被投资方的经营活动与 A 公司密切相关。如果可转换债券转换为普通股,A 公司将持有被投资方 60%的表决权,可以据此主导被投资方的相关活动,从而实现协同效应并从中获益(例如,降低 A 公司的运营成本、确保稀缺产品的供应等)。这种情况下,A 公司持有的潜在表决权为实质性权利。A 公司持有的表决权与实质性潜在表决权相结合,使得 A 公司拥有了对于被投资方的权力。

(3) 行权期。

实质性权利应是在对相关活动进行决策时可执行的权利。通常要求实质性权利应是在当前可供行使的,但是,某些情况下,即使当前无法实际行使该权利,权利也可能是实质性权利,这一点与《企业会计准则第 33 号——合并财务报表(2006)》有所不同。在新准则下,对"现时权利"中的"现时"概念的理解与以往相比更为广泛,不仅指当前可行使的权利,也包括虽然在当前尚不可行使,但当需要对被投资方的相关活动作出决策时可以行使的权利。

【案例 14】 从行权期分析潜在表决权是否为实质性权利

被投资方通过召开股东大会来对相关活动作出决策。A 公司持有能够获得被投资方多数表决权的期权。该期权目前不可执行,但在下一次股东大会的预定召开日期之前,该期权可以行权,同时该期权为价内期权,且 A 公司预计在行权时有足够的财务能力。

如果仅仅考虑行权期,A 公司持有的该期权很可能是能够赋予其权力的实质性权利,因为虽然目前 A 公司没有能力主导相关活动,但在下一次股东大会上,A 公司有能力主导被投资方的相关活动。但是,在判断时,还需要结合所有相关的事实和情况综合评估。

在本案例中,如果下一次股东大会的预定举行日期之前,投资方所持有的期权是不可行使的,则该期权就不赋予投资方主导被投资方相关活动的现时权利,也就不能授予投资方对被投资方的权力。

第三,其他方面。

在对潜在表决权是否属于实质性权利进行评估时,对员工持有的期权和其他第三方持有的期权应同等考虑。通常在实务中,由于员工期权仅代表小部分流通股,即使行权,也基本不可能为员工带来对被投资方的权力(或控制)。但在小规模的私营企业中,如果期权使得员工目前有能力主导相关活动,或员工在被投资方拥有其他权益,则员工(比如管理层成员)则有可能拥有对被投资方的权力。

还需要注意的是,仅仅持有目前可执行的期权(即使执行后可以使得投资方在被投资方中持有过半数表决权)不能足以证明投资方能够控制被投资方。还应当综合考虑所有其他事实和情况进行评估,以确定该潜在表决权是否为实质性的。

(四)权力源自表决权之外的其他权利

有时,被投资方的相关活动并不是通过表决权,而是由其他方式主导的,比如通过一份或多份合同协议来主导,该合同安排可能赋予投资方主导被投资方的生产过程、经营活动或决策其融资的能力。同样地,当表决权对被投资方的回报不能产生重大影响时,如表决权仅与被投资方的日常行政管理活动相关、并且被投资方的相关活动由合同安排所决定时,投资方需要评估这些合同安排,以评价其享有的权利是否足够使其拥有对被投资方的权力。此时,投资方应当分析被投资方的设立目的和设计(第二章第三节三)以及其他可能表明对被投资方拥有权力的证据[详见前文"当难以确定投资者的权利是否足以赋予其权力时应考虑的因素"第二章第三节四(二)2]。

当这些合同安排涉及与被投资方紧密相关的活动时,这些活动在实质上构成被投资方整体活动的一部分,即使它们可能发生在被投资方的法律边界之外。因此,与被投资方密切相关的合同安排中明确或隐含的决策权,在确定对被投资方的权力时应当作为相关活动予以考虑。

在识别哪个投资方(如有)拥有对被投资方的权力时,审阅投资方和被投资方所涉入的合同安排是相当重要的。需要纳入分析范围的合同安排不仅包括最初设立被投资方的相关合同、协议和被投资方治理结构的相关文件(如章程),也包括提供给投资方的募集文件和被投资方所涉入的其他合同安排。

结构化主体的相关活动由合同安排主导的情况是相当常见的,下文将详细论述。

1. 结构化主体的定义。

结构化主体,是指其设计导致在确定其控制方时不能将表决权或类似权利作为决定因素的主体,主导该主体相关活动的依据通常是合同安排或其他安排形式(如证券化产品、资产支持融资工具、部分投资基金等)。

相应地,由表决权或类似权利作为确定控制方的决定因素的主体不是结构化主体。即使对于接受第三方资金进行重组的主体可能被认定是结构化主体,但如果该主体在重组后改为由表决权作为控制的决定因素,那么它不是结构性主体。

2. 结构化主体的特征。

结构化主体通常具备下列特征中的部分或全部:

(1) 业务活动范围受限。通常情况下,结构化主体在合同约定的范围内开展业务活动,业务活动范围受到了限制。例如,从事信贷资产证券化的结构化主体,在发行资产支持证券募集资金和购买信贷资产后,根据相关合同,其业务活动是将来源于信贷资产的现金向资产支持证券投资者分配收益。

(2) 有具体明确的目的,而且目的比较单一。结构化主体通常是为了特殊目的而设立的主体。例如,有的企业发起结构化主体是为了将企业的资产转让给结构化主体以迅速收回资金,并改变资产结构来满足资产负债管理的需要;有的企业发起结构化主体是为了满足客户特定的投资需求,吸引到更多的客户;还有的企业发起结构化主体是为了专门从事研究开发活动,或开展租赁业务。

(3) 股本(如有)不足以支撑其业务活动,必须依靠其他次级财务支持。次级财务支持是指承受结构化主体部分或全部预计损失的可变权益,其中的"次级"代表受偿顺序在后。股本本身就是一种次级财务支持,其他次级财务支持包括次级债权、对承担损失作出的承诺或担保义务等。通常情况下,结构化主体的股本占资产规模的份额较小,甚至没有股本。当股本很少或没有股本,不足以支撑结构化主体的业务活动时,通常需要依靠其他次级财务支持来为结构化主体注入资金,支撑结构化主体的业务活动。

(4) 通过向投资者发行不同等级的证券(如分级产品)等金融工具进行融资,不同等级的证券,信用风险及其他风险的集中程度也不同。例如,以发行分级产品的方式融资是对各级产品的受益权进行了分层配置。购买优先级的投资者享有优先受益权,购买次级的投资者享有次级受益权。投资期满后,投资收益在逐级保证受益人本金、预期收益及相关费用后的余额归购买次级的投资者,如果出现投资损失,先由购买次级的投资者承担。由于不同等级的证券具有不同的信用风险、利率风险或流动性风险,发行分级产品可以满足不同风险偏好投资者的投资需求。

结构化主体的常见例子有:证券化工具;资产支持融资安排;某些投资基金等。

【案例 15】 结构化主体的案例

甲银行(发起人)委托某信托公司设立乙信托(结构化主体)。甲银行将其信贷资产转让给乙主体,以满足甲银行自身资产负债管理的需要,这是一种结构化设计。乙主体以信贷资产产生的现金流为基础通过承销商向投资者发行不同等级的资产支持证券筹集资金,并向甲银行支付信贷资产转让对价。信贷资产产生的现金流是资产支持证券投资者的收益来源，本例中，资产支持证券分为优先级和次级，其中优先级还分为优先A档、优先B档和优先C档，不同等级的证券对应着不同等级的受益权，这也是一种结构化设计。根据约定，甲银行持有乙主体发行的次级档资产支持证券，其持有规模为资产支持证券发行总规模的5%。甲银行同时向乙主体提供资产管理服务，乙主体因此向甲银行支付服务费。本例中，乙主体在信托合同等相关合同或协议约定的范围内开展业务活动，由于权益结构比较分散，表决权或类似权力不作为确定乙主体的控制方的决定性因素。该信贷资产证券化的交易结构见图2-4，资金流见图2-5。

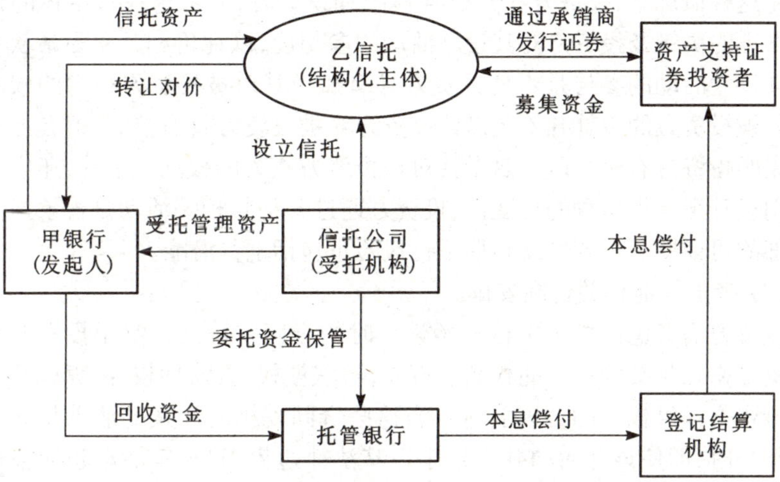

图2-4 信贷资产证券化的交易结构

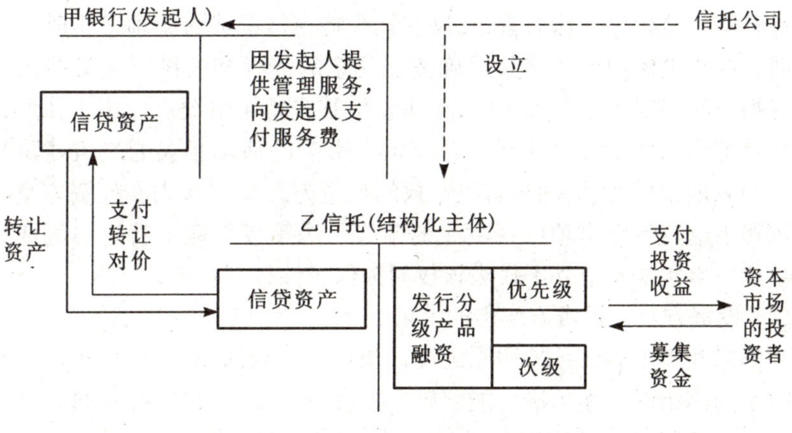

图2-5 资金流

3. 投资方对结构化主体是否拥有权力的判断。

合并财务报表的合并范围是以控制为基础予以确定的，子公司是指被母公司控制的主体，子公司的类型也包括基于源自表决权之外的其他权利而对其拥有权力并据此享有或承担可变回报的主体。因此，投资方在评估其是否控制该类主体时仍需按照第二章第三节“合并范围”的相关内容分析判断，即投资方是否对结构化主体拥有权力，是否享有可变回报以及是否有能力运用对该主体的权力影响其可变回报。

关于投资方对结构化主体是否拥有权力的判断，需要结合下列四项因素进行进一步的分析：

(1) 在设立被投资方时所作出的决策及投资方对其设立活动的参与度。

此类主体在设立之后的运作过程中，其法律上的权力机构所表决的事项往往仅仅与行政事务相关，表决权对其投资方的回报往往不具备直接和重大关联。在这种情况下，投资方在分析其目的和设计时，应考虑在该主体的设立阶段所作出的决策及投资方对其设立活动的参与度，以评价相关交易条款和投资方对其设立活动的参与是否使投资方具有赋予其对被投资方权力的权利。仅仅参与被投资方的设计并不足以使投资方对被投资方具有控制，但参与其设计可能表明投资方有机会取得赋予其对被投资方权力的权利。另外，还应考虑其被专门设计来承担何种的可变性，投资方通过参与其相关活动是否承担了部分或全部的可变性。可变性既包括下行风险也包括上行潜能。

(2) 考虑其他相关合同安排。

投资方需考虑结构化主体初始设立时的合同安排是否赋予投资方掌控与被投资方密切相关的活动的权利。例如，看涨期权、看跌期权、清算权及其他可能为投资方提供权力的合同安排。当这些合同安排所涉及的活动与此类主体密切相关时，即使该等活动并未发生在其法律边界内，该等活动也应被视为是形成此类主体的相关活动的有机组成部分。因此，投资方在与该等活动相关的合同安排中明确或者非明确地享有的决策权均需要进行详细的评估。

(3) 考虑仅在特殊事件发生时开展的活动。

对于某些结构化主体而言，其仅在某些特定情况或者事项发生时才发生相关活动。这些主体的设计使其明确按照既定的流程和安排开展某些固定的活动且其相应的回报也是可确定的，除非发生某些特定情况。此类主体所作出的与这些特定情况发生时对其回报具有重大影响的活动相关的决策才是其相关活动。相应地，对相关活动具有决策权的投资方才享有权力。投资方享有权力并不依赖于这些特殊事项已经发生的事实。决策权依赖于特定情况或特定事件发生这一事实本身也并不代表该权利为保护性权利。

(4) 投资方对被投资方作出的承诺。

为确保此类主体持续按照原定设计和计划开展活动，投资方可能会作出明示或暗示的承诺。上述承诺可能会放大投资方可变回报的风险敞口，并促使投资方有动力获取足够多的权利，使其获得主导被投资方的权力。因此，投资方作出确保此类主体遵守原定设计经营的承诺，可能是投资方拥有控制权力的迹象，但是其本身并不足以证明权力必然存在或阻止其他方拥有权力。

4. 事先设定活动的结构化主体。

结构化主体的经营方式通常大部分是事先设定的，因此其成立后的运作过程中很少或几乎无需进行表决。大多数权利、义务和可以主导的活动在结构化主体成立初始就通过合同安排条款预先确定并受其限制。但是,一个结构化主体以被预先设定的方式运作的事实并不一定意味着该主体没有相关活动。

事实上,几乎所有按预先设定的方式运作的结构化主体都有相关活动。相关活动并不一定是需要在主体通常运作的过程中进行决策的活动,而可能是仅在特定情况或事件发生时才需要进行决策的活动。一个以预先设定的方式运作的结构化主体可能被设计成其活动的方向和回报都是事先设定的,除非或直至特定情况或事项发生。在这种情况下,当特定的情况或事项发生时需要决策的活动是结构化主体的相关活动。这是因为这些决策对结构化主体的回报具有重大影响。进行决策的权力取决于特定情况或事项的发生这一事实本身并不影响对主体是否拥有对结构化主体的权力的评估。对于有能力进行决策而拥有对结构化主体的权力的投资者,这些特定情况或事件不需要已经发生。

一个以大部分事先设定的方式运作的结构化主体通常是为对提供可预计回报且无需或很少需要投资者持续投入的资产进行投资而设立的。然而当回报未能实现时则需要进行事先确定的范围之外的决策。这些决策可能包括:

(1) 对于高质量的应收款组合:在发生违约时如何回收的决策。

(2) 对于债务证券的组合:关于改变投资标准的决策,例如,如果 AAA 级别的发行人数量减少时,允许投资于 AA 级别的证券。

(3) 对于权益投资的组合:如果一项投资的价值发生重大、不可预见的下跌时,出售还是持有该投资的决策。

(4) 对于不动产权益:如果一个“蓝筹”租户违约或者物业遭受严重的有形损坏时应采取的行动。

此类决策对结构化主体的回报具有重大影响,因此它们是结构化主体的相关活动。所以,拥有对此类相关活动决策权的投资方拥有对结构化主体的权力。

5. 相关活动——参与按“自动驾驶”(或称为“自动导航”,下同)经营的结构化主体的设计。

结构化主体的经营方式使得其在成立后的运作过程中似乎没有作出过决策(例如主体按“自动驾驶”经营)。在评估谁拥有权力时,关键是应充分了解结构化主体的目的和设计,以及在其成立后作出的任何决策。

如上述 4 所述,事实上所有基本按事先设定的方式运作的结构化主体都有相关活动。然而,可能在极少的情况下,在详细评估结构化主体的目的和设计以后,发现在主体成立以后需作的唯一决策是与不会对被投资者回报产生重大影响的行政活动相关。此种情况下,在结构化主体成立之后没有针对其相关活动的决策,仅有的对结构化主体的回报产生重大影响的决策则是在成立阶段进行的。

在此种极少数情况下,投资者是否可以因其在设计和设立结构化主体的阶段的决策和参与而拥有对结构化主体的权力?

不一定。投资者参与被投资者的设计的事实并不一定意味着投资者拥有主导被投资者相关活动的决策权。在结构化主体的成立阶段,常常有多方参与其的设计，并且结构化主体最终的结构体现了所有参与方一致同意的结果。因而，仅凭投资者参与被投资者的设立本身不构成确定投资者拥有对主体的权力的充分证据。此时，应仔细评估投资方在主体成立时对主体进行设计而实施的活动和作出的决策。

在作此评估时，投资者需要考虑其在被投资者中的权益的重要性以及在被投资者的设计中的参与程度(包括评估其在设计过程中的决策权的范围)。投资者在被投资者中的权益以及在其设计中的参与度越重大，则表示投资者越有能力及动力出于其自身的利益进行决策而拥有对被投资方的权力。

6. 示例。

【案例 16】 判断投资方是否对结构化主体拥有控制权

A 公司为一家小额贷款公司，其发起设立主体 C，A 公司向主体 C 转让一个资产池，其中包含多笔 A 公司向不同的第三方发放的期限在 12 个月内的小额贷款。主体 C 向众多第三方投资者发行一项资产管理计划，计划存续期为 3 年，存续期内分期发行，每期期限为 1 年。计划的基础资产为主体 C 向 A 公司购买的资产池。第三方投资者共认购该计划 75%的份额(每个单一投资者认购的比例都小于 0.5%)，A 公司认购剩余 25%的份额。

根据主体 C 初始设立时订立的章程和协议安排，主体 C 唯一的经营活动是按照既定的还款计划向贷款人收取本金和利息，并在收到款项后，在既定时间内扣除按与市场水平相当的费率计算的固定比例收款手续费后，将款项按份额比例支付给各个投资方。主体 C 日常活动的事务，例如人事、财务、行政等管理事务等均由与 A 公司和主体 C 不存在关联公司的第三方资产管理公司 B 负责管理并按市价收取管理费。计划存续期间的所有相关资金流均由独立于各方的第三方银行 D 托管并按市价收取资金托管费。

如果主体 C 在既定还款时间收取既定的款项，主体 C 则按照投资者的投资比例将收取的款项分配给投资者。如果主体 C 未能在既定的还款时间内收取既定的款项，主体 C 则先将已收取的款项按等比例分配后支付给除 A 公司以外的投资者，剩余部分再支付给 A 公司。当应收款出现违约时，A 公司有权根据违约时间、抵押品情况、违约方信用等级来调整主体 C 下一步的收款计划。当已收取的款项已经无法向除 A 公司以外的投资方进行足额支付时，主体 C 将会按照某个事先约定的价格将应收款项全部出售给 A 公司，由 A 公司开展进一步的收款或者债务重组安排。

本案例中，第一，我们应先识别出被投资方为主体 C，A 公司参与了主体 C 的初始设立。主体 C 设立的目的是管理和回收 A 公司发放的小额贷款。A 公司在创设主体 C 时的安排，例如认购计划的相对较大部分的份额(25%)、承担劣后偿付的风险(如果未能在既定的还款时间内收取既定的款项，主体 C 先将已收取的款项按等比例分配后支付给除 A 公司以外的投资者，剩余部分再支付给 A 公司)以及 A 公司向主体 C 签出以固定价格行权的看跌期权统统显示出 A 公司承担了重大的可变性，其有足够的动机要获取对主体 C 的权力。

第二，主体 C 的相关活动是对违约应收款的管理活动，其理由：一是主体 C

在应收款违约之前的活动仅仅是按照固定的还款计划向贷款人收取预先确定的款项并过手转交给投资方并收取固定比例的收款手续费，在款项违约前，主体C的回报不存在重大不确定性；二是在应收款出现违约时，如何根据实际情况管理违约应收款并调整收款计划，以及按照固定价格将应收款出售给A公司会对主体C的回报产生重大影响。因此，主体C的相关活动是对违约应收款的管理活动，即使应收款出售给A公司后，进一步管理违约资产的活动由A公司开展而并非在主体C的法律框架下开展。

第三，在识别出主体C的相关活动后，在评估投资方对主体C的权力时，只应考虑与管理违约应收款相关的权利，尽管该权力只会在应收款发生违约的特定情况下才会被运用。很明显，本案例中，当应收款出现违约时，A公司有权根据违约时间、抵押品情况、违约方信用等级来调整主体C下一步的收款计划或者债务重组安排，因此，A公司享有对主体C的权力。

第四，由于A公司认购了主体C发行资产计划25%的份额，由此承担了由于主体C应收款无法收回时的损失本金和利息的重大风险。此外，A公司认购的份额还属于劣后偿付级别且向主体C签出按照固定价格回购应收款的看跌期权，与其他的投资方相比，A公司承担了更加重大的可变性。

第五，A公司承担的可变回报与其对主体C所拥有的权力密切相关。本案例中，A公司通过行使其对主体C所拥有的权力主导主体C的相关活动——对违约应收款的管理活动，这一权力的实际行使情况将直接影响到A公司从主体C可获得的可变回报。

综上，A公司享有对主体C的控制权，应将主体C纳入合并范围。

五、可变回报

评估投资方是否控制被投资方的第二个要素是确定投资方是否能够通过参与被投资方的相关活动而享有可变回报。当投资方因参与被投资方的相关活动而享有的回报可能由于被投资方的业绩而发生变动时，则该投资方可以享有因参与被投资方的相关活动而产生的可变回报。投资方的回报可能是正值，也可能是负值，或是正负值兼有。

尽管只有一个投资方能够控制被投资方，但可能存在多个投资方分享被投资方的回报。例如，少数股东权益的持有者可以分享被投资方的利润分配。

承担可变回报的实例包括：

(1) 股利、固定利率债券的利息收益(使投资者承担发行人的信用风险)、浮动利率债券的利息收益、被投资方经济利益的其他分配、投资方对被投资方的投资的价值变动。

(2) 因向被投资方的资产或负债提供服务而得到的补偿、因提供信用支持或流动性支持收取的费用或承担的损失、被投资方清算时在其剩余净资产中所享有的权益、税务利益、因参与被投资方而获得的未来流动性的权利。

(3) 其他利益持有方无法得到的回报。例如，投资方将自身资产与被投资方的资产整合以实现规模经济，达到节约成本的目的；投资方通过参与被投资方保证稀缺资源的供应、获得专有技术或限制被投资方某些运营或资产，从而提高投资方其他资产的价值。

投资方仅满足可以通过参与被投资方的相关活动而享有可变回报这一要素并不能表明其对被投资方拥有控制。投资方要控制被投资方，还要求满足控制的另外两个要素，即投资方拥有对被投资方的权力、有能力运用其对被投资方的权力影响回报金额。

例如，债权人一般可以通过获取债务人支付的利息来承担债务人的可变回报（承担债务人的信用风险）。但是，由于债权人通常不具有影响可变利息金额的能力，因而债权人不能控制债务人。值得强调的是，在评估控制时更应当关注是否享有可变回报（即可变回报的存在性），而不是所享有可变回报的金额。

（一）承担可变回报是权力的一项指标

由于投资方通过参与被投资方的相关活动而享有可变回报的风险越大，为投资方获取能够给予权力的权利的诱因就越强，因而承担可变回报是投资方拥有权力的一项指标。但是，享有可变回报风险的大小并不是投资方拥有权力的决定性因素。

当投资方通过参与被投资方的相关活动而享有的可变回报远远高于其表决权或其他类似权利时，在将它与其他权利一并考虑的情况下，可能表明投资方拥有对被投资方的权力。

但是，因享有可变回报导致投资方拥有权力的，仍应当完成评估以确定投资方是否实际上拥有控制，即投资方有能力运用其对被投资方的权力影响回报金额。

（二）看似固定回报的可变回报

投资方在评价其享有被投资方的回报是否可变以及可变的程度时，需基于合同安排的实质，而不是法律形式。看似是固定回报的回报实际上也可能是可变回报。例如，投资方持有固定利息的债券投资时，由于债券存在违约风险，投资方需承担被投资方不履约而产生的信用风险，因此新合并报表准则认为投资方享有的固定利息回报是一种变动回报。又如，投资方管理被投资方资产而获得的固定管理费也是一种变动回报，投资方是否能获得此回报依赖于被投资方是否能够获得足够的收益以支付该固定管理费。

相反地，因为投资方不能承担信用风险或绩效风险，预先收取的不可退还费用可能被认定为固定回报。

（三）评估衍生工具能否提供可变回报

在表决权或其他类似权利没有作为决定控制的主要因素的情况下，被投资方的表决权有可能仅与日常行政管理事项相关，而被投资方的相关活动系通过合同安排主导。在此情形下，投资方对于被投资方的设立目的和设计的考虑还应包括对被投资方的风险分析、投资方因参与被投资方相关活动而承担的风险，以及投资方要承担部分风险还是全部风险。风险分析不仅包括风险下降、还可能包括风险上升。

通常应当按照以下步骤来考虑衍生工具的合同一方能否产生可变回报：

1. 分析被投资方的风险性质，例如，评估被投资方的设立目的和设计是否使得投资方承担以下风险：

(1) 信用风险。

(2) 利率风险(包括预付款风险)。

(3) 外汇风险。

(4) 商品价格风险。

(5) 权益价格风险。

(6) 运营风险。

2. 确定被投资方的设立目的，例如，了解如下方面：

(1) 被投资方的活动。

(2) 被投资方签订合同的条款。

(3) 被投资方所发行权益的性质。

(4) 如何将被投资方的权益出售给潜在投资方?

(5) 哪些投资方深度参与了该主体的设计和再设计?

3. 确定被投资方所具有并传递给其权益持有者的可变性——考虑被投资方的风险性质和设立目的。

有观点认为，所有衍生工具都会产生可变回报的风险，即使这只是一个正回报。但通常理解，将风险带给被投资方(如结构性主体)的衍生工具的持有人通常不被认定为承担可变回报。仅当衍生工具能够将被投资方的风险转移至交易对方时，衍生工具的持有人才可以被认定为承担可变回报。

一些工具的设计目的是将报告主体的风险转移至另一个主体。根据 IASB 的观点，这种工具为另一个主体创造了变动回报但并没有由于另一个主体的业绩变化使得报告主体承担更多的回报可变性。例如，假设某主体(A 主体)为投资者提供投资机会而建立，投资者希望承受 Z 主体的信用风险水平(Z 主体与该投资安排中的任何利益方都无关联)。A 主体通过发行与 Z 主体信用风险关联的投资者票据(信贷挂钩票据)融资，并将投资收益投资于零风险金融资产组合。A 主体通过与对手方进行信用违约互换协议(Credit default swap, CDS)从而承担主体 Z 的信用风险水平。信用违约互换安排将 Z 主体的信用风险转移至 A 主体，以一定收入为回报。主体 A 的投资者收到更高的回报，该回报反映资产组合的回报及信用违约互换协议的回报。信用违约互换协议对手方并不涉入主体 A，使得自身并不承担由主体 A 的业绩带来的回报可变性，因为信用违约互换协议将回报可变性转移至主体 A，而不是吸收主体 A 回报的可变性。

对于外币互换、利率互换等衍生工具，应考虑其目的和设计，以确定此类衍生工具是可变回报风险的"创造者"还是"吸收者"。承担可变回报一般是指吸收或获取被投资方的资产、负债或其他合同形成的回报的可变性，以及被投资方旨在传递给投资方的风险。相反地，将风险带给被投资方的权益通常不能承担被投资方的可变回报。那么，如果衍生工具旨在降低结构性主体的现金流量的可变性，则衍生工具产生的风险不是结构性主体旨在承担或传递给交易对方的风险。衍生工具反而可以使结构性主体的资产的现金流量和投资方相匹配，从而降低投资方在结构性主体中承担的风险。因此，交易对方不承担可变回报。

又如，结构性主体取得一项权益工具投资组合，发行固定利率或浮动利率的债券，并通过为交易对方提供书面的总回报互换，对冲权益工具和债券之间现金流量的不匹配。这种情况下，结构性主体并不是被设计为与债券持有者互换利率，而显然是与交易对方互换权益。因此，交易对方将承担可变回报。

（四）通过参与被投资方的相关活动承担可变回报

投资方的可变回报通常体现为从被投资方获取股利。受法律法规的限制，投资方有时无法通过分配被投资方利润或盈余的形式获得回报，例如，当被投资方的法律形式为信托机构时，其盈利可能不是以股利形式分配给投资方。此时，需要根据具体情况，以投资方的投资目的为出发点，综合分析投资方是否获得除股利以外的其他可变回报，被投资方不能进行利润分配并不必然代表投资方不能获得可变回报。

在确认投资方是否承担可变回报时，除了考虑由被投资方直接产生的回报(如股利)外，还需要考虑投资方通过参与被投资方的相关活动而取得的其他回报。

大家通常更关注被投资方直接产生的回报。但是，如果根据被投资方的设立目的和设计，当投资方取得的回报不是被投资方直接产生的，而是源自参与被投资方的相关活动时，同样要考虑这些回报。例如，如果投资方通过合并被投资方的业务或资产达到规模经济或协同效益，则投资方将承担可变回报。

（五）申请破产时承担可变回报

如第二章第三节四(三)1(3)所述，被投资方申请破产时，投资方应当依据对相关事实和情况的判断来评估其是否拥有控制，其中包括，一旦被投资方申请破产，投资方是否承担被投资方的可变回报的评估。

例如，根据各司法管辖区关于不同类型破产的不同要求进行如下考虑：

(1) 一旦申请破产，被投资方向投资方支付股利是否受限？

(2) 虽然破产，但投资方能否通过其在被投资方的权益承担可变回报？(如，投资方所持被投资方股票的价值能否保留)

(3) 投资方是否拥有对被投资方的应收贷款或其他经济利益，这些利益预期能够带来回报(抑或贷款已经毫无价值)？

(4) 投资方是否拥有与被投资方的协同效益？

（六）“可变回报”与《企业会计准则第23号——金融资产转移》所规定的金融资产终止确认条件之间的关系

在判断报告主体是否享有或承担结构化主体的可变回报时，还需要考虑与《企业会计准则第23号——金融资产转移》所规定的金融资产终止确认条件之间的关系。特别是，转出方在考虑其是否满足金融资产终止确认条件时，需要考虑其能否通过其对结构化主体的涉入而享有或承担可变回报。在实务操作中，应关注两者之间的互相影响。

（七）声誉风险

“声誉风险”是指主体的经营失败可能损害其投资者或发起人声誉的风险。为了保护其声誉，投资者或发起人可能被迫向发生经营失败的主体提供财务支持，即使其并不存在相应的法定义务或合同义务，例如在金融危机期间，一些银行向其所建立的证券化工具提供资金支持，在某些情况下接管了此类主体。根据 IASB 的观点，声誉风险本身并不是表明对被投资方拥有权力的证据，但可能使投资者具有更大的动机去获取可使投资方具有对被投资方权力的权利。相应地，声誉风险本身并不能作为可变回报的来源，不能仅仅因为某个主要发起人或投资者承担了声誉风险，而要求该主发起人或投资者合并其所发起设立的结构化主体。

六、权力与回报之间的联系

控制的第三个要素是投资方必须有能力运用对被投资方的权力影响其回报金额。投资方拥有对被投资方的权力和通过参与被投资方的相关活动享有的可变回报之间是否存在联系是判断控制的关键因素。如果投资方不仅拥有对被投资方的权力，能够通过参与被投资方的相关活动享有可变回报，而且还有能力运用其权力影响因参与被投资方的活动而产生的回报，则投资方能够控制被投资方。如果投资方拥有对被投资方的权力，但无法通过该权力获利，则其不能控制被投资方。如果投资方能够享有来自被投资方的可变回报，但不能运用其权力主导对被投资方回报产生最重大影响的相关活动，也不能控制被投资方。

（一）主要责任人和代理人

拥有决策权的投资方在评价其是否控制被投资方时，需要考虑其决策行为是以主要责任人的身份进行还是以代理人的身份进行。属于代理人的投资方，在行使授予它的决策权时，并没有控制被投资方。此外，在其他方拥有决策权时，投资方还需要考虑其他方是否是以代理人的身份代表该投资方行使决策权。

代理人代表其他方（主要责任人）行动并服务于该其他方的利益。主要责任人可能将其对被投资方的某些或全部决策权授予代理人，但在代理人代表主要责任人行使此类权力时，代理人并不对被投资方拥有控制。在评估控制时，代理人的决策权应被视为由主要责任人直接持有，权力属于主要责任人而非代理人，即使被投资方有多个投资方且其中两个或两个以上投资方有代理人。

当存在多个主要责任人时，每个主要责任人需评估其是否拥有对被投资方的权力。

决策者不会仅仅因为其他方能从其决策中获益而成为代理人。决策者有义务为了授予其决策权的方面的最大利益行事，也并不必然说明该决策者是代理人。

委托代理的情况经常发生在资产管理和银行业，但不仅限于这些行业。在建主体、房地产和采掘工业在经营过程中也经常发生授权情况。比如，被投资方成立时，其他投资方授权给某个投资方（通常是主要投资方）执行被投资方的活动。评估该主要投资方是作为主要决策人进行决策,还是仅仅执行所有投资方的决策(即作为代理人行事)是评估其是否控制被投资方的关键。

决策者在确定其是否为代理人时,应综合考虑其自身与被投资方以及其他投资方之间的关系,如果存在单独一方拥有实质性权利可以无条件罢免决策者的,该决策者为代理人。除此之外,则需考虑以下四项因素:

(1) 决策者对被投资方的决策权范围。[第二章第三节六(二)1]

(2) 其他方享有的实质性权利。[第二章第三节六(二)2]

(3) 决策者的薪酬水平。[第二章第三节六(二)3]

(4) 决策者因持有被投资方的其他权益而承担可变回报的风险。[第二章第三节六(二)4]

以上四项因素将在下文逐一讨论,根据特定案例的具体情况,该四项因素的相对重要性程度可能存在差异。但一般而言,“其他方享有的实质性权利”(尤其是罢免决策者的权利)和“可变回报风险”这两项因素的影响相对更大。

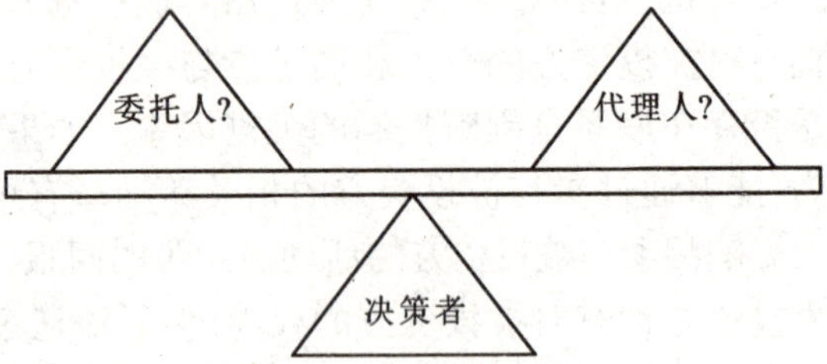

图 2-6

(二) 判断决策者是否为代理人需要考虑的因素

1. 决策者对被投资方的决策权范围。

评估决策者是主要责任人还是代理人,应当考虑以下两个方面的情况:

- 相关协议或法规允许决策者决策的活动;
- 决策者对以上活动进行决策时的自主程度。

根据控制的定义,决策者要控制其拥有决策权的主体,就必须拥有权力。这表明决策者必须被授权,使得其具有主导相关活动的现时能力。但如果决策者被授予的权利与相关活动无关,则决策者无法控制被投资方。

因此,在评估时有必要了解被投资方的设立目的与设计、被投资方所面临的风险及转移到其他相关方面的风险,以及决策者在设计被投资方过程中的参与程度。了解被投资方的设立目的和设计通常有助于了解授权类型、授权原因以及其他方保留的权利类型及保留原因。

(1) 参与被投资方的设计及参与程度。

如果决策者在被投资方设计过程中的参与度较深(包括确定决策权范围),则可能表明决策者有机会及动机获得权利使其有能力主导相关活动,但是,决策者参与被投资方的设计(即使这种参与是重大的)本身并不能表明决策者必然能够主导相关活动。因而,在判断决策者是主要责任人还是代理人时,决策者参与被投资方的设计并不是决定性因素。

(2) 评估权力范围。

要判断决策者是主要责任人还是代理人，在考虑决策权的范围时，需要考虑已授予的权力范围(以及决策的自主权)的大小。如果权力范围很大，则可以表明决策者是主要责任人。例如，如果决策者(如资产管理人)只能根据投资文件中设定的参数，建立、运行和管理公开交易且受监管的基金，可能表明资产管理人是代理人；而决策权的范围和决策时的自主权越大，则表明该决策者是主要责任人的可能性越大。但是，要判断决策者是委托人还是代理人，还需要将决策权范围与其他三个因素结合起来在整体上进行考虑。

2. 其他方享有的实质性权利。

其他方持有的实质性权利可能会影响决策者主导被投资方相关活动的能力。其他方持有实质性罢免权或其他权利，可能显示决策者是代理人。

第一，罢免权。

(1) 其他方持有罢免权对判断决策者是主要责任人和代理人的影响。

罢免的权利通常是指剥夺决策者决策权的权利。实质性的罢免权可能表明决策者是代理人。

持有罢免权的其他方数量	决策者是代理人还是主要责任人
一方	总是为代理人
少量或董事会	一般为代理人
大量	主要责任人

图 2-7　评估无条件罢免权

如图 2-7 所示，如果存在单个投资方拥有实质性权利可以无条件罢免决策者的，则该决策者是代理人，其仅代为行使权利，不能控制被投资方。

但是，如果存在多于一方拥有这样的权利(且不存在单独一方能不经其他方同意即可罢免决策者的情况)，则仅仅依据这种权利无法确定决策者是代理人还是主要责任人，应当综合考虑所有其他事实和情况。在罢免决策者时需要联合一致行使罢免权的各方的数量越多，决策者的其他经济利益(即薪酬和其他利益)的量级和可变动性越大，则其他方所持有的罢免权在评价决策者是否是代理人时的权重就越轻。

在考虑其他方持有的权利时，应评估被投资方董事会(或其他权力机构)可行使的权利及其对决策权的影响。如果其他投资方任命的独立董事会(或其他权力机构)享有无条件罢免权，这可能表明决策者是代理人。

(2) 评估罢免权是否为实质性权利。

评估罢免权的重点是确定罢免权是否为实质性权利。如果罢免权不是实质性权利，则可能表明决策者是主要责任人(但同时还需要根据其他三个因素进行判断)。相反地，如果罢免权是实质性权利，则可能表明决策者是代理人。

图 2-8 显示了评估罢免权是否为实质性权利时需要考虑的一些情况[同时还需要考虑第二章第三节四(二)3“实质性权利”中所述的相关情况]。

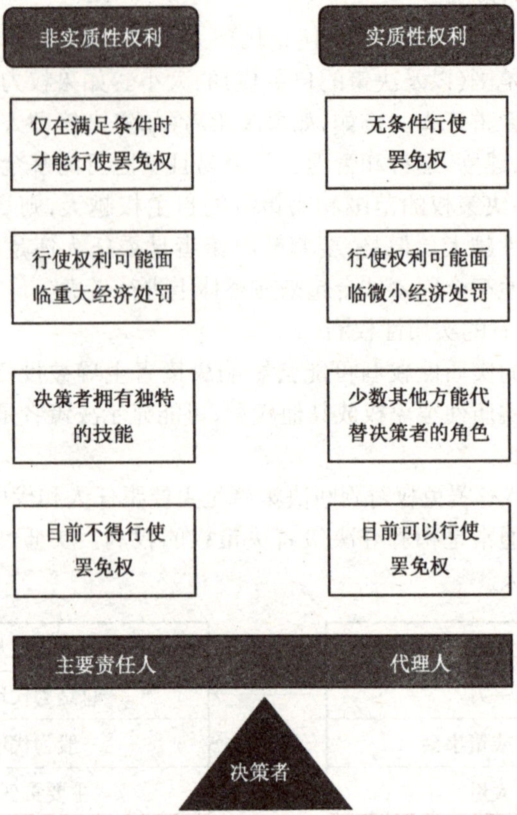

图 2-8 评估罢免权是否为实质性权利时需要考虑的情况

A. 有效替代。

评估罢免权是否为实质性权利时,应考虑是否存在对决策者的有效替代。如果没有或基本没有现有决策者的合适替代者,则很可能在操作上妨碍罢免权持有者行使罢免权。

比如实务中,在资产管理行业,可能普遍存在对决策者适当的替代人选。但是,在其他行业(如建筑、房地产、采掘业),决策者大多拥有独有的优势,如:决策者可能拥有在特定地区的经验,与当地政府保持良好关系,或拥有专利技术、知识产权或专有工具等,如果相关方想罢免决策者,可能难以找到可替代决策者的其他方。但是,不论何种行业,要评估是否存在有效替代取决于特定事实和情况,需进行综合判断。

B. 行权期。

如果拥有罢免权的其他方在未来某日方可行使该罢免权(即,目前不能行使),则需要通过综合判断来确定罢免权是否为实质性权利,或何时变成实质性权利。

类似地,如果罢免权仅能够在较短的时间内(如报告期的最后一天)行使,也需要通过综合判断来确定该罢免权是否为实质性权利。在行使罢免权时,被罢免的决策者将决策权有序地转移至主要责任人(或其他决策者)一般需要一个过渡期(如 6 个月),这样的话,应当判断主要责任人在需要决策时是否拥有主导相关活动的现时能力，从而确定罢免权是否为实质性权利。但即使在决策者被罢免和主要责任人(或其他决策者)接手负责决策之间存在一个过渡期，罢免权仍然可能是实质性权利。

第二，清算权和赎回权。

某些情况下，其他方享有的权利(比如清算权和赎回权)对决策权的影响可能与罢免权对决策权的影响相同。如果清算权或赎回权实质上与罢免权相同，则评估决策者是主要责任人还是代理人时考虑的因素也和罢免权相同。

(1) 清算权。

“清算”通常是指处置主体的资产和偿还主体的负债，并将净收入分配给投资方的过程。

如果清算权允许持有该权利的投资方清算被投资方，以相同的资产建立一个新的主体，并雇用新的一方来管理和主导主体的相关活动，则该清算权等同于实质性罢免权。在评估清算权是否等同于实质性罢免权时，投资者需考虑所有相关的事实和情况。例如，存在以下情况时，清算权不太可能被视为实质性罢免权：

• 被投资者的资产不容易在市场上出售或者投资者无法从其他途径获得相同资产；

• 这些资产需要特殊的管理和专业知识，但除目前的决策者外的其他方不具备有关条件；

• 存在禁止除决策者外的其他方管理资产的不竞争协议。

(2) 撤回和赎回权。

有些情况下，如果投资方拥有的撤回权和赎回权可以剥夺决策者主导主体相关活动的能力，则撤回权和赎回权也等同于实质性罢免权。特别是，如果主体的权益被少数投资方持有，当这些投资方撤回投资时，决策者可能不得不将主体清算。

例如，如果主体只有一个投资方，该投资方有权撤回其投资、接收主体的相关资产并雇用另一方来管理这些资产，如果不存在前述(1)所述的有关清算权可能不属于实质性权利的其他事实和情况，该权利等同于实质性罢免权。

类似地，主体的成立文件中可能规定投资者赎回其在主体中的投资将导致主体清算。在这种情况下，撤回权也将等同于清算权，潜在地等同于实质性罢免权。然而，如果撤回权不会导致主体清算，由于决策者在撤回后将继续管理(规模可能明显变小了的)主体的相关活动，撤回权将不等同于实质性的罢免权。

3. 决策者的薪酬水平。

评估决策者是代理人还是主要责任人的第三个因素是决策者的薪酬水平。相对于被投资方活动的预期回报，决策者享有的薪酬的量级和可变动性越大，决策者越可能是主要责任人。

就薪酬而言，在确定决策者系主要责任人还是代理人时，要考虑是否存在以下情况：

(1) 决策者的薪酬与其所提供的服务相称。

(2) 薪酬协议仅包括在公平交易基础上针对类似服务和技能水平商定的安排中常见的条款、条件或金额。

如不同时满足上述条件,则决策者肯定不是代理人。但仅满足上述这些条件并不足以得出决策者是代理人的结论,还需结合决策者的决策权范围、其他方享有的实质性权利、决策者因持有其他权益而承担的可变回报风险等因素进一步分析。即:上述条件是判断决策者是代理人的必要条件,但不是充分条件。

在确定决策者是代理人还是主要责任人时评估其薪酬水平的过程图 2-9 所示。

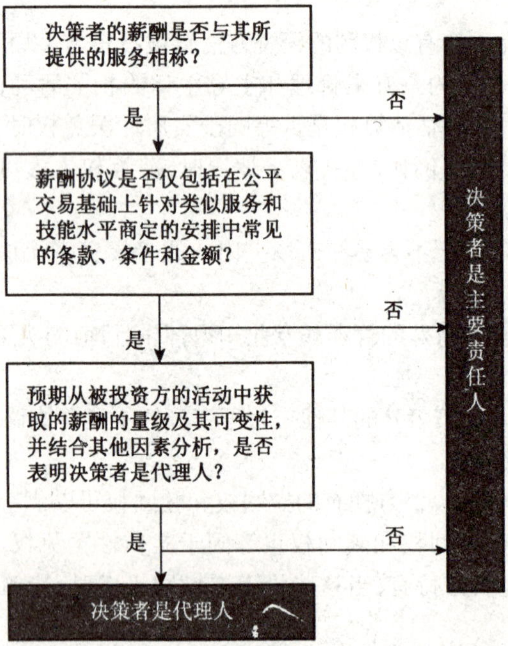

图 2-9 确定决策者是代理人还是主要责任人的过程

通常情况下,资产管理行业是竞争较为充分、人员流动也较为频繁和自由(即人员之间可替代性较强)的行业。因此,在直接面向终端零售客户的资产管理业务中,管理层通常可以认为决策者的薪酬与其所提供的服务相称,以及薪酬协议仅包括在公平交易基础上针对类似服务和技能水平商定的安排中常见的条款、条件或金额。因此,决策者需要评估预期从被投资方的活动中获取的薪酬的量级及其可变性,并结合其他因素分析,以便得出决策者是否为代理人的最终结论。

4. 决策者因持有被投资方的其他权益而承担可变回报的风险。

对于在被投资方持有其他利益(如对被投资方进行投资或提供被投资方业绩担保)的决策者,在评估其是否为代理人时,应考虑决策者因为该利益所面临的可变回报的风险。持有被投资方其他利益表明该决策者可能是主要责任人。需注意的是:此处的"利益"不仅限于持有被投资方的股份或债券,可能导致投资方在被投资方持有利益的可变回报可能有多种形式。

决策者行使决策权的首要目的可能是影响其自身承担源自持有被投资方的其他利益的可变回报的风险。也就是说,决策者为了其自身利益而具有权力。

认为按照法律或合同的要求为了其他方的最大利益行事(即具有受托责任)的每个决策者总是代理人是不适当的,这是因为该结论是假定决策者会按照法律或合同中规定,永远为了其他方的最大利益行事,即使决策者自身获取了绝大部分回报,且该回报受其自身决策的影响。因此,尽管某个主体具有受托责任,但在确定其是主要责任人还是代理人时,应评估其在该主体中其他利益的大小和可变性。

在评估由于在被投资方的其他利益而面临的可变回报风险时,决策者应考虑如下因素:

(1) 决策者享有的经济利益的量级和可变动性。将决策者的薪酬和其他利益结合在一起的总体经济利益的量级和可变动性越大,该决策者越有可能是主要责任人。

(2) 决策者面临的可变回报风险是否与其他投资方不同,如果是,这些不同是否会影响其行为。例如,决策者持有次级权益,或向被投资方提供其他形式的信用增级,表明决策者可能是主要责任人。

决策者应评估其所承担的可变回报风险相对于被投资方回报总体变动的风险而言的程度。该评价应主要基于预期从被投资方的活动中得到的回报,但也应考虑决策者通过持有其他利益而承担的被投资方可变回报的最大风险。由于在评估时通常将决策者从被投资方活动中所承担回报的大小和可变性与其他因素一并考虑,因而难以有明确的界限来划分哪个级别的其他利益本身将会使得决策者成为主要责任人或代理人。因此,还需要考虑决策权范围、其他方享有的实质性权利和决策者的薪酬水平等其他几个因素。

在某些行业中,比如私募、资产管理和保险业,大额的直接利益较为普遍,因此需要仔细评估形成控制的利益比例标准。在修订前的《企业会计准则第33号——合并财务报表》(2006)下,可能将私募基金、资产管理计划等看作特殊目的主体,将是否享有和承担其绝大部分剩余收益和风险作为判断控制权的首要标准。但在修订后的合并报表准则下,由于对此问题的判断标准已经发生改变,故可能影响合并报表范围的确定。

• 声誉风险。

有时,没有法定或合同安排也可能产生可变回报风险。例如,一家金融机构参与管理一个自身发起人的证券化载体或投资载体,该金融机构可能决定在该载体发生财务困难时提供资金或其他支持。由于任由该载体破产将损害金融机构的更广泛的商业利益,所以该金融机构可能在其即使没有提供支持的合同义务时也会提供支持。这通常被称为“声誉风险”。

在评估控制时,声誉风险是应与其他事实和情况一并考虑的因素。声誉风险本身并不代表权力,但它可以激励投资者获取赋予其对被投资者的权力的权利。

在评估变动回报风险时包括声誉风险产生的风险将对决策者是代理人还是主要责任人的评估有重大影响。

在评估决策者是作为主要责任人还是代理人行使决策权时,应考虑所有的事实和情况。在评估中给予声誉风险的权重取决于决策者经济上被迫介入的可能性。如果被投资方发生财务困难,尽管决策者没有合同义务为被投资方提供支持,但为了减少不提供支持可能发生的声誉损失,决策者经济上可能被迫介入。决策者采取行动限制其声誉损失的可能性越大,其作为主要责任人行使其决策权的可能性越高,在考虑时给予声誉风险的权重就越大。

另一个需考虑的相关因素是载体的发起人是否针对可能的困难已进行了安排(例如,为载体安排了一个第三方的流动性资金融通)。在评估发起人介入的可能性而确定给予此类安排的权重时,应仔细考虑此类安排的条款。例如,安排包含不可抗力或重大不利条款,或者甚至没有此类融资安排,则可能意味着万一此类困难发生,发起人更可能需要介入以保护其声誉。

此外,投资者以前是否曾介入维护其声誉的事实也是需要考虑的因素。如果,当历史上被投资方发生财务困难时,发起人曾向被投资方提供支持以维护其声誉,则可能表示发起人很可能会再次这样做。类似地,如果历史表明在类似的情况下其他发起人有介入以降低声誉损失的趋势,则表示其他发起人很可能在发生困难的情况下也这样做。

如果有事实和情况表明控制的一个或多个要素发生了变化,决策者应重新评估其是否控制被投资方。相应地,决策者应考虑其是代理人还是主要责任人的评估是否已发生变化。

(三)应用示例

某主体 A 作为资产管理人发起设立一项投资计划,为多个投资者提供投资机会。主体 A 在投资授权设定的范围内,以全体投资者的最大利益化为前提作出决策,其拥有广泛的决策权以主导投资计划的相关活动,包括具体资产配置、买入卖出时点以及投资资产出现风险时(如信用违约等)的后续管理等。主体 A 按照计划资产净值的 1%加上达到特定盈利水平后投资计划利润的 20%获取管理费,该管理费符合市场和行业惯例,与主体 A 提供的服务相称。以上事实适用于下列情况 1 至情况 4,各示例之间相互独立。

【案例 17-1】 判断决策者是否是代理人——情况 1

参与该计划的投资者人数众多,单个投资者的投资比例均小于 0.5%且投资者之间不存在关联关系。没有单一的投资者可以无理由罢免主体 A 的资产管理人资格。该计划设有年度投资者大会,经占 2/3 以上份额的投资者一致通过,可以罢免主体 A 的资产管理人资格。主体 A 自身持有该投资计划 2%的份额,主体 A 没有为该计划的其他投资者提供保证收回初始投资及最低收益率的承诺,主体 A 对超过其所拥有的 2%投资以外的损失不承担任何义务。

在情况 1 下,由于没有任何一方可以无条件罢免主体 A 的资产管理人资格,因此,主体 A 在确定其是投资计划的主要责任人还是代理人时需要结合其他因素进一步分析。

主体A对于投资计划享有广泛的决策权利,可以主导投资计划的相关活动。虽然投资计划设立了年度投资者大会,但由于投资者人数众多,且单个投资者之间关联关系,众多非关联投资者集合在一起进行表决并否决主体A的可能性较小。因此,结合主体A的决策权范围和其他方持有的权利,可以得出主体A拥有对该投资计划的权力。

主体A收取的管理费与其服务相称,该因素是表明主体A作为代理人的证据。然而,仅凭此证据还不足以判断其必然是代理人。

除收取管理费外,主体A还持有该投资计划2%的份额,该投资加大了主体A面临的可变回报风险,但该风险尚未重大到表明主体A是主要责任人。

综合考虑后,主体A认定其为该投资计划的代理人。

【案例17-2】 判断决策者是否是代理人——情况2

在主体A违反合同的情况下,投资者有权罢免主体A。主体A自身持有该投资计划20%的份额,主体A没有为该计划的其他投资者提供保证收回初始投资及最低收益率的承诺,主体A没有对超过该20%的投资承担任何额外损失的义务。

在情况2下,投资者有权在主体A违约时罢免主体A。由于该权利只有在主体A违约时才能行使,该权利属于保护性权利,主体A拥有对该投资计划广泛的实质性权利。主体A通过与其服务相称的管理费以及20%的直接投资承担并有权获取投资计划的可变回报,且该回报的量级和可变动性均较为重大,表明主体A通过对投资计划行使权力而影响其回报的金额和程度较大,主体A为该投资计划的主要责任人。不同事实和情况下(例如,资产管理人的薪酬或其他因素不同),形成控制所要求的投资比例可能会不同。

【案例17-3】 判断决策者是否是代理人——情况3

投资计划设有董事会,所有董事都独立于主体A,并由其他投资者任命。董事会每年任命资产管理人。如果董事会决定不继任主体A,主体A提供的服务可以由同行业的其他主体接替。主体A自身持有该投资计划20%的份额,主体A没有为该计划的其他投资者提供保证收回初始投资及最低收益率的承诺,主体A没有对超过该20%的投资承担任何额外损失的义务。

在情况3下,主体A收取的管理费以及持有的20%投资使得A承担并有权获取投资计划的可变回报,并且该回报的量级和可变动性足以表明其是主要责任人,但由独立于主体A的投资者组成的董事会提供了其他投资者罢免主体A的机制,使得其他投资者有可能据此获得罢免主体A的实质性权利。因此,需要综合考虑董事会的构成、决策机制等情况评估该罢免权是否为实质性权利;如果该罢免权属于实质性权利的,则在分析主体A是否为代理人时,应给予该项实质性罢免权以更大的权重。因此,本例中,尽管主体A拥有广泛的决策权,并面临重大的可变回报风险,如果综合相关因素判断其他投资者享有实质性罢免权,则表明主体A是代理人。

【案例 17-4】 判断决策者是否是代理人——情况 4

在主体 A 违反合同的情况下,投资者有权罢免主体 A。主体 A 自身持有该投资计划 5%的份额,主体 A 为该投资计划的其他投资者提供了保证收回初始投资的承诺。

在情况 4 下,主体 A 拥有对该投资计划的广泛实质性权力,其他投资方拥有的罢免权为保护性权利。尽管主体 A 通过管理费以及 5%的投资面临的可变回报风险不足以表明主体 A 是主要责任人,但主体 A 还为计划的其他投资者提供了保证本金的担保,这一安排加大了主体 A 承担的可变回报风险,同时使主体 A 所面临的可变回报风险与其他投资者不同。这种情况下,应结合投资计划可能的业绩情况,主要基于投资计划的预期业绩评估主体 A 承担的可变回报风险,同时考虑主体 A 承担的可变回报的最大风险,对于主体 A 承担的可变回报风险作出评估(包括考虑该项可变回报风险的差异是否会影响主体 A 的行为),从而得出主体 A 是主要责任人还是代理人的结论。

七、实质代理人

在评估控制时,投资方应该考虑是否存在其他方凭借与投资方的关系,代表投资方行使决策权。即,考虑其他方是否以投资方的"实质代理人"的身份代为行使决策权。识别其他方是否是投资方的实质代理人需要职业判断,不仅要考虑其他方和投资方之间关系的性质,还要考虑其他方之间、其他方与投资者之间的互动影响。

投资方与其实质代理人之间的关系不一定是合同关系,如果投资方或者能够主导投资方的其他方能够主导某一方代表投资方行使权利,则该方为投资方的实质代理人。这种情况下,投资方在评估对被投资方是否存在控制时,应将其自身和其实质代理人的决策权及其通过实质代理人而间接承担或者享有的可变回报的风险或权利与其自身的前述风险和权利一并考虑。

(一) 表明一方可能是投资方实质代理人的主要情形

根据对各方关系的性质判断,表明一方可能是投资方的实质代理人的情况包括但不限于以下方面:

(1) 投资方的关联方。

(2) 因投资方出资或提供贷款而取得其在被投资方中权益的一方。

(3) 未经投资方事先同意,不得出售、转让或抵押其持有的被投资方权益的一方(但不包括此项限制系通过投资者和该方之间通过自愿基础上的协商一致而实现的情形)。

(4) 没有投资方的财务支持,就不能获得经营融资支持的一方。

(5) 该另一方系与投资方的权力机构的多数成员或关键管理人员相同的被投资方。

(6) 与投资方具有紧密业务联系(如专业服务的提供者与其一家重要客户的关系)的一方。

但是，仅由于某一方属于上述情况，并不一定表明它必然是投资方的实质代理人。因此，管理层必须仔细进行评估。考虑到可能成为实际代理人的相关方范围很广，管理层很可能需要评估大量相关方以确定它们是否事实上属于实际代理人，这需要对事实和情况的仔细评估，包括评估被投资方的设立目的和设计，以及评估各方之间关系的性质，以及各方之间的互相影响。

另外还需要注意：一方为另一方的实质代理人，并不意味着后者可以控制前者。

（二）客户—供应商关系

典型的客户—供应商关系通常并不能够导致某一方为另一方的实际代理人。这是因为通常一方无法主导另一方代为行使权利，各方的活动都由各自的股东分别主导。

但是，有时候具有"密切业务关系"的一方可能是实际代理人。因此，若客户和供应商之间存在密切的业务关系，则需要考虑供应商是否为客户的实际代理人。例如，这种情况可能出现在以下方面：

(1) 某个实体仅拥有一个重要客户。

(2) 客户和供应商具有共同的管理层或股东。

(3) 客户有能力主导产品的设计、销售等。

(4) 供应商是协助设计交易架构的服务供应商（如投资银行，律师）。

八、对被投资方可分割部分（单独主体）的控制

（一）识别"单独主体"

新合并报表准则将"母公司"定义为"控制一个或一个以上主体（含企业、被投资单位中可分割的部分，以及企业所控制的结构化主体等）的主体；将"子公司"定义为"被母公司控制的主体"。由此可以看出，子公司不仅可以是一个完整主体，也可以是被投资单位中可分割的部分。

投资方通常应当对是否控制被投资方整体进行判断。但在少数情况下，如果有确凿证据表明同时满足下列条件的，投资方应当将被投资方的一部分视为被投资方可分割的部分（单独主体），进而判断是否控制该部分（单独主体）：

(1) 该部分的资产是偿付该部分负债或该部分其他权益的唯一来源，不能用于偿还该部分以外的被投资方的其他负债。

(2) 除与该部分相关的各方外，其他方不享有与该部分资产相关的权利，也不享有与该部分资产剩余现金流量相关的权利。

因此，实质上该单独主体的所有资产、负债和权益均与被投资方的剩余部分相隔离，即：该单独主体的资产产生的回报不能由该单独主体以外的被投资方其他部分使用，该单独主体的负债也不能用该单独主体以外的被投资方资产偿还。

尽管原合并报表准则并未对单独主体进行规范，但在实务中此种情况有时会出现，比如，由于存在信托或类似的法律架构将资产和负债与被投资方主体

相隔离,因而存在主体中"可分割的部分"。

1. 识别房地产行业中的"单独主体"。

根据不同的事实和情况,在房地产行业中有时会存在"单独主体"。下面几个例子说明了在房地产行业中是否存在"单独主体"的评估。在每个例子中,甲、乙、丙分别租赁了被投资方(出租人)拥有的建筑物 A、B、C。尽管甲、乙、丙未对被投资方进行股权投资,但在某种意义上他们潜在控制了被投资方,因而被视为"投资方"。此外,存在享有被投资方股权的其他投资方。

【案例 18-1】 识别房地产行业中的"单独主体"——情形 1

甲、乙、丙每个承租人都为其租赁的建筑物提供了剩余价值担保,并且被投资方将这三栋建筑物进行了交叉抵押(即,这三栋建筑物都可以用来偿还被投资方的债务)。

在此种情形下不存在"单独主体"。被投资方的任何资产都不能单独作为偿还其负债的唯一来源。此外,其他投资方能够承担从建筑物增值中获取的可变回报的风险。

【案例 18-2】 识别房地产行业中的"单独主体"——情形 2

甲具有按照固定价格 120 万元购买建筑物 A 的认购期权,但对于建筑物 B 和 C 并不存在此期权。表 2-17 为被投资方资产负债表(按照公允价值记录)。

表 2-17　　被投资方资产负债表　　单位:万元

资产	余额	负债和所有者权益	余额
现金	20	负债(仅向建筑物 A 追索)	120
建筑物 A(出租给甲)	120	负债(仅向建筑物 B 追索)	50
建筑物 B(出租给乙)	100	负债(仅向建筑物 C 追索)	50
建筑物 C(出租给丙)	100	所有者权益	120
资产总计	340	负债和所有者权益总计	340

本情形中,建筑物 A 被认定为"单独主体"。由于被投资方的其他资产不能用于偿还仅向建筑物 A 追索的负债,即,建筑物 A 是偿还该部分负债的唯一来源;此外,由于存在固定价格的认购期权(即,其他投资方不能获取建筑物 A 升值带来的收益),甲是承担建筑物 A 升值导致可变回报的风险的唯一投资方。

建筑物 B 和建筑物 C 不被认定为"单独主体"。尽管存在仅向建筑物 B 和 C 追索的负债,但负债仅相当于建筑物 B 和 C 公允价值的 50%,剩余的公允价值来源于被投资方的权益。此外,由于不存在与建筑物 B 和 C 相关的固定价格的认股期权,其他投资方应当承担建筑物 B 和 C 升值带来的可变回报的风险。

【案例 18-3】 识别房地产行业中的"单独主体"——情形 3

甲、乙、丙均具有以 100 万元的固定价格购买所租赁建筑物的认购期权,并向被投资方提供 85 万元的剩余价值担保。表 2-18 为被投资方的资产负债表(按照公允价值记录)。

表 2-18　　被投资方资产负债表　　单位:万元

资产	余额	负债和所有者权益	余额
建筑物 A(出租给甲)	100	负债(仅向被投资方追索)	290
建筑物 B(出租给乙)	100		
建筑物 C(出租给丙)	100	所有者权益	10
资产总计	300	负债和所有者权益总计	300

本情形中,不存在"单独主体"。尽管租赁协议分别包括了剩余价值担保和固定价格认购期权,进而导致每个承租人承担可变回报的风险,但每个资产单独都不构成偿还负债的唯一来源,负债由三栋建筑物共同偿还。

2. 识别"单独主体"的其他示例。

【案例 19】 识别"单独主体"示例 1

甲公司和乙公司在 20×0 年成立了一家合营企业丙公司,生产和销售一种特殊的建筑材料 A,甲与乙共同控制丙公司。20×8 年,甲公司想继续投资 A 材料的高端产品 A1,由于种种原因,甲公司计划通过丙公司进行 A1 产品的生产和销售。因此甲公司与乙公司及丙公司达成以下协议安排:

在丙公司内部设立 A1 项目部,专门负责 A1 产品的生产和销售。A1 项目部所需要的资金全部由甲公司提供。A1 项目独立核算,产生的净利润全部归属于甲公司,其净利润的计算公式为销售 A1 产品的全部收入、扣除能够直接归属于 A1 项目的全部成本税金及费用、扣除按照约定的计算公式分配给 A1 项目的成本税金及费用。A1 项目的所有资产和负债均全部归属于甲公司。A1 项目的财务和经营等相关活动的决策完全由甲公司作出,乙公司对此不干涉。

根据相关法律的规定,丙公司是一个法人主体,如果丙公司被其债务人起诉,要求以丙公司的资产来偿还债务,则可能出现 A1 项目相关资产被用于偿还 A 项目负债的情况。因此,A1 项目部并非可分割部分,不应认定为单独主体。

【案例 20】 识别"单独主体"示例 2

A 公司为有限责任公司,其是专门从事房地产开发的项目公司,其主要经营活动为在 B 地块上开发住宅和商业地产项目。B 地块的开发分三期执行,各期地块的开发成本和销售收入分设三个独立子账套进行单独核算管理,但与各期开发相关的开发支出均由 A 公司作为同一法人主体进行清偿,各期项目相关的营业税、土地增值税及所得税等相关税费也均由 A 公司作为同一纳税主体进行统一申报和清算。各地块的相关经营决策互相独立,其经营损益分别归属于不同的权利人。

在本例中,虽然各期开发项目区分了三个账套进行独立核算管理,然而,这并不足以说明其中一期开发项目的有关资产、负债和权益均与其余各期的剩余部分相隔离。各期开发支出和相应税负仍以 A 公司作为单一主体进行清偿就表明某期资产并非仅承担与该期资产相关的负债,某期资产也并非与该期开发相关的负债的唯一支付来源。因此,本例中的各期开发项目并非可分割的部分,不应被认定为单独主体。

（二）评估对“单独主体”的控制

如果被投资方的一部分资产和负债及其他相关权益构成单独主体，则投资方应当基于控制的判断标准确定其是否能控制该单独主体，考虑该单独主体的相关活动及其决策机制，投资方是否目前有能力主导单独主体的相关活动并据以从中取得可变回报。如果投资方控制该单独主体，则应将其进行合并。

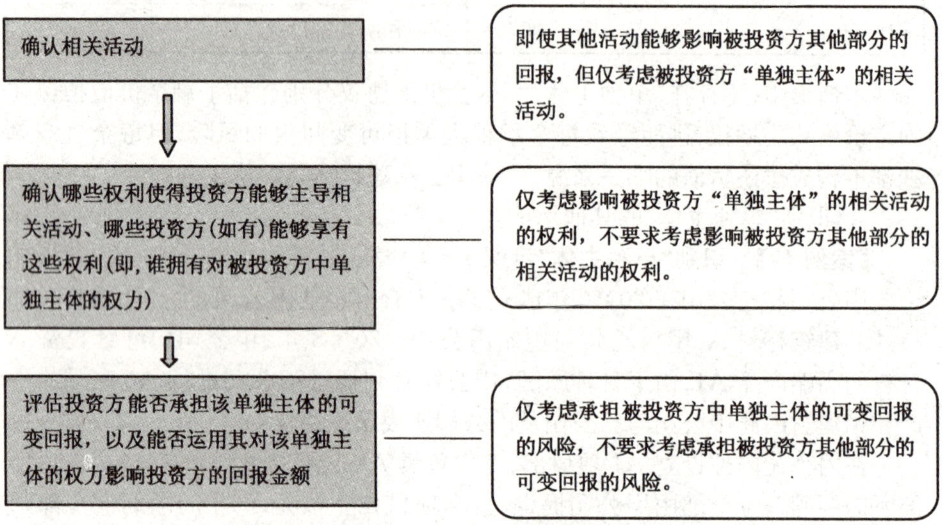

图 2-10 对“单独主体”控制的评估

（三）合并“单独主体”

如果投资方认为自身能够控制被投资方中的“单独主体”，则投资方应仅将该单独主体纳入合并，而不合并被投资方的其他部分。如果投资方认为它能够控制被投资方整体，而不是其中的“单独主体”，则投资方应将被投资方整体纳入合并范围，而不是单独合并被投资方中的“单独主体”。

九、控制的持续评估

（一）导致控制的要素发生变化的主要情形

对控制的评估是持续的，当环境或情况发生变化时，投资方需要评估控制的三个基本要素中的一个或多个是否发生了变化。如果有任何事实或情况表明控制的三项基本要素中的一个或多个发生了变化，投资方应重新评估对被投资方是否具有控制。例如，下列情况很可能导致控制的要素发生变化。

1. 对被投资方的权力。

(1) 投资方增加或减少其持有被投资方的股份。

(2) 潜在表决权的授予、到期或从实质性到非实质性权利的转变；反之亦然。

(3) 被投资方的治理结构或架构发生变化，导致权力的行使方式发生变化，例如，被投资方的相关活动不再由表决权支配，而是由其他方通过协议或者合同赋予的其他权利主导;反之亦然。

(4) 被投资方申请破产清算。

(5) 被投资方发生债务重组。

(6) 彼此获取其他方享有的权益。

(7) 投票方式发生变化。

(8) 行使由其他方享有的权利。

2. 通过参与被投资方的相关活动而享有可变回报(多数情况下,这些变化与权力变更同时发生,比如在获取或转让享有的被投资方权益时)。

• 如果拥有权力的投资方不再享有可变回报(如收取与业绩相关的管理费的合同终止),则投资方可能丧失对被投资方的控制。

3. 投资方运用其对被投资方的权力影响投资方的回报金额的能力。

• 投资方与其他方之间整体关系的变化可能意味着原为代理人的投资方不再是代理人;反之亦然。例如,如果投资方或其他方的权利发生了变化,投资方应重新评估其代理人或主要责任人(实际决策者)的身份。

因此,被投资方可能随着事实和情况的变化在报告期间时而纳入投资方的合并范围,时而不属于投资方合并范围。但是,在事实和情况未发生变化时,通常预期对控制权的重新评估结论不应发生变化。

(二) 因市场情况的变化导致对控制重新评估

投资方有关控制的判断结论,或者初始评估其是主要责任人或代理人的结果,不会仅仅因为市场情况的变化(如因市场情况的变化导致被投资方的回报发生变化)而变化,除非市场情况的变化导致了控制三要素的一个或多个的改变,或导致主要责任人与代理人之间的关系发生变化。

因此,仅当市场情况可能导致控制三要素的一个或多个发生变化时,才可能引起对控制的重新评估。评估市场情况的变更是否引起对控制的重新评估,应首先考虑被投资方的设立目的和设计(第二章第三节三)。

在考虑控制的第二个要素[即:通过参与被投资方的相关活动而享有可变回报(第二章第三节五)是否因市场情况的变化而变化]时,应当关注对可变回报风险的承担(存在性),而不是可变回报的金额。市场情况的变化通常影响承担可变回报的金额,但基本上不会影响是否承担可变回报。

但是,当决策者被授予权力时,市场情况的变化能够改变对决策者是否有能力运用其对被投资方的权力影响回报的金额(权力和回报之间的联系)的评估。因此,市场情况的变化可能引起对主要责任人和代理人的重新评估。

确定潜在表决权是否是实质性权利不是仅仅以行权价格或转换价格以及涉及股票的现有市价为基础。尽管行权价格或转换价格是需要考虑的因素之一,但确定潜在表决权是否是实质性权利要求全面考虑多项因素,包括评估工具的设计目标与条款设计,考虑投资方是否会因为其他的原因而获益,比如实现投资方与被投资方的协同效应,以及确定是否存在任何壁垒(财务壁垒或其他壁垒)阻止潜在表决权的持有者行使或转换这些权利。因此,市场情况的变动(即股票价格的变动)本身并不能导致合并结论的变化。

以下为市场情况变化对控制的影响的案例。

【案例 21】 市场情况变化导致对控制的重新评估——从价内期权转变为价外期权

A 公司持有 B 公司的 40%表决权和当前可行使的价内期权，持有该期权能够进一步获取 B 公司的 20%表决权。假定表决权能够提供对 B 公司的权力，期权属于实质性权利，且不存在其他相关事实和情况，由于 A 公司目前能够行使权利获取 B 公司的多数表决权的股票，因而 A 公司很可能拥有对 B 公司的权力。

第一种情况：由于市场情况变化，价内期权变为价外期权（非重大）。由于该期权很可能仍是实质性权利，该变更并不会引起对控制的重新评估。

第二种情况：由于市场情况变化，价内期权变为深度价外期权，且预计直到其到期日，都将处于“深度价外”状态。由于期权不再是实质性权利，该变更很可能引起对控制的重新评估。

【案例 22】 市场情况变化导致对控制的重新评估——被投资方股价的下降

A 公司拥有两个投资方，一个是债权人，另一个是股东。在初次评价中，投资方认为，由于股东拥有主导相关活动的权力、能够通过股东权益承担可变回报、有能力运用其对 A 公司的权力影响可变回报的金额，因而股东能够控制 A 公司。由于股东能够持续承担可变回报的风险（即，股东能够持续承担股权价值进一步减少带来的风险；如果市场条件改善，股权价值有上行的潜力），市场条件的变更导致股权价值减少这一事实本身很可能不会引起对控制的重新评价。因此，股东能够控制 A 公司的结论很可能并不会改变。

但是，在股权价值逐步减少的同时，还存在其他事实和情况的变化（如，股东丧失了主导相关活动的能力），则可能引起对控制的重新评价。在这种情况下，重新评价的触发点是事实和情况的其他变化，而不是股权价值本身的逐步减少。

【案例 23】 市场情况变化导致对控制的重新评估——被投资方的资金损失

D 公司是一家盈利的主体，C 公司享有 D 公司的 100%表决权。在初次评价中，C 公司认为它能够控制 D 公司。由于市场条件发生变化（如产品需求下降），D 公司开始出现经营亏损而不再盈利。但由于市场条件变更很可能不会改变对相关活动的确认、如何主导这些活动、投资方对可变回报风险的承担、权力和回报之间的联系，因而被投资方出现亏损不会引起对控制的重新评价。但如果因为被投资方出现重大亏损而面临重组或申请破产的情况，则可能需要对控制进行重新评估。

（三）申请破产和不良债务重组导致对控制的重新评估

申请破产或债务重组通常会导致对哪个投资方（如有）能够控制被投资方的重新评价（但重新评价的结果并不一定导致合并报表范围的变动，也可能是保持原先的合并报表范围不变)。如以下案例。

【案例 24】 被投资方申请破产导致对控制的重新评估

A 公司向 B 公司提供贷款。由于 A 公司是优先级债权人,如果 B 公司拖欠贷款,A 公司有权要求 B 公司出售其特定资产来偿还贷款。在对控制的初次评价中,A 公司认为,由于贷款发生违约一般是例外情况,其所拥有的这种权利是保护性权利,这种权利并没有赋予 A 公司对 B 公司的权力,A 公司不能控制 B 公司。同时,B 公司股东持有的表决权能够给予股东对 B 公司的权力。

之后,B 公司发生了拖欠贷款的情况并且进行破产申请,该期间 A 公司有权要求 B 公司出售其特定资产以偿还贷款,尽管之前该权利属于保护性权利,但一旦 B 公司进入破产程序,A 公司就需要重新评估其权利能否给予自身权力。

一旦 B 公司破产,在确定哪些投资方(如有)能够控制 B 公司之时,还应当考虑股东拥有哪些权利(如有)来主导 B 公司的相关活动,以及 A 公司和股东能否承担源自 B 公司的可变回报。

【案例 25】 被投资方不良债务重组导致对控制的重新评估

本案例的背景信息与"例 20:被投资方申报破产导致对控制的重新评估"基本一致,但是 B 公司发生拖欠贷款后没有申请破产,而是 A 公司和 B 公司同意对贷款进行债务重组。重组期间,A 公司制订计划确定出售哪些资产来偿还贷款,管理层和股东同意该项计划。此外,管理层接受一项激励方案,方案要求根据资产出售和贷款偿还目标来进行激励。

一旦进行贷款重组,A 公司就需要评估确定偿还贷款需要出售哪些资产这一点能否给予本身权力。由于管理层应当遵循 A 公司强制要求的资产出售计划,也可能出现表决权不能给予对 B 公司的权力的情况。

一旦 B 公司申请破产,在确定哪些投资方(如有)能够控制 B 公司之时,还应当考虑股东拥有哪些权利(如有)来主导 B 公司的相关活动,以及 A 公司和股东能否承担源自 B 公司的可变回报。

(四)其他方的行为导致对控制的重新评估

其他方的行为可能导致投资方取得或丧失对被投资方的权力(即,投资方不需要直接参与在某些情况下的变动)。例如,由于之前妨碍投资方控制被投资方的其他方享有的决策权已经不复存在,因而投资方能够获得对被投资方的权力。在这种情况下,由于信息可能并不公开,可能更难以确定某个事件的发生是否会导致投资方重新评估控制。

【案例 26】 其他方的行为导致对控制的重新评估

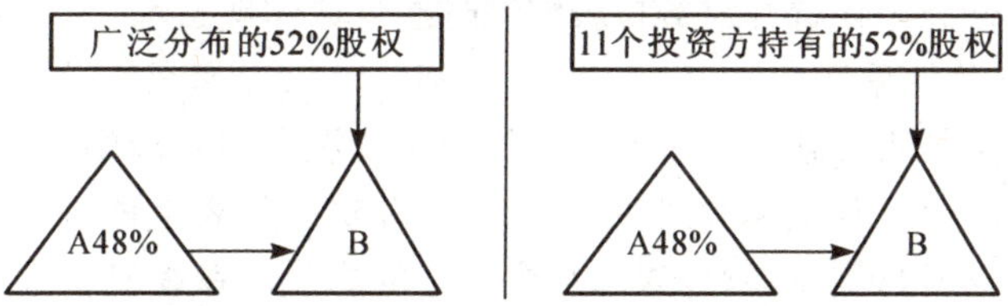

图 2-11 股权分布图

A 公司持有 B 公司的 48%的表决权,B 公司其余 52%表决权广泛分布。在初次评价中,A 公司认为,它相对于其他股东而持有的表决权的绝对数量能够给予它对 B 的权力。随着时间的推移,一些股东开始集中其所持有的股权,导致 B 公司的股权分布日益集中,这样最终数量较少的其他股东持有了 B 公司的剩余 52%表决权。根据监管环境和 A 公司持有的权利,A 公司应当了解 B 公司少数股东的相关信息。由于其他股东不再广泛分布,A 公司应重新评估它能否控制 B 公司。

尽管以上[案例 22]中的情况可能并不常见,但管理层也应当考虑:设计怎样的系统和流程来监控外部事件,以应对可能引起重新评价的某些情况变化(第四节二)。

如果没有收集信息的流程,不知悉这些可能引起重新评估控制的事件的发生,当其他投票权足够集中使得投资方不再拥有控制权时,可能难以确定投资方丧失控制权的日期。同样的,由于原本所持股份的相对数量较小,投资方确定对被投资方不具有实际控制权,但当其他表决权的分布变得足够分散或不再可能采取一致行动时,投资方可能变为拥有控制权。根据相关事实和情况(尤其在实际控制权的情况下),在事实和情况实际发生改变和管理层能够确定投资方拥有控制权之间,可能存在时间差。

第四节 合并程序

一、合并财务报表的编制原则

合并财务报表作为财务报表,必须符合财务报表编制的一般原则和基本要求,这些基本要求包括真实可靠、内容完整。合并财务报表又与个别财务报表不同,它反映由母公司和子公司组成的企业集团整体财务状况,反映的是若干个法人共同形成的会计主体的财务状况。因此,合并财务报表的编制除了遵循财务报表编制的一般原则和要求外,还应遵循以下原则和要求。

(一)以个别财务报表为基础编制

合并财务报表并不是直接根据母公司和子公司账簿编制,而是利用母公司和子公司编制的反映各自财务状况和经营成果的财务报表提供的数据,通过合并财务报表的特有方法进行编制。以纳入合并范围的个别财务报表为基础,可以说是客观性原则在合并财务报表编制时的具体体现。

(二)一体性原则

合并财务报表反映的是企业集团的财务状况和经营成果,反映的是由多个法人组成的一个会计主体的财务状况,即合并财务报表主体对外发生的经济事项对该主体财务状况、经营成果和现金流量的影响。在编制合并财务报表时应当将母公司和所有子公司作为整体来看待,视为一个会计主体,母公司和子公司发生的经营活动都应当从企业集团这一整体的角度进行考虑。因此,在编制合并财务报表时,对于母公司与子公司、子公司相互之间发生的经济业务,应当视同同一会计主体内部业务处理,视为同一会计主体之下的不同核算单位的内部业务,对合并财务报表所显示的合并财务报表主体财务状况、经营成果和现金流量不产生影响。同时,合并财务报表是基于"实体理论"编制的,实体理论要求将合并财务报表主体看作一个独立的会计主体,在集团合并层面运用各项会计政策和会计估计。很多交易和事项站在企业集团合并报表角度的确认和计量结果与其所属的母公司或子公司的个别财务报表层面的确认和计量结果不一致,因此实体理论下的合并报表不再仅仅是简单的"加总＋合并抵销",还需要就同一交易或事项站在不同会计主体角度的处理差异进行调整,即"视角差异调整",最极端的例子是反向收购中的合并财务报表,母公司个别财务报表和合并财务报表的会计要素计量模式完全相反。

(三)重要性原则

与个别财务报表相比,合并财务报表涉及多个法人主体,涉及的经营活动的范围很广,母公司与子公司经营活动往往跨越不同行业界限,有时母公司与子公司经营活动甚至相差很大。这样,合并财务报表要综合反映这些会计主体的财务情况,必然要涉及重要性的判断问题。特别是在拥有众多子公司的情况下,更是如此。在编制合并财务报表时,必须特别强调重要性原则的运用。如对一些项目在企业集团中的某一企业具有重要性,但对于整个企业集团则不一定具有重要性,在这种情况下根据重要性原则对财务报表项目进行取舍,则具有重要的意义。此外,母公司与子公司、子公司相互之间发生的经济业务,对整个企业集团财务状况和经营成果影响不大时,为简化合并手续也应该根据重要性原则进行取舍,可以不编制抵销分录而直接编制合并财务报表。

二、编制合并财务报表的前期准备工作

合并财务报表的编制涉及多个子公司,为了使编制的合并财务报表准确、全面反映企业集团的真实情况,必须做好一系列的前期准备工作,主要包括以下几个方面。

(一)统一母子公司的会计政策

会计政策是指企业进行会计核算和编制财务报表时所采用的会计原则、会计程序和会计处理方法,是编制财务报表的基础。统一母公司和子公司的会计政策是保证母子公司财务报表各项目反映内容一致的基础。只有在财务报表各项目反映的内容一致的情况下,才能对其进行加总,编制合并财务报表。因此,在编制合并财务报表前,应当尽可能统一母公司和子公司会计政策,统一要求子公司所采用的会计政策与母公司保持一致。对一些境外子公司,由于所在国或地区法律、会计政策等方面的原因,确实无法使其采用的会计政策与母公司所采用的会计政策保持一致,则应当要求其按照母公司所采用的会计政策,重新编报财务报表,也可以由母公司根据自身所采用的会计政策对境外子公司

报送的财务报表进行调整,以重编或调整编制的境外子公司财务报表,作为编制合并财务报表的基础。

需要注意的是,根据《企业会计准则解释第1号》(财会[2007]14号)第二条规定,中国境内企业设在境外的子公司在境外发生的交易或事项,境内不存在且受法律法规等限制或交易不常见,企业会计准则未作出规范的,可以将境外子公司已经进行的会计处理结果,在符合基本准则的原则下,按照国际财务报告准则进行调整后,并入境内母公司合并财务报表的相关项目。

另外还需要注意的是:此处的要求是"统一母子公司的会计政策",但对于母子公司的会计估计,例如应收款项坏账准备的计提方法和比例,固定资产的折旧方法、折旧年限和净残值率等,则没有必须在合并财务报表中统一的要求。例如:对于应收款项坏账准备相关政策而言,如果母子公司的所处行业、业务模式、所面对的客户群、信用政策等存在较大差异,且有证据表明母子公司各自执行的坏账准备相关会计估计均可合理地反映各自层面应收款项的可回收性,则母子公司各自采用的坏账准备相关会计估计对其自身而言都具有合理性,在编制合并财务报表时不应简单地将其统一为一致的会计估计,否则就不能在合并财务报表层面恰当地反映合并集团所持有的对外应收款项的整体可收回性。类似地,对于固定资产的折旧政策,如果母子公司所处行业不同、固定资产的类别、性质、使用方式和使用强度存在差异的,也不应当简单地统一母子公司的固定资产折旧政策。

(二)统一母子公司的资产负债表日及会计期间

财务报表总是反映一定日期的财务状况和一定会计期间经营成果的,母公司和子公司的个别财务报表只有在反映财务状况的日期和反映经营成果的会计期间一致的情况下,才能进行合并。为了编制合并财务报表,必须统一企业集团内所有的子公司的资产负债表日和会计期间,使子公司的资产负债表日和会计期间与母公司的资产负债表日和会计期间保持一致,以便于子公司提供相同资产负债表日和会计期间的财务报表。

对于境外子公司,由于当地法律限制确实不能与母公司财务报表决算日和会计期间一致的,母公司应当按照自身的资产负债表日和会计期间对子公司的财务报表进行调整,以调整后的子公司财务报表为基础编制合并财务报表,也可以要求子公司按照母公司的资产负债表日和会计期间另行编制报送其个别财务报表。

需要注意的是,在国际财务报告准则体系下,根据IFRS 10的规定,当上述做法不切实可行时,母公司应当根据子公司资产负债表日与母公司资产负债表日之间发生的重大交易或事项的影响,对子公司最近一期的财务报表进行必要调整后予以合并。前提是子公司资产负债表日与母公司资产负债表日相差不超过3个月,并且该差异在前后各期应当保持一致,不得随意变更。但是,《企业会计准则第33号——合并财务报表》并没有引入这一规定。据此可以认为:在中国企业会计准则体系下,"统一母子公司的资产负债表日及会计期间"是一项强制性的要求,没有例外。

（三）对子公司以外币表示的财务报表进行折算

对母公司和子公司的财务报表进行合并，其前提必须是母子公司个别财务报表所采用的货币计量单位一致。外币业务比较多的企业应该根据《企业会计准则第 19 号——外币折算》有关如何选择记账本位币的相关规定，在符合准则规定的基础上，确定是否采用某一种外币作为记账本位币。在将境外经营子公司的财务报表纳入合并时，应该按照《企业会计准则第 19 号——外币折算》的相关规定进行处理，将其折算为母公司所采用的记账本位币表示的财务报表。

（四）收集编制合并财务报表的相关资料

合并财务报表以母公司和其子公司的财务报表以及其他有关资料为依据，由母公司合并有关项目的数额编制。为编制合并财务报表，母公司应当要求子公司及时提供下列有关资料：

(1) 子公司相应期间的财务报表。

(2) 采用的与母公司不一致的会计政策及其影响金额。

(3) 与母公司不一致的会计期间的说明。

(4) 与母公司及与其他子公司之间发生的所有内部交易的相关资料，包括但不限于内部购销交易、债权债务、投资及其产生的现金流量和未实现内部销售损益的期初、期末余额及变动情况等资料。

(5) 子公司所有者权益变动和利润分配的有关资料。

(6) 编制合并财务报表所需要的其他资料，如进行前一节所述的“视角差异调整”[第二章第四节一(二)]所需的资料等。

三、合并财务报表的编制程序

合并财务报表的编制是一项极为复杂的工作，不仅涉及本企业会计业务和财务报表，而且还涉及纳入合并范围的子公司的经济事项和财务报表。为了使合并财务报表的编制工作有条不紊地进行，必须按照一定的程序，有步骤地进行。合并财务报表编制程序大致如下。

（一）设置合并工作底稿

合并工作底稿的作用是为合并财务报表的编制提供基础。在合并工作底稿中，对母公司和纳入合并范围的子公司的个别财务报表各项目的数据进行汇总和抵销处理，最终计算得出合并财务报表各项目的合并数。

（二）将个别财务报表的数据过入合并工作底稿

将母公司和纳入合并范围的子公司的个别资产负债表、利润表及现金流量表各项目的数据过入合并工作底稿，并在合并工作底稿中对母公司和子公司个别财务报表各项目的数据进行加总，计算得出个别资产负债表、个别利润表及个别现金流量表各项目合计数额。

（三）编制调整分录和抵销分录

通过调整分录将母公司与子公司、子公司和相互之间发生的经济业务对合并财务报表有关项目的影响进行调整抵销处理。编制调整分录与抵销分录，进行调整抵销处理是合并财务报表编制的关键和主要内容，其目的在于将因会计政策及计量基础的差异而对个别财务报表的影响进行调整，以及将个别财务报表各项目的加总数据中重复的因素等予以抵销和进行“视角差异”调整等。

（四）计算合并财务报表各项目的合并金额

在母公司和纳入合并范围的子公司个别财务报表项目加总金额的基础上，分别计算合并财务报表中各资产项目、负债项目、所有者权益项目、收入项目和费用项目等的合并金额。

（五）填列合并财务报表

根据合并工作底稿中计算出的资产、负债、所有者权益、收入、成本费用类以及现金流量表中各项目的合并金额，填列生成正式的合并财务报表。

特别说明：考虑到新合并报表准则与原准则相比，在合并程序方面并无差异，因此本操作指南未提供合并财务报表编制的综合案例，具体可参考财政部发布的《〈企业会计准则第 33 号——合并财务报表〉应用指南》。

第五节 特殊交易的会计处理

一、追加投资的会计处理

此处提及的追加投资既包括母公司购买少数股东拥有的子公司（包括受母公司控制的被投资方的单独主体，下同）股权的情况；也包括企业因追加投资等原因能够对非同一控制或同一控制下的被投资方实施控制的情况。追加投资的会计处理应分别母公司个别报表和合并报表进行，个别报表的会计处理，应参照《企业会计准则第 2 号——长期股权投资》的相关规范，合并财务报表的会计处理如下。

（一）追加投资在合并报表中的会计处理原则

表 2-19 追加投资在合并财务报表的会计处理原则

交易事项	合并报表的会计处理
购买少数股东股权	应作为股东之间的权益交易进行会计处理。因购买少数股权新取得的长期股权投资与按照新增持股比例计算应享有子公司自购买日或合并日开始持续计算的净资产份额之间的差额，应当调整母公司所有者的资本公积（资本溢价或股本溢价），资本公积不足冲减的，调整留存收益。
通过多次交易分步实现的非同一控制下企业合并	
(1) 构成“一揽子交易”	将各项交易作为一项取得子公司控制权的交易进行会计处理。

（续表）

交易事项	合并报表的会计处理
(2) 不构成“一揽子交易”	对于购买日之前持有的被购买方的股权，应当按照该股权在购买日的公允价值进行重新计量，公允价值与其账面价值的差额计入当期投资收益；购买日之前持有的被购买方的股权涉及权益法核算下的其他综合收益等的，与其相关的其他综合收益等应当转为购买日所属当期投资收益（由于被投资方重新计量设定受益计划净负债或净资产变动而产生的其他综合收益除外）。
通过多次交易分步实现同一控制下的企业合并	
(1) 构成“一揽子交易”	将各项交易作为一项取得子公司控制权的交易进行会计处理。
(2) 不构成“一揽子交易”	对于分步实现的同一控制下企业合并，根据《企业会计准则第20号——企业合并》的相关规定，同一控制下企业合并在编制合并报表时，应视同参与合并的各方在最终控制方开始控制时即以目前的状态存在进行调整，在编制比较报表时，以不早于合并方和被合并方同处于最终控制方的控制之下的时点为限，将被合并方的有关资产、负债并入合并方合并报表的比较报表，并将因合并而增加的净资产在比较报表中调整所有者权益项下的相关项目。为了避免对被合并方净资产的价值进行重复计算，合并方在取得被合并方控制权之前持有的股权投资，在取得原股权之日与合并方和被合并方同处于最终控制方的控制之下孰晚之日起至合并日之间已确认有关损益、其他综合收益以及其他净资产变动的，应予以冲回。

对于上表中“通过多次交易分步实现的(非)同一控制下企业合并”，首先应结合分步交易的各个步骤的协议条款，以及各个步骤中所分别取得的股权比例、取得对象、取得方式、取得时点及取得对价等信息来判断分步交易是否属于“一揽子交易”。各项交易的条款、条件以及经济影响符合以下一种或多种情况，通常表明应将多次交易事项作为一揽子交易进行会计处理：①这些交易是同时或者在考虑了彼此影响的情况下订立的；②这些交易整体才能达成一项完整的商业结果；③一项交易的发生取决于其他至少一项交易的发生；④一项交易单独看是不经济的，但是和其他交易一并考虑时是经济的。

（二）案例：购买少数股东股权

【案例 27】 购买少数股东股权

A 公司于 2×12 年 12 月 29 日以 8 000 万元取得对 B 公司 70%的股权，能够对 B 公司实施控制，形成非同一控制下的企业合并。2×13 年 12 月 25 日，A 公司又以公允价值为 3 000 万元，原账面价值为 2 500 万元的固定资产作为对价，自 B 公司的少数股东处取得 B 公司 20%的股权。本例中，A 公司与 B 公司的少数股东在交易前不存在任何关联方关系。

(1) 2×12 年 12 月 29 日，A 公司在取得 B 公司 70%股权时，B 公司可辨认净资产公允价值总额为 10 000 万元。

(2) 2×13 年 12 月 25 日，B 公司自购买日开始持续计算的净资产账面价值为 11 000 万元。

2×13 年 12 月 25 日,A 公司进一步取得 B 公司 20%的股权时,A 公司个别财务报表应根据《企业会计准则第 2 号——长期股权投资》的相关规定进行会计处理。本案例中,A 公司个别财务报表长期股权投资金额=8 000+3 000=11 000(万元)。

合并财务报表的会计处理为:

合并财务报表中,B 公司的有关资产、负债按照自购买日开始持续计算的价值进行合并,无需在收购少数股权时按照公允价值进行重新计量。A 公司新取得的长期股权投资为 3 000 万元,按照新增持股比例 20%计算应享有 B 公司自购买日开始持续计算的净资产份额=11 000×20%=2 200(万元)。两者之间的差额 800 万元,在合并资产负债表中应调整所有者权益相关项目,首先调整归属于母公司的资本公积(资本溢价或股本溢价),在资本公积的金额不足冲减的情况下,调整归属于母公司的盈余公积,盈余公积不足冲减的情况下,调整归属于母公司的未分配利润。

假设该交易具备商业实质(本案例中很可能如此),A 公司作为对价的固定资产的公允价值为 3 000 万元,与原账面价值 2 500 万元的差异 500 万元应计入合并利润表中的营业外收入。

(三)案例:通过多次交易分步实现非同一控制下企业合并

【案例 28】 通过多次交易分步实现的非同一控制下企业合并(购买日前的投资作为可供出售金融资产核算)

A 公司于 2×10 年 1 月 1 日以每股 5 元的价格购入某上市公司 B 公司的股票 100 万股,并由此持有 B 公司 2%股权。A 公司与 B 公司不存在关联方关系。A 公司将该对 B 公司的投资作为可供出售金融资产进行会计核算。2×13 年 1 月 1 日,A 公司以现金 1.75 亿元为对价,向 B 公司大股东收购 B 公司 50%的股权。假设 A 公司购买 B 公司 2%股权和后续购买 50%的股权不构成“一揽子交易”,A 公司取得 B 公司控制权之日为 2×13 年 1 月 1 日,B 公司于该日股价为每股 7 元,B 公司可辨认净资产的公允价值为 2 亿元,不考虑所得税影响。

A 公司个别财务报表的会计处理参照《企业会计准则第 2 号——长期股权投资》的相关规定。

A 公司在编制合并财务报表时:

首先,应考虑对原持有股权进行公允价值的重新计量。由于 A 公司将原持有 B 公司 2%的股权作为可供出售金融资产进行核算,因此,于购买日(即,2×13 年 1 月 1 日)该项可供出售金融资产的公允价值与其账面价值相等,即 700 万元,并应将原计入其他综合收益的 200 万元转入合并当期投资收益。

其次,按照《企业会计准则第 20 号——企业合并》有关非同一控制下企业合并的相关规定,A 公司购买 B 公司股权并取得控制权的合并对价为原持有股权于购买日的公允价值(700 万元)+合并日应支付的对价(1.75 亿元)=1.82(亿元)。

由于 A 公司享有 B 公司于购买日的可辨认净资产公允价值的份额为 2×

52%＝1.04(亿元),因此,购买日形成的商誉为1.82－1.04＝0.78(亿元)。

【案例29】 通过多次交易分步实现的非同一控制下企业合并(购买日前的投资采用权益法核算)

A公司于2×10年1月1日以现金3 000万元取得了B公司20%股权并具有重大影响,按权益法进行核算,取得投资时B公司可辨认净资产公允价值为1.4亿元。2×12年7月1日,A公司另支付现金8 000万元取得B公司40%股权,并取得对B公司的控制权。假设两次交易不构成“一揽子交易”。购买日,A公司原持有的对B公司的20%股权的公允价值为4 000万元,账面价值为3 500万元,A公司与B公司权益法核算相关的累计其他综合收益(可供出售金融资产公允价值变动)为400万元,累计其他净资产变动影响为100万元;B公司可辨认净资产公允价值为1.8亿元。不考虑所得税影响。

A公司个别财务报表的会计处理参看《企业会计准则第2号——长期股权投资》的相关规定。

A公司在编制合并财务报表时:

首先,应考虑对原持有股权进行公允价值的重新计量。由于A公司原对B公司具有重大影响,按照权益法进行核算。于购买日(即,2×13年1月1日)该项股权投资的公允价值4 000万元与其账面价值3 500万元的差额为500万元应计入合并当期投资收益,并应将原计入其他综合收益的400万元和其他净资产变动100万元转入合并当期投资收益。

其次,按照《企业会计准则第20号——企业合并》有关非同一控制下企业合并的相关规定,A公司购买B公司股权并取得控制权的合并对价为原持有股权于购买日的公允价值(4 000万元)＋合并日应支付的对价(8 000万元)＝1.2(亿元)。

由于A公司享有B公司于购买日的可辨认净资产公允价值的份额为1.8×60%＝1.08(亿元),因此,购买日形成的商誉为1.2－1.08＝0.12(亿元)。

(四)案例:通过多次交易分步实现同一控制下企业合并

【案例30】 通过多次交易分步实现的同一控制下企业合并

A公司为P公司的全资子公司。2×10年1月1日A公司与非关联公司B公司分别出资200万元及800万元设立C公司,并分别持有C公司20%及80%的股权。

2×12年1月1日,P公司向B公司收购其持有C公司80%的股权,C公司成为P公司的全资子公司,当日C公司净资产的账面价值与其公允价值相等。

2×13年1月1日,A公司向P公司购买其持有C公司80%的股权,C公司成为A公司的全资子公司。A公司与B公司不存在关联关系,A公司购买C公司80%股权的交易和原取得C公司20%股权的交易不属于“一揽子交易”,A公司在可预见的未来打算一直持有C公司股权。

C公司自2×10年1月1日至2×12年1月1日止实现净利润500万元,自2×12年1月1日至2×13年1月1日止实现的净利润为300万元(不考虑所得税影响)。

本例中,2×13 年 1 月 1 日,A 公司从 P 公司手中购买购买 C 公司 80%股权的交易属于同一控制下企业合并。A 公司虽然于 2×10 年 1 月 1 日即开始持有 C 公司 20%的股权,2×12 年 1 月 1 日起与 C 公司才开始同受 P 公司最终控制,A 公司合并财务报表应自取得原股权之日(即,2×10 年 1 月 1 日)和双方同处于同一方最终控制之日(2×12 年 1 月 1 日)孰晚之日(即,2×12 年 1 月 1 日)起开始将 C 公司纳入合并范围,即:视同自 2×12 年 1 月 1 日起 A 公司即持有 C 公司 100%股权并重述合并财务报表的比较数据。2×10 年 1 月 1 日至 2×12年 1 月 1 日前的比较报表不应重述。

在 A 公司的合并财务报表中,重述 2×12 年 1 月 1 日的报表项目,由于 C 公司净资产的账面价值为 1 000+500=1 500(万元)。此前,于 2×12 年 1 月 1 日持有对 C 公司的长期股权投资的账面价值为 300 万元(200+500×20%)。因此,A 公司在编制合并报表时,将 C 公司 2×12 年(比较期间)初各项资产、负债并入后,因合并而增加的净资产 1 500 万元应调整资本公积 1 500－300＝1 250(万元)。

借:资产/负债　　15 000 000
　贷:长期股权投资　　3 500 000
　贷:资本公积　　12 000 000

A 公司对于合并日(即,2×13 年 1 月 1 日)的各报表项目,除应按照本准则编制一般合并分录外,还应冲减 2×12 年 1 月 1 日至 2×13 年 1 月 1 日期间对 C 公司 20%的投资的权益法核算结果,即冲减期初留存收益 300×30%=60(万元)。

借:期初留存收益　　600 000
　贷:长期股权投资　　600 000

二、处置子公司部分股权的会计处理

此处提及的处置子公司部分股权既包括母公司处置对子公司长期股权投资但不丧失控制权的情况(含因子公司其他股东对子公司增资稀释了母公司对子公司的股权比例的情况),也包括因处置对子公司长期股权投资而丧失控制权的情况。处置子公司部分股权的会计处理应分别个别财务报表和合并财务报表进行会计处理,个别财务报表的会计处理,应参照《企业会计准则第 2 号——长期股权投资》的相关内容。合并财务报表的会计处理如下。

(一) 处置子公司部分股权在合并报表中的会计处理原则

表 2-20　　处置子公司部分股权在合并报表中的会计处理原则

交易事项	合并报表的会计处理
不丧失控制权的情况下部分处置对子公司的长期股权投资	应作为股东之间的权益交易进行会计处理。处置价款与处置长期股权投资相对应享有子公司自购买日或合并日开始持续计算的净资产份额之间的差额,应当调整母公司所有者的资本公积(资本溢价或股本溢价),资本公积不足冲减的,调整留存收益。

（续表）

交易事项	合并报表的会计处理
子公司的其他股东对子公司进行增资稀释了母公司对子公司的股权比例（未丧失控制权）	应作为股东之间的权益交易进行会计处理。应当按照增资前的母公司股权比例计算其在增资前子公司账面净资产中的份额，该份额与增资后按照母公司持股比例计算的在增资后子公司账面净资产份额之间的差额计入资本公积，资本公积不足冲减的，调整留存收益。 注：此类情况处理的另一种思路是考虑少数股东增资前后合并报表层面的"少数股东权益"的增减变动情况。少数股东权益的调整金额为按原持股比例享有的子公司净资产账面价值和按新持股比例享有的子公司净资产账面价值的差额，其与所收到对价的公允价值及直接相关的交易费用之间的差额，确认为归属于母公司所有者的资本公积（资本溢价或股本溢价），资本公积不足冲减的，调整留存收益。
因处置对子公司长期股权投资而丧失控制权	
(1) 一次交易	1. 在合并财务报表中，母公司应自失去控制日起不再将该子公司纳入合并财务报表的合并范围。 2. 对于剩余股权，应当按照其在丧失控制权日的公允价值进行重新计量。处置股权取得的对价与剩余股权公允价值之和，减去按原持股比例计算应享有原有子公司自购买日或合并日开始持续计算的净资产的份额之间的差额，计入丧失控制权当期的投资收益，同时冲减商誉。 3. 此外，与原有子公司的股权投资相关的其他综合收益，应当在丧失控制权时按照相关资产或负债被处置时所采用的方法进行相应的会计处理。如果按照相关准则的规定，以前在其他综合收益中确认的利得或损失在处置相关资产或负债时应转入当期损益，则丧失控制权时应将相关利得或损失从其他综合收益转为投资收益；如果按照相关准则的规定，以前在其他综合收益中确认的利得或损失在处置相关资产或负债时应转入其他权益项目，则丧失控制权时应将相关利得或损失从其他综合收益转入相关的权益项目。
(2) 多次交易	
① 构成"一揽子交易"	应当将各项交易作为一项处置子公司并丧失控制权的交易进行会计处理，其中，对于丧失控制权之前每一次处置价款与处置投资对应的享有该子公司净资产份额的差额，在合并财务报表中应当确认为其他综合收益，在丧失控制权时一并转入丧失控制权当期的损益。
② 不构成"一揽子交易"	1. 在丧失对子公司控制权以前的各项交易，应按照本表前述"不丧失控制权的情况下部分处置对子公司的长期股权投资"有关要求进行会计处理。 2. 对于导致丧失子公司控制权的那项交易，应按照本表前述"因处置对子公司长期股权投资而丧失控制权"中一次交易的有关要求进行会计处理。

（二）案例：子公司的其他股东对子公司进行增资稀释了母公司对子公司的股权比例

【案例 31】 其他股东对子公司进行增资稀释了母公司对子公司的股权比例——情形 1

A 公司原持有 B 公司 100％的股权并控制 B 公司。2×11 年 1 月 1 日，第三方 C 公司向 B 公司增资 100 万元，增资前 B 公司净资产账面价值为 900 万元，增资后 B 公司净资产账面价值为 1 000 万元。增资后 C 公司占 B 公司 10％的股权，A 公司仍控制 B 公司(不考虑所得税影响)。

本例中，由于第三方 C 公司增资导致 A 公司持股比例下降。A 公司按原持股比例享有的子公司净资产账面价值的份额为 900 万元(900×100％)和按照新持股比例享有的子公司净资产账面价值 900 万元(1 000×90％)份额之间的差额为 0，因此对归属母公司股东的权益不产生影响。

或者考虑：按少数股东 C 公司的原持股比例 0％享有的子公司净资产账面价值＝900×0％＝0，按新持股比例 10％享有的子公司净资产账面价值＝1 000×10％＝100(万元)，两者之间的差额为 100 万元，其与 C 公司支付对价的公允价值 100 万元相等。因此，因为本例中少数股东出资额与少数股东权益的调整金额相等，因此对归属母公司股东的权益不产生影响。

【案例 32】 其他股东对子公司进行增资稀释了母公司对子公司的股权比例——情形 2

2×11 年，A 公司和 B 公司分别出资 750 万元和 250 万元设立 C 公司，A、B 公司的持股比例分别为 75％和 25％。C 公司为 A 公司的子公司。2×12 年 B 公司对 C 公司增资 500 万元，增资后占 C 公司股权比例为 35％。假设，C 公司自成立日至增资前实现净利润 1 000 万元，除此以外，不存在其他影响 C 公司净资产变动的事项(不考虑所得税等影响)。

本例中，A 公司个别财务报表的会计处理参看《企业会计准则第 2 号——长期股权投资》的相关内容。合并财务报表的会计处理为：

A 公司持股比例原为 75％，由于少数股东增资而变为 65％。增资前，A 公司按 75％的持股比例享有的 C 公司净资产账面价值为 1 500 万元(2 000×75％)；增资后，A 公司按照 65％持股比例享有的净资产账面价值为 1 625 万元(2 500×65％)，两者之间的差额 125 万元，在 A 公司合并资产负债表中应调增资本公积。

或者考虑：C 公司的少数股东的持股比例原为 25％，增资后变为 35％。增资前，C 公司少数股东按照 25％的持股比例享有的 C 公司净资产账面价值为 2 000×25％＝500(万元)。增资后，C 公司少数股东按照 35％持股比例享有的净资产账面价值为 2 500×35％＝875(万元)。少数股东享有的子公司账面价值在持股比例变化前后的差额为 875－500＝375(万元)与 A 公司收到对价的公允价值 500 万元的差额为 500－375＝125(万元)，在 A 公司合并资产负债表中应调整资本公积(资本溢价或股本溢价)。

（三）案例：因处置子公司长期股权投资而丧失控制权

【案例33】 因处置子公司长期股权投资而丧失控制权

A公司2×10年6月30日支付现金9 000万元取得了B公司60%的股权，并自该日起控制B公司。2×10年6月30日，B公司可辨认净资产账面价值为9 500万元，公允价值为1亿元。A公司因收购B公司产生商誉3 000万元。2×12年6月30日，A公司以8 000万元的对价将其持有的B公司40%的股权出售予第三方公司，处置后对B公司的剩余持股比例降为20%。剩余20%股权的公允价值为4 000万元。2×12年6月30日，B公司可辨认净资产账面价值为1.02亿元，自购买日开始持续计算的净资产账面价值为1.07亿元。B公司在2×10年7月1日至2×12年6月30日之间实现的净利润为600万元，其他综合收益为100万元，其他综合收益均源自B公司的联营公司的其他综合收益。假设A公司商誉未减值且不考虑所得税影响。

A公司在丧失对B公司控制权当期的个别财务报表，应参照《企业会计准则第2号——长期股权投资》的相关规定进行会计处理。

A公司合并财务报表中，应进行如下会计处理：

第一步，视同在丧失控制权之日处置子公司，并按当日剩余20%股权的公允价值(4 000万元)重新计量该剩余股权。如果在丧失控制权日A公司对于B公司具有共同控制或重大影响，则A公司在丧失对B公司的控制权之后，对该20%剩余股权应根据《企业会计准则第2号——长期股权投资》进行会计核算；如果在丧失控制权日之后A公司对于B公司并不具有共同控制或重大影响，则A公司后续应根据《企业会计准则第22号——金融工具确认和计量》对该20%剩余股权进行会计核算。

第二步，处置股权取得的对价(8 000万元)与剩余股权公允价值(4 000万元)之和(1.2亿元)，减去按原持股比例(60%)计算应享有B公司自购买日开始持续计算的净资产账面价值的份额6 420万元(1.07亿元×60%)以及与B公司的相关商誉3 000万元之间的差额2 580万元(12 000－6 420－3 000)，计入丧失控制权当期的投资收益。

第三步，B公司其他综合收益中归属于A公司的部分60万元(100×60%)也应当转为当期投资收益。

（四）案例：通过多次交易分步处置子公司股权导致丧失控制权

【案例34】 通过多次交易分步处置子公司股权导致丧失控制权(多次交易属于“一揽子交易”)

A公司主要从事机械产品的生产与销售，B公司为A公司的全资子公司，主要从事化工产品的生产与销售。A公司计划整合集团业务、剥离辅业，集中发展机械产品的主营业务。2×11年11月30日，A公司与C公司签订不可撤销的转让协议，约定A公司向C公司转让其持有的B公司100%股权，对价总额为5 000万元。考虑到C公司的资金压力以及股权平稳过渡，双方在协议中约定，C公司应于2×11年12月31日之前支付2 000万元，以先取得B公司20%股权；C公司应于20×2年12月31日之前支付3 000万元，以取得乙公司剩余 80%股权。2×11 年 12 月 31 日至 2×12 年 12 月 31 日期间，B 公司的相关活动仍然由 A 公司单方面主导，若 B 公司在此期间向股东进行过利润分配，则后续 80%股权的购买对价按 C 公司已分得的金额进行相应调整。假设不考虑所得税的影响。

2×11 年 12 月 31 日，按照协议约定，C 公司向 A 公司支付 2 000 万元，A 公司将其持有的 B 公司 20%股权转让给 C 公司并已办理股权变更手续；2×12 年 6 月 30 日，C 公司向 A 公司支付 3 000 万元，A 公司将其持有的 B 公司剩余 80%股权转让给 C 公司并已办理股权变更手续。自此 C 公司取得 B 公司的控制权。2×11 年 12 月 31 日，B 公司的净资产账面价值为 3 500 万元；2×12 年 6 月 30 日，B 公司净资产账面价值为 4 000 万元；2×12 年 1 月 1 日至 2×12 年 6 月 30 日，乙公司实现净利润 500 万元，无其他净资产变动事项。

本案例中，A 公司通过两次交易处置其持有的 B 公司 100%股权，第一次交易处置 B 公司 20%股权，仍保留对乙公司的控制；第二次交易处置剩余 80%股权，并于第二次交易后丧失对 B 公司的控制权。

首先，需要分析上述两次交易是否属于"一揽子交易"。基于以下分析综合判断，上述交易应认定为"一揽子交易"：①A 公司处置 B 公司股权的商业目的是出于业务整合，剥离辅业的考虑，A 公司的目的是处置其持有的 B 公司 100%股权，两次处置交易结合起来才能达到其商业目的；②两次交易在同一转让协议中同时约定；③第一次交易中，20%股权的对价为 2 000 万元，相对于 100%股权的对价总额 5 000 万元而言，第一次交易单独看并不经济，和第二次交易一并考虑才反映真正的经济影响，此外，如果在两次交易期间 C 公司进行了利润分配，也将据此调整对价，说明两次交易是在考虑了彼此影响的情况下订立的。综上，在合并财务报表中，两次交易应作为"一揽子交易"，按照分步处置子公司股权至丧失控制权并构成"一揽子交易"的相关规定进行会计处理。

2×11 年 12 月，A 公司转让持有的 B 公司 20%股权，在 B 公司的股权比例下降至 80%，A 公司仍控制 B 公司。处置价款 2 000 万元与处置 20%股权对应的 B 公司净资产账面价值的份额 700 万元（3 500×20%）之间的差额 1 300 万元，在合并财务报表中确认为其他综合收益：

借：银行存款	20 000 000
贷：少数股东权益	7 000 000
其他综合收益	13 000 000

此外，由于 A 公司已经签订了不可撤销的股权出售协议且预计处置将在 1 年内完成，A 公司还应根据《企业会计准则第 30 号——财务报表列报》有关持有待售资产和终止经营的有关——定进行相应的会计处理和列报。2×12 年 1 月 1 日至 2×12 年 6 月末，B 公司作为 A 公司持股 80%的非全资子公司纳入 A 公司合并财务报表合并范围，B 公司实现的净利润 500 万元中归属于 C 公司的份额 100 万元（500 万元×20%），在 A 公司合并财务报表中确认少数股东损益 100 万元，并调整少数股东权益。

2×12 年 6 月 30 日，A 公司转让 B 公司剩余 80%股权，丧失对 B 公司控制权,不再将B公司纳入合并范围,处置价款3 000万元与享有的B公司净资产份额3 200万元(4 000×80%)之间的差额200万元,计入当期损益;同时,第一次交易确认的其他综合收益1 300万元转入当期损益。

(五)处置子公司股权的所得税影响

根据我国《企业所得税法》的相关规定,符合条件的居民企业之间的股息、红利等权益性投资收益为免税收入。因此,通常情况下,当居民企业持有另一居民企业的股权意图为长期持有,通过股息、红利或者其他协同效应获取回报时,其实质所得税率为零,不存在相关所得税费用。只有当居民企业通过转让股权获取资本利得收益时,该笔资产转让利得才产生相应的所得税费用。

从资产负债表角度考虑,资产的账面价值代表的是企业在持续持有及最终处置某项资产的一定期间内,该项资产能够为企业带来的未来经济利益,而其计税基础代表的是在这一期间内,就该项资产按照税法规定可以税前扣除的金额。当资产的账面价值大于其计税基础的,两者之间的差额将会于未来期间产生应税金额,增加未来期间的应纳税所得额及应交所得税,对企业形成经济利益流出的义务。因此,应当在产生暂时性差异的当期就确认递延所得税负债。

实务中,由于股权投资的处置往往需要董事会和股东大会的审议,涉及重大交易还需要相关监管部门的审批核准,后续公司还要进行股权交割和工商登记变更等手续,期间涉及流程和手续较多,从公司有明确意图处置股权至控制权实际转移之间往往存在跨期的情况。如果资产负债表日股权处置已由股东大会等权力机构审议通过,也经相关监管部门审批批准,即使控制权尚未实际转移,公司处置该项长期股权投资的意图已经十分清晰,将股权处置损益的所得税影响延迟到下一会计期间进行处理往往会导致低估递延所得税负债,高估利润的情况。因此,如果预期出现母公司处置股权至控制权实际转移之间存在跨期的情况,母公司应考虑上述递延所得税的影响。

相关案例可参阅《计学撮要2013》中的“问题2-3-11　非同一控制下企业合并中递延所得税的确认问题”、“问题2-3-14　权益法核算的长期股权投资递延所得税负债的确认问题”。

三、合并报表层面的其他“视角差异调整”

合并财务报表的编制主体为母公司,其反映母公司和全部子公司形成的企业集团整体的财务状况、经营成果和现金流量的财务报表。与个别财务报表相比,合并财务报表反映的是由母公司和其全部子公司组成的会计主体对合并集团以外发生的经济事项对合并集团的财务状况、经营成果和现金流量的影响。一般情况下,合并财务报表以纳入合并范围的企业的个别财务报表为基础并在抵销母公司和子公司、子公司相互之间的发生的内部交易后编制而成。然而,随着我国市场经济的快速发展和各类型经济交易的日益复杂化、多元化,部分特殊交易在子公司个别财务报表、母公司个别财务报表、及母公司合并财务报表中,会由于会计主体假设的不同而导致对同一事项的会计核算结果存在差异。在这种情况下,仅仅通过常规的抵销分录则难以真实、全面地反映企业集团整体的对外财务状况、经营成果和现金流量状况。如果站在企业集团合并财务报表角度的确认和计量结果与母公司或子公司的个别财务报表层面的确认和计量不一致的,应在编制合并报表时予以调整。

以下为在合并报表层面进行"视角差异调整"的部分案例。需注意的是:以下案例不可能穷举所有应在合并报表层面进行"视角差异调整"的情形。对于本指引中未列举的交易或事项,如果站在企业集团合并财务报表角度的确认和计量结果与其所属的母公司或子公司的个别财务报表层面的确认和计量结果不一致的,则在编制合并财务报表时,也应当按照此处所述的基本原则,对其确认和计量结果予以相应调整。

【案例 35】　母公司将 BOT 项目分包给子公司在合并报表的调整

A 公司为主要从事房屋建筑工程总承包、专业施工建设的公司,A 公司其中一项主营业务活动为以建设经营移交的方式(BOT)参与公共基础设施建设业务。在 BOT 业务中,A 公司作为合同主体与有关政府部门签署 BOT 合同,根据合同的规定,A 公司在基础设施建成后,有权在从事经营的一定期间内向获取服务的对象收取服务费。为了便于独立核算、绩效考核和后续的政府审计,A 公司设立不同的独立项目子公司独立负责不同的项目工程,并由各个项目工程中全部的建造作业发包给相应的 A 公司,各项目子公司自身不开展实际的建造作业。

项目子公司:由于各项目子公司将建造作业全部外包,未实际提供建造服务,因此,各项目子公司不应确认建造服务收入,而是应按照建造过程中支付的工程价款确认一项无形资产。

A 公司个别报表:A 公司接受各项目子公司委托提供建造服务的业务是指符合建造合同的确认原则,因此,A 公司在个别报表层面应按照《企业会计准则第 14 号——收入》、《企业会计准则第 15 号——建造合同》的相关规定确认收入。

A 公司合并财务报表:如果按照常规的合并抵销分录的编制方式,A 公司合并财务报表层面在汇总了母子公司的个别报表的核算结果后需要抵销母、子公司之间发生的收入、成本和相关往来项目,其结果为冲销 A 公司个别报表层面确认的建造收入、成本,内部未实现利润冲减了项目子公司确认的无形资产,A 集团合并报表中将不体现建造服务收入、成本,无形资产的金额为实际发生的建造成本。

然而,值得注意的是,上述结果并未反映 A 集团交易的实质。以 A 集团作为一个会计主体而言,其与第三方(合同授予方)签订 BOT 合同,并实际提供了建造服务,应当确认相应的收入、成本,体现相应的利润。A 公司合并财务报表层面体现的会计核算结果应为:按照 A 公司与第三方签订的 BOT 合同和会计准则的相关规定确认建造合同收入并同时确认无形资产,按照 A 公司实际发生的建造成本支出确认合同成本。但此时在合并报表层面所确认的建造合同收入所代表的是合并集团对合同授予方提供建造服务取得的收入,与母公司个别报表层面确认的对项目子公司的建造合同收入的含义不同。

【案例 36】 处置子公司时逆销交易标的资产价值在合并报表的调整

A 公司本年度主辅分离将下属子公司 B 划出，以前年度子公司 B 为 A 公司提供服务形成内部未实现利润（在建工程或固定资产）在编制以前年度的合并报表时已抵销。截至 2×11 年 12 月 31 日已抵销的内部未实现利润尚未转回金额为 0.58 亿元。

在 A 公司的合并财务报表层面，不应因为原先在逆销交易中作为“卖方”的子公司不再纳入合并范围，就不再对原先截至处置日尚未实现的内部交易损益不再予以抵销。A 公司应当继续对该项未实现内部交易损益予以抵销，直到相关的标的资产已被耗用或者出售，其所涉及的内部交易未实现损益已全部实现为止。

母子公司之间的“逆销交易”即以子公司为卖方，母公司为买方的合并集团内部交易，在该交易完成后直至相关的内部未实现交易损益实现之前，该内部交易的标的资产都是在作为买方的母公司的账面上，由母公司实际占有和使用。相应地，当母公司处置其所持子公司股权导致丧失对该子公司的控制权时，该标的资产并未一并对外处置，仍然处于合并集团范围之内（被处置的是截至处置日为止该子公司的各项资产和负债，而逆销交易的标的资产在处置日并不属于子公司）。相应地，在合并报表层面，不应在处置日对该等资产的计量进行调整（如果自处置日起不再抵销内部未实现损益，则在合并报表层面将体现为标的资产计量金额的增加，这不符合《企业会计准则第 4 号——固定资产》、《企业会计准则第 1 号——存货》等相关会计准则对标的资产后续计量调整的规定），而是应当继续保持其原先在合并报表层面的计量基础，继续抵销该项内部交易未实现损益，并随着标的资产的折旧、摊销或者耗用逐步实现内部交易损益，直至其被实际耗用或处置为止。

上述做法将导致同一项资产在合并报表层面和母公司个别报表层面的计量不同，需在编制合并报表时进行调整。这种调整也是实体理论下“视角差异调整”的一种类型。

【案例 37】 合并范围内两公司承接同一项目不同部分的收入确认在合并报表的调整

A 公司、B 公司（A 与 B 为合并范围内关联方）及某公司作为联合体与另一企业签订某燃煤火电厂项目的工程、设计、设备制造和供应、交付、施工和安装、测试、试车和培训的总承包合同。后期在合同执行过程中 A 公司主要负责工程建设施工和安装、测试、试车等工作，B 公司负责设备供应及交付。A 公司按照完工进度百分比法确认收入，B 公司按照设备交付占总合同金额的比例确认收入（假设 A、B 公司在各自个别报表的收入确认方法是合理的）。

就 A 公司和 B 公司各自的个别财务报表而言，两公司是独立的会计主体，所完成的是同一个合同的不同组成部分，所承担的合同权利和义务不同，并可能由此导致适用不同的会计处理模式。因此，在两公司各自的个别财务报表中，确认收入的方法和完工进度确定的方法是可以不一致的。但在 A、B 公司的母公司的合并报表中，应当考虑A公司和B公司所承接的同一项目的不同部分是否符合《企业会计准则15号——建造合同》规定的合同合并的条件，如果满足的，则应把两公司的建造合同（或设备销售合同）视作一个整体，在合并报表层面基于合并报表会计主体的视角重新计算整体上的完工进度，作为合并报表层面确认收入的基础。

【案例38】 子公司持有母公司股份的合并抵销处理

A公司持有子公司B公司100%股权，并将B公司一直纳入其合并报表范围。B公司向A公司股东购入B公司的20%股权，从而形成交叉持股。在A公司和B公司的个别会计报表中，A公司对B公司的长期股权投资按成本法核算，B公司对A公司的长期股权投资作为可供出售金融资产核算，且本年度A公司也根据B公司持有其股权的情况对B公司分配了股利。

B公司于本年度内将其所持有的A公司5%股权对外出售，并在其个别报表层面，将出售价款和该部分股权投资（可供出售金融资产）的账面价值之间的差额确认为"投资收益——可供出售金融资产处置损益"，与该部分可供出售金融资产相关的其他综合收益（累计公允价值变动）在处置时也一并转为投资收益。

母公司能够控制子公司，在合并报表范围内，子公司持有的母公司股权也可视为母公司自己持有自己的股权，因此需要将子公司的"可供出售金融资产——母公司股权"与母公司的"实收资本"进行抵销；将子公司从母公司取得的股利收入与母公司对子公司的利润分配进行抵销。

基于编制合并报表所依据的"实体理论"，合并报表层面应把母公司和所有其能够控制的子公司看作一个整体，反映母子公司作为一个整体的对外财务状况、经营成果和现金流量状况。子公司持有母公司的股份，在合并报表层面也就等同于合并集团持有自身的权益工具，在合并报表层面应按其取得成本列报为"库存股"（子公司个别报表层面确认的"其他综合收益——可供出售金融资产公允价值变动"应予以抵销，在合并报表层面不确认该部分库存股的公允价值变动）；子公司将其所持有的母公司对外出售时，在合并报表层面应视作库存股的对外重新发行。

本案例中，在合并报表层面的抵销处理，应遵循《企业会计准则第37号——金融工具列报》第十一条的下列规定："企业发行权益工具收到的对价扣除交易费用……后，应当增加所有者权益；回购自身权益工具支付的对价和交易费用，应当减少所有者权益。企业在发行、回购、出售或注销自身权益工具时，不应当确认利得或损失。"

在本案例中，由于是全资子公司持有母公司股权，整个交易抵销后不会导致合并报表层面少数股东权益和少数股东损益的变动，因此相对处理还是较为简单的。在合并报表层面，应当达到以下处理要求：

1. 在合并资产负债表中，按照子公司实际支付给母公司股东的股权购买价款作为库存股的成本，列报为"库存股"，作为股东权益的减项。即编制的抵销分录为借记"库存股"，贷记子公司账面上的"可供出售金融资产"。

截至期末，母子公司之间如有应收、应付股利等内部往来余额的，则该内部往来余额也应予以抵销。

2. 在合并利润表和合并股东权益变动表中，将子公司个别报表层面确认的来源于母公司的股利收益和母公司个别报表层面确认的利润分配中对应于子公司所持股份的部分相抵销。合并股东权益变动表中体现的利润分配仅为母公司向除了该子公司以外的其他股东的分配。

3. 鉴于子公司支付给母公司股东的股权购买价款在合并报表层面对应于取得库存股的业务，代表合并集团的权益规模和结构的变动，符合《企业会计准则第 31 号——现金流量表》第十四条对“筹资活动”的定义，故在合并现金流量表中，将子公司支付给母公司股东的股权购买价款列报为“支付的其他与筹资活动有关的现金”（子公司个别报表层面仍列报为“投资支付的现金”）。

后续子公司如果将其所持母公司股份的全部或部分转让给外部，则在其个别报表层面按照可供出售金融资产处置处理，出售价款与可供出售金融资产账面价值之间的差额确认为投资收益，并将所转让的这部分股权对应的“其他综合收益——可供出售金融资产公允价值变动”一并转入投资收益；但在合并报表层面，该交易的性质是库存股的重新对外发行，应当按照出售价款金额增加股东权益，不确认为损益。

【案例 39】 信托对子公司的投资在子公司个别报表层面应确认为权益，但在其母公司的合并报表层面应确认为负债

在近来的实务中，经常出现企业以信托方式融资的情况，在房地产等较难直接从银行取得融资的行业中尤其多见。此类信托的典型业务模式是：企业通过与信托公司签署“信托合同”发起设立信托，以信托为融资平台募集资金，所募集的信托资金用于受让下属的项目公司的股权，以及/或者对下属项目公司增资，持有项目公司的股权（有时项目公司的大部分甚至全部股权被信托持有）。但同时约定在未来某一时间由企业按事先约定的固定价格向信托回购原先转让的或增资形成的项目公司股权，回购价格系按原先信托受让或增资项目公司的价款加上按资金占用时间和一定的收益率计算的固定回报为原则确定，与实际回购时该等股权的公允价值无关，从而确保信托在这一交易安排中的投资本金安全得到保障，并获得固定的收益。在这一过程中，信托虽然在法律形式上持有项目公司的股权，但最终可保证收回本金并获得固定收益，因此并未真正承担与所持项目公司股权对应的剩余风险和报酬，因此就经济实质而言并不属于权益工具。其中：

（1）如果直接由项目公司承担保障信托投入本金安全和固定收益的保证责任，则在项目公司的个别报表中，就应当将通过信托融入的资金确认为一项债务工具，将支付给信托受益人的固定回报视同利息支出而不是利润分配。这部分利息支出可以按照《企业会计准则第 17 号——借款费用》规定的借款费用资本化处理原则考虑能否资本化计入相关房地产开发项目的成本中。

（2）如果保障信托投入本金安全和固定收益的保证责任由母公司而不是项目公司承担，则在项目公司自身的财务报表中，仍可将信托受让的股权和信托增资形成的股权确认为一项权益工具，将支付给信托的股利作为一项利润分配；但在母公司编制合并报表时，应把通过信托融入的资金确认为一项债务工具(而不是少数股东权益)，将支付给信托受益人的固定回报视同利息支出而不是利润分配，并按照《企业会计准则第 17 号——借款费用》规定的借款费用资本化处理原则考虑能否在合并报表层面资本化计入相关房地产开发项目的成本中，对不符合资本化条件的利息支出应计入财务费用。

此类信托安排对母公司的合并报表范围的影响，主要考虑如下：

(1) 由于该信托系母公司为了融资的目的而设立的结构化主体，母公司通过参与其设立主导该结构化主体的相关活动，母公司承担该结构化主体可变回报的风险或享有可变回报的收益远超过其在该结构化主体中持有的表决权或其他类似权利的比例，且母公司对该结构化主体的相关活动的主导直接影响其从该结构化主体中获得或承担的可变回报的收益和风险，因此该信托本身应作为母公司控制的结构化主体纳入合并范围。

(2) 同时，尽管信托在该项目公司中的持股比例通常较高(不少案例中超过 50%，甚至项目公司的全部股权均由信托持有)，据此信托相应拥有在项目公司股东会上的表决权，并且往往拥有在项目公司的董事会中派驻董事的权力，但由于信托在整个交易安排中获取的是固定收益，并不能凭借其在法律形式上持有的项目公司股权和相关表决权获取额外经济利益，因此信托在项目公司派驻董事仅仅是为了保护其信托利益，必要时对可能损害自身利益的议案行使否决权，而不是主动参与经营管理决策。因此，信托存续期间，信托在项目公司中虽然持有股份，但并不能对项目公司施加控制、共同控制或者重大影响，该项目公司仍然受到母公司的控制，因此母公司应继续将其纳入合并范围。

《计学撮要 2011》第 305～309 页的问答“子公司引入信托参股对合并财务报表范围和合并财务报表编制方法的影响”提供了一个此类情况下如何考虑此类信托安排的会计影响的实际案例，可供实务操作中参考。

“债务工具”和“权益工具”的界定是针对特定会计主体而言的，完全可能出现同一项金融工具在不同会计主体层面(如作为法律上发行人的子公司的个别报表会计主体，和其母公司合并报表会计主体)被界定为不同性质的工具的情况。

第六节 披　　露

新合并报表准则删除了原准则第四章第三十一条的披露要求，而将子公司权益的披露在《企业会计准则第 41 号——在其他主体中权益的披露》(以下简称“41 号准则”)中统一规范。41 号准则规范了子公司、合营安排(包括共同经营和合营企业)、联营企业以及未纳入合并财务报表范围的结构性主体的所有披露要求，包括新增的披露要求。本章仅涉及子公司有关披露部分。

一、披露重大判断和假设

41 号准则要求的与在子公司中的权益相关的重大判断和披露要求主要包括以下内容。

(一) 对其他主体实施控制的重大判断和假设,以及这些判断和假设变更的情况,包括但不限于下列各项

(1) 企业持有其他主体半数或以下的表决权但仍控制该主体的判断和假设,或者持有其他主体半数以上的表决权但并不控制该主体的判断和假设。

(2) 确定企业是代理人还是委托人的判断和假设。

(二) 关于投资性主体的重大判断和假设

(1) 企业应当披露按照《企业会计准则第 33 号——合并财务报表》被确定为投资性主体的重大判断和假设,以及虽然不符合《企业会计准则第 33 号——合并财务报表》有关投资性主体的一项或多项特征但仍被确定为投资性主体的原因。

(2) 企业(母公司)由非投资性主体转变为投资性主体的,应当披露该变化及其原因,并披露该变化对财务报表的影响,包括对变化当日不再纳入合并财务报表范围子公司的投资的公允价值、按照公允价值重新计量产生的利得或损失以及相应的列报项目。

(3) 企业(母公司)由投资性主体转变为非投资性主体的,应当披露该变化及其原因。

41 号准则关于在子公司中权益的披露要求与原准则相比,其中一项最重大的变化在于企业应当披露其确定是否控制另一企业时作出的判断和假设。即使管理层得出无法控制另一企业的结论,其作出判断所依据的信息也必须对报表使用者公开。新的披露要求可以提供给报表使用者有关某些未纳入合并范围的企业的更多信息,这也会帮助报表使用者自行评价其财务影响,并可能就合并事项与管理层得出不同的结论。

二、披露企业集团构成的基本情况

(一) 基本信息

(1) 子公司名称。

(2) 主要经营地及注册地。

(3) 业务性质。

(4) 企业的持股比例(或类似权益比例,下同)。

(二) 少数股东权益

如果子公司少数股东持有的权益对企业集团具有重要性,企业还应该在合并财务报表附注中披露如下信息:

(1) 子公司少数股东的持股比例。子公司少数股东的持股比例不同于其持

有的表决权比例的，企业还应当披露该表决权比例。

(2) 当期归属于子公司少数股东的损益以及向少数股东支付的股利。

(3) 子公司在当期期末累计的少数股东权益余额。

(4) 子公司的主要财务信息，主要包括流动资产、非流动资产、流动负债、非流动负债、营业收入、净利润、综合收益等(此数据来源于该子公司的财务报表，不是根据少数股东的持股比例计算出来的金额。此外，该数据还需要经过一定调整，包括以合并日子公司可辨认资产和负债的公允价值为基础进行的调整，以及因母公司与子公司会计政策不一致而按照母公司会计政策对子公司财务报表进行的调整等，但不需要抵消企业集团成员之间的内部交易。企业在子公司中的权益(或权益的一部分)按照《企业会计准则第 30 号——财务报表列报(2014 年修订)》划分为持有待售资产的，不需要披露该子公司的上述主要财务信息。

三、披露使用企业集团资产和清偿企业集团债务存在的重大限制

(1) 该限制的内容，包括对母公司或其子公司与企业集团内其他主体相互转移现金或其他资产的限制，以及对企业集团内主体之间发放股利或进行利润分配、发放或收回贷款或垫款等的限制。

(2) 子公司少数股东享有保护性权利、并且该保护性权利对企业使用企业集团资产或清偿企业集团负债的能力存在重大限制的，该限制的性质和程度。

(3) 该限制涉及的资产和负债在合并财务报表中的金额。

四、披露对纳入合并财务报表范围的结构化主体提供财务支持的情况

(1) 合同约定企业或其子公司向该结构化主体提供财务支持的，应当披露提供财务支持的合同条款，包括可能导致企业承担损失的事项或情况。

(2) 在没有合同约定的情况下，企业或其子公司当期向该结构化主体提供了财务支持或其他支持，应当披露所提供支持的类型、金额及原因，包括帮助该结构化主体获得财务支持的情况。其中，企业或其子公司当期对以前未纳入合并财务报表范围的结构化主体提供了财务支持或其他支持并且该支持导致企业控制了该结构化主体的，还应当披露决定提供支持的相关因素。

(3) 企业存在向该结构化主体提供财务支持或其他支持的意图的，应当披露该意图，包括帮助该结构化主体获得财务支持的意图。

所谓“意图”是指企业基本决定将在未来期间向结构化主体提供财务支持或其他支持，具体表现为适当级别的企业高管批准了企业向结构化主体提供支持的计划或者方案。如果计划或者方案仅处于酝酿阶段，尚未获得企业高管批准，则不属于本准则所称的意图，也不需要进行披露。

本准则所指的“支持”不属于企业日常的经营活动，通常是由特定事项触发的交易。例如，当纳入合并财务报表范围的结构化主体流动性紧张或资产信用

评级被降低时,企业作为母公司可能需要向结构化主体提供流动性支持,或与结构化主体进行资产置换来提高结构化主体的资产信用评级,使结构化主体回复到正常的经营状态。本准则所指的"财务支持"(即直接或间接地向结构化主体提供经济资源)通常包括:向结构化主体无偿提供资产;增加对结构化主体的权益投资;向结构化主体提供长期贷款;豁免结构化主体所欠的债务;从结构化主体购入资产,或购买结构化主体发行的证券;按照偏离市场公允价值的价格与结构化主体进行交易,造成企业资源的净流出;企业就结构化主体的经营业绩向第三方提供保证或承诺;其他情形。本准则所指的"其他支持"通常是非财务方面的支持,例如提供人力资源管理或其他管理服务等。

五、披露在子公司所有者权益份额的变化

企业在其子公司所有者权益份额发生变化,导致:

1. 未丧失控制权:披露该变化对本企业所有者权益的影响。

2. 丧失控制权:

(1) 由于丧失控制权而产生的利得或损失以及相应的列报项目。

(2) 剩余股权在丧失控制权日按照公允价值重新计量而产生的利得或损失。

六、投资性主体应披露的信息

如果企业是投资性主体且存在未纳入合并财务报表范围的子公司、并对该子公司权益按照公允价值计量且其变动计入当期损益的,应当在财务报表附注中对该情况予以说明。同时需要披露以下信息。

(一) 未纳入合并财务报表范围的子公司的信息

(1) 子公司的名称、主要经营地及注册地。

(2) 企业对子公司的持股比例。持股比例不同于企业持有的表决权比例的,企业还应当披露该表决权比例。

企业的子公司也是投资性主体且该子公司存在未纳入合并财务报表范围的下属子公司的,企业应当按照上述要求披露该下属子公司的相关信息。

(二) 披露与在未纳入合并报表范围的子公司中权益相关的风险信息

1. 该未纳入合并财务报表范围的子公司以发放现金股利、归还贷款或垫款等形式向企业转移资金的能力存在重大限制的,企业应当披露该限制的性质和程度。

2. 企业存在向未纳入合并财务报表范围的子公司提供财务支持或其他支持的承诺或意图的,企业应当披露该承诺或意图,包括帮助该子公司获得财务支持的承诺或意图。

在没有合同约定的情况下,企业或其子公司当期向未纳入合并财务报表范围的子公司提供财务支持或其他支持的,企业应当披露提供支持的类型、金额

及原因。

3. 合同约定企业或其未纳入合并财务报表范围的子公司向未纳入合并财务报表范围、但受企业控制的结构化主体提供财务支持的，企业应当披露相关合同条款，以及可能导致企业承担损失的事项或情况。

在没有合同约定的情况下，企业或其未纳入合并财务报表范围的子公司当期向原先不受企业控制且未纳入合并财务报表范围的结构化主体提供财务支持或其他支持，并且所提供的支持导致企业控制该结构化主体的，企业应当披露决定提供上述支持的相关因素。

七、特殊交易的披露

对于通过多次交易分步实现的非同一控制下企业合并在不构成“一揽子交易”的情况，合并报表准则规定，应在在附注中披露：

(1) 在购买日之前持有的被购买方的股权在购买日的公允价值。

(2) 按照公允价值重新计量产生的利得或损失的金额。

八、在未纳入合并财务报表范围的结构化主体中权益的披露

对于未纳入合并财务报表范围的结构化主体，企业应当披露下列信息如下。

(一) 基本信息

1. 未纳入合并财务报表范围的结构化主体的性质、目的、规模、活动及融资方式。其中，结构化主体的规模通常以资产总额或者所发行证券的规模来表示，融资方式包括股权融资、债权融资以及其他融资方式。

2. 在财务报表中确认的与企业在未纳入合并财务报表范围的结构化主体中权益相关的资产和负债的账面价值及其在资产负债表中的列报项目。

3. 在未纳入合并财务报表范围的结构化主体中权益的最大损失敞口及其确定方法。企业不能量化最大损失敞口的，应当披露这一事实及其原因。

最大损失敞口应当是企业因在结构化主体中持有权益而可能发生的最大损失。在确定最大损失敞口时，不需要考虑损失发生的可能性，因为最大损失敞口并不是企业的预计损失。

4. 在财务报表中确认的与企业在未纳入合并财务报表范围的结构化主体中权益相关的资产和负债的账面价值与其最大损失敞口的比较。

企业发起设立未纳入合并财务报表范围的结构化主体，但资产负债表日在该结构化主体中没有权益的，企业不需要披露上述第 2～4 项要求的信息，但应当披露企业作为该结构化主体发起人的认定依据，并分类披露企业当期从该结构化主体获得的收益、收益类型(如，向结构化主体转移资产而取得收益，以及原先在结构化主体中持有权益，当期处置了相关权益，虽然资产负债表日企业不再持有权益，但当期取得了处置收益)，以及转移至该结构化主体的所有资产

在转移时的账面价值。

企业的发起人身份可能给企业带来一定风险，例如，当结构化主体的经营遇到困难时，企业作为发起人很可能向结构化主体提供财务支持或其他支持，在帮助结构化主体渡过难关的同时维护企业的声誉。存在下列情况的，可能说明企业时结构化主体的发起人：

(1) 企业单独创建了结构化主体。

(2) 企业参与创建了结构化主体，并参与结构化主体设计的过程。

(3) 企业是结构化主体的最主要的服务对象，例如，结构化主体为企业提供资金，或者结构化主体所从事的业务活动是企业主要业务活动的组成部分，企业即使没有发起结构化主体，自身也要开展这些活动。

(4) 企业的名称出现在结构化主体的名称或结构化主体发行的证券的名称中。

(5) 其他能够说明企业是结构化主体发起人的情形。

(二) 向未纳入合并财务报表范围的结构化主体提供财务支持或其他支持情况

企业应当披露其向未纳入合并财务报表范围的结构化主体提供财务支持或其他支持的意图，包括帮助该结构化主体获得财务支持的意图。在没有合同约定的情况下，企业当期向结构化主体(包括企业前期或当期持有权益的结构化主体)提供财务支持或其他支持的，还应当披露提供支持的类型、金额及原因，包括帮助该结构化主体获得财务支持的情况。

(三) 投资性主体对未纳入合并范围的结构化主体的披露

企业是投资性主体的，对受其控制但未纳入合并财务报表范围的结构化主体，应当按照“投资性主体应披露的信息”(第二章第六节六)的规定进行披露，不需要按照前述(一)及(二)的要求进行披露。

(四) 额外信息披露

如果企业按照本准则要求披露的有关未纳入合并财务报表范围的结构化主体的信息，仍不能充分反映相关风险及其对企业的影响，企业还应当额外披露信息。

1. 合同约定企业在特定情况下需要向未纳入合并财务报表范围的结构化主体提供财务支持或其他支持，企业应当披露相关的合同条款及有关信息，有关信息包括在何种情况下企业需要向结构化主体提供支持并可能因此遭受损失，是否存在其他约定对企业向结构化主体履行支持义务产生约束，在多方向结构化主体提供的情况下各方提供支持的先后顺序等。

2. 企业因未纳入合并财务报表范围的结构化主体中持有权益而当期遭受损失的，企业应当披露损失金额，包括计入当期损益的金额和计入其他综合收益的金额。

3. 企业在未纳入合并财务报表范围的结构化主体中持有权益，如果企业当期取得与该权益相关的收益，企业应当披露收益的类型。收益类型主要包括：服务收费；利息收入；利润分配收入；处置债权或股权的收益；以及企业向结构化主体转移资产取得的收益等。

4. 在合同约定企业和其他主体需要承担未纳入合并财务报表范围结构化主体的损失的情况下,企业应当披露企业和其他主体需要承担损失的最大限额以及承担损失的先后顺序。

5. 企业应当披露第三方提供的、对企业在未纳入合并财务报表范围的结构化主体中权益的公允价值或风险可能产生影响的流动性支持、担保、承诺等。

6. 企业应当披露当期未纳入合并财务报表范围的结构化主体在融资活动中遇到的困难,主要是指债务融资或股权融资遇到的困难。

7. 企业应当披露与未纳入合并财务报表范围的结构化主体融资业务有关的信息,包括融资形式(例如商业票据、中长期票据)及其加权平均期限。特别是当结构化主体投资长期资产但资金来源于短期负债时,企业需要分析该结构化主体资产和负债的期限结构,并披露这一情况。

第七节 衔接规定

一、衔接规定

《企业会计准则第 33 号——合并财务报表》(2014 年修订)第五十三条规定"首次采用本准则的企业应当根据本准则的规定对被投资方进行重新评估,确定其是否应纳入合并财务报表范围。因首次采用本准则导致合并范围发生变化的,应当进行追溯调整,追溯调整不切实可行的除外。比较期间已丧失控制权的原子公司,不再追溯调整。"

第五十四条规定"本准则自 2014 年 7 月 1 日起施行。"

由于新修订的合并报表准则与原准则相比,在具体的合并报表编制程序和方法方面的规定没有发生变化,因此对于新旧准则下都要求纳入合并报表范围或者都不应当纳入合并报表范围的被合并方而言,转换到新修订的合并报表准则不会产生实质性的差异影响。新旧合并报表准则差异衔接主要涉及以下方面:①合并范围的变动,包括在原准则下不要求纳入合并报表的被投资企业,在新准则下要求纳入合并范围;或者在原准则下要求纳入合并报表的被投资企业,在新准则下不应纳入合并范围;②与新准则下对投资性主体编制合并报表的豁免规定相关的衔接调整。

另外需要注意的是,在追溯采用新合并报表准则时,应当注意避免后见之明,应根据当时存在的事实和情况进行判断和估计,而不是依据后来发生的情况。

二、IFRS 下的过渡性规定

对于新旧衔接的具体处理办法,我国新合并报表准则及应用指南没有涉及更多内容，但 IFRS 10 中则提供了较多的指引，具体可参考本章后附的附录："IFRS 10 附录三：生效日期及过渡性规定"。

概括而言：

表 2-21 不合并→合并

	被投资方构成业务	被投资方不构成业务
追溯期间	首次采用日的前一年度期间	同左。
调整权益的金额	当获得控制日早于首次采用日前一年度期间的起始日时，投资方应将下列两项的差额调整首次采用日前一年度期间起始日的权益金额： ① 确认的资产、负债和非控制权益的金额； ② 投资方之前确认的对被投资方投资的账面价值。	同左。
商誉	如适合，应确认商誉。	不确认。

如果上述对被投资方的资产、负债和非控制性权益的调整不切实可行，则认定的购买日应是最早可适用《国际财务报告准则第 3 号》期间的初始日，最早期间有可能是当期。

表 2-22 合并→不合并

追溯期间	首次采用日的前一年度期间
调整权益的金额	如果投资方开始对被投资方进行投资（但是根据本国际财务报告准则并没有获得控制）或丧失控制日早于首次采用日前一年度期间起始日，投资方应当将以下两者的差额调整首次采用日前一年度期间起始日的权益： ① 资产、负债和非控制权益之前的账面价值； ② 确认的投资者对被投资者投资的账面价值。

如果计量前述资产负债等不切实可行的，应在能够进行计量的最早期间进行会计处理，最早期间可能是当期。

三、追溯合并的实务问题

在实务中，针对原准则下不要求纳入合并范围的主体，在新准则下纳入合并主体时按新准则上述规定进行追溯调整的衔接问题，还需要注意以下几方面问题。

（一）购买对价分摊

在执行新准则之前，投资方按照原合并报表准则的规定将被投资方作为联营企业或合营企业采用权益法核算，但根据新合并报表准则，应将其作为子公司自购买日纳入合并报表。在此种情况下，投资方通常需要掌握必要的信息，比如投资方通常应将购买价格按照购买日取得的被购买方（在原准则下为联营或合营企业）可辨认资产和负债的公允价值份额进行分配。

如果投资方控制被投资方的日期与在原准则下取得联营或合营企业权益的日期相同，投资方在采用新合并报表准则合并该被投资方时通常也采用与联营或合营企业相同的购买价格分摊。但是,实务中,根据联营或合营企业对集团的重要性,购买价格分摊的性质可能不同。即,当某项权益对财务报表整体而言影响不重大时,可能仅执行较为简单的购买价格分摊程序,这种要求相对于企业合并准则所要求的在购买日进行的购买对价分摊的理论要求仍有距离。即:原先采用的购买价格分摊方式是否持续有效,取决于该被投资方当前对集团的重要性,需要进行判断。

如果购买日不同于获得联营或合营企业权益日,可能需要获取最新的购买价格分摊结果。

此外,如果投资方之前并没有按照权益法核算作为联营企业或合营企业的被投资方,而是将其享有被投资方的权益作为金融资产核算(或者在原长期股权投资准则下,将其按成本法核算),在执行新合并报表准则追溯调整时实际困难将更大,因为在原准则下投资方最初取得该项投资时无需进行购买价格分摊,因此可能无法获取被购买方的可辨认净资产于新准则下购买日的公允价值信息。

(二)商誉减值

当根据新准则将被投资方从权益法核算转变为纳入企业合并范围时,可能出现商誉减值问题,如表 2-23 所示。

表 2-23 权益法核算转变为企业合并对商誉的影响

项目	权益法	纳入合并范围	影响
何时进行减值测试	根据《企业会计准则第 8 号——资产减值》规定,对于长期股权投资存在减值迹象的,应对其进行减值测试。	在非同一控制下企业合并中,商誉被确认为一项单独资产,根据《企业会计准则第 8 号——资产减值》规定,无论是否存在减值迹象,每年都应该对商誉进行减值测试。 对于因合并取得的商誉之外的其他资产,当存在减值迹象时,方对其减值测试。	对于因新旧准则衔接导致新纳入合并报表范围的企业对应的商誉,投资方在首次合并时必须对其进行减值测试。
测试内容	应当对权益法核算的长期股权投资作为一个整体进行减值测试。确认的减值损失不能分配给任何资产,包括构成投资账面价值一部分的商誉。	当与商誉相关的资产组或资产组组合存在减值迹象的,应首先对其进行减值测试,确认已测试资产的减值损失。在包含商誉的资产组或资产组组合进行减值测试时,任何减值损失都必须先分配到商誉,其后按照比例分配到组合中的其他资产。	每个资产组或资产组组合的减值分析和减值损失的分配都可能受到影响。

（三）借款费用

《企业会计准则第 17 号——借款费用》第四条规定“企业发生的借款费用，可直接归属于符合资本化条件的资产的购建或者生产的，应当予以资本化，计入相关资产成本……符合资本化条件的资产，是指需要经过相当长时间的购建或者生产活动才能达到预定可使用或者可销售状态的固定资产、投资性房地产和存货等资产”。

在投资方对投资采用成本法、权益法或作为金融工具核算时，该长期股权投资或金融工具的借款费用不能资本化，因为这些资产不属于《企业会计准则第 17 号——借款费用》规范的“符合资本化条件的资产”。

而投资方将被投资方纳入合并报表范围时，投资方（母公司）必须将被投资方的符合资本化条件的资产的相关借款费用予以资本化；并且，由此导致了该资产账面价值的额外增加，相应需确认额外的折旧，以及可能需确认额外的减值损失。

（四）套期保值

投资方（母公司）能够将套期会计应用于子公司的资产、负债、确定承诺和很可能发生的预期交易。相反地，如果投资方对被投资方之前采用权益法或作为金融工具核算，则投资方只能将套期会计运用于符合《企业会计准则第 24 号——套期保值》规定的被套期项目。

但是，在公允价值套期中，以权益法核算的长期股权投资是不能被指定为被套期项目的。因此，随着新旧准则转换导致的合并报表范围变更，某些套期关系的指定需要解除，其解除的影响应按规定进行追溯调整，其中对应于以前年度或期间的部分调整期初留存收益。今后发生的原套期工具的公允价值变动损益等只能计入当期损益。

附录

IFRS 10 附录三　生效日期及过渡性规定

本附录是本国际财务报告准则的组成部分，与本国际财务报告准则的其他部分具有同等效力。

生效日期

1. 主体应对自 2013 年 1 月 1 日或以后日期开始的年度期间采用本国际财务报告准则。鼓励提前采用。如果主体提前采用本国际财务报告准则，应披露这一事实，并且应同时采用《国际财务报告准则第 11 号》、《国际财务报告准则第 12 号》、《国际会计准则第 27 号——单独财务报表》与《国际会计准则第 28 号》（2011 年修订）。

1A. 2012 年发布的《合并财务报表、合营安排和在其他主体中权益的披露：过渡性指南》（对《国际财务报告准则第 10 号》、《国际财务报告准则第 11 号》和《国际财务报告准则第 12 号》的修改），修改了本附录第 2 至 6 段，增加了第 2A 至 2B 段、第 4A 至 4C 段和第 6A 至 6B 段。主体应自 2013 年 1 月 1 日或以后日期开始的年度期间采用这些修改。如果主体提前采用《国际财务报告准则第10号》，也应提前采用这些修改。

过渡性规定

2. 主体应当根据《国际会计准则第8号——会计政策、会计估计与差错的变更》追溯采用本国际财务报告准则，本附录第2A至6段特殊说明的情况除外。

2A. 尽管《国际会计准则第8号》第28段的要求，但是主体在首次采用本国际财务报告准则时，仅需要提供《国际会计准则第8号》第28段(6)要求的定量信息。主体也可以提供当期或之前更早比较期间的这类信息，但在本国际财务报告准则首次采用日前一年度期间并不要求这样做。

2B. 出于本国际财务报告准则的目的，首次采用日是本国际财务报告准则首次采用的年度期间的起始日。

3. 在首次采用日时，如果涉及以下两种情况之一，主体不需要对之前的会计处理进行调整：

(1) 在首次采用日根据《国际会计准则第27号——合并财务报表与单独财务报表》、《解释公告第12号——特殊目的主体》需要合并，并且根据本国际财务报告准则继续需要合并的主体；或者

(2) 根据《国际会计准则第27号——合并财务报表与单独财务报表》、《解释公告第12号——特殊目的主体》不需要合并，并且根据本国际财务报告准则也不需要合并的主体。

4. 如果在首次采用日投资者认为他应当合并之前根据《国际会计准则第27号——合并财务报表与单独财务报表》、《解释公告第12号——特殊目的主体》不需要合并的被投资方时，投资者应该：

(1) 如果被投资者符合《国际财务报告准则第3号——企业合并》中业务的定义，应当重新计量之前未合并被投资者的资产、负债和非控制权益，好像投资者根据本国际财务报告准则从获得被投资者控制日起就已经合并被投资者(因此适用《国际财务报告准则第3号》的购买法)。投资者应对首次采用日的前一年度期间进行追溯调整。当获得控制日早于首次采用日前一年度期间的起始日时，投资者应将下列两项的差额调整首次采用日前一年度期间起始日的权益金额：

① 确认的资产、负债和非控制权益的金额；

② 投资者之前确认的对被投资者投资的账面价值。

(2) 如果被投资者不符合《国际财务报告准则第3号》中业务的定义，应当重新计量之前未合并被投资方的资产、负债和非控制权益，好像投资者根据本国际财务报告准则获得被投资方控制日起就已经合并被投资者(适用《国际财务报告准则第3号》的购买法但不确认任何被投资方的商誉)。投资者应对首次采用日的前一年度期间进行追溯调整。当获得控制日早于首次采用日前一年度期间的起始日时，投资者应将下列两项的差额调整首次采用日前一年度期间起始日的权益金额：

① 确认的资产、负债和非控制权益的金额；

② 投资者之前确认的对被投资者投资的账面价值。

4A. 如果根据第 4 段(1)或(2)的要求计量被投资者的资产、负债和非控制权益不切实可行时(《国际会计准则第 8 号》的定义)，那么投资者应该：

① 如果被投资者是业务，并在认定的购买日适用《国际财务报告准则第 3 号》。认定的购买日应是最早可适用《国际财务报告准则第 3 号》期间的初始日，最早期间有可能是当期。

② 如果被投资者不是业务，并且适用《国际财务报告准则第 3 号》的购买法，在认定的购买日不确认被投资方的商誉。认定的购买日应是最早可适用《国际财务报告准则第 3 号》期间的初始日，最早期间有可能是当期。

投资者应对首次采用日的前一年度期间进行追溯调整，除非采用本段切实可行的最早期间是当期。当认定的购买日早于首次采用日前一年度期间的起始日，投资者应将下列两项的差额调整首次采用日前一年度期间起始日的权益差额：

① 确认的资产、负债和非控制权益的金额；

② 投资者之前确认的对被投资者投资的账面价值。

如果采用本段切实可行的最早期间是当期，应当在当期起始日调整权益金额。

4B. 如果投资者采用本附录第 4 至 4A 段，并且根据本国际财务报告准则确定的控制日晚于 2008 年修订的《国际财务报告准则第 3 号》[《国际财务报告准则第 3 号》(2008 年修订)]的生效日期，本附录第 4 至 4A 段对《国际财务报告准则第 3 号》的参考，指的是《国际财务报告准则第 3 号》(2008 年修订)。如果控制获取日早于《国际财务报告准则第 3 号》(2008 年修订)的生效日期，则投资者应采用《国际财务报告准则第 3 号》(2008)或者《国际财务报告准则第 3 号》(2004 年发布)。

4C. 如果投资者采用本附录第 4 至 4A 段，并且根据本国际财务报告准则确定的控制获取日晚于 2008 年修订的《国际会计准则第 27 号》[《国际会计准则第 27 号》(2008)]的生效日期，投资者应当将本国际财务报告准则的要求适用于根据本附录第 4 段和 4A 段追溯合并被投资者的所有期间。如果获得控制日早于《国际会计准则第 27 号》(2008)，投资者应当按以下方法进行处理：

(1) 将本国际财务报告准则的要求适用于根据本附录第 4 段和 4A 段追溯合并被投资者的所有期间；或者

(2) 在《国际会计准则第 27 号》(2008 年修订)生效日之前的期间遵循 2003 年发布的《国际会计准则第 27 号》[《国际会计准则第 27 号》(2003 年修订)]，在随后的期间遵循本国际财务报告准则的要求。

5. 如果投资者得出结论，不再合并之前根据《国际会计准则第 27 号》和《解释公告第 12 号》需要合并的被投资者，投资者应当重新计量在被投资方中的权益，好像投资者开始对被投资方投资(但是根据本国际财务报告准则没有获得控制)或丧失对被投资的控制时，就一直适用本国际财务报告准则的要求所产生的金额。

投资者应当在首次采用日的前一年度期间进行追溯调整。如果投资者开始对被投资者进行投资(但是根据本国际财务报告准则并没有获得控制)或丧失控制日早于首次采用日前一年度期间起始日,投资者应当将以下两者的差额调整首次采用日前一年度期间起始日的权益:

(1) 资产、负债和非控制权益之前的账面价值;

(2) 确认的投资者对被投资者投资的账面价值。

5A. 如果根据本附录第 5 段计量在被投资者中权益是不切实可行的(《国际会计准则第 8 号》的定义),投资者应在可适用本附录第 5 段的最早期间,根据本国际财务报告准则的要求进行会计处理,最早期间可能是当期。投资者应当在首次采用日的前一年度期间进行追溯调整,除非能够切实可行地采用本附录第 5 段的最早期间就是当期。如果投资者开始对被投资者进行投资(但是根据本国际财务报告准则并没有获得控制)或丧失控制日早于首次采用日前一年度期间起始日,投资者应当将以下两者的差额调整首次采用日前一年度期间起始日的权益:

(1) 资产、负债和非控制权益之前的账面价值;

(2) 之前确认的投资者对被投资者投资的账面价值。

如果采用本段切实可行的最早期间是当期,上述对权益的调整金额应当在本期期初确认。

6. 第 23、25 段和应用指南第 94 段和第 96 至 99 段是 2008 年对《国际会计准则第 27 号》作出的修订,这些都被列入《国际财务报告准则第 10 号》。除适用本附录第 3 段或者要求适用本附录第 4 至 5A 段外,主体应按以下要求适用这些段落:

(1) 在其首次采用应用指南第 94 段的修订时,主体不应重述归属于报告期的任何利润或损失。

(2) 第 23 段和应用指南第 96 段关于取得控制权后权益变化的会计处理要求不适用于主体在首次采用这些修订之前所发生的权益变化。

(3) 如果控制权丧失发生在首次采用第 25 段和应用指南第 97 至 99 段的修订之前,主体不应重述对原子公司投资的账面价值。此外,主体不应该重新计算在首次采用第 25 段和应用指南第 97 至 99 段之前所发生丧失子公司控制的损益。

6A. 尽管在本附录第 4 段至 5A 段提及首次采用日前一年度期间,但是主体也可以提供所列报的任何更早期间的调整后比较信息,虽然并不要求这样做。如果主体提供任何更早期间的调整后比较信息,在第 4 段至 5A 中提及的“前一年度期间”都应理解为“列报调整后比较信息的最早期间。”

6B. 如果主体针对任何更早的期间提供未经调整的比较信息,则应当明确指出这些信息未经调整,说明它们基于不同的基础编制,并对这一基础予以解释。

参照《国际财务报告准则第 9 号》

7. 如果主体采用本国际财务会计准则，但尚未采用《国际财务会计准则第9号》，任何在本国际财务报告准则中参照《国际财务报告准则第9号》都是指参照《国际会计准则39号——金融工具：确认和计量》。

其他国际财务报告准则的撤销

8. 本国际财务报告准则取代了《国际会计准则第27号》(2008年修订)中与合并财务报表相关的要求。

9. 本国际财务报告准则也取代了《解释公告第12号——特殊目的主体》。

第三章

与国际会计准则存在的差异

我国《企业会计准则第 33 号——合并财务报表》(2014 年修订)目前与《国际财务报告准则第 10 号——合并财务报表》存在的主要区别在于 IFRS 10 对于企业集团编制合并财务报表存在豁免规定,而我国的合并报表准则没有该规定。

IFRS 10 规定:

母公司在符合以下所有条件时,不需要编制合并报表:

① 母公司本身是另一主体全部拥有或者部分拥有的子公司,且其母公司的全部其他所有者,包括特殊情况下具有投票权的主体,已经得知并且不反对母公司不编制合并财务报表;

② 母公司的债务工具或权益工具未在公开市场(国内或国外的证券交易市场或场外市场,包括本地或区域性市场)进行交易;

③ 母公司之前未向证券委员会或其他监管组织申请在公开市场发行任何债务工具或权益工具,现在也没有开展这一工作;

④ 该公司的最终母公司或者中间母公司编制的合并财务报表遵循了国际财务报告准则,且公众可获得该报表。

我国准则未吸纳国际准则对母公司编制合并报表的豁免,主要理由:

一是合并财务报表是集团母公司股东了解投资全貌和考核管理层的重要途径,也是投资者和政府有关部门了解企业全貌的主要信息来源,如果允许企业管理层自行确定是否编制合并财务报表,将会引起负面影响。如,目前国有企业、集体企业和外商投资企业的报表决策数据均是按照合并财务报表的口径统计的,如果豁免,将对数据统计和分析产生很大影响,前后不一致的口径也容易对决策产生误导。

二是 IFRS 10 规定母公司只有同时满足四个条件才能够豁免编制合并财务报表,即 IFRS 10 号对豁免是有严格限制的,如果我国准则只强调豁免而没有限制条件,将会导致很多企业包括亏损企业的母公司不将其编入合并财务报表,这样导致合并财务报表缺乏真实性。

三是解决少数企业迟迟未从企业会计制度转为为企业会计准则的关键,在于加大准则实施的宣传和检查力度以及尽快清理废止企业会计制度,不能通过对合并财务报表编制范围开口子解决少数企业不采纳企业会计准则的问题。

第四章

对业务的影响

新合并报表准则对将对业务产生的最大影响是:“控制”定义的变化可能导致以前合并范围内的子公司因不符合控制的定义而被排除在合并范围之外,也可能使之前根据旧准则规定未纳入合并范围的企业因符合控制的定义而进入合并范围。

在判断控制时考虑因素的增加也使得无论是对于企业来说,还是对于注册会计师来说,都会导致更新部分工作程序、增加一定的工作量,尤其在新旧准则的衔接阶段,更可能会需要获取一些新的、额外的信息。因此,需要关注新合并报表准则的生效对业务产生的影响。

一、更多地利用主观判断

贯穿于新合并报表准则的一个普遍特征是在控制评估过程中更多地依赖主观判断,例如:

(1) 潜在表决权是否能为投资者提供能够主导相关活动的现时能力?[第二章第三节四(三)3]

(2) 尽管投资者持有被投资者半数以下表决权,但是否仍然能够控制被投资者?[第二章第三节四(三)2]

(3) 权利是否属于实质性权利?[第二章第三节四(二)3]

(4) 通过决策者的薪酬水平来判断决策者是代理人还是主要责任人?[第二章第三节六(二)3]

(5) 某些双重角色(如投资者既在被投资方拥有直接权益,同时又按其他投资者授权行使权力)是否能够使该投资者具有对被投资方的控制权?[第二章第三节六(二)4]

在控制的评估过程中,为了准确地作出上述主观判断,需要执行更多的程序,获取更多的信息和证据。

二、更新系统和流程

不论在新旧准则的衔接阶段还是新准则的持续使用期间,企业都可能需要新的系统和流程(或对现有系统和流程进行修改)来收集的必要信息以作出判断,并遵守必要的披露要求。与此同时,能够对控制的重新评估产生影响的事实和情况可能随着时间发生变化,因此流程也应当相应进行调整。例如,相关人员需要收集和分析信息以便于管理层评估以下方面:

(1) 当企业持有被投资方半数以下表决权时,通过收集有关其他股东持有表决权的信息,记录其他股东(非关联方)的分立、收购与兼并,判断该企业是否拥有控制;[第二章第三节四(三)2]

(2) 薪酬结构可能有助于判断决策者是主要责任人还是代理人。通过收集市场信息,并持续监控该信息,以便作出此项判断。(第二章第三节六)

为了满足对控制权的持续评估的要求,管理层在考虑订立新的合同或协议时,可能会要求子公司或其他被投资企业提供其投资者发生的重大变化的信息,或者其他可能导致控制权发生变化的信息。

在某些情况下,合并报表的编制过程可能也比较复杂(例如,当存在重大的少数股权时)。

三、估计和估值

如前所述(第二章第七节一),在执行新准则之前,投资方按照原合并报表准则的规定将被投资方作为联营企业或合营企业采用权益法核算,或者是作为金融资产核算,但根据新合并报表准则,应将其作为子公司自购买日纳入合并报表。此时需要对购买日被投资方可辨认净资产公允价值进行估值,在某些情况下,获取当时的估值情况可能比较复杂。

在对通过非同一控制下企业合并取得控制权的被投资单位执行"购买对价分摊"程序以确定其各项可辨认资产、负债于购买日的公允价值时,或者在处置日对剩余股权按当日公允价值进行重新计量时,都需要作出新的估计,并对所获得的资产和所承担的负债进行合理的计量。在某些情况下,还需要确定少数股东权益的公允价值。

此外,在评估投资者是否控制被投资者时,企业还可能需要进行估计。例如,当评估表决权是否为实质性权利(从而可能为持有者提供对被投资者的权力)时,潜在表决权是否为重大价外期权以及在剩余执行期间是否仍保持为重大价外期权,这也需要进行评估。

管理层应当制定计划以获取作出这些估计所要求的信息。

四、关键财务指标

如果集团合并报表范围发生变化(即,将新企业纳入合并范围,或者之前合并范围内的企业不再纳入合并),管理层就应当考虑关键财务指标受到了怎样的影响。例如,总资产和总负债、总收入和总费用都可能因合并报表范围的变动而增加或减少。

管理层应当评估如何披露以及在与股东或投资者的沟通中如何体现这些

变化，还应当考虑是否可能在未来影响贷款合同中财务指标条款的遵循情况。当股利、股份支付可行权条件和其他薪酬方案以财务指标为基础时，新合并报表准则的采用也可能会对此产生影响，管理层可能需要重新评估初始目标是否仍然恰当(即，是否仍能实现这些目标)。

五、对法律法规的遵循

集团合并报表范围的变动也可能影响对法律法规和监管规定的遵循情况。例如，当丧失对原有子公司的控制权，但仍然保留共同控制或者重大影响，因而需对剩余权益在处置日后改按权益法核算时，可能需要注意获取这些被投资企业的财务报表的审计报告。

六、内部控制

在集团的合并范围发生变化，并且需要对集团的内部控制出具审计报告时，管理层应当评估新纳入合并范围的企业的内部控制是否符合法律法规和监管要求，以及减少子公司后对合并集团内剩余的组成部分的重要性水平造成的任何影响。

另外，新增加了合并子公司，也使得需要重新评估审计师是否仍然具有独立性。

七、所得税

在很多情况下，集团合并范围的变动(不论是增加新的子公司，还是减少子公司)并不会影响应交所得税的金额。但是，在某些情况下，可能存在应税损益。

另外，管理层应当采取措施以确保能够仔细追踪新合并的子公司的资产和负债的账面价值和计税基础，以便正确计算递延所得税资产和递延所得税负债。

八、涉及结构性主体

管理层在评估新合并报表准则的影响时，应当重点考虑新准则对结构性主体是否具有控制权的评估可能产生何种影响，特别是投资者是否拥有对结构性主体的权力。之前投资者可能已经根据原准则合并了结构性主体[例如，根据《企业会计准则讲解》(2010)第557～558页关于判断对特殊目的主体是否具有控制权的相关指引，因为投资者持有结构性主体的大部分所有权风险，或享有、承担其大部分剩余收益，而认为对其具有控制权]。但是，根据新合并报表准则，如果投资者不具有对结构性主体的权力，投资者就不应该再合并该结构性主体。

第三部分

《企业会计准则第 40 号——合营安排》(2014 年修订)实务操作指南

第一章

合营安排准则发布的背景和目标

为适应社会主义市场经济发展需要,进一步完善企业会计准则体系,根据《企业会计准则——基本准则》,财政部制定了《企业会计准则第 40 号——合营安排》,自 2014 年 7 月 1 日起在所有执行企业会计准则的企业范围内施行,鼓励在境外上市的企业提前执行。该准则旨在规范合营安排的参与方对其在该合营安排中的权益的会计处理。

一、IFRS 11 发布

2011 年 5 月,为了减少国际财务报告准则与美国公认会计原则之间的差异,提高合营安排报告的质量,国际会计准则理事会发布了《国际财务报告准则第 11 号——合营安排》(以下简称"IFRS 11"),取代了原有的《国际会计准则第 31 号——合营中的权益》(以下简称"IAS 31")和《解释公告第 13 号——共同控制主体:合营者投出非货币性资产的处理》(以下简称"SIC 13")。与已被取代的 IAS 31 相比,IFRS 11 主要有以下变化。

(一) 合营安排类型变化

IAS 31 中确认了三类存在共同控制的合营类型(即共同控制经营、共同控制资产和共同控制主体),IFRS 11 仅将合营安排分为两类(即共同经营和合营企业)。

2007 年 9 月,国际会计准则理事会(以下简称"理事会"或"IASB")发布了《征求意见稿第 9 号——合营安排》。《征求意见稿第 9 号》原来建议将合营安排分成三类,"共同经营"、"共同资产"和"合营企业"。理事会在重新考虑《征求意见稿第 9 号》的过程中决定将合营安排分成两类。理事会观察到,在一些情况下,难以评估一项安排是"共同经营"还是"共同资产"。因为这两类合营安排的要素有时都会出现(在许多安排中,共同资产也都是共同经营的。因此,这类安排可以被归类为“共同资产”,也可以被归类为“共同经营”)。此外,这两类合营安排的会计处理结果是一样的(即确认资产、负债以及相应的收入和费用)。基于上述原因,理事会决定将“共同经营”和“共同资产”合并为一类合营安排,称为“共同经营”。这个决定使 IFRS 11 对合营安排的两种分类与两种可能的会计处理结果(即确认资产、负债、收入和费用,或者使用权益法对一项投资进行确认)(即“共同经营”和“合营企业”)相一致,简化了 IFRS 11。

(二) 合营安排分类标准变化

IFRS 11 主要解决了 IAS 31 两方面的问题,理事会认为以下两方面问题影响了合营安排报告质量的提高:第一,安排的结构是会计处理的唯一决定因素;第二,主体对共同控制主体中权益的会计处理具有选择权。

根据一项安排是否通过某一主体进行构造,IAS 31 规定了不同的会计处理方法。共同控制经营和共同控制资产不需要设立独立于参与方的主体或财务结构。IAS 31 要求这两类安排的参与方确认由此产生的资产、负债、收入和费用。如果安排需要设立独立的主体,IAS 31 则将其分类为共同控制主体。在共同控制主体中拥有权益的参与方可以选择使用比例合并法或者权益法对其进行会计处理。

仅基于是否存在主体采用不同会计处理,以及对于共同控制主体具有不同的会计处理选择权,这种做法的问题在于,给予参与方类似权利和义务的安排却使用不同的会计处理方法。相反,对于给予参与方不同权利和义务的安排却使用类似的会计处理方法。理事会的政策是在任何可能的情况下排除会计准则中不同会计处理的选择权。这些选择权导致相似的交易却使用不同的会计处理方法。因此,将削弱财务信息的可比性。

因此,IFRS 11 旨在进一步扩展合营安排的分类,使得合营安排的结构不是要考虑的唯一因素。鉴于 IAS 31 主要关注某个主体的法律形式,IFRS 11 更多地关注由该项安排引起的权利和义务。理事会认为合营安排的会计处理应反映参与方由于在该安排中拥有权益而享有的权利和承担的义务,而不考虑这些安排的结构和法律形式。这是 IFRS 11 为合营安排参与方对其在合营安排中的权益进行会计处理而设定的原则。

(三) 合营安排会计处理方法变化

发布 IFRS 11 的一个主要原因在于,通过取消对共同控制主体采用比例合并法,增加国际财务报告准则内的可比性。符合合营企业定义的共同控制主体必须按照《国际会计准则第 28 号——联营中的投资》(2011)(以下简称“IAS 28”)采用权益法核算。这也与美国会计准则通常采用权益法核算合营的做法相一致。对于共同经营(包括之前定义的共同控制经营和共同控制资产,以及可能包括一些以前的共同控制主体),该主体确认其资产、负债、收入和费用,以及/或这些项目的相对份额(如有)。

IAS 31 中的很多披露要求都已转入《国际财务报告准则第 12 号——在其他主体中权益的披露》(以下简称“IFRS 12”)。然而,IFRS 12 中关于披露作出的一个重大改变在于主体应当披露确定它是否对另一主体拥有共同控制并对合营安排的分类进行判断的过程。主体还应当对每个重要的合营企业的汇总财务信息进行披露。

理事会并没有重新考虑 IAS 31 的所有规定。例如,理事会没有重新考虑权益法。

二、我国过去对于合营安排的相关规定

在《企业会计准则第 40 号——合营安排》(以下简称“合营安排准则”)颁布前,我国没有单独的合营安排准则,一直将相关内容放在《企业会计准则第 2 号——长期股权投资》(旧)[以下简称“长期股权投资准则(旧)”]应用指南和相关讲解中予以规范,如对共同控制资产和共同控制经营的核算,是在《企业会计准则讲解》第三章“长期股权投资”的第五节“共同控制资产及共同控制经营的核算”中规范的。

总体来看,除了不允许对合营企业采用比例合并法以外,我国在 2006 版的企业会计准则体系下对合营安排的会计处理规定基本与 IAS 31 下的规定类似。

第二章

合营安排准则的具体内容

第一节　合营安排概述

一、合营安排

（一）合营安排的定义

一个主体可能不仅仅直接从事经营活动，还通过对其他主体进行战略投资来经营。报告主体的投资主要分为以下三类：

(1) 报告主体控制某个主体。

(2) 报告主体和一个或多个第三方共同控制某个主体或活动。

(3) 报告主体并没有对某个主体施加控制或与其他方共同控制该主体，而是对该主体具有重大影响。

合营安排准则主要规范第二类涉及共同控制的投资的处理。

按照合营安排准则的定义，合营安排是指一项由两个或两个以上的参与方共同控制的安排。合营安排具有下列特征：

(1) 各参与方均受到该安排的约束。

(2) 两个或两个以上的参与方对该安排实施共同控制。任何一个参与方都不能够单独控制该安排，对该安排具有共同控制的任何一个参与方均能够阻止其他参与方或参与方组合单独控制该安排。

合营安排准则涵盖了存在共同控制的所有安排。在实务中，一些合同安排中提到的所谓“合营安排”或“共同控制”实际上可能仅指一方拥有控制或不存在参与方拥有共同控制，而未提及“合营安排”或“共同控制”的一些合同安排可能属于合营安排准则中定义的合营安排。一些合同安排将所有者权益平均分配，即双方各持有 50%的权益，而一些合同安排可能赋予其中一方更大的经济利益。但无论采用何种名称描述该安排或其目的，管理层均应当仔细评估安排的条款，以及所有相关的事实和情况，以确定是否属于合营安排准则规范范围内的合营安排。例如，《中外合资经营企业法》中的“合营企业”概念就不能等同于此处合营安排准则中的“合营企业”概念。

合同安排可以从几个方面证实：可执行的合同安排通常采取(但并不总是)

书面文件形式(尽管在实务中我们希望很少存在非书面的合同):法定机制本身或与参与方之间的合同相结合,也能产生可执行的安排。合同安排设定了一些条款,以约束参与方参与的合同安排活动。合同安排一般涉及以下事项:

(1) 合营安排的目的、活动和持续期间。

(2) 合营安排的董事会或类似管理机构成员的任命方式。

(3) 决策程序,包括需要参与方决策的事务和参与方的表决权情况、决策事项所需的表决权比例等。

(4) 对这些事务要求的支持程度,包括要求参与方提供的资本或其他投入。

(5) 参与方分享或分担与合营安排相关的资产、负债、收入、费用或损益的方式。

不论采用什么术语来描述合同安排或其目的,管理层都需要仔细评估合同条款以及相关事实和情况,从而确定是否满足合营安排准则中定义的合营安排的条件。

图 2-12 总结了各类合营安排的定义和会计处理,以及合营安排准则与其他相关准则的相互影响。

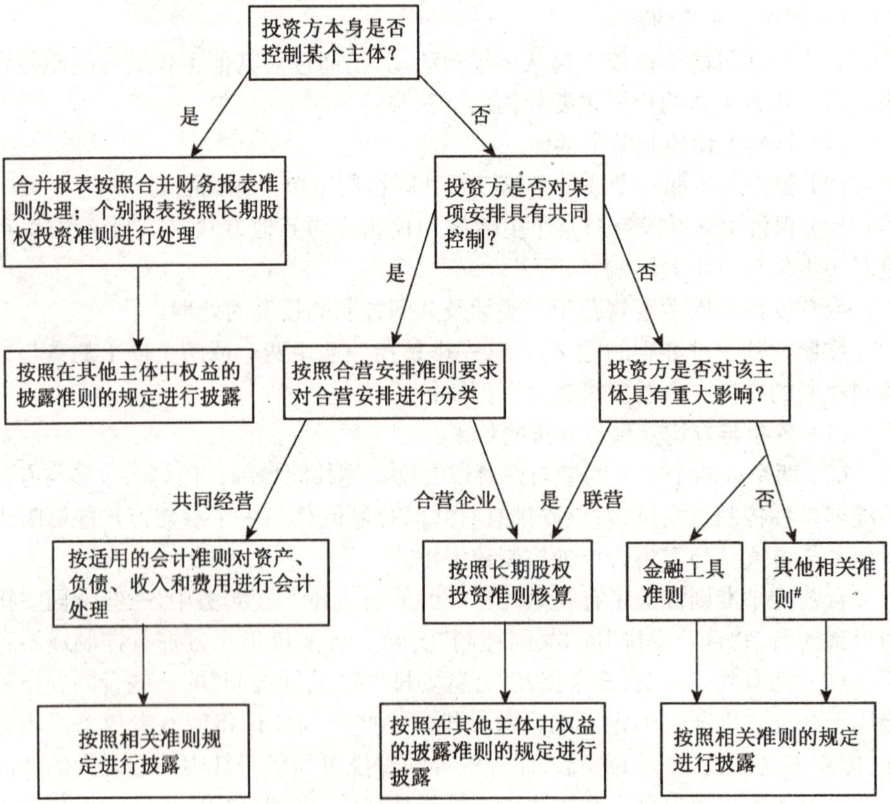

图 2-12 合营安排准则与其他相关准则关系图

#例如,共同经营中不享有共同控制的其他参与方,其对被投资主体不具有控制、共同控制或重大影响,只是享有共同经营的相关资产和承担共同经营的相关负债,其会计处理应当适用其他相关准则。

（二）合营安排的计量单元

合营安排准则并没有明确指明用于确定合营安排是否存在计量单元。但是，国际财务报告准则理事会似乎打算将两个或两个以上的参与方共同控制的一项经济活动作为合营安排的计量单元。

IFRS 11 结论基础中提到，《征求意见稿第 9 号》的许多意见反馈者担心，合营企业可能仅是“剩余项”。因为这些反馈者认为合营企业意味着，在参与方已对单项资产的权利或者对费用或筹资的义务确认后，合营企业仅是该安排的剩余资产和负债。为回应这些担忧，理事会澄清，合营安排的计量单元是两个或两个以上的参与方共同控制的一项经济活动，并且任何一个参与方应评估其享有的与该经济活动相关资产的权利，并承担的与该经济活动相关负债的义务。因此，“合营企业”术语指参与方拥有投资的一项共同控制的活动。

因此，参与方应评估其享有的与该经济活动相关资产的权利，并承担的与该经济活动相关负债的义务。在实务中应用 IFRS11 结论基础的方法很可能形成以下观点：

(1) 计量单元能否大于该主体或单独主体？

可以，如果两个或两个以上的参与方共同控制的一项经济活动本身大于主体或单独主体，则会出现这种情况。例如存在与同一项经济活动相关的多重安排[我们将多重安排称为分层协议，并在第二章第一节二、5(2)中讨论]。

(2) 一个主体或单独主体中是否可以存在一个以上计量单元？

可以，如果一个主体或单独主体内存在两个或两个以上的参与方共同控制的一项以上的经济活动。我们一般可能期望主体或单独主体内的两项经济活动之间存在某种分割或细分。

(3) 主合同内是否可以存在一个以上计量单元？

可以，如果主合同中存在两个或两个以上的参与方共同控制的一项以上的经济活动。确认合营安排的计量单元时，比较恰当的方式是从检查合同安排开始。每个合同安排通常对应一个单独的合营安排。但是，一些合同可能包含一个以上的合营安排。例如，主合同(或称为框架协议)包括许多单个合营安排的条款。[案例 1]说明了主合同作为几个不同的合营安排进行会计处理，每个合营安排不是共同经营，就是合营企业。

【案例 1】 产品制造和配送的主合同

两个参与方签订的合同指明了与制造和配送活动相关的条款，并规定了这些活动如何通过若干个主体在不同地区执行。

参与方可能确定本合同包括若干个独立的合营安排(每个合营安排对应于每个地区中的各项活动——相当于主体)。这样的话，每个主体很可能不是合营企业，就是共同经营。通常的情况是，与各项活动相关的条款对于每个主体而言是不同的。尽管本案例的结果是两处普通合伙(A 地和 C 地)是共同经营，而另外两处(B 地和 D 地)是合营企业，但在实务中并非总是如此。共同经营和合营企业的区分取决于法律形式、合同条款、相关事实和环境等多方面因素，下文还将详细讨论。

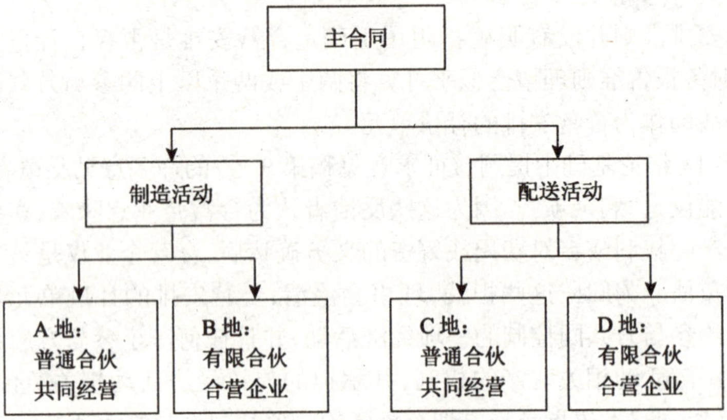

图 2-13 主合同组成

变动——两个参与方签订的合同指明了与制造和配送活动相关的条款，并规定了这些活动如何在各地区执行。但是，如果一个参与方有能力主导某些主体中的相关活动(如 A 地的主体)，而另一个参与方有能力主导其他主体中的相关活动(如 B 地的主体)，那么两个参与方之间不存在共同控制，每个参与方分别控制相应主体。

在某些情况下，与同一项经济活动相关的参与方之间可能存在多个合同安排，我们需要一起分析来确定合营安排是否存在，如存在，说明合营安排的类型(参见第二章第二节)。

在其他情况下，两个参与方签订的主合同可能包含若干项不同经济活动。一个参与方控制一些经济活动，而两个参与方共同控制另一些经济活动。要求谨慎确定计量单元和共同控制的合营安排(如有)。[案例 2]说明了合同包含多个具体协议，其中仅一个属于合营安排。

【案例 2】 包含控制和共同控制的协议

A 和 B 签订一份合同安排，打算购买一栋 12 层的楼房用于出租。A 和 B 各负责五层，并且能够就各自负责的楼层进行决策、并单独获取相关收入。剩余两层由 A 和 B 共同管理——所有相关决策都需要 A 和 B 一致同意才能作出，A 和 B 平分这两层的收益。

在本例中，存在以下三种安排：

(1) 由 A 控制的五层——按照其他企业会计准则进行会计处理。

(2) 由 B 控制的五层——按照其他企业会计准则进行会计处理。

(3) 由 A 和 B 共同控制的两层——一项合营安排(属于合营安排准则的范围)。

二、共同控制

(一) 共同控制的定义

由于合营安排的关键要素是共同控制，我们必须清楚地了解共同控制的定义。合营安排准则规定，共同控制是按照相关约定对某项安排所共有的控制，并且该安排的相关活动必须经过分享控制权的参与方(即合营方)一致同意后才能决策。

作为合营安排参与方的主体应评估该合同安排是否使得所有参与方或一组参与方集体控制该安排。如果所有参与方或一组(2 名以上)参与方必须一致行动才能决定对该安排的回报具有重大影响的活动(即相关活动),则所有参与方或一组参与方集体控制该安排。共同控制的关键要素如下:

(1)“合同约定”——参见第二章第一节一、1;

(2)“控制”和“相关活动”——《企业会计准则第 33 号——合并财务报表》(2014 年修订)(以下简称“合并财务报表准则”)描述了如何评价一个主体是否拥有控制,以及如何确认相关活动。这些内容在《〈企业会计准则第 33 号——合并财务报表〉(2014 年修订)实务操作指南》中进行了详细说明。与确认共同控制最相关的“相关活动”和“控制”的某些方面将分别在第二章第一节二、2 和第二章第一节二、3 中介绍;

(3)“一致同意”——一致同意的要求意味着,共同控制该安排的任何参与方均可以阻止其他任何参与方或一组参与方在未经其同意的情况下就相关活动单方面作出决策。但如果一致同意的要求仅仅与向其中一个参与方提供保护性权利的决策有关,而与该安排的相关活动的决策无关,那么该参与方就不是该项安排的共同控制参与方。共同控制要求两个或两个以上参与方分享控制或集体控制。一致同意将在第二章第一节二、4 中进一步讨论。

图 2-14 说明了如何评估共同控制。

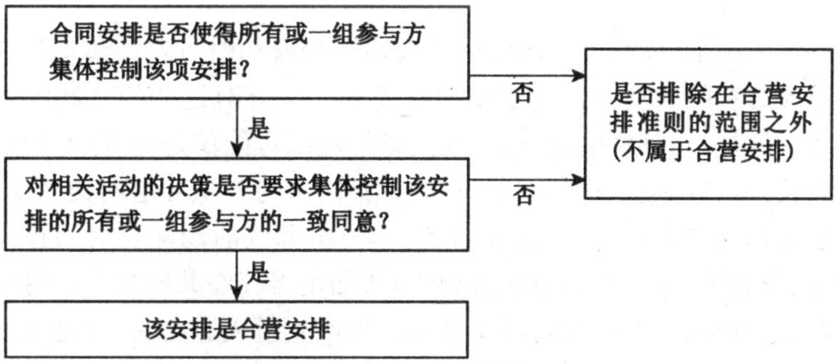

图 2-14 共同控制的评估

以上提到的“一组参与方”是指两个或两个以上参与方之间存在共同控制的情形,而合营安排的其他任何参与方是指消极投资者(即不共同控制该安排的参与方)——具体参见第二章第一节二、4(1)部分。

主体对所有参与方或一组参与方是否共同控制安排进行评估时,需要运用判断。主体进行评估时应考虑所有事实和情况。在评估过程中,了解该项安排的设立目的和设计非常重要。但是,需要注意考虑整个交易安排的全过程,而不仅仅是在其开始阶段存在的事实和情况。在某些情况下,是否存在合营安排的判断以及对合营安排类型的区分随着时间推移可能发生变化,因此需要对相关的最初判断结论进行重新评价。

在某些情况下，可能并不存在集体控制，也不存在对相关活动的一致同意安排。如果不满足上面流程图中所指出的两项标准，则不存在共同控制，相应地，该安排不构成合营安排。例如，我们认为上市公司极少成为若干股东共同控制下的合营企业(因为股东之间几乎不可能存在合同或协议以主导上市公司的活动)。相应地，对此类不存在共同控制的安排，当然，不排除在某些情况下，投资者之间通过协议，对被投资方具有“事实上的共同控制”(de facto joint control)。

对于不属于合营安排准则规范范围内的安排，投资方应依据其他相关会计准则核算在其中所占的权益，如合并报表、长期股权投资、金融工具确认和计量等准则。

(二) 合营安排中的相关活动

为了确定合同安排是否赋予参与方对该安排的共同控制，应当首先确认该安排的相关活动。合营安排准则所称相关活动，含义与《企业会计准则的 33 号——合并财务报表》(2014 年修订)中的“相关活动”的含义基本相同，是指对某项安排的回报产生重大影响的活动。某项安排的相关活动应该根据具体情况进行判断，通常包括商品或劳务的销售和购买、金融资产的管理、资产的购买和处置、研究与开发活动以及融资活动等。

确认相关活动时，应当考虑安排的设立目的和设计。尤其应当考虑合营安排预计承担的风险，该安排预计传递给其所涉及参与方的风险，以及参与方是否承担部分或所有这些风险。应注意考察该安排的所有活动，而不仅仅是那些在开始阶段进行的活动。

在很多情况下，能够主导该安排的战略性经营和财务政策属于能够对回报产生最重大影响的活动。合营安排通常要求参与方对这些经营和财务政策都表示同意。但是，在某些情况下，一致同意的范围可能仅是主导经营政策，而不是财务政策，或者相反。这种情况下，由于不同参与方主导这两类活动，因而参与方需要评估这两类活动(经营或财务活动)中哪些活动能够对回报产生最重大影响，以及对该项(产生最重大影响的)活动是否存在共同控制。这样的情况适用于存在一项以上的活动对该安排的回报产生重大影响，并且这些活动由不同参与方主导的情况。[案例 3]将说明这个问题。

【案例 3】 一项以上活动影响合营安排的回报

两个参与方签订了一份医疗产品的生产和销售的协议。以下三项活动能够对该安排的回报产生重大影响：

(1) 医疗产品的生产：一个参与方负责此项活动。

(2) 医疗产品的销售和推广活动：另一个参与方负责此项活动。

(3) 两个参与方必须一致同意才能批准所有关于产品生产、销售和推广活动的财务政策(例如，预算审批、对已批准预算的任何重大修订和突破都要求双方一致同意)。

对于前两项活动，只要在预算允许的范围内，各参与方就其负责的领域进行决策，不需要双方一致同意。即，合同赋予参与方一定的自由来履行各自的职责。

事实和情况可能表明，前两项活动之一是对该安排的回报产生最重大影响的活动。这样的话，由于负责该项活动的参与方有能力单独主导该项活动，因而将拥有对该安排的权力(可能形成控制)。

但是，如果事实和情况表明相关活动是主导财务政策，则由于要求双方一致同意才能主导财务政策，因而存在共同控制，前提是两个参与方能够承担或有权获得该安排的可变回报。能够承担或有权获得可变回报、通过对被投资方行使权力有能力影响所得到的回报，属于合并财务报表准则对控制的要求，也是合营安排准则对共同控制的要求。

1. 具有先后顺序的活动。

一项合营安排在不同阶段可能发生不同活动，一般可分为下列两种情况：

第一种，参与方可能拥有主导不同活动的权利。

第二种，参与方可能共同主导所有活动。

在第一种情况下，每个参与方需要评估它是否拥有主导对回报产生最重大影响的活动的权力，从而确定是否控制该项安排。这种情况并不能产生共同控制，具体参见[案例 4]。

【案例 4】 单独主导连续性活动

两个投资方对一家企业进行投资，开发和销售医疗产品。其中一个投资方负责开发和获取医疗产品的注册审批——包括能够单方面决定产品开发和注册审批的所有相关事项。一旦监管机构批准了该产品，另一个投资方将生产和销售该产品——这个投资方能够单方面决定该项目生产和销售的所有相关事项。如果所有活动——医疗产品的开发、注册、生产和销售都属于相关活动，每个投资方需要确定各自能否主导对被投资方回报产生最重大影响的活动。因而每个投资方需要考虑该医疗产品的开发和注册、生产和销售中哪一组活动对被投资方回报产生最重大影响，以及能否主导该项活动。在确定哪个投资方拥有对被投资方的权力时，应当考虑如下因素：

(1) 被投资方的设立目的和设计。

(2) 被投资方的利润率、收益和价值，以及该医疗产品的价值的决定因素。

(3) 对被投资方回报的影响，被投资方回报源自各投资方对(2)中因素的决策权。

(4) 投资方对可变回报承担的风险。

在本例中，投资方还应当考虑。

(1) 获取医疗产品的注册批准的不确定性和需付出的努力(分析投资方成功开发和获取医疗产品的注册批准的记录)。

(2) 一旦产品开发成功，哪个投资方能够控制该医疗产品。

以上[案例 4]中，由于安排的参与方并没有共同主导该安排的活动，因而不存在共同控制。相反地，一个参与方主导一项活动。但是，如果情况发生改变，两个参与方共同主导该安排的活动，则存在共同控制，这将在[案例 5]中说明。

【案例 5】 共同主导具有先后顺序的活动

两个投资方对一家企业进行投资，开发和销售医疗产品。包括两个阶段：第一个阶段是开发和获取医疗产品的注册审批。第二个阶段是生产和销售该产品。两个投资方需要一致同意才能对两个阶段的活动共同决策。

由于两个投资方在贯穿整个安排期间都以一致同意的方式进行所有决策，他们按照相同的方式主导所有活动，因而没必要确定以上哪项活动能够对该安排的回报产生最重大影响。两个投资方对该安排具有共同控制。

（三）集体控制的权利

为了确定合同安排是否赋予参与方对该安排的集体控制，主体在识别该安排的相关活动后，应当确定哪些权利能够赋予参与方主导相关活动的能力。当从集体上考虑所有参与方或一组参与方被一致认为有能力主导相关活动时，这些参与方集体控制了该安排。

在很多情况下，参与方通过按照与所有者权益成比例持有的投票权主导相关活动。但是，情况并不总是如此，应当关注每个案例的事实和情况。

1. 保护性权利(包括某些否决权)。

合并财务报表准则将保护性权利定义为“指仅为了保护权利持有人利益却没有赋予持有人对相关活动决策权的一项权利。”保护性权利通常只能在被投资方发生根本性改变或某些例外情况发生时才能够行使，它既没有赋予其持有人对被投资方拥有权力，也不能阻止其他方对被投资方拥有权力。

因此，在评估一组参与方能否集体控制合营安排因而是否存在共同控制时，必须考虑每个参与方持有的权利是否具有如下特征：

(1) 保护性权利，该权利可能使得其他参与方集体控制该安排，因而其他参与方对该安排具有共同控制；

(2) 实质性权利，该权利能够阻止其他参与方拥有共同控制，也可能赋予该权利持有者控制权。以[案例 6]通过否决权说明了这一点，尽管并非所有的否决权都是保护性权利，但否决权常常用于传达保护性权利。

【案例 6】 保护性权利和共同控制

A、B、C 签订了一份合营安排，从事主体 Z 的一项活动。A 和 B 签订的合同安排规定，A、B 必须一致同意才能主导 Z 的所有活动，C 表示同意并不是必需的，但 C 具有对由 Z 发行债务或权益工具的否决权。由于发行权益和债务工具代表了 Z 经营中的根本性改变，因而是保护性权利。授予 C 该项保护性权利的目的是保护 C 在该安排中所享有的权益，C 并未因此获得主导对 Z 的回报具有最大影响的活动的能力。

在本例中，由于 A 和 B 能够集体主导 Z 的相关活动，并且合同协议需要他们的一致同意，因而 A 和 B 能够共同控制 Z。尽管 C 也是合营安排的参与方，但由于他仅对 Z 持有保护性权利，因而不能共同控制 Z。

某些情况下，并未构建一项安排使得某些参与方持有保护性权利，而是约定所有参与方都拥有投票权，但在存在不同意见的情况下，其中一个参与方拥有决定权。此类情况下的判断可参考第二章第一节二、4(2)。

2. 潜在表决权。

评估是否存在共同控制时，合营安排准则并没有明确指出如何处理潜在表决权。但是，由于共同控制要求参与方具有集体的“控制”(按照合并财务报表准则定义的控制)，如果存在潜在表决权，则必须考虑合并财务报表准则中的相关规定。

因此，对于评估潜在表决权是否为实质性权利(如是，是否存在共同控制)而言，了解潜在表决权的目的和设计(包括发布或授予表决权的背景)非常重要。我们将在《〈企业会计准则第33号——合并财务报表〉(2014年修订)实务操作指南》中进一步讨论如何评估潜在表决权是否为实质性权利。

如果潜在表决权是实质性权利，则其持有者可能和其他参与方一起拥有对被投资方的共同控制。为达成这种情况，合营安排的持有者和其他参与方需要：①集体控制该安排；②一致同意主导该安排的相关活动。

3. 共同控制的其他证据。

在某些情况下，可能难以确定一个参与方的权利能否赋予其对该安排的权力。这样的话，该参与方应当考虑其他证据来证实它目前有能力主导相关活动。在评估共同控制的过程中，如果难以确定该安排的所有或一组参与方能否集体控制该安排，则也需要考虑这些其他证据。

另一种可能表明一个参与方拥有控制(或共同控制)的情况是：参与方能否获取对该安排进行会计处理(如运用权益法)和编制披露所需要的财务信息。如果一个参与方无法获取有关该安排的信息(例如，由于该安排的管理层拒绝提供)，这可能表明该参与方不能共同控制该安排。

4. 主要责任人-代理人关系。

某些行业中常出现一个参与方被任命为合营安排的经理的情况。例如，在采掘业和不动产业中，这种安排较为普遍。合营安排的其他参与方可能将一部分决策权授予该经理。根据合并财务报表准则和合营安排准则的规定，主体应当考虑经理是否实际控制了该安排。授予决策权时，合并财务报表准则说明了如何评估决策者是主要责任人还是代理人，从而确定哪一方(如有)拥有控制。主体应当仔细考虑如下方面：

(1) 该经理所被授予的决策权的范围。

(2) 其他方持有的权利(如保护性权利、罢免权、对该经理所作出的重要决策进行修改或纠正的权利)。

(3) 通过经理的薪酬承担的可变回报。

(4) 通过其他利益(如该经理对合营安排的投资)承担的可变回报。

《〈企业会计准则第33号——合并财务报表〉(2014年修订)实务操作指南》对以上各方面进行了详细讨论。

5. 关联方和实质代理人。

在合并财务报表准则中提到，在某些情况下，一方可能作为实质代理人代表另一方行动(参见《〈企业会计准则第33号——合并财务报表〉(2014年修订)实务操作指南》)。实质代理人可能包括关联方(按照《企业会计准则第36

号——关联方披露》中的定义)。

由合并财务报表准则的概念扩展到合营安排准则,当一方是另一方的实质代理人时,主体必须考虑控制或共同控制是否存在,参见[案例 7]的说明。

【案例 7】 共同控制中的事实代理人

三方签订一项合同安排:A 在该安排中拥有 50%的投票权,B、C 各拥有 25%的投票权。A、B、C 之间的合同安排规定,对安排的相关活动作出决策至少需要 75%的投票权(含 75%)。

分析:

由于存在多个能够形成 75%的投票权,从而主导相关活动的组合(如 A+B 和 A+C),因而尽管 A 拥有否决权,但控制和共同控制都不存在。

变动——如果事实和情况发生变化,C 成为 B 的实质代理人,由于 B 可有效主导 50%的投票权(加上了 C 拥有的 25%的投票权),A 和 B 具有共同控制,需要 A、B 一致同意才能主导相关活动。

识别实质代理人比较复杂,需要职业判断。确定一方是否作为其他方的实质代理人要求仔细评估相关事实和情况。

6. 政府角色。

在一些合营安排中(尤其是某些新兴经济体),政府可能坚决要求保留 50%的权益。如果政府是安排的一个参与方,则主体应仔细评估该安排并确定共同控制或控制是否存在。[案例 8]将对此进行说明。

【案例 8】 政府角色

政府拥有一块含有石油储备的土地,政府与一家石油公司签订一份合同安排,该公司通过一个单独主体开采并销售石油。石油公司必须评估该安排的合同条款,从而确定其是否具有共同控制、控制或其他类型的权益。仅仅依据单独主体中的所有权比例未必能够确定是否存在控制或共同控制。

在某些情况下,合同条款可能赋予政府对开发活动的所有决策权,则政府对该安排拥有控制,而石油公司不能共同控制该安排。但在其他情况下,决策权可能要求政府和石油公司一致同意才能主导相关活动,这样的话他们*可能*能够共同控制该安排。

(四)、“一致同意”的分析

一旦确定了所有参与方或一组参与方能够集体控制合营安排,当且仅当相关活动的决策要求集体控制该安排的这些参与方一致同意时,共同控制才存在。

相关活动的决策要求能够集体控制该安排的所有参与方或一组参与方一致同意。因此,不要求该安排的每个参与方都一致同意,仅要求那些能够集体控制该安排的参与方意见一致,就可以符合“一致同意”。

一致同意的要求可以保证:在合营安排中,任何一个参与方都不能单独控制该安排。对合营安排具有共同控制的任何一方均可以阻止其他参与方(单个或一组)控制该安排。

上述“一致同意”：①并不要求其中一方必须具备主动提出议案的能力，只要具备对合营安排相关活动的所有重大决策予以否决的能力即可；②不需要该安排的每个参与方都一致同意，只要那些能够集体控制该安排的参与方意见一致，就可以达成一致同意。

各参与方不乏采取签署“一致行动协议”的方式，以阻止某一参与方单独控制某项安排。但是，值得注意的是，“一致行动协议”并非必然意味着共同控制，在某些情况下也有可能使得某一参与方实际获得了控制权。

【案例 9】 一致行动协议分析(1)

A、B、C 对 D 的持股比例分别为 30%、21%及 49%。D 的主要经营活动为码头货物的装卸、仓储及场地租赁服务，其最高权力机构为股东会，所有重大事项由过半数以上表决权的股东通过即可。此外，A、B 签订了一致行动协议，约定对 D 的重大事项进行表决时，A、B 均应一致行动，在充分协商一致的基础上决定双方对某项议案的共同立场。

分析：

本例中，A、B 就 D 的相关活动的重大决议签订了一致行动协议，从而使得 A、B 公司合起来拥有甲公司 51%的表决权；且双方在 D 的股东会上行使表决权的立场由双方在协商一致的基础上共同确定，因此，A、B 实际上共同控制了 D。

【案例 10】 一致行动协议分析(2)

见[案例 9]，但 A、B 在一致行动协议中约定，对 D 的重大事项进行表决时，B 充分尊重 A 的意愿，如果双方意见不一致的，B 将按照 A 的意见行使表决权。

分析：

本例中，虽然 A、B 就 D 的相关活动的重大决议签订了一致行动协议。然而，由于 B 根据协议始终必须跟随 A 行驶表决权，A 自身能够单方面采取行动以控制 D 的相关活动，因此，该安排的实质为 A 对 D 具有控制权。

当合同安排规定了就相关活动作出决策所需要的最低投票权比例。如果存在多种参与方之间的联合能够满足最低投票权比例的要求，该安排就不是合营安排。除非合同安排明确指出，需要其中哪些或多个参与方(或参与方的联合)一致同意后，才能就相关活动作出决策。表 2-24 中[案例 11]、[案例 12]和[案例 13]可以说明这一点。

表 2-24　　决策示例

	[案例 11]	[案例 12]	[案例 13]
最低投票权比例要求	至少 75%投票权才能主导相关活动	至少 75%投票权才能主导相关活动	60%以上的表决权才能主导相关活动
参与方 A	50%	50%	25%
参与方 B	30%	25%	25%
参与方 C	20%	25%	25%
参与方 D	—	—	25%

（续表）

	［案例 11］	［案例 12］	［案例 13］
结论	共同控制——A 和 B 能够集体控制该安排（只有他们的投票权之和才能满足要求）。由于 A 和 B 是能够集体控制该安排的唯一组合，显然当 A 和 B 一致同意时，能够共同控制该安排。	不是共同控制——多种参与方的联合可以集体控制该安排（即 A 和 B，或 A 和 C 的投票权之和都能够满足要求）。由于存在多种参与方的联合，而合同安排并未明确指出哪些参与方必须同意，所以不存在一致同意，不构成共同控制。A、B、C 公司对该安排均被推定为具有重大影响，应按权益法进行会计处理。	不是共同控制——多种参与方的组合（A、B、C、D 中的任意三方组合）均可以集体控制该安排。而相关约定并未明确指出哪些参与方必须同意，所以不存在一致同意，不构成共同控制。A、B、C、D 公司对该安排均被推定为具有重大影响，应按权益法进行会计处理。

另外，例如，在一项安排中，A 和 B 各拥有 35%的投票权，剩余 30%的投票权由其他众多参与方拥有。对该安排的相关活动作出决策要求多数投票者的同意。当且仅当合同安排规定，相关活动的决策需要 A 和 B 一致同意时，A 和 B 才共同控制该安排。

一致同意的要求意味着，共同控制该安排的任何参与方均可以阻止其他任何参与方或一组参与方在未经其同意的情况下就相关活动单方面作出决策。如果一致同意的要求仅仅与向其中一个参与方提供保护性权利（参见第二章第一节二、3(1)）的决策有关，而与该安排的相关活动的决策无关，那么该参与方就不是该项安排的共同控制参与方。

1. 涉及消极投资者（或称被动投资者）的安排。

在确定所有参与方或一组参与方集体控制某项安排后，应评估本企业是否对该安排具有共同控制。当且仅当相关活动的决策要求控制该安排的参与方一致同意时，才存在共同控制。因此，如果相关活动的决策即使某个参与方不同意也能获得通过，则该参与方无法共同控制该安排。但是，即使并非所有参与方对某一安排均具有共同控制，该安排也可能是合营安排。合营安排准则对共同控制合营安排的参与方（合营方）和参与但没有共同控制该安排的参与方进行了区分。

因此，有可能某项安排的两个参与方具有共同控制，即使第三方也在该安排中拥有利益，但第三方无法共同控制该安排。表 2-24 中［案例 11］说明了该情况。

2. 最终投票权。

合营安排的结构设计有时要求所有参与方进行投票，在存在不同意见无法达成一致的情况下，其中一个参与方具有决定权。如果任何一个参与方可以单方面主导相关活动，就不存在共同控制。［案例 14］说明了这一点。

【案例 14】　最终决策权——不存在共同控制（1）

G 和 H 签订了一份协议并成立了联合指导委员会。如果该联合指导委员会无法达成一致意见，一方具有最终投票权。在这种情况下，由于不需要其他方的同意，因而共同控制不存在。

为了评估具有决定权的一方是否拥有控制，主体还需要根据合并财务报表准则的要求[参见《〈企业会计准则第 33 号——合并财务报表〉(2014 年修订)实务操作指南》]评估它能否承担可变回报，以及通过对被投资者行使权力是否有能力影响该可变回报的金额。

仅由于一方具有决定权并不一定表明它拥有控制，特别是当其他方可以在未经其允许的情况下共同行动时。[案例 15]将予以说明。

【案例 15】 最终决策权——不存在共同控制(2)

I、J、K 签订了一份协议并成立了联合指导委员会。每一方持有一票表决权，需要两票才能决策。如果该联合指导委员会无法达成一致意见，K 具有最终决策权。例如，如果 I、J 和 K 无论如何组合都无法达成一致意见，则 K 具有最终决策权。本案例中，由于存在多种参与方的联合方式并且合同协议没有明确指出哪些参与方必须同意，因而共同控制不存在。I 和 J 可以达成一致意见，而不需要 K 的同意，但情况不总是如此。尽管 K 具有决策权，但对该安排也不拥有控制。也就是说，K 的决策权是有条件的，K 并不拥有控制。

3. 仲裁条款的影响。

合同安排可能包括处理纠纷的条款，例如仲裁。这些条款可能允许具有共同控制的各参与方没有达成一致意见情况下进行决策。这些条款的存在不会影响该安排的共同控制。因此，也不会妨碍该安排成为合营安排。但是，需要关注和评估与仲裁程序相关的事实和情况，例如仲裁过程是否独立于任何一方(例如，由经过各方一致同意的独立仲裁机构实施仲裁)。如果仲裁程序独立于任何一方的，则可能存在共同控制；反之，如果仲裁程序偏向于其中一方，但其他各方也接受其仲裁结果的，则可能表明该方对该安排具有控制。

4. 隐含的共同控制。

合同安排条款中不需要明确指出存在共同控制。也就是说，根据安排的合同条款，以及该安排的条款是否明确或隐含地要求参与方的一致同意，共同控制可以隐含地存在。

有时，由合同安排涉及的参与方一致同意的决策程序也可能导致隐含的共同控制。例如，假定两方建立一项安排，在该安排中双方各拥有 50%的投票权。双方的合同安排规定，对相关活动作出决策至少需要 51%的赞成票。在这种情况下，意味着双方隐含地表示同意共同控制该安排，因为如果没有双方的一致同意，则无法就相关活动作出决策。

以上情形可能隐含地表示在该安排中两个参与方必须一致同意。这是因为至少需要 51%的赞成票才能对相关活动作出决策，由于各参与方分别拥有 50%的投票权，因而双方必须都同意，才能达到 51%以上的投票权。这说明可能隐含地存在一致同意来达成共同控制。要确定是否隐含地存在共同控制，必须仔细评估该安排的合同条款。双方可能具有相等的所有者权益，但根据合同安排，由一方主导相关活动。在这种情况下，具有主导相关活动的合同权利的一方具有主导被投资方的权力，如果《企业会计准则第33号——合并财务报表(2014年修订)》规定的"控制"的另两项要素也同样成立，则该主导方拥有对被投资方的控制权(即，因为只有一方具有对被投资方的权力，故不存在共同控制)。

法定机制也可能产生可执行的安排。单独主体的条款、章程或规定也是各方之间合同协议的一部分。因此，在评估一项安排是否隐含地表明存在共同控制时，需要考虑相关司法管辖区内适用的法律法规的要求。

5. 事实共同控制(de facto joint control)与共同的事实控制(joint de facto control)。

"共同控制"中的"控制"概念与合并财务报表准则中的"控制"概念具有相同的定义和特征。如第二章第一节二、4(4)中讨论的，共同控制有时可通过一项隐含的安排而确立。因此，问题在于是否存在事实共同控制或共同的事实控制。具体将其定义如下：

(1) 事实共同控制是指两个或两个以上参与方集体控制一项安排，但不要求参与方之间存在一致同意。

(2) 共同的事实控制是指两个或两个以上参与方能够集体对一项安排具有事实控制(或称为实质控制，下同)，并且要求参与方之间存在一致同意。

合营安排准则中并不存在事实共同控制。这是因为事实共同控制中参与方之间不存在一致同意。由于一致同意属于具有共同控制的必要条件，因而事实共同控制中不具有共同控制。

相反地，理论上合并财务报表准则和合营安排准则中可以存在共同的事实控制。这是因为两个或两个以上参与方可以集体对该安排具有事实控制，并且参与方之间存在一致同意。但是，我们预期在实务中将很少遇到共同的事实控制的情形。图2-15和[案例16]将说明这一点。

事实共同控制 vs. 共同的事实控制

集体事实控制＋一致同意＝共同的事实控制

集体控制＋一致同意×＝事实共同控制×

图2-15

【案例16】 事实共同控制 vs. 共同的事实控制

A和B在一项安排中各持有24%的投票权。相关活动的决策要求持有多数投票权。剩余52%的投票权广泛分布。A和B签订协议约定他们对相关活动的决策采取一致行动。

分析：

根据合并财务报表准则的要求，A和B具有集体事实控制(属于无多数表决权但具有控制的情形)。由于A和B签订协议总是就该安排的相关活动的决策采取一致行动，因而存在共同的事实控制，由于存在共同控制，就存在合营安排。

变动——假定除了不要求A和B总是在该安排的相关活动的决策中采取一致行动外，其他与上述事实相同。在这种情况下，尽管A和B能够集体控制该安排,但由于双方之间不存在一致同意,因而不具有共同控制。这样的话,A和B很可能各自对该安排具有重大影响。

(五)实务中评估共同控制的其他问题

1. 租赁或合营安排。

在某些情况下,需要仔细考虑一项安排的条款,从而确定一方是否在承租一项由另一方控制的资产(可能与其他方一起。事实上在该资产的整个使用寿命内承租该资产),还是各参与方拥有共同控制。

【案例17】 一项租赁还是一项合营安排

五个主体共同购买了一架飞机。通过合同协议,每个主体每年可在一定天数内可以使用该飞机,并按比例分担飞机的维护费用。各主体对飞机的维护和处置(作为飞机的相关活动)进行共同决策。这些决策要求所有主体的一致同意。该合同协议涵盖了飞机的整个预计寿命期间,并且仅当所有主体一致同意时才能改变协议内容。

分析:

该协议是合营安排。通过合同协议,五个主体一致同意分别使用飞机并分担其维修费用,这些决策要求所有主体一致同意。

变动——如果五个主体与一个控制这架飞机的单独主体签订协议,就可能形成一项租赁业务。可能的情况是:这五个主体不能主导相关活动(例如,该单独主体的管理层能够对飞机的维修或处置进行决策)。

2. 同时评估多重协议。

在某些情况下,为了了解一项安排的目的和设计、确定是否存在共同控制,企业有必要同时评估多重协议。在单独考虑一份协议时,一个参与方可能看似对合营安排具有共同控制,但在综合考虑该安排的目的和设计的所有情况时,该参与方可能并不具有共同控制。[案例18]将说明这一点。

【案例18】 分层协议

A, B, C和D签署了1号协议,进行油气勘探和开采,并成立1号委员会,主导有关油气勘探的所有活动,包括年度预算和经营政策的复核与审批。1号委员会由6名成员组成,其中3名成员由D任命。剩余3名成员分别由A、B、C任命。1号委员会的决策要求所有成员的一致同意。

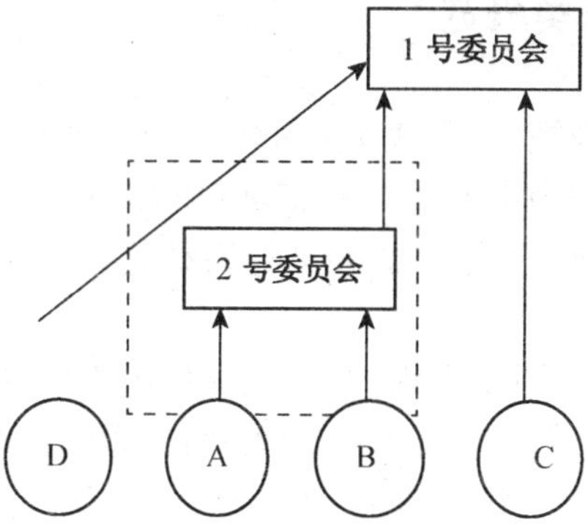

图2-16

同时，A 和 B 签署了 2 号协议，并成立 2 号委员会，用于协调 A 和 B 之间对于该油气开采活动的合作。2 号委员会的两名成员分别由 A 和 B 任命。2 号委员会拥有权力作出决策，并提交到 1 号委员会审批。2 号委员会决定的任何事项都要求 A、B 双方同意。但是，如果 A 和 B 不能达成一致，则 B 拥有决定权。2 号委员会作出的决策对 A 和 B 具有约束力，并且他们均必须根据 2 号委员会的决议意见在 1 号委员会投票。

在这种情况下，存在两份单独的合同协议。但是，由于它们与油气开采——同一活动相关，企业应同时评估它们，从而确定是否存在合营安排。例如，如果单独考虑 1 号协议，貌似 A、B、C、D 都对该安排具有共同控制。但是，1 号协议应当与 2 号协议一并考虑。因此，只有 B、C、D 对合营安排具有共同控制。由于 B 能够有效主导 A 在 2 号委员会的投票权(通过 2 号协议)，因而 A 是 B 的事实代理人，对该安排不具有共同控制。

三、合营安排准则适用范围

如上所述，合营安排准则适用于合营安排的所有参与方。参与方应包括风险资本组织、共同基金、信托公司和包括投连险基金在内的类似主体。

但是，当认定风险资本组织、共同基金、信托公司或包括投连险基金在内的类似主体在合营安排中拥有权益时，考虑到对这些主体所持有的投资以公允价值计量比应用权益法能够为财务报表使用者提供更有用的信息，允许这些主体对持有的在合营企业中的权益，按照《企业会计准则第 22 号——金融工具确认和计量》以公允价值计量，且其变动计入损益。这种例外规定是计量方面的豁免，而不是将这些主体拥有权益的合营企业中排除在合营安排准则的范围之外。

第二节　合营安排分类

一、合营安排分类概览

根据合营安排准则规定，合营安排可分类为共同经营和合营企业。合营方应当根据其在合营安排中享有的权利和承担的义务确定合营安排的分类。对权利和义务进行评价时应当考虑该安排的结构、法律形式以及合同条款等因素。

一般而言，长期股权投资准则(旧)应用指南中定义的属于“共同控制经营”或“共同控制资产”的合营安排是指合营安排准则中定义的“共同经营”。对于长期股权投资准则(旧)应用指南中属于“合营企业”的合营安排，合营安排准则将大多数都分类为合营企业，但是一些也可能被分类为共同经营。

表 2-25 对比了这两种类型的合营安排，并概览了每种合营安排按照合营安排准则规定的会计处理。

表 2-25　　两种类型合营安排比较

合营安排的类型	共同经营	合营企业
定义	合营方享有该安排相关资产且承担该安排相关负债的合营安排。	是指合营方仅对该安排的净资产享有权利的合营安排。
具有共同控制的参与方	合营方——对共同经营具有共同控制权的共同经营参与方。	合营方——共同控制合营企业的合营企业参与方。
会计处理概览	合营方按照相关适用准则的规定对以下方面进行会计处理： • 资产，包括其在共同持有的资产中所占份额； • 负债，包括其在共同承担的负债中所占份额； • 出售其在共同经营产出中所占份额的收入； • 其在出售共同经营产出的收入中所占份额； • 费用，包括其在共同发生的费用中所占份额。	合营方采用权益法核算对合营企业的投资。

值得注意的是，《中外合资经营企业法》中的"合营企业"，是指在中国境内，外方投资者与中国投资者共同举办的企业。该"合营企业"与合营安排准则中所指的"合营企业"并不是同一个概念。

共同经营的定义涉及享有资产的权利和承担负债的义务。该定义回避了一个问题，即如果合营安排的参与方或者享有资产的权利，或者承担负债的义务(但不是两者兼有)，那么该安排是否为共同经营。我们认为，该安排也是共同经营。这是因为：如果某一参与方仅对合营安排的负债承担义务，那么很明显它不对该安排的净资产享有权利。

企业在评估合营安排是共同经营还是合营企业时，需要运用判断。企业应根据其源于安排的权利和义务确定所参与的合营安排的类型。企业评估其权利和义务时，应当考虑安排的结构和法律形式、合同安排参与方约定的条款以及其他相关的事实和情况。

合营安排是为不同目的而设立的(例如，参与方为了共同承担成本和风险，或者参与方为了获得新技术或新市场)，可以采用不同的结构和法律形式。一些安排不要求采用单独主体的形式开展其活动，一些安排涉及构造单独主体。合营安排分类取决于各参与方在正常业务活动中从该安排享有的权利和承担的义务。对权利和义务进行评价时，应当考虑该合营安排的结构、法律形式以及合同安排中约定的条款等因素。

在区分合营安排是共同经营还是合营企业时，第一步是评估是否存在单独主体，如果不存在，合营安排自动成为共同经营。但是，如果存在单独主体，需要考虑如下因素：

(1) 单独主体的法律形式，

(2) 合同安排的条款，

(3) 其他相关的事实和情况。

图 2-17 将说明该过程，并进一步详细讨论前面提到的各个因素。本图表说明了合营安排分类为合营企业需要满足的几个要素。如果其中至少一个要素表明参与方享有资产的权利，并承担负债的义务，那么合营安排应分类为共同经营。

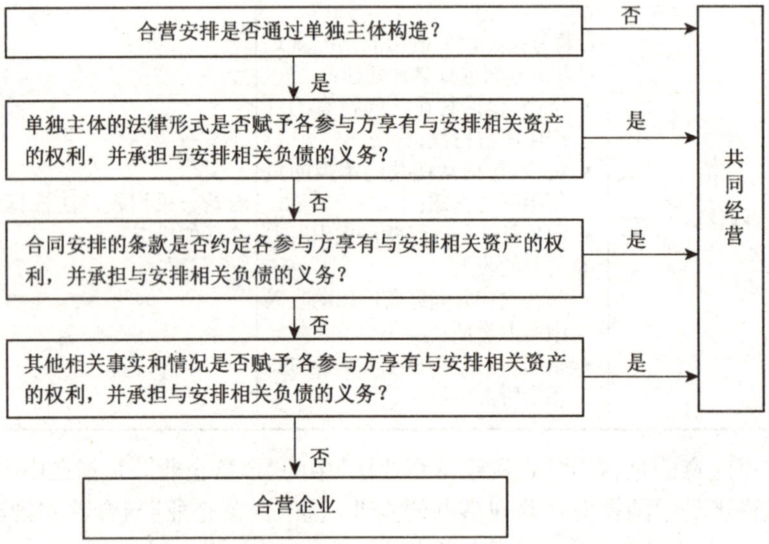

图 2-17 合营安排的分类

在区分合营安排是共同经营还是合营企业时，可能有必要单独分析两份或多份协议，例如当存在框架协议或主合同时。因此，当参与方从事同一框架协议中的不同活动时，共同经营和合营企业可能同时存在。

合营安排分类取决于各参与方在正常业务活动中从该安排享有的权利和承担的义务。根据正常业务活动对合营安排进行分类的要求与合并财务报表准则中有关考虑被投资方的设立目的和设计的要求是一致的。我们认为，在确定合营安排的适当类别时，合营安排的目的和设计是重要的考虑因素。

二、合营安排分类的判断及实例

(一)“单独主体”的认定

虽然对合营安排进行分类时不能仅仅考虑该合营安排的结构，但是确定合营安排类型的第一个考虑因素是评估是否存在单独主体(separate vehicle)。如存在单独主体，则实施进一步评估(合营方在合营安排的正常经营中享有的权利和承担的义务)来确定合营安排的类型。未通过单独主体构造的合营安排就是共同经营。

合营安排准则中将单独主体定义为“具有单独可辨认的财务架构的主体，包括单独的法人主体和不具备法人主体资格但法律认可的主体”。合伙企业或公司通常都属于单独主体。在某些情况下，信托或财团组织也可以看作单独主体。单独主体并不一定要具备法人资格，但必须具有法律所认可的单独可辨认的财务架构，确认某主体是否属于单独主体需要考虑适用的法律法规。

合同可以创建一个单独主体，例如相关约定可以创建一个满足合并财务报表准则的规定从而可以从被投资方整体中分割出来的单独主体。根据合并财务报表准则规定，在符合相关法律法规规定的情况下，如果有确凿证据证明该安排的特定资产是偿付其特定负债、权益的唯一来源，并且特定负债方以外的其他参与方对于特定资产或特定资产的剩余现金流不拥有权力或义务，则该安排构成单独主体。因此，实质上，单独主体的所有资产、负债与权益划出了被投资单位整体，并且单独主体符合法律法规的规定，从而构成这里所述的单独主体。

合营安排准则中的“单独主体”概念包括但不限于“单独法人主体”和“不具备法人主体资格但法律认可的主体”。

确定是否存在单独主体的原因在于一项未通过设立单独主体的合营安排赋予其参与方享有该项安排净资产的权利的可能性很小。因此，如果不存在单独主体，就可以缩短判断过程，直接得出该合营安排是共同经营的结论。

1. 未通过单独主体构造的合营安排。

在不存在单独主体的情况下，根据合同安排，各参与方能够享有与该安排相关资产的权利、并承担与该安排相关负债的义务，有权获得相应的收入、并对相应的费用承担责任。因此应当划分为共同经营。

2. 通过单独主体构造的合营安排。

合营安排准则规定，相关资产和负债由单独主体持有的合营安排，可能是合营企业，也可能是共同经营，取决于该参与方对单独主体持有的与安排相关的资产和负债的权利与义务。如前所述，需要考虑如下因素：

(1) 单独主体的法律形式。

(2) 合同安排的条款。

(3) 其他相关的事实和情况。

(二) 单独主体的法律形式分析

一旦确定存在单独主体，第二步是分析单独主体的法律形式。这与长期股权投资准则(旧)下对共同控制资产和共同控制经营的处理存在重大差异，长期股权投资准则(旧)中的会计处理仅取决于是否存在单独主体。

合营安排准则规定，各参与方应当评估该单独主体的法律形式，从而确定该法律形式是赋予参与方享有安排的净资产的权利，还是赋予参与方享有与安排相关资产的权利、并承担与安排相关负债的义务。也就是说，单独主体的法律形式是否能将参与方和单独主体分离。

当评估合营安排的类型时，单独主体的法律形式是相关的。法律形式有助于初步评估各参与方对单独主体中持有的资产享有权利，并对单独主体中持有的负债承担义务,例如,各参与方是否对单独主体持有的资产拥有权益,是否对单独主体持有的负债承担义务。

例如,各参与方可能通过单独主体执行合营安排,单独主体的法律形式导致考虑其自身权利(即在单独主体中持有的资产和负债是单独主体的资产和负债,而不是各参与方的资产和负债)。在这种情况下,单独主体的法律形式赋予各参与方权利和义务的评估表明,该项安排是合营企业。然而,各参与方在合同安排中约定的条款(参见第二章第二节二、3),以及其他相关的事实和情况(参见第二章第二节二、4)可以撤销基于单独主体的法律形式赋予各参与方权利和义务作出的评估。

当且仅当各参与方实施的是单独主体的合营安排,而单独主体的法律形式上没有区分参与方和单独主体(即单独主体持有的资产和负债也是各参与方的资产和负债)时,基于单独主体的法律形式赋予参与方权利和义务的评估足以说明该合营安排是共同经营。

通常,单独主体的资产和负债都很可能与参与方在法律形式上明显分割开来。例如,根据《中华人民共和国公司法》(以下简称"公司法")的有关规定,"公司是企业法人,有独立的法人财产,享有法人财产权。公司以其全部财产对公司的债务承担责任。有限责任公司的股东以其认缴的出资额为限对公司承担责任;股份有限公司的股东以其认购的股份为限对公司承担责任。"因此,当合营安排是按照《公司法》通过公司来构造时,其法律形式将合营安排对资产的权利和对负债的义务与该安排的参与方明显分割开来。但这并不排除合营安排在满足其他相关事实和情况的要求时(参见第二章第二节二、4)被归类为共同经营的可能性。

当考虑合伙人在合伙企业中的权益属于共同经营还是合营企业时,同样需要考虑法律形式,以确定合伙人是对该合伙企业的净资产享有权利,还是对该合伙企业的资产享有权利并对该合伙企业的负债承担义务。如果合伙企业的法律形式并未在其正常经营中使各参与方(合伙人)与该单独主体实现分离,则可以得出结论:该合伙企业是共同经营。但是,如果合伙企业的法律形式在其正常经营中使各参与方(合伙人)与该单独主体实现分离,则还应进一步分析合同条款和法律法规的相关规定,以及其他事实和情况(参见下文)的影响。如下文所述,存在担保,或缴纳尚未缴足的出资或者额外投入的义务并不必然表明一项合营安排属于共同经营。

单独主体的法律形式可能导致产生共同和连带的责任。此类涉及连带责任的共同经营的法律形式可能表明其应归类为共同经营,因为参与方可能需对合营安排的负债承担责任。但是,仅仅依据承担共同和连带责任的法律形式并不足以表明一项合营安排是共同经营,还需结合合同条款以及其他相关事实和情况来进一步分析(具体见下文所述)。其中,存在共同和连带责任,且被定性为共同经营的例子,可参见下文的[案例 22];存在共同和连带责任,但仍被定性为合营企业的例子,可参见下文的[案例 25]。

(三)单独主体的合同条款分析

通过单独主体区分合营安排类别的下一步是审阅该安排的合同条款,从而确定这些合同条款能否为各参与方提供享有该安排净资产的权利(合营企业)或享有资产的权利、并承担负债的义务(共同经营)。这是因为即使单独主体的法律形式为各参与方创建了某些权利和义务,合营安排的合同条款也可能撤销法律形式的影响,并为各参与方提供享有资产的权利,并承担负债的义务。这可以进一步证明:在区分合营安排类别时,与长期股权投资准则(旧)下仅注重合营安排的形式相比,合营安排准则更加关注合营安排的权利和义务的性质和实质。

共同经营和合营企业的一些普遍特征的比较包括但不限于表 2-26 所示。

表 2-26　　　　共同经营和合营企业一些普通特征的比较

	共同经营	合营企业
合营安排的条款	参与方对合营安排的资产享有权利并对负债承担义务	参与方对与合营安排有关的净资产享有权利。作为合营安排载体的单独主体对其资产享有权利并对其负债承担义务。
对资产的权利	合同安排约定,合营安排各参与方以约定比例(例如,按各参与方在该项安排所有者权益中的比例,或者该项安排直接归属于各参与方承担活动的比例)分享与安排相关资产的全部权益(例如,权利、权属或所有权)	合同安排约定,投入该安排的资产或合营安排后续获得的资产,均是安排的资产。各参与方对该合营安排的资产不拥有任何权益(例如,权利、权属或所有权)
对负债的义务	合同安排约定,合营安排各参与方按约定比例(例如,按各参与方在该项安排所有者权益中的比例,或者该项安排直接归属于各方承担活动的比例)分担所有的负债、义务、成本和费用。 合同安排约定,合营安排各参与方对第三方提出的索赔权负有义务。	合同安排约定由合营安排承担该安排的负债和义务。 合同安排约定,合营安排各参与方仅以他们在该项安排中的各自出资为限承担相应的义务,或以各方向该项安排投入的未缴或新增资本为限对其各自的义务承担责任,或者以上两者之和承担相应的义务。 合同安排约定,合营安排的债权人就安排的债务和义务,对任何参与方都没有追索权。
收入、费用及损益	合同安排约定,根据各参与方对合营安排业绩的贡献分配收入和费用。例如,合同安排可能约定,根据各参与方在共同经营工厂中使用的产能分配收入和费用,这可能不同于根据他们在合营安排中的所有者权益进行的分配。在其他情况下,各参与方可能已约定按特定比例分配与安排有关的损益(例如,根据各参与方在安排中的所有者权益比例),此时仍应当分析参与方对安排资产的权利以及对负债的义务:如果各参与方享有与该安排相关的资产并承担与该安排相关的负债的义务,上述约定不影响该安排成为共同经营。	各参与方按照约定的份额比例享有合营安排产生的净损益。

（续表）

	共同经营	合营企业
担保	合营安排通常要求各参与方向第三方提供担保，这些第三方可能从合营安排获得服务或向合营安排提供融资。提供此类担保的条款或各参与方提供担保的承诺本身并不能确定该合营安排是共同经营。确定该合营安排是共同经营还是合营企业的特征是，各参与方是否对与该安排相关的负债承担义务（一些参与方可能为此提供，也可能没有提供担保）。	

在很多情况下，各参与方在他们之间的合同安排（如合资或合作经营合同）中就权利和义务达成的一致意见，与为构建安排而设立的单独主体的法律形式（如合资企业的公司章程）赋予各参与方的权利和义务是一致的，或者不矛盾。但是，在某些情况下，也可能存在各参与方使用合同安排撤销或修改为构建安排而设立的单独主体的法律形式赋予参与方的权利和义务的情形。

【案例 19】 改变合同条款的法律形式

A 和 B 共同建立了一个公司 C，A 和 B 能够共同控制 C。初步判断存在单独主体，并且单独主体（公司制主体）的法律形式表明 C 是合营企业。但是，合同安排表明 A 和 B 以约定比例享有 C 资产的权利，并承担 C 负债的义务。实际上，合同条款撤销了该公司制主体的法律形式的影响。因此，C 变成了共同经营。

当合同安排约定各参与方享有与该安排相关资产的权利，并承担与该安排相关负债的义务时，他们是共同经营参与方，不需要为了划分合营安排而考虑其他事实和情况[如下文第（四）点所述]。

1. 担保。

合营安排各参与方可能向第三方提供担保。例如，合营安排的某个参与方可能提供一项担保或承诺以下事项：

（1）合营安排向第三方提供的服务应达到特定的质量要求或具有某种特殊性质。

（2）合营安排应偿还从第三方获取的资金。

（3）该参与方应在合营安排处于困境时向该安排提供支持。

有人也许会认为，提供担保（或承诺提供担保）会赋予参与方承担债务的义务，这可能表明合营安排应分类为共同经营。但是情况并非如此，提供此类担保的条款或各参与方提供担保的承诺本身并不能确定该合营安排是共同经营。如前所述，合营安排的分类取决于各参与方在正常业务活动中从该安排享有的权利和承担的义务。担保对于共同经营的分类不具有决定性作用，这是因为在正常业务活动中，担保的目的和设计使其不能赋予担保人潜在债务的现时义务。因此，担保不是承担债务义务的决定性因素。

如果担保方必须在该担保下付款或履行责任，这可能表明相关事实和情况发生了变化,或者可能伴随着该安排的合同条款的变化。这些变化可能引起对该安排是否仍具有共同控制(以及在具有共同控制的情况下,应属于共同经营还是合营企业)的重新评估,参与方为合营安排提供担保的行为本身并不直接导致一项安排被分类为共同经营。但担保方仍应按照《企业会计准则第 22 号——金融工具确认和计量》的相关规定对该项财务担保进行会计处理。

2. 清算或解散合营安排的合同条款。

在某些合营安排中,只要合营安排能够持续经营,各参与方将资产投入该安排的活动中,由该安排在其日常业务活动中使用;但是,若清算或解散合营安排,所投入资产应被返还给相应参与方。此时,问题在于合同条款是否赋予各参与方享有这些资产的权利。如是,则将合营安排分类为共同经营。

我们认为,参与方判断其在合营安排中享有的权利和承担的义务,均是以该合营安排处于正常经营状态为前提的,非正常经营(例如破产、清算)时的法律权利和义务的相关性是比较低的。例如,某合营安排通过合伙企业构建,合伙人之间的相关约定赋予了合伙人在合伙企业正常经营时享有该合伙企业资产的权利和承担其负债的义务。而在合伙企业清算阶段,合伙人不享有合伙企业的资产,而只能享有合伙企业清偿第三方债务之后应分得的剩余资产。这种情况下,该合伙企业(即合营安排)仍然可以被分类为共同经营,因为在正常经营中,合伙人对于合伙企业的资产和负债是享有权利和承担义务的。同样,如果合同约定一旦清算或解散合营企业,投入该安排的资产应返还给相应参与方,这并不一定意味着合营安排就是共同经营。原因是在正常业务活动中,参与方并不期望收回这些投入资产,即此时该合营安排的目的和设计并不是意图使该参与方直接对资产享有权利和对负债承担义务。如前所述,在分析合营安排的分类时,应分析其目的和设计的影响。

在形成结论时需要考虑所有相关事实和情况。例如,如果提供该资产的参与方拥有随时索回该资产的权利,且该权利是现时可行使的,则在评估该参与方是否享有该安排的资产的权利、并承担该安排的负债的义务,即该安排是否为共同经营时,应当考虑以上情况。该索回权应按照相关准则的规定进行会计处理。

(四)其他事实和情况

如果合营安排的法律形式和合同条款没有明确规定参与方享有与该安排相关的资产的权利并承担与该安排相关的负债的义务,这表明合营安排可能是合营企业,则参与方应考虑其他事实和情况,以评估该安排的参与方是否享有资产的权利并承担负债的义务,即该安排是否为共同经营。

一项合营安排可能通过单独主体构造,该单独主体的法律形式使参与方和单独主体分离。参与方之间达成的合同条款可能没有明确参与方对资产和负债的权利与义务,但考虑其他事实和情况,也可以使该合营安排归类为共同经营。当其他事实和情况赋予参与方享有与安排相关的资产的权利并承担与该安排相关的负债的义务,就可以将该合营安排归类为共同经营。这需要在较大程度上运用职业判断。

很重要的一点是:在判断一项合营安排应归类为共同经营还是合营企业

时,应考虑所有事实和情况,而不应仅仅分析那些表明参与方对资产享有权利的事实和情况,也不应当仅仅分析那些表明参与方对负债承担义务的事实和情况。但是,我们认为,在分析了所有事实和情况之后,即使参与方只是对负债承担义务,也可能表明存在共同经营,这是因为:如果某一主体仅对负债承担义务,那么这一事实通常也足以表明该参与方并不是对合营安排的净资产享有权利,而参与方对合营安排的净资产享有权利是该合营安排被归类为合营企业的前提。

应考虑的其他事实和情况包括合营安排的目的和设计,其与参与方的关系及其现金流的来源等。当一项安排的活动主要是向参与方提供产出时,这表明参与方实质上有权享受由该安排资产产生的几乎所有经济利益。通常,该安排的参与方通过阻止该安排向第三方销售产出而确保他们获得这些产出。具有这种设计和目的的安排的影响是,该安排产生的负债实质上可由参与方通过购买产出而支付的现金流量而得以清偿。因此,如果参与方实质上是该安排持续经营所需现金流的唯一来源,这表明参与方承担了与该安排相关的负债。综合考虑合营安排,相关事实和情况表明参与方实质上享有合营安排所持资产几乎全部的经济利益,合营安排所产生的负债的清偿实质上也持续依赖于向参与方收取的产出销售现金流,该合营安排的实质为共同经营。

对于合营安排准则所指的"对一项安排的资产的权利",并不仅仅是指获得其产出的权利,所需考虑的资产还包括由该安排在其正常业务活动中使用的任何资产(如固定资产),以及由该合营安排产生的辅助资产(如应收账款和现金)。

在区分合营安排的类型时,了解该安排的目的和设计是关键点。其他关键点包括如下方面:

(1) 该安排所从事的活动是否主要向各参与方提供产出(即各参与方实质上有权享受由该安排资产产生的几乎所有经济利益),

(2) 该安排是否依赖于各参与方持续提供现金流以清偿因安排的活动所产生的负债。

如果合营安排同时具有以上两个特征,则可以表明该安排是共同经营。在某些情况下,评估是否满足以上条件需要运用判断。合营安排中可能包含的、与评估该安排类型相关的因素列示于表 2-27 中。

表 2-27　合营安排中可能包含的、与评估该安排类型有关的因素

项　目	共同经营	合营企业
出售产出的限制	受限向第三方出售产出	没有限制;可以向其他方出售产出
购买产出的要求	各参与方(单独或作为一个整体)必须购买其几乎所有产出	没有要求;其他方可能购买产出
用于清偿债务的现金流的来源	合营安排的各参与方	第三方(通过其购买合营安排的产出为合营安排提供现金流)
预期财务绩效(产出的销售价格)	通常按成本价出售,旨在使合营安排实现盈亏平衡,各参与方能够承担该安排的损失	通常按市场价格出售,旨在产生利润

[案例 20]说明了,即使合营安排的法律形式和合同条款表明该安排是合营企业,其他事实和情况是如何使得该安排成为共同经营的。

【案例 20】 其他事实和情况对法律形式和合同安排的改变

A 和 B 创建他们对其施加共同控制的 C 公司。主体 C(公司制主体)活动予以实施的法律形式初步表明,主体 C 持有的资产和负债就是主体 C 的资产和负债,因而表明 C 是合营企业。A 和 B 之间的合同条款并没有明确各方对主体 C 的资产和负债的权利与义务。因此,该安排看似仍是合营企业。

但是,A 和 B 就以下方面达成一致:

(1) A 和 B 同意按照 50:50 的比例购买主体 C 生产的所有产出。

(2) 未经 A 和 B 双方同意,主体 C 不能将任何产出出售给第三方。因为该安排的目的是向各方提供各自需要的产出,向第三方的销售预计是不经常和不重要的。

(3) 向 A 和 B 出售产出的价格由 A 和 B 共同决定,以补偿主体 C 发生的生产成本和管理费用。基于这种经营模式,该项安排旨在盈亏平衡的水平上经营。

分析:

(1) A 和 B 购买主体 C 生产的所有产出的义务反映主体 C 完全依赖于 A 和 B 获得其现金流量,这表明 A 和 B 有义务出资以清偿主体 C 的负债。

(2) A 和 B 有权获得主体 C 生产的所有产出这一事实表明,A 和 B 正在消耗并因此有权获得主体 C 资产的所有经济利益。

这些事实和情况表明该安排是共同经营。

变动 1——如果 A 和 B 并没有使用产出的份额,而是将其份额出售给第三方,该安排仍是共同经营。

变动 2——如果 A 和 B 改变了合同安排的条款,以便该安排能够向第三方出售产出,这将导致主体 C 承担需求、存货和信用风险。这样的话 A 和 B 实质上不能享有所有经济利益。因此,该合营安排很可能被分类为合营企业。

1. 仅一方获得产出。

有时合营方从合营安排中获得产出的比例与其在合营安排中的权益比例并不一致。在某些情况下,仅一个参与方获得或购买合营安排的所有产出。例如,可能出现如下情况:

(1) 一个参与方不处于合营安排的经营活动中,即与合营安排不属于同一行业(如当地政府和外国企业对某项安排具有共同控制)。未获得产出的某个参与方一般通过其他方式获得相对于其在合营安排中所占权益的补偿。

(2) 获得所有产出的某个参与方作为该安排中其他参与方的代理人,代表他们开展行动。

这种情况下,第一步是确认实际上存在共同控制。相关事实和情况的重新评估可能表明获得所有产出的某个参与方控制该项安排。但是,如果确实存在共同控制,则我们认为这很可能是共同经营。这是因为各参与方实质上共同享有合营安排的资产的所有经济利益,只不过这些资产具有不同的性质。即一方获得有形的产出,而另一方获得金融资产,但双方都享有该安排的资产的权利并承担该安排的负债的义务,而不是享有净资产的权利。总之,合营安排准则并不要求各参与方对合营安排的资产的权利必须与其权益比例一致,因此所有参与方作为一个整体对全部产出拥有权利,即使其中某一方或某几方自身可能并不对该安排的产出拥有权利。

在某些案例中,在“参与方获得合营安排的几乎所有产出”因而判定为共同经营的大前提下,对合营安排不具有共同控制的参与方可能享有该合营安排的产出。这种情况不影响该安排是共同经营的判断。

在某些案例中,合营安排直接向第三方交付产出,这种情况常常发生在一些产出难以储存的行业中(如电力行业)。此时应当考虑该合营安排的目的和设计,分析各参与方是否有权享有该安排资产所产生的几乎所有经济利益(例如通过交付产出获得的现金流总额)。我们认为存在这种情况的合营安排仍可能属于共同经营。

2. 对金融资产和金融负债终止确认要求的考虑。

在考虑合营安排的分类时,应当关注《企业会计准则第 23 号——金融资产转移》所规定的金融资产终止确认要求的影响。当合营安排的活动涉及所转移的应收款项和证券化交易安排时,这一点尤其重要。这是因为:《企业会计准则第 23 号——金融资产转移》要求企业首先合并其所控制的所有主体,然后在合并报表层面分析所转移的金融资产是否满足终止确认条件。因此,在判断相关的合营安排应属于共同经营还是合营企业时,企业应考虑已转移给该合营安排的资产对于转让方而言是否满足终止确认条件。关于能否终止确认的结论也很可能影响在权益法核算时应确认的金额(假设该合营安排为合营企业)或者对在合营安排的资产中所享有权益的核算(假设该合营安排为共同经营)。

3. 评估各参与方是否提供现金流。

如果一项合营安排依赖于各参与方持续清偿因安排的活动所产生的负债,即参与方实质上是该安排持续经营所需现金流的唯一来源,这可能表明各参与方承担了与该安排相关负债的义务,从而确定该安排是共同经营。

问题是,如果各参与方在构建合营安排时提供了现金流,但此后直到安排结束,各参与方不再提供现金流;或者,各参与方可能通过贯穿该安排的一系列筹资安排,在该安排需要时向其提供现金流。在上述情况下,他们能否被认为“实质上是该安排持续经营所需现金流的唯一来源”?

我们认为,如果各参与方在构建合营安排时提供了现金流,但此后并未提供直到安排结束,且预计其他方在后续期间不会提供现金流,则在构建时提供现金流的参与方是该阶段现金流的唯一来源这一事实并不能表明该合营安排是共同经营。这是因为他们并没有持续提供现金流,并不预期在正常业务活动中承担清偿该安排债务的义务。类似地,各参与方在合营安排存续期间内通过一系列筹资安排提供现金流的要求或预期也不一定表明该合营安排是共同经营。[案例 21]中将说明这些情况。

【案例 21】 建筑与房地产销售

两个参与方构建了一个单独主体并对其具有共同控制。合营安排的法律形式和合同条款都不能赋予各参与方对该安排的资产享有权利,以及对该安排的负债承担义务。其他事实和情况如下:

1. 合营安排的目的是建造一栋商住综合楼,并向公众销售住宅单元。
2. 各参与方享有的权益足以购买土地,并从第三方借入债务来建造楼房。
3. 销售收入优先用于以下方面:

(1) 偿还外部负债;

(2) 将剩下的利润分配给各参与方。

分析:

由于存在单独主体,并且合营安排的法律形式和合同条款都不能赋予各参与方享有该主体的资产或负债的权利与义务,初步分析表明合营安排是合营企业。参与方在该安排的构建阶段是该安排的现金流的唯一来源这一事实并不能表明合营安排是共同经营。因此,由于各参与方仅预期获取偿还负债后的净利润,其他事实和情况不能表明各参与方享有资产的权利、承担与负债相关的义务。该合营安排是合营企业。

变动-各参与方享有的权益不足以购买土地和进行债务融资。在该安排存续期间,可能预期或要求各参与方通过一系列融资安排将现金投入合营安排中。确定一系列融资安排是否表明各参与方实质上是该安排的现金流的唯一来源,因而参与方是否承担了该安排的负债(即该安排是否为共同经营),这需要运用判断。如果合营安排赋予各参与方享有净资产的权利,该安排就是合营企业。

(五) 合营安排示例

以下示例以假定情况说明主体在不同情形下应用合营安排准则可能运用的判断。尽管这些示例的某些方面可能按照实际情况呈现,但在应用合营安排准则时,仍需要评价所有与特定的实际情形相关的事实和情况。

【案例 22】 建造服务

A 和 B(参与方)是两家公司,其业务是提供多种公共和私人建造服务。他们签署了一项合同安排,以共同完成一项与政府之间签订的设计并建造两个城市间一条道路的合同。合同安排确定了 A 和 B 公司各自的参与份额,明确了双方共同控制该安排,合同安排的主要事项是道路的移交。

A 和 B 成立了一个单独主体(主体 Z),并通过主体 Z 实施该安排。主体 Z 代表 A 和 B 公司与政府签订合同。此外,有关该安排的资产和负债由主体 Z 持有。主体 Z 的法律形式的主要特征是 A 和 B 参与方(而不是主体 Z)享有该主体的资产和负债的权利与义务。

A 和 B 的合同安排还规定了以下方面:

- A 和 B 根据各自在该安排中的参与份额分享该安排相关活动所需的全部资产的权利。
- A 和 B 根据各自在该安排中的参与份额分别或共同承担该安排相关活

动的经营性和筹资性债务。

• A 和 B 根据各自在该安排中的参与份额分享由该安排相关活动产生的损益。

为了协调和监督这些活动，A 和 B 指定了一名将成为 A 或 B 雇员的经营者。在某一特定时间之后，该经营者的职责将轮转到另一参与方的雇员。A 和 B 同意由经营者的雇员在“无利得或损失”的基础上进行这些活动。

根据与政府所签订合同规定的条款，主体 Z 代表 A 和 B 向政府提供建造服务。

分析：

该合营安排通过单独主体执行，该单独主体的法律形式没有将参与方与单独主体进行分离(即主体 Z 持有的资产和负债是 A 和 B 的资产和负债)。A 和 B 在合同安排中强调了这项规定，即该规定称 A 和 B 拥有与通过主体 Z 实施的该安排的资产，并承担该安排的负债。该合营安排是共同经营。

A 和 B 根据其约定的参与份额在他们各自的财务报表中确认这些资产的份额(例如，不动产、厂房和设备以及应收账款)，以及由该安排产生的负债(例如，对第三方的应付账款)的份额。A 和 B 也分别确认通过主体 Z 向政府提供建造服务产生的收入和费用的份额。

【案例 23】 共同经营的购物中心

两家房地产公司(参与方)为并购和经营一家购物中心成立了一个单独主体(主体 X)。参与方的合同安排对主体 X 进行的活动设定了共同控制。主体 X 的法律形式的主要特征是主体 X(而不是参与方)，拥有与该安排相关的资产，并承担与该安排相关的负债。相关活动包括零售单元的出租、停车位的管理、购物中心及电梯等设备的维护、购物中心整体声誉和客户关系的建立。

该合同安排的条款如下：

(a) 主体 X 拥有该购物中心。该合同安排没有规定参与方有权拥有该购物中心；

(b) 参与方不承担主体 X 的债务、负债或义务。如果主体 X 不能偿还其债务或其他负债，或者不能清除第三方的义务，则各参与方对第三方承担的负债仅限于该参与方出资额中未支付部分。

(c) 参与方有权出售或抵押其在主体 X 中的权益；

(d) 各参与方根据其在主体 X 中的权益分享购物中心经营收益(租金收益减去经营成本后的净额)的份额。

分析：

合营安排通过一个单独主体执行，该主体的法律形式使其在自身立场上考虑问题(即该单独主体持有的资产和负债是其自身的资产和负债，不是参与方的资产和负债)。此外，合同安排的条款并未明确，参与方拥有与该安排相关的资产权利和负债义务。相反地，合同安排的条款表明，参与方拥有主体 X 净资产的权利。根据上述规定，没有其他事实和情况表明参与方实质上拥有与该安排相关的资产的所有经济利益，并承担与该安排相关的负债义务。该合营安排是合营企业。参与方将其在主体 X 净资产中的权利确认为投资,采用权益法进行会计处理。

【案例 24】 产品的共同制造和配送

A 和 B 公司(参与方)签订了一份战略性和经营性的安排(框架协议),在该协议中双方同意在不同市场共同生产和配送一项产品(产品 P)的条款。

参与方同意通过建立合营安排进行生产和配送活动,这些活动如下:

(a) 生产活动:参与方同意通过合营安排(即制造安排)进行生产活动。该制造安排通过一个单独主体(主体 M)进行构建,主体 M 的法律形式使其在自身立场上考虑问题(即主体 M 持有的资产和负债是其自身的资产和负债,不是参与方的资产和负债)。根据该框架协议,参与方承诺按照其在主体 M 中的所有者权益份额比例购买根据制造安排生产的所有产品 P。参与方随后向另一个由其共同控制的安排出售这些产品 P,并按照以下描述对产品 P 进行配送。处理参与方之间制造活动的框架协议和合同安排都没有表明参与方拥有与制造活动相关的资产的权利和负债的义务。

(b) 配送活动:参与方同意通过合营安排(即配送安排)进行配送活动。该配送安排通过一个单独主体(主体 D)进行构建,主体 D 的法律形式使其在自身立场上考虑问题(即主体 D 持有的资产和负债是其自身的资产和负债,不是参与方的资产和负债)。根据该框架协议,配送安排按照不同市场需求从参与方订购产品 P,在这些市场上配送安排销售这些产品。处理参与方之间配送活动的框架协议和合同安排都没有表明参与方拥有与配送活动相关的资产的权利和负债的义务。

此外,框架协议还规定:

(a) 制造安排将生产产品 P,以满足配送安排对参与方设定的产品 P 的需求;

(b) 关于制造安排向参与方销售产品 P 的相关商业条款。制造安排将根据参与方同意的价格向参与方销售产品 P,以收回所有发生的生产成本。随后,参与方以 A 和 B 同意的价格向配送安排销售该产品;

(c) 制造安排可能出现的任何现金短缺,都将由参与方根据其在主体 M 中的所有者权益进行出资。

分析:

框架协议设定了参与方 A 和 B 制造和配送产品 P 的条款。这些活动通过合营安排进行,旨在制造和配送产品 P。参与方通过主体 M 执行制造安排,主体 M 的法律形式将参与方与该主体进行分离。处理制造活动的框架协议和合同安排都没有表明参与方拥有与制造活动相关的资产的权利和负债的义务。然而,当考虑以下事实和情况时,参与方得出该制造安排是共同经营的结论:

(a) 参与方承诺购买根据制造安排生产的所有产品 P。因此,参与方实质上拥有与该安排相关的资产的所有经济利益;

(b) 制造安排生产产品 P,以满足参与方的数量和质量要求,从而实现配送安排对产品 P 的需求。制造安排仅取决于参与方对现金流的产生及其承诺当制造安排发生任何现金短缺时提供资金,这表明参与方对制造安排的负债承担义务,因为这些负债将通过参与方购买产品P进行清偿或直接由参与方提供资金。

参与方通过主体D进行配送活动,主体D的法律形式将参与方与该主体进行分离。此外,处理配送活动的框架协议和合同安排都没有表明参与方拥有与配送活动相关资产的权利和负债的义务。

没有其他事实和情况表明参与方实质上拥有与该安排相关资产的所有经济利益,参与方承担与该安排相关负债的义务。该合营安排是合营企业。

A和B根据其在主体M中的所有者权益,分别在各自的财务报表中确认由制造安排产生的资产(例如固定资产和现金)的份额和负债(例如对第三方的应付账款)的份额。各参与方也确认由制造安排产生的生产产品P所形成的成本、费用的份额,以及向配送安排销售产品P的相关收入的份额。

参与方将其在配送安排中对净资产的权利确认为投资,并以权益法进行会计处理。

变动

假定参与方同意上述制造安排不仅负责产品P的生产,还负责向第三方客户配送。参与方也同意建立与上述配送安排相似的专门配送产品P的配送安排,以帮助将产品P配送至其他特定市场。

制造安排也直接向配送安排销售产品P。配送安排没有承诺购买或保留固定比例的制造安排产量。

分析:

上述变动既不影响从事制造活动的单独主体的法律形式,也不影响参与方对与制造活动相关资产的权利和负债的义务的合同条款。然而,它使得制造安排成为一项自我融资的安排,因为它能出于自身利益的考虑与第三方客户进行交易并配送产品P,因此,该制造安排自身承担需求、存货和信用风险。尽管制造安排还可以向配送安排销售产品P,在这种情况下,制造安排的业务活动的持续开展不依赖于参与方。这样的话,该制造安排就是合营企业。

上述变动没有影响到该配送安排分类为合营企业。

参与方将其在制造安排中对净资产的权利和在配送安排中对净资产的权利确认为投资,并以权益法进行会计处理。

【案例25】 共同经营的银行

银行A和B(参与方)同意通过建立一个单独主体(银行C)合并他们的企业银行、投资银行、资产管理和服务活动。双方预期该安排能从几个方面使他们受益。银行A认为,该安排能使其通过扩大产品和服务的提供而获得发掘潜能高速增长的机会,实现扩大规模的战略计划。银行B预期该安排能增强其金融储蓄和市场产品的供应能力。银行C的法律形式的主要特征是,使其在自身立场上考虑问题(即该单独主体持有的资产和负债是其自身的资产和负债,不是参与方的资产和负债)。银行A和B各自持有银行C40%的所有者权益,剩余的20%公开发行并被广泛持有。银行A和B的股东同意共同控制银行C的经营活动。

此外，银行A和B签订了不可撤销协议，即使双方发生争议，如果需要的话，两家银行同意共同或各自提供相同数量的必要资金，以确保银行C符合适用的法律和银行监管要求，并履行其向银行监管部门所作的承诺。该承诺代表各方支付所需资金的50%，以确保银行C符合法律和银行的监管要求。

分析：

该合营安排通过一个单独主体执行，该工具的法律形式区分了参与方和该单独主体。合同的条款没有明确参与方拥有银行C的资产权利和负债义务，但它规定参与方对银行C的净资产拥有权利。当银行C不能够符合适用的法律和银行监管要求时，参与方向银行C提供支持的承诺并不是参与方对银行C的负债承担义务的决定因素。没有其他事实和情况表明参与方实质上拥有与银行C相关资产的所有经济利益，并承担与银行C相关负债的义务。该合营安排是合营企业。

银行A和B都将其在银行C中对净资产的权利确认为投资，并以权益法进行会计处理。

【案例26】 油气勘探、开采和生产活动

A和B公司(参与方)成立了一个单独主体(主体H)和一项共同经营安排，在O国进行油气勘探、开采和生产活动。主体H的法律形式的主要特征是，使其在自身立场上考虑问题(即该单独主体持有的资产和负债是其自身的资产和负债，不是参与方的资产和负债)。

O国授权主体H在特定区域(油田)进行油气勘探、开采和生产活动。

股东之间的协议和参与方同意的共同经营安排明确了他们在这些活动中的权利和义务。这些协议的主要条款总结如下：

股东之间的协议：

主体H的董事会由各参与方各派一名董事组成。各参与方拥有主体H50%的所有者权益。通过任何决议需要所有董事的一致同意。

共同经营协议：

共同经营协议规定成立一个运营委员会。该委员会由各参与方各派一名代表组成。各参与方拥有运营委员会50%的参与权益。

运营委员会批准相关活动的预算和工作计划，这也需要各参与方代表的一致同意。其中一方被任命为经营者，负责管理和执行批准的工作计划。共同经营安排明确，勘探、开采和生产活动产生的权利和义务应根据参与方在主体H中所有者权益的比例进行分摊。尤其是，共同经营安排规定，参与方分享：

(a) 主体H取得的勘探、开采许可产生的权利和义务(例如，许可、复原负债、矿区土地使用费和应交所得税)；

(b) 获得的产品；

(c) 与所有工作计划相关的所有成本。

与所有工作计划相关的成本可由各参与方的现金求偿权补偿。如果任何一方不能履行其向该安排提供货币支持的义务，则另一方被要求向主体H提供违约方未能缴付的金额("违约金额")。违约金额作为违约方欠另一方的债务。

分析:

参与方通过一个单独主体执行合营安排,该主体的法律形式将参与方和单独主体进行分离。但是,参与方通过上述"股东协议"和"共同经营协议"改变了该单独主体的法律形式对其权利和义务状况的初步评估。该"共同经营协议"使参与方拥有主体 H 的资产的权利(例如,勘探和开采的许可、固定资产、产品以及由这些活动产生的其他资产)和负债的义务(例如,由工作计划产生的所有成本和义务)。该合营安排是共同经营。

A 和 B 公司根据其一致同意的参与份额在他们各自的财务报表中确认这些资产的份额,以及由该安排产生的负债的份额。在此基础上,各方也分别确认(从销售其产品份额中获得的)收入和费用的份额。

【案例 27】 液化天然气安排

A 公司拥有一个蕴含大量天然气资源的未开采气田。A 公司确定,只有在这些气体出售给海外市场的客户时,该气田才能实现其经济利益。为此,需要建设一套液化天然气设备,液化这些气体,以便用船运送到海外市场。

为开采并经营气田和液化天然气设备,A 和 B 公司签订一项合营安排。在该安排下,A 和 B 公司(参与方)同意各自分别以气田和现金向一个新成立的单独主体(主体 C)出资。参与方各获得主体 C50%的所有者权益,作为其出资的回报。主体 C 的法律形式的主要特征是,使其在自身立场上考虑问题(即该单独主体持有的资产和负债是其自身的资产和负债,不是参与方的资产和负债)。

参与方之间的合同安排规定:

(a) A 和 B 公司必须各自在主体 C 的董事会中任命两位成员。主体 C 作出的战略和投资决策必须得到董事会的一致同意;

(b) 气田和液化天然气设备的日常管理,包括开采和建设活动,应由 B 公司的职员根据参与方一致同意的决定具体负责。主体 C 将偿付公司 B 在管理气田和液化天然气设备过程中发生的成本;

(c) 主体 C 负责承担生产和销售液化天然气过程中的所得税、矿区土地使用费,以及日常经营过程中的其他负债,如应付账款、开采结束时的弃置义务;

(d) A 和 B 公司对由该安排中进行的活动所产生的利润拥有相同份额,因此,他们对主体 C 发放的股利也拥有相同份额。

合同安排没有规定任何一方拥有主体 C 的资产的权利,承担负债的义务。

主体 C 的董事会决定与债权人财团签订一份融资安排,为气田的开采和液化天然气设备的建设筹集资金。开采和建设的预计总成本为 10 亿元。

该财团向主体 C 提供了 7 亿元的贷款。该安排规定,只有当主体 C 在开采气田和建设液化天然气设备过程中违约时,该财团对 A 和 B 公司才有追索权。该财团同意,一旦液化天然气设备开始建设,该财团对 A 和 B 公司就没有追索权,因为经评估,主体 C 从液化天然气的销售获得的现金流足以偿还贷款。尽管在此时该财团对 A 和 B 公司没有追索权,但该财团还是通过持有液化天然气设备的抵押权作为主体 C 违约的担保。

分析：

该合营安排通过一个单独主体执行，单独主体的法律形式将参与方和该主体进行分离。合同安排的条款没有明确参与方拥有主体 C 的资产的权利和承担负债的义务，但它规定参与方对主体 C 的净资产拥有权利。在气田开采和液化天然气设备建设过程中的筹融资协议中的追索条款（即 A 和 B 公司在这一阶段分别提供了担保）本身也没有使参与方承担主体 C 的负债（即贷款是主体 C 的一项负债）的义务。A 和 B 公司拥有独立的负债，该负债是当主体 C 无法偿还开采和建设过程中的贷款时偿还该贷款的担保。

没有其他事实和情况表明参与方实质上拥有与主体 C 相关的资产的所有经济利益并承担与主体 C 相关的负债的义务。该合营安排是合营企业。

A 和 B 公司都将其在主体 C 中对净资产的权利确认为投资，并以权益法进行会计处理。

第三节　合营安排的持续评估

企业对合营安排是否有共同控制，以及评估该合营安排是共同经营还是合营企业，这需要企业予以判断。在进行判断时，企业需要对所有的相关事实和情况加以考虑。

如果事实和情况发生变化，作为合营安排参与方的主体应当重新评估以下方面：主体是否仍对该安排具有共同控制；主体参与合营安排的类型是否发生变化。

参与方应重新评估与以上两方面相关的事实和情况发生的任何变化。事实和情况的变化有时可能导致某一参与方对该安排实施了控制，从而使该安排不再是合营安排。同样，一项安排可能继续保持共同控制，但其分类可能有合营企业转变为共同经营，或者由共同经营转为合营企业，应根据每个案例的事实和情况进行合理判断。

一旦主导相关活动的方式、法律形式、合同条款、其他相关事实和情况等发生变化，则应对合营安排进行重新评估。例如，经重新协商，修订后的合营安排的合同条款约定了参与方拥有对资产的权利，并承担对负债的义务，则应重新评估新的合同条款是否表明该安排的分类转变为共同经营。

当以下事实和情况发生变化时，表明需要对合营安排的性质和类型进行重新评估（注：以下仅为举例，并非穷举）：

（1）主导相关活动的方式：例如，A 公司设立一个主体 Z，从事新产品或新技术的开发。最初 Z 的相关活动完全由 A 主导，后来 A 与 B 签订协议，约定 A 和 B 应当就 Z 的所有决策协商一致，此时就需要重新对该安排进行评估，以确定 A 和 B 是否构成共同控制。

（2）法律形式：某个主体的法律形式并未使参与方和该单独主体实现隔离，例如一项以普通合伙形式出现的安排，这类安排应认为属于共同经营；后来该合伙企业改变了组织形式和相关安排，使参与方和单独主体之间实现了隔离。此时就需要考虑该项变化是否表明该项合营安排的类型已从共同经营变为合营企业。

(3) 合同条款：例如，某项合营安排的合同条款进行了重新协商，变更后的条款使参与方对资产享有权利，并对负债承担义务。此时需要评估该变化是否表明该项合营安排的类型已从合营企业变为共同经营。

其他相关事实和情况：例如，某项合营安排的合同条款进行了重新协商，原先只允许该合营安排将产出出售给该合营安排的参与方，变更后的条款允许该合营安排将产出出售给外部第三方客户。此时就需要考虑该项变化是否表明该项合营安排的类型已从共同经营变为合营企业。

根据合营安排准则规定，合营方对其在合营企业中所享有的权益应采用权益法核算。相应地，合营企业变为子公司，或联营企业，或对被投资方不具有控制、共同控制和重大影响的长期股权投资时，其核算方法转换应遵循《企业会计准则第 2 号——长期股权投资》(2014 年修订)第十四条和第十五条的规定(详见本书专题Ⅱ第一部分关于《企业会计准则第 2 号——长期股权投资》(2014 年修订)的实务操作指南中关于核算方法转换的相关内容)；涉及合并财务报表的合并范围变更的，其合并报表层面的处理原则应遵循《企业会计准则第 33 号——合并财务报表》(2014 年修订)第四十八条和第五十条等相关规定。

第四节　合营安排会计处理

一、共同经营参与方的会计处理

(一) 共同经营中合营方的会计处理

合营方应确认与其在共同经营中权益份额相关的下列项目，并按照相关企业会计准则的规定进行会计处理，此处会计处理方法同时适用于合营方的个别财务报表和合并财务报表：

(1) 确认单独所持有的资产，以及按其份额确认共同持有的资产。

(2) 确认单独所承担的负债，以及按其份额确认共同承担的负债。

(3) 确认出售其享有的共同经营产出份额所产生的收入。

(4) 按其份额确认共同经营因出售产出所产生的收入。

(5) 确认单独所发生的费用，以及按其份额确认共同经营发生的费用。

共同经营采用单独主体形式时，合营方应确认按照上述原则单独所承担的负债，以及按本企业的份额确认共同承担的负债。但合营方对于因其他股东未按约定向合营安排提供资金，按照我国相关法律或相关约定等规定而承担连带责任的，从其规定，在会计处理上应遵循《企业会计准则第 13 号——或有事项》进行处理。

相关人员应当谨慎关注共同经营中资产和负债(或资产、负债、收入和费用的份额)的性质(如有)。即合营安排实际上赋予合营方哪些方面的内容,并使其对这些内容负责?

合同安排通常描述了该安排所从事活动的性质,以及各参与方打算共同承担这些活动的方式。例如,合营安排各参与方可能同意共同生产产品,每一参与方负责特定的任务,使用各自的资产,承担各自的负债。合同安排也可能规定了各参与方分享共同收入和分担共同费用的方式。在这种情况下,每一个合营方在其资产负债表上确认其用于完成特定任务的资产和负债,并根据合同安排确认相关的收入和费用份额。

在其他情况下,例如,合营安排各参与方可能同意共同拥有和经营一项资产。在这种情况下,合同安排规定了各参与方对共同经营资产的权利,以及来自该项资产的收入或产出和相应的经营成本在各参与方之间分配的方式。每一个合营方对其在共同资产中的份额、同意承担的负债份额进行会计处理,并按照合同安排确认其在产出、收入和费用中的份额。

对于通过单独主体构建的共同经营,如果一直是按照合同安排的条款将安排分类为共同经营的,则以上指引是相关的。某个合营方可能对共同经营某些负债的整体收支平衡负有直接法律责任,还可能就其他参与方在共同经营中所占负债的份额对其他参与方具有求偿权。当合营方作为共同经营的管理人员时,这种情形甚为常见。

负责债务整体收支平衡的某个合营方对这些债务应按100%全部确认,并确认因就其代其他参与方偿还其到期所占负债份额而形成的对其他参与方的应收款项。根据《企业会计准则第37号——金融工具列报》第十三条规定,这些负债不能与这些应收款项相抵销。但是,当负债和应收款项金额相等时,除了影响资产负债表的总额外,它们不会对财务报表(如:利润)产生负面影响。大多数情况是这样,这是因为其他参与方向该合营方偿还其所占负债份额的能力和意愿通常是毋庸置疑的,特别是在提前缴付了其在融资安排中承诺的出资金额的情况下。

但是,可能存在其他参与方无法支付的情况。如是,合营方就无法确认全部到期金额的应收账款。因此,由于应收账款存在减值(或低于记录的负债),这种情形就会对合营方的财务报表(如利润)产生负面影响。

在某些情况下,合营安排(如适用单独主体的法律形式)将导致全部或部分参与方对该安排的债务承担连带清偿责任。这可能导致合营方确认全部到期债务,而不仅仅是其所占份额。我们需要对每个案例的具体事实和情况进行评估,并根据《企业会计准则第13号——或有事项》对负债进行会计处理。

在合营安排中,对另一参与方具有偿还义务的某一参与方应当确认一项金融负债(即,对该作为债权人的参与方的负债,如其他应付款等),而不确认与需偿还费用类型相关的一项负债(如在共同经营的应付账款、借款等负债中应承担的份额)。

在某些共同经营中,一个合营方因提供有关共同经营的服务而向另一个合营方收取报酬(通常出现在某一方是共同经营的管理人的情况下)。此时收取报酬的合营方应根据《企业会计准则第 14 号——收入》的规定对所收取的报酬进行会计处理。

合营方应当具体而详细地复核合营安排,包括任何后续的修订或补充。合营方必须确保他们充分了解其中的权利和义务,以及各参与方分享(或分担)这些权利和义务的方式。

【案例 28】 合营方对共同经营资产和负债的会计处理

D 和 E 通过单独主体共同构建了一项合营安排 F,但单独主体的法律形式并没有将各参与方和单独主体进行分离。即 D 和 E 享有 F(属于共同经营)中资产的权利并承担其负债的义务。没有需要特殊考虑的合同条款以及其他事实和情况。因此,D 和 E 根据相关企业会计准则的规定对与 F 相关的资产和负债的权利与义务进行会计处理。但是,合营安排的合同条款指出,D 享有与 1 号楼相关的所有权利,并承担向第三方偿还所有负债的义务。D 和 E 根据各自所占权益的比例(各 50%)对 F 中所有其他资产享有权利,并对所有其他负债承担义务。表 2-28 是 F 的资产负债表。

表 2-28　　F 的资产负债表　　单位:万元

资产	金额	负债和权益	金额
现金	20	负债	120
1 号楼	120	应付职工薪酬	50
2 号楼	100	权益	70
资产总额	240	负债和权益总额	240

按照合营安排准则的规定,D 将在其财务报表中记录以下内容,以对其在 F 的资产中所享有的权利和在 F 的负债中应承担的义务进行会计处理,如表2-29所示。

表 2-29　　D 进行的财务处理　　单位:万元

资产	金额	负债和权益	金额
现金	10	负债(2)	120
1 号楼(1)	120	应付职工薪酬	25
2 号楼	50	权益	35
资产总额	180	负债和权益总额	180

(1) 由于 D 享有与 1 号楼相关的所有权利,故 D 按 100%记录该金额;

(2) D 应承担的义务是对第三方的负债的 100%。

从上面举例可以看出,合营方对其在共同经营的资产中所享有的权利应直接按照《企业会计准则第 4 号——固定资产》、《企业会计准则第 6 号——无形资产》等资产类会计准则确认相应的资产项目,而不是确认一项使用这些资产的权利。当共同经营的合同条款授予合营方使用共同经营的某项资产的权利时，合营方应参考 IFRS 体系下的《国际财务报告解释公告第 4 号——确定一项安排中是否包含租赁》的规定，判断是否适用《企业会计准则的 21 号——租赁》的相关规定对该项权利进行会计处理。

（二）对共同经营不享有共同控制的参与方的会计处理

在一些情况下，一方参与了共同经营，但不具有共同控制，即不是合营方。合营安排准则规定如果在安排中不具有共同控制的参与方享有共同经营相关资产的权利，并承担共同经营相关负债的义务，该参与方也应当按照与合营者相同的方式（如上所述）对其在安排中的权益进行会计处理。如果该参与方不享有共同经营相关资产的权利，也不承担共同经营相关负债的义务，则该参与方应根据适用相关企业会计准则对其在共同经营中的权益进行会计处理。

例如：

(1) 如果该参与方在一个单独主体中拥有权益，且对该单独主体具有重大影响，则其会计处理适用长期股权投资准则。

(2) 如果该参与方在一个单独主体中拥有权益，但对该单独主体并不具有重大影响，则其会计处理适用金融工具确认和计量准则。

(3) 如果该参与方所拥有的是在一项未通过单独主体执行的合营安排中的权益，则其会计处理适用于其他企业会计准则。

实际上，共同经营的参与方，不论其是否具有共同控制，只要能够享有共同经营相关资产的权利、并承担共同经营相关负债的义务，对在共同经营中的权益都采用相同的会计处理原则。但是，由于《企业会计准则第 41 号——在其他主体中的权益的披露》并不适用于参与方不具有共同控制的合营安排（该参与方具有重大影响除外），以上两种情况的披露要求很可能具有一定差异。

上述处理原则在个别报表和合并报表中是一致的。

【案例 29】 在单独主体中不拥有权益的参与方的会计处理

A、B、C 共同设立合伙企业 D，出资比例分别为 50%、40%和 10%。假设根据合伙协议，A、B 对 D 具有共同控制，且该合营安排为共同经营。此外，合伙协议还规定 C 不享有 D 资产的权利也不对 D 的负债承担义务，并且不参与 D 的经营决策和分红，此外，合伙协议约定，A、B 承诺 C 在 D 成立届满 3 年后一次性全额回收其初始投资成本的 120%。假设除上述外无其他需要考虑的因素。

分析：

在本例中，A、B 对合营安排具有共同控制权而 C 仅仅是该项合营安排的参与方。同时，A、B 承诺 C 在 D 成立届满 3 年后一次性全额回收期初始投资成本 120%的约定表明 C 对于 D 的投资实质上是收取可确定合同现金流的债权性投资，应该按照《企业会计准则第 22 号——金融工具确认和计量》的相关规定进行会计处理。

对于通过单独主体构建的共同经营，不具有共同控制的共同经营参与方可能在该单独主体中拥有所有者权益，该参与方即为被动投资者。在这种情况下，合营方并不确认归属于少数股东（被动投资者）的资产的权利和负债的义务，也不确认少数股东权益，而是仅仅确认其在共同持有的资产中应享有的份额和在共同发生的负债中应承担的份额。[案例30]说明了这一点。

【案例30】 具有非控制权益/被动投资者的共同经营

A和B设立了一项共同经营Z,Z属于某个单独主体。A和B各持有单独主体40%的权益。Z剩余20%的权益由C持有,C不是共同经营协议的参与方,并且被看作被动投资者。单独主体的法律形式未将参与方和单独主体本身相分离。即A和B享有Z相关资产的权利,承担Z相关负债的义务(因而Z是共同经营)。假设不考虑合同条款以及其他事实和情况的影响。在本案例中,A、B、C应当按照相关企业会计准则的规定,确认各自在共同持有的资产中所享有的份额,以及在共同发生的负债中应承担的份额。根据相关企业会计准则的规定,A应当在其财务报表中分别确认其所占Z资产、负债、收入和费用的份额(40%),但不能确认与Z相关的少数股东权益。

(三)共同经营参与方与共同经营之间交易的会计处理

1. 合营方向共同经营投出或者出售资产。

当合营方与共同经营之间发生交易时,应考虑该交易是否导致合营方对资产的权利和对负债的义务的性质发生变化。这些变化应反映在合营方的财务报表中。对新确认的资产和负债,应根据相关企业会计准则的规定进行会计处理。

合营方向共同经营投出或者出售资产等(该资产构成业务的除外),在共同经营将该资产等出售给第三方(即,未实现内部利润仍包括在共同经营持有的资产账面价值中时),应当仅确认归属于共同经营其他参与方的利得或损失。交易表明投出或出售的资产发生符合《企业会计准则第8号——资产减值》等规定的资产减值损失的,合营方应当全额确认该损失。

合营方向共同经营投出或者出售构成业务的资产等的,应该按照合并财务报表准则关于企业因处置部分股权投资或其他原因丧失了对原有子公司控制权,并保留剩余股权的处理原则进行会计处理机相关披露。此会计处理仅适用于合并财务报表。企业应根据《企业会计准则第20号——企业合并》的相关规定判断向共同经营投出或出售的资产是否构成业务。

投资方可能会因处置权益或其他原因对某项安排由控制变为共同控制,并且该安排构成共同经营。这类交易与上述合营方向共同经营投出或出售资产构成业务的资产的处理原则一致。

除非特别注明,合营方的上述处理原则在个别报表和合并报表中应该一致。对共同经营不享有共同控制的参与方发生上述同类交易,若该参与方享有共同经营相关资产且承担共同经营相关负债,则该参与方参照合营方的规定进行会计处理机相关披露;若该参与方对于合营安排的净资产享有权利并且具有重大影响,则按照长期股权投资准则相关规定进行会计处理及相关披露;该参与方对于合营安排的净资产享有权利并且无重大影响,则应全额确认该交易形成的利得或损失。

2. 合营方向共同经营购买资产。

合营方自共同经营购买资产等(该资产构成业务的除外),在将该资产等出售给第三方之前(即,未实现内部利润仍包括在合营方持有的资产账面价值中时),不应当确认因该交易产生的损益中该合营方应享有的部分,即应当仅确认因该交易产生的损益中归属于共同经营其他参与方的部分,交易表明购入的资产发生符合《企业会计准则第 8 号——资产减值》等规定的资产减值损失的,合营方应当按其承担的份额确认该部分损失。

合营方的上述处理原则在个别报表和合并报表中应当一致。对共同经营不享有共同控制的参与方发生上述同类交易,若该参与方享有共同经营相关资产且承担共同经营相关负债,则该参与方参照合营方的规定进行会计处理及相关披露;若该参与方对于合营安排的净资产享有权利并且具有重大影响,则按照长期股权投资准则相关规定进行会计处理及相关披露;该参与方对于合营安排的净资产享有权利并且无重大影响,则应全额确认该交易形成的利得或损失。

合营方取得共同经营中的利益份额,且该共同经营构成业务时,应当按照企业合并准则等相关准则进行相应的会计处理,但其他相关准则的规定不能与本准则的规定相冲突。企业应该按照企业合并准则的相关规定判断该共同经营是否构成业务。该处理原则不仅适用于收购现有的构成业务的共同经营中的利益份额,也适用于与其他参与方一起设立共同经营,且由于有其他参与方注入既存业务,使共同经营设立时即构成业务。

【案例 31】 合营方自共同经营购买不构成业务的资产

A 公司和 B 公司共同设立一项安排 C,假定该安排被划分为共同经营,A 公司和 B 公司对于安排 C 的资产、负债及损益分别享有 50%的份额。2013 年 12 月 31 日,A 公司支付采购价款(不含增值税)100 万元,购入安排 C 的一批产品,A 公司将该批产品作为存货入账,尚未对外出售。该项产品在安排 C 中的账面价值为 60 万元。

本例中,安排 C 因上述交易确认了收益 40 万元。A 公司对该收益按份额应享有 20 万元(40×50%)。但由于在资产负债表日,该项存货仍未出售给第三方,因此该未实现内部损益 20 万元应当被抵销,相应减少存货的账面价值。但 B 公司对该收益应享有 20 万元应当予以确认(40×50%),B 公司享有的 20 万元收益反映在 A 公司的期末账面价值中。

二、合营企业参与方的会计处理

合营方应当按照长期股权投资准则的规定,采用权益法核算其对合营企业的投资。

对合营企业不享有共同控制的参与方应当根据对该合营企业的影响程度进行相关会计处理:

(1) 对该合营企业具有重大影响的,应当按照长期股权投资准则的规定核算其对该合营企业的投资。

(2) 对该合营企业不具有重大影响的,应当按照金融工具确认和计量准则的规定核算其对该合营企业的投资。

第五节　准则衔接规定

由于新老准则对"共同控制"这一概念的定义基本相同,因此对特定案例中是否存在"共同控制"的判断结论在新老准则下应不会出现重大差异。执行新的合营安排准则的影响主要体现在合营安排分类的变化,尤其是部分在原准则下被认定为"合营企业"的合营安排在新准则下将被认定为共同经营。

首次采用本准则的企业应当在本准则的生效日(2014 年 7 月 1 日)根据本准则的规定对其合营安排进行重新评估,确定其分类。

合营安排准则针对合营安排分类原则的变化可能导致部分原先分类为合营企业的合营安排被分类为共同经营,该影响主要集中于那些通过法律架构构建的但享有共同控制权的参与方享有该安排相关资产且承担该安排相关负债的合营安排。

合营安排重新分类为共同经营的,合营方应当在比较财务报表最早期间期初终止确认以前采用权益法核算的长期股权投资以及其他实质上构成对合营企业净投资的长期权益;同时根据比较财务报表最早期间期初采用权益法核算时使用的相关信息确认本企业在共同经营中的利益份额所产生的各项资产(包括商誉)和负债,所确认资产和负债的账面价值与其计税基础之间存在暂时性差异的,应该按照《企业会计准则第 18 号——所得税》的规定进行会计处理。

确认的各项资产和负债的净额与终止确认的长期股权投资以及其他实质上构成对合营企业净投资的长期权益的账面金额存在差额的,应该按照下列规定处理:

(1) 如果前者大于后者,其差额应当首先调减与该投资相关的商誉,仍有余额的,再调增比较财务报表最早期间的期初留存收益。

(2) 如果前者小于后者,其差额应当冲减比较财务报表最早期间的期初留存收益。

对于规定上述处理原则的原因,IASB 在 IFRS 11 的"结论基础"部分的 BC66 段中作出了如下解释:

理事会注意到,主体对其在共同经营中的权益从权益法转为对资产和负债进行会计处理,会导致确认的资产和负债净额高于或低于被终止确认的投资(以及在该安排中构成主体净投资的其他项目)的金额。对于第一种情况,理事会指出,如果主体以前对这项投资计提了减值,确认的资产和负债会高于终止确认的投资。理事会注意到,根据《国际会计准则第 28 号》(2011 年修改),这样的减值损失不会分配到任何构成投资账面金额一部分的资产,包括商誉。因此,这些资产和负债的净额可能会高于这项投资的账面金额。为解决这个问题,理事会作出决定,在这种情况下,主体应首先抵销与投资相关的商誉,任何剩余差异调整列报的最早期间的期初留存收益。对于第二种情况,理事会指出，确认的资产和负债会低于终止确认投资的账面金额，例如，主体在使用权益法确定其投资的账面金额时，对被投资者的所有资产和负债使用同样的权益比例。然而，当该投资被作为共同经营进行会计处理时，主体对于其中的部分资产可能拥有较低的权益。理事会决定，在这种情况下，主体应将确认的资产和负债的净额与终止确认的投资（以及在该安排中构成主体净投资的其他项目）之间的差额调整列报的最早期间的期初留存收益。

主体从权益法转为对资产和负债进行会计处理，应当在财务报表附注中说明在比较财务报表最早期间的期初，终止确认的投资、已确认的资产和负债以及调整计入的期初留存收益的剩余差额之间的勾稽关系。

【案例 32】 合营企业转换为共同经营

A 公司 2010 年 12 月 31 日以 1 000 万元的价格向 B 公司购买了其持有的甲公司 50%的股权，交易完成后，A 公司与 B 公司对甲公司实施共同控制，A 公司将其对甲公司的长期股权投资作为合营企业，采用权益法核算。投资日甲公司可辨认净资产公允价值为 1 400 万元，A 公司的初始投资成本 1 000 万元，应享有的甲公司可辨认净资产公允价值份额为 700 万元，商誉 300 万元包含在初始投资成本中。

表 2-30　　各期账面价值、公允价值与持续计量价值

项目	2010 年 12 月 31 日		2011 年 12 月 31 日		2012 年 12 月 31 日	
	账面价值	公允价值	账面价值	持续计量的价值(1)	账面价值	持续计量的价值(1)
固定资产(2)	700	1 100	630	990	560	880
其他资产	400	400	300	300	240	240
递延所得税负债		−100		−90		−80
净资产	1 100	1 400	930	1 200	800	1040

注：(1)持续计量的价值为基于 2010 年 12 月 31 日的公允价值持续计量的价值。

(2) 固定资产可使用寿命为 20 年，残值为 0。A 公司投资时固定资产已使用了 10 年。

从投资日至 2011 年 12 月 31 日，甲公司发生持续亏损(未发生其他综合收益和其他所有者权益变动)，A 公司按照权益法累计确认了 100 万元的投资损失，在对该项长期股权投资进行减值测试之后，A 公司计提了 100 万元减值准备。2012 年、2013 年、2014 年 1～6 月(假定)，A 公司按照权益法分别确认了对甲公司的投资损失 80 万元、50 万元、30 万元。未进一步计提减值准备。A 公司没有其他实质上构成对甲公司净投资的长期权益。

A 公司 2014 年 7 月 1 日开始执行合营安排准则并对其合营安排进行了重新评估，认为甲公司属于共同经营，A 公司对甲公司各项资产、负债、收入、成本、费用的分享比例为 50%。

A 公司编制 2014 年年度财务报告时，应于比较报表最早期间期初，即 2013 年 1 月 1 日终止确认对甲公司的长期股权投资账面余额 820 万，减值准备 100 万元，同时根据 2013 年 1 月 1 日采用权益法核算时使用的相关信息，确认 A 公司在甲公司的利益份额所产生的固定资产 440 万元，其他资产 120 万元，商誉 300 万元，递延所得税负债 40 万元。所需确认的资产负债净额为 820 万元，大于需要终止确认的长期股权投资账面价值 720 万元，其差额 100 万元冲减需要确认的商誉，故于 2013 年 1 月 1 日确认的商誉金额为 200 万元。即：

借：固定资产	4 400 000	
其他资产	1 200 000	
商誉	2 000 000	
贷：递延所得税负债		400 000
长期股权投资		7 200 000

第六节 合营安排的披露

合营安排的披露适用《企业会计准则第 41 号——在其他主体中权益的披露》，但企业在其参与的不享有共同控制的合营安排中的权益，如本企业对该合营安排不具有重大影响，且该合营安排不是结构化主体的，则适用《企业会计准则第 37 号——金融工具列报》。

1. 企业应当披露在确定其是否对另一主体具有控制、共同控制或重大影响时所作出的重大判断和假设的有关信息，包括但不限于下列各项：

(1) 企业持有其他主体半数或以下的表决权但仍控制该主体的判断和假设，或者持有其他主体半数以上的表决权但并不控制该主体的判断和假设。

(2) 企业持有其他主体 20%以下的表决权但对该主体具有重大影响的判断和假设，或者持有其他主体 20%或以上的表决权但对该主体不具有重大影响的判断和假设。

(3) 企业通过单独主体达成合营安排的，确定该合营安排是共同经营还是合营企业的判断和假设。

(4) 确定企业是代理人还是委托人的判断和假设。

2. 当合营安排结构涉及单独实体时合营安排的类型。在报告期内有关事实和情况的变化将影响企业的结论时，企业也应提供此类披露。

3. 对于重要的合营安排或联营企业，企业应当披露下列信息：

(1) 合营安排或联营企业的名称、主要经营地及注册地。

(2) 企业与合营安排或联营企业的关系的性质，包括合营安排或联营企业活动的性质，以及合营安排或联营企业对企业活动是否具有战略性等。

(3) 企业的持股比例。持股比例不同于企业持有的表决权比例的，主体还应当披露该表决权比例。

4. 对于重要的合营企业或联营企业，还应当披露对合营企业或联营企业投资的会计处理方法，从合营企业或联营企业收到的股利，以及合营企业或联营企业在其自身财务报表中的主要财务信息。

企业对上述合营企业或联营企业投资采用权益法进行会计处理的，上述主要财务信息应当是按照权益法对合营企业或联营企业相关财务信息调整后的金额;同时,企业应当披露将上述主要财务信息按照权益法调整至主体对合营企业或联营企业投资账面价值的调节过程。

企业对上述合营企业或联营企业投资采用权益法进行会计处理但该投资存在公开报价的,还应当披露其公允价值。

5. 企业在单个合营企业或联营企业中的权益不重要的,应当分别就合营企业和联营企业两类披露下列信息:

(1) 按照权益法进行会计处理的对合营企业或联营企业投资的账面价值合计数。

(2) 对合营企业或联营企业的净利润、终止经营的净利润、其他综合收益、综合收益等项目,主体按照其持股比例计算的金额的合计数。

6. 合营企业或联营企业以发放现金股利、归还贷款或垫款等形式向主体转移资金的能力存在重大限制的,主体应当披露该限制的性质和程度。

7. 主体对合营企业或联营企业投资采用权益法进行会计处理,被投资方发生超额亏损且投资方不再确认其应分担合营企业或联营企业损失份额的,应当披露未确认的合营企业或联营企业损失份额,包括当期份额和累积份额。

8. 主体应当单独披露与其对合营企业投资相关的未确认承诺,以及与其对合营企业或联营企业投资相关的或有负债。

企业是投资性主体的,不需要披露上述4、5两部分所要求的信息。

专题Ⅲ

会计审计实务问答(Q&A)

- 资产、负债类业务问答
- 利润类业务问答
- 长期股权投资和企业合并问答
- 特殊业务问答
- 信息披露和列报业务的问答

重要提示

本部分主要总结了我们在2013、2014年报审计中遇到的一些有代表性的典型案例，供大家在执业过程中参考。使用中请务必注意以下几点：

1. 以下案例中所给出的结论和解答，是完全基于相关的特定背景信息的，并非适用于所有情形的一般性指引。因此仅供相关项目组在实务中作为专业判断的参考，不可替代对相关准则原文的查阅，也不可替代项目组的专业判断。在实务中运用时请注意结合具体情况进行全面的分析和考量。

2. 下列各案例所涉及的会计报告主体，除有特别说明者外，均执行财政部颁布的《企业会计准则——基本准则》(财政部令第33号发布，财政部令第76号修订)、于2006年2月15日及其后颁布和修订的41项具体会计准则、其后颁布的企业会计准则应用指南、企业会计准则解释及其他相关规定(本部分以下统称“新企业会计准则”、“新会计准则”或“新准则”)。

第一章

资产、负债类业务问答

第一节　固定资产的相关问题

问题 1-1-1　境外子公司房产及土地的入账

问题：

境外子公司房产及土地（依据当地法律拥有所有权或永久使用权）如何入账？

背景：

A 公司在泰国成立了一家子公司，拟在泰国进行生产实现销售，目前泰国公司正处理厂房及设备的建设及安装阶段。泰国子公司购进了一处别墅作为其办公场所，根据相关购买合同，子公司购买了别墅及别墅下方的土地，根据泰国相关法律，购入的房屋没有产权，但是对房屋下方的土地是具有永久使用权的。购买合同标明了同时购买土地及房屋，但并未标明土地及房屋各自的价值。

解答：

《企业会计准则解释第 1 号》第二条规定："中国境内企业设在境外的子公司在境外发生的交易或事项，境内不存在且受法律法规等限制或交易不常见，企业会计准则未作出规范的，可以将境外子公司已经进行的会计处理结果，在符合《企业会计准则——基本准则》的原则下，按照国际财务报告准则进行调整后，并入境内母公司合并财务报表的相关项目。"

在本案例中，企业在境外购入一块拥有所有权的土地以及其上的房屋建筑物，应参照 IFRS 体系下的《国际会计准则第 16 号——不动产、厂场和设备》(IAS 16)第 58 段的以下规定处理：

58. Land and buildings are separable assets and are accounted for separately, even when they are acquired together. With some exceptions, such as quarries and sites used for landfill, land has an unlimited useful life and therefore is not depreciated. Buildings have a limited useful life and therefore are depreciable assets. An increase in the value of the land on which a building stands does not affect the determination of the depreciable amount of the

building.(**中文翻译**：土地和建筑物是相互独立的资产，应分别对其进行核算，即使它们是一起购置的也是如此。土地通常具有无限的使用期，因而对其不计折旧。建筑物具有有限的使用期，因此，属应折旧资产。土地价值的增加并不影响其附着建筑物的使用寿命的确定。)

《企业会计准则讲解(2010)》第104页也有类似规定：

企业外购的房屋建筑物，实际支付的价款中包括土地以及建筑物的价值，则应当对支付的价款按照合理的方法(例如，公允价值)在土地和地上建筑物之间进行分配；如果确实无法在地上建筑物与土地使用权之间进行合理分配的，应当全部作为固定资产核算。

因此，A公司应尽可能单独确定购买总价中土地和房屋两部分各自的公允价值。例如，可以参考近期周边类似情况的"裸地"的交易价格确定该土地的公允价值，将该土地的公允价值确认为"固定资产——土地"，且后续不计提折旧或摊销；剩余的购买价款部分计入"固定资产——房屋建筑物"，在该房屋建筑物的预计剩余使用寿命内计提折旧。如果确实无法将购买价款在土地和房屋建筑物之间合理分配的，则应将全部价款计入"固定资产——房屋建筑物"，并按照该房屋建筑物的预计剩余使用寿命计提折旧，但在确定预计净残值时，应适当考虑房屋使用寿命届满时的土地价值的可能影响。

问题 1-1-2　用作展品的商品如何核算

问题：

企业所持有的部分商品主要用来给客户展示参观(该类商品库龄较长，如4S店的试驾车等)，偶尔会有一小部分对外销售时，如何进行会计处理？

解答：

根据《企业会计准则》对存货和固定资产的定义，"存货，是指企业在日常活动中持有以备出售的产成品或商品、处在生产过程中的在产品、在生产过程或提供劳务过程中耗用的材料和物料等"；"固定资产，是指同时具有下列特征的有形资产：(一)为生产商品、提供劳务、出租或经营管理而持有的；(二)使用寿命超过一个会计年度。"

因此，在本案例中，判断此类用于展示的商品(以下简称"展品")在财务报表中应列报为"存货"还是"固定资产"的主要依据是其持有目的(或者说经济利益的实现方式)。通常企业持有此类展品的目的有二：一是促进同类别的其他商品的销售，此时与该展品相关的经济利益是通过增加同类商品的销售量来间接实现的；二是其本身的出售，此时与该展品相关的经济利益是通过其自身的直接出售实现的。我们理解，应当分析该类展品的主要持有目的(或者说主要的经济利益实现方式)，在此基础上确定其应确认为存货还是固定资产。

如果持有此部分展品的主要目的不是为了销售，而是为了经营管理目的使用(用于展示，以促进相关商品的销售)，同时展示年限超过一个会计年度(本案例中该类商品的库龄较长)，则符合会计准则对"固定资产"的定义，作为固定资产核算比较恰当,可按照相关产品的预计销售期间计提折旧,所计提的折旧计入销售费用。如果后期部分展品对外销售,可按照固定资产处置的原则处理,将处置净收益计入营业外收支。

但如果此类展品后期大量均对外出售(不包括报废处置),即虽然有作为展示的意图,但其所包含的主要经济利益还是通过对外销售实现的,则表明其持有目的不是单纯为展览而用,而是通过展览而实现自身的销售,则列报为"存货"比较恰当。

具体而言,应对此类展品的销售业务模式进行进一步的分析,关注以下因素,以协助判断企业持有此类展品的主要目的,据此确定该类试驾车的会计分类:

1. 展品转为出售的条件,即在何种情况下会出现展品出售的情况。

2. 从投入展示到出售通常的时间间隔、展品出售时通常的成新度。

3. 展品的通常出售价格与同类全新产品正常销售价格之比。

4. 展品出售交易的发生频率、展品对外出售收入占企业全部同类商品销售收入之比。

需注意的是:无论在"固定资产"还是在"存货"核算,该展品的所有权及所有权上的主要风险和报酬均应已归属于企业(否则不符合"资产"定义)。

问题 1-1-3 4S 店试驾车应确认为存货还是固定资产

问题:

4S 店对其试驾车应确认为存货还是固定资产?

背景:

4s 店试驾车挂车牌后即为公司使用车辆,但是试驾车也仍有可能进行销售,则试驾车是确认为存货还是固定资产?

解答:

根据《企业会计准则第 1 号——存货》规定,存货的定义是"企业在日常活动中持有以备出售的产成品或商品、处在生产过程中的在产品、在生产过程或提供劳务过程中耗用的材料和物料等";而《企业会计准则第 4 号——固定资产》规定,固定资产的定义是"为生产商品、提供劳务、出租或经营管理而持有的、使用寿命超过一个会计年度的有形资产"。

因此,在本案例中,判断此类试驾车在财务报表中应列报为"存货"还是"固定资产"的主要依据是其持有目的(或者说经济利益的实现方式)。本案例中,4S 店持有试驾车的目的有二:一是促进该车型的其他车辆的销售,此时与该试驾车相关的经济利益是通过增加同车型的销售量来间接实现的;二是其本身的出售,此时与该试驾车相关的经济利益是通过其自身的直接出售实现的。我们理解,应当分析该类试驾车的主要持有目的(或者说主要的经济利益实现方式),在此基础上确定其应确认为存货还是固定资产。

我们需要对此类试驾车的销售业务模式进行进一步的分析,关注以下因

素,以协助判断 4S 店持有试驾车的主要目的,据此确定该类试驾车的会计分类:

1. 试驾车转为出售的条件,即在何种情况下会出现试驾车出售的情况。

2. 从投入试驾到出售通常的时间间隔、试驾车出售时通常的成新度。

3. 试驾车的通常出售价格与同车型新车正常销售价格之比。

4. 试驾车出售交易的发生频率、试驾车对外出售收入占 4S 店全部车辆销售收入之比。

试驾车的会计处理方式与试驾车是否已经挂上公司牌照无关,而且无论在"固定资产"还是在"存货"核算,该车的所有权及所有权上的主要风险和报酬均应已归属公司(否则不符合"资产"定义)。

问题 1-1-4　生产中作为催化剂使用(正常消耗很小)的贵金属的核算

问题:

生产中作为催化剂使用(正常消耗很小)的贵金属是否确认为固定资产?如何估计其使用寿命与净残值?

背景:

A 公司生产产品时需要使用铂铑合金拉丝板,其在生产过程中的作用是为熔化的玄武岩浆拉丝使用。该板在生产过程中损耗率较低,经过一段生产时间后(一般为 5 个月左右),可翻新(返回其制造厂商重新熔化和铸造成型),翻新过程是修补的过程,会涉及重量的增加(损耗缺失部分),翻新成本为新增重量的成本和翻新费,翻新之后和新购入铂铑合金拉丝板无任何区别,可多次无限制地循环翻新使用,该板的单位价值比较高,A 公司将该板计入原材料核算。

解答:

根据背景资料分析,该铂铑合金拉丝板是属于使用年限超过一年的有形资产。《企业会计准则第 4 号——固定资产》第三条规定:"固定资产,是指同时具有下列特征的有形资产:(一)为生产商品、提供劳务、出租或经营管理而持有的;(二)使用寿命超过一个会计年度。"及固定资产的特征"第一,固定资产是为生产商品、提供劳务、出租或经营管理而持有;第二,固定资产使用寿命超过一个会计年度;第三,固定资产为有形资产"。根据上述规定,本案例中的铂铑合金拉丝板符合固定资产的定义及特征,故计入固定资产核算更为妥当。

关于该项固定资产的折旧计提问题,根据《企业会计准则第 4 号——固定资产》规定:

1. 固定资产的使用寿命,是指企业使用固定资产的预计期间,或者该固定资产所能生产产品或提供劳务的数量。

2. 固定资产的应计折旧额,是指应当计提折旧的固定资产的原价扣除其预计净残值后的金额。已计提减值准备的固定资产,还应当扣除已计提的固定资产减值准备累计金额。

3. 固定资产的预计净残值,是指假定固定资产预计使用寿命已满并处于使用寿命终了时的预期状态,企业目前从该项资产处置中获得的扣除预计处置费用后的金额。

关于该项资产的使用寿命和净残值,A 公司应根据上述各项规定,结合历史经验以并参考同行业的经验合理估计。其中需要重点注意以下问题:

1. 虽然以铂铑合金作为催化剂的化工生产技术可能随着技术进步而被淘汰,但因为材质为贵金属,其本身价值较高,且不会受到技术进步影响而发生减值。如果其持续使用和反复回炉熔炼不会影响其品质,则其预计净残值不应低于其材质中所含的贵金属价值(扣除回炉熔炼过程中发生的相关成本)。

2. 铂铑合金一旦作为催化剂投入生产流程,除了需要定期回炉熔炼以外,基本可以无限期循环翻新使用,其本身没有使用寿命限制。

因此,我们的建议是:

1. 对铂铑合金本身按其作为贵金属的购入成本确认为固定资产。因其使用寿命几乎无限,故不计提折旧。但如果其贵金属市场价格发生不可逆转的重大下跌,则应计提减值准备。

2. 对于定期发生的重新回炉熔炼的相关成本(包括在回炉熔炼时对损耗的少量铂铑合金予以添加补足的成本),因为受益期短于 1 年,故如果金额较小的,则直接在发生时计入当月营业成本;如果金额较大的,可确认为“其他流动资产”在两次回炉的间隔期内摊销。

问题 1-1-5 按技术要求需保持的商品最低结存量的核算

问题:

按照有关技术规范的要求,某些企业必须在其油气罐、管道等存储和运输系统中保持一定的最低结存量,这部分最低结存量不能用于销售。对这部分最低结存量限度内的商品,应作为存货还是固定资产核算?

背景:

A 公司为油品销售企业。截至 2014 年 12 月 31 日,A 公司共结存油品 16 万吨,其中管道内结存的不可销售“死油”4 万吨(这些“死油”的存在主要是为了保持管道的压力,保证系统的连续稳定运作,不能将管道完全排空,因此出于技术要求不能将其出售的最低结存量)。这部分“死油”只有在最终该公司现有的油品仓储和运输系统被完全拆除时才能取出对外出售,但预计其届时对外出售的价格将显著低于其原始成本(很可能只有作为残料出售)。

解答:

本案例中,期末结存于管道中的不可销售“死油”应作为固定资产而不是存货核算,并将其成本扣除预计可变现净值后的差额在相关的仓储和运输系统的固定资产的折旧年限内计提折旧。

结论基础:

根据《企业会计准则第 1 号——存货》第三条规定:“存货,是指企业在日常活动中持有以备出售的产成品或商品、处在生产过程中的在产品、在生产过程或提供劳务过程中耗用的材料和物料等。"《企业会计准则第 4 号——固定资产》第三条规定:"固定资产,是指同时具有下列特征的有形资产:(一)为生产商品、提供劳务、出租或经营管理而持有的;(二)使用寿命超过一个会计年度。"第四条规定:"固定资产同时满足下列条件的,才能予以确认:(一)与该固定资产有关的经济利益很可能流入企业;(二)该固定资产的成本能够可靠地计量。"

据此,如果持有某个库存项目的目的不是为了出售或在生产、提供服务过程中消耗,但持有该项目对于在一个以上的经营周期内经营或从资产中获取收益而言是必要的,并且该项目的成本无法通过将其出售来获得补偿(或者在经营或从资产中获取收益后会大幅减值),则这项库存项目就符合"固定资产"的定义。如果同时满足"其成本能够可靠计量"这一条件,则满足固定资产的确认条件,应当计入固定资产。即使该库存项目中属于固定资产的部分不能从实体上与属于存货的剩余部分区分开来,以上结论也同样适用。

在本案例中,管道中的"死油"不能用于对外出售,但其存在对于仓储和运输系统的固定资产的正常运作而言是必要的,即符合固定资产的定义和确认条件,故应确认为固定资产。同时,因为"死油"直到最终该公司现有的油品仓储和运输系统被完全拆除时才能取出对外出售,但预计其届时对外出售的价格将显著低于其原始成本,因此其为公司带来经济利益的年限与油品仓储和运输系统的固定资产(如管道)的折旧年限相同,故应将成本在该年限内计提折旧。

如果将这部分"死油"确认为存货,则可能导致立即确认损失,因为这些"死油"不能用于出售,也不会在生产过程或提供服务的过程中被消耗。这样的列报方式将不能恰当地反映出以下事实:这些"死油"是在超过一个营业周期内运作另外一些资产所必需的。

虽然《企业会计准则第 1 号——存货》和《企业会计准则第 4 号——固定资产》都是建立在历史成本原则的基础上,但是两者的会计处理原则却很不相同,例如存货市价的变动将影响净利润,但固定资产的市场价格的变动不会产生直接的损益影响。

问题 1-1-6 单位价值较小但数量多的项目是否应作为一个整体列报为固定资产

问题:

单位价值较小但数量多的项目是否应作为一个整体列报为固定资产?

背景:

A 公司购置了 12 000 台 IPAD 用于发布广告取得广告收入,其单价约为 1 500元。A 公司内部制定的会计政策规定单件价值 5 000 元以上的作为固定资产。但该批 IPAD 组合到一起才能产生现金流,A 公司将该批 IPAD 一起与广告代理公司签订合同(广告需要一定的屏幕才能向客户推广,单个 IPAD 不能独立用于广告投放)。

解答：

根据《企业会计准则第4号——固定资产》第三条规定："固定资产，是指同时具有下列特征的有形资产：(一)为生产商品、提供劳务、出租或经营管理而持有的；(二)使用寿命超过一个会计年度。"第四条规定，固定资产的确认应同时满足以下条件：符合固定资产的定义；与该固定资产有关的经济利益很可能流入企业；该固定资产的成本能够可靠地计量。据此，该批IPAD是为了A公司生产经营使用(主要作为发布广告的载体)，且使用寿命超过一个会计年度，其相关经济利益很可能通过广告收入等方式流入本企业，且其成本能够可靠地计量。符合上述准则对固定资产的定义和确认条件的规定。

通常情况下，企业内部会计核算办法中对固定资产的单位价值下限作出规定，是基于重要性原则的考量，即依据成本效益原则适度简化会计核算，降低日常会计核算和编制财务报告的成本。因此，固定资产是否应当单独确认，在满足准则规定的定义和确认条件的前提下，应依据对财务报表整体影响的重要性加以判断。根据《企业会计准则第30号——财务报表列报(2014年修订)》第十条规定："重要性，是指在合理预期下，财务报表某项目的省略或错报会影响使用者据此作出经济决策的，该项目具有重要性。重要性应当根据企业所处的具体环境，从项目的性质和金额两方面予以判断，且对各项目重要性的判断标准一经确定，不得随意变更。判断项目性质的重要性，应当考虑该项目在性质上是否属于企业日常活动、是否显著影响企业的财务状况、经营成果和现金流量等因素；判断项目金额大小的重要性，应当考虑该项目金额占资产总额、负债总额、所有者权益总额、营业收入总额、营业成本总额、净利润、综合收益总额等直接相关项目金额的比重或所属报表单列项目金额的比重。"据此，根据此处对重要性原则的运用指引，由于这些IPAD必须作为一个整体使用，而一旦组合为一个整体，其价值对财务报表整体的影响是重大的，因此应当将其作为一个资产组，确认为固定资产，而不能运用单位价值较低项目的简化处理规定。对于后续购置的IPAD，加入现有的IPAD资产组一并使用的，可比照固定资产准则对后续支出的规定，认为购置新增IPAD的支出属于符合资本化条件的后续支出，相应将新增IPAD的成本加入该资产组的总体价值中，但其折旧年限应当根据新购置的IPAD的自身状况确定，并不一定等于前一批或前几批IPAD的剩余折旧年限。

另一方面，在《企业会计准则讲解》(2010)的"存货"一章中，对低值易耗品的会计政策也作出了一定调整。根据《企业会计准则讲解(2010)》，"企业的周转材料符合存货的定义和确认条件的，按照使用次数分次计入成本费用，余额较小的，可在领用时一次计入成本费用，以简化核算，但为加强实物管理，应当在备查簿上进行登记。"(见原书第22页)因此，即使作为低值易耗品，除非余额较小，否则也应当采用分次摊销法，该做法对财务报表的影响，与确认为固定资产并按期计提折旧相比，也已相差不大。但低值易耗品属于流动资产，将使用年限超过一年的大额项目确认为低值易耗品，将对财务报表结构的流动/非流动划分产生重大影响，不符合《企业会计准则第30号——财务报表列报》的规定,因此不应采用。

或者,在 IPAD 采购单价较低而数量较大,难以按单项资产建立卡片对其进行单独管理的情况下,也可以接受将这些资产作为一个整体,确认为长期待摊费用(或其他非流动资产),在预计使用年限内摊销的做法。同时在附注中对该长期待摊费用(或其他非流动资产)的具体内容和会计政策进行充分披露。

本案例中,A 公司可以将该批 IPAD 作为一个资产组核算,并每年按照资产组进行减值测试。如果购买额外数量的 IPAD,只要用途与前一批一样,可以归为一个资产组,但剩余折旧年限可能不同。

问题 1-1-7　财税[2014]75 号文是否可以作为企业进行会计处理的直接依据

问题:

企业能否直接依据《财政部、国家税务总局关于完善固定资产加速折旧企业所得税政策的通知》(财税[2014]75 号)的规定,将固定资产的单位价值标准提高到 5 000 元?

背景:

根据《财政部、国家税务总局关于完善固定资产加速折旧企业所得税政策的通知》(财税[2014]75 号)第三条规定:对所有行业企业持有的单位价值不超过 5 000 元的固定资产,允许一次性计入当期成本费用在计算应纳税所得额时扣除,不再分年度计算折旧。

国家税务总局公告 2014 年第 64 号《国家税务总局关于固定资产加速折旧税收政策有关问题的公告》第三条规定:企业持有的固定资产,单位价值不超过 5 000 元的,可以一次性在计算应纳税所得额时扣除。企业在 2013 年 12 月 31 日前持有的单位价值不超过 5 000 元的固定资产,其折余价值部分,2014 年 1 月 1 日以后可以一次性在计算应纳税所得额时扣除。

解答:

财税[2014]75 号文属于税务文件(尽管财政部是主发文单位,但具体负责的是税政司而不是会计司),所规范的是企业所得税中资产的税务处理,不能作为企业进行会计核算的依据。因此,财税[2014]75 号文的规定可能导致企业的会计处理和税务处理产生差异,在符合《企业会计准则第 18 号——所得税》规定条件的前提下,企业可以对这些税会差异所导致的相关资产、负债的账面价值和计税基础之间的暂时性差异确认递延所得税资产。

在实际操作中,为了减轻纳税调整的工作量,企业也可以采取适当的对策,如将固定资产的单位价值下限标准从 2 000 元提高到 5 000 元。该项变更作为会计估计变更处理,具体可参考《计学撮要 2013》之“问题 4-4-2 固定资产确认的金额标准发生变化属于会计估计变更还是会计政策变更”。

即,企业可以根据自身情况选择提高固定资产的单位金额下限标准,作为会计估计变更处理,但变更的理由应当是“企业随着规模的扩张,可接受的重要性水平相应提高，导致相应提高固定资产确认的单位价值标准"，而不能是新发布的税务规定。

至于财税[2014]75号文中的其他规定，如"对所有行业企业2014年1月1日后新购进的专门用于研发的仪器、设备，单位价值不超过100万元的，允许一次性计入当期成本费用在计算应纳税所得额时扣除，不再分年度计算折旧"等，由于以100万元作为研发用固定资产金额的下限对多数企业而言已超出其重要性水平而不合适，因此会计上不应进行该项变更。

对于变更折旧年限或折旧方法等问题，应根据《企业会计准则第4号——固定资产》第十九条的规定，通过对折旧方法和折旧年限的定期复核调整来解决。如确实符合该条规定的条件，可对折旧年限和折旧方法等进行变更的，应作为会计估计变更进行处理，并注意履行相关的决策程序，上市公司应同时根据证监会和交易所的相关规定履行相应的信息披露义务。

问题1-1-8　自建投资性房地产初始计量问题

问题：

自建房产同时自用和出租时，如何计量？

背景：

A公司2013年10月建成28层办公楼(土地以出让方式取得)，除部分楼层自用外，大部分用于出租。该房地产所在地段具备公允价值计量条件，A公司对出租的部分作为投资性房地产并采用公允价值计量，对自用部分计入固定资产和无形资产，并在工程竣日按以下方法计量：对于大楼建造成本，按照出租面积和自用面积所占比例进行分配，分别计入投资性房地产和固定资产；对于土地取得成本，按照出租面积和自用面积所占比例进行分配，分别计入投资性房地产和无形资产；年末，公司对投资性房地产按公允价值计量，公允价值与上述初始计量差异计入当期损益。

解答：

1. 关于投资性房地产的确认：根据《企业会计准则第3号——投资性房地产》的规定："投资性房地产，是指为赚取租金或资本增值，或两者兼有而持有的房地产。投资性房地产应当能够单独计量和出售。"在《企业会计准则讲解》(2010)第四章第一节中进一步指出：作为投资性房地产的"已出租的建筑物是指企业拥有产权的、以经营租赁方式出租的建筑物，包括自行建造或开发活动完成后用于出租的建筑物以及正在建造或开发过程中将来用于出租的建筑物"。一般情况下，企业拥有产权、已以经营租赁方式出租、并且在可预见的未来不会改变持有意图的商业地产可以认为符合投资性房地产的定义和确认条件。但如果企业以自己的名义经营该商业地产(例如，以自己的名义在这些地产中开设商场或交易市场，将该地产分隔为商铺出租，类似于一些以经营商场或交易市场为主业的上市公司的业务模式；或者按租赁协议向承租人提供的相关辅助服务在整个协议中所占比重为重大的)，则不属于投资性房地产。企业和注册会计师应首先对照准则正文及其讲解的规定，判断拟用于出租的这部分房地产是否符合“投资性房地产”的定义和确认条件。

2. 如果符合投资性房地产的定义和确认条件的，则按照《企业会计准则第3号——投资性房地产》和《企业会计准则讲解》(2010)规定，公允价值模式的使用应当同时符合以下条件：①投资性房地产所在地有活跃的房地产交易市场；②企业能够从房地产交易市场上取得同类或类似房地产的市场价格及其他相关信息，从而对投资性房地产的公允价值作出科学合理的估计。同时，企业选择公允价值模式，就应当对其所有投资性房地产采用公允价值模式进行后续计量，不得对一部分投资性房地产采用成本模式进行后续计量，对另一部分投资性房地产采用公允价值模式进行后续计量。关于公允价值模式下公允价值的确定方法，自2007年4月底“企业会计准则实施问题专家工作组意见(第二期)”发布以来到《企业会计准则讲解》(2008)发布之前，一直是严格要求仅可采用“直接市场观察法”，自《企业会计准则讲解》(2008)发布后开始允许采用租金现值等折现模型加以估计，自2014年7月1日《企业会计准则第39号——公允价值计量》生效后即应遵循该准则的规定。因此，如果该公司所拥有的商业地产中有相当部分位于此类房地产交易不活跃的地方(例如，不在大中城市的城区)，或者预计未来的业务发展方向将是拓展目前无活跃市场的地区，则有可能导致不满足以公允价值模式计量的条件。因为如果采用公允价值模式进行后续计量，则意味着本会计主体内(如果是合并报表，则还包括子公司)的所有投资性房地产都要采用公允价值模式，而使用公允价值模式的条件是可以通过直接市场观察或者租金现值等估值模型持续地、可靠地确定公允价值。

并且，根据《企业会计准则第3号——投资性房地产》第十二条规定：“已采用公允价值模式计量的投资性房地产，不得从公允价值模式转为成本模式。”这一规定事实上意味着：已经采用公允价值模式对投资性房地产进行后续计量的企业，如果由于后续情况变化导致投资性房地产的公允价值不再能够持续可靠地取得，因而不再满足公允价值模式的适用条件时，只能以前期会计差错更正的方式变回成本模式，这对企业的财务报表可能产生非常重大的影响，并且可能导致企业和为其提供财务报表审计服务的注册会计师承担相应的法律责任。

总之，企业在确定投资性房地产的后续计量模式是成本模式还是公允价值模式时，应当对上述各项规定中的限制因素的影响予以全面、谨慎的分析和评价。

3. 鉴于公允价值的计量结果对其财务报表有非常重大的影响，因此每期期末由具备相应资质的评估机构或房地产估价机构采用市价法或租金现值模型等可接受的公允价值确定方法出具评估报告或者估价报告是必需的。

根据以上情况，如最终确定上述房地产属于按公允价值确定的投资性房地产，建议聘请相关专业机构采用合理方法确定期末的公允价值。

4. 对于同一幢楼中既有自用部分(确认为固定资产)，又有出租部分(确认为投资性房地产)的情形，这两部分的成本分摊方法问题，应当保证其系统和合理。对于专属于其中某一部分、与另一部分无关的可辨认成本，应当直接计入该相关部分的成本中；对于两部分的共用部分，如建筑成本和土地取得成本，应采用系统、合理的方式分配到该两部分，具体的分配方式在实务中没有统一规定，在本案例中，企业所采用的按照两部分建筑面积比例分配的方法也是可以接受的，但任何分配方法一经确定即成为一项会计政策，应当一贯地运用于所有同类和类似交易的会计处理中。

问题 1-1-9 投资性房地产能否转为存货

问题：

投资性房地产能否转为存货？

解答：

投资性房地产结束出租时，除非对其进行重新开发（redevelopment）用于出售，否则不应重分类到存货。如果意图是直接以租赁结束时的当前状态出售，则仍列报为投资性房地产，届时出售时直接按照投资性房地产处置处理。

参考《企业会计准则讲解》(2010)第 60 页："房地产开发企业将用于经营租出的房地产**重新开发**用于对外销售的，从投资性房地产转换为存货。这种情况下，转换日为租赁期届满、企业董事会或类似机构作出书面决议明确表明将其重新开发用于对外销售的日期。"IAS 40 第 58 段："Paragraph 57(b) requires an entity to transfer a property from investment property to inventories when, and only when, there is a change in use, evidenced by commencement of development with a view to sale. **When an entity decides to dispose of an investment property without development, it continues to treat the property as an investment property until it is derecognised (eliminated from the statement of financial position) and does not treat it as inventory.**"（**中文翻译：**上述第 57 段(b)要求当且仅当为销售而开始开发房地产从而证明其用途发生了变化时，企业才可将该项房地产由投资性房地产转换成存货。**如果企业决定处置某项不需进一步开发的投资性房地产，在终止确认(从资产负债表中消除)之前，企业应继续将其作为投资性房地产而不是作为存货进行会计处理。**）

从上述规定可以看出，投资性房地产能否重分类到存货，不仅要有持有意图改变的相关证据，同时还需要对其为了对外出售的目的而进行重新开发。此处的"重新开发"是指对房屋的重大结构性调整和更新。如果不对投资性房地产进行重新开发，直接以其当前状态对外出售(或者仅对其进行不涉及结构性调整的重新装修、维修等后即对外出售)，则在终止确认之前仍应将其列报为投资性房地产，而不能列报为一项存货；相应地，在处置日所在年度的利润表上将体现为投资性房地产的处置，而不是存货的出售。

问题 1-1-10 获得人才安居房并出租或出售给职工的处理

问题：

如下文背景资料介绍，A 公司对购入的"人才安居工程"的房子如何入账？

后续销售给员工或者出租给员工时如何核算?

背景:

A 公司与其他公司共同参与某市政府主导的"人才安居工程",在政府所有的土地上合作建房一批。A 公司以房屋的建筑成本价获得其中 40 套房子的 70 年使用权。

A 公司将其中 14 套企业按建房成本及资金占用期间的定期存款利息销售给企业员工(获得使用权),并约定这些员工需在公司服务满 5 年,未满 5 年者公司退还购房款,收取占用房子期间的租金;将另外 26 套租给在职员工,员工离职则丧失租房资格。

解答:

根据背景资料分析,我们理解该 40 套房屋系来源于某市政府主导下的"人才安居工程",该房屋系建立在政府所有的土地上,因此按现状无法办理产权,只能取得 70 年使用权;出售给 A 公司的价格是按照建房的成本价(但因房屋权属、用途方面的特殊性,无类似房屋的公允价值可供参考)。A 公司在取得该 40 套房屋后:

(1) 将其中 14 套按取得成本加垫付资金利息作价出售给职工,要求购房职工必须为企业服务满 5 年,否则将按原价收回房产,并要求支付实际使用期间的租金。

(2) 将剩余 26 套按照较低的租金出租给职工,条件是职工必须在职,一旦离职则丧失承租资格。

根据上述信息,我们理解:

1. 关于对整个交易中是否涉及政府补助的判断。

该项目的土地使用权归政府所有,政府未就此向 A 公司和合作企业收取土地出让金价款,且放弃了通常情况下房地产商业开发的利润,这是 A 公司能够以建造成本价购得该 40 套房屋的主要原因。这个安居工程项目本身也是在政府的主导和支持下实施的,旨在帮助企业吸引和留住人才,提高人才的福利待遇。因此,应当认为该交易安排中包含政府补助因素,政府补助的金额等于以下两者之间的差额:①该 40 套房产交付给 A 公司时,周边同等条件的商品住宅的公允价值;②企业实际购入该 40 套住房的价格。

2. 关于出租的 26 套房屋是否可确认为投资性房地产。

根据《企业会计准则第 3 号——投资性房地产》第二条规定:"投资性房地产,是指为赚取租金或资本增值,或两者兼有而持有的房地产。投资性房地产应当能够单独计量和出售。"且《企业会计准则讲解》(2010)第 55 页进一步指出:"用于出租的建筑物是指企业拥有产权的建筑物。"对照这一规定,我们认为该 26 套用于出租给职工的房屋不应确认为投资性房地产,主要考虑如下:

(1) 该 26 套房屋只有 70 年使用权,无产权,不能对外出售其所有权。

(2) 企业持有该 26 套房屋用于出租给职工,并不是单纯地为了获取租金和资本增值,而是通过为职工承担部分住房成本的方式,激励职工更好地为本企业提供服务。这些出租房屋本身并不构成一项独立的经营业务,而是从属于企业的主营业务。

3. 对会计处理模式的建议。

(1) 购入该40套房屋时：

借：固定资产(拟用于出租的)/其他流动资产(拟用于出售的)(按周边同等条件的商品住宅的公允价值)
　　贷：银行存款(按实际购买价格)
　　　　递延收益(按差额)

(2) 对用于出租的26套房屋确认为固定资产(需在财务报表附注中披露企业不拥有产权,对外转让受限制的事实),参照企业同类房屋建筑物的折旧年限计提折旧,借记“管理费用——非货币性福利”科目,贷记“累计折旧”科目。收到职工交付的租金时,冲减“管理费用——非货币性福利”科目。

在计提折旧的同时,将对应的递延收益余额摊销转入各该年度的营业外收入。

(3) 对于出售70年使用权给职工的14套房屋,在出售时终止确认,出售价格低于该房屋入账价值的差额(相当于所对应的递延收益)在约定的服务期(5年)内分摊,计入各年度的“管理费用——非货币性福利”;同时摊销递延收益,确认营业外收入。即：

将房屋出售给职工时：

借：银行存款(按出售价格)
　　长期待摊费用(按差额)
　　贷：其他流动资产(按其原入账价值)

后续5年服务期内：

借：管理费用——非货币性福利
　　贷：长期待摊费用

(摊销上述长期待摊费用)

借：递延收益
　　贷：营业外收入

(在5年服务期内摊销对应的递延收益,确认为“营业外收入——政府补助”)

问题1-1-11　煤矿企业棚户区改造项目相关会计核算问题

问题：

煤矿企业棚户区异地改造,资金来源为职工集资、企业补贴、政府补贴三部分,那么煤矿企业：

1. 对棚户区改造的建筑成本是参照房地产开发企业在存货科目列报,还是在在建工程核算？对职工集资款是否作为售房收入入账(建筑成本作为售房成本,同房地产企业)?

2. 小区配套设施建筑成本是分摊至住宅成本,结转至销售成本,还是作为固定资产入账?

3. 廉租房是否作为企业固定资产入账?

4. 企业补贴资金如何进行账务处理?

解答:

本案例的基本处理原则如下:

1. 如果改造后的住房所有权归职工所有,其建筑资金来源于“职工集资、企业补贴、政府补贴”,则所建造的房屋不会形成企业自身的资产;并且企业并非房地产开发企业,此类参与棚改也不是企业的正常经营业务,不应确认为营业收入。

一般情况下,建议按以下方法进行处理:

(1) 收到职工集资款和政府补贴时,确认为其他应付款:

借:银行存款等

　　贷:其他应付款

(2) 在企业账面上归集改建工程的支出,可以暂在“在建工程”或“其他非流动资产”等科目核算,但报表列报时与其他应付款抵销后按净额列报:

借:在建工程(或其他非流动资产,下同)

　　贷:银行存款、应付工程款等

[如果期末“在建工程”余额大于“其他应付款”余额,且没有证据表明借方净差额可以通过政府和职工的后续投入得到弥补的,则其借方净额应计入当期损益(“管理费用”),不能列报为一项资产;如果期末“在建工程”余额小于“其他应付款”余额,则其贷方净额应列报为“其他应付款”。]

(3) 工程结束后,将“在建工程”与“其他应付款”对冲,将“在建工程”结平。如果“在建工程”余额大于“其他应付款”余额的,则该差额应当已经在以前年度或本年度在利润表上列报为“管理费用”。

(4) 工程结束后,如“其他应付款”与“在建工程”对冲后仍有结余的,则区分情况处理:结余需归还给职工或政府的,借记“其他应付款”科目,贷记“银行存款”等科目;结余无需归还给职工或政府的,借记“其他应付款”科目,贷记“营业外收入”科目。

2. 对于小区配套设施,应综合考虑其法律上的产权归属、经营收入的归属、运营管理和维修成本的支出责任的承担等因素,考虑能否确认为本企业的资产,以及是否需就企业承担的运营管理和维修成本的支出责任确认负债。

3. 如果在棚改中同时建造了廉租房,则应考虑以下因素,确定能否确认为本企业的固定资产:

(1) 租赁对象是否有限定,即仅供本企业在职职工及其家属租住。

(2) 本企业能否自主决定廉租房的分配,还是必须交由当地政府统一调配。

(3) 廉租房在法律上的产权是否归属本企业所有。

(4) 廉租房的租金收入和出售收益(如可出售)是否归属本企业所有,其物业管理支出、运营管理和维修支出等是否应由本企业承担。

4. 如果棚改项目未设置单独账套的,则企业拨入的资金不单独设账核算,可以将整个棚改项目的支出总额超出职工集资款和政府补贴款的部分视作本企业的投入。如果棚改项目设置单独账套的,则在该单独账套中,应把企业拨付的资金也通过“其他应付款”科目核算,该“其他应付款”科目可根据不同资金来源设置明细账。企业向该账套拨付资金时,在企业账套中借记“管理费用”科目,贷记“银行存款”科目;如果从棚改项目中收回结余资金的,作相反的会计分录。

问题 1-1-12 公司专项购买的办公用期房的借款利息在房产达到预定可使用状态前能否资本化

问题:

公司专项购买的办公用期房的借款利息在房产达到预定可使用状态前能否资本化?

背景:

A 公司于 2013 年与一房地产开发公司签订房产购买合同,购买该房地产公司在建的已达到预售条件的房产一处,该房产预计在 2014 年 5 月交房。之后 A 公司与银行签订专项借款合同,约定 A 公司从该银行取得专项借款用于购买上述房产,资金专款专用,不得挪作他用。该专项借款约占房产购买总价的 70%。截至 2013 年年底,A 公司该项借款产生利息约 50 万元。

解答:

在本案例中,购房借款的利息不应资本化入该房产的价值中。

根据《企业会计准则第 17 号——借款费用》第四条规定:“符合资本化条件的资产,是指需要经过相当长时间的购建或者生产活动才能达到预定可使用或者可销售状态的固定资产、投资性房地产和存货等资产。”

根据《企业会计准则解释第 3 号》第六条规定:“企业自行建造或通过分包商建造房地产,应当根据房地产建造协议条款和实际情况,判断确认收入应适用的会计准则。房地产购买方在建造工程开始前能够规定房地产设计的主要结构要素,或者能够在建造过程中决定主要结构变动的,房地产建造协议符合建造合同定义,企业应当遵循《企业会计准则第 15 号——建造合同》确认收入。房地产购买方影响房地产设计的能力有限(如仅能对基本设计方案做微小变动)的,企业应当遵循《企业会计准则第 14 号——收入》中有关商品销售收入的原则确认收入。”

在本案例中,公司所购买的是房地产开发企业所开发的预售房产,并不是根据公司的特殊需求由房地产开发企业专门为其定制专门用途的房产,因此就该房地产开发企业而言应采用“销售商品模式”确认相应的收入。而房地产开发企业采用“销售商品模式”确认收入,也就意味着在房屋实际交付之前,其所有权上的主要风险和报酬归属房地产开发企业,而不是作为购买方的A公司。在房产实际交付之前,A公司不能将其确认为一项固定资产或在建工程,而只能确认为“预付购房款”(报表上列报为“其他非流动资产”)。该项“预付购房款”实质上是对房地产开发企业的一项非货币性债权,其本身并不构成一项固定资产、无形资产或者投资性房地产等,直到房屋交付时,随着该房屋所有权上的主要风险和报酬(如灭失风险)转移给A公司,A公司才确认一项固定资产或投资性房地产。到房屋交付时,公司所接收的房屋已经达到预定可使用状态,而不需要在确认固定资产或投资性房地产后继续进行长时间、高成本的建造活动。因此,此处所购买的房屋不是借款费用准则所定义的“符合资本化条件的资产”,其购房借款的利息不能资本化计入房产价值中。

问题 1-1-13 建筑承包商在合同建造期间发生的借款费用是否资本化的问题

问题:

施工企业借入一般借款的借款利息应如何进行会计处理?该部分借款在借款合同中未明确用途,但主要是用于工程建造,且金额较大,是否可以将利息资本化计入存货成本?

解答:

根据《企业会计准则讲解(2010)》第十六章“建造合同”第二节“合同成本”之“二、合同成本的会计处理”(原书第238页):

(二)与建造合同相关的借款费用

建造承包商为客户建造资产,通常是客户筹集资金,并根据合同约定,定期向建造承包商支付工程进度款。但是,建造承包商也可能在合同建造过程中因资金周转等原因向银行借入款项,发生借款费用。建造承包商在合同建造期间发生的借款费用,符合《企业会计准则第17号——借款费用》规定的资本化条件的,应当计入合同成本。合同完成后发生的借款费用,应计入当期损益,不再计入合同成本。

据此,建造承包商将所发生的与建造合同相关的借款费用计入合同成本,应同时满足以下条件:

1. 该建造合同的标的属于《企业会计准则第17号——借款费用》第四条所界定的“符合资本化条件的资产”,即“需要经过相当长时间的购建或者生产活动才能达到预定可使用或者可销售状态的固定资产、投资性房地产和存货等资产”。

2. 该借款费用是为该建造合同工程项目专门借入的借款所发生的借款费用,或者有证据表明确实属于工程项目支出占用的一般借款所发生的借款费用。关于一般借款费用资本化应满足的条件和审计注意事项,请参阅《计学撮要2013》之“问题1-1-18 一般借款费用资本化问题”。

3. 该借款费用发生于《企业会计准则第 17 号——借款费用》所规定的资本化期间内。

另外,如需将借款费用计入合同成本,应注意确保事先在合同成本预算中能够对资本化借款费用的发生金额和发生时间等作出合理、可靠的估计,否则将导致合同总成本的不确定性和/或完工百分比难以可靠确定(例如,在依据“累计实际发生的合同成本占合同预计总成本的比例”确定完工百分比的情况下),可能会导致不符合《企业会计准则第 15 号——建造合同》所规定的完工百分比法的适用条件。

问题 1-1-14 一般借款费用会计处理方式的变更问题

问题:

企业以往对一般借款费用均予以费用化处理,如果变更为将符合条件的一般借款费用予以资本化处理,应符合哪些条件?需注意哪些问题?

背景:

A 公司在 2012 年度及以前只是针对专门借款费用做资本化处理,未考虑一般借款费用的资本化处理。而从 2013 年起,拟对新发生的一般借款费用也进行资本化,相对应的项目还是以前年度未结的项目。

解答:

1. 根据《企业会计准则第 28 号——会计政策、会计估计变更和差错更正》的规定,会计政策变更包括“法定变更”和“自主变更”两种情形。其中,法定变更是指根据法律、行政法规或者国家统一的会计制度等要求而进行的会计政策变更,通常是由新发布或新修订的企业会计准则及其配套规定所明确要求的;自主变更是指由于变更后的会计政策能够提供更可靠、更相关的会计信息而进行的会计政策变更。自主变更会计政策的一项基本前提是:相关会计准则在此问题上允许企业在不同的会计政策之间作出选择(例如,《企业会计准则第 1 号——存货》允许企业在确定发出存货的成本时,在加权平均、个别认定、先进先出等方法之间选择;《企业会计准则第 3 号——投资性房地产》允许企业选择将投资性房地产的后续计量模式由成本模式变更为公允价值模式等),并且变更前后的会计政策均符合相关会计准则的规定。

如果 A 公司一贯执行企业会计准则(2006),则在 2013 年前后,企业会计准则对于一般借款费用资本化的基本原则性规定并未发生变化,且不存在会计政策选择的空间。因此,如果以前年度对一般借款费用未进行资本化,而从 2013 年度开始资本化,则不能以“会计政策变更”的名义进行,而只能表述为:以前年度无法证明符合资本化条件的资产的购建支出占用了一般借款,而自 2013 年度开始,由于基础工作的改善、内控的加强等,可以提供关于一般借款资金和资产支出之间对应关系的证据,即采用类似于会计估计变更的方式处理,对以前年度已经费用化的一般借款费用不能进行追溯调整,只能对今后新发生的符合资本化条件的一般借款费用予以资本化处理。

2. 在实务中,如何确定一般借款资金与资产支出之间的对应关系,是借款费用准则的一大难点,目前也没有公认的具有普适性的规则可以遵循,这一点在 IFRS 体系下的《国际会计准则第 23 号——借款费用》中也是明确承认的。对于一般借款费用资本化应注意的问题,请查阅《计学撮要 2013》中的“问题 1-1-18　一般借款费用资本化问题”。虽然《企业会计准则第 17 号——借款费用》允许资产支出占用一般借款时,将对应的一般借款费用予以资本化,但是我们认为实务中对于一般借款的资本化问题要非常谨慎。完全同时满足监管要求和会计准则规定的一般借款费用资本化应当是相当罕见的情形。

问题 1-1-15　关于尾矿库闭库费用资本化还是费用化的问题

问题:

尾矿库闭库费用在会计上应作资本化还是费用化处理?

背景:

A 公司尾矿库闭库费用主要包括:尾矿坝体治理,排洪排渗系统治理,在线检测,库区整治等,每年纳入投资预算,是属于对已填满尾矿库的后续支出。

解答:

我们认为,尾矿库闭库行为属于企业应履行的法定义务,但不能为企业带来以货币计量的未来经济利益,因此该项支出不符合《企业会计准则——基本准则》对“资产”这一会计要素的定义和确认条件的规定,应于发生时直接费用化处理。

虽然《企业会计准则讲解(2010)》第五章第一节中提到:“企业由于安全或环保的要求购入设备等,虽然不能直接给企业带来未来经济利益,但有助于企业从其他相关资产的使用获得未来经济利益,也应确认为固定资产”(见原书第 68 页),但我们理解此处的安全设备、环保设备投资与尾矿库闭库支出并不具有可比性。企业的安全设备和环保设备不能为企业带来直接经济利益,但仍可被确认为资产,其原因在于:如果企业的环保和安全生产状况不达标,则依据相关法律法规要求不得开工生产,因此这些环保设备和安全设备保持良好状态是那些可直接为企业带来经济利益的生产设备正常投入运行的必要前提,即有助于生产设备中所包含的未来经济利益的实现。与之相比,尾矿库的闭库支出并不直接与生产设备的运转发生联系,并非生产设备正常投入运行的必要前提。

另外,虽然尾矿库闭库有助于“防止安全隐患造成企业的经济利益流出”,但此时所减少的经济利益流出(一旦发生溃坝等灾害后的救援、赔偿等支出)更多的是或有的、难以用货币计量的;尾矿库中积存的尾矿在日后能否重新被使用也有相当大的不确定性,因此不属于会计上在判断是否构成资产时需纳入考虑的“未来经济利益”。尾矿库闭库支出更多地类似于矿区开采完后的地质环境治理恢复义务,不形成企业的资产。

第二节 无形资产和研究开发支出的相关问题

问题 1-2-1 研发过程中收到合作研发单位支付超过研发成本支出的研发款项的处理

问题：

研发过程中收到合作研发单位支付的研发款项，且该款项明显超过研发项目的成本投入时，如何进行会计处理？

背景：

2012—2013 年，A 公司分别与 2 家子公司和 3 家外部单位签订 2 份《技术开发(合作)合同》，共同进行两种新兽药的研发，合作单位分阶段向 A 公司支付 1.55 亿元合作研发经费，其中 2 家子公司共需支付 8 200 万元，3 家外部单位共需支付 7 300 万元(协议约定对于合作方已支付的款项，即使研发项目失败，A 公司也不予退还)，A 公司预计为此研发的成本投入为 5 900 万元。取得新药证书后，产权归 A 公司所有，合作研发单位取得新药的使用权(用于生产和销售)，但根据农业部的公告，观察期内 A 公司和合作研发单位都不能再将该使用权转让给第三方。截至 2013 年年末，A 公司共收到合作单位支付的研发经费 1 500 万元(系外部单位支付，2 家子公司尚未按协议支付相关款项)，A 公司为研发项目投入 3 045 万元，其中计入资本化开发支出 2 749 万元，其余计入了当期损益。目前项目已处于申报阶段，估计后期不会再有大的成本支出。

解答：

以下讨论中，将该合作开发合同中除 A 公司(母公司)以外的其他各方统称为“其他合作方”(包括参与的子公司在内)。

在这些合作研发项目中，如果实质性的研发活动均由 A 公司承担，其他合作方基本不从事实质性的研发工作(或者仅承担少量的辅助工作)，且如果研发成功，获得《新兽药注册证书》，则其他合作方可获得的利益仅限于不得转让的生产和销售权，则该业务的实质是其他合作方部分承担研发失败风险的技术成果许可使用合同，A 公司应按照《企业会计准则第 14 号——收入》对“让渡资产使用权收入——特许权使用费收入”的模式核算收入；同时对研究开发支出的核算应遵循《企业会计准则第 6 号——无形资产》的规定。

1. A 公司对研究开发支出的核算：应遵循《企业会计准则第 6 号——无形资产》对企业自行研究开发项目核算的相关规定，包括合理区分研究阶段和开发阶段，以及合理确定开发支出资本化的开始时点。开发项目完成，相关技术成果可供使用后(例如以取得《新兽药注册证书》为标志)将累积的资本化开发支出转入“无形资产”科目。对研究开发支出的归集和核算不受到此处的合作开发合同条款约定的影响。

2. A 公司对合作开发收入的确认：应注意收入的确认模式应与研发支出的费用化/资本化处理存在逻辑上的对应关系。在开发支出资本化开始时点以前从其他合作方收到的项目款项，由于合同约定即使开发失败也不退还，可以认为主要是对已发生的费用化研发支出的补偿，因此可以在资本化开始时点之前，以已实际发生的费用化研发支出为限，冲减已费用化的研发支出，超出部分予以递延；资本化开始时点以后从其他合作方收到的项目款项，连同资本化开始时点之前收到的款项超出费用化研发支出而予以递延的部分，作为其他合作方为了取得生产、销售权而支付的许可使用对价，确认为递延收益，到研发成果达到可供使用的条件后，在其预计使用寿命内摊销，确认为各期的"营业收入——技术成果许可使用费收入"。

如果期末时判断该项目很可能无法形成研发成果，则表明开发支出存在减值迹象，应对其计提减值准备。如果后期该项目终止，则可转销开发支出和相应减值准备。此时，如果确定已经从其他合作方收到的项目款项无需返还，则确认为营业外收入。

问题 1-2-2　研发支出能否预提

问题：

研发支出能否预提？

解答：

1. 企业未来拟实施的研发活动的相关支出不应在本期期末确认为负债。

2. 目前正在进行中但尚未完成的项目，其将于未来发生的支出，如果不是与截至本期期末已经实际发生的交易或事项(已实施的这部分研发工作)相关，则仍然是与未来活动相关的。即使"有明确的合同，有确定的金额，例如一些科技结题项目，在验收时还需要支付印刷费用，专家会议"，也不能确认为负债。

结论基础：

《企业会计准则——基本准则》对"负债"这一会计要素的定义和确认条件的相关规定如下：

第二十三条　负债是指企业过去的交易或者事项形成的、预期会导致经济利益流出企业的现时义务。

现时义务是指企业在现行条件下已承担的义务。未来发生的交易或者事项形成的义务，不属于现时义务，不应当确认为负债。

第二十四条　符合本准则第二十三条规定的负债定义的义务，在同时满足以下条件时，确认为负债：

(一) 与该义务有关的经济利益很可能流出企业；

(二) 未来流出的经济利益的金额能够可靠地计量。

第二十五条　符合负债定义和负债确认条件的项目，应当列入资产负债表；符合负债定义、但不符合负债确认条件的项目，不应当列入资产负债表。

《企业会计准则第 13 号——或有事项》对预计负债确认条件的规定：

第四条　与或有事项相关的义务同时满足下列条件的，应当确认为预计负债：

（一）该义务是企业承担的现时义务；

（二）履行该义务很可能导致经济利益流出企业；

（三）该义务的金额能够可靠地计量。

从上述规定可以看出，确认负债应满足的一个基本条件是"企业过去的交易或者事项形成"的"现时义务"，即企业在现行条件下已承担的义务。未来发生的交易或者事项形成的义务，不属于现时义务，不应当确认为负债。因此，企业未来将要发生的支出(即使其发生的可能性很大，甚至是基本确定的)，如果不是与过去已发生的交易或事项相关联的，则不应确认为负债。企业针对未来发生的交易或事项的支出所作出的准备不能确认为负债。

问题 1-2-3 收购无形资产涉及的或有对价问题

问题：

如下文背景资料所述，A 公司对于收购无形资产所涉及的或有对价如何处理？

背景：

A 公司 2013 年年底和美国 B 公司原股东签署股权转让协议，收购 B 公司的 100%股权。协议中有以下条款规定：

关于 B 公司目前正在研发中的 C 产品，如果美国 FDA 在交割日后 18 个月内、18～24 个月内或者 24～36 个月内批准 C 产品上市，A 公司将分别另外支付给 B 公司原股东不同金额的价款：18 个月内批准为 875 万美元，18～24 个月内批准为 625 万美元，24～36 个月内批准为 375 万美元。同时，在交割日后 10 年中，有任何连续 12 个月满足 B 公司销售 C 产品收入 5 000 万元、1 亿元等，A 公司应按合同条款根据不同的收入金额向 B 公司的原股东另外支付 2 500 万元、5 000万元等相应的收购价款，总额不超过 1.5 亿元。

上述价款都以现金形式支付。

截至目前，A 公司管理层认为 2 年内 C 产品并不会获批上市，但尚未对 2 年以后给出预测。

解答：

从背景资料所述的或有对价支付条款看，该部分或有对价的支付条款仅与 C 产品的获批上市和后续实际市场销售状况有关，与 B 公司除 C 产品以外的其他产品的经营状况无关。这与一般的或有对价系依据被收购方企业的整体盈利能力确定是不同的，实际上是针对被收购方的特定可辨认无形资产的价值调整，故我们认为不能简单地将该或有对价调整购买日确认的商誉，此处的或有对价不能按照企业合并中或有对价的一般原则进行处理。

关于与无形资产取得相关的或有对价(尽管本案例中的无形资产是通过企业合并取得的，但该或有对价事实上与企业合并事项无关，是与企业合并同时实现的另一项交易。与企业合并相关的或有对价本质上是对商誉的定价调整，而不是针对特定可辨认资产的)，目前在 IFRS 和中国企业会计准则下尚无明确指引。我们认为对无形资产取得成本中涉及或有对价的情况，可以采用以下两种方法之一解决：

(1) 将或有对价按其公允价值计入无形资产初始成本中，同时确认相应的负债。对于使用寿命有限的无形资产，这部分或有对价所构成的初始成本应与初始成本的其他构成部分一起，在其使用寿命内摊销；

(2) 无形资产的初始计量金额中不包含或有对价，或有对价在后续需要支付时直接计入当期损益。

A 公司需要考虑其对 C 产品这一研发中无形资产项目进行评估时是如何考虑该部分或有对价因素的，如果在确定该研发中无形资产于购买日的公允价值时已经将该或有对价的公允价值因素纳入考虑的，则应采用上述方法(1)；如果无法合理确定该部分或有对价于购买日的公允价值(相应地在无形资产评估值中未包含或有对价因素)的，则应采用上述方法(2)。

1. 如果采用上述方法(1)，则在确定该研发中无形资产于购买日的公允价值和或有对价的公允价值时，对这两者应当依据相同的基础(即预计 C 产品获得 FDA 批准上市的时间和上市后的销售表现)作出判断和估计。这种调整只影响购买日无形资产和或有对价的初始计量，对这两个项目产生同增同减的影响，但不影响购买日所确认的合并商誉。

后续研发过程尚未结束时，应在每个资产负债表日，根据《企业会计准则讲解(2010)》第 129 页中相关表述的要求，无论是否发生减值迹象，均应对该研发中无形资产项目进行减值测试。在本案例中，所确认的减值损失可以全部或部分地由或有对价的转回收益弥补，从而在一定程度上缓冲减值的损益影响。

后续研发完成后，这部分在购买日按公允价值确认的或有对价将成为无形资产原值的一部分，在 C 产品的预计市场寿命期内摊销，而不是像商誉那样不做摊销处理。

如果 C 产品获准上市的时间早于预期，或者其上市后的销售状况好于预期，导致最终需支付的或有对价超出原先的估计，则超出部分不符合《企业会计准则第 6 号——无形资产》规定的无形资产后续支出资本化条件，应当在其支付构成现时义务且金额能够可靠地计量时直接计入当期损益。

2. 如果采用上述方法(2)，则鉴于或有对价的触发条件(C 产品获准注册和达到约定的销售业绩)在一定程度上可由收购方 A 公司控制(例如，A 公司可以自主决定提交注册申请的时间，以及通过产品销售策略等影响其销售业绩)，因此可以认为该或有对价在购买日尚不成为购买方的一项现时义务，在无形资产初始计量和对价的初始计量中均不考虑或有对价因素。这样可以在一定程度上减少后续研发期间定期对该无形资产进行减值测试的压力[对商誉减值测试的影响程度与上述方法(1)下相同]，后续投入商业化生产后无形资产的定期摊销费用也小于方法(1)。但是，在方法(2)下，当或有对价满足支付条件且金额能够可靠地计量时，应一次性计入当期损益，不能追加计入无形资产成本，可能造成不同年份之间损益波动较大。

问题 1-2-4 飞行员执照是否可以确认为无形资产

问题:

A 公司培养飞行员支付的成本是否可以资本化,确认为无形资产?

背景:

A 公司有私用或商用飞机驾驶执照的培训资格,主要业务收入来源系飞行员私照和商照的培训。私照培训基本飞行学习小时为 50 小时(同一种机型),学满后可申请私照的考试。取得该种机型的私照后学习其他机型一定小时,可申请在私照上面添加该种机型的驾驶许可。商照培训基本飞行学习小时为取得私照后 110 小时(同一种机型),商照培训机型必须为私照已经取得驾驶许可的机型。取得商照后,同样可以学习其他机型一定小时后申请该机型的驾驶许可。取得商照后,由已取得教员资格的飞行员培训 50 小时,可申请教员执照考试,目前,A 公司无教员执照的培训资格。

飞行员在学习取得商照时,公司为其支付的主要费用为飞机折旧费用、航油航材费用、考试费用、体检住宿餐饮等其他费用。在学习取得教员执照时,公司为其支付的主要费用为考试费用、培训费、差旅费等其他费用。取得的飞行员执照上仅载明飞行员名字及许可机型,无培训机构名字。

飞行员在 A 公司学习期间与公司签订培训协议,培训协议中约定培训结束后,飞行员承诺资源接受公司的工作安排,并签订不低于一定年限的劳动合同,若不接受公司的安排,飞行员应按公司支付的培训费总额的两倍赔偿。

飞行员与公司签订的劳动合同约定飞行员取得执照证书后服务期未满单方提出解除劳动合同的,必须偿还 A 公司支付的培训费并支付违约金。

目前飞行员转让具有一定的市场,即公司可以把与公司签约的飞行员转让给其他公司,根据年限及可驾驶的机型收取不等金额的转让费。

解答:

此问题可参照《计学撮要 2013》中的问题“5-2-4 生产人员培训及提前进厂费用是属于经营活动还是投资活动”所述原则处理。首先确定相关培训费支出能否确认为资产,再来讨论应确认为何种资产。

1. 培训费资本化应满足的条件。

根据《企业会计准则——基本准则》对“资产”这一会计要素定义和确认条件的规定,资产是指企业过去的交易或者事项形成的、由企业拥有或者控制的、预期会给企业带来经济利益的资源。前款所指的企业过去的交易或者事项包括购买、生产、建造行为或其他交易或者事项。预期在未来发生的交易或者事项不形成资产。由企业拥有或者控制,是指企业享有某项资源的所有权,或者虽然不享有某项资源的所有权,但该资源能被企业所控制。预期会给企业带来经济利益,是指直接或者间接导致现金和现金等价物流入企业的潜力。

根据《企业会计准则——基本准则》,确认资产应同时满足以下条件:①符合前述"资产"的定义;②与该资源有关的经济利益很可能流入企业;③该资源的成本或者价值能够可靠地计量。

根据这一规定;如果公司在与培训对象签订的劳动合同中根据《劳动合同法》第二十二条和《劳动合同法实施条例》第十六条的规定,明确约定了服务期,并约定如提前离职,则培训对象应按《劳动合同法》第二十二条规定的最高限额支付违约金,以作为企业为其发生的培训费的补偿(因而该项培训费很可能为企业带来未来经济利益流入),则可以把相关的培训费支出确认为资产。

另外,飞行员的培训通常有一定的淘汰率,即参加培训的学员有一部分最终无法取得飞行员执照。此时还应参考《企业会计准则第 6 号——无形资产》第九条关于企业内部研究开发项目支出资本化的条件。如果根据历史经验,该淘汰率小于 50%,则在符合上述资本化条件的前提下,可以将取得飞行员执照前企业为其发生的培训费支出予以暂时资本化,到实际取得飞行员执照时再转为无形资产;对被淘汰的学员,如果无法就已发生的培训费支出向其追偿的,则在确定被淘汰时,将对应的培训费支出转入当期损益。如果根据历史经验,该淘汰率大于或等于 50%,则只有在基本确定某个学员可取得飞行员执照,并符合上述资本化条件时,才可将企业为其发生的培训费支出予以资本化,此前发生的培训费支出应予以费用化处理。

2. 可资本化的培训费应确认为何种资产。

在满足资产确认条件的前提下,根据《企业会计准则第 6 号——无形资产》第三条规定:"无形资产,是指企业拥有或者控制的没有实物形态的可辨认非货币性资产。资产满足下列条件之一的,符合无形资产定义中的可辨认性标准:(一)能够从企业中分离或者划分出来,并能单独或者与相关合同、资产或负债一起,用于出售、转移、授予许可、租赁或者交换;(二)源自合同性权利或其他法定权利,无论这些权利是否可以从企业或其他权利和义务中转移或者分离。"

在本案例中,公司通过承担员工的培训支出,使其获得相应的专业技能,并相应依据劳动合同取得了在约定期限内获取员工所提供的相应服务的合同权利,因此符合可辨认性标准之(二)即"源自合同性权利或其他法定权利,无论这些权利是否可以从企业或其他权利和义务中转移或者分离"。因此,将相应的权利确认为无形资产是合适的。但在实务中,也可接受将其确认为长期待摊费用的做法。

问题 1-2-5 农村土地承包经营权能否作为股东出资,能否作为无形资产核算

问题:

农村土地承包经营权能否作为股东出资?能否作为无形资产核算?

解答:

1. 关于能否以农村土地承包经营权作价出资问题。

农村土地承包经营权能否用作出资的问题首先是一个法律问题,建议咨询

律师意见,并建议公司向当地农业、土地登记主管部门和工商登记机关咨询。

对于这一法律问题,我们基于对《公司法》和其他相关法律法规的理解,分析如下:

根据《公司法》第二十七条规定,用作对公司出资的非货币财产应同时满足“可以用货币估价”和“可以依法转让”这两项基本条件。同时,《公司登记管理条例》第十四条规定:“股东的出资方式应当符合《公司法》第二十七条的规定。但是,股东不得以劳务、信用、自然人姓名、商誉、特许经营权或者设定担保的财产等作价出资。”因此,这一问题的关键在于分析农村土地承包经营权是否符合此处所规定的用作出资的非货币性资产应满足的全部条件。

目前对于农村土地承包经营权规范的主要规定是《中华人民共和国农村土地承包法》、《农村土地承包经营权流转管理办法》(农业部令第 47 号)、《关于做好当前农村土地承包经营权流转管理和服务工作的通知》(农经发[2008]10 号)等。根据这些规定:

(1) 通过家庭承包取得的土地承包经营权可以依法采取转包、出租、互换、转让或者其他方式流转;承包方之间为发展农业经济,可以自愿联合将土地承包经营权入股,从事农业合作生产。(即“入股”也是法律认可的一种流转方式)。

(2) 农村土地承包经营权流转的受让方可以是承包农户,也可以是其他按有关法律及有关规定允许从事农业生产经营的组织和个人。在同等条件下,本集体经济组织成员享有优先权。受让方应当具有农业经营能力。

(3) 土地承包经营权采取转包、出租、互换、转让或者其他方式流转,当事人双方应当签订书面合同。采取转让方式流转的,应当经发包方同意;采取转包、出租、互换或者其他方式流转的,应当报发包方备案。

(4) 县级以上地方人民政府应当向承包方颁发土地承包经营权证或者林权证等证书,并登记造册,确认土地承包经营权。

根据上述规定,建议首先了解当地工商登记机关是否将土地承包经营权理解为《公司登记管理条例》规定不可用作出资的“特许经营权”,如果当地工商登记机关是这样理解的,则土地承包经营权将不能用作出资。如果当地工商登记机关认可将农村土地承包经营权用作出资的,除了对非货币性出资进行审验时应关注的一般问题以外,还应特别注意以下问题:

(1) 确保被投资方有适当的主体资格,其经营范围应包括农业生产。接受流转后,相关土地应继续用于农业生产用途。

(2) 应当确保法律法规规定的相关程序得到完整、恰当履行,尤其是签订书面合同(其内容应具备《农村土地承包法》第三十七条和《农村土地承包经营权流转管理办法》第二十三条规定的各项要件),并报发包方同意或备案。在这一过程中,如果同一集体经济组织的其他成员要求受让的,在同等条件下应保障其优先权(或取得放弃优先权的声明)。

(3) 应当以被投资企业获取县级以上地方人民政府颁发的土地承包经营权证或者林权证等证书作为该项流转获得有关政府部门确认的标志,并作为审验其出资到位情况(《公司法》规定的财产权转移手续)的必备要件。

(4) 根据《公司法》、《财政部、国家工商行政管理总局关于加强以非货币财产出资的评估管理若干问题的通知》(财企[2009]46 号)等规定,对非货币性财产出资应进行评估,并在评估的基础上确定其作价金额。

由于农村土地承包经营权流转可能涉及较为复杂的法律问题,建议必要时聘请律师就相关流转程序的合规性出具法律意见。

2. 关于接受投资的农村土地承包经营权能否作为无形资产核算的问题。

根据《企业会计准则第 6 号——无形资产》第三条规定:"无形资产,是指企业拥有或者控制的没有实物形态的可辨认非货币性资产。

资产满足下列条件之一的,符合无形资产定义中的可辨认性标准:

(一) 能够从企业中分离或者划分出来,并能单独或者与相关合同、资产或负债一起,用于出售、转移、授予许可、租赁或者交换。

(二) 源自合同性权利或其他法定权利,无论这些权利是否可以从企业或其他权利和义务中转移或者分离。"

在认可农村土地承包经营权作为出资的前提下,对照《企业会计准则第 6 号——无形资产》对"无形资产"的定义和确认条件的规定,我们理解,农村土地承包经营权对于该准则第三条所给出的"可辨认性"两项标准都是符合的。因此,对于企业拥有或者控制的农村土地承包经营权,企业可从中获取经济利益并承担相应风险的,可以在财务报表中确认为一项无形资产。

问题 1-2-6　支付给外部机构的大额品牌包装费的会计处理

问题:

支付给外部机构的大额品牌包装费能否资本化?

背景:

A 公司系一家上市公司的全资子公司,公司经营范围为网络营销顾问;企业营销策划。A 公司委托某品牌策划公司为母公司的旅游地产项目进行品牌设计、策划,并协助 A 公司以上市公司名义注册商标,双方签订的合同标的为 1 亿元。目前 A 公司已经支付给品牌策划公司 7 000 多万元的品牌策划费用,商标注册申请已经上报给国家商标局,并已被受理。

解答:

本案例首先要明确以下问题:

1. 该商标和品牌归 A 公司所有,还是其母公司(上市公司)所有?是否专用于其母公司的旅游地产项目?

2. 该"旅游地产项目"是特定的一个项目,还是其母公司现在和将来开发的所有旅游地产项目?

3. 如果该注册商标和品牌归母公司所有,或者虽然形式上归 A 公司所有但实际上仅由其母公司使用,则 A 公司不应将其确认为自己的资产,在此情况下,A 公司实际支付的品牌策划费用是否可从母公司获得补偿?

4. 该品牌策划项目约定的服务内容和应提交的工作成果是什么？A 公司或其母公司未来准备如何利用该次品牌策划的工作成果？

总体上，我们倾向于认为：虽然 A 公司此次将品牌设计和包装工作外包给外部机构，但其本质上仍然是对企业自有品牌和商标的包装、策划，不同于外购的商标权和品牌，这一策划仅仅是将自有品牌予以显性化和法定化，仍属于自有品牌的培育支出，并没有创设使用新品牌的合同权利。因此不宜参照外购商标权的处理方式将其资本化确认为无形资产。这一结论也与《企业会计准则第 6 号——无形资产》第十一条的规定“企业自创商誉以及内部产生的品牌、报刊名等，不应确认为无形资产”一致。进一步从根本上说，此类品牌策划支出能否直接增加未来经济利益流入很难证明，更接近于一项广告费支出，不符合确认为资产的条件。

即使该商标最初是通过企业合并或其他方式从外部购入的，其最初的购入成本可按其公允价值资本化为无形资产，但在购入后对其发生的进一步品牌包装、策划等费用也是应当予以费用化处理的。

在其母公司的合并报表层面，应当在此类费用发生时，直接将其计入销售费用处理。

问题 1-2-7　工程购地借款利息能否资本化

问题：

工程购地借款利息能否资本化？

解答：

公司取得该土地使用权的目的是建造自用固定资产，则根据《〈企业会计准则第 6 号——无形资产〉应用指南》第六条“土地使用权的处理”规定：

企业取得的土地使用权通常应确认为无形资产，但改变土地使用权用途，用于赚取租金或资本增值的，应当将其转为投资性房地产。

自行开发建造厂房等建筑物，相关的土地使用权与建筑物应当分别进行处理。外购土地及建筑物支付的价款应当在建筑物与土地使用权之间进行分配；难以合理分配的，应当全部作为固定资产。

企业（房地产开发）取得土地用于建造对外出售的房屋建筑物，相关的土地使用权账面价值应当计入所建造的房屋建筑物成本。

根据上述规定，用于建造自用房屋建筑物（作为固定资产）的土地使用权，应作为一项单独的无形资产予以确认，相应地也应当考虑其是否达到“预定可使用状态”。尽管取得该土地的目的是建造作为固定资产的房屋建筑物，但相关房屋建筑物达到预定可使用状态并不是作为无形资产的土地使用权达到预定可使用状态的前提。土地使用权达到预定可使用状态的标志应该是取得土地使用权证或者被实际占用从事生产经营或者房屋建筑物建造的开始之日（以两者中的较早者为准），这一过程通常较短，因此土地使用权作为一项无形资产并不是“需要经过相当长时间的购建或者生产活动才能达到预定可使用或者可销售状态的固定资产、投资性房地产和存货等资产”,因此用于购置土地使用权的相关支出,均不属于计算资本化利息的基数。

第三节 资产减值的相关问题

问题 1-3-1 对于将被无偿移交出去,但移交后仍将继续作为本企业生产经营所必需的配套设施的固定资产,可否全额计提减值

问题:

对于将被无偿移交出去,但移交后仍将继续作为本企业生产经营所必需的配套设施的固定资产,可否全额计提减值?

背景:

A 电力公司垫资修建了一条输电线路,垫资兴建的原因是其某下属电厂系未经发改委核准而建设的火力发电厂,当地电网公司没有建设相应的输电线路,为避免该电厂投产后电无法送出而垫资修建输电线路。该火电厂获得核准后,A 公司将该资产无偿转让给当地电网公司,但估计截至 2013 年 12 月 31 日前这项工作无法全部完成,A 公司考虑需将这项资产全额计提减值准备。

解答:

A 公司垫资建设此处所述的输电线路,是为了使公司所建设的电厂能加快建设进度,按时投产发电,该输电线路的功能是将公司下属电厂所发的电上网,因而实际上是公司下属的相关电厂正常开展经营活动、获取经济利益所必需的配套设施,并且也可以合理预计今后公司仍将通过这些输电线路将所发的电上网。因此,不能仅仅因为现在将被回购或者无偿移交,即认为这些输电线路不能为本企业带来未来经济利益,需全额计提减值准备。

如果这些输电线路正常情况下应当由电网公司出资建设,而现在由发电企业出资建设,并由电网公司回购或者无偿接收,但以往和未来一直为发电企业正常开展经营活动所必需的,则就其经济实质而言,实际上是发电企业通过承担建设成本而获得了一项“使用权资产”,该“使用权资产”的初始计量金额应当等于相关输电线路于回购或移交日的账面价值减去电网公司按回购协议约定应支付的回购价款(如为无偿移交,则回购价款为零)后的余额,也就是此处 A 公司“拟计提减值准备”的金额。该“使用权资产”应当在后续的电厂运营期内摊销,计入各期营业成本。

但是,这部分“使用权资产”的取得,也表明发电企业付出了额外的成本(正常情况下,如果输电线路由电网公司出资建设,则发电企业无需负担其建设成本和后续的财务费用、线路损耗、运行维护日常成本费用等),但未来经济利益的流入并未因垫资建设和负担运营成本而相应增加。因此,根据《企业会计准则第 8 号——资产减值》的规定,应把该项“使用权资产”和相关电厂的其他资产一并作为一个资产组(根据电厂与输电线路的对应关系确定资产组的划分),从整体上考虑资产组是否存在减值迹象,如果存在减值迹象则进一步进行减值

测试,并对资产组整体可收回金额低于资产组整体账面价值的差额计提减值准备。在测算资产组未来现金流量时,应同时考虑由于无需再负担被回购、移交资产的相关付现成本(例如,移交前该输电线路的运行维护费用需由A公司承担,移交后A公司无需再承担这部分费用)而减少未来现金流出的影响。

总之,不能仅仅因为移交和回购事项就简单地把被移交、回购的资产的账面价值高于回购款的差额全额计提减值准备,而是要综合考虑当初垫资建设的原因、这些资产与公司生产经营活动的关系、目前资产的使用情况等多方面因素,考虑其是否仍然符合资产定义和确认条件;在仍然符合资产定义和确认条件的情况下,将其作为电厂整体资产组的一部分,以资产组整体为单位考虑其减值问题。

问题 1-3-2 客户给予的专用设备废弃补偿在减值测试中的考虑

问题:

专用设备因客户需求变化而被废弃,客户给予的废弃补偿款,在减值测试中如何考虑?

背景:

A汽平台零部件有限公司(以下简称"A公司")的一条生产线专为B汽车厂商开发的车型生产某种配套零部件(以下称为"旧产品")。因B汽车厂商产品转型,该条生产线的专用设备基本已废弃,只能用于生产该旧产品的备件。截至2014年12月31日,废弃的专用生产设备账面净值为1 741万元。针对该产品的转型以及生产线的废弃,A公司已与B汽车厂商进行了赔偿的谈判,谈判结果为B汽车厂商对该条生产线的焊接设备、涂装设备、机加生产设备达成了812万元的赔偿协议,该赔偿体现在后续零部件的销售价格中,即A公司供给B汽车厂商的新产品的销售价格提高,以此来弥补该生产线专用设备的废弃亏损。

此外,对于该生产线的装配设备的补偿拟定为260万元,但此价格尚未与B汽车厂商达成一致意见。

与B汽车厂商的赔偿并未签订相关的书面赔偿协议,仅在新产品的价格协议中对此赔偿进行了备注,备注内容如下:该零件包含××(旧产品)模具分摊与设备赔偿812.19万元。该零部件已经从2014年1月份开始供货。

另外,A公司根据该种旧产品2014年至2024年10年间预计生产的旧产品备件产量和销售价格,预计了其后续10年的预计现金流入,并按一定利率进行了折现。折现金额约为90万元。

A公司与B汽车厂商为关联方。

解答:

首先,我们需要判断本案例中涉及的资产损失补偿是否属于不公允的关联方之间利益输送,主要的判断依据是此类因整车厂商产品转型而导致的零部件生产商固定资产的废弃补偿是否为行业内的惯例,补偿条款与通常情况下非关联方之间类似交易中的补偿条款是否具有可比性等。如果认为该项补偿属于关联方之间的利益输送,则在 A 公司对该条废弃生产线测算可收回金额时,不能考虑该项补偿因素。

如果无证据表明该项补偿与行业内惯例不符,无证据表明该交易是关联方之间的利益输送,则 A 公司在测算该废弃生产线的可收回金额时,可以将基本确定可收到的补偿款纳入可收回金额的测算结果中。

为了确保该补偿款基本确定可收到,应要求获取双方就补偿问题签订的正式协议,其中对补偿对象、补偿金额(含计算依据)、补偿款支付时间和支付方式等要素均应作出明确和可操作的约定。如果没有正式的补偿协议,在实际操作中也无法将补偿款和真正的产品销售价款区分开来的,则不单独考虑这部分补偿款,即在废弃固定资产的减值测试和确认处置损失时对这部分补偿款均不纳入考虑,后续按实际开票金额确认新产品对整车厂商的销售收入。

如果基本确定可以收到补偿款(本案例中约定采用日后新产品加价的方式),且补偿款金额、收款方式和收款时间等要素均已确定,则 A 公司的账务处理原则是:

1. 所测算的可收回金额包含该部分补偿款在内,相应减少所确认的资产减值损失和减值准备。

2. 测算收回补偿款所需时间,将其确认为一项其他应收款或长期应收款(如预计收款时间超过 1 年的,则还应考虑折现因素的影响),同时贷记“固定资产清理”科目(即将其作为固定资产变价收入的一部分看待),相应减少处置、报废相关固定资产时实际确认的损失。

3. 后续对新产品销售开票结算时,需注意区分开票金额中的补偿款部分和真正的新产品货款部分,仅就真正的新产品货款部分确认销售收入,补偿款部分按上述应收债权的收回进行会计处理。

问题 1-3-3　存货可变现净值的确定方法

问题:

如下文背景所述,A 公司期末结存航煤的可变现净值确认是否合理?

背景:

A 公司 2014 年 12 月 31 日库存航空煤油(简称“航煤”)12 万吨(已扣除积存在管道内,不可销售的“死油”,如“问题 1-1-5　按技术要求需保持的商品最低结存量的核算”所述,这部分“死油”应确认为固定资产,其减值问题不在本问题讨论范围之内)。A 公司平均月销售航油 30 万吨左右,其账面周转油按移动加权平均计价方法,一般 3～4 个月消化库存。由于国际航煤价格持续走低,A 公司存货已存在跌价迹象,其按 2014 年 12 月 31 日新加坡市场的普氏价格 70.385 美元/桶作为可变现净值的确定基础,对库存航煤计提跌价准备。

解答:

根据《企业会计准则第 1 号——存货》及其应用指南和讲解的规定,资产负债表日，存货应当按照成本与可变现净值孰低计量。存货成本高于其可变现净值的，应当计提存货跌价准备，计入当期损益。可变现净值，是指在日常活动中，存货的估计售价减去至完工时估计将要发生的成本、估计的销售费用以及相关税费后的金额。企业确定存货的可变现净值，应当以取得的确凿证据为基础，并且考虑持有存货的目的、资产负债表日后事项的影响等因素。

《企业会计准则讲解(2010)》第二章中提到：

确定存货可变现净值时，应当以资产负债表日取得最可靠的证据估计的售价为基础并考虑持有存货的目的，资产负债表日至财务报告批准报出日之间存货售价发生波动的，如有确凿证据表明其对资产负债表日存货已经存在的情况提供了新的或进一步的证据，则在确定存货可变现净值时应当予以考虑，否则，不应予以考虑。(见原书第 23～24 页)

即，为了确定此处航煤存货的可变现净值，公司应采用以下步骤：

1. 根据航煤日常销售、周转方面的历史经验，结合公司所采用的存货成本结转方法，合理测算该 12 万吨可销售的期末航煤库存中将在资产负债表日后 3～4个月内每月销售的数量(根据“背景”部分的信息，“据了解，账面周转油按移动加权平均计价方法预计在 3～4 个月消化库存”)。

2. 基于资产负债表日可获得的最可靠证据，预测未来该 3～4 个月内每月的对外销售航煤价格(即给航空公司的加油价格)。在这一过程中，应当以在国际上具有较高知名度和权威性的研究机构发布的预测价格信息为依据。

3. 根据上述 1 中确定的“该 12 万吨可销售的期末航煤库存中将在资产负债表日后 3～4 个月内每月销售的数量”和 2 中确定的“预测未来该 3～4 个月内每月的对外销售航煤价格”测算其预计可获得的对外销售收入总额，再减去预计销售费用(可根据单位销售费用率计算)，得到该批航煤的可变现净值总额，可变现净值总额低于账面价值的差额即为期末应计提的跌价准备总额。

(注：如果这些航煤分属不同品种，则应按单个品种进行减值测试和计提跌价准备。)

如上所述，进行减值测试时所依据的销售价格应当是采用上述 2 中所述原则确定的未来预计销售价格，而不是期末资产负债表日时点上的现货价格，因此公司“按 2014 年 12 月 31 日新加坡市场的普氏价格 70.385 美元/桶作为可变现净值单价对存货计提跌价”的做法是不恰当的，应建议按上述方法重新测算。

问题 1-3-4 应收账款由第三方提供保证的，坏账准备如何计提

问题：

在对应收账款计提坏账准备时，如何考虑第三方对应收账款提供的保证的影响？例如：

1. 通过非同一控制下企业合并获得的被购买方原有应收账款，由其原股东在股权转让协议中承诺保证收回的，其坏账准备如何计提？

2. 已投保信用保险的应收账款，在计提坏账准备时，能否认为保额范围内

的款项是可以收回的,不对其计提坏账准备?

背景:

以下两个案例互相独立。

情形 1:2013 年 6 月,A 公司收购 B 公司自然人股东所持有的 B 公司 80% 的股权,取得对 B 公司的控制权。此次收购形成非同一控制下的企业合并。

根据收购协议约定,B 公司原股东负责确保 B 公司回收其于交割日前(含交割日)的全部应收账款,对于 B 公司于本协议生效之日起 2 年内无法从其债务人处回收的交割日前应收账款金额(扣除交割日已计提的坏账准备),由 B 公司原股东负责向 B 公司偿付,且各位原股东相互之间承担连带责任。

2014 年,B 公司管理层及销售人员变动较大,业绩大幅下滑,2014 年年末判断应收账款存在坏账的可能性较大,且 2015 年收购协议生效将满 2 年,若收购前应收账款无法收回,B 公司原股东将予以清偿,故 A 公司管理层拟将 B 公司将收购前形成的至 2014 年年末尚未收回的应收账款作为一个组合,还原 2013 年 6 月 30 日前已计提的坏账准备余额,自 2013 年 6 月 30 日起不再计提坏账准备。

情形 2:C 公司于 2014 年与某财产保险公司签订国内短期贸易信用保险单,保险公司承保范围为 C 公司 2014 年 1 月 1 日至 2014 年 12 月 31 日全部的贵金属合金材料、环境材料、电子浆料、工业载体催化剂材料的国内赊销交易。保险公司对双方确认的在信用期限内的赊销交易(扣除 10%的绝对免赔率后)承担全部赔偿责任,且累计赔偿限额为实收保费的 40 倍。

C 公司 2014 年 12 月 31 日对该部分已投保的应收账款余额,因保险公司已承诺赔偿全额的 90%,在不超过实收保费 40 倍金额的前提下,C 公司对该部分已投保应收账款余额的 90%不再计提坏账准备,而对剩余的 10%按公司原会计政策,根据账龄组合计提坏账准备。

解答:

根据背景资料分析,情形 1 中被收购方的原大股东向收购方承诺,对于购买日原先已存在的应收款项,在债务人因信用风险等原因导致无力支付款项的情况下,由原大股东按约定补偿给被收购方,其目的是弥补被收购方因债务人信用风险而导致的损失;情形 2 中,C 公司将其部分应收账款向保险公司投保,在债务人因信用风险等原因导致无力支付款项的情况下,保险公司按保单条款的约定进行赔偿。这两种情形均属于由第三方提供的信用风险保护,不同于债务人自身提供的抵押或保证,是一项独立的金融工具,应单独对其进行核算。

对于第三方提供的信用风险保护,应根据《企业会计准则解释第 5 号》第二条规定的“信用风险缓释合约”的规定进行会计处理,原文如下:

二、企业开展信用风险缓释工具相关业务,应当如何进行会计处理?

答:信用风险缓释工具,是指信用风险缓释合约、信用风险缓释凭证及其他用于管理信用风险的信用衍生产品。信用风险缓释合约,是指交易双方达成的、约定在未来一定期限内,信用保护买方按照约定的标准和方式向信用保护卖方支付信用保护费用,由信用保护卖方就约定的标的债务向信用保护买方提供信用风险保护的金融合约。信用风险缓释凭证,是指由标的实体以外的机构创设,为凭证持有人就标的债务提供信用风险保护的、可交易流通的有价凭证。

信用保护买方和卖方应当根据信用风险缓释工具的合同条款,按照实质重于形式的原则,判断信用风险缓释工具是否属于财务担保合同,并分别下列情况进行处理:

(一) 属于财务担保合同的信用风险缓释工具,除融资性担保公司根据《企业会计准则解释第 4 号》第八条的规定处理外,信用保护买方和卖方应当按照《企业会计准则第 22 号——金融工具确认和计量》中有关财务担保合同的规定进行会计处理。其中,信用保护买方支付的信用保护费用和信用保护卖方取得的信用保护收入,应当在财务担保合同期间内按照合理的基础进行摊销,计入各期损益。

(二) 不属于财务担保合同的其他信用风险缓释工具,信用保护买方和卖方应当按照《企业会计准则第 22 号——金融工具确认和计量》的规定,将其归类为衍生工具进行会计处理。

财务担保合同,是指当特定债务人到期不能按照最初或修改后的债务工具条款偿付时,要求签发人向蒙受损失的合同持有人赔付特定金额的合同。

开展信用风险缓释工具相关业务的信用保护买方和卖方,应当根据信用风险缓释工具的分类,分别按照《企业会计准则第 37 号——金融工具列报》、《企业会计准则第 25 号——原保险合同》或《企业会计准则第 26 号——再保险合同》以及《企业会计准则第 30 号——财务报表列报》进行列报。

《计学撮要 2013》对《企业会计准则解释第 5 号》第二条的上述规定解读如下(见该书第 29 页):

"信用风险缓释工具"的定义和相关介绍可参阅百度百科(http://baike.baidu.com/view/4997448.htm)。2010 年 10 月 29 日,中国银行间市场交易商协会发布《银行间市场信用风险缓释工具试点业务指引》(公告[2010]13 号)(http://www.nafmii.org.cn/ggtz/gg/201204/t20120406_11887.html),自发布之日起实行。信用风险缓释工具交易自 2010 年 11 月开始。关于信用风险缓释工具的进一步介绍和解读可参阅中国银行间市场交易商协会网站上的文章:http://www.nafmii.org.cn/zlgl/xyfx/xw/201202/t20120227_2586.html。

从会计核算角度,对信用风险缓释工具区分为"属于财务担保合同的信用风险缓释工具"和"不属于财务担保合同的其他信用风险缓释工具",分别按照解释 5 号第二条中适用于该类别的原则处理。

关于如何将信用风险缓释工具在这两种类型之间作出区分,一般掌握的原则是:"财务担保合同"的本质是向合同持有人(被担保方)就其因债务人信用风险方面的原因而实际遭受的损失金额作出补偿。凡是不符合该特征的信用风险缓释工具(例如,使被担保方依据该合同收到的补偿款项的金额多于或者少于其因债务人信用风险实际遭受的损失),均应按照衍生工具进行会计处理。

信用风险缓释工具要符合"财务担保合同"的定义和确认条件,应确保被担保方从该工具中获得的现金流量恰好等于其因债务人信用风险而实际遭受的损失。为了实现这一目的,该等合同可采用以下两种方法之一:

1. 担保人按违约贷款的本息名义金额收购该违约贷款,而不是根据对最终损失金额的最佳估计确定需支付的款项金额;或者

2. 担保方在合同约定的较早日期(此时最终的损失金额尚未确定)依据其对最终损失的最佳估计,对被担保方先行作出补偿。但同时约定,在损失金额最终确定之后,双方之间就该最终确定金额与此前已作出补偿金额之间的差额多退少补。

即,在背景资料介绍的两种情形中,它们的信用保险合同均属于财务担保合同性质的信用风险缓释工具,情形 1 中被收购方(个别报表层面)和收购方(合并报表层面)为信用保护买方,原大股东为信用保护卖方。只不过此处的信用风险保护是免费提供的;情形 2 中 C 公司为信用保护买方,保险公司为信用保护卖方。

另一方面,两种情形中坏账损失确认和计量的主要依据是债务人的信用风险。根据《企业会计准则第 37 号——金融工具列报》(2014 年修订)第四十一条的规定:“信用风险,是指金融工具的一方不履行义务,造成另一方发生财务损失的风险。”即影响信用风险水平的主要因素是债务人自身的财务状况、履约意愿等因素,由债权人从外部获取的信用风险保护并不在其考虑范围之内。

故本案例两种情形中的基础债权债务关系和信用风险缓释合约均应作为两项独立的金融工具分别进行核算,而不应将其“组合”为一项金融工具。

因此,我们建议的会计核算原则如下:

1. 对于情形 1 中获得原大股东提供的信用风险保护和情形 2 中向保险公司投保的应收账款,期末进行减值测试和计提坏账准备时,所考虑的因素与其他未获得信用风险保护的同类应收账款类似,不考虑通过信用风险保护可能减轻部分实际损失的影响。即,不能仅仅因为已获得信用风险保护而减少坏账准备的提取。如果公司的坏账准备计提政策采用组合计提方法的,则在按信用风险对应收账款进行组合分类时,不考虑信用风险保护因素的影响(即,债务人的信用风险特征类似的应收款项,无论是否获得信用风险保护,应归入同一个信用风险组合)。

2. 对于情形 1 中的信用风险缓释合约,按照《企业会计准则解释第 5 号》第二条的上述规定进行会计处理。具体处理原则区分被收购方个别报表层面和收购方合并报表层面而有所不同:

(1) 在被收购方 B 公司的个别报表层面,其之所以能够获得原大股东提供的信用风险保护,是交易双方就股权转让事项进行谈判的结果,而补偿款支付给被收购方,可以看作新老大股东对被收购方作出的资本性投入。因此,如果实际发生坏账损失,从原大股东取得全部或部分赔偿的,则所取得的赔偿款应计入资本公积。

(2) 在收购方 A 公司的合并报表层面,合并报表主体作为信用保护的买方,如果实际发生坏账损失,从被收购方的原大股东取得全部或部分赔偿的,则所取得的赔偿款应计入当期营业外收入(在合并报表层面,不应理解为被收购方的原大股东在进行“资本性投入”)。

3. 对于情形2中的信用风险缓释合约，同样按照《企业会计准则解释第5号》第二条的上述规定进行会计处理。C公司作为信用保护的买方，将所支付的保险费确认为一项资产，在整个信用风险保护期内分摊，确认为各期的费用。如果实际发生坏账损失，向保险公司索赔后取得全部或部分赔偿的，则所取得的赔偿款应计入当期营业外收入。

问题1-3-5 关于应收账款核销账务处理问题

问题：

应收账款核销应如何进行账务处理？是①先将该笔应收账款全额计提坏账，再进行核销；还是②直接核销，将核销时的差额计入营业外支出或管理费用？

解答：

如果公司采用组合方法核算坏账准备，则所计提的坏账准备仅对应于其所在的信用风险组合(作为一个整体，而不是对应到其中的每一笔应收款项)，应当于每年年底根据坏账政策计算应计提的坏账准备余额，然后根据账面余额计算本期应计提的坏账准备。例如，某公司账面坏账准备账面余额为500万元，本期发生1 000万元的实际坏账损失(满足相关规定所要求的坏账核销条件)，核销时冲减坏账准备1 000万后余额为－500万元，在当期期末，测算坏账准备期末余额应为800万元，因此，当期应当计提1 300万元[800－(－500)]的坏账准备。即，当期对“资产减值损失”这一损益科目的影响金额为1 300万元。

如果被核销的该笔坏账原先采用个别认定法计提坏账准备，本年度核销坏账1 000万元，但截至上期期末仅对其计提了500万元的坏账准备，则在核销坏账时，核销金额(1 000万元)超出对应的已计提坏账准备(500万元)的差额(500万元)计入当期营业外支出。但在实际操作中，鉴于核销坏账的程序复杂、对证据要求高，多数情况都是先逐年计提坏账准备直到计提全额坏账准备，最终在确实无望收回的情况下才将其予以核销并转为账销案存管理，因此即使在个别认定法计提坏账准备的情况下，不经过计提坏账准备的程序而直接核销应收款项的情况也是较为少见的。

问题1-3-6 非同一控制下企业合并中，被购买方购买日可辨认净资产公允价值未确定时，暂估商誉的减值问题

问题：

1. 非同一控制下企业合并中被购买方购买日的可辨认净资产公允价值尚未最终确定时，是否需要将商誉暂估值分摊到各资产组？

2. 如果在商誉的初始分摊尚未完成的情况下存在减值迹象，那么购买方是否应当对商誉暂估值进行减值测试？

3. 一旦在以后期间最终确定取得的可辨认净资产的公允价值和购买日商

誉金额,并最终完成将商誉在各资产组之间的分摊,则:

(1) 购买方对最终分摊的商誉进行减值测试的结果能否向前追溯,相应调整合并完成当年度的财务报表?

(2) 购买方能否转回前期对商誉暂估值确认的减值准备,并进行追溯调整?

背景:

A 公司的会计年度为日历年度。2008 年 6 月 30 日,A 公司收购 B 公司。在 2008 年 12 月 31 日编制财务报表时,A 公司尚未完成购买对价分摊,故只能基于当时可获得的信息,暂时确定 B 公司的各项可辨认资产和负债于购买日的公允价值。

2008 年 12 月 31 日,由于与 A 公司类似的其他公司市场价值下降,以及在收购后 B 公司的不良业绩,导致存在商誉减值的迹象。

《企业会计准则第 20 号——企业合并》及其讲解允许购买方在购买日起 12 个月内(至 2009 年 6 月 30 日止)最终确定取得的可辨认资产和承担的负债的公允价值[通常称为"购买对价分摊"(PPA)]。相关规定的原文详见《企业会计准则讲解(2010)》第 328~329 页"(七)企业合并成本或合并中取得的可辨认资产、负债公允价值的调整"。

根据《企业会计准则第 8 号——资产减值》的规定,企业合并所形成的商誉,至少应该在每年年度终了进行减值测试。

解答:

1.《国际财务报告准则第 3 号——企业合并》(2008 年修订)(以下简称"IFRS 3")和《企业会计准则第 20 号——企业合并》允许购买方在购买日后有不超过 12 个月的时间用于确定取得的净资产于购买日的公允价值,并将商誉分摊到资产组,这个期间称为"计量期"(measurement period),其长度不应超过获取关于购买日已存在的相关事实和情况等信息所需的必要时间。然而,按照《企业会计准则第 8 号——资产减值》第二十四条规定,"企业进行资产减值测试,对于因企业合并形成的商誉的账面价值,应当自购买日起按照合理的方法分摊至相关的资产组;难以分摊至相关的资产组的,应当将其分摊至相关的资产组组合。"即,在计量期结束前,尽管尚未最终完成购买对价分摊(PPA),购买方仍然应当将暂估商誉分摊到资产组,并根据该准则第二十三条的规定("企业合并所形成的商誉,至少应当在每年年度终了进行减值测试。商誉应当结合与其相关的资产组或者资产组组合进行减值测试")对其进行减值测试。

2. 如果在计量期内,A 公司尚未完成《企业会计准则第 8 号——资产减值》第二十四条要求的商誉到资产组的分摊的情况下,已存在暂估商誉可能减值的迹象,则仍应当对其进行减值测试。

3. 两小问分别解答如下:

(1) 结论取决于购买方是否根据暂估公允价值和商誉的暂时性分摊结果进行减值测试。

第一,尽管 A 公司未最终完成购买对价分摊(PPA),但如果 A 公司按照《企业会计准则第 8 号——资产减值》第二十四条的规定将暂估商誉分摊到资产组，并按照该准则第二十三条对暂估商誉进行减值测试，则应当追溯调整上一年度的减值测试结果(下文流程图中的情景 B)。

第二，如果 A 公司没有按照《企业会计准则第 8 号——资产减值》第二十四条的规定将暂估商誉分摊到资产组，并且存在暂估商誉已经减值的迹象，以及经过减值测试发现已经减值，则应当追溯调整上一年度的减值测试结果(下文流程图中的情景 C1)。

第三，如果 A 公司没有按照《企业会计准则第 8 号——资产减值》第二十四条的规定将暂估商誉分摊到资产组，并且存在暂估商誉已经减值的迹象，但经过减值测试没有发现减值，则 A 公司应当选择而不是必须对上一年度的减值测试结果进行追溯调整(流程图中的情景 C2)。

在所有其他情况下，购买方仅执行本年度的减值测试，且采用未来适用法进行衔接调整。

(2) 如果购买方根据问题 3(1)更新了上一年度的减值测试，可能导致更新后的前期减值损失小于原已确认的初始商誉减值，即调整减少初始商誉减值准备。该减少额是对初始商誉减值金额的调整，并不是减值转回的条件，因而该调整没有违反《企业会计准则第 8 号——资产减值》中禁止任何商誉减值准备转回的规定。

本案例的结论可用下面的流程图表示。

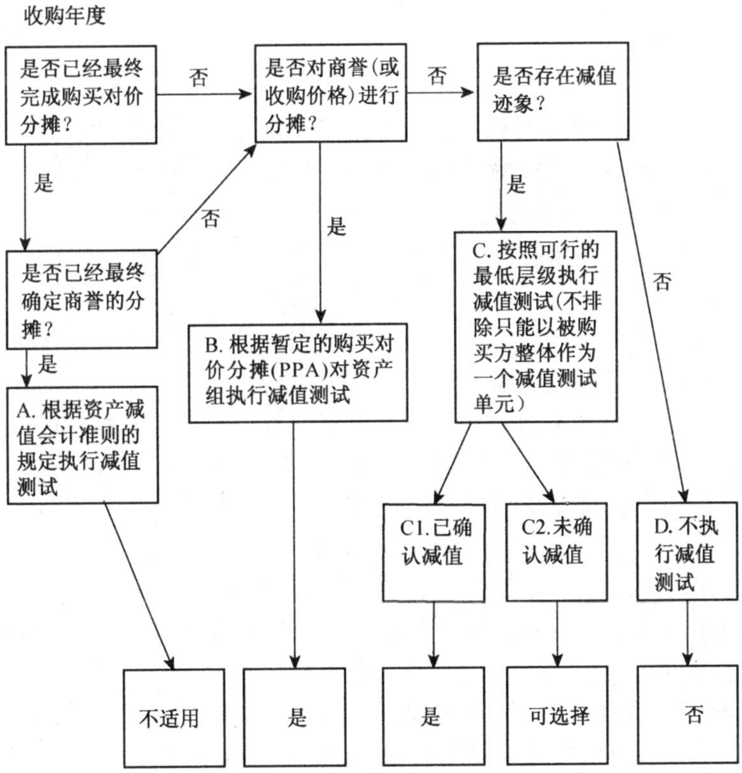

收购完成后下一年一旦最终完成 PPA,并完成了对商誉的分摊,是否需要追溯调整上一年度的减值测试?

结论基础:

问题 1

企业合并中取得的商誉应当自合并日起分摊到购买方预计从企业合并的协同作用获益的资产组(或资产组组合,下同)。在企业合并的购买日后,购买方可能需要一段时间用以确定所有分摊到被购买方的可辨认资产、负债或或有负债的公允价值,即 IFRS 3 第 45~49 段中提到的用以完成企业合并的初始会计处理的"计量期"。然而,当购买方已经取得其所需的关于购买日存在状态的信息,或者确定无法获取进一步信息时,计量期即告结束。

如果取得的可辨认资产和承担的负债的公允价值仅在当期期末临时确定,则《国际会计准则第 36 号——资产减值》(以下简称"IAS 36")承认在合并当期期末仍不大可能完成商誉的分摊。从反面理解这句话的意思是,购买方可以在最终确定所有公允价值之前的某个阶段,先行分摊部分或全部暂估商誉。

IAS 36 的"结论基础"部分第 BC152 段中也指出了这个问题:"通常直到完成了合并的初始会计核算后,才能进行分摊。"该段结论基础中指出购买方通常在完成了合并的初始会计核算后才能进行分摊。但是,这并不排除存在购买方可以分摊暂估商誉的情况。IAS36 第 88 和 133 段也指出,由于未完成商誉的初始分摊,现金产出单元(资产组)中可能不包含任何商誉,购买方应披露未分摊商誉的金额。

购买方不应主观、随意地分摊商誉,IAS 36 第 85 段和 IAS 36 结论基础第 BC152 段明确指出,在事实不够充分的情况下,购买方不分摊商誉。然而,不管是 IAS36 的正文,还是 IAS36 的结论基础,都没有禁止购买方分摊暂估商誉。例如,在下列情况下,购买方可以分摊暂估商誉:

第一,购买方知悉所有商誉都和单个资产组或一组资产组组合(不大于单个经营分部)有关。

第二,购买方知悉企业合并的初始会计处理在所有重大方面已经基本完成,仅剩余部分细节有待完成。

最终,如果能够可靠地确定单个资产组或资产组组合的账面价值,则购买方即可进行可靠的减值测试。因此,如果购买方将购买对价分摊到一个资产组或一组资产组组合,即使仍可能尚需在各类资产之间进行进一步的分摊,例如有形/无形资产和资产组内的商誉,购买方也应当进行减值测试。

因此,即使购买方尚未最终确定取得的可辨认资产和承担的负债的公允价值,购买方仍可能可以将暂估商誉分摊到资产组,并在此基础上进行减值测试。

问题 2

尽管会计准则没有规定必须在购买日对被合并业务进行减值测试,但是,IFRS 3 的"结论基础"部分第 BC382 段指出:"多付是有可能发生的……多付的金额也很难(如果不是不可能)计量……因此,理事会认为在实务中,在购买日明确识别和可靠地计量多付的金额是不可能的。当可能多付的证据首次出现时，通过后续的减值测试对多付金额进行会计处理是最好的办法。”

上述表述意味着：如果在报告日有减值迹象，购买方应当进行减值测试。IAS 36 第 9 段还要求主体在每一个报告期末评估是否存在可能发生减值的迹象，如果存在减值迹象，主体应进行减值测试。

因此，如果购买方因尚未将某些商誉分摊到资产组而未对这些商誉进行减值测试，但又存在减值迹象，则购买方应当在适当的层面上进行减值测试。例如，如果购买方没有将全部或部分商誉分摊到资产组，这些商誉仍有可能被分摊到包含相关资产组或资产组组合的一个较大资产组组合。或者，可能需要在经营分部层面甚至被购买方(作为一个整体)的层面进行减值测试。

如果通过减值测试确认了损失，购买方应当遵循 IAS 36 第 104 段和《企业会计准则第 8 号——资产减值》第二十二条的要求分摊减值损失。

问题 3(1)

在完成企业合并的初始会计处理和商誉的分摊后，购买方根据 IAS36 和《企业会计准则第 8 号——资产减值》的一般规定对这些商誉金额进行减值测试。然而，IAS36 和《企业会计准则第 8 号——资产减值》并没有提到主体是否仅需按未来适用的原则，基于当前资产负债表日的存在状态和可获取的信息进行减值测试，还是需要对在上一个资产负债表日执行的减值测试的结果进行追溯调整(即重新执行前期资产负债表日的减值测试)。由于 IAS36 和《企业会计准则第 8 号——资产减值》没有特别规定需采用追溯调整法，并且如采用追溯调整法则可能需要用到某些购买方只有通过“后见之明”才能获得的信息，因而不要求追溯调整。

然而，IFRS 3 的“结论基础”部分第 BC399 段指出：“企业合并后计量期间的调整与报告期后发生的调整事项，而不是会计估计变更，更为类似(《国际会计准则第 10 号——资产负债表日后事项》)……在计量期间内首次被获取，并提供了在购买日既存状况和环境相关证据信息的影响应当被反映在购买日的会计处理中。”

因此，根据 IFRS 3 第 45 段的规定，购买方要追溯调整购买日确认的可辨认资产和承担的负债的公允价值(这些资产、负债的最终公允价值也就确定了最终商誉的金额)。这些调整还包括对这些资产和负债的所有后续会计处理(如折旧)的相应调整。

购买方是否追溯调整上一年度的减值测试结果，取决于购买方是否根据所确定的暂定公允价值金额和商誉的暂定分摊结果执行了减值测试。

上面流程图中每个情景中形成结论的原因如下。

情景 A：

在收购完成的当年度，购买方即已最终确定了当年度取得的可辨认资产和承担的负债的公允价值和商誉的分摊，并据此进行了年末的减值测试。因此，在下一年度无需更新调整上一年度的减值测试结果。

情景 B：

购买方在上一年度进行了减值测试。最终确定的购买对价分摊(PPA)结果导致对暂定公允价值及/或商誉的暂定分摊的变更。根据 IFRS 3 第 45 段的规定,由于购买方计算了上一年度末的可收回金额,因而需要追溯调整公允价值和商誉分摊结果变动造成的影响。

情景 C:

若上一年度存在减值迹象,并且购买方进行了减值测试(尽管减值测试单元的层次可能高于根据 IAS 36 或《企业会计准则第 8 号——资产减值》实施的常规减值测试),则存在以下两种可能结果:

C1. 上年度末确认了商誉减值损失:由于目前可获取更详细的信息,并且根据这些信息,购买方本应确认的上年度末减值额很可能不同于上年度末确认的“暂定”减值额,因此购买方应当追溯调整上一年度的减值测试。

C2. 上年度末未确认商誉减值损失:由于 IAS 36 和《企业会计准则第 8 号——资产减值》并没有明确指定追溯方法,购买方可以选择但不是必须追溯调整上一年度的减值测试。

情景 D:

购买方并没有在上一年度进行减值测试,因而追溯调整上一年度的减值测试并不恰当,特别是因为购买方可能将本年度发生的减值通过追溯调整方式计入上一年度的损益。

问题 3(2)

IAS 36 第 124 段和《企业会计准则第 8 号——资产减值》第十七条明确禁止商誉减值损失的转回。然而,如果对上一年度减值测试的追溯调整导致减少了确认的商誉减值损失,则减少金额不构成已确认的商誉减值准备在后续期间的转回,而是对原先已确认的商誉减值损失的追溯更新。因此,这种调整并没有违反禁止转回商誉减值损失的规定。

权威指引:

(说明:以下引用的“权威指引”均为 IFRS 体系下的准则规定。因为中国企业会计准则和 IFRS 在本问题的讨论所涉及的各方面均已实现趋同,故这些权威指引同样适用于中国企业会计准则体系下的会计处理。)

IFRS 3 第 45 段指出,如果在发生企业合并的报告期期末,企业合并的初始会计处理尚未完成,则购买方应在其财务报表中对那些尚未完成会计处理的项目报告临时金额。在计量期间,购买方要追溯调整购买日确认的临时金额,以反映所获取的关于购买日存在的事实和环境的新信息,并且如果知道这些信息将导致在购买日确认额外的资产和负债,则购买方应确认这些额外的资产和负债。一旦购买方取得了其正在找寻的有关购买日存在的事实和环境的信息,或者知晓不可获得更多的信息时,计量期间结束。然而,计量期间不应超过自购买日起的一年。

IFRS 3 第 49 段指出,计量期间内,购买方要像购买日企业合并会计处理已经完成那样确认对临时金额的调整。因此,购买方应当根据需要修改财务报表中列报的前期可比信息,包括对完成初始会计处理所确认的折旧、摊销和其他收益影响的变动。

IAS 36 第 9 段指出,在每一个报告期期末,主体应评估是否存在资产可能发生减值的迹象。如果存在这种迹象,主体应评估资产的可收回金额。

IAS 36 第 81 段指出,……商誉有时无法在不武断的基础上分摊到单个现金产出单元,而是只能分摊到现金产出单元组合。结果,主体内基于内部管理目的所记录的商誉的最低水平有时是由与商誉有关、但是不能分摊商誉的许多现金产出单元组成……

IAS 36 第 84 段指出,如果在企业合并生效的年度期间期末之前没有完成对企业合并中获得的商誉的初始分摊,应当在购买日后开始的第一个年度期间期末之前完成初始分摊。

IAS 36 第 88 段指出,如第 81 段所述,当商誉与现金产出单元有关但还没有分摊到该现金产出单元时,应当通过比较不包含任何商誉的现金产出单元的账面金额与可收回金额,对现金产出单元进行减值测试,无论是否有迹象表明现金产出单元可能发生减值。应按照第 104 段确认减值损失。

IAS 36 第 96 段指出,……如果分摊到现金产出单元的部分或全部商誉是在当前年度期间内的企业合并中取得的,现金产出单元应当在当前年度期间期末之前进行减值测试。

IAS 36 第 104 段指出,……减值损失应当按以下顺序分摊以抵减现金产出单元(单元组合)中的资产账面金额:

首先,抵减分摊到现金产出单元(单元组合)的商誉的账面金额;……

然后,……按比例抵减其他资产。

IAS 36 第 124 段指出,已确认的商誉减值损失不能在以后期间转回。

IAS 36 第 125 段指出,《国际会计准则第 38 号——无形资产》禁止确认自创商誉。在商誉减值损失确认的期间之后发生的商誉可收回金额的任何增加,都很可能是自创商誉的增加,而不是购入商誉的减值损失的转回。

IAS 36 第 133 段指出,按照第 84 段,如果在报告期期末当期通过企业合并获得的商誉的任意一部分还没有分摊到现金产出单元(单元组合),应当同时披露未分摊商誉的金额以及没有分摊的原因。

IAS 36 的“结论基础”部分第 BC152 段指出,征求意见稿的部分反馈意见者质疑为什么完成商誉的初始分摊的期间应不同于完成企业合并初始会计核算的期间。理事会的观点是应允许购买方有较长的期间完成商誉的分摊,因为通常直到完成了合并的初始会计核算后,才能进行分摊。这是因为合并的成本或购买日被购买方的可辨认资产、负债或有负债的公允价值,以及因此合并中获得的商誉金额,按照 IFRS3 将直到完成合并的初始会计核算后才结束。

IAS 36 的“结论基础”部分第 BC172 段指出,……购买方向被购买方“过多支付”,导致初始确认的企业合并金额和因而发生的商誉超过投资的可收回金额。理事会认为如果被购买方在发生企业合并的年度期间确认减值损失,应提供给主体财务报表的使用者关于企业合并的可靠的和有用的信息。

第四节　职工薪酬和股份支付的相关问题

问题 1-4-1　公司 3 年奖金计划应如何处理

问题：

公司 3 年奖金计划应如何处理？

背景：

A 公司拟向中国证监会申请首次发行股票并在创业板上市，申报期为 2011、2012、2013 年三个完整会计年度。某会计师事务所于 2013 年接受委托，为其提供与 IPO 相关的审计服务。

为保证收入稳定增长，完成公司经营计划，A 公司于 2010 年制订了 3 年期奖金计划，主要内容如下：奖励对象为公司销售部门员工、对技术进步有贡献的员工以及管理层认为需要奖励的其他人员；奖金限额为：2010 年 180 万元，2011 年 190 万元，2012 年 300 万元(注：以上数据为上限，管理层可以在 3%的范围内调整)；考核指标：①2010 年收入不低于 1.4 亿元，2011 年收入不低于 2 亿元，2012 年收入不低于 2.2 亿元；②3 年累计收入不低于 5.6 亿元；③2010 年净利润不低于 2 800 万元，2011 年净利润不低于 3 000 万元，2012 年净利润不低于 3 200 万元；④3 年累计净利润不低于 9 000 万元。在全部满足上述考核指标的前提下，A 公司将于 2013 年年初向奖励对象一次性支付所承诺的全部奖金；但如果有一项考核指标未能完成，则奖励对象将无权获得该奖金计划项下的任何奖金。

2013 年，公司根据 2010—2012 年经营业绩，经考核后决定兑现上述 3 年期奖金计划，其中 2010 年 176 万元，2011 年 187 万元，2012 年 290 万元，合计 653 万元。

解答：

本案例中的 3 年期奖金并不"在职工提供相关服务的年度报告期间结束后 12 个月内需要全部予以支付"，属于长期职工薪酬范畴；且不属于辞退福利和离职后福利，故属于《企业会计准则第 9 号——职工薪酬》(2014 年修订)所提及的"其他长期职工福利"。

《〈企业会计准则第 9 号——职工薪酬〉(2014 年修订)应用指南》的相关内容如下(见该准则单行本第 43～44 页)：

其他长期职工福利，是指除短期薪酬、离职后福利和辞退福利以外的其他所有职工福利。其他长期职工福利包括长期带薪缺勤、其他长期服务福利、长期残疾福利、长期利润分享计划和长期奖金计划等。

企业向职工提供的其他长期职工福利，符合设定提存计划条件的，应当按照设定提存计划的有关规定进行会计处理。企业向职工提供的其他长期职工福利，符合设定受益计划条件的，企业应当按照设定受益计划的有关规定，确认和计量其他长期职工福利净负债或净资产。

在报告期期末，企业应当将其他长期职工福利产生的职工薪酬成本确认为下列组成部分：

1. 服务成本。

2. 其他长期职工福利净负债或净资产的利息净额。

3. 重新计量其他长期职工福利净负债或净资产所产生的变动。

为了简化相关会计处理，上述项目的总净额应计入当期损益或相关资产成本。

在IFRS体系下，《国际会计准则第19号——雇员福利》对此类长期薪酬确认和计量的主要规定如下：

128 对其他长期雇员福利确认为负债的金额应是下述金额的净额总计：(1)报告期末设定受益义务的现值(参见第64段)；(2)减去报告期期末直接用以履行义务的计划资产的公允价值(如有)(参见第102段至104段)。在计量负债时，主体应运用第49段至91段，不包括第54段和61段。主体应在确认和计量所有补偿权时运用第104A段。

129 对其他长期雇员福利，主体应将以下各金额的净额总计确认为费用(按照第58段的规定)或收益，除非另一项准则要求或允许将它们包括在资产的成本中：(1)当期服务成本(参见第63段至91段)；(2)利息费用(参见第82段)；(3)任何计划资产的预期回报(参见第105段至107段)和任何确认为资产的补偿权的预期回报(参见第104A段)；(4)应全部立即确认的精算利得和损失；(5)应全部立即确认的过去服务成本；以及(6)任何缩减或结算的影响(参见第109段至110段)。

130 其他长期雇员福利的形式之一是长期残疾福利。如果福利金额取决于服务期限，提供服务时就产生了义务。对该义务的计量反映了需要支付的可能性和预期支付期限的长度。如果福利金额对任何残疾雇员都一样而不考虑其服务年限，这些福利的预期成本在长期残疾事项发生时即应确认。

综上所述，本案例中的3年奖金计划属于"其他长期职工福利"；负债金额应采用"预期累计福利单位法"(projected unit credit method)计算，并在等待期内按直线法摊销。(对"预期累计福利单位法"的概要介绍可参见附录)

在本案例中，虽然奖金计划分别规定了2010—2012年各年的奖金限额，但最终奖励对象应当在满足所有激励条件的情况下，才能取得全部奖金，如果有一项条件不满足即不能得到全部奖金，即"或者得到全部，或者一分不得"，没有取得部分奖金的"中间选项"，据此，该计划中约定的三年奖金应作为一个整体进行会计处理，而不是在某一年的考核指标实现后即确认该年度对应的奖金金额。同时，虽然该计划仅规定了奖金的最高限额，实际支付的金额需在期满后，在2013年内根据考核结果确定，管理层可以在3%的范围内调整，但是管理层的调整自由度并不大，从最终的实际结果看，实际支付金额(653万元)与最高限额(670万元)之间的差额仅为17万元，该差额对于财务报表整体而言是显著不重大的，且目前最终结果已经明朗，因此为了简化起见，可以以计划规定的最高限额作为预计到期应兑现的奖金金额进行会计处理，将该金额在2010—2012年3年等待期内按直线法摊销，计入各年度费用；实际兑付金额与该最高限额之间的差额，可在实际应兑付金额确定时，计入2013年的当期损益(鉴于采用精算方法较为困难，且目前已经确定最终结果，所以可以接受采用简化方法)。

如果该企业以前年度并未按照此处所建议的方法处理，则需作为前期差错追溯重述以前年度财务报表，并在原始报表和申报报表的差异专项说明中对该项调整作出说明。

另外，我们需要提请该公司注意：

1. 以后如果再使用类似的长期员工福利计划，应确保其会计处理严格遵循《企业会计准则第 9 号——职工薪酬》(2014 年修订)和 IAS 19 的上述规定，引入必要的精算、折现等确认和计量方法，以保证会计核算结果的准确性和合规性。

2. 后续在采用"预期累积福利单位法"对此类长期薪酬计划进行会计处理时，对预计可实现性等假设的变更应注意合理区分会计估计变更和前期差错的界限，只有在公司能够提供确凿证据，表明由于重大人为过失或舞弊等原因，未能合理使用前期报表编报时已经存在且能够取得的可靠信息，导致前期会计估计结果未恰当反映当时情况，才能认定前期会计估计存在差错；前期会计估计存在差错，并不必然进行追溯调整，只有当公司确定相关因素导致会计估计差错累计影响数切实可行且该差错重要时，才采用追溯重述法调整前期报表，否则应采用未来适用法。

附录：以下是 IAS 19 第 64～71 段对"预期累计福利单位法"的概要介绍：

64. 企业应运用预期累计福利单位法确定其设定受益义务的现值和相关的当期服务成本，合适的话，还包括过去服务成本。

65. 预期累计福利单位法(有时被称为按服务比例的应计福利法或服务/年数福利法)认为，每一期间的服务会增加一个单位的福利权利(参见第 67～71 段)，对每一单位单独计量，形成最终义务(参见第 72～91 段)。

第 65 段示例

在服务终止时支付整笔福利，等于每一服务年度最终工资的 1%。第 1 年的工资是 10 000，并设想每年增长 7%(复利)。使用的折现率是每年 10%，下表列示了对于一个预计在第 5 年年末离开的雇员如何形成该项义务，假定精算假设没有变化，为简便起见，本例中略去为反映该雇员可能在早些或晚些时候离开而需要另外作出的调整。

年份	1	2	3	4	5
福利归属于：					
——以前年度	0	131	262	393	524
——当年(最终工资的 1%)	131	131	131	131	131
——当年和以前年度	131	262	393	524	655
期初义务	—	89	196	324	476
利率为 10%的利息	—	9	20	33	48
当期服务成本	89	98	108	119	131
期末义务	89	196	324	476	655

注：

1. 期初义务是归属于以前年度的福利现值。
2. 当期服务成本是归属于当年的福利现值。
3. 期末义务是归属于当年和以前年度的福利现值。

66. 企业需对所有离职后福利义务进行折现，即使有部分义务在资产负债表日以后12个月内到期。

67. 企业在确定设定受益义务的现值和相关的当期服务成本(合适的话，还包括过去服务成本)，应根据计划的福利公式将福利归属于相应的服务期间。但是，如果雇员在以后年度的服务将导致其福利水平大大高于以前年度，企业应按直线法将福利归属于以下期间：

(1) 雇员的服务第一次导致获得计划福利之日(不管该福利是否以继续服务为条件)；

(2) 按照计划，除来自工资增长外，雇员的继续服务不会带来福利的显著增加之日。

68. 预期累计福利单位法要求企业将福利分配给当期(确定当期服务成本)和当期及以前期间(藉以确定设定受益义务现值)。企业将福利归属于提供离职后福利义务所产生的期间。这一义务随着雇员提供服务以获取企业在未来报告期间预计支付的离职后福利而产生。精算技术允许企业以足够的可靠性计量该义务，以便为负债的确认提供依据。

第68段示例

1. 一项确定受益金计划提供整笔福利，退休时对每一服务年度支付福利100。

福利100归属于每一年，当期服务成本是100的现值，设定受益义务的现值是100的现值乘以到资产负债表日为止的服务年数。

如果该福利是在雇员离开企业时立即支付，当期服务成本和设定受益义务的现值反映了雇员预期离开日的情形。因此，由于折现的影响，它们将小于如果雇员在资产负债表日离开所确定的金额。

2. 一项计划对每一服务年度提供最终工资0.2%的月养老金。该养老金自65岁时开始支付。

从预计退休日到预计死亡日之间应付估计最终工资0.2%的月养老金在预计退休日的现值，即为应归属于每一服务年度的福利金。当期服务成本是该项福利的现值。设定受益义务的现值是每月养老金支付额(最终工资的0.2%)的现值乘以到资产负债表日为止的服务年限。当期服务成本和设定受益义务的现值要进行折现，因为养老金自65岁时才开始支付。

69. 在设定受益计划下，即使福利是以未来雇佣为条件(换句话说，它们不是既定的)，雇员的服务仍会导致企业义务的增加，在每一既定日前的雇员服务会增加推定义务，因为在每一个连续的资产负债表日，在有权享有福利前，雇员必须提供的未来服务值会减少。在计量其设定受益义务时，企业会考虑一些雇员可能不会满足任何既定要求的可能性。类似地，虽然某些离职后福利，如离职后医疗福利，只有在发生特定事件、且雇员不再受雇时才能支付，但是雇员提供服务使其在特定事件发生时有权获得该福利就产生了一项义务。发生特定事件的可能性会影响该义务的计量，但并不能决定该义务是否存在。

第 69 段示例

1. 一项计划对每一服务年度支付福利 100。该福利在服务 10 年以后才是既定的。

福利 100 归属于每一年，在最初 10 年的每一年，当期服务成本和义务的现值反映雇员也许不会完成 10 年服务的可能性。

2. 一项计划对服务的每一年支付福利 100，不包括在 25 岁以前提供的服务。该福利立即是既定的。

没有福利归属于 25 岁以前的服务，因为那一日以前的服务不会产生福利(有条件的或无条件的)。福利 100 归属于每一后续年度。

70. 义务将增加至雇员的继续服务不会导致福利金额显著增加之日为止。因此，所有的福利均归属于截至该日或该日之前的期间。按计划的福利公式，福利归属于各别会计期间。但是，如果雇员在以后年度的服务将能获得比以前年度更高得多的福利，企业应将福利按直线法分摊，直到雇员继续服务不会导致福利金额的显著增加之日为止。这是因为雇员在整个期间的服务将最终导致那一较高水平的福利。

第 70 段示例

1. 一项计划在服务 10 年后支付既定的整笔福利 1 000，计划对后续服务不再提供进一步福利。

福利 100(1 000 除以 10)归属于最初 10 年中的每一年。在最初 10 年每一年的当期服务成本反映雇员也许不会完成 10 年服务的可能性。不再有福利归属于后续期间。

2. 一项计划对 55 岁仍受雇佣且已工作了 20 年、或者是 65 岁时仍受雇佣而不考虑其服务期长短的所有雇员支付整笔退休福利 2 000。

对于在 35 岁前加入的雇员，其服务首次获得该计划福利的年龄是 35 岁(雇员可以在 30 岁时离开、在 33 岁时回来而不影响福利的金额或时间)。福利是以未来服务为条件的。另外，55 岁以后的服务不会导致福利的进一步增加。对于这些雇员，企业将福利 100(2 000 除以 20)归属于从 35 岁到 55 岁的每一年。

对于那些在 35 岁和 45 岁之间加入的雇员，20 年之外的服务不会导致福利的进一步增加。对这些雇员，企业将福利 100(2 000 除以 20)归属于最初 20 年的每一年。

对在 55 岁加入的雇员，10 年之外的服务不会导致福利的进一步增加。对这些雇员，企业将福利 200(2 000 除以 10)归属于最初 10 年的每一年。

对于所有雇员，当期服务成本和义务的现值反映雇员也许不会完成必要服务期间的可能性。

3. 一项离职后医疗计划对离职时已服务 10 年以上、20 年以下的雇员，报销其离职后医疗费用的 40%，对于离职时服务期间超过 20 年或更长的雇员，报销 50%。

根据计划的福利公式，企业将预计医疗费用现值的 4%(40%除以 10)归属于最初 10 年的每一年，1%归属于第二个 10 年的每一年(10%除以 10)。每一年的当期服务成本反映了雇员可能不会完成必要的服务期限以获得全部或部分福利的可能性。对于预期在 10 年内离职的雇员，没有福利可归属。

4. 一项离职后医疗计划对服务超过10年但不到20年离职的雇员的离职后医疗费用报销10%，而对服务20年或更长年限之后离职的雇员报销50%。

以后年度的服务将导致比以前年度获得高得多的福利。因此，对于预期在20年或更多年之后离职的雇员，企业按照第68段以直线法对福利进行归属。20年之外的服务不会导致福利的进一步增加。因此，归属于最初20年每一年的福利是预期医疗费用现值的2.5%(50%除以20)。

对于预期在10年与20年之间离职的雇员，归属于最初10年每一年的福利是预期医疗费用现值的1%，对于这些雇员，没有福利归属于在10年之后与预计离职日之间的服务。

对预期在10年内离职的雇员，没有福利归属。

71. 当福利金额是每一服务年度最终工资的固定比例时，未来工资增长将会影响用于履行因资产负债表日以前的服务而存在的义务所需要的金额，但不会产生追加义务。因此：

(1) 就第67段(2)而言，工资增长不会导致进一步的福利，即使福利的金额取决于最终工资；

(2) 归属于每一期间的福利金额是与福利相关联的工资的固定比例。

第71段示例

雇员有权享受55岁以前每一服务年度最终工资3%的福利。

估计最终工资3%的福利归属于55岁以前的每一年，这是根据计划雇员继续服务不会导致福利金额显著增加的日期，对那一年龄后的服务不再有福利归属。

问题1-4-2 公司实行附有授予条件的长期奖金计划的会计处理

问题：

如下文背景资料所述，A公司根据各年度效益计提的延期支付职工忠诚服务基金，应如何进行会计处理？

背景：

A公司2011年1月开始实施一项员工奖金方案——员工忠诚服务基金(自2008年以后入职的员工均有权享受这一基金)。从2011年1月起，根据公司当期效益计提奖金，其中30%作为即时奖金于次年发放，另外70%作为员工忠诚服务基金。员工入职满5年发放其应得的50%，以后年度每增加一年计发10%，但以后每三年才实际发放一次(即如果某员工工作满7年后离职，实际上只能拿到50%，因另外20%需在第8年后才发放，因此无法实际拿到)。

A公司员工离职率一直非常低。

截至2013年12月末计提金额如下：一年以内4 677 281.65元，一年以上2 027 122.85元。

解答：

根据《企业会计准则第 9 号——职工薪酬(2014 年修订)》对职工薪酬的分类规定,本案例中递延支付且递延期限在 12 个月以上的奖金应属于“其他长期职工福利”,也可称为“附有授予条件的奖金”(bonus with vesting conditions)。

由于该计划应确保在规定日期向满足授予条件的员工支付确定的金额,因此不属于设定提存计划。根据《企业会计准则第 9 号——职工薪酬(2014 年修订)》第二十三条规定:“除上述第二十二条规定的情形外,企业应当适用本准则关于设定受益计划的有关规定,确认和计量其他长期职工福利净负债或净资产。在报告期末,企业应当将其他长期职工福利产生的职工薪酬成本确认为下列组成部分:(一)服务成本。(二)其他长期职工福利净负债或净资产的利息净额。(三)重新计量其他长期职工福利净负债或净资产所产生的变动。为简化相关会计处理,上述项目的总净额应计入当期损益或相关资产成本。”

为了确认和计量其他长期职工福利,除了《企业会计准则第 9 号——职工薪酬(2014 年修订)》及其应用指南的相关规定外,还可进一步参考 IFRS 体系下的《国际会计准则第 19 号——雇员福利》(以下简称 IAS 19)中的相关规定。IAS 19 第 155 段指出应参照离职后福利的确认和计量规定,这意味着应当运用预期累积福利单位法。根据 IAS19 第 68 段的规定,预期累积福利单位法认为,相关负债的计量是根据每一服务期间会增加一个单位的福利权利,并且对每一单位单独计量,以形成最终义务。IAS 19 第 70 段中指出:“如果职工在以后年度的服务将导致其福利水平大大高于以前年度,主体应按直线法将福利归属于以下期间:(1)职工提供的服务第一次导致获得计划福利之日(不管该福利是否以继续服务为条件);至(2)按照计划,除来自薪酬增长外,职工的继续服务不会带来福利的显著增加之日。”

根据前述规定,本案例中相关负债应使用“预期累计福利单位法”计算,并在等待期(即自金额确定之日起到实际支付日之间的期间)内按直线法分摊,计入各期损益。由于本案例中影响已确定金额的“忠诚服务奖”能否足额发放的主要因素是员工离职率、违纪辞退情况等,在实际操作中,如果员工离职率和辞退率都很低,相关的不确定性很小,则也可以采用简化的方式,根据预计支付时间和金额,采用适当的折现率按直线法确定每年的应提存金额(本金),并按实际利率法确认利息支出。

例如,折现率假设为 5%,预计 3 年后要支付 10 000 元,则:

5%、3 年期的年金终值系数=3.152 5

每年应确认本金=10 000/3.152 5=3 172.09 元

(借:管理费用等,贷:应付职工薪酬——其他长期职工福利)

同时在每期末按实际利率法确认利息支出(如第二年的利息支出为 158.60 元),借记“财务费用——利息支出”账户,贷记“应付职工薪酬——其他长期职工福利”账户。这样到第三年年末,“应付职工薪酬——其他长期职工福利”账户的余额为 10 000 元,等于此时应支付给职工的金额。

问题 1-4-3 职工以电话费发票限额报销的电话费补助，应该计入工资总额还是在福利费列支？

问题：

职工以电话费发票在公司规定的限额内报销的电话费补助，应该计入工资总额还是在福利费列支？

解答：

根据财政部《关于企业加强职工福利费财务管理的通知》(财企[2009]242号)第一条规定：

一、企业职工福利费是指企业为职工提供的除职工工资、奖金、津贴、纳入工资总额管理的补贴、职工教育经费、社会保险费和补充养老保险费(年金)、补充医疗保险费及住房公积金以外的福利待遇支出，包括发放给职工或为职工支付的以下各项现金补贴和非货币性集体福利：

(一)为职工卫生保健、生活等发放或支付的各项现金补贴和非货币性福利，包括职工因公外地就医费用、暂未实行医疗统筹企业职工医疗费用、职工供养直系亲属医疗补贴、职工疗养费用、自办职工食堂经费补贴或未办职工食堂统一供应午餐支出、符合国家有关财务规定的供暖费补贴、防暑降温费等。

(二)企业尚未分离的内设集体福利部门所发生的设备、设施和人员费用，包括职工食堂、职工浴室、理发室、医务所、托儿所、疗养院、集体宿舍等集体福利部门设备、设施的折旧、维修保养费用以及集体福利部门工作人员的工资薪金、社会保险费、住房公积金、劳务费等人工费用。

(三)职工困难补助，或者企业统筹建立和管理的专门用于帮助、救济困难职工的基金支出。

(四)离退休人员统筹外费用，包括离休人员的医疗费及离退休人员其他统筹外费用。企业重组涉及的离退休人员统筹外费用，按照《财政部关于企业重组有关职工安置费用财务管理问题的通知》(财企[2009]117号)执行。国家另有规定的，从其规定。

(五)按规定发生的其他职工福利费，包括丧葬补助费、抚恤费、职工异地安家费、独生子女费、探亲假路费，以及符合企业职工福利费定义但没有包括在本通知各条款项目中的其他支出。

二、企业为职工提供的交通、住房、通讯待遇，已经实行货币化改革的，按月按标准发放或支付的住房补贴、交通补贴或者车改补贴、通讯补贴，应当纳入职工工资总额，不再纳入职工福利费管理；尚未实行货币化改革的，企业发生的相关支出作为职工福利费管理，但根据国家有关企业住房制度改革政策的统一规定，不得再为职工购建住房。

企业给职工发放的节日补助、未统一供餐而按月发放的午餐费补贴，应当纳入工资总额管理。

根据上述规定，企业按月按标准发放的通讯补贴属于货币化福利，应列入工资总额管理;在限额内据实报销的通讯费属于尚未实现货币化的福利,应计入职工福利费。

问题 1-4-4 企业对劳务派遣人员薪酬的核算和列报

问题:

对于企业与劳务公司签订的保洁、绿化等长期劳务合同或类似的劳务合同,相关劳务支出是否作为职工薪酬支出?

解答:

《企业会计准则第 9 号——职工薪酬》(2014 年修订)第三条规定:“本准则所称职工,是指与企业订立劳动合同的所有人员,含全职、兼职和临时职工,也包括虽未与企业订立劳动合同但由企业正式任命的人员。未与企业订立劳动合同或未由其正式任命,但向企业所提供服务与职工所提供服务类似的人员,也属于职工的范畴,包括通过企业与劳务中介公司签订用工合同而向企业提供服务的人员。”

根据《〈企业会计准则第 9 号——职工薪酬〉(2014 年修订)应用指南》:

三、关于职工和职工薪酬的定义

(一)职工的定义

本准则所称的职工,是指与企业订立劳动合同的所有人员,含全职、兼职和临时职工,也包括虽未与企业订立劳动合同但由企业正式任命的人员。具体而言,本准则所称的职工至少应当包括:

1. 与企业订立劳动合同的所有人员,含全职、兼职和临时职工。按照我国《劳动法》和《劳动合同法》的规定,企业作为用人单位应当与劳动者订立劳动合同。本准则中的职工首先应当包括这部分人员,即与企业订立了固定期限、无固定期限或者以完成一定工作作为期限的劳动合同的所有人员。

2. 未与企业订立劳动合同但由企业正式任命的人员,如部分董事会成员、监事会成员等。企业按照有关规定设立董事、监事,或者董事会、监事会的,如所聘请的独立董事、外部监事等,虽然没有与企业订立劳动合同,但属于由企业正式任命的人员,属于本准则所称的职工。

3. 在企业的计划和控制下,虽未与企业订立劳动合同或未由其正式任命,但向企业所提供服务与职工所提供服务类似的人员,也属于职工的范畴,包括通过企业与劳务中介公司签订用工合同而向企业提供服务的人员,这些劳务用工人员属于本准则所称的职工。

需要注意的是:此类实质上符合“职工”定义的劳务派遣人员的相关费用属于职工薪酬规范范围,在 2006 版的《企业会计准则第 9 号——职工薪酬》下已有此规定,并不是本次(2014 年)职工薪酬准则修订后引入的新规定。

因此,对于外派劳务人员相关费用,企业应根据是否具备对这些劳务人员的工作分配、业绩考核和报酬决定、奖惩、辞退等实质性的管理权力,这些人员所从事的工作内容与本企业正式职工是否存在实质性差异等因素,分析这些劳务人员在经济实质上是否属于《企业会计准则第 9 号——职工薪酬》所定义的“职工”。如果属于“职工”的，则其报酬（扣除可以明确识别和确定的工具使用费、劳务派遣机构管理费等不属于劳动报酬的部分）属于职工薪酬的范畴，作为短期职工薪酬进行核算。但是即使这些人在会计意义上属于本企业的“职工”，其相关薪酬费用也是在“应付职工薪酬”科目下单独设置“劳务派遣人员费用”或类似明细科目进行核算，不纳入工资总额统计，不作为计提职工福利费、工会经费和职工教育经费的基数。但在企业所得税税务处理方面，根据《国家税务总局关于企业所得税应纳税所得额若干税务处理问题的公告》（国家税务总局公告[2012]15 号）第一条规定：“企业因雇用季节工、临时工、实习生、返聘离退休人员以及接受外部劳务派遣用工所实际发生的费用，应区分为工资薪金支出和职工福利费支出，并按《企业所得税法》规定在企业所得税前扣除。其中属于工资薪金支出的，准予计入企业工资薪金总额的基数，作为计算其他各项相关费用扣除的依据。”

就本案例中提到的“企业与劳务公司签订的保洁、绿化等长期劳务合同或类似的劳务合同”而言，可以根据合同条款的约定来判断所涉及的劳务人员是否为公司的“职工”，其核心关注点是：劳务公司是否需就被派遣人员向本企业提供的劳务，对本企业直接承担责任。例如，如果该合同中明确约定了应提供服务的具体内容和工作要求，但没有对所需人数、劳务人员个人薪资水平等与劳务人员个人直接相关的问题作出约定，而是由服务公司根据合同中对其服务内容和服务质量的要求自行作出决定的，则这种情况下的劳务人员管理权限很可能是在服务公司，相应地这些劳务人员不是本企业的“职工”；反之，如果该合同中明确约定了人数、个人资质要求、个人薪酬水平、对个人的业绩考核要求等与劳务人员个人直接相关的事项，但没有约定服务公司直接对所提供的保洁、绿化等劳务承担责任，则这些劳务人员应认定为本企业的“职工”的可能性较大。

站在劳务公司（劳务派遣服务机构）的角度，上述问题还会对其对于劳务人员费用的核算应采用“总额法”还是“净额法”的判断产生影响。如果经分析认为这些劳务人员是本劳务公司的“职工”，则其相关费用在本劳务公司账上应采用“总额法”核算，即把向用工单位收取的全部款项确认为营业收入，将劳务人员相关费用确认为营业成本；反之，如果这些劳务人员应属于用工单位的“职工”，而不是本劳务公司的“职工”，则其相关费用在本劳务公司账上采用“净额法”核算的可能性相对较大。

问题 1-4-5 设定受益计划中退休后福利水平变动属于过去服务成本还是精算假设变动

问题：

1. 如下文背景资料所述，企业提高设定受益计划中退休后福利水平是否属于设定收益计划精算假设变动？

2. 设定受益计划中属于精算假设范畴的未来福利水平与属于过去服务成本变化范畴的福利水平的变化,具体判断依据是什么?

背景:

企业因当地政府要求,提高了设定受益计划的相关员工退休后福利水平(由每月 1 000 元调整至每月 3 000 元),企业将其作为设定受益计划假设中福利水平发生变化,将其变动计入"其他综合收益:重新计量设定受益计划净负债或净资产的变动"。

解答:

1. 根据《企业会计准则第 9 号——职工薪酬》(2014 年修订)第十八条规定,对本案例中企业根据当地政府要求提高设定受益计划的福利保障水平中与受益对象过去已提供的服务相关的部分,作为过去服务成本,计入当期损益。

2. 根据《企业会计准则第 9 号——职工薪酬》(2014 年修订)的应用指南中的相关表述:

精算假设,是指企业对影响离职后福利最终义务的各种变量的最佳估计。精算假设应当是客观公正和相互可比的,无偏且相互一致的。精算假设包括人口统计假设和财务假设。人口统计假设包括死亡率、职工的离职率、伤残率、提前退休率等。财务假设包括折现率、福利水平和未来薪酬等。其中,折现率应当根据资产负债表日与设定受益计划义务期限和币种相匹配的国债或活跃市场上的高质量公司债券的市场收益率确定。

经验调整是设定受益计划义务的实际数与估计数之间的差异。在某些情况下,设定受益计划对于未来福利水平调整未作出明确规定的,企业将有关福利水平的增加确认为精算假设与实际经验的差异(产生精算利得或损失),还是计划的修改(产生过去服务成本),需要运用职业判断。通常情况下,如果设定受益计划未明确规定未来福利水平的调整,过去的调整也并不频繁,同时如果精算假设中并无福利水平增长的假设,企业应将福利水平变化的影响归属于过去服务成本。

对于福利水平增加应归属于过去服务成本还是精算假设变动的判断,可参考 IFRS 体系下《国际会计准则第 19 号——雇员福利》(以下简称 IAS 19)中的相关规定:

88. Actuarial assumptions reflect future benefit changes that are set out in the formal terms of a plan (or a constructive obligation that goes beyond those terms) at the end of the reporting period. This is the case if, for example:

(a) the entity has a history of increasing benefits, for example, to mitigate the effects of inflation, and there is no indication that this practice will change in the future;

(b) the entity is obliged, by either the formal terms of a plan (or a constructive obligation that goes beyond those terms) or legislation, to use any surplus in the plan for the benefit of plan participants (see paragraph 108(c)); or

(c) benefits vary in response to a performance target or other criteria. For example, the terms of the plan may state that it will pay reduced benefits or require additional contributions from employees if the plan assets are insufficient. The measurement of the obligation reflects the best estimate of the effect of the performance target or other criteria.

89. Actuarial assumptions do not reflect future benefit changes that are not set out in the formal terms of the plan (or a constructive obligation) at the end of the reporting period. Such changes will result in:

(a) past service cost, to the extent that they change benefits for service before the change; and

(b) current service cost for periods after the change, to the extent that they change benefits for service after the change.

90. Estimates of future salary increases take account of inflation, seniority, promotion and other relevant factors, such as supply and demand in the employment market.

中文翻译：

88. 精算假设应反映在报告期末一项计划的正式条款(或这些条款以外的推定义务)规定的未来福利变动。这种情况发生在，比如：

(1) 主体有提高福利的历史，例如为了减轻通货膨胀影响，并且没有迹象表明这种做法在未来会发生变化；

(2) 由于计划的正式条款(或条款之外的推定义务)或由于法律规定，主体必须将计划的盈余用于计划参与者的福利[参见第108段(3)]；或者

(3) 为满足业绩目标或其他标准，福利可能发生变化。例如，计划条款可能规定如果计划资产不足，则将降低福利的支付水平或要求雇员增加提存。对该义务的计量应反映业绩目标或其他标准影响的最佳估计。

89. 精算假设不反映报告期末在计划的正式条款(或推定义务)中未设定的未来福利变化。这种变化将导致：

(1) 过去服务成本，它们改变了变化前的服务所导致的福利；以及

(2) 变化以后期间的当期服务成本，它们改变了变化后的服务所导致的福利。

90. 对未来薪金增长的估计要考虑通货膨胀、资历、晋升和其他相关因素，如雇佣市场的供需情况。

即，判断福利水平增加应归属于过去服务成本还是精算假设变动，主要依据是该项未来福利水平增加是否系报告期末计划的正式条款(或这些条款以外的推定义务)中有所规定，从而导致过去即存在法定或推定义务。如果计划条款或推定义务中没有对未来福利水平增加作出规定，则属于过去服务成本和变化以后期间的当期服务成本。

问题 1-4-6　如何根据精算结果编制设定受益计划的会计处理分录

问题：

如何根据下文背景资料中 A 公司的精算结果编制设定受益计划的会计处理分录？

背景：

A 公司设定收益计划精算评估结果如下：

XXXX

CAS 9 Valuation Results of Post-employment Benefits and Beneficiary Benefit*

离职后福利及遗属福利的精算评估结果（企业会计准则第9号）*

as of January 1, 2013 - June 30, 2014 （2013年1月1日 - 2014年6月30日）

RMB '0,000 以万元人民币列示

A. Amount Recognized in the Statement of Financial Position 财务状况表确认值	01/01/2013	12/31/2013	06/30/2014
(1) Actuarial present value of defined benefit obligation [DBO] 计划福利义务的精算现值			
(2) Fair value of assets [FVA] 计划资产的公允价值			
(3) Surplus (deficit) 盈余（亏损）：(1)+(2)			
(4) Irrecoverable surplus (effect of asset ceiling) 不可回收的盈余（资产限额的影响）			
(5) Net defined benefit asset (liability) recognized in statement of financial position 财务状况表中确认的净资产（负债）：(3)+(4)			
B. Reconciliation of Net Asset (Liability) Recognized in Statement of Financial Position 财务状况表确认的资产（负债）的变动			
(1) Net asset (liability), beginning of period 期初的净资产（负债）			
(2) Company contribution during the period 当期的公司缴费			
(3) Benefit payments from the company during the period 当期公司的福利支出			
(4) Defined benefit cost recognized in Profit & Loss [P&L] 于损益表中确认的福利成本			
(5) Remeasurement effects recognized in other comprehensive income [OCI] 于其他综合收入表中确认的重计量影响			
(6) Net asset (liability), end of period 期末的净资产（负债）：(1)+(2)+(3)+(4)+(5)			
C. Change in Defined Benefit Obligation (DBO) 计划福利义务精算现值的变动			
(1) DBO, beginning of period 期初的计划福利义务			
(2) Current service cost (with interest) 当前服务成本（含利息）			
(3) Interest cost on the DBO 计划福利义务的利息成本			
(4) Actual benefit payments from the company and the plan 由公司与计划资产支付的实际福利支出			
(5) Past service cost - plan amendments 过去服务成本 - 计划变动			
(6) Past service cost - curtailment 过去服务成本 - 会计缩减			
(7) Effect of settlements 结算的影响			
(8) Effect of transfer in 转入的影响			
(9) Effect of transfer out 转出的影响			
(10) Actuarial liability loss (gain) 负债精算损失（利得）			
(11) Actual DBO, end of period 期末实际的计划福利义务，(1)+(2)+(3)+(4)+(5)+(6)+(7)+(8)+(9)			
D. Change in Plan Assets 计划资产的变动			
(1) FVA, beginning of period 期初的公允价值			
(2) Interest income on plan assets 计划资产的利息收益			
(3) Return on plan assets greater (less) than discount rate 计划资产高于（低于）折现率的收益			
(4) Actual contributions to the plan 计划的实际缴费			
(5) Actual benefit payments from the plan 来自计划的实际福利支出			
(6) Actual FVA, end of period 期末实际的公允价值，(1)+(2)+(3)+(4)+(5)			

*The total figures shown may not be equal to the sum of components due to rounding. 因为以万元列示，总值不一定等于各项目的总和。

E. Defined Benefit Cost Recognized in P&L for current period 当期损益表中确认的福利成本			
(1) Current service cost (with interest) 当前服务成本（含利息）：C(2)			
(2) Past service cost - plan amendments 过去服务成本 - 计划变动：C(5)			
(3) Past service cost - curtailments 过去服务成本 - 会计缩减：C(6)			
(4) Settlement (gain) loss 结算产生的（利得）损失：C(7)			
(5) Service cost 服务成本：(1)+(2)+(3)+(4)			
(6) Net interest (income) on net defined benefit liability (asset) 负债/(资产)的净利息/(收入)：C(3)-D(2)			
(7) Effect of transfer in 转入的影响			
(8) Effect of transfer out 转出的影响			
(9) Immediate recognition of (gains)/losses - other long term employee benefits 立即确认的精算（利得）损失 - 其他长期员工福利			
(10) Cost recognized in P&L 损益表中确认的成本：(5)+(6)+(7)			
F. Remeasurement effects recognized in OCI 其他综合收入表中确认的重计量影响			
(1) Actuarial (gain) loss due to liability experience 由于经验差异产生的精算（利得）损失			
(2) Actuarial (gain) loss due to demographic assumption changes 由于人口学假设变动产生的精算（利得）损失			
(3) Actuarial (gain) loss due to financial assumption changes 由于财务假设变动产生的精算（利得）损失			
(4) Actuarial (gain) loss arising during period 精算（利得）损失：(1)+(2)+(3)			
(5) Return on plan assets (greater) less than discount rate 计划资产（高于）低于折现率的收益			
(6) Remeasurement effects recognized in OCI 其他综合收入表中确认的重计量影响：(4)+(5)			
G. Projected Cost to be Recognized in P&L for next 12 months 下12个月损益表中确认的费用预计			
(1) Current service cost (with interest) 当前服务成本（含利息）			
(2) Past service cost - plan amendments 过去服务成本 - 计划变动			
(3) Past service cost - curtailments 过去服务成本 - 会计缩减			
(4) Settlement (gain) loss 结算产生的（利得）损失			
(5) Service cost 服务成本：(1)+(2)+(3)+(4)			
(6) Net interest (income) on net defined benefit liability (asset) 负债/(资产)的净利息/(收入)			
(7) Cost recognized in P&L 损益表中确认的费用：(5)+(6)			
H. Data Summary and Actuarial Assumptions 人员数据及精算假设			
Headcount 人数			
Average age 平均年龄			
Average expected future lifetime 平均余命			
Average future working years for active employees 在岗人员未来工作年限			
Annual discount rate 年折现率			
Annual turnover rate of active employees 在岗人员年离职率			
Mortality rate 死亡率			
Expected rate of return on plan assets 计划资产的预期收益率			
I. Projected Cash Flow for next 12 months 下12个月现金流预计			
(1) Expected benefit disbursements - from plan 预期福利支出——由计划资产支付			
(2) Expected benefit disbursements - from company 预期福利支出——由公司支付			
(3) Expected contributions to plan - from company 预期缴费——由公司支付			
(4) Expected contributions to plan - from employees 预期缴费——由员工支付			

*The total figures shown may not be equal to the sum of components due to rounding. 因为以万元列示，总值不一定等于各项目的总和。

解答：

根据精算机构提供的精算结果(典型的如此处精算报告的格式)编制会计处理分录，大体的原则是：

1. 根据"A. 财务状况表确认值"确定资产负债表中所列的净资产或净负债金额。一般列报于"其他非流动负债"项目内，且不用区分长期应付款本金和未确认融资费用,直接列示净额即可。

2. 根据“B. 财务状况表确认的资产(或负债)的变动”中“于损益表中确认的福利成本”确定当期计入利润表的影响金额(该项目应当与“E. 当期损益表中确认的福利成本”部分的合计数一致),根据“于其他综合收益中确认的重计量影响”确定当期计入其他综合收益的影响金额(该项目应当与“F. 其他综合收益表中确认的重计量影响”部分的合计数一致)。

3. 根据“E. 当期损益表中确认的福利成本”中“(5)服务成本”确定应计入管理费用等成本费用类科目的金额;“(6)负债(资产)的净利息/(收入)”确定应计入当期财务费用的金额,两者之和应等于上述 B 部分中“于损益表中确认的福利成本”。

问题 1-4-7 国有企业其他形式补充养老福利计划形成的离职后福利处理

问题:

国有企业存在每年支付离退休人员工资补贴或医疗补贴的情况,在《企业会计准则第 9 号——职工薪酬》(2014 年修订)下该类支付给离退休人员的工资补贴或医疗补贴如何进行处理?

解答:

首先,国有企业每年支付离退休人员费用,包括离退休人员工资补贴或医疗补贴,如果属于《企业会计准则第 9 号——职工薪酬》(2014 年修订)所规范的离职后福利,则根据该准则第十一条的规定,应归类为设定受益计划,且按该准则第三十条的规定,国有企业支付的离退休人员的费用应进行追溯调整。

但是,国务院国资委《关于做好 2014 年度中央企业财务决算管理及报表编制工作的通知》(国资发评价[2014]175 号,以下简称《通知》)中明确:“按照《职工薪酬》准则,及时调整职工薪酬核算范围,准确反映企业各类人员的工资及福利情况,对企业目前实行的薪酬政策进行全面梳理,规范会计核算。根据企业年金的有关政策规定,已实行企业年金制度的企业,不得再设定其他补充养老福利计划;尚未实行年金制度的企业,如根据企业实际情况需设定补充养老福利计划,应通过规范的企业年金制度来实施,不得设定其他形式的补充养老福利计划。在改制上市时已对有关人员费用进行预提的,不得对已纳入预提范围的人员重复设定受益计划;未对有关人员费用进行预提的企业,以及未纳入预提范围人员的统筹外费用,按现行列支渠道列支。”

国有企业每年支付离退休人员工资补贴或医疗补贴、或发放过节费的情形,均属于《通知》中规定的其他形式的补充养老福利计划。根据该《通知》规定,向目前已离退休的人员支付的此类费用,应按现行渠道列支(即从职工福利费中列支);对于截至目前尚未退休的人员今后退休后的补充养老福利,国有企业应当按照《通知》要求通过规范的企业年金制度实施,而不允许再单独支付。

从会计技术角度而言,如果允许国有企业设定其他形式的补充养老福利计划(如支付退休人员工资补贴、医疗补贴、过节费等),并且企业的福利政策中规定目前在职人员退休后亦同样享受上述离职后福利，则相关在职人员也应按"设定受益计划"的规定在提供服务期间计提。但是，从《通知》体现的监管政策导向来看，目前国资委只允许对目前的在职人员提供年金形式的补充养老福利，而现行的《企业年金试行办法》(原劳动和社会保障部令第 20 号)规定的年金只能是设定提存计划。如果按照《通知》的要求对企业目前实行的薪酬政策进行全面梳理，将非年金形式的补充养老福利全部予以废止，则企业目前的在职人员今后退休后能否享受到企业定期支付的此类补贴是有疑问的。

综上所述，综合考虑《企业会计准则第 9 号——职工薪酬》(2014 年修订)的相关规定和《通知》等国务院国资委规定所明确的对设定受益计划的监管政策，我们理解，国有及国有控股企业对向职工提供的补充养老福利，应区分以下情况分别予以处理：

1. 向截至目前已离退休，且在职期间未参与过企业年金计划的人员支付的各类统筹外福利，如果相关人员在企业改制上市时已经纳入"三类人员费用"的精算范围，从当初的改制企业国有净资产中预留了相应负债的，则从相关负债余额中列支；相关负债的余额已变为零但仍需支付此类费用的，在实际支付时从职工福利费中列支。如果相关人员没有被纳入改制时"三类人员费用"的精算范围的，则在支付时直接从职工福利费中列支，不采用《企业会计准则第 9 号——职工薪酬》(2014 年修订)规定的设定受益计划处理办法。

2. 向目前的在职人员提供的补充养老福利，原则上均应采用企业年金形式。由于目前的企业年金均属于设定提存计划性质的离职后福利，因此根据《企业会计准则第 9 号——职工薪酬》(2014 年修订)对设定提存计划的会计处理规定，在职工为其提供服务的会计期间，将根据设定提存计划计算的应缴存金额确认为负债，并计入当期损益或相关资产成本，无需进行精算以及根据精算结果确认相关负债。

3. 如果确因某些特殊原因，经批准向目前的在职人员提供设定受益计划性质的补充离职后福利，则鉴于《企业会计准则第 9 号——职工薪酬》(2014 年修订)已经明确了设定受益计划的会计计量和核算方法，企业应当按照准则的要求进行处理，除非该项设定受益计划对被审计财务报表的整体影响显著不重大。

如果国有和国有控股企业根据《通知》规定的原则梳理了设定受益计划性质的离职后福利计划，并履行了必要的内部决策和外部审批程序，将确需保留的设定受益计划性质的离职后福利予以制度化和规范化，作为后续精算的基础，则对于经批准正式实施的设定受益计划性质的离职后福利，应严格遵循《企业会计准则第 9 号——职工薪酬》(2014 年修订)的有关规定，在精算的基础上对相关负债、损益和其他综合收益进行确认和计量，确保相关的会计核算和信息披露符合该会计准则的规定，且日后精算需定期进行。另外由于此类负债的确认将导致国有净资产的减少，可能被认定为涉及国有资产管理的重大事项，需按规定向国有企业所属的国资委报批。

问题 1-4-8 因工厂搬迁导致的员工辞退补偿的确认、计量和列报

问题：

因工厂搬迁导致的员工辞退补偿如何确认、计量和列报？是否属于非经常性损益？

背景：

A 公司在境内原有两家全资子公司(其中东莞深圳各一家)，均从事产品制造业务。A 公司以前年度厂房均为租赁。2013 年年内，公司在惠州取得土地，并新建了厂房，为了便于管理和降低成本，公司拟将东莞和深圳子公司搬迁至惠州厂房。鉴于跨地区搬迁，部分员工不愿意跨地区迁移，将涉及解除劳动合同，并进行补偿问题。

A 公司将在 2013 年年底与员签订解除劳动关系补偿协议，鉴于年底前不能全部完成搬迁，故在签订协议中要求员工实际离职为 2014 年 1 月份，且实际支付补偿金时间为 2014 年度。

相关的会计问题包括：

(1) 解除劳动关系补偿相关负债和损益影响应在何时确认？

(2) 解除劳动关系补偿计入的具体损益科目，应为管理费用还是营业外支出？

(3) 解除劳动关系补偿是否属于非经常性损益？

解答：

本案例中的辞退补偿事项是由特定原因(工厂搬迁)导致的，并不是单纯的辞退补偿。因此，应当把此类支出作为整体搬迁事项的一部分纳入考虑，按照《企业会计准则第 13 号——或有事项》及其应用指南和讲解中关于“重组义务”的规定进行处理(详见《企业会计准则讲解》(2010)第十四章第三节，原书第 210～211 页)，而不应单独就其中的职工辞退补偿事项适用《企业会计准则第 9 号——职工薪酬》的规定。

根据《企业会计准则讲解》(2010)的规定：

企业因重组而承担了重组义务，并且同时满足预计负债确认条件时，才能确认预计负债。首先，同时存在下列情况的，表明企业承担了重组义务：①有详细、正式的重组计划，包括重组涉及的业务、主要地点、需要补偿的职工人数、预计重组支出、计划实施时间等；②该重组计划已对外公告，重组计划已开始实施，或已向受其影响的各方通告了该计划的主要内容，从而使各方形成了对该企业将实施重组的合理预期。其次，需要判断重组义务是否同时满足预计负债确认条件，即判断其承担的重组义务是否是现时义务、履行重组义务是否很可能导致经济利益流出企业、重组义务的金额是否能够可靠计量。只有同时满足这三个确认条件，才能将重组义务确认为预计负债。

在本案例中，企业已经制定了详细、正式的工厂搬迁计划，并对外公布和着手实施(员工辞退补偿本身就是该重组事项的重要组成部分)。同时，该重组义

务也已满足上述三个确认条件。因此,企业应当在 2013 年度内,根据最佳估计金额确认该项重组业务的预计负债,并计入 2013 年度的损益(整体计入营业外支出)。该项支出因为具有偶发性且与企业正常经营业务无关,系企业重组搬迁导致,故可以作为非经常性损益。

根据或有事项准则的规定,与重组义务相关的预计负债和其他预计负债一样,应按照最佳估计金额予以计量。在确定其中的职工辞退补偿义务的最佳估计金额时,应考虑相应的解除劳动关系和补偿协议是否已经不可撤销,例如是否允许员工在 2014 年 1 月离职之前享有“反悔权”,即选择前往惠州继续任职,不再履行该项离职补偿协议。如果是,则可能需要根据期后的实际情况修正对离职人数和补偿金额的估计。

如果相关协议约定补偿款分期支付,且支付期限超过一年的,则该离职补偿金额应按照折现值计入相关预计负债的期末余额内。

在重组义务确认日确认相关的预计负债后,如果 2013 年年内已经签订不可撤销的离职补偿协议,则在 2013 年年末应把相应的补偿金额从“预计负债”科目转入“应付职工薪酬——辞退福利”科目(其中对于将在一年后支付的部分,在报表上列报为“其他非流动负债”);如果 2013 年年内离职补偿协议虽已签署,但员工仍有“反悔权”的,则相应的补偿金额在 2013 年年末仍在“预计负债”科目核算。

问题 1-4-9　“应付职工薪酬”、“长期应付职工薪酬”财务报表列示口径的问题

问题:

辞退福利、离职后福利如何进行流动性划分?

解答:

根据《企业会计准则第 30 号——财务报表列报》(2014 年修订)的规定,负债应当按照流动负债和非流动负债在资产负债表中列示,负债的流动性划分是为了更好地反映企业的清偿能力。

根据《〈企业会计准则第 9 号——职工薪酬〉(2014 年修订)应用指南》之“八、关于职工薪酬的披露”的规定:

在资产负债表中,企业应当根据应支付的职工薪酬负债流动性,对职工薪酬负债按照流动和非流动进行分类列报。短期薪酬、离职后福利中的设定提存计划负债、其他长期职工福利中的符合设定提存计划条件的负债、辞退福利中将于资产负债表日后十二个月内支付的部分应当在资产负债表的流动负债项下“应付职工薪酬”项目中列示。辞退福利中将于资产负债表日起十二个月之后支付的部分、离职后福利中设定受益计划净负债、其他长期职工福利中符合设定受益计划条件的净负债应当在资产负债表的非流动负债项下单独列示。

根据以上规定,我们可以得出相关要点如下:

1. 辞退福利。

辞退福利中资产负债表日后 12 个月内支付的部分，在“应付职工薪酬”项目中列示。这里《〈企业会计准则第 9 号——职工薪酬〉(2014 年修订)应用指南》强调了“支付”的概念，在“应付职工薪酬”项目中列示的辞退福利具体金额，仅对应于精算报告的“下 12 个月现金流出预计”，不包括“下 12 个月损益表中确认的费用预计”。由于修订后的会计准则要求追溯调整 2014 年资产负债表期初数，对于 2014 年 1 月 1 日在“应付职工薪酬”项目中的辞退福利金额，可以按照 2014 年内实际支付数(精算报告口径)作为填报依据。

辞退福利中将于资产负债表日起 12 个月之后支付的部分，在“长期应付职工薪酬”项目中列示。

2. 离职后福利——设定提存计划。

离职后福利中的设定提存计划负债，在“应付职工薪酬”项目中列示。

3. 离职后福利——设定受益计划。

离职后福利中设定受益计划净负债，在“长期应付职工薪酬”项目中列示，但无需将资产负债表日起 12 个月内支付的部分单独拆分、在“应付职工薪酬”项目列示。

从实务操作角度，如果将设定受益计划净负债拆分 12 个月内支付的部分和 12 个后支付的部分，将无法单独列表披露设定受益计划义务净负债变动情况。

精算报告(详见前面“问题 1-4-6　如何根据精算结果编制设定受益计划的会计处理分录)”中所给出的精算报告参考格式)披露的负债余额，是由期初的计划福利义务，经当期福利成本(含利息)、计划福利义务的利息成本、当期实际福利支出、过去服务成本、结算的影响、精算利得或损失影响等原因进行调整，得出期末计划福利义务，数据为现值净额，无法区分负债终值、未确认融资费用。因此，企业入账时不必再分别按照负债终值、未确认融资费用明细核算。

问题 1-4-10　股份支付判定问题——非同一控制下企业合并中对被购买方不同股份的作价差异

问题：

在非同一控制下的企业合并交易中，在购买方的报表层面，对于被购买方的不同类型股东所持股份的转让价格存在差异(其中对其高管所持股份的作价高于其他股东所持股份)，是否构成股份支付安排？

背景：

B 公司购买境外 A 公司，A 公司股东为财务投资者，收购后对未来 3 年(2014、2015、2016 年)设置业绩承诺条款。由于出让方为财务投资者，故 B 公司只能与 A 公司高管达成业绩承诺赔偿安排，具体安排方案如下：

(1) A 公司的原股东(系财务投资者)与 A 公司高管内部协商，提供 4 000 万元现金归管理层所有。

(2) A 公司高管持有 A 公司 5%股权，A 公司的原股东给予 A 公司整体估值 5%股权价值的折让；A 公司高管参与业绩承诺，高管股东持 5%股权但以 10%作估值。若未来 3 年未实现业绩承诺条件，则先用 4 000 万元现金补足，不够部分再用授予的股权补足。

(3) 假设 A 公司估值 8 亿元，其中高管所持 5%股份估值为 1.2 亿元，即为高管实得转让款金额(8 亿元×10%＋4 000 万元)，财务投资者所持 95%股份估值为 6.8 亿元。

问题是：B 公司收购 A 公司股份时，A 公司原大股东对高管股东给予的 5%股权估值是否属于股份支付？

解答：

本案例中股权收购对于 A 公司(被收购方)高管和财务投资者两类原股东所持股份给出不同的估值，从购买方 B 公司而言，不属于股份支付。

根据《企业会计准则讲解》(2010)第十二章第一节(原书第 181 页)中的下列论述，结合本案例的具体情况，判断是否构成一项股份支付交易：

股份支付，是指企业为获取职工和其他方提供服务而授予权益工具或者承担以权益工具为基础确定的负债的交易。股份支付准则所指的权益工具是指企业自身权益工具，包括企业本身、企业的母公司或同集团其他会计主体的权益工具。股份支付具有以下特征：一是股份支付是企业与职工或其他方之间发生的交易。以股份为基础的支付可能发生在企业与股东之间、合并交易中的合并方与被合并方之间或者企业与其职工之间，其中，只有发生在企业与其职工或向企业提供服务的其他方之间的交易，才可能符合股份支付准则对股份支付的定义。二是股份支付是以获取职工或其他方服务为目的的交易。企业在股份支付交易中意在获取其职工或其他方提供的服务(费用)或取得这些服务的权利(资产)。企业获取这些服务或权利的目的在于激励企业职工更好地从事生产经营以达到业绩条件，不是转手获利等。三是股份支付交易的对价或其定价与企业自身权益工具未来的价值密切相关。股份支付交易与企业与其职工间其他类型交易的最大不同，是交易对价或其定价与企业自身权益工具未来的价值密切相关。在股份支付中，企业要么向职工支付其自身权益工具，要么向职工支付一笔现金，而其金额高低取决于结算时企业自身权益工具的公允价值。

在本案例中，B 公司收购境外 A 公司，对 B 公司而言属于非同一控制下的企业合并，其总估值为 8 亿元，其中高管所持 5%股份估值为 1.2 亿元，财务投资者所持 95%股份估值为 6.8 亿元。我们理解，这两部分股权的估值不成比例的原因：一是因为这两部分股东历史上对被购买方的贡献程度不同；二是考虑到高管股东需单独承担对上市公司的业绩补偿承诺。考虑到以下原因，该交易对于 B 公司不作为股份支付处理：

1.《企业会计准则讲解》所述股份支付基本特征之一、之二表明，股份支付应当是发生于企业与其职工或者其他服务提供方之间(对方应该是以职工或者服务提供商的身份参与该交易)。但在本案例中，估值差异系发生在股权收购环节。由于这一交易对于B公司而言属于非同一控制下的企业合并，被购买方的财务报表需自购买日起才纳入B公司的合并报表中，即使这些高管股东在收购后继续留任，但其在以前年度并非B公司的职工或者其他服务提供方；同时该交易也并不是为了补偿这些高管在购买日后提供的服务。因此不符合股份支付的特征之一、之二。

2. 这一安排没有使A公司的这些高管股东获得上市公司的股份，也没有将其未来的收益与上市公司或者A公司的股价变动相挂钩，不符合股份支付的特征之三。

因此，该项交易安排更多地是被收购方原股东之间的利益调整与平衡，与高管过去或者将来所提供的服务无关，故不认定为股份支付。

问题1-4-11 员工持股计划相关问题的会计处理

问题：

如下文背景资料介绍，上市公司实际控制人无偿赠与员工持股计划上市公司股份是否属于股份支付？

背景：

A公司于2014年12月公告了其员工持股计划，该计划出台背景是证监会于2014年6月20日公布了《关于上市公司实施员工持股计划试点的指导意见》(证监会公告[2014]33号)。该计划的核心内容是：

"……

员工持股计划的目的：……公司致力于让尽可能多的优秀员工持有公司的股份，力争在企业文化、创业机制、财富分享上创造决定性优势，最大程度上稳定员工团队，吸引行业内外优秀专才，激发员工永不止息的创业激情和工作潜能，全力推动公司在新时期战略转型目标的实现。

本员工持股计划的股票来源为本公司控股股东自然人B无偿赠与的A公司股票。自然人B计划向本员工持股计划无偿赠与××万股A公司股票，约占A公司总股本的×%。

参与本员工持股计划的员工所持份额在股票过户到资产管理计划之日起一年内不得转让或兑现，满一年以后，每年可以转让或兑现其所持份额的25%，当年在限额内未转让或兑现的所持份额可以累计到下一年兑现。

本员工持股计划份额持有人需符合公司制定的标准，并经董事会确认、监事会核实。

当持有人出现被追究刑事责任、辞职、离职、因违反公司管理制度被开除处理、有损害公司利益情形的、从事竞业禁止行为等情况时，以事件发生之日为基准，其持有份额除到期未兑现部分外，剩余份额按照其取得成本由员工持股计划强制收回。

……"

自然人B实际向员工持股计划无偿赠与××万股A公司股票，根据2014

年 9 月 1 日收盘价××元计算,用于无偿赠与的股票价值××亿元。

解答:

从上文背景资料分析,无论对该计划的目的如何表述,对该计划的参与人(持有人)都是有特定身份要求的,即 A 公司的在职员工,且“本员工持股计划份额持有人需符合公司制定的标准,并经董事会确认、监事会核实”。因此,获取员工提供的服务是该计划的最根本目的。该计划中由实际控制人自然人 B 赠予该持股计划的股份仍满足《企业会计准则第 11 号——股份支付》及其应用指南和讲解规定的股份支付的定义和特征,故应按照股份支付处理。具体处理按照《企业会计准则解释第 4 号》第七条规定,A 公司作为接受服务方但无结算义务,应作为权益结算的股份支付进行会计处理。

根据员工持股计划规定,“参与本员工持股计划的员工所持份额在股票过户到资产管理计划之日起一年内不得转让或兑现,满一年以后,每年可以转让或兑现其所持份额的 25%,当年在限额内未转让或兑现的所持份额可以累计到下一年兑现”;“当持有人出现被追究刑事责任、辞职、离职、因违反公司管理制度被开除处理、有损害公司利益情形的、从事竞业禁止行为等情况时,以事件发生之日为基准,其持有份额除到期未兑现部分外,剩余份额按照其取得成本由员工持股计划强制收回”。这些规定表明该股份支付计划类似于一次授予、分期解锁的限制性股票激励计划,各期等待期分别为从授予日到各该期对应股份可转让日之间的期间,相关的股份支付费用应当在等待期内摊销,计入各期损益。

结论基础:

参考 IFRS 体系下《IFRS 2——以股份为基础的支付》第 13A 段:

In particular, if the identifiable consideration received (if any) by the entity appears to be less than the fair value of the equity instruments granted or liability incurred, typically this situation indicates that other consideration (ie unidentifiable goods or services) has been (or will be) received by the entity. The entity shall measure the identifiable goods or services received in accordance with this IFRS. The entity shall measure the unidentifiable goods or services received (or to be received) as the difference between the fair value of the share-based payment and the fair value of any identifiable goods or services received (or to be received). The entity shall measure the unidentifiable goods or services received at the grant date. However, for cash-settled transactions, the liability shall be remeasured at the end of each reporting period until it is settled in accordance with paragraphs 30-33.

(**中文翻译**:特别是,如果实体收到的可辨认对价(如有)看似低于所授予的权益工具或所承担的负债的公允价值,则通常这一情况表明实体已经(或者将要)收到其他对价(即不可辨认的货物或服务)。实体应根据本准则的规定对所收到的可辨认的货物或服务进行计量。实体应按照以下两者之间的差额计量已经(或者将要)收到的不可辨认货物或服务:①股份支付的公允价值；②已经（或者将要）收到的可辨认货物或服务的公允价值。实体应在授予日对已收到的不可辨认货物或服务进行计量。但是，对于现金结算的股份支付，应在每一报告期末根据本准则第30～33段对相关负债进行计量，直到其被结算。）

根据我们对IFRS体系下相关技术资料的研究结果，我们发现在IFRS下，此类范围较广的员工持股计划也应属于IFRS 2的规范范围。正如IFRS 2的"结论基础"部分的BC8～BC18段所指出：

Broad-based employee share plans, including employee share purchase plans

BC8 Some employee share plans are described as "broad-based" or "all-employee" plans, in which all (or virtually all) employees have the opportunity to participate, whereas other plans are more selective, covering individual or specific groups of employees (eg senior executives). Employee share purchase plans are often broad-based plans. Typically, employee share purchase plans provide employees with an opportunity to buy a specific number of shares at a discounted price, ie at an amount that is less than the fair value of the shares. The employee's entitlement to discounted shares is usually conditional upon specific conditions being satisfied, such as remaining in the service of the entity for a specified period.

（**中文翻译：**广义基础的雇员股份计划，包括雇员股份购买计划

8. 一些雇员股份计划被描述成"广义基础"或"全部雇员"计划，在这种计划中，全部（或几乎全部）雇员都有机会参与，而其他计划更具有选择性，只涵盖了个人或特定雇员团体（例如，高级行政人员）。雇员股份购买计划经常是广义基础上的计划。雇员股份购买计划一般提供雇员以折价，即低于股份公允价值的金额购买特定数量股份的机会。雇员是否享有购买折价股份的权利经常取决于是否满足特定的条件，比如在主体中服务一个特定的时期。）

BC9 The issues that arise with respect to employee share purchase plans are:

(a) are these plans somehow so different from other employee share plans that a different accounting treatment is appropriate?

(b) even if the answer to the above question is "no", are there circumstances, such as when the discount is very small, when it is appropriate to exempt employee share purchase plans from an accounting standard on share-based payment?

（**中文翻译：**9. 与雇员股份购买计划相关的问题有：

(1) 这些计划是否与其他雇员股份计划非常不同，以至于采用一种不同的会计处理是合适的？

(2) 即使对上面问题的回答是"否"，是否存在这样的情况，比如当折价很小时，雇员股份购买计划豁免采用以股份为基础的支付的会计准则是合适的？）

BC10 Some respondents to ED 2 argued that broad-based employee share plans should be exempt from an accounting standard on share-based payment. The reason usually given was that these plans are different from other types of employee share plans and, in particular, are not a part of remuneration for employee services. Some argued that requiring the recognition of an expense in respect of these types of plans was perceived to be contrary to government policy to encourage employee share ownership. In contrast, other respondents saw no difference between employee share purchase plans and other employee share plans, and argued that the same accounting requirements should therefore apply. However, some suggested that there should be an exemption if the discount is small.

(**中文翻译**:10.《征求意见稿第2号》的一些反馈意见者认为,广义基础的雇员股份计划应豁免采用以股份为基础的支付的会计准则。常见的理由是这些计划和其他类型的雇员股份计划不同,而且特别是其并不是对雇员提供服务的薪酬的一部分。一些人认为,要求就这些类型的计划确认费用是和政府鼓励雇员拥有股份的政策相悖的。与之相对的是,其他反馈意见者认为雇员股份购买计划和其他雇员股份计划并无二致,并因此认为他们适用相同的会计要求。然而,一些人建议当折价较小时,可以允许豁免。)

BC11 **The Board concluded that, in principle, there is no reason to treat broad-based employee share plans, including broad-based employee share purchase plans, differently from other employee share plans** (the issue of "small" discounts is considered later). The Board noted that the fact that these schemes are available only to employees is in itself sufficient to conclude that the benefits provided represent employee remuneration. Moreover, the term "remuneration" is not limited to remuneration provided as part of an individual employee's contract: it encompasses all benefits provided to employees. Similarly, the term services encompasses all benefits provided by the employees in return, including increased productivity, commitment or other enhancements in employee work performance as a result of the incentives provided by the share plan.

(**中文翻译**:11. **理事会得出结论,原则上,没有理由认为包括广义基础的雇员股份购买计划在内的广义基础雇员股份计划的处理和其他雇员股份计划有所不同**(折扣"较小"的问题在下文中考虑)。理事会指出,这些计划只有雇员才能取得的这一事实本身就足以证明,提供给雇员的利益代表了雇员薪酬。不仅如此,"薪酬"这个术语并不只是局限于作为雇员个人合同一部分的薪酬:它包括提供给雇员的全部利益。类似地,服务这个术语包括雇员提供的作为回报的全部利益,包括由于股份计划的激励而增加的生产力和责任感或雇员其他工作业绩的提高。)

BC12 Moreover, **distinguishing regular employee services from the additional benefits received from broad-based employee share plans would not change the**

conclusion that it is necessary to account for such plans. No matter what label is placed on the benefits provided by employees—or the benefits provided by the entity—the transaction should be recognised in the financial statements.

（**中文翻译**：12. **并且，将普通的雇员服务从广义基础的雇员股份计划带来的额外收益中区分出来，并不会改变需要对这种计划进行会计处理的结论。**不管雇员提供的利益或主体提供的利益被作何分类，这项交易必须在财务报表中确认。）

BC13 Furthermore, that **governments in some countries have a policy of encouraging employee share ownership is not a valid reason for according these types of plans a different accounting treatment, because it is not the role of financial reporting to give favourable accounting treatment to particular transactions to encourage entities to enter into them.** For example, governments might wish to encourage entities to provide pensions to their employees, to lessen the future burden on the state, but that does not mean that pension costs should be excluded from the financial statements. To do so would impair the quality of financial reporting. The purpose of financial reporting is to provide information to users of financial statements, to assist them in making economic decisions. **The omission of expenses from the financial statements does not change the fact that those expenses have been incurred. The omission of expenses causes reported profits to be overstated and hence the financial statements are not neutral, are less transparent and comparable, and are potentially misleading to users.**

（**中文翻译**：13. **此外，一些国家的政府采取的鼓励雇员拥有股份的政策并不能作为对这些类型的计划采用不同的会计处理的正当理由，因为给予特定交易以有利的会计处理方法来鼓励主体采用这种交易不是财务报告的任务。**比如，政府可能希望鼓励主体对他们的雇员提供养老金，以减轻国家的未来负担，但这并不意味着养老金成本可以不在财务报表中列示。这种做法会损害财务报告的质量。财务报告的目的是向财务报表的使用者提供信息，帮助他们作出经济决策。**省略财务报表中的费用并不会改变这些费用既已发生的事实。费用的省略导致报告利润的虚增，使财务报表不再是中立的，透明度和可比性降低，对使用者具有潜在的误导作用。**）

BC14 There remains the question whether there should be an exemption for some plans, when the discount is small. For example, FASB Statement of Financial Accounting Standards No. 123 Accounting for Stock-Based Compensation contains an exemption for employee share purchase plans that meet specified criteria, of which one is that the discount is small.

（**中文翻译**：14. 当折价较小时，一些股份计划是否允许豁免是值得商榷的。例如，美国财务会计准则委员会的《财务会计准则公告第 123 号——以股票为基础的报酬的会计处理》就允许雇员股份购买计划在满足特定标准时豁免，其中一项标准即为折价较小。)

BC15 On the one hand, it seems reasonable to exempt an employee share purchase plan if it has substantially no option features and the discount is small. In such situations, the rights given to the employees under the plan probably do not have a significant value, from the entity's perspective.

(**中文翻译:**15. 一方面,如果它实质上没有期权特征并且折价较小时,将雇员股份购买计划作为例外似乎是有道理的。在这样的情况下,计划授予雇员的权利从主体的角度来看很可能没有明显的价值。)

BC16 On the other hand, **even if one accepts that an exemption is appropriate, specifying its scope is problematic,** eg deciding what constitutes a small discount. Some argue that a 5 per cent discount from the market price (as specified in SFAS 123) is too high, noting that a block of shares can be sold on the market at a price close to the current share price. Furthermore, it could be argued that it is unnecessary to exempt these plans from the standard. If the rights given to the employees do not have a significant value, this suggests that the amounts involved are immaterial. Because it is not necessary to include immaterial information in the financial statements, there is no need for a specific exclusion in an accounting standard.

(**中文翻译:**16. 另一方面,**即使同意豁免是合适的,规定它的范围也不容易,**例如,决定什么算是一个较小折扣。有人认为在市场价格的基础上打5%的折扣(按照《财务会计准则公告第123号》的规定)太高了,因为作为一体出售的股份能在市场上以接近现行股价的价格出售。此外,说没有必要把这些股份计划从准则中豁免也是可以的.如果授予雇员的权利缺乏明显的价值,这表明所影响的金额是不重要的。因为没有必要将不重要的信息包括在财务报表中,所以在会计准则中没有必要做一个特定的例外排除。)

BC17 **For the reasons given in the preceding paragraph, the Board concluded that broad-based employee share plans, including broad-based employee share purchase plans, should not be exempted from the IFRS.**

(**中文翻译:**17. **出于对前面段落给出原因的考虑,理事会得出结论,广义基础的雇员股份计划,包括广义基础的雇员股份购买计划,不能在国际财务报告准则中豁免。**)

BC18 However, the Board noted that there might be instances when an entity engages in a transaction with an employee in his/her capacity as a holder of equity instruments, rather than in his/her capacity as an employee. For example, an entity might grant all holders of a particular class of its equity instruments the right to acquire additional equity instruments of the entity at a price that is less than the fair value of those equity instruments. If an employee receives such a right because he/she is a holder of that particular class of equity instruments, the Board concluded that the granting or exercise of that right should not be subject to the requirements of the IFRS, because the employee has received that right in his/her capacity as a shareholder, rather than as an employee.

(**中文翻译**:18. 然而,理事会注意到可能出现主体和雇员发生交易的情形,此时雇员以权益性工具的持有者而不是雇员的身份进行交易。例如,一个主体可能会授予其某种特定类别权益性工具所有的持有者以低于那些权益性工具公允价值的价格购买主体额外的权益性工具的权利。理事会得出结论,如果雇员是因为其属于这一特定类别权益性工具的持有者而获得这样的权利,授予或行使那种权利将不受本国际财务报告准则要求的影响,原因是雇员获得权利的身份是一名股东而不是一名雇员。)

即,此类涉及面较广的员工持股计划也同样属于 IFRS 2 的规范范围,不应因为政府经济政策考量等非技术因素影响而不确认股份支付相关费用。

问题 1-4-12 股份支付认定和授予日公允价值确定问题

问题:

如下文背景资料所述,C 公司对 B 公司二次增资是否都属于股份支付?如为股份支付,其公允价值如何确认?

背景:

2013 年 10 月,A 公司(上市公司)拟向 B 公司(非上市公司)股东发行股份收购其持有 B 公司的股权。B 公司在历史上曾有两次涉及员工的增资,具体情况如下。

(一) 第一次增资

为了激励公司高管,B 公司于 2011 年 12 月以增资扩股的形式直接引入了核心管理人员及 C 有限合伙企业(一家 B 公司高级管理人员出资的企业)。B 公司新增注册资本 155.271 5 万元,分别由 C 公司以货币形式认缴 101.235 3 万元、B 公司其他高管人员以货币形式认购 54.036 2 万元。B 公司注册资本变更为 1 155.271 5 万元,并相应修改公司章程。本次增资价格为 8.523 9 元/1 元实收资本,计算依据系 B 公司 2010 年 12 月 31 日未经审计的净资产价格。

C 企业成立于 2011 年 10 月 10 日,合伙协议约定全体合伙人均必须为 B 公司或其下属企业的员工,且设立 C 企业的目的是作为共同间接持有 B 公司权益的民事主体。

合伙协议中对授予股权行权存在一定条件限制。主要条款如下:

"第二十八条 合伙企业设立后,合伙人从 B 公司或其下属企业离职的(指合伙人与 B 公司或其下属企业之间不再存在劳动合同关系的情况,包括但不限于双方解除劳动合同、原劳动合同到期没有续签或没有继续履行等情况,但不包括合伙人死亡或被依法宣告死亡),或执行事务合伙人按合伙人要求出售该合伙人通过合伙企业所间接持有的全部 B 公司权益的,该合伙人同时从合伙企业自动退伙,应根据《合伙企业法》的规定办理相应退伙事宜。"

"第三十七条　B 公司首次公开发行股票并在证券交易所挂牌交易(以下简称"上市")且有限合伙企业所持 B 公司股票根据相关规定或承诺禁售锁定期(以下统称"股票锁定期")届满后,任一有限合伙人可以书面方式通知执行事务合伙人,要求执行事务合伙人出售合伙企业所持有的部分 B 公司股票,并将出售所得净收益(指扣除为出售股票而支付的所有必要成本和税费,下同)以现金方式分配给该有限合伙人。该有限合伙人的通知中可以指定股票的出售价格、价格区间或确定价格、价格区间的方法。任一有限合伙人要求执行事务合伙人出售的 B 公司股票的数量上限,为合伙企业当时所持有的 B 公司股票总数乘以该有限合伙人的权益比例。"

"第三十八条　任一有限合伙人从 B 公司或其下属企业离职的,视为合伙人自动退伙,除第三十九条和第四十条另有规定外,退伙人在合伙企业中的财产份额按下列情形分别退还:

1. 若退伙人离职之日,B 公司尚未向证券发行监管部门提交上市申请,执行事务合伙人可以选择由自然人 D 受让退伙人权益比例对应的全部 B 公司股票(以下简称"退伙人的股票")并支付转让价款,也可以选择由执行事务合伙人自己受让退伙人在合伙企业的出资份额及其对应的权益比例,并将转让价款退还给退伙人。不论受让方如何选择,该次转让的价格为退伙人对合伙企业的实际出资额。

2. 若退伙人离职之日,B 公司已向证券发行监管部门提交上市申请但未完成上市,执行事务合伙人应受让退伙人在合伙企业的出资份额及其对应的权益比例,并将转让价款退还给退伙人。该次转让的价格为退伙人对合伙企业的实际出资额。

3. 若离职之日,B 公司已完成上市,但 B 公司股票锁定期尚未届满,执行事务合伙人应当在锁定期届满后的第一个交易日出售合伙企业所持有的退伙人的股票,并将出售所得净收益中的 60%以现金方式退还给退伙人,剩余部分归合伙企业所有。延期退还现金不影响退伙人退伙的生效,退伙人离职之日至退伙人的股票实际出售之日期间,因退伙人的公司股票所产生的全部收益归合伙企业所有,与退伙人的股票相关的所有权利由执行事务合伙人行使。

4. 若离职之日,有限合伙企业所持有的 B 公司股票锁定期已经届满,且合伙人未受其他锁定期约束,则执行事务合伙人应当按第三十七条的约定执行。"

"第四十条　如截至 2016 年 1 月 1 日,B 公司未能向证券发行监管部门提交上市申请,或已提交上市申请但没有获得通过,此时及以后,若有限合伙人仍然在 B 公司及其下属企业正常工作,若合伙人提出转让其在合伙企业的全部或部分出资份额及其对应的权益,则由执行事务合伙人或执行事务合伙人指定的第三方接受转让并支付相应的价款,该次转让的价格为以下两种计算方式的较高一种:①以转让时间为准,以截止到上一年度末 B 公司每股净资产的 80%为基准数,计算出该合伙人转让份额的总值,再减去该转让份额变现的相关税费和合伙企业运营费用中该合伙人应承担的部分后,所得到的余额;②该合伙人的实际出资额。”

（二）第二次增资

B公司于2013年6月13日召开股东大会，通过公司的股本总额由5 238万元增加至5 400万元，本次增资由C企业（主要为职工持股）出资，本次增资价格为1.88元/每股，不含增资的净资产金额19 783.38万元，每股为净资产为3.78元，与增资价格差异为1.9元/股。

解答：

1. 根据《企业会计准则讲解》(2010)第十二章第一节中的表述，股份支付是指企业为获取职工和其他方提供服务而授予权益工具或者承担以权益工具为基础确定的负债的交易。股份支付具有以下特征：一是股份支付是企业与职工或其他方之间发生的交易；二是股份支付是以获取职工或其他方服务为目的的交易；三是股份支付交易的对价或其定价与企业自身权益工具未来的价值密切相关。

在本案例中，鉴于C企业的合伙人均系B公司的员工，且合伙协议约定了提前离职则丧失股权激励相关权益的条款，可以说明激励对象获得股权激励是基于其作为B公司员工的特定身份，是为了换取激励对象向B公司提供服务的交易；该交易发生于公司和作为激励对象的员工之间；如果最终能够满足全部条件，员工所获得的经济利益将与公司上市后的股价变动情况直接相关，因此本案例中的股权激励符合准则讲解中对股份支付的定义和特征的表述，C企业对B公司的两次出资均应认定为股份支付。

2. 对于两次增资时的标的股份公允价值问题，我们理解不应简单地使用账面净资产价值，而应当基于两次股份支付的授予日（本案例中即分别为两次增资完成日）对其企业价值进行的整体评估加以确定，通常应以收益现值法下的净资产整体评估值为基础，考虑该公司在该时点上的上市预期等因素加以调整后确定。对于公允价值确定的具体问题，注册会计师可咨询相关专业机构的估值专家。

其中，对于第二次股份支付，发生于2013年6月，距离本次收购日相当接近，因此在很大程度上应参考本次拟实施的股权收购的作价确定第二次授予日的公允价值。

股份支付中除了涉及员工通过该有限合伙企业的间接出资和间接持股以外，也涉及部分高管直接对B公司出资，且不附有服务期限条件或者业绩条件等可行权条件。对于这部分高管直接出资形成的股份支付，应把标的股权公允价值高于入股价格的差额，在授予日（即出资完成日）当天一次性计入损益。

股份支付相关费用应在等待期内逐期确认为成本、费用。本案例中，根据合伙协议的相关条款，可以确定其等待期应当与该公司原先的上市计划的预计进度相关，对此可能需要作出适当的估计，并不是“在达到合伙协议约定的上述条件后，在达到条件的当期计入财务报表”。这里需要明确一个问题：目前A公司拟收购B公司，这意味着B公司自身的独立IPO计划事实上已经放弃，而实现IPO是原股份支付计划中一项重要的非市场业绩条件。在此情况下，是否需要在股权完成收购之日,以“未满足股份支付的非市场条件”为由,将原先所确认的股份支付计划相关费用全部转回?这可能取决于该项股份支付计划是否就此取消(例如,包括C有限合伙企业所持股份在内,B公司全部股份被A公司收购),以及今后是否A公司会实施其他替代的股份支付计划。

3. 需要说明的是:以上所讨论的都是B公司自身财务报表层面的处理。由于A公司收购B公司属于非同一控制下的企业合并,被购买方的财务报表只有在购买日后才纳入购买方的财务报表,因此无论B公司自身财务报表层面对这部分股份支付如何进行会计处理,只要该计划在购买日当天或者之前事实上取消,则这些股份支付费用就不会影响到A公司的损益(与B公司自身对该计划的会计处理无关)。如果该项股份支付计划将在购买日当天或者之后被替换为A公司自身的股份支付计划,则其相关的会计处理在中国企业会计准则下无明确规定,但可参照IFRS体系下《国际财务报告准则第3号——企业合并》的相关规定(准则正文第30段、附录B应用指南第B56段~B62B段)处理。

问题 1-4-13 关于取消股权激励的问题

问题:

取消股权激励如何进行处理?

背景:

A公司对员工授予股票期权进行激励,主要情况如下:

1. 股票期权授权日:2012年4月26日。
2. 授权日A公司股票收盘价:23.56元/股。
3. 期权行权价格:29.79元/份。
4. 行权条件:

第一个行权期行权条件为:以2011年度经审计的净利润为基数,2012年净利润增长率不低于15%;同时不低于授予日前最近三个会计年度的平均水平且不得为负;2012年加权平均净资产收益率不低于9%。

第二个行权期行权条件为:以2011年度经审计的净利润为基数,2013年净利润增长率不低于45%;同时不低于授予日前最近三个会计年度的平均水平且不得为负;2013年加权平均净资产收益率不低于10%。

第三个行权期行权条件为:以2011年度经审计的净利润为基数,2014年净利润增长率不低于100%;同时不低于授予日前最近三个会计年度的平均水平且不得为负;2013年加权平均净资产收益率不低于11%。

A公司2012年两项股权激励考核指标中,净利润增长率和加权平均净资产收益率分别为0.32%和-0.02%,未达到股权激励计划要求的第一期行权条件,第一期股权激励计划失效。

股权激励计划的目的在于建立健全公司的激励约束机制,充分调动核心骨干员工的积极性,促进公司持续、健康的发展。但自公司推出股权激励计划以来,市场环境发生较大变化,股权激励计划预计将很难真正达到预期的激励效果，因此公司于 2013 年研究决定终止实施第二期、第三期的股权激励计划。

解答：

1. 关于取消第二期、第三期股权激励计划的相关处理。

可参考的主要规定是《财政部关于做好执行企业会计准则的企业 2012 年年报工作的通知》(财会[2012]25 号)第二条第(三)项的以下规定："企业根据国家有关规定实行股权激励的，不得随意变更股份支付协议中确定的相关条件，并应当按照企业会计准则的有关规定进行会计处理。在等待期内如果取消了授予的权益性工具的(因未满足可行权条件而被取消的除外)，企业应当对取消所授予的权益性工具作为加速可行权处理，即视同剩余等待期内的股份支付计划已经全部满足可行权条件，在取消所授予工具的当期确认原本应在剩余等待期内确认的所有费用"。

在证监会会计部于 2012 年组织编写的《上市公司执行企业会计准则案例解析》中，其第三章第三节讨论了"股份支付计划的取消与作废"问题，并配有案例(案例 3.3，见原书第 32～34 页)。该案例的背景信息与本案例类似，其"解析"部分对此案例的分析如下：

(1) 第一期解锁部分所对应的股权激励费用应该按照股份支付计划作废来进行会计处理，2011 年度不确认与这一部分相关的股权激励费用。原因是，在 2011 年年底，由于未能达到可行权条件"2011 年净利润较 2009 年增长率不低于 25%"而导致职工不能解锁相应的限制性股票，这属于作废。

(2) 第二期和第三期应该作为取消股份支付计划，按照加速行权处理。但是对于取消日应当确认的金额存在一定争议。一种观点认为费用应当反映取消日所有流通在外的股权激励，而无需考虑未来是否能够满足可行权条件。这是因为准则规定对股份支付计划的取消按照加速行权处理，即提早满足了行权条件，因此将剩余的授予日权益工具的公允价值全部确认在取消当期。另外一种观点认为，《国际财务报告准则第 2 号——股份支付》规定，"主体对于取消或结算应当作为加速行权处理，并应当立即确认在剩余的等待期间所取得服务原本应予确认的金额"，这里"在剩余的等待期间所取得服务原本应予确认的金额"应反映如果不取消股份支付计划，预期在未来期间将会确认的费用金额，也就应该考虑未来是否能够满足可行权条件，根据这一估计对预期将行权的奖励数量进行调整后再计算应该确认的费用。

就本例来看，观点一认为应当在取消日加速确认第二、三期的费用 10 500 万元；而观点二认为，应当在取消日判断第二、三期的股权激励达到业绩条件的可能性，在此基础上需确认的费用少于 10 500 万元。

对于该争议，财政部在 2012 年 3 月的财办会[2012]11 号《关于取消股份支付计划会计处理问题的复函》中指出：

"企业在等待期内取消了所授予的权益工具(因未满足可行权条件而被取消的除外)的，应当按照《企业会计准则解释第 3 号》(财会[2009]8 号)的规定作为加速可行权处理，即视同剩余等待期内的股权支付计划已经全部满足可行权条件,在取消所授予权益工具的当期确认剩余等待期内的所有费用”。

上述财办会[2012]11号的观点似乎更倾向于观点一,即在本例中,应当加速确认与第二、三期的相关费用10 500万元。

在本案例中,如果按照证监会在书中表述的上述倾向性观点,则公司应在2013年取消股份支付计划时,加速确认第二、三期在原剩余等待期内尚未确认的股份支付费用(因激励对象在股份支付计划取消前已离职而导致注销的情况除外),并计入2013年度损益中,而不考虑第二、三期对应的非市场业绩条件最终能否满足。

如果公司不终止原股份支付计划,而任其到等待期满时因非市场业绩条件达不到而自然失效(forfeiture),则可以像现已失效的第一期那样,如果认为最终达到非市场业绩条件的可能性很小,则无需在利润表中确认相关的股份支付费用。因此,两种做法相比,现在即取消第二期、第三期股权激励计划,可能导致在利润表中确认更多的费用。

2. 关于与已离职的激励对象相关的股份支付费用。

本案例中的股份支付计划为分期行权,其条件包含服务期限条件和非市场业绩条件。根据《企业会计准则第11号——股份支付》和《企业会计准则解释第3号》第五条规定,服务期限条件和非市场业绩条件都属于决定最终授予的权益工具数量的可行权条件。激励对象在等待期内提前离职,即未满足服务期限条件,导致最终授予该激励对象的权益工具数量为零,相应地应确认的与该激励对象相关的累计股份支付费用金额也为零(这意味着:如果以前期间已经就这部分对应于已离职的激励对象的股份支付安排确认过费用的,则应当在其离职当期将前期已确认的这部分费用转回,冲减离职当期的费用)。这一结论不受股份支付计划取消的影响。

问题1-4-14 包含“收益封顶条款”的权益结算股份支付的会计处理

问题:

如下文背景资料介绍,包含“收益封顶条款”的股票期权激励计划如何处理?

背景:

A公司(国有控股上市公司)制定了股票期权激励计划,该计划已经获得国资委的批复,并已经获得证监会备案无异议。计划内容如下:

首次授予的股票期权的行权价格为20.14元

等待期:授予日后24个月。等待期满,符合行权条件的,激励对象在36个月内按33%、33%、34%的比例分三期行权。

授予股票期权的数量:749.84万份股票期权。

计划中规定:激励对象获得的激励收益最高不超过授予时两年薪酬总水平(含股权激励收益)的40%,超过部分的收益上缴公司。

该公司最新股票收盘价:40.74元。

解答：

首先，本案例中“激励对象获得的激励收益最高不超过授予时两年薪酬总水平（含股权激励收益）的40%，超过部分的收益上缴公司”这条规定（下称“封顶条款”）在具体操作中可能会遇到一些具体问题。例如：

1. 如何界定“激励对象获得的激励收益”？是否仅仅包括实际出售行权所获得股份的收益，还是包括持有股份但不出售所享有的公允价值变动损益？持有股权的现金股利是否计算在内？

2. 如何界定“授予时两年薪酬总水平（含股权激励收益）”的具体范围和金额（特别是，是否包含本次股权激励的潜在收益）？对其计算方法如何明确表述？

3. 时间范围如何界定？是否可以无限期追缴超额收益？如果设立很长的追缴期（理论上可以是永久的），则资金时间价值问题如何考虑？

这些问题应当首先需要明确，然后才能考虑其对权益工具授予日公允价值确定的影响。

据我们所知，目前国务院国资委对这些问题的规定如下：

根据国务院国资委《国有控股上市公司（境内）实施股权激励试行办法》（国资发分配［2006］175号）和《关于规范国有控股上市公司实施股权激励制度有关问题的通知》（国资发分配［2008］171号）的规定，国有控股上市公司实施股权激励时，激励对象的预期收益水平应控制在其薪酬总水平（含预期收益）的30%以内，并且激励对象在行权有效期内获得的期权实际收益占授予时薪酬总水平（含预期收益）的最高比重，原则上不超过40%。上述规定中，激励对象的实际收益、薪酬总额等参数的确定方式如下：

1. 关于“激励对象获得的激励收益”的界定。根据国资委的要求，激励对象的实际收益限定在行权有效期内，其计算的方式也有明确的要求。国务院国资委在近期下发的《国有控股上市公司实施股权激励工作指引》（征求意见稿）中，明确指出激励对象行权期的实际收益＝行权数量×（行权日公司标的股票收盘价－行权价格）。因此从国资委的角度，激励对象的实际收益根据行权时点的市场价格确定，而激励对象通过行权取得公司股票后，由于后续公司股价变动和分红等获得的收益应属于其个人的投资收益。我们理解激励对象因持有股票而获得的投资收益也不应该计入股权激励的股份支付成本。

2. 关于“授予时两年薪酬总水平（含股权激励收益）”的确定。A公司本次股权激励方案经过了国务院国资委的审批过程，在审批过程中，对激励对象授予时两年薪酬总水平的确定以及预期收益的计算过程均有明确的要求。本次授予激励对象的期权数量即按照国资委核定的期权预期收益和预计期权单位成本计算，公司可提供确定激励对象薪酬总额和预期收益金额的完整底稿资料。

3. 关于“时间范围”的界定。根据国资委的规定，激励对象的实际收益明确是在行权有效期内。A公司本次股票激励计划的基本框架为2年等待期和3年行权期，国资委对核定激励对象的实际收益有明确的计算方法，如果行权时的实际收益超过规定水平，国资委将要求激励对象不能再继续行权，未行权的期权数量将会作废。

就引入“封顶条款”后的股份支付会计处理，我们建议区分两种情况讨论：

1. “封顶条款”被触发时，激励对象可以继续行权，但应当将超额行权收益以现金方式支付给公司。

此时，应将“封顶条款”单独作为一项“反向股份支付”进行会计处理。即引入封顶条款后，该项股权激励实际上包含两项不同性质的股份支付安排：

(1) 常规的权益结算股份支付，对其公允价值确定和会计处理继续沿用目前的权益结算股份支付会计处理模式。

(2) “封顶条款”构成一项“反向的现金结算股份支付”。该条款的作用可能类似于现金结算股份支付中的股票增值权，即在等待期内股价涨到一定程度后可以按一定的公式计算获取现金。只不过通常情况下都是企业向激励对象支付款项，现在是反过来由激励对象向公司支付款项。因此考虑单独作为一项现金结算的股份支付(反向)进行会计处理，确认一项以公允价值计量且其变动计入当期损益的金融资产。其相关收益也同样是分期确认(类似于现金结算股份支付分期计入费用，见《企业会计准则讲解》(2010)第 192～193 页的例题 12-5)。

上述两项股份支付的影响相抵后，计入各期利润表中管理费用的金额是两者相抵后的净额。但“封顶条款”的公允价值确定还是需要取决于明确前面提到的具体问题，否则是难以确切测算的。尤其是，对于后一项“反向的现金结算股份支付”而言，其追缴期限的设定将直接影响其等待期的确定，因此不排除两项股份支付的等待期不一致的可能性，相应地对各期利润表的影响并不会完全同步和抵销，而且后续还会有公允价值变动损益。

2. “封顶条款”被触发时，即行权时的实际收益超过规定水平时，激励对象不能再继续行权，未行权的期权数量将会作废，即 A 公司不能从激励对象获得现金返还。

如果 A 公司规定行权时的实际收益超过规定水平时激励对象不能再继续行权，未行权的期权数量将会作废，即 A 公司不能从激励对象获得现金返还，则不存在之前第一种情况下讨论的“反向的现金结算的股份支付”。在此情况下，由于实际行权时，等待期已满，服务期限条件和非市场业绩条件已经确定满足，即相应数量的权益工具已经授予，由于非可行权条件(即封顶条款)导致部分期权不能行权而作废的，不能冲回原先已经确认的股份支付费用。即，如果是采用限定期权最终行权数量的方式来实现“激励对象获得的激励收益最高不超过授予时两年薪酬总水平(含股权激励收益)的 40%”的限制条件，而不是先行权再将超额行权收益返还给公司，则该“封顶条款”对原有的权益结算股份支付的会计处理不产生实际影响。

上述两种情况相比较，与权益结算的股份支付的费用确认和计量并无差异，其区别在于在“情形一”下，A 公司可以就激励对象缴回的超额行权收益冲减股权激励费用，而“情形二”下没有这样的冲减。因此，“情形二”下累计确认的股权激励费用很可能大于“情形一”。

问题 1-4-15 要求激励对象在不满足条件时向公司以现金补足差额的股份支付的会计处理

问题：

如下文背景资料所述，A 公司向部分员工定向发行股份，但员工如果在规定期间内离职则需要以现金补足认购价格与股份公允价值之间的差额，此类股份支付应如何进行处理？

背景：

A 公司(系新三板挂牌公司)向员工定向发行股份，旨在稳定核心团队，加强公司凝聚力与员工的集体归属感，同时募集资金补充公司流动资金，进而更好地支持公司产品研发、市场拓展，推进既定发展目标，促进公司的长期稳定发展。

本次股票发行的价格重点考虑公司目前股价，及公司员工的资金可接受能力，同时主要发行目的为内部股东及员工激励等主导因素，非单纯融资行为，同时与拟在本次股票发行中认购股份的公司原股东及员工进行了充分沟通。

员工认购的股份在中国证券登记结算有限责任公司北京分公司完成股份登记之日起 12 个月内不转让；12 个月后，可解禁所认购股份总数的 20%；24 个月后，可解禁所认购股份总数的 40%；36 个月后，可解禁所认购股份总数的 60%；48 个月后，可解禁所认购股份总数的 80%；60 个月后，本次认购股份可全部解禁。如果员工在上述 60 个月内辞职的，A 公司可要求其向 A 公司补足本次认购的全部股份的公允价值与本次发行价格的差额，且所有股份将全部解禁，并将按照《中华人民共和国公司法》、《全国中小企业股份转让系统业务规则(试行)》及其他相关规定进行转让。股票公允价值依据解除劳动合同日前 30 个交易日公司股票的加权平均价格确定。

解答：

1. 根据上文背景资料中股票发行方案中的相关表述：“本次股票发行的价格重点考虑公司目前股价，及公司员工的资金可接受能力，同时主要发行目的为内部股东及员工激励等主导因素，非单纯融资行为，同时与拟在本次股票发行中认购股份的公司原股东及员工进行了充分沟通”分析，此次向新增的员工股东发行价格低于股份公允价值的差额表明存在股份支付因素，应将此次向新增的员工股东发行价格低于股份公允价值的差额在等待期内确认为股份支付费用。

2. 会计处理原则：

本案例与常规股份支付相比，其特殊之处在于：当激励对象未满足可行权条件(包括 5 年的服务期限条件和部分股份的业绩考核条件)时，所采用的方法不是由公司按原发行价回购股份，而是要求激励对象以现金形式向公司补足发行价和公允价值(解除劳动合同日或考核结果认定日前 30 个交易日公司股票的加权平均价格)之间的差额。

由于低价授予的股份在授予后不再收回,因此本案例中权益结算的股份支付属于授予后立即可行权的股份支付安排,无等待期。相应地,按上述问题 1 所述原则确定的权益结算股份支付费用(所授予股份的公允价值与发行价格之间的差额)应在授予日一次性计入管理费用。

同时,由于激励对象负有在未达到服务期限条件和业绩条件(非市场条件)的情况下向公司追加出资的义务,可理解为反向的现金结算股份支付(其他股份支付都是在条件满足时激励对象获得股份或现金,而此处是在条件未满足时公司取得激励对象支付的现金),对公司而言是一项资产和收益。最终累计确认的该项收益金额等于实际收到员工补足的出资款。即,不能简单地在收到补足的出资时贷记资本公积,而是确认为收益。

因此,该项交易实际上包含两项互相关联的股份支付安排:一项正向的权益结算股份支付(无等待期)和一项反向的现金结算股份支付(等待期 5 年)。具体的会计处理原则如下:

(1) 授予日的会计处理:本例中公司没有回购股份的义务,因此对于已缴纳的出资款,公司可确认股本和资本公积的增加。公司根据向激励对象发行股份的数量和价格,按发行价格确认股本和资本公积——股本溢价。同时,将该等股份的公允价值与发行价格之间的差额借记"管理费用"科目,贷记"资本公积——股本溢价"科目(注:该项权益结算的股份支付无等待期,故不在等待期内分摊该费用)。

(2) 对于反向的现金结算股份支付,应参考(反向运用)《企业会计准则第 11 号——股份支付》及其应用指南和讲解对"现金结算的股份支付"的相关规定,在等待期内确认相关收益和金融资产,该金融资产的公允价值变动计入等待期内的收益。如果因为标的股份无活跃市场,难以确定现金结算的股份支付所形成的金融资产于资产负债表日的公允价值的,则也可以接受简化的处理方法,即在实际收到激励对象补足的现金差额时,按实际收到的金额借记"银行存款"科目,贷记"管理费用"科目。

据此,该股份支付安排对公司利润表的影响体现在以下方面:

1. 在低价向激励对象发行股份时,将所发行股份于发行当日(授予日)的公允价值与发行价格之间的差额一次性计入当期管理费用。

2. 假设对反向的现金结算股份支付采用简化处理方式,则后续实际收到激励对象补足的现金时,按实际收到的金额冲减当期管理费用。

须注意:上述损益影响分别归属于不同会计年度,可能导致不同年度之间的损益波动。

关于新三板挂牌股票的公允价值确定,可参考"问题 4-1-12 新三板证券的估值、同一证券有多个交易市场时的估值等"。

问题 1-4-16 同时涉及股份支付和职工薪酬的综合案例

问题:

如下文背景资料所述,A 公司授予自然人股东的 10%股份分红收益权如何处理?

背景:

2013年7月,A公司与自然人B等7名自然人股东新设成立了C公司,A公司持股比例为80%。同时,A公司与上述自然人签订了“关于C公司分红及相关事项的约定”,约定中提到,① A公司同意在C公司成立后3年内(2014—2016年)拿出10%的股份,将其分红收益奖励给自然人股东,该分红收益在3年间由C公司统一管理,且只能用于购买C公司的股份,购买价格为1元每股;②若3年间上述自然人股东分得的利润不足以支付10%股份的购买价款,剩余部分自愿用现金补齐,3年后,C公司将按照工商登记的实际出资比例进行利润分配。

该7人所获得的奖励股份以及未来3年内可购买C公司股份的数量和比例与其目前持有C公司的股份数量无关,也有目前不是C公司股东的核心技术人员获得奖励股份和3年后购股期权的情形,其中获赠比例最高的一人取得了10%股份收益权和购股期权中的5%,但该人目前不持有C公司股权。

解答:

根据A公司与C公司的7名自然人股东的协议约定:①A公司同意在C公司成立后3年内(2014—2016年)拿出10%的股份,将其分红收益奖励给自然人股东,该分红收益在3年间由C公司统一管理,且只能用于购买合资公司的股份,购买价格为1元每股;②若3年间上述自然人股东分得的利润不足以支付10%股份的购买价款,剩余部分自愿用现金补齐,3年后,合资公司将按照工商登记的实际出资比例进行利润分配。即,A公司向该7名少数股东提供以1元/股购买C公司10%股权的一项买入期权,同时立即让渡该10%股权的收益权(即由该7名股东享有C公司3年内净利润的10%)。

从上述交易的经济实质看,该交易的目的是为鼓励自然人股东在C公司中的经营积极性,争取实现更好的业绩而在C公司成立初期对其自然人股东和核心骨干让渡部分收益权。个人取得的奖励分红股份与其目前的持股并无对应关系。因此,可以认为该7人获得10%股份的分红权和购股期权,更多的是基于其作为C公司的管理人员和业务骨干为C公司提供的服务,而不是基于其持有的C公司股份。该事项应按照《企业会计准则第9号——职工薪酬》和《企业会计准则第11号——股份支付》处理。具体而言:

1. 让渡10%股份三年内的分红权,属于《企业会计准则第9号——职工薪酬》(2014年修订)第九条所指的“利润分享计划”,在每年末根据当年度利润确定该10%股份应分配的金额后,应确认为当期的管理费用。扣除该部分管理费用后的C公司净利润按股权比例分配给该公司各股东(即:在实际行使购股期权之前,A公司合并C公司的比例仍为80%)。

2. 授予按1元/股购买C公司10%股份的期权,按照《企业会计准则第11号——股份支付》关于权益结算的股份支付的相关规定处理。在确定该期权于授予日(即该协议签订日)的公允价值的基础上,将其除以等待期时间长短(从该协议生效日到该7人有权行使购股权的时间间隔)得出每一年度的摊销额,并按以下方法在A公司的个别报表和合并报表层面作出处理：

(1) C公司个别报表层面：

借：管理费用

　贷：资本公积

(2) A公司报表层面：

借：长期股权投资——C公司

　贷：应付职工薪酬——股份支付

注：根据《企业会计准则解释第4号》第七条规定："结算企业以其本身权益工具结算的，应当将该股份支付交易作为权益结算的股份支付处理；除此之外，应当作为现金结算的股份支付处理。结算企业是接受服务企业的投资者的，应当按照授予日权益工具的公允价值或应承担负债的公允价值确认为对接受服务企业的长期股权投资，同时确认资本公积(其他资本公积)或负债。"据此，由于本案例中由A公司负责结算，且使用C公司而不是A公司的权益工具进行结算，故对A公司个别报表层面而言属于现金结算的股份支付；且A公司是C公司的股东，因此应当按照A公司承担的股份支付费用借记"长期股权投资——C公司"。

(3) A公司报表层面抵销分录：

借：资本公积

　贷：长期股权投资

后续到期行权时，在A公司报表层面，根据《企业会计准则解释第2号》第二条规定处理，各激励对象支付的现金(含公司代管的该10%权益权的现金收益，以及由激励对象按约定补足的部分)和"应付职工薪酬——股份支付"之和，减去C公司10%股权的净资产对应的账面价值之差，调整资本公积。

需要说明的是：由于存在"若3年间上述自然人股东分得的利润不足以支付10%股份的购买价款，剩余部分自愿用现金补齐"的约定，因此上述利润分享计划和股份支付这两个事项是互相独立的，应当各自分别按照适用的会计原则进行会计处理。

第二章

利润类业务问答

第一节 收入确认和建造合同相关问题

问题 2-1-1 托管其他企业员工是否可按“净额法”确认收入以及在现金流量表的列报

问题：

为客户托管人员的托管费采用总额法还是采用净额法确认收入？如果采用净额法，为托管人员支付的工资是否在“应付职工薪酬”科目核算？如果采用净额法，在编制现金流量表时，为托管人员支付的工资，如何填列？

背景：

A 公司(具备《劳动合同法》规定的劳务派遣资质)为客户 B 公司托管了 200 多人，收取 4%的托管费。被托管人员从事的工作是为 B 公司进行设施维护。这些被托管的人员和 A 公司签订劳动用工合同(一年一签)，A 公司为这些人支付社保；同时 A 公司和 B 公司签订了补充协议，该补充协议规定，A 公司对托管的维护人员，既不负责招聘、培训，也不负责管理，并且不承担相关人员的工作或其他方面的风险，也不能决定其劳动报酬；被托管人员的实际费用由 B 公司承担，一旦发生事故，由 A 公司进行协调，所发生的费用由 B 公司承担。一般每月 B 公司将工资、社保加托管费支付给 A 公司。

解答：

1. 关于 A 公司应采用“总额法”还是“净额法”确认收入的问题。

此问题处理的准则依据包括：

(1)《计学撮要 2011》第 141～146 页关于收入确认应采用“总额法”还是“净额法”的有关指引。

根据《企业会计准则第 14 号——收入》第二条对“收入”的定义，“收入，是指企业在日常活动中形成的、会导致所有者权益增加的、与所有者投入资本无关的经济利益的总流入”。因此，是否导致所有者权益增加，是界定一项经济利益流入是否构成收入的重要判断标准。当存在委托代理销售关系的情况下，代理方代表委托方收取的款项并不代表其股东权益的增加，因而不应确认为收入，而应以净额列示收入。

在判断收入的确认和列报应当采用"总额法"还是"净额法"时，首先需要明确的问题就是企业(报告主体)在交易中所处的地位，即其自身是否构成交易的一方，并直接承担交易的后果；还是仅仅在交易双方之间起到居间的作用，仅仅就其提供的居间代理服务收取佣金，而并不承担交易的后果。如果存在以下情况，可能表明企业处于代理人地位，应按净额法确认收入：①根据所签订的合同条款，首要义务人是供应商而不是本企业；②企业在交易中赚取的报酬是事先确定的，或者是固定收益(无论向顾客或用户收取的价款为多少)，或者是按确定比例计算；③企业不承担信用风险。

(2)《企业会计准则第 9 号——职工薪酬》(2014 年修订)及其应用指南对"职工"的定义，即"指与企业订立劳动合同的所有人员，含全职、兼职和临时职工；也包括虽未与企业订立劳动合同但由企业正式任命的人员。虽未与企业订立劳动合同或未由其正式任命，但向企业所提供服务与职工所提供服务类似的人员，也属于职工的范畴，包括通过企业与劳务中介公司签订用工合同而向企业提供服务的人员"。

注册会计师应当仔细阅读 A 公司与 B 公司签订的托管合同，以及被托管人员与 A 公司签订的劳动用工合同，分析相关交易的经济实质，包括交易过程中相关风险和报酬的承担情况、被托管人员从经济意义上看应视作谁的"职工"等问题，在此基础上确定适当的会计处理方案。

在本案例中，基于以下因素，我们认为 A 公司应采用"净额法"确认托管费收入的可能性相对较大：

(1) B 公司将其所需用工人员通过由 A 公司托管的方式，为其提供服务，自 B 公司代为收取的工资和社保费，A 公司并没有增加经济利益，实际经济利益流入的只是通过托管形式取得托管费。同时，并根据签订的补充协议，托管人员出现的风险最终由 B 公司承担，因此，A 公司不承担交易后果。也就是说，B 公司与托管人员之间出现的责任风险，A 公司只是一个承担载体而已，并不是真正意义上的交易主体。

(2) 从形式上来看，用工人员属于 A 公司的员工，但从上述"背景"部分来看，A 公司并没有自主招聘或者按照 B 公司的要求去招聘托管人员为 B 公司提供服务，也没有对托管人员提供必要培训。从实质上看，A 公司并没有承担首要义务。

(3) B 公司支付给托管人员的工资、社保金额，由 B 公司确定，A 公司没有决定权，所赚取的托管费是确定比例计算的。

(4) A 公司收到 B 公司支付的托管人员工资、社保费后，支付给托管人员，不承担信用风险。

总之，A 公司对托管的维护人员，既不负责招聘、培训，也不负责管理，并且不承担相关人员的工作或其他方面的风险，也不能决定其劳动报酬，因此 A 公司为 B 公司托管维护人员并支付其工资的行为实质上很可能是一种代收代付行为，采用"净额法"确认收入的可能性相对较大。

但是，根据本案例的具体情况，还需要就以下主要因素(但不限于)获取进一步证据，以支持最终确定的会计处理方案：

(1) 托管合同和劳动用工合同的期限、人员规模等是否匹配,例如劳动用工合同与托管合同的起止期限是否基本一致(每次随着托管合同的重新签署,相应重新签署相应期限的劳动用工合同);是否根据B公司的维护工作量确定托管人员规模;等等,从而B公司托管人员的规模系完全对应于B公司对维护工作的需求,A公司不承担人员闲置的相关风险,不承担冗员的成本和风险。

(2) 托管费金额的确定方式。例如,是否在确定托管人员工资、社保等薪酬总额的基础上,再加一个固定金额或者比例的管理费;如托管人员的薪酬水平调整则同步调整B公司应支付的托管费金额;等等,从而A公司从该交易中可获得的报酬是相对固定的,不受被托管人员薪酬水平变动的影响。

(3) 对被托管人员的管理责任和处分权限。例如,被托管人员的日常工作是否完全系遵循B公司的安排和指令进行,A公司不参与对人员的日常管理;对被托管人员的考核、处分决定是否实质上系由B公司作出,A公司的考核、处分权仅仅是形式上的;如果某一被托管人员因违反B公司的规章制度而被处分直至除名,A公司是否也将对应地对其采取扣发工资直至解除劳动合同的对应处罚措施;等等,从而就经济实质而言,被托管人员应视作B公司而不是A公司的"职工"。

2. 如采用净额法,A公司的相关核算。

在净额法下,A公司应按照收取B公司的托管费(净额)确认为"其他业务收入"。

在净额法下,由于被托管人员被视作B公司而不是A公司的"职工",相应地,对于A公司而言,其支付被托管人员薪酬和为被托管人员缴纳社保属于代收代付性质,不通过"应付职工薪酬"科目核算,而应当通过"其他应收款"、"其他应付款"等往来科目核算。

在净额法下,在A公司现金流量表列示中,其支付给托管维护人员的工资、为被托管人员缴纳的社保等,不应作为"支付给职工以及为职工支付的现金",而应作为"收到(或支付)的其他与经营活动有关的现金"列示。同时,根据《企业会计准则讲解2010》第524页,"代客户收取或支付的现金以及周转快、金额大、期限短项目的现金流入和现金流出"也可以按照收支的净额列报。从B公司收到的托管款项中,属于应按净额确认收入的托管费收入的部分,列报为"销售商品、提供劳务收到的现金",其余对应于被托管人员薪酬、社保的部分列报于"收到的其他与经营活动有关的现金"项目中。

如果在某些特殊情况下,在B公司拨付相关托管款项前,劳动用工合同约定的付薪日已到,A公司依据劳动用工合同先行支付薪酬的,则A公司的报表上将同时出现"其他应收款——B公司"和"其他应付款——代付托管人员薪酬"。这两项金融资产和金融负债的债权人/债务人不同,因此不能互相抵销列报。

问题2-1-2 同一合同中包含多项劳务内容时的收入确认问题

问题:

在同一劳务合同中约定提供多项劳务时,劳务收入如何确认?

背景:

A 公司拥有国家造血干细胞库的资质,其主营业务为委托人对新生儿的脐血和脐带进行细胞制备、检测、保管及培养的系列服务,以下简称"干细胞存储业务",主营收入为与干细胞存储相关服务所产生收入。相关情况如下。

(一) 干细胞存储业务所提供劳务描述

1. 制备及检测服务:A 公司对新生儿的脐血和脐带物进行采集,对上述采集物进行分离并制备足额数量的细胞,对分离的细胞进行检测,如果符合细胞医学应用条件的,则对制备的细胞进行长期冷冻的保管(此过程中,对 A 公司的经营资质、分离技术及检测技术有严格要求,同时也是劳务成本最高的阶段,包括分离、制备、检测过程的材料消耗;技术人工成本;无形资产摊销等)。

2. 冷冻保管服务:A 公司提供长期连续的低温保管环境(该服务过程只需提供低温设备并保证设备持续运行即可,不需要技术力量的投入)。

3. 客户投保服务:在每一年细胞保管服务产生时,由 A 公司为新生儿在保险公司投保一份健康保险,保险期:1 年(与保管期重叠),主要保险责任:保险公司在患儿发生需要细胞移植类的疾病时对符合规定的医疗费用进行保险理赔,该保险产品为 A 公司与保险公司共同设计的保险产品(市场无同类产品),被保险人为新生儿,收益人为被保险人(此过程的直接成本为保险费支出,无其他投入)。

4. 细胞复苏和培养服务:客户出现需要进行细胞移植的情况,A 公司对冷冻保管的细胞进行复苏,并对需要进行培养的细胞提供培养服务(此过程,直接成本为复苏和培养的材料消耗和技术人工成本等)。

(二) 相关经济利益流入

根据协议,相关劳务收入的付款方式分两种:趸交和期交。

1. 趸交的付款时点:

(1) 定金:客户签订合同,交付定金。

(2) 服务费:婴儿出生前(采集前),一次性支付全部服务费用(公司对趸交客户有优惠折扣)。

2. 期交的付款时点:

(1) 定金:客户签订合同,交付定金。

(2) 婴儿出生前(采集前),收取制备检测服务费及第一年度的保管费。

(3) 自第二年起,在婴儿出生月前 10 日支付当年度保管费,最长 21 期。

(三) 服务终止的约定

终止情况分为以下几种:

1. 客户出现需要细胞移植的情况,保管服务自然终止,期交客户不需再支付下一年度的保管费,趸交客户收回自下一年度开始的剩余年限保管费。

2. 公司原因导致客户细胞损失或无法使用,A 公司赔偿客户前期支付费用的 2 倍金额,包括检测费和已完成的保管费(从 A 公司经营开始至今 10 多年,未发生一例赔偿事件)。

在分析 A 公司所提供的劳务的特点时,注册会计师注意到:

1. A 公司的业务不应该简单理解为一项存储保管的简单重复的低价值服务，原因：①细胞存储业务中的分离、制备、复苏及培养阶段，需要较高的技术水平(A 公司已为此申请了多项专利技术)，同时这些阶段投入的成本支出占总成本较大的比例；②低温冷冻是该种业务的必备条件，是细胞保持活性和复苏的保证，为公司业务持续一种常态，而不是可以分拆的单独服务，且该阶段的成本支出占总成本比例较低；

2. 为新生儿进行每年的投保服务，其保险的对象及内容均是为客户提供的增值服务，而非为公司的资产、经营行为等进行的保证，该保险与公司的保管行为无直接关系，是保管过程中公司按照协议约定为客户提供的一项必要服务，是一项与公司获得该项细胞存储业务的总劳务收入相关的支出。

3. 公司的业务，除了低温冷冻服务为一项重复劳务外(每月重复)，第 1、第 3、第 4 项劳务义务完成标准及时点均比较明显且为非重复性劳务(按月重复)。

解答：

本案例中，A 公司应当采用《企业会计准则第 14 号——收入》所规定的“提供劳务模式”确认收入，即：企业在资产负债表日提供劳务交易的结果能够可靠估计的，应当采用完工百分比法确认提供劳务收入。对于完工百分比的计量可采用以下三种方法之一：已完工作的测量；已经提供的劳务占应提供劳务总量的比例；已经发生的成本占估计总成本的比例。同时，《企业会计准则第 14 号——收入》应用指南规定：“长期为客户提供重复的劳务收取的劳务费，在相关劳务活动发生时确认收入”。因此，如果 A 公司能够采用“已经发生的成本占估计总成本的比例”的方法确定完工百分比，则按该完工百分比确认劳务收入。

如果 A 公司与客户签订的合同中，分别明确制备及检测服务及保管服务各自的收费，且经过检测后，即使不符合细胞医学应用条件而不能继续冷冻保存，也无需返还客户检测服务费的，则可在完成制备及检测服务后确认该部分劳务对应的收入。如果经检测符合保管条件，但客户无需另行缴纳检测服务费用，而是一并包含在保管费中，则“制备及检测服务”不应单独作为一个单元确认收入，而应与其他服务一起采用完工百分比法确认提供劳务收入。根据背景资料介绍，我们理解在制备及检测服务提供完毕后，绝大部分情况应该就是进入保管期(需要用到第 4 项“细胞复苏与培养服务”相应终止保管服务的情况不多见，但如果企业在 10 多年的经营历史中累积了足够多的样本，结合相关的医学专业知识，应可以合理估计出现这种情况的概率)，在此情况下如果可以根据历史经验等信息合理估计整个周期内各项服务的成本，则即使未单独约定各项服务的收费，也可将其作为一个整体，按照完工百分比法(根据已发生成本占总成本的比例确定完工百分比)确认收入。

另外，如果 A 公司对细胞复苏和培养不另行收取客户费用，而是包含在每年的保管费中，则在按照“已经发生的成本占估计总成本的比例”确定“冷冻保管服务”的完工百分比时，也应考虑该部分服务的成本(但如果认为该部分成本发生的可能性较小，且其成本占总成本比例较小，则基于重要性原则，也可以在预计总成本时不考虑该部分，而在相关服务提供时直接将其成本计入当期营业成本)。

在实际操作中,具体可按以下方法确认收入:

1. 合同对第 1 项劳务(制备及检测服务)的经济利益流入时点的约定明确,劳务提供所需时间较短,故如果合同中单独约定了该项劳务的收费金额,且经过检测后,即使不符合细胞医学应用条件而不能继续冷冻保存,也无需返还客户检测服务费的,则无论检测结果是否符合继续冷冻保存的条件,应在劳务提供完毕后(即提供检测报告后)确认该项劳务的收入。

2. 合同中对第 2、第 3 项劳务(冷冻保管服务、客户保险服务)的经济利益流入时点及金额约定明确,且其成本能够较为可靠地估计,所以应在资产负债表日采用完工百分比法的计量方法来确定劳务收入。根据公司的实际情况,采用“已经发生的成本占估计总成本的比例”的方法可以较为准确计算完工程度,原因:①公司提供的投保服务劳务成本可以准确获得;②公司保管成本较为固定,主要包括:低温设施的折旧、低温设施运行的物料和能源消耗(如液氮、电力等),其成本的历史数据均较为准确,可以准确估计每月的保管成本。

3. 合同中无对第 4 项劳务(细胞复苏和培养服务)经济利益流入的约定,同时此项服务为干细胞存储业务的最后一项,且发生的概率较低,因此经济利益流入存在重大不确定性,可以不单独确认该项收入,相关成本直接计入发生当期的营业成本。

问题 2-1-3　供热企业收取的一次性入网费确认收入的问题

问题:

关于供热企业收取的一次性入网费是否一次性确认收入?

背景:

目前,某些提供公共服务的企业在向客户提供各种管道、网络等接口服务之初,按照国家有关部门批准的收费标准向客户收取一次性入网费用(以下简称“入网费”)。如有线电视公司收取的有线电视入网费、提供城市供热、供水服务的企业向客户收取的接网费、提供污水处理的企业向客户收取的排污入网费等费用,该费用在收取以后,无论发生何种情况,收取企业均不再负有向客户退还的义务。

以往在《企业会计制度》体系下,《关于一次性入网费会计处理的规定》(财会[2003]16 号)规定对一次性入网费采用分期摊销的方式处理。但在新企业会计准则体系下,需对照新企业会计准则体系下的相关规定重新考虑该规定的适用性。

解答:

根据《〈企业会计准则第 14 号——收入〉应用指南》第五条第(六)项规定:“申请入会费和会员费只允许取得会籍,所有其他服务或商品都要另行收费的,在款项收回不存在重大不确定性时确认收入。申请入会费和会员费能使会员在会员期内得到各种服务或商品,或者以低于非会员的价格销售商品或提供服务的，在整个受益期内分期确认收入”。

因此，需要综合分析该项入网费收取的目的、收费标准的确定依据、管网成本的补偿方式等因素，才能根据具体情况确定会计处理方案。可能分为以下几种情形：

(1) 如果收取该入网费的目的就是对公司的管网设施投资予以补偿，其收费标准系根据需补偿的管网设施投资额确定（例如，根据不同用户接网时需发生的管网施工成本确定应收取的入网费金额，不同用户的入网费金额可能有差异，而不是根据一个整齐划一的标准收取），且在确定后续供热的价格时，其所需补偿的成本中不再包含管网设施折旧的，则可以认为一次性入网费中至少有一部分是为了弥补后续运营期间的成本，此时应把一次性入网费中用于弥补后续运营成本的部分予以递延（如果不能合理区分时，可将一次性入网费全部予以递延），确认为递延收益，在预计提供服务的年限内（如果不能合理估计提供服务的年限，则在相关配套设施的折旧年限内）按直线法分摊，计入各年度的营业收入。

(2) 如果在确定后续供热的价格时，将管网折旧也计入了供热成本中，即依靠后续的供热收费也可以收回管网设施投资的成本，并可使供热企业获取合理的收益；并且入网费是按照政府核定的统一标准向所有入网供热用户收取的，不考虑实际为该特定用户接网发生的工程成本，则该笔入网费并无对应的资产提供，仅仅是提供连接服务的对价，符合“申请入会费和会员费只允许取得会籍，所有其他服务或商品都要另行收费”的条件，在已完成用户与供热管网的连接，相应收费权利确立，应收金额能够可靠地计量，且款项的可收回性不存在重大不确定性时一次性确认收入。

问题 2-1-4 政府融资平台公司对土地储备的核算

问题：

土地储备是否满足确认为政府融资平台公司资产的条件？土地储备出让收入（从政府取得的出让金分成款）能否确认为主营业务收入？

背景：

A 公司系某地方政府的融资平台公司。2013 年，A 公司出让土地涉及 7 个地块共计 13 万平方米，上述出让地块共实现出让土地收入 2 亿元（包括应与财政分成收入部分）。上述出让土地原均系地方政府划拨给 A 公司的储备土地，但上述土地划拨给 A 公司后，因未收到地方政府下发将该部分土地评估，以评估价值作为政府对 A 公司资本投入的文件，因无成本金额，故一直未将该部分土地入账。2013 年，上述土地实现出让确认主营业务收入时，无对应的账面成本。现区政府补充发文，将该部分土地以划拨时间为基准日进行评估，以评估价值作为政府 2013 年对 A 公司的资本投入。同时，2014 年 1 月将土地分成资金划入 A 公司的银行账户。A 公司据此补充将上述土地在 2013 年入账。

解答：

(一) 关于土地储备能否确认为企业的资产

我们认为，土地储备(无论是政府作为资本性投入还是企业从外部购入)能否确认为资产，首先应考虑其是否符合《企业会计准则——基本准则》对“资产”这一会计要素的定义和确认条件的规定，重点关注以下问题：

1. 企业持有的该土地储备为企业带来经济利益的方式，以及与该土地储备相关的经济利益是否在可预见的未来很可能流入企业。例如：

(1) A 公司有无明确的在可预见的未来将该土地储备出让出去或者用于自身经营性项目建设的明确计划，且根据预计未来一段时间的建设项目对土地的需求来看，该计划应是切实可行的。

(2) 如果 A 公司拟将土地储备再出让的，企业应当与有关政府部门就土地出让金价款的分成问题达成明确的协议，确保相关经济利益能够流入企业。

(3) 相关法律法规是否允许企业在无明确的建设项目等用途的情况下囤积土地储备；相关的闲置土地处置规定是否可能导致企业取得的土地储备过期失效，导致其相关经济利益无法流入企业。

2. 企业能否对该项经济资源实施有效控制，根据其自身的意图选择可使其自身利益最大化的经济利益实现方式和时间。包括：

(1) 持有土地储备的企业能否成为土地出让交易的主体，并实质享有和承担该土地储备所有权上的主要风险和报酬(即，土地出让金价款的高低直接影响企业可从流转交易中获取的经济利益，并且企业应承担土地储备过期失效或者被收回的相关风险)。

(2) 相关政府部门对该土地储备再转让的批准和监管程序是否可能构成对其经济利益实现的重大障碍(如是否存在不批准 A 公司拟实施的土地储备交易的较大可能性，或者必须由政府部门而不是 A 公司主动发起储备土地的出让交易)，导致 A 公司事实上无法控制该经济资源。

3. 土地储备的成本或价值能否可靠计量，其可收回金额是否不低于初始计量金额。

只有在同时符合上述条件的情况下，持有土地储备的企业方可将其确认为 A 公司的一项资产。

在本案例中，土地储备的再转让(即土地使用权出让)需服从政府对土地出让的整体规划，企业虽然名义上持有土地储备，但不能成为土地交易的主体，也不能主动发起土地出让交易，因此企业取得的“土地储备”的经济实质是就未来的土地出让分成收益的一项要求权，也就是政府支付未来收益的承诺，并不是“由企业过去的交易或者事项形成的”；相关经济利益的流入金额和时间取决于政府对该土地出让的整体安排，因此相关经济利益并不由企业控制，同时能否在可预见的未来流入企业也有较大的不确定性。因此，土地储备不符合《企业会计准则——基本准则》对“资产”这一会计要素的定义和确认条件的规定，不应确认为企业的资产。

(二) 关于土地储备的相关收入能否确认为企业的营业收入

根据《企业会计准则第 14 号——收入》第二条规定：“收入，是指企业在日常活动中形成的、会导致所有者权益增加的、与所有者投入资本无关的经济利益的总流入”。在本案例中，会计主体是A公司，与作为土地储备划入方和土地出让方的当地政府关系密切，当地政府实质上是其控股股东和实际控制人，企业之所以能够无偿取得土地储备，在很大程度上是基于其与当地政府的特殊关系；且企业取得的土地出让金分成款并无对应的成本，其业务模式是政府在把土地出让出去之后按一定比例给其分成（取得政府的无偿投入），不属于《企业会计准则第14号——收入》所定义的销售商品收入、提供劳务收入或让渡资产使用权收入中的任何一项，因此我们认为应将取得的与土地储备相关的收入界定为政府作为所有者的资本性投入，而不能确认为营业收入。

因此，我们对本案例中问题的意见是：

首先，对于未入账的土地出让收入，A公司账面不能确认为主营业务收入。如果政府确实有意将部分土地出让收入分成给A公司，A公司账面在收到相应款项后根据财政资金的性质，扣除所得税后计入资本公积。

其次，对于尚未转让出去的土地储备，年末不应确认为A公司的资产和资本公积，只能在附注中对企业拥有的该项土地储备进行表外披露。

问题2-1-5 “BT”项目判断及其收入确认

问题：

根据下文背景介绍的合同内容，A公司承建的项目是否属于BT业务？如何确认收入？

背景：

“BT”（建设—移交）是英文“build”和“transfer”的缩写，中文的广义解释系指一个项目完整的融资、建设、移交、回购全过程。采用BT模式投资、建设基础设施项目，可提高回购方原有资金的使用效率、降低短期资金压力，是政府挖掘自身资源、拓展融资方式、高效引入社会资本带动非经营性基础设施建设的一种有效途径。

BT项目完整的业务流程是：回购方（政府或政府下属的公司）完成项目立项、筹划报批等前期工作后，通过招标或议标方式选择投资方，与其签订BT投资合同。投资方组建的BT项目公司负责项目的投融资及建设管理，并承担建设期间的风险。项目竣工验收合格后，投资方将项目移交给回购方后，回购方按约定总价分期偿还建设成本及资金占用成本。

A公司与某市公安局签订了《市公安局交管大队智能卡口系统建设工程项目采购合同》，约定由A公司负责该市智能卡口系统建设工程，由市公安局指定硬件品牌型号，A公司负责采购并安装调试。项目建设方式采取A公司全额垫资建设资金，待系统正式运行后，由市公安局按约定的合同总价予以回购，垫付建设资金全部结清后设备产权转移至合同签订需方；中标价格（合同总价）为前端设备建设的费用，引电工程费用根据实际发生金额由A公司垫付，设备用电费用、网络租金、省技术监督局设备标定费和后期维护费用也由A公司统一垫付,按照行政区划纳入到市整体建设资金,统一由罚没款偿还。A 公司垫付资金根据实际垫付资金的天数按同期银行贷款利率加银行贷款手续费计算利息费用。

解答:

1. 是否确认为“BT”业务的问题。

从会计角度看,BT 项目的实质是“建造合同”和“提供融资”两者的组合,即投资方带资建设,回购方在建成移交后一段时间内付清回购款本息(通常为分期付款),投资方在建设的同时也为回购方提供了融资服务。这两个要素必须同时具备,缺一不可。

其中,根据《企业会计准则第 15 号——建造合同》和《企业会计准则解释第 3 号》第六条的规定,建造合同通常具有以下特征:①先有买主(即客户),后有标底(即资产)。建造资产的造价在签订合同时已经确定;②资产的建设期长,一般都要跨越一个会计年度,有的长达数年;③所建造的资产体积大,造价高;④建造合同一般为不可取消的合同;⑤建造合同的标的资产通常是按照客户的要求定制的非标准资产,如不做较大改动,可能只有该客户可以使用;⑥承接建造合同的企业(承包方或施工方)仅仅就其提供的施工劳务、材料和设备等获取相关报酬,不承担标的资产所有权上的剩余风险和报酬,标的资产所有权上的剩余风险和报酬(如建造完成后,标的资产本身的公允价值变动风险)由客户承担。

本案例中,所涉及的标的根据需方的需求明确指定,其组合的工程项目仅可供需方使用;同时约定了合同总价(相当于需方买断),标的资产所有权上的主要风险和报酬系由需方承担。结合上述建造合同基本特点的表述,并根据合同情况判断,此业务包含建造合同成分。同时,虽然没有约定利息总额,但约定了利息的计算方式(“根据乙方实际垫付资金的天数按同期银行贷款利率加银行贷款手续费计算”)、起息时间和支付时间等条款,因此虽然没有约定合同总价(即应付款总额),但可以根据合同条款合理确定,且应付款项总额包含合同约定的总价款(相当于建造合同价款)和利息两部分。综合来看,应属于“BT”业务。

2. 收入确认的问题。

如前所述,BT 项目是“建造合同”和“融资”两者的组合。因此 BT 项目中涉及两类收入:一类是按照《企业会计准则第 15 号——建造合同》确认的建造合同收入;另一类是按照《企业会计准则第 22 号——金融工具确认和计量》和《企业会计准则第 14 号——收入》按实际利率法确认的利息收入。

(1) 建造期间,项目公司对于所提供的建造服务应当按照《企业会计准则第 15 号——建造合同》确认相关的收入和费用。基础设施建成后,项目公司应当按照《企业会计准则第 14 号——收入》确认与后续经营服务相关的收入(如有)。

合同规定基础设施建成后的一定期间内,项目公司可以无条件地自合同授予方收取确定金额的货币资金或其他金融资产,故应当在确认收入的同时确认金融资产，并按照《企业会计准则第 22 号——金融工具确认和计量》的规定处理。建造过程如发生借款利息，应当按照《企业会计准则第 17 号——借款费用》的规定处理。

相关利息收入按照《企业会计准则第 22 号——金融工具确认和计量》和《企业会计准则第 14 号——收入》规定的实际利率法计算确认。如果建造周期较短的，为方便起见，也可在建造完成并验收合格、全部合同价款均已确认应收款后，开始确认利息收入，建造期间不确认利息收入。

(2) 本案例中，公司作为中标方，对各设备供货商、施工分包商等的工作起到监督管理作用，并就各分包商、供应商的合同履行情况向业主方承担总的责任。因此，基于其作为总包商的身份，即使不直接提供建造合同劳务，也应在建造期间按照建造合同准则的相关规定确认建造合同收入。

需要说明的是：虽然有观点认为在 BT 业务中，"项目公司未提供建造服务的，应按照建造过程中支付的工程价款等考虑合同规定，确认长期应收款"，但我们理解，该观点与收入确认应采用"总额法"还是"净额法"的一般原则相冲突，如前段所述，我们更倾向于在对 BT 项目承担首要责任、事实上承担总包方职责的项目公司，无论是否自身直接提供建造服务，均需确认建造合同收入。对于自身不直接提供建造服务的项目公司，其建造合同收入应按与建造承包商签订的工程承包合同约定的价款和根据 BT 合同应向合同授予方收取的管理费之和为基础确定；其建造合同成本应按建造承包商签订的工程承包合同约定的价款和需发生的管理成本之和为基础确定。

由于收款期限较长，确认建造合同收入时对应确认的应收款项应列报为长期应收款，并采用个别认定法评估其可回收性，必要时计提坏账准备。

问题 2-1-6 期刊广告增刊收入问题

问题：

A 传媒公司为了吸引广告客户，采取了向客户赠送刊期的销售方式，如购 5 期的广告发布将增加 2 期广告发布，比如与某客户合同约定在 2 月、3 月、4 月、5 月、6 月 A 公司的月刊载体上发布 5 次广告，每次 20 万元，总合同金额 100 万元；同时合同约定 A 公司向客户免费赠送 2 次广告发布，分别在 7 月、8 月月刊上发布。此时，A 公司的收入如何确认？

解答：

会计上可确认为负债的现时义务包括法定义务、合同义务和推定义务三类。在本案例中，后 2 期的广告发布是 A 公司为了吸引客户而附送的，但是客户在确定是否接受合同约定的广告发布价格时，是会把 A 公司承诺附送的 2 期因素考虑在内的(即使没有列入正式签订的广告发布合同)。即，站在客户的立场，会认为合同总价 100 万元就是 7 次广告发布服务的公允价值，而不仅仅是 5 次广告发布服务的公允价值。尽管合同条款可能约定在 5 次广告发布服务提供完毕后，即使没有提供额外"附送"的 2 期发布服务，客户也不得要求退回款项,但是公司为了招揽客户、保证良好商业信誉的考虑,几乎不可能不提供该"附送"的 2 期广告发布服务。因此,后 2 期"附送"的发布服务符合《企业会计准则第 13 号——或有事项》对"推定义务"的定义,即"因企业的特定行为而产生的义务。企业的特定行为,泛指企业以往的习惯做法、已公开的承诺或已公开宣布的经营政策。由于以往的习惯做法,或通过这些承诺或公开的声明,企业向外界表明了它将承担特定的责任,从而使受影响的各方形成了其将履行那些责任的合理预期"(《企业会计准则讲解》(2010)第十四章第二节,见原书第 205～206 页)。

而且,由于后 2 期广告发布服务虽然名为"附送",但其版面大小和布局、提供方式等与正式收费的前 5 期广告发布服务没有本质区别,因此对客户而言,后两期广告发布服务的公允价值与前 5 期是相同的。将额外的 2 期以"附送"的名义提供,可以理解为是公司规避和限制自身法律责任的手段(万一在后 2 期服务的提供过程中出现瑕疵,客户不能以诉讼、仲裁等方式追究 A 传媒公司的法律责任),但是就经济实质而言,各期广告发布服务的经济实质和公允价值是一致的。

因此,该交易的经济实质就是 A 传媒公司以 100 万元的合同总价,承诺提供 7 期的广告发布服务。相应地,在会计上确认收入时,应将合同总价平均分摊到所需提供的全部各期发布服务(包括以"附送"名义提供的 2 期广告发布服务),并随着服务的逐期提供,逐步确认各期对应的服务收入,到约定的 7 期广告发布服务全部提供完毕后,累计确认的收入等于合同总价 100 万元。这一结论的成立与否,与客户是否有权要求退还后 2 期对应的广告款无关(客户是否有权要求退款,只是从合同条款的法律形式上对额外 2 期是否单独标价的问题,但不影响对交易的经济实质的判定)。

问题 2-1-7　净水设备公司套餐(包括提供设备和提供后期维护服务)销售收入如何确认

问题:

净水设备公司套餐(包括提供设备和提供后期维护服务)销售收入如何确认?

背景:

A 公司是一家销售家庭和办公用净化水设备的公司。业务的主要模式为销售净化水设备,在客户缴纳一定的服务费后,A 公司提供定期免费更换滤芯的服务。收取的服务费中包含人工费和滤芯耗材的费用。当前 A 公司又推出了一项新的业务模式"云净服务",以套餐的形式,按月收取费用,签订一个季度或 2 年的服务期,免费赠送净化水设备,免费更换滤芯。

A 公司基本提供两种云净服务的模式。

模式 A:每月收取 58 元,同时收取 300 元的保证金,服务期限为一个季度(3 个月),一次收取 3 个月的服务费和 300 元的保证金,在安装设备前共计收取

474 元。到期后,客户可选择续费续期,也可选择到期不再续费。如客户不续费,则 A 公司会将净化设备拆除,但拆除的净化水设备无法再利用,也无法退回厂家,此时收费只能弥补 85%的成本;

模式 B:每月收取 58 元,不收取保证金,服务期限为 2 年,一次性收取费用(会给客户适当的折扣),大约收取 1 300 元。到期后客户可选择续费续期,也可选择到期不再续费,净化水设备不再拆除。该模式下 2 年的收费可以弥补净化设备的成本。

以上两种模式下,在服务期内,A 公司都会免费定期更换滤芯,一般是 3 个月更换一次,1 年更换 4 次,滤芯的成本较低。

解答:

根据《企业会计准则第 14 号——收入》第十五条规定:"企业与其他企业签订的合同或协议包括销售商品和提供劳务时,销售商品部分和提供劳务部分能够区分且能够单独计量的,应当将销售商品的部分作为销售商品处理,将提供劳务的部分作为提供劳务处理。销售商品部分和提供劳务部分不能够区分,或虽能区分但不能够单独计量的,应当将销售商品部分和提供劳务部分全部作为销售商品处理。"

根据上述规定,结合背景资料中对该客户业务模式特点的介绍,我们理解 A 公司的销售模式属于混合销售的模式(同时销售净化设备和提供后续的滤芯更换服务),该种业务模式的主要目标是提供长期服务,单独销售设备并不是其主要目的,且提供设备和服务的成本可以单独计算。因此,应根据所提供服务的公允价值,优先确认提供服务的收入,所收取的款项超过所提供服务公允价值的部分分配给净化设备,作为净化设备的销售收入;滤芯因为成本较低,可以在领用时计入成本,其成本一并通过服务收入收回。

在收入金额分配后,对 A、B 模式下的设备销售收入分别按以下原则确认(以下均以单个合同为收入确认单元):

1. 由于 B 模式下的收费足以涵盖服务的公允价值和净化设备的成本,即净化设备所有权上的主要风险和报酬在将设备交付给客户并完成安装时即已转移,因此可以在该时点上确认设备销售收入,服务收入则按月分摊确认。

2. A 模式下的收费不能保证设备成本的全部回收,因此其设备销售收入不能在将设备交付给客户并完成安装时立即确认,而应当将该部分与设备相关的收入(合同总金额——提供 3 个月服务的公允价值)予以递延,到后续累积的递延收益达到净化设备成本时,认为设备所有权上的主要风险和报酬已转移,据此确认净化设备的销售收入,并结转成本。在 A 模式下,应于合同期内的每个资产负债表日对发出设备存货进行减值测试,根据历史经验分析成本无法收回的概率,谨慎地对已发出的设备存货计提减值准备。在计量应计提的减值准备金额时,可从设备的账面价值中扣除对应的递延收益金额,将调整后的账面价值与未来预计可收到的每月 58 元服务费中对应于设备价款的部分相比较。

3. 如果在约定期限届满之前停止提供服务的,则把该合同项下递延的设备收入一次性确认为设备销售收入,并按设备的账面价值结转成本,两者之间的差额为设备销售亏损。

问题 2-1-8　提供服务包含免费提供终端设备的会计处理

问题:

公司提供服务包含免费提供终端设备时,收入如何确认?

背景:

A 公司从事车联网业务,该业务主要模式是:A 公司免费提供车载类终端设备,该类设备系外购,单价几百元至几千元不等。A 公司通过该设备的定位等功能对客户进行监控,并给客户提供一定的增值服务,客户每年支付一定数额的服务费。收取客户服务费的年限通过合同进行约定,一般为 3 年或 5 年,到期后设备归客户所有。在收取服务费期间,A 公司保留对设备的所有权,如客户中途更换设备或不使用 A 公司提供的服务则视为对 A 公司的违约,需要支付剩余年限的服务费并返还设备。同时,在此过程中,对于客户是否使用 A 公司设备,以及该设备是否正常发挥作用,A 公司有足够的技术手段进行监控,同时有手段进行设备回收。

解答:

本案例首先需要考虑:如果没有 A 公司通过车载终端提供的监控和其他增值服务,仅有“裸机”状态下的终端设备,对用户而言有无独立的商业价值?需考虑的因素的例子有:①合同约定的服务期限(5 年)与免费提供的终端设备的使用寿命是否大体相当?②该终端是否已经与被审计单位提供的服务绑定,仅可用于接受被审计单位提供的服务,而不能用于接受其他方面提供的类似服务,一旦退网则对用户无任何价值?

如果仅提供设备而不提供服务,对用户而言不具有独立的商业价值,则说明设备和服务是一个整体,设备是作为公司提供服务的载体而存在。并且如背景资料所述,“在这期间,A 公司还保留对设备的所有权,如客户中途更换设备或不使用 A 公司提供的服务则视为对 A 公司的违约,需要支付剩余年限的服务费并返还设备”;“在此过程中,对于客户是否使用 A 公司设备,以及该设备是否正常发挥作用,A 公司有足够的技术手段进行监控,同时有手段进行设备回收”,即 A 公司对所发出的终端设备仍保留了一定的控制。此时应将设备和服务作为一个整体进行会计处理,即整体上作为一项提供劳务的交易进行会计处理。此时提供给客户的终端设备是 A 公司为了向用户提供服务的目的而持有的(只是为了提供服务的需要而存放于用户处),且使用年限超过一年,应确认为公司的固定资产,该固定资产应在其预计使用寿命和合同约定的服务年限两者中的较短年限内计提折旧,且预计净残值为零,与所确认的服务收入相配比。

如果该设备本身对用户而言具有独立的商业价值,用户可以使用该设备接入任何一个提供类似服务的公司的网络,且公司在将设备提供给用户之后即放弃了对该设备的控制,则该交易应作为销售商品和提供劳务两者的组合,将每年收取的总价在销售商品和提供劳务两者之间合理分摊,按照各自适用的会计原则确认和计量收入和成本(销售商品收入按折现值在发出商品时一次性确认,提供劳务收入在服务期限内逐期平均确认)。

问题 2-1-9 预售模式下商品房销售收入的确认时点

问题:

房地产开发企业采用预售模式销售商品房,应在何时确认收入?

背景:

A 公司是一家房地产开发企业,现开发一商业住宅小区,主体工程已完工并正在组织验收,拟向建设行政主管部门报送材料,履行建设行政主管部门备案手续。企业已取得五证[建设用地规划许可证、建设规划许可证、国有土地使用证、建筑工程施工许可证及商品房销售(预售)许可证],并开始预售房屋,所预售房屋已收到全额款项。

企业所有预售房屋均签订售房合同,售房合同中约定房屋交付条件是:"该商品房建设工程竣工验收合格、并向建设行政主管部门报送备案材料、取得建设行政主管部门竣工备案表;配套的基础设施和公共设施验收合格;前期物业管理已落实。

解答:

本案例中,在商品房实际交付给购房者(且购房者对此验收确认)之前,不应确认商品房销售收入。当开发商向购房者发出入伙通知,但购房者在合理期限内不来办理相关验收、入伙手续时,在该约定期限届满时,相关风险转移,可以确认收入。

根据《企业会计准则解释第 3 号》第六条的规定,企业自行建造或通过分包商建造房地产,应当根据房地产建造协议条款和实际情况,判断确认收入应适用的会计准则。其中,房地产购买方影响房地产设计的能力有限(如仅能对基本设计方案做微小变动)的,企业应当遵循《企业会计准则第 14 号——收入》中有关商品销售收入的原则确认收入。据此,对于商品房的销售业务,应采用《企业会计准则第 14 号——收入》规定的"销售商品模式"确认收入。

在销售商品模式下,只有当同时满足《企业会计准则第 14 号——收入》第四条规定的五项条件时,才能确认销售商品收入。其中的第三项"收入的金额能够可靠地计量"、第四项"相关的经济利益很可能流入企业"、第五项"相关的已发生或将发生的成本能够可靠地计量"在本案例中得到满足的时点相对较早,在本案例中商品房收入确认时点确定方面并不起决定性作用。

但是,其中的第一、第二项分别为"企业已将商品所有权上的主要风险和报酬转移给购货方"和"企业既没有保留通常与所有权相联系的继续管理权,也没有对已售出的商品实施有效控制"。针对这两项标准在商品房销售业务中何时得到满足的问题,分析如下。

1. 企业已将商品所有权上的主要风险和报酬转移给购货方。

根据《企业会计准则讲解(2010)》第十五章第二节(原书第 214～215 页)对

该项条件的进一步解释：

企业已将商品所有权上的主要风险和报酬转移给购货方，是指与商品所有权有关的主要风险和报酬同时转移给了购货方。其中，与商品所有权有关的风险，是指商品可能发生减值或毁损等形成的损失；与商品所有权有关的报酬，是指商品价值增值或通过使用商品等形成的经济利益。

判断企业是否已将商品所有权上的主要风险和报酬转移给购货方，应当关注交易的实质而不是形式，同时考虑所有权凭证的转移或实物的交付。如果与商品所有权有关的任何损失均不需要销货方承担，与商品所有权有关的任何经济利益也不归销货方所有，就表明商品所有权上的主要风险和报酬转移给了购货方。

根据最高人民法院《关于审理商品房买卖合同纠纷案件适用法律若干问题的解释》(法释[2003]7号)的相关规定：

第十一条　对房屋的转移占有，视为房屋的交付使用，但当事人另有约定的除外。

房屋毁损、灭失的风险，在交付使用前由出卖人承担，交付使用后由买受人承担；买受人接到出卖人的书面交房通知，无正当理由拒绝接收的，房屋毁损、灭失的风险自书面交房通知确定的交付使用之日起由买受人承担，但法律另有规定或者当事人另有约定的除外。

从上述会计准则讲解对“风险和报酬的转移”以及司法解释对风险转移时点的相关规定可知，在商品房实际交付给购房者之前，房屋的灭失、毁损风险仍然由开发商承担，到实际交付使用后转移给购房者。而“交付使用”通常以“转移占有”(如开发商将房门钥匙移交给购房者)为标志。而房屋的毁损、灭失风险是会计准则所指的“商品所有权上的主要风险和报酬”的重要组成部分。因此，在房屋实际交付给购房者之前，不能认为已经满足“企业已将商品所有权上的主要风险和报酬转移给购货方”这一条件。在实务中，绝大多数房地产开发企业也是以交房作为商品房销售收入确认的最主要标志性事件。

根据上述司法解释规定，当开发商向购房者发出入伙通知，但购房者在合理期限内不来办理相关验收、入伙手续时，在该约定期限届满时，相关灭失、毁损风险转移。

2. 企业既没有保留通常与所有权相联系的继续管理权，也没有对已售出的商品实施有效控制。

在房屋交付给购房者之前，标的房屋仍然处于开发商的实际控制下，开发商保留了通常与所有权相联系的继续管理权，因此交房之前尚不满足收入确认的条件。

综上，在商品房实际交付给购房者(且购房者对此验收确认)之前，不应确认商品房销售收入。当开发商向购房者发出入伙通知，但购房者在合理期限内不来办理相关验收、入伙手续时，在该约定期限届满时，相关风险转移，可以确认收入。

问题 2-1-10 履行过程分为若干阶段且同时包含销售商品和提供劳务的合同的收入确认问题

问题：

对于履行过程分为若干阶段且同时包含销售商品和提供劳务的合同，应如何确认收入？

背景：

2013 年，A 公司和 B 公司签订《定制纪念品设计服务项目合同》，根据合同约定：B 公司委托 A 公司进行纪念品设计服务项目，合同价格 102 万元，包括纪念品的设计，以及设计获得 B 公司确认后进行后续加工。同时合同约定，A 公司的有关报价资料若未经 B 公司签字认可，A 公司就单独进行成品制作，由此而产生的费用由 A 公司承担。同时，A 公司和供应商签订金银购销合同（含加工费），与其进行约定纪念品的原材料提供以及加工制作（主要材料、加工费成本约 79 万元）。

解答：

根据背景资料分析，本案例中《定制纪念品设计服务项目合同》的履行过程可明显分为两个阶段：一是前期的设计阶段，A 公司为 B 公司提供纪念品设计的创意服务，以相关设计获得 B 公司的核准确认作为该阶段结束的标志；二是后续纪念品加工制作和交付阶段，由 A 公司与金银加工企业签订采购和委托加工合同，将经过 B 公司核准确认的纪念品设计提供给金银加工企业，要求其按所提供的设计进行纪念品的制造和交付。

据此，我们倾向于认为：本案例中的《定制纪念品设计服务项目合同》的收入确认和计量方法可能存在一项会计政策选择，即以下两种方式都可能是可接受的：

1. 采用类似于 EPC 总包合同的模式，即把合同中的所有内容看作一个整体，按照《企业会计准则第 14 号——收入》关于提供劳务收入确认和计量的规定，采用完工百分比法确认。但需注意：对于后一阶段中向金银加工企业支付的采购款和加工费等合同成本，应当在将纪念品实物交付给 B 公司并获得其验收确认后，才能纳入“已发生的合同成本”和完工进度的计算。

2. 根据《企业会计准则第 14 号——收入》第十五条关于“销售商品部分和提供劳务部分不能够区分，或虽能区分但不能够单独计量的，应当将销售商品部分和提供劳务部分全部作为销售商品处理”的规定，将整个合同看作一项销售商品合同，依据《企业会计准则第 14 号——收入》关于销售商品收入确认和计量的规定，在满足该准则第四条规定的全部条件时（尤其是应当已经完成纪念品实物的交付，并获得 B 公司的验收确认），一次性将全部合同价款确认为收入。

对本案例的会计处理，需要关注以下几点：

1. 在考虑所采用的会计模式时，对设计服务和加工制造两个阶段是否可以区分为两个独立合同的问题是需要考虑的(参考《计学撮要 2011》第 140～141 页“包含多个组成部分的合同分拆的条件”)。我们倾向于认为:由于这两个环节联系紧密,且 A 公司无权单独就所提供的设计服务收取价款,后一阶段交付实物的验收情况仍然会反过来影响前期设计服务的收入确认情况,因而应作为一个整体确认收入,而不应分拆为提供劳务和销售商品两部分,分别确认收入(前面所述的两种处理方法都是将整个合同视作一个整体进行收入确认的)。另外,从重要性角度而言,本案例中是否分拆为两个独立部分,对于最终确认和计量结果影响不大。主要是因为:首先,合同的履行分为两个具有明显先后顺序的阶段,互为关键路线,在前一阶段(设计服务)完成后才可能进入后一阶段(实物加工制造),且合同总价中后一阶段的成本占绝大部分,即使单独确认前一阶段的设计服务收入,其金额也是显著不重大的,绝大部分收入仍然需要在纪念品制作完成并交付给委托方时才能确认。

2. 就本合同中所涉及的销售商品部分而言,虽然在法律形式上可以认可“A 公司为 B 公司提供的是广告创意设计服务,以及纪念品制作中的跟踪服务,但并不参与纪念品的直接制作”,但对照 A 公司与委托方签订的《订制纪念品设计服务项目合同》和与金银加工企业签订的采购合同可知,这两个合同的条款基本上互相独立,作为供应商的金银加工企业是 A 公司自主选择的,B 公司并不是采购合同中的一方,说明 A 公司应就纪念品的材质、加工质量等方面独立地向 B 公司承担责任,是交付纪念品的首要义务人;且《定制纪念品设计服务项目合同》中约定的纪念品价款(包括黄金料和加工费等)均高于加工合同,即 A 公司在这一过程中赚取了差价。因此,A 公司对后一阶段的纪念品加工应采用总额法确认和计量收入,将支付给金银加工企业的采购合同价款确认为营业成本。

问题 2-1-11 关于动画片形象授权产生收入确认方式的问题

问题:

动画片形象授权产生的收入如何确认?

背景:

A 公司主营业务为原创动画的创意、投资、制作、发行以及基于自主知识产权的动漫产业链综合运营。其主营业务收入主要分动画片的制作发行收入、基于版权的授权收入两大块。

节目发行:系以自身的发行渠道将动画片的播映权出售给电视媒体、互联网以及付费数字电视等新媒体。

品牌授权:指公司将原创动画片的商标、动画形象及造型图案授予被授权方,用于特定动漫衍生产品的开发、生产和销售。品牌授权又分玩具产品授权和形象授权两种。对于形象授权,虽然授权客户在特定环境下使用公司设计的动画形象,但并不与客户的销售业绩挂钩,所以 A 公司与客户签订的是固定授权金的许可合同;许可期限超过一年的授权合同,授权金分年支付,每一年(授权期)的金额可能不同,且合同约定在每一个授权期的开始日,客户必须全额支付当期授权金,授权合同才有效。

本问题仅讨论对形象授权收入的确认原则。

解答:

本案例中的形象授权费收入属于《企业会计准则第 14 号——收入》所规范的"特许权使用费收入"。根据《〈企业会计准则第 14 号——收入〉应用指南》规定:"属于提供设备和其他有形资产的特许权费,在交付资产或转移资产所有权时确认收入;属于提供初始及后续服务的特许权费,在提供服务时确认收入"。

《计学撮要 2011》第 135 页将《国际会计准则第 18 号——收入》附录中对"许可证费和特许使用费"确认原则的指引转录如下:

他人使用企业的资产(如商标权、专利权、软件、音乐版权、唱片和动画片)所支付的许可证费和特许使用费,通常根据协议的实质予以确认。实务中,这可能在协议生效期内按直线法确认,例如,当许可证持有人有权在指定时期内使用某种技术时。

对于一项固定收费的权利转让,或是根据一项不可取消的合同规定不能退回的保证金的权利转让,并且允许许可证受让人自由利用那些权利,而许可证让予人则不再具有应履行的余留义务,这样的权利转让实质上是销售。许可证让予人在交货后无需履行后续义务的软件使用许可协议就是一例。另一个例子是,许可证让予人对所允许的在市场上展览动画片的权利,并对其发行商不再实施控制,也不期望从票房收入中获取更多的收入。在这种情况下,应在销售时确认收入。

在某些情况下,许可证费或特许使用费是否能收到,依某一未来事项是否发生而定。在这种情况下,只有当许可证费或特许使用费很有可能收到时(通常是在该事项发生时),才确认收入。

根据上述指引,本案例中的"形象授权收入"采用固定授权金的计量模式,且"合同约定在每一个授权期的开始日,客户必须全额支付当期授权金,授权合同才有效"即授权金的可收回性不存在重大不确定性。据此,该交易的实质是销售,应当在销售时(本案例为在授权期开始,收到客户支付的权利金,本期的授权生效时确认收入)。不应为了平滑各期收入和利润而采用违反基本会计原则的处理模式。除非在授权期内公司作为授权方仍有重大的实质性义务(上述引文中的"余留义务")需要履行,则可将部分授权金递延到后续履行义务时确认为收入,与相关的履约成本配比。

问题 2-1-12 主题乐园运营方对主题乐园项目的收入确认等会计处理问题

问题:

根据"背景"部分所提供的资料分析,C 公司作为主题乐园的运营方是否能控制该主题乐园?其收入如何确认?

背景:

A 公司:经营场地提供方(出租方)

B 公司:出资方(投资人)

C 公司:建设经营方

C 公司与 A 公司签订某主题乐园合作意向协议,主要内容为:①由 A 公司设立单独的项目公司,B 公司作为项目的出资人;②本协议签订后 2 个工作日内,A 公司应当向 C 公司支付授权咨询费人民币 100 万元整,C 公司收到后随即开始与版权方的沟通事宜,为本项目的实施获取必要的授权;③约定签订关于场地使用的三方协议;④约定签订主题乐园建设合作合同;⑤约定签订主题乐园运营委托合同。

关于场地使用协议:

由 A 公司(出租方)、B 公司(投资方)、C 公司(运营方)三方共同签署,主要约定:租赁期不少于 6 年,租赁条件为扣点 10% 月付(含物业费等),水电费实收。

主题乐园建设合同:

由 B 公司(投资方)、C 公司(运营方)签署,主要约定:C 公司在预算范围内负责主题乐园的建设,包括场地设计、设备购置和装修等,B 公司审核预算并支付投资款。主要约定:

1. 合同签署后,投资方即向运营方支付设计服务费 100 万元(含税),运营方将为投资方提供全套规划设计服务,运营方向投资方开具服务费发票。

2. 设备设施:运营方按照设计规划,列出主题乐园所需设备设施的一览表(名称、规格、数量、价格、运费、税点),按 1 500 平方米规划预计约____万元。投资方预付 90%,剩余 10% 在验收完成后支付。如实际需要安装设备的数量有增加的,运营方应当事先取得投资方的同意,按照实际使用数量结算。运营方向投资方开具设备销售发票。

3. 装修工程:运营方应当向投资方提供装修工程的施工内容明细及费用概算(按 1 500 平方米计算,预计约____万元),并负责寻找具有适当资质和工艺能力的施工团队负责具体实施。投资方将概算额的 70% 预付给运营方,由运营方代为支付,主体施工完成后再支付 20%,剩余 10% 在验收完成后支付。关于装修工程方面的费用,运营方应当确保最终的实际发生额,不会超过概算额 15% 以上,如果超过的话,超过部分由运营方承担。

4. 开店所需的各项备品(即装修和设备之外的其他物品,包括但不限于电脑、收银机、餐具、小电器、管理道具、文具、清洁用品等),运营方提供明细和标准及参考价,投资方可自行采购,也可委托运营方进行采购,投资方实费承担。

5. 运营方须负责整个乐园建设的监理工作(不得另收费)。主题乐园各项硬件设施所有权属于投资方,所涉版权及其他知识产权属于运营方或其他权利人,投资方仅限在本主题乐园项目上使用之。

主题乐园运营委托合同:

由 B 公司(投资方)、C 公司(运营方)签署,主要约定:

1. 投资方将主题乐园的运营管理全权委托给运营方,投资方享有对经营行为进行监督的权利,双方按照约定的方式分配收益。

2. 主题乐园开业启动初期所需的流动资金,由运营方以自有资金负责解决。经营产生的亏损由C公司自行承担。

3. 收益分配方式:

利润计算:以主题乐园收入,计算总销售额减去约定的各项运营支出,剩余的部分为“利润”,扣减项为双方约定(经营方有固定3%的管理费)。

分配节点的计算:

投资方投入额=授权咨询费+设计服务费+设备设施费+装修工程款

分配节点A=(投资方投入额×160%)/6年

分配节点B=(投资方投入额×220%)/6年

分配节点C=(投资方投入额×280%)/6年

分配方式:

运营方每月向投资方提供对账单,列明各项收入及支出的明细;每年结算一次,由运营方将应由投资方取得的部分支付给投资方。

(1) 当期年利润在分配节点A以下的,全部归属投资方。

(2) 当期年利润超过分配节点A不到分配节点B的,超过分配节点A的部分投资方取得70%,运营方取得30%。

(3) 当期年利润超过分配节点B不到分配节点C的,超过分配节点B的部分投资方取得50%,运营方取得50%。

(4) 当期年利润超过分配节点C的,超过分配节点C的部分投资方取得30%,运营方取得70%。

主题乐园投资收益预测:

在项目总投入1 500万元不变的情况下,如果每月销售额增加40万元,预计投资方的6年回收总额从2 938万元增至3 625万元,增加687万元,增长23%,运营方的6年收益总额从523万元增至1 409万元,增加886万元,增长169%。

解答:

根据上文背景资料提供的信息分析,我们认为本案例主要需要考虑:C公司(运营方)是否实质控制了该主题乐园项目,是否应把该主题乐园纳入C公司的合并报表范围?.我们理解本案例中运营方C公司实质控制该主题乐园项目的可能性较大,主要考虑是:

1. 由于投资方(B)主要负责出资,其场地设计、设备购置和装修、开业后的运营等均由运营方(C)主导,表明被投资方(该主题乐园)的相关活动由运营方主导,即运营方拥有对该被投资方(主题乐园)的权力[详见本书“专题Ⅱ”部分中的《〈企业会计准则第33号——合并财务报表(2014年修订)〉实务操作指南》中与“特许经营权”相关的内容]。这实际上已经不是简单的特许经营,而是委托经营。

2. 运营方通过收取咨询费、设计服务费、设备购置和装修款差价、运营期间收益分成等方式享有该主题乐园的可变回报,并承担相应风险,以及因在开业初向该主题乐园提供流动资金的财务支持而承担进一步的可变回报风险。且因为与投资方的收益分配机制约定优先保证投资方的投资回收,因此其所承担的回报的可变性风险远远大于投资方。根据主题乐园投资收益预测显示,在项目总投入 1 500 万元不变的情况下,当预计每月销售额增加 40 万元时,预计投资方的 6 年回收总额从 2 938 万元增至 3 625 万元,增加 687 万元,增长 23%,而运营方的 6 年收益总额从 523 万元增至 1 409 万元,增加 886 万元,增长 169%;同时运营方收益总额占项目收益总额的比例从 27%增至 40%。其可变回报的量级和可变动性都是重大的。

3. 运营方对该主题乐园相关事务拥有广泛的决策权力,且由于主题乐园运营的专门性,在合同约定的 6 年期间,投资方事实上不可能解除与运营方之间的受托经营关系。同时,没有证据表明运营方作为决策者所获得的报酬的量级和可变动性是不重大的。即,运营方不能视作投资方的代理人,而是主要责任人,运营方有能力运用其对该主题乐园的权力影响其回报金额。

在运营方 C 将该主题乐园纳入其合并报表范围的情况下,在运营方合并报表层面,对于投资方的出资额应列报为金融负债,支付给投资方的投资回报确认为费用(一般为财务费用);对于使用投资方的出资购置的资产应确认为其自身的固定资产,并在其使用寿命和合作年限孰短的年限内计提折旧。运营方应将实际支付给版权方的品牌授权费确认为其自身的无形资产,将实际发生的设计成本资本化计入相关固定资产价值,这部分无形资产和固定资产价值均在后续的经营年限内计提折旧或摊销;基于配比原则的考虑,运营方将从投资方收取的设计费、授权费确认为递延收益,在同样的年限内摊销,该递延收益的摊销金额冲减相应的固定资产折旧和无形资产摊销成本。

如果确有证据表明运营方 C 公司不控制该主题乐园项目(但如前所述,我们认为可能性不大),则运营方 C 公司应按照《企业会计准则第 18 号——收入》及其应用指南中关于特许权使用费收入确认的原则予以处理(详见《计学撮要 2011》第 135~136 页"许可证费和特许使用费"、第 146~147 页"特许权使用费收入的确认")。如果设计费、授权费一旦收取后,无论发生何种情况都不再退还的(因特许权人在提供与这些收费相对应的服务时发生瑕疵的情形除外),且后续将收取的运营期间管理费、业绩分成等收费足以涵盖后续将发生的管理成本的,则这部分设计费和授权费可在合同约定的与这些收费相对应的服务已提供时确认为收入,无需递延。在运营方不控制该主题乐园项目的情况下,在运营期间,运营方只能按照其实际取得的管理费和业绩分成款确认受托管理服务收入,而不能将该主题乐园的收入、成本纳入运营方的财务报表。

问题 2-1-13 产权置换方式下回迁房收入、成本的计量

问题:

房地产开发公司征地拆迁中的产权置换的补偿如何确认收入和成本?

背景：

2010年7月12日，A公司与××区人民政府签订《××区5号片区城中村改造项目前期投资合作协议》，同意A公司作为投资企业参与5号片区城中村改造。2011年2月22日，××区城中村改造指挥部颁布《××区5号片区城中村暨旧城改造5号片区国有土地产权征地拆迁安置补偿实施细则》，A公司同时制订了《××区5号片区城中村改造征地拆迁安置补偿实施细则》，对征地拆迁补偿的方式和标准进行了规定。拆迁补偿方式主要分为货币补偿和产权置换补偿，被拆迁人可以任意选择一种补偿方式或同时选择两个补偿方式。被拆迁人与城中村改造指挥部和拆迁公司签订三方补偿协议，协议中规定了补偿方式、货币补偿金额或产权置换面积等信息。5号片区最终货币补偿金额为156 871 090.71元，产权置换面积约94 000平方米。目前该开发项目的一期工程已取得了预售许可证，预计2015年可以实现销售；二期工程处于基建阶段。

解答：

本案例中产权置换补偿的实质为被拆迁人用原有的房屋建筑物换取A公司新开发的房产，或者也可以理解为被拆迁人以约定的拆迁补偿款抵作购买A公司新开发的房产的价款，因此属于《企业会计准则第7号——非货币性资产交换》的规范范围。根据《企业会计准则第7号——非货币性资产交换》的规定，非货币性资产交换如果满足“该交换具有商业实质”及“换入资产或换出资产的公允价值可以可靠计量”的条件，则可按公允价值作为换入资产的初始计量金额。在本案例中，由于换入资产（被征收的原有房屋建筑物）和换出资产（新开发的房产）在未来现金流量的金额、发生时间和风险程度方面均有实质性差异，因此该交换是具有商业实质的。由于此时换出资产（未来应交付给被拆迁人的新开发房产）的公允价值可能尚不能可靠确定，但换入资产的公允价值（即被征收的旧房的评估值和据此确定的补偿金额）是可以可靠确定的，因此A公司换入资产的成本应该按照换入资产的公允价值（即被征收的旧房于征收时点的评估值）计量，A公司的账务处理为：借记“开发成本”科目，贷记“预收账款”科目。

换入资产的成本（入账价值）从实质上讲属于房地产项目开发总成本的一部分，应该与其他开发成本一起分摊到房地产开发项目，并在所开发的房产实现销售时作为开发成本的一部分结转主营业务成本。

本案例中在实际将回迁房交付给拆迁户时，应确认作为回迁房的所开发房产的销售收入，所确认的回迁房销售收入应当等于当初收回的旧房的公允价值（金额A，即当初确认的预收账款金额），即账务处理为借记“预收账款”科目，贷记“主营业务收入”科目。对于回迁房在交付时点的公允价值（金额B）和金额A之间的差额不作同时增加营业收入、营业成本的账务处理。主要考虑是：

1. 由于产权调换方式下的“拆迁安置补偿协议”中约定了置换房屋的面积、补偿单价、补偿费用、换入房屋坐落地等信息，因此产权调换实际上是一项以被拆迁的旧房的约定作价为对价，购买开发商新开发的特定位置和面积的房产的一项预付款购房合同。根据《企业会计准则第14号——收入》第五条规定：“企业应当按照从购货方已收或应收的合同或协议价款确定销售商品收入金额，但已收或应收的合同或协议价款不公允的除外”，据此，在交付回迁房时所确认的销售收入应当以拆迁补偿协议约定的作价(即被拆迁旧房在交房时的公允价值)为基础计量。

2. 从理论上说，由于“收入”的定义是“企业在日常活动中形成的、会导致所有者权益增加的、与所有者投入资本无关的经济利益的总流入”，这也就意味着收入金额的计量应当依据相应交易中经济利益流入的金额确定。在本案例中，相关的经济利益流入过程实际上是在收到被拆迁的旧房时已经完成，后续交付回迁房时并没有额外的经济利益流入，也就是与该收入相关的经济利益流入金额并不等于实际交付回迁房时该回迁房的公允价值。回迁房交付时的公允价值(金额 B)与被收回的旧房在收回时的公允价值(金额 A)之间的差额对开发商而言是一项机会成本(放弃了如果对外销售则可以取得的更高收入)，但机会成本并不是以历史成本为基础计量模式的财务会计的确认和计量对象，因此如果采用营业收入、营业成本同增的方式将机会成本入账是不妥当的。

问题 2-1-14 网络课程收入的确认与计量

问题：

对提供网络课程服务的收入，应如何确认和计量？

背景：

A 公司主要业务为提供网络学习服务，由公司提供网络平台及在线课件，用户通过购买授权账号后，在约定期限内，以在线浏览和在线播放的方式使用。

A 公司的销售客户类别包括经销商和直销终端客户两类。A 公司与经销商签订《企业版产品经销合作协议》。A 公司与终端客户签订《软件许可合同》或《软件服务(租赁)合同》，该两类合同条款无实质区别，其中对收费、义务约定如下：

(1) 开通费。该开通费占本合同总金额的 80%，为一次性软件、课件开通费。因开通后乙方(即 A 公司，下同)的知识产权即向甲方(即用户，下同)公开，乙方也不能控制甲方的使用数量与频次，所以双方约定开通后，甲方即不能以任何理由要求乙方退回该开通费。

(2) 许可使用费/租赁服务费。该费用占本合同总金额的 20%。

在许可使用或租赁期间，A 公司需履行的主要合同义务包括保证其平台的通畅和正常使用、每年不少于一次添加或升级软件包含公共课程、免费提供有关乙方产品的技术服务等。

A 公司与客户签订的合同约定授权账号的使用期限通常为 1 年(极少数有超过 1 年期的)。

解答：

1. 本案例中“软件许可合同”和“软件服务(租赁)合同”的条款基本类似，我们理解应当遵循基本一致的收入确认原则，即《企业会计准则第 14 号——收入》规定的“让渡资产使用权”模式。

参考 IFRS 体系下的《国际会计准则第 18 号——收入》(以下简称 IAS 18)的附录中对“许可证费和特许使用费”收入确认原则的说明:

他人使用企业的资产(如商标权、专利权、软件、音乐版权、唱片和动画片)所支付的许可证费和特许使用费,通常根据协议的实质予以确认。实务中,这可能在协议生效期内按直线法确认,例如,当许可证持有人有权在指定时期内使用某种技术时。

对于一项固定收费的权利转让,或是根据一项不可取消的合同规定不能退回的保证金的权利转让,并且允许许可证受让人自由利用那些权利,而许可证让予人则不再具有应履行的余留义务,这样的权利转让实质上是销售。许可证让予人在交货后无需履行后续义务的软件使用许可协议就是一例。另一个例子是,许可证让予人对所允许的在市场上展览动画片的权利,并对其发行商不再实施控制,也不期望从票房收入中获取更多的收入。在这种情况下,应在销售时确认收入。

在某些情况下,许可证费或特许使用费是否能收到,依某一未来事项是否发生而定。在这种情况下,只有当许可证费或特许使用费很有可能收到时(通常是在该事项发生时),才确认收入。

从合同条款看,合同总收费的 80%为一次性软件、课件开通费,因开通后 A 公司的知识产权即向终端客户公开,A 公司也不能控制终端客户的使用数量与频次,所以双方约定开通后,终端客户即不能以任何理由要求 A 公司退回该开通费;另外 20%为许可使用费或租赁费。在许可使用或租赁期间,A 公司需履行的主要合同义务包括保证其培训平台的通畅和正常使用、每年不少于一次添加或升级软件包含公共课程、免费提供有关 A 公司产品的技术服务等。我们理解,培训内容(课件)的提供和培训平台的运行管理服务这两者之间存在一定的相互独立性,两者并不相互依赖。

因此,我们理解合同约定的收费总额包括以下两部分:①知识产权的许可使用费;②平台运行保证和技术服务费:

(1) 对前一部分(知识产权许可使用费),因为 A 公司最主要的义务是为用户提供接触和使用 A 公司拥有知识产权的系统和课件(现有内容),一旦提供即不再具有后续义务,也不能控制其使用和获取额外经济利益,因此其实质是销售。对应于该部分的收费,在金额能够可靠计量且收款不存在重大不确定性的前提下,可以在账号开通后一次性确认收入。

(2) 对后一部分(平台运行保证和技术服务费),需在合同约定的租赁或许可使用期限内逐步确认收入。

关于上述两部分的划分,在没有相反证据的情况下,可以认为合同约定的“80∶20”比例是两者之间划分的合理依据。但如果合同总收费的 20%不足以弥补后续许可或租赁期限内的平台运行维护、技术服务等后续义务的成本,则应将前面 80%价款中的适当部分予以递延到后续许可使用或租赁期间内确认为收入。

2. 如本案例中背景资料所述，A 公司的销售客户分为经销商、直销终端客户：

(1) A 公司向直销终端客户(如大量普通用户)销售学习服务平台软件时，按照前面问题一中讨论的方式确认收入。

(2) A 公司的销售客户为经销商时，通过经销商销售后收入的确认时点问题，可以参照《计学撮要 2011》第二章第四节“五、通过代理商、加盟商的收入确认”，根据 A 公司与经销商签订的协议条款及其实际执行情况，对照《企业会计准则第 14 号——收入》规定的收入确认条件，考虑相关经济实质，具体分析。如果与商品所有权有关的任何损失均由 A 公司承担，与商品所有权有关的任何经济利益也归 A 公司所有，就表明商品所有权上的主要风险和报酬未转移，经销商将软件及课件销售后，向 A 公司开具代销清单时，按应收取的手续费确认收入。A 公司收到经销商销售款时计入“预收账款”科目，待经销商最终销售给终端客户时，参照 A 公司销售直销终端客户时相同收入确认原则进行处理。

如果视同买断，即由 A 公司和经销商签订协议，A 公司按合同价收取所代销的货款，实际的售价由经销商自主决定，实际售价与合同价的差额归经销商所有。在这种情况下，A 公司应当在把所销售商品所有权上的主要风险和报酬转移给经销商，并同时满足其他收入确认条件时，确认收入。

问题 2-1-15 根据销售回款支付返利时，相关负债的确认时点

问题：

如下文背景资料所述，A 公司是否需要在确认收入时计提支付给经销商的返利？

背景：

A 公司与经销商签订返利协议，协议约定 A 公司实际收到货款时支付返利给经销商。A 公司每年按实际收到的货款计算返利，不同回款金额对应不同的返利比例，如 A 公司 100 万元的回款销售返利比例为 5%；300 万元回款的销售返利比例为 10%。2013 年应收账款期末余额 100 万元，在 2014 年实际收到的销售回款为 300 万元(包含 2013 年度的 100 万元)，在 2014 年度计算返利时的回款基数为 300 万元，销售返利比例为 10%。

解答：

在本案例中，A 公司向经销商支付返利的条件是收到经销商的销售回款。据此，针对期末的应收款项余额，虽然尚未实际收到，在期末并不存在向经销商支付返利的合同义务，但是既然将其确认为应收款项，则该等应收款项扣除坏账准备后的账面价值代表了这些应收款项的可收回金额，即未来很可能收到相当于其账面价值的销售回款，相应地也就存在向经销商支付相应的销售返利金额的推定义务。该推定义务符合《企业会计准则——基本准则》第二十三条和第二十四条对“负债”这一会计要素的定义和确认条件的规定，即因为企业过去的交易或者事项(通过经销商的销售，会计上已确认收入)形成的、预期导致经

济利益流出企业(支付返利款项)的可能性大于50%的现时义务,且未来流出的经济利益的金额(需支付的返利款项)能够可靠地计量。故应在确认销售收入的当期期末确认相应的负债,而不能到实际收回货款时才确认应付返利款。基于逻辑一致性的考虑,期末就应收账款计提的返利金额应当与期末应收款项的可收回金额(即扣除坏账准备后的账面价值)存在直接对应关系。

即,在期末,A公司应根据有权享受返利的应收款项的账面价值(已扣除坏账准备)和相应的返利比例计提应支付的返利金额,并冲减当期的销售收入。以后年度实际回款金额不同于上年度末对应收款项的可收回金额的估计,导致实际支付的返利款项不同于原先计提的相应负债金额时,按会计估计变更进行处理。

在实际操作中,在期末,应根据有权享受返利的应收款项的账面价值(已扣除坏账准备)和相应的返利比例计提应支付的返利金额,并冲减当期的营业收入,分录为:借:主营业务收入　贷:预提费用/其他应付款;支付时分录为:借:预提费用/其他应付款　贷:银行存款。期末按预提的返利金额冲减收入,并没有发票等有效的税前扣除凭证,需到实际支付返利时才能开出红字发票(或直接在后期的销售开票金额中抵减),据此减少实际支付返利年度的应纳税所得额,由此导致会计和税务处理存在差异。对于就该暂时性差异确认递延所得税资产的事项,应对照《企业会计准则第18号——所得税》第十三条规定的就可抵扣暂时性差异确认递延所得税资产应满足的条件,判断能否确认递延所得税资产。

另外,本案例中还有一个特殊问题,即根据A公司与经销商签订的协议,是根据每年的回款金额分别适用不同的返利比例,因此在对该负债金额进行计量时,除了需合理估计应收账款的可收回金额以外,还应恰当估计预计收回时间。我们建议以期末应收账款账面价值为基数,结合应收账款周转率和回款速度的历史经验,对该账面价值的预计收回时间作出合理估计(如果无法作出合理估计的,可假设该账面价值中约定到期日距离资产负债表日在一年以上的部分在其约定的到期日收回,其余部分均在未来12个月内收回,据此估算回收时间表),确定对应的适用返利比例,对期末应当预提的返利款项作出合理估计。后续如果实际支付的返利金额与原估计数不一致的,按会计估计变更处理,不追溯到以前年度。

如果确因客观因素限制,在资产负债表日无法合理确定该支付返利的推定义务的金额(但我们理解这种情况应当是极其罕见的例外情形),则返利可根据实际收回货款的情况,在实际收款年度予以确认,并计入收款年度的损益,但这种情形下也不能追溯调整以前年度的损益(因为既不是会计政策变更,也不构成前期差错)。

第二节　企业收到政府补助和其他财政资金的相关会计处理问题

问题2-2-1　政府补助与营业收入的区分1——旅游管理局给旅游公司的观光车运营补贴

问题：

根据“背景”部分所述信息，旅游管理局给旅游公司的观光车补贴能否确认为营业收入？是否属于非经常性损益？

背景：

A公司下属旅游观光客运分公司观光车2014年度实际运行的票价为70元/人(该收费标准低于国内其他同类景区)，但根据2012年2月13日当地旅游管理局党工委会议文件精神，可以按90元/人收取。A公司与当地旅游管理局双方签订协议，将上述观光车形成的票价差(20元/人)由当地相关政府部门(旅游管理局)支付，共计1 140万元(57万人×20元)。A公司在收到此款项后作为主营业务收入处理。

解答：

1. 应确认为政府补助还是营业收入的判断。

根据《财政部关于做好执行企业会计准则的企业2012年年报工作的通知》(财会[2012]25号)规定：“企业与政府发生交易所取得的收入，如果该交易具有商业实质，且与企业销售商品或提供劳务等日常经营活动密切相关的，应当按照《企业会计准则第14号——收入》的规定进行会计处理。在判断该交易是否具有商业实质时，应考虑该交易是否具有经济上的互惠性，与交易相关的合同、协议、国家有关文件是否已明确规定了交易目的、交易双方的权利和义务，如属于政府采购的，是否已履行相关的政府采购程序等。”

中国证监会会计部发布的《2013年上市公司年报会计监管报告》中指出：

随着会计准则的发展，会计准则制定部门就企业从政府获取资源是否属于政府补助作了进一步规范。政府补助的典型特征是企业无偿从政府获取资源，而对于企业与政府之间发生交易而取得的收入，如果该交易具有商业实质，且与企业销售商品或提供劳务等日常经营活动密切相关的，则应根据收入准则的规定进行会计处理。年报分析中发现，有些公司已经按最新规定，将与政府发生的具有商业实质的交易作为营业收入进行会计处理，但**仍有一些公司将从政府取得的电价补贴或者低价出售给消费者的价格补贴，作为府补助计入营业外收入，并披露为非经常性损益。公司把本该作为经营性收入的项目作为营业外收入列报和披露，不利于反映公司正常生产经营的获利能力，也不利于投资者了解公司真实的经营状况。**

目前实际操作中可确认为营业收入的补助款项(如可再生能源电价补助、“节能产品惠民工程”等降价销售补助)的共同特点是：

(1) 这些补助款项从经济实质上看都是政府对最终消费者(或下游顾客，下同)的补助，而不是对本企业(作为商品或服务的提供商)的补助。相当于政府(或事实上具有政府职能的机构，或受政府委托的机构，下同)把款项支付给最终消费者，最终消费者再用这些款项购买本企业提供的商品或服务，因此本企业可以确认为向最终消费者提供商品或劳务的营业收入，只不过为了结算方便而采用政府向商品或服务提供商直接拨付款项的方式，同时要求企业对最终消费者降价。

(2) 所涉及的行业为以下两种情况之一：一是涉及国计民生的基础公共服务(公用事业、基本生活必需品等)，政府对其实施价格管制，导致企业发生政策性亏损的；二是属于国家重点扶持的新兴行业(如新能源等)，在初创期因成本较高、市场尚未打开等原因导致亏损的。

(3) 相关款项的拨付具有规范、权威的政策依据。所依据的应当是当地财政部门正式发布并按照《政府信息公开条例》的规定予以主动公开的财政扶持项目及其财政资金管理办法，且该管理办法应当是普惠性的(任何符合规定条件的企业均可申请)，而不是专门针对特定企业制定的优惠。在操作程序上，应履行规范的政府购买服务(如通过招投标确定服务提供者等，并严格核实其成本)的程序。

上述各项条件应全部满足，才能认可将补助款计入营业收入。

本案例中，A 公司虽然可能满足上述条件(1)，但不满足上述条件(2)(3)，因此该项补助款虽然采用“观光车乘客人数×单位定额标准”的方式确定补贴款金额，但实质上不应确认为营业收入。

2. 是否应计入非经常性损益的判断。

在明确该款项的经济实质属于政府补助的情况下，根据《公开发行证券的公司信息披露解释性公告第 1 号——非经常性损益(2008)》(证监会公告[2008]43 号)的规定，此类政府补助应计入非经常性损益。

问题 2-2-2 政府补助与营业收入的区分 2——政府或机场给予的航班补贴

问题：

根据“背景”部分所述信息，获得机场或政府关于航班飞行补贴收入是否属于政府补助？应计入营业收入还是营业外收入？

背景：

各地政府或机场为了促进民航事业的发展，方便各地之间的商旅往来，降低航空公司经营风险，减少航空公司在执行航班期间的经营压力，对某些非热门航线，根据航空公司实际执行的航班数量，地方政府(或当地政府控股的机场运营公司)给予航空公司适当补贴及机场收费减免优惠。

解答：

根据《财政部关于做好执行企业会计准则的企业 2012 年年报工作的通知》(财会[2012]25 号)规定：“企业与政府发生交易所取得的收入，如果该交易具有商业实质，且与企业销售商品或提供劳务等日常经营活动密切相关的，应当按照《企业会计准则第 14 号——收入》的规定进行会计处理。在判断该交易是否具有商业实质时，应考虑该交易是否具有经济上的互惠性，与交易相关的合同、协议、国家有关文件是否已明确规定了交易目的、交易双方的权利和义务，如属于政府采购的，是否已履行相关的政府采购程序等。”

目前实际操作中可确认为营业收入的补助款项(如可再生能源电价补助、

"节能产品惠民工程"等降价销售补助)的共同特点是:这些补助款项从经济实质上看都是政府对最终消费者(或下游顾客,下同)的补助,而不是对本企业(作为商品或服务的提供商)的补助。相当于政府(或事实上具有政府职能的机构,或受政府委托的机构,下同)把款项支付给最终消费者,最终消费者再用这些款项购买本企业提供的商品或服务,因此本企业可以确认为向最终消费者提供商品或劳务的营业收入,只不过为了结算方便而采用政府向商品或服务提供商直接拨付款项的方式,同时要求企业对最终消费者降价。但无论采用何种款项拨付方式,作为商品或服务提供商的本企业所收到的补助款项的金额都是与最终消费者对本企业所提供的商品或劳务的消费情况直接相关的。

在本案例中,航次补贴是根据实际飞行的航班数量给予的定额补贴,而与航班的载客量或载货量(即最终用户使用航空服务的程度)等没有直接关联,因此不符合上述条件。该补助仍然是政府对航空公司开辟新航线和增加航班次数的补助,补助对象是航空公司而不是旅客,因此应作为政府补助确认为营业外收入。如果改用其他使补贴金额与最终消费者的消费情况直接关联的补贴方式,例如航空公司将该航线的机票每张降价 100 元出售,政府按照实际出售的机票张数和每张减价金额计算出补助款支付给航空公司,则航空公司对此时收到的补助款可以确认为营业收入。

再者,在本案例中,地方政府为了实现"促进民航事业的发展,方便各地之间的商旅往来,降低航空公司经营风险,减少航空公司在执行航班期间的经营压力"的公共政策目标,根据实际执行的航班数量给予航空公司航线补贴,其补贴对象是航空公司而不是旅客,旨在鼓励航空公司多执行非热门的航班。这种交易安排使航空公司单方面获益,不具有经济上的互惠性,且未按照政府采购履行相关程序,因此就其经济实质而言更接近于政府补助,故应按照《企业会计准则第 16 号——政府补助》的规定,将按照实际执行的航班数量拨付的航线补贴确认为营业外收入。但如果协议期限较长,预计可在一段较长时间内成为公司的稳定收益来源的,则可以不计入非经常性损益。

机场方面给予航空公司的收费减免优惠,可以在实际享受时作为营业成本的抵减,即按照机场方面实际执行的收费标准计入营业成本。

问题 2-2-3 政府补助与营业收入的区分 3——新能源汽车补贴

问题:

如下文背景资料介绍,新能源汽车补贴是否属于政府补助?

背景:

《关于继续开展新能源汽车推广应用工作的通知》(财建[2013]551 号)和《关于进一步做好新能源汽车推广应用工作的通知》(财建[2014]11 号)对消费者购买新能源汽车补贴做了相应规定,文件主要内容如下:

(1) 补助范围。纳入中央财政补贴范围的新能源汽车车型应是符合要求的纯电动汽车、插电式混合动力汽车和燃料电池汽车。

(2) 补助对象。补助对象是消费者,消费者按销售价格扣减补贴后支付。

(3) 资金拨付。中央财政将补贴资金拨付给新能源汽车生产企业,实行按季预拨,年度清算。生产企业在产品销售后,每季度末向企业注册所在地的财政、科技部门提交补贴资金预拨申请,当地财政、科技部门审核后逐级上报至财政部、科技部。四部委组织审核后向有关企业预拨补贴资金。年度终了后,根据核查结果进行补贴资金清算。

(4) 补助标准。补助标准依据新能源汽车与同类传统汽车的基础差价确定,并考虑规模效应、技术进步等因素逐年退坡。2013 年具体补助标准见附件。2014 年和 2015 年,纯电动乘用车、插电式混合动力(含增程式)乘用车、纯电动专用车、燃料电池汽车补助标准在 2013 年标准基础上分别下降 5%和 10%;纯电动公交车、插电式混合动力(含增程式)公交车标准维持不变。

解答:

根据《财政部关于做好执行企业会计准则的企业 2012 年年报工作的通知》(财会[2012]25 号)规定:"企业与政府发生交易所取得的收入,如果该交易具有商业实质,且与企业销售商品或提供劳务等日常经营活动密切相关的,应当按照《企业会计准则第 14 号——收入》的规定进行会计处理。在判断该交易是否具有商业实质时,应考虑该交易是否具有经济上的互惠性,与交易相关的合同、协议、国家有关文件是否已明确规定了交易目的、交易双方的权利和义务,如属于政府采购的,是否已履行相关的政府采购程序等。"

中国证监会会计部发布的《2013 年上市公司年报会计监管报告》中指出:

随着会计准则的发展,会计准则制定部门就企业从政府获取资源是否属于政府补助作了进一步规范。政府补助的典型特征是企业无偿从政府获取资源,而对于企业与政府之间发生交易而取得的收入,如果该交易具有商业实质,且与企业销售商品或提供劳务等日常经营活动密切相关的,则应根据收入准则的规定进行会计处理。年报分析中发现,有些公司已经按最新规定,将与政府发生的具有商业实质的交易作为营业收入进行会计处理,但**仍有一些公司将从政府取得的电价补贴或者低价出售给消费者的价格补贴,作为府补助计入营业外收入,并披露为非经常性损益。公司把本该作为经营性收入的项目作为营业外收入列报和披露,不利于反映公司正常生产经营的获利能力,也不利于投资者了解公司真实的经营状况。**

目前实际操作中可确认为营业收入的补助款项(如可再生能源电价补助、"节能产品惠民工程"等降价销售补助)的共同特点是:这些补助款项从经济实质上看都是政府对最终消费者(或下游顾客,下同)的补助,而不是对本企业(作为商品或服务的提供商)的补助。相当于政府(或事实上具有政府职能的机构,或受政府委托的机构,下同)把款项支付给最终消费者,最终消费者再用这些款项购买本企业提供的商品或服务,因此本企业可以确认为向最终消费者提供商品或劳务的营业收入,只不过为了结算方便而采用政府向商品或服务提供商直接拨付款项的方式,同时要求企业对最终消费者降价。但无论采用何种款项拨付方式,作为商品或服务提供商的本企业所收到的补助款项的金额都是与最终消费者对本企业所提供的商品或劳务的消费情况直接相关的。所收到的补助款项的金额是否与最终消费者对本企业所提供的商品或劳务的消费情况直接挂钩,可以作为判断该项补助的经济实质是否为"对消费者或下游顾客的补助"的重要判断依据。

财建[2013]551 号文《关于继续开展新能源汽车推广应用工作的通知》中第(二)条"补助对象"明确指出:补助对象是消费者,消费者按销售价格扣减补贴后支付。据此理解,政府补助的是部分车款,故在此基础上,我们倾向于:对新能源汽车制造厂商而言,该项新能源汽车补贴可确认为营业收入。在具体会计处理方面,营业收入按包含补贴在内的全额确认,由政府补助部分确认为应收款项(为了体现交易的经济实质,以及保持与营业收入金额之间的勾稽关系,可作为应收账款核算)。

问题 2-2-4　政府补助与营业收入的区分 4——企业通过收取地方政府发放的"消费券"实现商品或服务的销售交易的性质判断

问题:

企业通过收取地方政府发放的"消费券"实现商品或服务的销售,该交易应认定为政府补助还是营业收入?

背景:

地方政府向当地居民发放消费券,居民可以凭券到某图书发行集团(以下简称"发行集团")的书店中去购买图书,而政府将相应的购书款直接拨付给发行集团,此时发行集团应将其认定为营业收入还是政府补助?

解答:

本案例是政府补助与营业收入如何区分的问题。按照《财政部关于做好执行企业会计准则的企业 2012 年年报工作的通知》(财会[2012]25 号)第二条第(四)项规定:"企业与政府发生交易所取得的收入,如果该交易具有商业实质,且与企业销售商品或提供劳务等日常经营活动密切相关的,应当按照《企业会计准则第 14 号——收入》的规定进行会计处理。在判断该交易是否具有商业实质时,应考虑该交易是否具有经济上的互惠性,与交易相关的合同、协议、国家有关文件是否已明确规定了交易目的、交易双方的权利和义务,如属于政府采购的,是否已履行相关的政府采购程序等。"

根据本案例的具体情况,我们理解,判断该交易中发行集团从政府取得的资金是营业收入还是政府补助,一个很重要的考虑是界定政府出台的该项"消费券"政策的补助对象是居民还是发行集团。在此问题上,首要的考虑是:政府出台该政策的初衷是使谁受益?在居民和发行集团这两者中,谁拥有通过自身行为决定自身可获得补助利益大小的更大自主权?

具体需要考虑以下问题:

(1) 政府发放给居民的消费券是否限定用途和消费场所,例如可以用于一定区域内的任意消费支出(例如居民可自由选择将其用于购物、餐饮或者服务的消费),还是仅限于到发行集团的书店购书(即,居民持券消费行为的自主性;消费券是否在一定程度上具有类似于现金的流通性和广泛接受性)?

(2) 交易流程是先由居民持券到书店购书,再由书店按照实际收到的消费券金额与政府进行资金结算;还是政府先根据发放的消费券的面值将相应的财政资金拨付给发行集团,再由居民持消费券购书以实现消费?如果是后者,则原先预拨的资金和有效期内最终实际消费金额之间的差额如何处理,是否要多退少补(即,发行集团从中受益的程度是否取决于消费券在书店的使用情况)?

(3) 使用消费券购书,和直接使用现金购书相比,除了最终的结算资金来源不同以外,对于书店而言,这两种交易的经济影响是否不存在本质的区别?同一商品在不同模式下的销售价格是否相同(即,对交易的商业属性和商业实质的判断)?

根据上述三个考虑因素的综合分析,可以作出判断:居民持券消费行为的自主性越大,消费券的流通性和广泛接受性越高,发行集团从中受益的程度与消费券在书店的使用情况的关联度越大,持消费券购书的交易条件与常规的现金消费越接近,则越有可能表明发行集团应确认为营业收入而不是政府补助。

另外,由于消费券政策通常只能作为短期性的消费促进政策来使用,不大可能长期有效或者经常使用,即使用消费券后增加的销售可能是不可持续的,并且还会在一定程度上造成对正常现金消费的"挤出效应",因此,即使可以认可使用消费券的金额为营业收入,也需要考虑将这部分与消费券对应的营业利润披露为非经常性损益的可能性。

问题 2-2-5 以资产为抵押从政府取得低息贷款的处理

问题:

如下文背景资料介绍,A 公司将资产转让给具有政府融资平台性质的公司并进行返租,该业务实际是否为以资产为抵押从政府取得低息贷款?A 公司应如何进行会计处理?

背景:

A 公司与 B 公司(属于当地地方政府融资平台性质的公司)签订销售协议,然后再签订租赁协议。协议主要内容如下:

A 公司与 B 公司签订厂房买卖协议,A 公司将位于××经济开发区四期的建筑面积为 20 639.28 平方米的地上建筑物及其所有的设备转让给 B 公司,B 公司支付给 A 公司 1 500 万元。

A 公司与 B 公司签订租赁合同,租赁标的即上述买卖协议标的,租赁期限为 2009 年 11 月 2 日至 2024 年 11 月 1 日止,协议规定每季度的租金为 29.53 万元。租赁期满或在租赁期间,在 A 公司全部完成本协议约定义务的前提下,经 B 公司同意,A 有权优先购买所租赁的建筑物及机器设备,转让价格由 A 公司、B 公司双方协商确定,但同时又约定"本合同终止、解除时,B 公司需将租赁标的退还 A 公司"。另外,在租赁合同中要求 A 公司应确保其全部税收都在×

××开发区内缴纳,如果无法实现这一指标,则A公司将面临25元/平方米/月的惩罚性租金。

2013年11月18日,A公司从某银行借款1 000万元,担保人为C公司,A公司同时又将上述已卖给B公司的标的物中的科研楼、1号厂房、宿舍楼、2号厂房提供了反担保。C公司由××县人民政府投资设立;B公司由××县国有资产管理局投资设立,属地方政府融资平台性质;C公司、B公司法定代表人为同一人。

解答:

根据《企业会计准则第21号——租赁》的规定,判断租赁类型属于融资租赁还是经营租赁的最根本标准是与资产所有权有关的全部风险和报酬的享有和承担方式。实质上转移了与资产所有权有关的全部风险和报酬的租赁属于融资租赁(其所有权最终可能转移,也可能不转移),其他租赁属于经营租赁。

就本案例而言,A公司以1 500万元价款将厂房和机器设备等出售给B公司,随后租回15年,每季度租金为29.53万元。租赁合同同时约定:租赁期满或在租赁期间,在A公司全部完成本协议约定义务的前提下,经B公司同意,A公司有权优先购买所租赁的建筑物及机器设备,转让价格由A公司、B公司双方协商确定,但同时又约定“本合同终止、解除,B公司需将租赁标的退还A公司”。对照《企业会计准则第21号——租赁》第六条所列的通常情况下构成融资租赁的常见判断标准,我们认为仅仅根据出售合同和租赁协议本身尚不足以判断该售后回租构成的是融资租赁还是经营租赁,需要通过对该交易背景的进一步了解,确定该交易的真实目的、B公司是否具有取得和承担该租赁资产所有权上主要风险和报酬的意图、租赁期满后的后续处理方式、交易价格的确定方式和租金水平的确定方式、后续租金水平调整的可能性等因素,在综合判断的基础上才能得出最终的结论。但是我们认为,基于以下因素,该交易构成融资租赁的可能性显著大于构成经营租赁的可能性:

(1) 交易对手是当地政府设立的具有融资平台性质的公司,这类企业通常不具有取得和承担该租赁资产所有权上主要风险和报酬的意图。

(2) 从出售价款和租金的关系上看,出售价款为1 500万元,租金为每季度29.53万元(共60期),合计1 771.80万元(29.53×4×15),租金总额高于出售价款。

如果经过进一步分析,认为该交易确实属于由售后回租构成的融资租赁交易,则如《计学撮要2011》第349~355页“以在建船舶‘售后回租’方式融资的相关会计处理”所述:

参照《国际会计准则第17号——租赁》第60段对构成融资租赁的售后回租交易的经济实质的分析:“如果售后回租构成融资租赁,则该交易是出租人向承租人提供融资的一种方式,并以该资产作为融资的担保物”(If the leaseback is a finance lease, the transaction is a means whereby the lessor provides finance to the lessee, with the asset as security.)。根据对此类交易经济实质的上述分析,实务中对该类交易还有另一种可使用的会计处理方法:即不在账面上体现标的资产的出售及其相关的递延收益(因此在建工程的账务处理不受影响),而是把所获得的融资作为一项担保借款列报(但在"长期应付款"科目中列报),以后年度支付的租金和留购价款视作还本付息,按照实际利率法以摊余成本对该长期应付款进行后续计量,确认利息支出。该种处理方法与租赁准则及其讲解中介绍的处理方法相比,对租赁期内各年度以及租赁期结束后的净资产、净利润均无影响,唯一的区别就是在建工程和递延收益两个科目的同增同减。同时,这种方法的会计处理不要求确定出售总价,只是把实际获取的融资确认为负债,对于那些在售后回租合同签订时尚无法确定总价的售后回租业务而言有更好的适用性。我们理解,本案例中的售后回租合同即可按照此方法进行会计处理(需要指出的是:我们认为:实务中对构成融资租赁的售后回租业务,企业可以选择其中任何一种方法进行会计处理,但一旦选定其中一种方法,即成为企业的一项会计政策,应当将该种方法一贯地运用于所有同类交易)。

即,在确定该售后回租构成融资租赁的情况下,可以将整个交易作为一项以租赁资产为抵押的借款交易进行会计处理,即 A 公司以标的资产为抵押,从 C 公司获取 15 年的长期债务融资。

但是,在构成融资租赁的前提下,对该交易进行会计处理时,还应关注以下特殊因素的影响:

1. 交易对手是当地政府设立的很可能具有融资平台性质的公司,此类公司从经济实质上可以视为当地政府或开发区管委会之类机构的延伸,与当地政府实质上是一体的。

2. 借款本金为 1 500 万元,还本付息方式为每季度 29.53 万元,连续 60 个季度,用 Excel 中的 IRR()函数测算,每季度的内含报酬率为 0.56%,换算到年度内含报酬率为 2.27%[$(1+0.56\%)^4-1$],显著低于 15 年期抵押借款的市场利率。

3. 在租赁合同中,明确提到了 A 公司应确保其全部税收都在××开发区内缴纳,如果无法实现这一指标,则 A 公司将面临 25 元/平方米/月的惩罚性租金(如果按照合同约定的每季度 29.53 万元的租金水平计算,仅为 4.77 元/平方米/月,两者差异巨大)。通常情况下,承租人利用租赁资产的经营业绩并不是出租人所关心的问题,但是此处特别提到了租赁期内承租人的经营指标要求,以及相应的惩罚规定。

综合考虑上述各项,我们认为**该交易的经济实质极可能是:当地政府通过融资平台公司向 A 公司提供低息贷款,A 公司获得该低息贷款必须以达到一定的经营业绩为条件**。

参照《国际会计准则第 20 号——政府补助会计和政府援助的披露》第 10A 段:The benefit of a government loan at a below-market rate of interest is treated as a government grant. The loan shall be recognised and measured in accordance with *IAS 39 Financial Instruments: Recognition and Measurement*. The benefit of the below-market rate of interest shall be measured as the difference between the initial carrying value of the loan determined in accordance with IAS 39 and the proceeds received. The benefit is accounted for in accordance with this Standard. The entity shall consider the conditions and obligations that have been, or must be, met when identifying the costs for which the benefit of the loan is intended to compensate. (**中文翻译**:主体获得政府给予低息贷款的利益应确认为政府补助。该贷款应根据《国际会计准则第 39 号——金融工具确认和计量》进行确认和计量。通过低息贷款方式获取的经济利益的计量金额为根据 IAS 39 确定的该贷款的初始计量金额和实际收到款项之间的差额。该利益应根据本准则进行核算。主体在识别作为该利益的补助对象的相关成本时,应考虑已满足或应当满足的条件和义务。)

据此,本案例中政府给予的低息贷款中所涉及的政府补助,应按照《企业会计准则第 16 号——政府补助》的规定进行会计处理,其要点如下:

1. 政府补助的金额为以下两者之间的差额:①实际收到的贷款本金 1 500 万元;②按市场利率对未来 60 期还本付息金额折现到租赁期开始日的折现值。例如,如果 15 年期抵押贷款的市场利率为 8%(换算到季度利率为 1.94%),则每季度 29.53 万元、60 期的现金流量按季度利率 1.94%折现到租赁期开始日的折现值为 1 040.89 万元,递延收益金额为 1 500－1 040.89＝459.11(万元)。

2. 关注政府补助确认条件能否满足。根据《企业会计准则第 16 号——政府补助》第五条的规定,政府补助同时满足以下条件的,才能予以确认:企业能够满足政府补助所附条件;企业能够收到政府补助。就本案例而言,"政府补助所附条件"最主要的就是指租赁合同第五条所列的纳税地点、年度产值和年度纳税额指标。如果依据租赁期开始日所存在的状态和情况以及所可获取的信息判断,满足该等条件不存在重大不确定性的,则可以视为满足"企业能够满足政府补助所附条件"这一标准。

在满足政府补助确认条件的前提下,在租赁期开始日,A 公司应作以下会计处理:

借:银行存款	15 000 000	
未确认融资费用(17 718 000－10 408 900)	7 309 100	
贷:长期应付款(295 300×60)		17 718 000
递延收益(15 000 000－10 408 900)		4 591 100

即:长期应付款初始计量的账面价值＝1 771.80－730.91＝1 040.89(万元),即按照市场利率对未来现金流量进行折现的现值。

3. 后续 15 年的租赁期间内,按租赁期开始日的市场利率(此处假设为 8%/年)对该长期应付款按实际利率法进行核算,确认利息支出(例如第一个季度确认的利息支出为 20.22 万元(1 040.89×1.94%),该利息支出根据《企业会计准则第 17 号——借款费用》的规定予以资本化或费用化);同时将该递延收益总额按照每期确认利息支出的相应比例摊销结转至相应期间的营业外收入

(假设对应的利息支出已被费用化处理)。

问题 2-2-6 按照应收金额确认政府补助的条件

问题:

2013 年 10 月,某钒钛产业园区管委会确认对 A 公司 15 Kt/a 海绵钛项目补助基础设施配套资金 5 891.7 万元,并承诺在后续年度内分期支付。A 公司应如何确认该政府补助?

解答:

本案例涉及按照应收金额确认政府补助的条件是否满足的问题。从《企业会计准则》条文和相关监管规定而言,《企业会计准则第 16 号——政府补助》将"企业能够收到政府补助"作为确认政府补助的条件之一;证监会会计部《上市公司执行企业会计准则监管问题解答(2013 年第 1 期,总第 8 期)》的"问题 4"也规定:"对期末有确凿证据表明能够符合财政扶持政策规定的相关条件预计能够收到财政扶持资金时,可以按应收金额计量。"但是,我们理解对以应收金额确认政府补助是需要从严把握的,请参阅《计学撮要 2013》关于证监会会计部《上市公司执行企业会计准则监管问题解答(2013 年第 1 期,总第 8 期)》的解读(详见《计学撮要 2013》第 59~60 页)中的以下内容:

现行的《〈企业会计准则第 16 号——政府补助〉应用指南》第四条"政府补助的计量"规定:"根据本准则第六条规定,企业取得的各种政府补助为货币性资产的,如通过银行转账等方式拨付的补助,通常按照实际收到的金额计量;存在确凿证据表明该项补助是按照固定的定额标准拨付的,如按照实际销量或储备量与单位补贴定额计算的补助等,可以按照应收的金额计量"。在实务中,能够满足"按照固定的定额标准拨付"标准的情况并不十分常见(一般限于按照实际完成的工作量和规定的定额标准计算拨付的定额补助,例如特准储备物资补助,"家电下乡"、"汽车下乡"、"节能产品惠民工程"等项目中按照指定产品的销量和单位产品补贴标准给予的补助等),因此大量的政府补助均是采用收付实现制原则确认的。

问题解答第 8 期提出"有确凿证据表明能够符合财政扶持政策规定的相关条件预计能够收到财政扶持资金时,可以按应收金额计量",相当于将权责发生制原则引入了政府补助准则中,可按应收金额计量的政府补助不再限于"存在确凿证据表明该项补助是按照固定的定额标准拨付"的情形。因而部分突破了现行会计准则的规定。

在理解何为"期末有确凿证据"时,我们认为应重点考虑以下几点:

(1) 考虑应收补助款的金额是否已经过有权政府部门发文确认,或者可根据正式发布的财政资金管理办法的有关规定自行合理测算,且预计其金额不存在重大不确定性;

(2) 所依据的应当是当地财政部门正式发布并按照《政府信息公开条例》的规定予以主动公开的财政扶持项目及其财政资金管理办法,且该管理办法应当

是普惠性的(任何符合规定条件的企业均可申请),而不是专门针对特定企业制定的;

(3) 需考虑相关的补助款批文中是否明确承诺了拨付期限,且该款项的拨付是有相应财政预算作为保障的,因而可以合理保证其可在规定期限内收到;

(4) 根据企业和该补助事项的具体情况,应满足的其他相关条件。

注册会计师如在实务中遇到客户将政府补助金额确认为应收款项时,应谨慎考虑是否符合以上各条件,防止其利用此条款进行利润操纵。应把向有权政府机构函证确认应收补助款的金额、拨付条件和预计拨付时间等要素作为一项必须履行的基本审计程序,在将回函结果和所获取的其他原始文件证据、复算测试结果等审计证据核对一致的基础上,谨慎判断是否符合应收补助款的确认条件,以及其金额计量是否恰当。必要时可向相关专业人士进行技术咨询。

在本案例中,补助的依据并非"当地财政部门正式发布并按照《政府信息公开条例》的规定予以主动公开的财政扶持项目及其财政资金管理办法";虽然补助金额已经确定,但园区仅承诺"在后续年度内分期支付",没有明确的支付时间表,因此不符合按照应收金额确认政府补助的条件。

另外,根据《公开发行证券的公司信息披露解释性公告第2号——财务报表附注中政府补助相关信息的披露》(证监会公告[2013]38号发布)的规定,"对于报告期末按应收金额确认的政府补助,公司应按补助单位和补助项目逐项披露应收款项的期末余额、账龄以及预计收取的时间、金额及依据。如公司未能在预计时点收到预计金额的政府补助,公司应披露原因。"我们理解,本案例中如果按照应收金额确认政府补助,则该项披露要求也很可能是难以满足的。

问题2-2-7 无形资产全额计提减值准备后所对应的政府补贴是否应在当年结转损益

问题:

无形资产全额计提减值准备后,所对应的政府补贴是否应在当年结转损益?

背景:

A公司于2011年取得当地科委600万元的政府补贴,用于研发"电子书包设备研制和应用项目"课题。该课题于2012年10月结题并转入无形资产,同时600万元补贴款在无形资产使用寿命内平均摊销。2013年,由于技术更迭及销售市场变化等原因,A公司判断该无形资产预期已不能产生现金流入,对其计提了全额减值准备。

解答:

根据《企业会计讲解2010》第250页"递延收益分配的终点是'资产使用寿命结束或资产被处置时(孰早)'"的描述,本案例中A公司将无形资产全额计提了减值准备,但并未对资产进行处置,因此我们理解政府补助应该仍按照无形资产的使用寿命进行分摊,直到被审计单位处置该无形资产。

具体操作方面，可参考《计学撮要 2011》第 208～209 页中的问题解答“由与资产相关的政府补助所形成的递延收益余额在资产减值测试中的考虑”所述原则处理。该问题解答的要点是：

为了减值测试之目的，企业应当把由与资产相关的政府补助所形成的递延收益的余额从相关资产于同一时点的账面价值中减去，得到相关资产的调整后账面价值，并以该调整后账面价值作为资产减值测试中的账面价值基础。

如果不能对该资产单独进行减值测试(因为企业难以对单项资产的可收回金额进行估计)，而是需以该资产所属的资产组为基础确定资产组的可收回金额的，则应把由与资产相关的政府补助所形成的递延收益的余额从该资产组于同一时点的账面价值中减去，得到该资产组的调整后账面价值，并以该调整后账面价值作为该资产组减值测试中的账面价值基础。

如果经过减值测试后，认为该资产(或资产组)的可收回金额低于账面价值，因而需对该资产(或资产组中的各项资产)计提减值准备的，则减值准备的计提额应当从资产的账面价值中减去。但是，由与资产相关的政府补助形成的递延收益不受减值准备计提的影响，仍然继续在相关资产的使用寿命内摊销，并计入各期的损益。

据此，如果一项需计提减值准备的资产存在与之对应的递延收益，则最多可对其计提减值准备的金额应为其计提减值准备前的账面价值减去对应递延收益余额后的差额，不能对其账面价值计提全额的减值准备。这样在账面上保留等额的资产账面价值和递延收益账面价值(相当于账面价值净额为零)。后续剩余使用期间内，继续对该资产的账面价值计提折旧或摊销，同时对递延收益余额继续按原先的方法摊销，在各期分别确认等额的折旧/摊销费用和营业外收入。

问题 2-2-8 以资产投资联营企业时与之相关的政府补助的处理

问题：

A 公司以土地使用权对外投资，持股 40%。该土地原面积 17.96 万平方米，此次用闲置的 2/3 土地投资。在递延收益中尚余 1 500 多万元与该部分此次用于对外投资的土地相关的政府补助，是否应结转至营业外收入？

解答：

在本案例中，A 公司以土地使用权对外投资，占被投资企业的 40%股权，如无其他特殊因素，对该被投资企业不具有控制权(较大的可能性是构成联营企业)，从而也就丧失了对该用作出资的土地使用权的控制权，相应确认该项土地使用权的处置收益。

但另一方面，该交易也构成了投资方与联营企业之间的顺流交易，参照《企业会计准则讲解》(2010)第 43 页“(七)合营方向合营企业投出非货币性资产产生损益的处理”部分的规定，“合营方转移了与投出非货币性资产所有权有关的重大风险和报酬并且投出资产留给合营企业使用，应在该项交易中确认归属于合营企业其他合营方的利得和损失”。即,在个别报表层面对该联营企业进行权益法核算,以及合并报表层面进行权益法调整时,实际上仅可确认对应于其他股东所持该联营企业股权的这部分(60%)的收益。

由于递延收益的结转模式需与相关资产的处置和处置损益确认的模式相对应,因此我们建议的处理方法为:

1. 将该 1 500 万元递延收益的 60%,即 900 万元,视作与已确认的资产处置损益相对应,转入当期营业外收入。

2. 将该 1 500 万元递延收益的剩余 40%,即 600 万元,继续保留在“递延收益”中,将其视作与本公司对该联营企业的长期股权投资相关的政府补助。后续本公司如处置该部分股权投资时,将该项保留的递延收益根据所转让的股权比例相应转出部分或全部到营业外收入(其中,如转让部分股权后仍为联营企业的,则根据所转让的股权比例相应转出部分递延收益;如转让部分股权后丧失对被投资企业的重大影响,剩余股权转为金融资产核算的,则将递延收益余额全部转入丧失重大影响的当期营业外收入);如果后续该联营企业发生破产、清算等原因予以注销的,则 A 公司在核销长期股权投资的同时,也应把剩余的递延收益全部转入营业外收入。

问题 2-2-9 碳排放权(包括排放配额与核证减排量)的核算和出售收入确认问题

问题:

对于企业取得和持有的碳排放权指标(包括排放配额与核证减排量)如何进行确认和计量?如何确认和计量其出售收入?

背景:

CDM(Clean Development Mechanism)即“清洁发展机制”,是《京都议定书》中引入的灵活履约机制之一。核心内容是允许附件 1 缔约方(即发达国家)与非附件 1(即发展中国家)进行项目级的减排量抵消额的转让与获得,在发展中国家实施温室气体减排项目。关于 CDM 项目的基本资料可查阅百度百科(http://baike.baidu.com/view/132629.htm?fromtitle=CDM&fromid=1208091&type=syn)。

A 公司从事 CDM 业务,与德国某信贷银行签订了《核证减排量购买协议》。企业生产数量即销售数量,企业销售收入的确认是聘请第三方核实并出具核查确认报告,在此基础上对收入进行确认和计量。在审计中,注册会计师认为:

1. CDM 收入的确认,涉及复杂的专业判断,因此应该依据第三方(专业机构)核查报告确认收入,经检查,企业确认的收入与第三方核查报告确认的收入是一致的。

2. 企业近 3 年收入确认的原则是一贯的,经检查 CDM 收入款项均已收回,且金额与之前确认的收入金额一致,因此无充分的理由和确凿证据认定企业存在夸大确认收入或收入确认不完整的行为。

解答:

1. 企业所持有碳排放权的确认和计量。

关于碳排放权的相关核算,中国会计准则与 IFRS 的处理原则基本一致。在类似于欧盟的碳排放权交易机制下[我们理解目前国内很多地方(如深圳)的碳排放权交易机制与之类似],参与碳排放权交易计划的企业对于获得的碳排放权指标应确认为无形资产(专门从事碳排放权交易的经纪商、交易商可以将其确认为存货),其初始确认金额可以为公允价值或者名义金额(名义价值即零。本案例中如采用历史成本计量模式的,则应采用的是名义金额的初始计量方式),但如下文所述,以历史成本计量模式较为多见。与取得碳排放权直接相关的交易费用可根据无形资产准则的规定计入该无形资产的初始计量金额中。

根据《企业会计准则第 6 号——无形资产》第三条规定:"无形资产是指企业拥有或者控制的没有实物形态的可辨认非货币性资产。资产满足下列条件之一的,符合无形资产定义中的可辨认性标准:(一)能够从企业中分离或者划分出来,并能单独或者与相关合同、资产或负债一起,用于出售、转移、授予许可、租赁或者交换;(二)源自合同性权利或其他法定权利,无论这些权利是否可以从企业或其他权利和义务中转移或者分离。"碳排放权具备无形资产的特征:碳排放权的取得需要经过政府机关的签发;不具有实物形态;碳排放权不属于以固定或可确定的金额收取的资产,属于非货币性资产;碳排放权可以单独出售或转让,符合无资产定义中的可辨认性标准。因此,碳排放权基本满足无形资产定义,其中由政府无偿分配的部分属于通过政府补助方式取得的无形资产;从外部市场购入的部分属于外购无形资产。

关于碳排放权的会计计量方法问题,根据《企业会计准则第 16 号——政府补助》第六条规定:"政府补助为非货币性资产的,应当按照公允价值计量;公允价值不能可靠取得的,按照名义金额计量"。据此,碳排放权配额在公允价值能可靠取得的情况下,可以按照公允价值进行初始确认,也可按照名义价值计量。这是一项会计政策选择,一旦选择其中一项会计政策,即应一贯运用于所有同类或类似交易。但是,尽管有这一规定,根据《企业会计准则——基本准则》第四十三条规定:"企业在对会计要素进行计量时,一般应当采用历史成本,采用重置成本、可变现净值、现值、公允价值计量的,应当保证所确定的会计要素金额能够取得并可靠计量。"企业可供出售的碳排放权是以零成本分配获得。根据基本准则的上述规定,历史成本是各会计要素的首选计量属性,只有在各项具体会计准则有明确规定的情况下才可以使用其他计量属性。如果用公允价值计量无偿取得的碳排放权,需要同时以相同的金额确认一项政府拨给的可抵消碳排放权,而政府拨给的碳排放权被确认为收入,但这种方法进一步增加了准确报告核算和报告其价值的难度。综上所述,在实务操作中,碳排放权的计量采用历史成本法更为恰当,这也是目前实务中多数企业采用的计量模式。若企业需要从市场购入碳排放权,则应采用加权平均法确定后续出售或被收回的排放权的成本。

2. 排放权出售收入的确认和计量。

排放权出售交易的确认条件可比照《企业会计准则第 14 号——收入》对商

品销售收入确认条件的规定,在相应排放权指标已经转出,相关交易价格已经确定,且预计收到款项不存在重大不确定性时,确认出售排放指标的损益。由于这是无形资产的处置,故应把处置收入减去所出售的排放权的账面价值、出售环节交易费用和相关税费后的净额确认为营业外收入。如果截至资产负债表日,对已转让的碳排放权收入的金额已可基本确定,且收款不存在重大不确定性,则本年度内可以确认相关排放指标的处置收益和相关的应收款项。在本案例中,A 公司已经与德国某信贷银行签订了《核证减排量购买协议》,并明确了数量、价格,经核证的减排量全部出售,且已取得第三方核查报告,另外收款无重大不确定性时可以确认收入。

3. 排放权出售收入是否应作为非经常性损益。

在可以将碳排放权出售净收益确认为本期营业外收入的前提下,对于该笔款项是否属于非经常性损益的问题,可以结合该计划的时间长度(预计能否在未来一段时间内成为稳定的收益来源)、涉及金额的影响程度等方面考虑。如前所述,CER 排放指标对于热电厂等需要依赖排放权指标从事经营的企业而言可确认为一项无形资产,相应地,其出售损益属于无形资产的处置损益,所以应当计入营业外收入(而不是其他业务收入)。但是,如果有证据表明该项 CER 交易机制将长期有效,相应的排放指标出售收益将会在可预见的未来成为公司的一项稳定的收益来源,则可以不认定为非经常性损益,但应在附注中说明不认定为非经常性损益的理由。

4. 相关交易费用的处理。

对于与碳排放权相关的交易费用(与取得碳排放权直接相关且可以明确受益对象的交易费用除外),包括第三方核查机构核查费用、聘请咨询公司开发碳资产的咨询成本等费用,以及固定比例的交易手续费等,应当在发生时直接费用化处理。

5. 买空卖空交易的处理。

对于碳排放权的买空卖空交易,我们认为参照期权交易的方法进行会计核算是合理的,即参照在活跃市场上进行的证券、期货等交易进行会计处理。碳排放权的买空卖空交易,在进行了实际碳排放权的交割后,对购入的碳排放权应确认为无形资产(不管是自用,还是可能转让,因为事实上可能难以区分不同的持有目的);对出售的碳排放权,按无形资产处置进行会计处理。

为了加强相关的内部控制,我们可以建议企业严格区分为自用目的而购入的碳排放权和以交易(买空卖空)为目的而取得的碳排放权。如果能够单独识别和明确区分为了不同目的而持有的碳排放权,则可以将为了交易目的而取得和持有的碳排放权参照交易性金融资产进行会计处理。

问题 2-2-10 企业应如何计量碳排放权

问题:

2004 年,国际会计准则理事会发布了《国际财务报告解释公告第 3 号——

排放权》(IFRIC 3),但在2005年6月撤销了该公告。中国企业会计准则体系下,对碳排放权的会计处理截至目前(2014年12月)尚无明确规定。

鉴于"欧洲碳排放权交易机制"于2005年1月1日开始实施;自2011年《国家发展改革委办公厅关于开展碳排放权交易试点工作的通知》(发改办气候[2011]2601号)发布以来,中国国内也有不少地方借鉴该机制推出了本地区的碳排放权交易,因而产生了相应的会计问题。关于企业在IFRS和中国企业会计准则体系下尚无相关指引的情况下应如何确认和计量碳排放权的,其中常见的具体问题如下:

1. 企业能否仍然运用以前的IFRIC 3中描述的方法?

2. 如果企业决定在授予日以公允价值计量碳排放配额,并计入资产负债表中的无形资产,如何确定其公允价值?如果执行IFRS的企业决定在《国际会计准则第38号——无形资产》下以重估金额计量作为无形资产的碳排放权,如何确定其公允价值?

3. 如果企业决定将排放配额确认为无形资产,是否进行摊销?

4. 企业能否采用"净负债法"(与IFRIC 3中提到的方法不同),仅就企业因碳排放量超过持有的排放配额而需购买排放权,而就相关义务确认预计负债(即在资产负债表上仅列示一项净负债)?如该方法可行,则是在排放权预期将出现短缺时(即当预期排放量将超出持有的排放权时)立即确认相关预计负债,并计入当期损益,还是在短缺实际发生时(即当实际排放量超出了持有的排放权时)确认相关预计负债?

5. 企业能否采用以下方法:根据企业已经拥有的排放配额的账面价值确认相关预计负债("账面价值法"),即仅当企业有从市场购买排放配额的义务时,预计负债才以公允价值计量?

6. 企业如何对额外购买的排放权进行会计处理?

7. 企业如何对排放权的销售进行会计处理?

8. 排放权的经纪商如何对排放权进行会计处理?

背景:

2005年,欧盟推出了欧洲碳排放交易计划,按照此计划,某些企业获得一定数量的免费碳排放配额。获得配额的企业可免费排放二氧化碳的公吨数取决于特定计量期间内的实际排放量(各国可能有所不同)。某些成员国在第二年提供了该定量排放权的排放配额,而一些成员国在未来3年都提供了该定量排放权的排放配额。

欧盟推出此计划旨在降低欧洲二氧化碳的排放量。在每一日历年度结束后的3~4个月内,企业应当核证其实际碳排放量。如果企业实际排放量超出了其持有的排放权,就应从市场上购买超出部分的排放权。如果截至到期日企业未向政府提供其核证的碳排放量,就会受到相应处罚。一些成员国允许企业将实际碳排放量与所持有排放权相比而言的不足或盈余顺延至下一年度。企业可以在任何时间交易排放权。

自2011年《国家发展改革委办公厅关于开展碳排放权交易试点工作的通

知》(发改办气候[2011]2601 号)发布以来,中国国内也有不少地方借鉴该机制推出了本地区的碳排放权交易。

解答:

1. 企业可以运用以前的 IFRIC 3 中描述的方法对碳排放权进行会计处理。

2. 如果初始确认时以公允价值计量碳排放配额,则企业应考虑《IAS 38——无形资产》和《企业会计准则第 6 号——无形资产》中有关无形资产公允价值的指引。必要时,企业还可以考虑《IAS 39——金融工具:确认和计量》和《企业会计准则第 22 号——金融工具确认和计量》中有关公允价值计量的指引,例如不具有活跃市场的情形。在《IFRS 13——公允价值计量》和《企业会计准则第 39 号——公允价值计量》生效后,企业还应考虑公允价值计量准则中对公允价值确定和相关信息披露的指引。

对执行 IFRS 的企业而言,如果希望采用《IAS 38——无形资产》中的重新估价模型,就应当遵循该准则中后续重新估价的指引(例如,仅当存在准则所定义的活跃市场时,才能重新估价)。

3. 如果企业将碳排放配额确认为无形资产,通常不可以进行摊销。在总量控制及交易机制中,当持有碳排放配额是为了履行由排放引起的义务(或出售给其他方)时,该碳排放配额的经济利益在持有期间并未消耗。但是,如果存在减值迹象,就应进行减值测试(尽管测试的结果不一定导致确认减值损失,因为碳排放权通常作为更大的资产组的一部分进行减值测试)。

4. 仅当企业按照《IAS 20——政府补助的会计和政府援助的披露》第 23 段和《企业会计准则第 16 号——政府补助》第六条的规定,以名义金额计量获取的排放配额时,才采用"净负债法"计量排放权。

仅当企业的实际碳排放量超过持有的排放权时,才确认预计负债(这意味着,即使企业预见到排放配额将不足以抵偿企业的实际碳排量,仍无需就不足部分确认预计负债)。

当企业以名义金额确认排放配额时,一旦实际碳排放量超过了企业仍持有的排放权,就应当确认一项负债。例如,假设以下事实背景:

(1) 企业获得代表 10 000 吨二氧化碳排放权的碳排放配额。

(2) 全年预期排放量为 12 000 吨二氧化碳。

(3) 截至第三季度末,已排放 9 000 吨二氧化碳。

(4) 在各季度末碳排放配额的市场价格分别为 CU 10/吨、CU 12/吨、CU 14/吨和 CU 16/吨("CU"代表货币单位,下同)。

按照"净负债法",在前三个季度中每个季度末的准备为零,仅在第四个季度确认准备为 2 000 吨×CU16/吨=CU32 000。

企业即使能够在年度的第一天即预期全年碳排放量短缺 2 000 吨,也不能在整个年度内逐月计提相关预计负债,也不能在第一天对预期短缺 2 000 吨全额计提准备。

在运用净负债法时,企业可基于以下两种方法之一计量碳排放权的短缺:①根据每年排放权的分配,或者②如果企业可以无条件享有在整个计划第一阶段(如 3 年)涉及的全部排放配额,则根据第一阶段排放权的分配。企业应当在每个报告日一贯地应用所选取的方法。如果企业以年分配为基础,就应当基于年分配计量短缺,这样就不应当将当年的排放权结转至下一年度,或转回上一年度。

5. 当企业拥有通过外购或其他方式取得的排放配额,可用于抵偿超出所授予配额的排放量("超排量")所导致的从市场上购买排放权的义务时,企业可以根据已经拥有的排放配额的账面价值确认预计负债("账面价值法"),即仅当企业承担了从市场购买排放配额的义务时,预计负债才以公允价值计量。尽管我们认为,以下描述的"偿还权法"更优于"账面价值法",但"账面价值法"也可接受。

对"账面价值法"举例说明如下:在问题 4 提到的示例中,假定企业已经在第二季度以 CU 12/吨的单价购买了 2 000 吨排放权,在第四季度末该排放权的账面价值等于其成本 CU24 000(2 000 吨×CU12/吨)。在第四季度,企业确认负债并将其变动计入损益。按照账面价值法,负债应当以企业持有排放权的账面金额(CU 24 000),而不是其年底的公允价值(按照问题 4 的解答中提出的方法)计量。

企业还可能运用一种方法(有时称为"补偿权法"(reimbursement rights approach))。在该方法下,企业考虑将其拥有的排放权作为就其承担负债获得补偿的权利,也就是说,对于以公允价值计量的实际排放权引起的负债,"补偿权法"可以重新计量用于偿还该负债的排放权的公允价值。在问题 4 提到的示例中,假定企业已经在第二季度以 CU12/吨的单价购买了 2 000 吨排放权,在第四季度,企业应确认 2 000 吨×CU16/吨=CU32 000 的负债。但是,企业应同时对其已持有的排放权予以重新估值(单价从 CU12/吨到 CU16/吨)作为偿还权的排放权,并确认 2 000 吨×CU4/吨=CU8 000 的利得。"补偿权法"对当期损益的影响与"账面价值法"相同。

6. 企业额外购买的排放权应以成本进行初始计量,确认为无形资产;按照成本与可收回金额孰低进行后续计量。执行 IFRS 的企业也可以选择采用 IAS 38 规定的"重估值模型"对其进行后续计量。

企业运用"净负债法"时,当排放权被作为对"超排量"导致的负债的补偿时,可根据问题 5 中关于"补偿权法"的指引,以公允价值重新计量所持有的外购排放权。

7. 企业若直接出售排放权,应按照收到的对价计量处置价款,并将收到对价的公允价值与其账面金额之间的差额计入当期营业外收入或营业外支出(不作为营业收入),而不论这一出售是否可能导致仍持有的排放配额不足以抵销实际或预期的碳排放量。

当企业运用"净负债法",并且出售排放权导致其仍持有的排放配额不足以抵销实际碳排放量,因而后续需从市场上购入排放权时,企业应确认一项额外负债,该负债金额的后续变动计入当期损益。

如果企业签订了一份关于出售排放权的远期合同,则企业应依据《IAS

39——金融工具:确认和计量》第 5 段和《企业会计准则第 22 号——金融工具确认和计量》第六条的规定,确定该合同是否属于包含在《IAS 39——金融工具:确认和计量》和《企业会计准则第 22 号——金融工具确认和计量》适用范围内的衍生工具。

8. 经纪商应将排放权确认为存货,按照《IAS 2——存货》和《企业会计准则第 1 号——存货》的规定,经纪商可以考虑以成本和可变现净值孰低原则计量该排放配额,也可以选择以公允价值减去出售成本的差额计量(公允价值的变动计入损益)。

较复杂的企业可能同时为自用和交易目的而持有排放权,此时对于为了不同目的而持有的排放权应当予以明确区分,各自按照适用的原则进行会计处理。

结论基础:

1. 2005 年 6 月发布的《IASB 更新》指出:"理事会注意到,在形成 IFRIC 3 的过程中,IFRIC 已经提出了将现有准则运用于排放权的适当方法。理事会还重申了 IFRIC 3 是对现有 IFRS 的恰当解释。"

理事会撤销 IFRIC 3,并不是因为它认为 IFRIC 3 的解释与 IFRS 相悖,而是由于理事会认为,理事会(而不是 IFRIC)应通过对一项或多项准则进行修订的项目处理 IFRS 和 IFRIC 之间不匹配的问题。因此,虽然 IFRIC 3 已被撤销,但企业仍然可以采用 IFRIC 3 中描述的方法对排放权进行会计处理。

2.《IAS 20——政府补助的会计和政府援助的披露》第 23 段指出:"政府补助也可能采取向企业转移非货币性资产的形式,如提供土地或其他资源。在这些情况下,通常要对非货币性资产的公允价值作出估计,并且对补助和资产都以该公允价值入账。有时也可采用另外的方式,即对补助和资产都以名义金额入账。"《企业会计准则第 16 号——政府补助》第六条第二款规定:"政府补助为非货币性资产的,应当按照公允价值计量;公允价值不能可靠取得的,按照名义金额计量"。

对于如何确定授予日无形资产的公允价值,并无具体指引。由于排放权是无形资产,企业可以考虑《IAS 38——无形资产》中的指引。《IAS 38——无形资产》对重新估价模型的运用提出了具体指引,指出了公允价值应参考活跃市场中价格确定(《IAS 38——无形资产》第 75 段)。

对于确定授予日无形资产公允价值的另一个指引来源是《IAS 39——金融工具:确认和计量》和《企业会计准则第 22 号——金融工具确认和计量》。按照此准则的规定,更准确地说,依据《IAS 39——金融工具:确认和计量》附录 A(应用指南)第 74~79 段和《企业会计准则第 22 号——金融工具确认和计量》第五十二条规定,即使不存在活跃市场,也可以确定公允价值,这种情况下应遵循《IAS 39——金融工具:确认和计量》中的指引。初始确认后,仅当存在有关碳排放权的活跃市场时,企业才能根据《IAS 38——无形资产》的规定选择运用重新估价模型计量排放权。

在《IFRS 13——公允价值计量》和《企业会计准则第 39 号——公允价值计

量》生效后，企业还应考虑公允价值计量准则中对公允价值确定和相关信息披露的指引。

3.《IAS 38——无形资产》第 97 段要求无形资产根据反映以下方面的方法进行摊销："……企业预期消耗无形资产未来经济利益的方式……"；《企业会计准则第 6 号——无形资产》第十七条第三款规定："企业选择的无形资产摊销方法，应当反映与该项无形资产有关的经济利益的预期实现方式。无法可靠确定预期实现方式的，应当采用直线法摊销。"

但是，IFRIC 3"结论基础"部分的第 BC21 段提到："排放配额是指参与者为履行由碳排放引起的义务而提供的工具，因此，总量控制与交易机制的参与者不能通过其排放行为实现与排放配额相关的经济利益。参与者通过将排放配额用于履行由碳排放引起的义务（或将其出售给另一企业）来实现排放配额的经济利益。因此，IFRIC 注意到，摊销是为反映资产在其使用寿命中经济利益的消耗而对该资产成本的系统分配，故对排放配额的摊销与实现排放配额经济利益的方式不相容。尽管 IFRIC 认同这个观点表明对排放配额不予摊销，但它也同意一些反馈者强调的观点，即在某些案例中，这个要求与《IAS 38——无形资产》的要求不一致。[……]然而，对于大多数在活跃市场交易的排放配额而言，由于预计净残值就是成本，并不需要摊销，因而应摊销金额为零。"

企业应运用《IAS 36——资产减值》和《企业会计准则第 8 号——资产减值》的规定，以确定何时应确认减值损失。

4.《IAS 20——政府补助的会计和政府援助的披露》第 23 段允许对收到的非货币性政府补助及相关资产（排放权）以名义金额（即零）计量。《企业会计准则第 16 号——政府补助》第十六条第二款规定："政府补助为非货币性资产的，应当按照公允价值计量；公允价值不能可靠取得的，按照名义金额计量。"

《IAS 37——准备、或有负债和或有资产》第 14 段指出："准备的一般确认标准为：

(1) 企业因过去事项而承担了现时的法定或推定义务；

(2) 履行该义务很可能要求含有经济利益的资源流出企业；以及

(3) 该义务的金额能够可靠地估计。

仅当以上条件全部满足时，才应对准备予以确认。"

《企业会计准则第 13 号——或有事项》第四条规定："与或有事项相关的义务同时满足下列条件的，应当确认为预计负债：(一)该义务是企业承担的现时义务；(二)履行该义务很可能导致经济利益流出企业；(三)该义务的金额能够可靠地计量。"

导致企业需履行外购排放权的义务的触发事件是企业实施的碳排放行为本身。当企业只是预计未来将发生碳排放配额不足时，尚不存在外购排放权的现时义务。当实际碳排放量超过了持有的排放权时，企业才应承担现时的外购义务。这表明企业既不应在形成主观预期时即对预期的不足部分全额确认预计负债，也不应在自形成该预期之日起的期间通过逐期计提方式逐步累积预计负债。

仅当企业实际排放二氧化碳的吨数超出了其持有的排放权时,才承担导致现金或其他资源流出企业的现时义务。按照净负债法,企业不将免费分配到的碳排放权确认为资产,因而不构成支出的一部分。

如果排放权的分配和交易计划涵盖了一年以上的期间,企业可以在未来年度无条件享有获取的排放配额,并且可能在不同年度之间结转排放权,则这种情况为在整个期间(如 3 年)内(而不只是将排放权实际授予企业的期间内,如一年)运用净负债法提供了基础。因此,在运用净负债法时,企业可选择以下两种方发之一计量短缺:

(1) 根据每年排放权的分配,或在一个超过一年的期间内排放权的分配(如果企业可以无条件接收一定数量的排放配额的期间大于一年);或者

(2) 根据排放权在整个期间的分配。

企业应当一贯地应用所选择的方法。如果企业选择以每年分配为基础,则应按照该基础计量超排量,并且无需将权利从本年度结转至下一年度,或转回上一年度。

5.《IAS 37——准备、或有负债和或有资产》第 36 段要求准备的入账金额应是报告期末结算现时义务所需支出的最佳估计。《IAS 37——准备、或有负债和或有资产》第 37 段将最佳估计解释为:“企业在报告期末履行该义务、或将该义务转让给第三方而合理支付的金额”。《企业会计准则第 13 号——或有事项》第五条规定:“预计负债应当按照履行相关现时义务所需支出的最佳估计数进行初始计量。所需支出存在一个连续范围,且该范围内各种结果发生的可能性相同的,最佳估计数应当按照该范围内的中间值确定。在其他情况下,最佳估计数应当分别下列情况处理:(一)或有事项涉及单个项目的,按照最可能发生金额确定;(二)或有事项涉及多个项目的,按照各种可能结果及相关概率计算确定。”

有观点认为,不能采用《IAS 37——准备、或有负债和或有资产》第 37 段和《企业会计准则第 13 号——或有事项》第五条规定计量因碳排放引起的负债,原因在于企业只能通过转让排放配额履行义务,并且不能将该义务转移给第三方。在这个基础上,预计负债可以按照履行义务的成本计量,该成本是企业所持排放权的当前账面价值。

但是,反过来说,企业采用《IAS 37——准备、或有负债和或有资产》第 37 段和《企业会计准则第 13 号——或有事项》第五条的规定也是可接受的。结算成本是履行义务所需支出金额的最佳估计。据此,企业当前拥有资产并且资产可以用于履行义务的这一事实与计量准备不相关。但在这一观点下,可以将资产的计量与负债的计量相联系。也就是说,补偿权资产的计量可以基于对对应的预计负债的计量,且所确认的补偿权资产的金额不能超出对应的预计负债的金额,除非能够证明该补偿权自身是一项(金融)资产,且其金额大于负债(参见《IAS 37——准备、或有负债和或有资产》第 53 段、《企业会计准则第 13 号——或有事项》第七条、《IFRIC 5——退役、复原和环境恢复基金产生的权益》中结论基础第 20 段)。

6. 不论企业运用净负债法，还是 IFRIC 3 所述两种方法中的任何一种，购买排放权都属于购买无形资产。因此，如果企业采用净负债法，则应以成本对所获取的排放权进行初始计量，并以成本或可收回金额孰低原则进行后续计量；执行 IFRS 的企业还可选择以重估值进行后续计量。企业在运用净负债法时，当排放权被作为对“超排量”导致的负债的补偿时，可根据问题 5 中关于“补偿权法”的指引，以公允价值重新计量所持有的外购排放权。

7.《IAS 38——无形资产》第 112 和第 113 段提供了出售作为无形资产的排放权的指引，具体如下：

“报废和处置

112. 无形资产应在以下情况时予以终止确认：

(1) 处置时；或者

(2) 预期从其使用或处置中不会产生未来经济利益时。

113. 无形资产终止确认形成的利得或损失，应根据处置净收入(如有)和资产的账面金额之间的差额确定，并在资产终止确认时确认为损益(《IAS 17——租赁》中对售后租回另作要求除外)。利得不应归入收入。”

《企业会计准则第 6 号——无形资产》第二十二条规定：“企业出售无形资产，应当将取得的价款与该无形资产账面价值的差额计入当期损益。”第二十三条规定：“无形资产预期不能为企业带来经济利益的，应当将该无形资产的账面价值予以转销。”

企业应参照《IAS 18——收入》和《企业会计准则第 14 号——收入》第四条中对商品销售收入确认条件的规定，确定所出售的排放权的终止确认日。由于排放权出售后企业不再有继续涉入，如果不出现超排(即实际排放量超出了企业持有的剩余排放权)，就不需要确认负债。因此，如果企业采用净负债法，并在不存在实际超排的情况下出售排放权，就会导致收益计入利得(营业外收入或营业外支出)。

8. 排放权的经纪商认为排放权是正常经营过程中持有的用于出售的资产，因而满足 IAS2 第 6 段中包含的存货的定义。《IAS 2——存货》第 3 段指出：“本准则不适用于下列持有存货的计量：

……

(2) 商品经纪商持有的按公允价值减去出售费用后的余额计量的存货。如果这些存货按公允价值减去出售费用后的余额计量，则公允价值减去出售费用后的余额的变动应在变动当期确认计入损益。”

因此，经纪商可以选择按照成本和可变现净值孰低法计量其所持有的排放权，也可以选择以公允价值减去出售费用后的净额计量其所持有的排放权。当企业进行基于排放权的衍生工具的交易时，该衍生工具就属于《IAS 39——金融工具：确认和计量》和《企业会计准则第 22 号——金融工具确认和计量》的规范范围，应按照公允价值计量且其变动计入当期损益，除非该衍生工具将被用于对企业所持有的排放权进行公允价值套期保值，或者是为该经纪商的自用目的而持有，即“按照预定的购买、销售或使用要求所签订，并到期履约买入或卖出非金融项目的合同”。

当企业同时为自用和交易的意图而持有排放权时,应当明确区分自用及为交易目的而持有的排放权,并分别将其作为无形资产和存货进行会计处理。

问题 2-2-11　企业应当如何对已核证排放权进行会计处理

问题:

对于“清洁发展机制(CDM)执行委员会”授予的已核证排放权(CERs),CDM 项目发起人、已核证排放权的购买人和经纪商应分别如何进行会计处理?

背景:

清洁发展机制,简称 CDM(Clean Development Mechanism),是《京都议定书》中引入的灵活履约机制之一。核心内容是允许附件 1 缔约方(即发达国家)与非附件 1 缔约方(即发展中国家)进行项目级的减排量抵消额的转让与获得,在发展中国家实施温室气体减排项目。

按照《京都议定书》的规定,清洁发展机制(CDM)允许“附件 1”国家(大部分是发达国家)的实体向非附件 1 国家(东道国,即发展中国家)中的减排项目投资,并获取已核证排放权(CERs)作为回报。CDM 项目仅包含能证明具有额外性标准的项目。“额外性”是指该 CDM 项目所带来的减排效益必须是额外的,即在没有该项目活动的情况下不会发生。企业可将已核证排放权用于履行他们在欧盟排放权交易计划中的部分义务,也可将其出售给其他企业。已核证排放权计划是基准及信用交易机制,企业可以从中为低于基准的碳排放获取减排信用。基准及信用交易机制减排模型中的激励不同于总量控制及交易机制下的激励。在总量控制及交易机制中,排放总量以排放权配额的形式分配。已被撤销的《IFRIC 3——排放权》中仅仅规范总量控制及交易机制下的会计处理,因而不能参照适用于 CDM 机制下的已核证排放权,原因是授予已核证排放权的机制不同。

尽管预期已认证排放权获得 CDM 注册批准的过程很复杂,并且取决于若干限定条件,但是,仅当已注册项目当期完成了实际温室气体减排量,并且独立权威机构已对该排放量核证的情况下,才能够发放已核证排放权。不管出于什么原因,如果项目的减排量小于基准,则独立权威机构就不会授予已核证排放权。

解答:

1. 从东道国取得 CERs 的项目发起人采用的会计处理。

CERs 作为政府补助,在能够合理保证企业会遵守相关条件以及能够收到补助时予以确认。至少应满足以下条件:首先已经实现了实际减排量,其次企业还应当能够合理保证能够获得独立权威机构在核证(审核、发证)过程中对该减排量的认可(因而需考虑任何可能适用的附加条款和条件)。

根据《IAS 38——无形资产》和《企业会计准则第 6 号——无形资产》,CERs 通常被确认为无形资产。但是,如果 CERs 系在正常经营过程中持有以备出售或结算排放权相关义务，则可以根据《IAS 2——存货》和《企业会计准则第 1 号——存货》将 CERs 确认为存货。CERs 可以按照公允价值或名义金额(即零)进行初始计量。与无法实现减排的替代项目相比，满足“额外性”标准通常会导致项目承担更高的营业成本。如是，我们建议按照公允价值确认补助，以(部分地)弥补较高的营业成本。

如果 CERs 以公允价值计量，则对应的政府补助计入利润表的时间与作为补助对象的支出计入利润表的时间相对应。由于在以核证排放权方式取得政府补助时，对应的成本通常已经发生，后续不会再发生与该补助直接相关的成本，故该政府补助应立即计入当期营业外收入。但是，如果为完成减排量而发生的费用因满足《IAS 16——不动产、厂房和设备》或《IAS 38——无形资产》(或《企业会计准则第 4 号——固定资产》、《企业会计准则第 6 号——无形资产》)中规定的资本化条件而予以资本化，则相关补助属于与资产相关的政府补助，应确认为递延收益，在相关固定资产或无形资产的使用寿命内摊销，计入其间各年度的营业外收入(注：对于执行 IFRS 的企业，还可以选择将该补助的公允价值直接冲减对应的固定资产或无形资产的账面价值)。

如果将 CERs 确认为存货，则应按照《IAS 2——存货》或《企业会计准则第 1 号——存货》的规定，按成本和可变现净值孰低原则进行后续计量。

如果将 CERs 确认为无形资产，则应当以成本进行后续计量。对于执行 IFRS 的企业，若希望运用《IAS 38——无形资产》中允许采用的重估值后续计量模式，则应当遵循该准则中关于后续重新估值的指引(例如，仅当存在该准则定义的活跃市场时，才允许重新估值)。

如果企业采用《IAS 38——无形资产》和《企业会计准则第 6 号——无形资产》中的成本模式，CERs 通常不予摊销，因为在持有 CERs 期间，其所包含的经济利益并未实现，其所包含的经济利益需通过将其出售或用于结算现时的超排量相关负债才能得以实现。但是，企业应采用《IAS 36——资产减值》和《企业会计准则第 8 号——资产减值》的规定进行减值测试和确认减值损失(如有)。

2. 有关 CERs 的远期合同应当采用的会计处理。

如果企业签订了一份有关 CERs 的远期合同，可以运用《IAS 39——金融工具：确认和计量》第 5 段至 7 段或《企业会计准则第 22 号——金融工具确认和计量》第六段的规定进行分析，以确定该远期合同是否属于衍生工具。

3. 购买 CERs 的企业应当采用的会计处理。

购买 CERs 的企业应采用与以上排放权相同的方式对 CERs 进行会计处理。参见前面问题 2-2-10“企业应如何计量碳排放权？”中的“问题 6”。

4. 经纪商应采用的会计处理。

CERs 经纪商应采用与以上排放权相同的方式对 CERs 进行会计处理。参见前面问题 2-2-10“企业应如何计量碳排放权？”中的“问题 8”。

结论基础：

1. 从东道国取得 CERs 的项目发起人应采用以下会计处理：

《IAS 20——政府补助的会计和政府援助的披露》中第 3 段将政府定义为

“政府、政府机构，以及地方、国家或国际的类似组织”。《〈企业会计准则第16号——政府补助〉应用指南》第一条也规定：“政府包括各级政府及其所属机构，国际类似组织也在此范围之内”。根据授予碳排放权的实体的性质，作为联合国创立的《京都议定书》中的一部分，我们认为“政府”的定义也适用于这种情形。

《IAS 20——政府补助的会计和政府援助的披露》第7段要求政府补助在以下条件得到合理保证后才能确认：企业能够满足政府补助所附条件；以及企业能够收到补助。《企业会计准则第16号——政府补助》第五条也有同样规定。

由于碳排放权仅根据实际减排量授予，因而仅可依据实际发生的减排量确认，而不依据预期(未来)可能的减排量进行确认。核证过程仅仅是对实际减排量的确认，并不构成政府补助确认的实质性条件或障碍。但是，如果核证过程中的不确定性较大，因而在获得核证之前无法合理保证将被授予已核证排放权，则只能在核证过程结束后确认碳排放权。在评估前述不确定性大小的过程中，应当综合考虑和分析项目的所有相关条款。

根据《IAS 20——政府补助的会计和政府援助的披露》第23段和《企业会计准则第16号——政府补助》第六条规定，碳排放权可以按照公允价值或名义金额计量。根据IAS20第20段和《企业会计准则第16号——政府补助》第八条规定，在企业已发生费用或损失，或者未来并不会发生相关成本时，以公允价值计量的补助应立即计入利润表。

《IAS 38——无形资产》第97段和《企业会计准则第6号——无形资产》第十七条要求无形资产的摊销方法应反映“企业预期消耗无形资产未来经济利益的方式”。由于排放权经济利益的实现是通过将排放权用于履行由碳排放引起的义务或销售排放权，因而该排放权不需要摊销。

2. 有关CERs的远期合同应当采用的会计处理：

与CERs相关的远期合同，如果“能够以现金或其他金融工具净额结算，或通过交换金融工具结算”，则属于IAS 39和《企业会计准则第22号——金融工具确认和计量》所规范的金融工具。

3. 购买CERs的企业应当采用的会计处理：

请参阅前面问答“问题2-2-10 企业应如何计量碳排放权？”的“结论基础”部分中的相关内容。

4. 经纪商应采用的会计处理：

请参阅前面问答“问题2-2-10 企业应如何计量碳排放权？”的“结论基础”部分中的相关内容。

第三节 所得税会计的相关问题

问题2-3-1 涉及土地增值税的以公允价值计量的投资性房地产的递延所得税负债计量

问题：

在确认投资性房地产由于公允价值变动导致的资产账面价值与计税基础不一致导致的递延所得税负债时，对于投资性房地产增值对应的潜在土地增值税纳税义务，应如何考虑？

解答：

在 IFRS 下，通常认为中国的土地增值税也是《国际会计准则第 12 号——所得税》(以下简称“IAS 12”)所定义的“所得税”中的一种。IAS 12 第 2 段规定：“For the purposes of this Standard, income taxes include all domestic and foreign taxes which are based on taxable profits. Income taxes also include taxes, such as withholding taxes, which are payable by a subsidiary, associate or joint venture on distributions to the reporting entity.”(在本准则中，所得税包括各种以应税利润为基础的国内和国外税额。所得税也包括应由子公司、联营企业或合营企业支付的、对分配给报告企业的利润的征税，如预扣税)，因此也可能存在递延所得税确认问题。由于中国《企业会计准则第 18 号——所得税》与 IAS 12 在此方面并无实质性差异，因此我们理解可以参照 IFRS 中的该项规定考虑是否需要对土地增值税确认递延所得税负债问题。

根据 IAS 12 第 51 段，“The measurement of deferred tax liabilities and deferred tax assets shall reflect the tax consequences that would follow from the manner in which the entity expects, at the end of the reporting period, to recover or settle the carrying amount of its assets and liabilities.”即：递延所得税负债和资产的计量，应反映在资产负债表日从企业预期收回或清偿其资产和负债账面金额的方式中推算出的纳税后果。《企业会计准则第 18 号——所得税》第十八条也规定：“递延所得税资产和递延所得税负债的计量，应当反映资产负债表日企业预期收回资产或清偿负债方式的所得税影响，即在计量递延所得税资产和递延所得税负债时，应当采用与收回资产或清偿债务的预期方式相一致的税率和计税基础。”

由于土地增值税仅在不动产发生转让等权属转移的情况下才征收，如果企业的意图是长期持有以赚取租金收入，在可预见的未来并无转让该不动产的计划，则因为在可预见的未来并不会发生土地增值税纳税义务，故无需针对土地增值税确认递延所得税负债；但如果有明确的意图在可预见的未来出售，则在公允价值计量模式下，需考虑其账面价值和土地增值税计税基础(就土地增值税而言，其计税基础即为发生不动产转让时按照土地增值税相关规定确定的扣除项目金额)之间存在应纳税暂时性差异，需对此确认递延所得税负债。

此时还应注意：由于土地增值税本身可以在企业所得税前扣除，因此如果就土地增值税确认递延税项，则还需考虑土地增值税的递延税项与企业所得税的递延所得税负债之间的互相影响，即土地增值税的这部分递延税项自身的账面价值大于在企业所得税下的计税基础，此时各方面因素相抵后，对企业所得税确认的递延所得税负债可能减少，但就土地增值税确认的递延税项与就企业所得税确认的递延所得税负债之和可能并不等于在不考虑土地增值税递延税项的情况下确认的企业所得税递延负债。

问题 2-3-2　关于土地增值税测算的问题

问题：

土地增值税清算前，在税收成本无法有效暂估的情况下，是否可以不对实现销售的项目测算土地增值税清算时需补缴的税款，确认相关负债，而直接将预缴的土地增值税确认为当期营业税金及附加？

解答：

本案例首先需要区别房地产销售的方式，一般情况下房地产销售分三种情况：

1. 一次销售完成，在办理销售过户手续前一次性缴清相关税金。这种做法下不存在土地增值税的预估问题；

2. 以分期收款方式转让房地产，按合同约定的收款日确定缴税日期，这时要先计算出全部房产的应交土地增值税总额，按总税额除以房地产总收入，确定税额与收入的比例，在每次约定的收款到期日按该比例和本期应收款项金额缴纳相应金额的税款。这种情况下，由于仍然是一次性实现销售，只是款项分期收取，在实现销售时应缴纳的税款总额即已确定，期末只需将已计提但尚未实际缴纳的税款确认为负债，也不涉及对负债金额的估计问题；

3. 项目竣工决算前转让房地产的，因为相关成本未确定等原因，无法据实计算相关扣除成本，这时应按照当地规定的方法预缴土地增值税，在最后完成决算后再进行清算。其中税务局需要按收入确认的情况预缴土地增值税。对于预缴的土地增值税一般在“其他流动资产”中列报，待清算后再计入损益。对这种情况可能涉及对已实现销售的部分在未来清算时需补缴土地增值税金额的估计。

对于上文所述的第三种情况，基于权责发生制原则和配比原则的要求，以及《企业会计准则——基本准则》对“负债”这一会计要素的定义，我们认为，在会计上确认房地产开发产品的销售收入时，相关的土地增值税缴纳义务已经构成一项“很可能导致经济利益流出企业的现时义务”，符合《企业会计准则——基本准则》对“负债”这一会计要素的定义；且房地产开发产品的销售收入通常采用《企业会计准则第 14 号——收入》中的“商品销售模式”确认，而商品销售收入确认应满足的条件之一是“相关的已发生或将发生的成本能够可靠地计量”，我们认为此处的“成本”也包含了销售环节的相关税费（包括土地增值税在内），因此确认销售收入也就隐含着“包含税费在内的相关成本能够可靠计量”的含义。综上，在会计上确认开发产品销售收入的时点，相关的土地增值税清算义务已经符合负债定义，且其金额能够可靠计量，根据《企业会计准则——基本准则》第二十三条和第二十四条的规定，应当把与已确认销售的房地产开发产品相对应的土地增值税清算义务予以计提，确认相关负债。当然，因为土地增值税清算义务的金额在实际进行清算之前只是一个估计，因此不可能做到百分之百准确，只需能够对其清算义务所涉及的金额作出相对可靠的估计即可，后续每个资产负债表日，都需要对其估计金额进行复核，必要时对该项会计估计进行调整，按《企业会计准则第 28 号——会计政策、会计估计变更和差错更正》规定的未来适用法进行会计估计变更的衔接处理。

问题 2-3-3 矿山弃置费用是否确认递延所得税

问题：

就矿山弃置费用确认预计负债时，是否需确认对应的递延所得税资产？

解答：

首先应明确：弃置费用相关预计负债的确认分两种情况：一是在相关固定资产初始确认时一次确认的；二是在资产使用和产品生产过程中逐步确认的。

根据《企业会计准则第 4 号——固定资产》应用指南的规定，弃置费用通常是指根据企业承担的环境保护和生态恢复等义务所确定的支出，是企业在购置固定资产时或者在特定期间内出于生产存货以外的其他目的而使用有关固定资产时所产生的拆卸、搬运和场地清理义务等支出。企业应当按照《企业会计准则第 13 号——或有事项》的规定，按照现值计算确定应计入固定资产成本的金额和相应的预计负债。企业在特定期间内由于使用有关固定资产生产存货而发生类似支出的，不属于固定资产准则所指的弃置费用，应当计入生产当期的生产成本。

《企业会计准则第 4 号——固定资产》第十三条规定，"确定固定资产成本时，应当考虑预计弃置费用因素"；《〈企业会计准则第 4 号——固定资产〉应用指南》第三条"固定资产的弃置费用"规定："弃置费用通常是指根据国家法律和行政法规、国际公约等规定，企业承担的环境保护和生态恢复等义务所确定的支出，如核电站核设施等的弃置和恢复环境义务等。企业应当根据《企业会计准则第 13 号——或有事项》的规定，按照现值计算确定应计入固定资产成本的金额和相应的预计负债。油气资产的弃置费用，应当按照《企业会计准则第 27 号——石油天然气开采》及其应用指南的规定处理。不属于弃置义务的固定资产报废清理费，应当在发生时作为固定资产处置费用处理。"但这一表述没有明确区分此类义务在什么情况下应在相关固定资产达到预定可使用状态时按折现值一次性确认并计入相关固定资产的原值，什么时候应在使用期间内逐期计提并计入该期内的生产成本或者期间费用的问题。

参照 IFRS 体系下《国际会计准则第 16 号——不动产、厂场与设备》第 16 (c)段规定，固定资产的成本应包括"the initial estimate of the costs of dismantling and removing the item and restoring the site on which it is located, the obligation for which an entity incurs either when the item is acquired or as a consequence of having used the item during a particular period for purposes other than to produce inventories during that period."（资产拆卸、搬移费及场地清理费的初始估计金额，该义务可能是因该资产的购建而承担的，也可能是

因为在一段特定期间内将该资产用于生产存货之外的用途而承担的。)该准则第 18 段进一步指出:"An entity applies IAS 2 *Inventories* to the costs of obligations for dismantling, removing and restoring the site on which an item is located that are incurred during a particular period as a consequence of having used the item to produce inventories during that period. The obligations for costs accounted for in accordance with IAS 2 or IAS 16 are recognised and measured in accordance with IAS 37 *Provisions, Contingent Liabilities and Contingent Assets*."(主体对于因为在一段特定期间内将该资产用于生产存货而承担的资产拆卸、搬移及场地清理义务的成本,应运用《国际会计准则第 2 号——存货》进行处理。根据 IAS 2 或 IAS 16 核算的此类义务的成本的确认和计量应遵循《国际会计准则第 37 号——准备、或有负债和或有资产》。)即,判断此类义务在什么情况下应在相关固定资产达到预定可使用状态时按折现值一次性确认并计入相关固定资产的原值,什么时候应在使用期间内逐期计提并计入该期内的生产成本或者期间费用,其主要的依据应当是:该等弃置义务的产生是与特定固定资产的购建或者在特定期间内将其用于生产产品以外的用途相关,还是与在特定期间内使用该设施生产产品相关。如属于前一情况的,应在资产取得时,将预计弃置费用的现值资本化计入固定资产成本中,并在后续使用寿命内采用折旧方法将其计入生产成本或者期间费用;如属于后一情况的,应当在将该固定资产用于生产产品的期间内逐期予以确认,并计入生产成本。

相应地,是否需确认与弃置费用相关的递延所得税资产或负债,也应当根据弃置费用确认的不同情形分别予以处理:

1. 企业在购置固定资产时或者在特定期间内出于生产存货以外的其他目的而使用有关固定资产时所产生的拆卸、搬运和场地清理义务等支出。企业应当按照《企业会计准则第 13 号——或有事项》的规定,按照现值计算确定应计入固定资产成本的金额和相应的预计负债:在此情况下,由于初始确认弃置费用导致增加固定资产账面价值,即固定资产账面价值高于其计税基础;同时预计负债的账面价值也高于计税基础,即固定资产存在应纳税暂时性差异,预计负债存在可抵扣暂时性差异。但由于该交易并非企业合并,且属于在初始确认时既不影响会计利润也不影响应纳税所得额的资产、负债初始确认,故根据《企业会计准则第 18 号——所得税》第十一条和第十三条规定的"初始确认豁免"原则(对于并非企业合并,且在初始确认时既不影响会计利润也不影响应纳税所得额的资产、负债的初始确认而言,不应就资产和负债的初始计量金额与计税基础之间存在的暂时性差异确认递延所得税资产或递延所得税负债),在初始确认固定资产和预计负债时不确认递延所得税负债和递延所得税资产。

但是,后续该固定资产计提折旧时,由于会计上应计提的折旧额超出税法规定的税前可扣除金额,导致的暂时性差异变动额,应当确认递延所得税资产(注:以在可预见的未来产生足够多的应纳税所得额为前提,下同);"预计负债——弃置费用"的账面价值因后续折现因素而逐步增加,与计税基础(零)之间的差异逐步扩大,也应当确认递延所得税资产。

2. 企业在特定期间内由于使用有关固定资产生产存货而发生与弃置费用相类似支出的,不属于固定资产准则所指的弃置费用,应当计入生产当期的生产成本,同时确认相关预计负债:此类情况下,固定资产成本不涉及暂时性差异和递延所得税确认问题;但预计负债的初始确认金额和后续的利息调整金额都会导致其账面价值与计税基础(零)之间存在差异,且随着预计负债金额的累积,该可抵扣暂时性差异的金额逐步扩大。此时预计负债的初始确认金额是计入生产成本和营业成本的,影响当期会计利润,所以不适用“初始确认豁免”原则,应在初始确认时即确认相应的递延所得税资产;预计负债后续折现在会计上确认财务费用,并增加预计负债的账面价值,导致可抵扣暂时性差异金额的进一步扩大,也应当确认递延所得税资产。

问题 2-3-4 无需支付的应付款项转入应纳税所得额后能否确认递延所得税资产

问题:

无需支付的应付款项转入应纳税所得额后能否确认递延所得税资产?

背景:

A 公司在 2014 年的一次税务检查中,根据税务机关要求,对其他应付款项中长期未付(超过 3 年,有些已经超过 10 年)的款项,转入应纳税所得额计算缴纳了所得税。当地税务局表示可待以后实际对外支付时再予以税前扣除。

这些长期应付的款项都是历史原因形成的,都已无债权人催要,在未来很大的可能性无需支付。但是,这些款项尚未获得会计上转销负债所需的证据(即表明相应的现时义务已经解除的证据),如债权人已经被工商注销(法人)或死亡(自然人)且无其他方面承继该项债权的证据等,因而在会计上尚不能转销。

解答:

对此类税务上已经计入应纳税所得额,但会计上不满足转销条件的应付款项,不应确认递延所得税资产。

结论基础:

根据《企业会计准则第 18 号——所得税》第六条规定:“负债的计税基础,是指负债的账面价值减去未来期间计算应纳税所得额时按照税法规定可予抵扣的金额”。另外,对于预收款项,其计税基础应等于账面价值减去未来结转收益时无需纳税的金额。本案例中,这些长期挂账的应付款项已经转入当期应纳税所得额计算纳税,如果日后满足了会计上对转销负债应满足的条件(有确凿证据表明与该负债相关的现时义务已经解除)而转入营业外收入,应无需重复计税;如果日后仍需对外支付,则支付金额可以在税前扣除,因此其计税基础实际上是零(“未来期间计算应纳税所得额时按照税法规定可予抵扣的金额”或“未来结转收益时无需纳税的金额”等于其账面价值),因而事实上是存在可抵扣暂时性差异的。

但是,根据《企业会计准则第 18 号——所得税》第十三条的规定,就可抵扣暂时性差异确认递延所得税负债需同时满足以下条件:一是能够合理估计可抵扣暂时性差异的转回时间,即可抵扣暂时性差异在可预见的未来很可能转回;二是在可抵扣暂时性差异的转回期间内很可能取得用来抵扣可抵扣暂时性差异的应纳税所得额。由于会计上转销负债对证据的要求远较税法上对无需支付的应付款项转入应纳税所得额的证据要求严格,无法合理估计何时能够满足转销负债的条件,即无法合理估计可抵扣暂时性差异的转回时间,自然也就无法合理估计其转回时能否产生足够的应纳税所得额,因而该项可抵扣暂时性差异不满足确认递延所得税资产的条件。

问题 2-3-5 亏损企业其他综合收益是否需要按扣税后金额列报

问题:

亏损企业其他综合收益是否按扣税后金额列报?

背景:

A 公司为进行工程建设向银团借款,本金合计约 18 亿美元,分别以伦敦银行同业拆放利率(Libor)为基础利率的浮动利率进行计息。A 公司同时与银行签订了 5 项利率互换协议,对名义金额为 3 亿美元的借款以固定利率 2.18%替代 6 个月 LIBOR 为基础的浮动利率;对名义金额为 1 亿美元的借款以固定率 1.93%替代 6 个月 LIBOR 为基础的浮动利率;对名义金额为 193 200 000 美元借款以固定利率 1.68%替代 6 个月 LIBOR 为基础的浮动利率;对名义金额为 2 亿美元的借款以固定利率 3.93%替代 6 个月 LIBOR 为基础的浮动利率;对名义金额为 200 100 000 的借款以固定利率 1.72%替代 6 个月 LIBOR 为基础的浮动利率。

A 公司目前亏损,且在可预见的未来不会盈利。

A 公司的利率互换账务处理:

(1) 借: 其他综合收益——有效现金流量套期损益(注:假设此处所有套期损益均为有效,且套期工具的公允价值变动为损失)

贷: 衍生工具——现金流量套期工具——公允价值变动

(2) 借: 所得税费用

贷: 其他综合收益——有效现金流量套期损益

解答:

根据《企业会计准则第 30 号——财务报表列报(2014 年修订)》第三十一条的规定,在利润表中列报的是"其他综合收益各项目分别扣除所得税影响后的净额",即对于其他综合收益(包括现金流量有效套期的损益在内)应按扣除所得税影响后的净额列报。由于本案例中的其他综合收益为负数,因此其所得税影响为确认递延所得税资产,同时贷记"其他综合收益"科目。但是另一方面,由于 A 公司在可预见的未来不会盈利,因此事实上不符合确认递延所得税资产的条件，因此应立即将前一步骤中确认的递延所得税资产予以转销。

即，A公司的处理方式相当于以下两笔分录的结合：

(1) 确认其他综合收益的税务影响：

借：递延所得税资产

　　贷：其他综合收益

(2) 转销(1)中确认的递延所得税资产。根据《企业会计准则第18号——所得税》第二十一条规定，“企业当期所得税和递延所得税应当作为所得税费用或收益计入当期损益，但不包括下列情况产生的所得税：(一)企业合并；(二)直接在所有者权益中确认的交易或者事项”，该项递延所得税资产虽然是由“直接在所有者权益中确认的交易或者事项”所形成的，但其转销不属于该条所列两种情况中的任何一种，故其转销影响应计入损益：

借：所得税费用——递延所得税费用

　　贷：递延所得税资产

以上两笔分录的叠加效果就是：借记“所得税费用——递延所得税费用”科目，贷记“其他综合收益”科目。我们理解该做法是符合准则要求的，体现了其他综合收益按税后金额列报的要求。

本案例中的其他综合收益为负数，由此应确认递延所得税资产。如果其他综合收益为正数，但预计在可预见的未来不会盈利，该项其他综合收益的转回在未来不会实际导致纳税义务的，则应同时确认与其他综合收益相关的递延所得税负债和与可抵扣亏损相关的递延所得税资产(其中递延所得税资产的确认金额以已确认的递延所得税负债金额为限)，确认该递延所得税资产的影响应贷记“所得税费用——递延所得税费用”科目。详见《计学撮要2011》中关于“当存在应纳税暂时性差异时，是否应对未来可税前弥补的亏损确认递延所得税资产”的问题解答。

问题2-3-6　中期报告中能否就年内的暂时性亏损确认递延所得税资产

问题：

在中期财务报表中，如果本中期的应纳税所得额为负数，但以前年度的年度报表没有出现过亏损，并且预计本年全年报表将会盈利，则本中期期末是否应就本中期内的暂时性亏损确认递延所得税资产？

背景：

A公司目前正在编制截至2015年6月30日的半年度财务报表。由于A公司的客户一般集中在年底对产品进行验收，而A公司的收入确认是以获得客户的验收报告为前提的，导致A公司在6月30日报表亏损(同时本中期的应纳税所得额为负数)，但以前年度的年度报表没有出现过亏损，并且预计本年年度报表将会盈利(同时全年应纳税所得额为正数)。在此情况下：①A公司是否应当对截至2015年6月底的亏损确认递延所得税资产？②如果应确认递延所得税资产,则以利润总额为基数确认是否合适?

解答:

根据《企业会计准则第 18 号——所得税》第十五条规定:"企业对于能够结转以后年度的可抵扣亏损和税款抵减,应当以很可能获得用来抵扣可抵扣亏损和税款抵减的未来应纳税所得额为限,确认相应的递延所得税资产。"

根据《企业会计准则第 32 号——中期财务报告》第十一条规定,"企业在中期财务报表中应当采用与年度财务报表相一致的会计政策";第十二条规定,"中期会计计量应当以年初至本中期期末为基础,财务报告的频率不应当影响年度结果的计量"。根据这两条规定,中期财务报告的编制应遵循"独立观",即在中期报告期的期末应视同会计年度末,执行同样的结账和账项调整程序,包括对递延所得税资产、负债的确认和余额调整。

在 IFRS 体系下,《国际会计准则第 34 号——中期财务报告》("IAS 34")之附录 B"确认和计量原则应用的举例"中对中期财务报告中确认与税务亏损相关的递延所得税资产问题给出了如下指引:

Tax loss and tax credit carrybacks and carryforwards

B20 The benefits of a tax loss carryback are reflected in the interim period in which the related tax loss occurs. IAS 12 provides that "the benefit relating to a tax loss that can be carried back to recover current tax of a previous period shall be recognised as an asset". A corresponding reduction of tax expense or increase of tax income is also recognised.

B21 IAS 12 provides that "a deferred tax asset shall be recognised for the carryforward of unused tax losses and unused tax credits to the extent that it is probable that future taxable profit will be available against which the unused tax losses and unused tax credits can be utilised". IAS 12 provides criteria for assessing the probability of taxable profit against which the unused tax losses and credits can be utilised. Those criteria are applied at the end of each interim period and, if they are met, the effect of the tax loss carryforward is reflected in the computation of the estimated average annual effective income tax rate.

(中文翻译:

可抵扣(应税利润额的)亏损和税款抵减的抵前和结转后期

20. 可抵扣(应税利润额的)亏损的抵前利益应在相关亏损发生的中期反映。《国际会计准则第 12 号》规定,"与能够向前期结转以收回以前期间的当期所得税的可抵扣亏损相关的利益,应确认为一项资产"。所得税费用的相应减少或所得税收益的相应增加,也应予以确认。

21.《国际会计准则第 12 号》规定,"如果很可能获得能利用尚未利用的可抵扣亏损和未利用的税款抵减来抵扣的未来应税利润,对于未利用可抵扣亏损和未利用税款抵减的向后期结转,应确认为一项递延所得税资产。"《国际会计准则第 12 号》提出了评估未利用的可抵扣亏损和未利用的税款抵减用以抵减应税利润的可能性的标准。这些标准应在每一中期末予以运用;如符合的话,可抵扣亏损结转后期的影响应在计算估计的平均年实际所得税税率时得到反映。)

据此,对于截至 2015 年 6 月 30 日本年度内因经营活动的季节性原因而发生的亏损(应纳税所得额的负数),在预计年内很可能获取足够多的应纳税所得额,但因为截至 6 月末的累计亏损的影响,将导致年内剩余月份中所产生的纳税义务金额小于按照该等应纳税所得额与适用税率的乘积的情况下(例如 1～6 月亏损 10 万元,预计 7～12 月可产生应纳税所得额 40 万元,全年应纳税所得额 30 万元,按 25%税率计算全年应纳所得税额为 7.5 万元,小于按照剩余月份中的应纳税所得额 40 万元与适用税率 25%的乘积即 10 万元),可以认为存在很可能实现的未来节税利益,相应地可在中期财务报表中就该项节税利益确认一项递延所得税资产。即,根据《企业会计准则第 18 号——所得税》第十五条的规定,对截至中期报告期末(2015 年 6 月 30 日)的可抵扣亏损 10 万元,应在 2015 年 6 月末的中期资产负债表中按 2015 年度的适用税率确认递延所得税资产 2.5 万元,相应地在 2015 年 1～6 月的利润表中体现为负数的"所得税费用——递延所得税费用"2.5 万元。

虽然这部分可抵扣亏损将于下半年度即转回,其转回期限距离本中期资产负债表日不足一年,但根据《企业会计准则第 18 号——所得税》第二十三条规定,就这部分可抵扣亏损确认的递延所得税资产仍应列报为非流动资产。

问题 2-3-7 递延所得税负债转回的问题

问题:

递延所得税负债转回需要满足哪些条件?

背景:

A 公司 2006 年 12 月 31 日之前对子公司按权益法核算,并确认了递延所得税负债。A 公司 2007 年首发 A 股时净资产折合为股本,新旧准则转换时无法对权益法核算下的子公司长期股权投资做追溯调整(不切实可行),相关应纳税暂时性差额确认的递延税负债也未转回。A 公司拟于 2013 年 7 月将上述递延税负债转回,冲减 2013 年度所得税费用。

解答:

我们理解,该问题应同时考虑在个别报表和合并报表层面能否将递延所得税负债转回的问题。个别报表层面的转回问题应与合并报表层面采用同一原则处理。

在 2007 年以前,内外资企业分别执行两套不同的所得税法,其中内资企业要求对从被投资企业分回的利润补交税率差,而外商投资企业对于从被投资企业分回的利润属于免税所得。新企业所得税法实施以后,统一取消了从符合条件的境内居民企业分回的股息、红利需补交税率差的规定。特别是,2009 年 3 月,财政部、国家税务总局联合发布《关于执行企业所得税优惠政策若干问题的通知》(财税[2009]69 号),其第四条规定:"2008 年 1 月 1 日以后,居民企业之间分配属于 2007 年度及以前年度的累积未分配利润而形成的股息、红利等权益性投资收益,均应按照企业所得税法第二十六条及实施条例第十七条、第八十三条的规定处理”,从而完全解除了符合条件的居民企业之间分配历史上累积形成的未分配利润时投资方的补税义务。这意味着在新企业所得税法下,当被投资企业是符合税法规定条件的境内居民企业时,只有在处置其股权投资时才可能导致应纳税暂时性差异转回时实际发生纳税义务,因而对将通过处置股权方式转回的应纳税暂时性差异,需要确认递延所得税负债;但如果拟以分回股利的方式转回应纳税暂时性差异的,则转回时无需发生纳税义务,因而对于该部分应纳税暂时性差异无需确认递延所得税负债。

本案例中,A 公司拟采用会计估计变更的处理方法,而根据《企业会计准则第 28 号——会计政策、会计估计变更和差错更正》的规定,会计估计变更只能在“企业据以进行估计的基础发生了变化”或者“由于取得新信息、积累更多经验以及后来的发展变化”的条件下方可进行,即企业需要证明在本报告期内影响会计估计的内外部因素发生了变化(本案例中不适用“由于取得新信息、积累更多经验以及后来的发展变化”这一项),才能证明会计估计变更的合理性。

根据本案例的具体情况,A 公司应逐项详细分析本次拟转回的递延所得税负债在历史上的形成原因,以及导致其计提的原因是在何时消失的,根据不同情况分别作出适当的会计处理:

1. 当被投资企业属于符合条件的境内居民企业时,如果以前(指 2007 年前在原税法下,下同)确认递延所得税负债的主要原因是考虑到在原税法下分回利润需要补缴税率差,而不是拟转让其股权,则该递延所得税负债最适合的转回时间是 2009 年,即财税[2009]69 号文件发布时。如果此类暂时性差异以往一直没有转回,到 2013 年 7 月才将其转回,则可能要视作前期差错更正处理。

2. 当被投资企业属于符合条件的境内居民企业时,如果以前确认递延所得税负债的主要原因是以前年度拟处置其股权,但本年度明确放弃了在可预见的未来处置其股权的计划,则应根据公司内部的决策权限,由有权的人员或者部门通过正式的决策程序形成正式的决议(决议的日期应在 2013 年),以此作为转回递延所得税负债的支持性证据。

3. 当被投资企业系非居民企业时,由于与对非居民企业的投资相关的递延所得税负债包括两项来源:一是未来分回利润时其所在国扣缴的预提所得税和中国税务部门征收的税额;二是将来处置股权时需就股权转让所得缴纳的税项(不同的暂时性差异转回方式可能导致不同的税负,从而影响到递延所得税负债的计量),因此如需在 2013 年内改变此类递延所得税负债的计量,则应根据公司内部的决策权限,由有权的人员或者部门通过正式的决策程序形成正式的决议(决议的日期应在 2013 年),明确不要求此类被投资企业在可预见的未来对本公司分配股利(注意需与 A 公司的分红政策相协调,确保即使作出该决议,也不影响 A 公司自身对其股东分红的能力),以及/或者在可预见的未来不处置所持有的此类公司股权,具体需视所适用的具体税务规定而定。

问题 2-3-8 因新发布税务规定导致对原先企业改制时的评估增值对应的递延所得税进行调整的处理

问题：

因报告期内新发布税务规定，导致需对以前年度公司制改建时的资产评估增值对应的递延所得税资产或负债进行调整时，应如何处理？调整金额应计入资本公积还是当期损益？

背景：

A 公司原系国有企业，2004 年进行公司制改建，当时就固定资产的评估增值金额进行了账务调整，同时按扣除该部分评估增值对应的递延所得税负债后的净额确认资本公积。改制完成后，确认的资本公积转入实收资本。此前 A 公司已取得关于 2010—2013 年度免征企业所得税的相关文件，但尚无证据表明 2014 年度及以后年度可延续享受免税待遇。据此，2013 年年末，A 公司针对当时公司制改建中评估增值且 2013 年年末仍存在的资产对应的评估增值摊余金额乘以 25%的税率，确认了递延所得税负债。

A 公司在 2014 年 11 月取得免征企业所得税文件，免税期限为自 2014 年 1 月 1 日起至 2018 年 12 月 31 日止。相应地，对原改制评估增值部分形成的递延所得税负债，须对新文件确定的免税期间(2014—2018 年度)内暂时性差异转回金额影响的纳税金额部分作冲回处理。

解答：

A 公司于 2014 年 11 月取得 2014—2018 年度的免税文件时，转回的相关递延所得税负债应该计入当期损益(所得税费用——递延所得税费用)，不调整前期未分配利润，也不调整资本公积。

结论基础：

《企业会计准则第 18 号——所得税》第十七条规定："资产负债表日，对于递延所得税资产和递延所得税负债，应当根据税法规定，按照预期收回该资产或清偿该负债期间的适用税率计量。适用税率发生变化的，应对已确认的递延所得税资产和递延所得税负债进行重新计量，除直接在所有者权益中确认的交易或者事项产生的递延所得税资产和递延所得税负债以外，应当将其影响数计入变化当期的所得税费用。"

《企业会计准则讲解》(2010)第十九章第三节"四、适用税率变化对已确认递延所得税资产和递延所得税负债的影响"对此进一步解释如下(见原书第 281 页)：

因适用税收法规的变化，导致企业在某一会计期间适用的所得税税率发生变化的，企业应对已确认的递延所得税资产和递延所得税负债按照新的税率进行重新计量。递延所得税资产和递延所得税负债的金额代表的是有关可抵扣暂时性差异或应纳税暂时性差异于未来期间转回时，导致应交所得税金额的减少或增加的情况。因国家税收法律、法规等的变化导致适用税率变化的，必然导致应纳税暂时性差异或可抵扣暂时性差异在未来期间转回时产生应交所得税金额的变化,在适用税率变动的情况下,应对原已确认的递延所得税资产及递延所得税负债的金额进行调整,反映税率变化带来的影响。

除直接计入所有者权益的交易或事项产生的递延所得税资产及递延所得税负债,相关的调整金额应计入所有者权益以外,其他情况下产生的递延所得税资产及递延所得税负债的调整金额应确认为变化当期的所得税费用(或收益)。

根据上述规定,由于改制完成后新颁布的税务规定导致以后年度的适用税率发生变化,导致需对递延所得税资产或负债的金额进行调整,虽然该项递延所得税的最初来源是计入资本公积的资产评估增值,但后续因适用税率的变动导致的调整已经与当初导致该暂时性差异形成的事项无关,而是另一项独立的调整事项,在本期并没有发生"直接计入所有者权益的交易或事项",同时新税法的颁布也不能表明以前年度对递延所得税资产或负债的确认存在差错,不能追溯调整前期损益或权益。据此,本期因适用税率变动而导致对原先确认的递延所得税资产或负债的调整,其影响应计入当期损益(所得税费用——递延所得税费用)。即,本案例中,如果固定资产增值的递延所得税负债初始确认无误,且在以前年度无法预计以后年度免税的可能性,则我们理解 2014 年 11 月取得 2014—2018 年度的免税文件时,转回的相关递延所得税负债应该计入当期损益(所得税费用——递延所得税费用),不调整前期未分配利润,也不调整资本公积。

问题 2-3-9　境外代扣所得税境内抵扣的收入计量及相关核算

问题:

企业在境外实现的收入是否按扣除所得税的金额计量?允许在境内抵免的所得税额在当前未使用完时,是否应作为一项暂时性的差异计入递延所得税资产?

背景:

A 公司系软件企业,拥有自主产权的 Linux 操作系统软件,适用的所得税税率为 15%。A 公司将该操作系统软件向台湾地区 B 公司进行授权使用并收取使用费,B 公司在每季度发出对账单,其中标注装备电脑数量及应付款项。在进行结算时,B 公司根据台湾地区税法规定代扣 20%企业所得税,将剩余的 80%款项汇给 A 公司,并会将交税凭据递交 A 公司。

台湾地区与大陆地区在税务上有相关协定安排,A 公司被代扣的台湾地区所得税可以在大陆地区的应纳所得税额中在 5 年内进行抵扣。

解答:

1. 参照《国际会计准则第 12 号——所得税》第 2 段:"For the purposes of this Standard, income taxes include all domestic and foreign taxes which are based on taxable profits. Income taxes also include taxes, such as withholding

taxes, which are payable by a subsidiary, associate or joint arrangement on distributions to the reporting entity."(**中文翻译**:在本准则中,所得税包括各种以应税利润为基础的国内和国外税额。所得税也包括应由子公司、联营企业或合营企业支付的、对分配给报告企业的利润的征税,例如预扣税。)

我们理解该原则也同样可以用于界定《企业会计准则第 18 号——所得税》的规范范围。

即,在境外被扣收的预提所得税也属于所得税会计准则的规范范围。因此,公司应当依据应收境外客户的全额合同价款对营业收入进行计量,在境外被代扣的预提所得税应借记"所得税费用——当期所得税费用"科目。

从另一角度说,在此项业务中被代扣的 20%企业所得税,对于 A 公司来说,虽然不属于直接的经济利益流入,但是可以抵减以后 5 年的应纳所得税额,减少了未来的经济利益流出,也可以视作此项销售业务带来的间接经济利益流入,因此,对于该部分被代扣的税款,应计入 A 公司的收入额度内,即收入按照包含该 20%代扣税款的金额确认。

2. 代扣税款如果需结转以后年度继续抵扣的,则能够带来未来的经济利益流入(减少经济利益流出),属于《企业会计准则第 18 号——所得税》所指的"能够结转以后年度的税款抵减",符合资产定义。根据《企业会计准则第 18 号——所得税》第十五条规定,在未来 5 年内预计可产生足够多的应纳税所得额的前提下,可确认为递延所得税资产(同时贷记"所得税费用——递延所得税费用"科目),待日后逐年抵减应纳所得税额,相应将递延所得税资产转回。

第三章

长期股权投资和企业合并问答

第一节　股权转让损益确认和长期股权投资确认问题

问题 3-1-1　同一控制下以名义价格转让净资产为负数公司的处理

问题：

同一控制下以名义价格（如 1 元）转让净资产为负数的子公司，如何判断该交易的公允性？如何考虑被转让的子公司与母公司之间的往来款项对股权处置损益计算的影响？

背景：

A 公司拟整体转让其持有的 100%股权的 B 公司，转让基准日为 2013 年 6 月 30 日。受让方系 A 公司控股股东（某自然人）控制的 C 公司。

B 公司系 A 公司在以前年度投资设立。自设立以来，A 公司一直持有其 100%股权。

B 公司相关数据　　　　金额单位：万元

2013 年 1～6 月净利润	－11 247.46
2012 年年末净资产	－42 157.89
实收资本	80 000.00
2013 年 4 月底往来欠款（应付 A 公司）	171 912.30

B 公司 2012 年 12 月 31 日的评估价值接近其期末净资产。

在本案例中，A 公司以 1 元的价格将其所持 B 公司股权全部转让给其股东控制的 C 公司，是否涉及转让价格不公允？B 公司尚欠 A 公司 171 912.30 万元，是否影响该转让事项的处置收益确认，即，在 A 公司合并报表层面，能否把被转让的 B 公司的账面净资产负数余额全部转为当期投资收益？

解答：

（一）关联方之间股权转让交易公允性的判断

证监会公告[2010]37 号规定："公司应区分股东的出资行为与基于正常商

业目的进行的市场化交易的界限。对于来自于控股股东、控股股东控制的其他关联方等向公司进行直接或间接的捐赠行为(包括直接或间接捐赠现金或实物资产、直接豁免、代为清偿债务等),交易的经济实质表明是基于上市公司与捐赠人之间的特定关系,控股股东、控股股东控制的其他关联方等向上市公司资本投入性质的,公司应当将该交易作为权益性交易。”

上市公司的控股股东、控股股东控制的其他关联方、上市公司的实质控制人等与上市公司之间发生的交易,如果交易价格显失公允,则上市公司对于取得的超过公允价值部分的经济利益流入从经济实质上判断很可能属于资本投入性质,此时上市公司取得的这部分超过公允价值的经济利益流入应计入所有者权益(资本公积)。

本案例是一个相对较为特殊的案例,其特殊之处在于:该被转让子公司的净资产负数在很大程度上是由该子公司对母公司的往来欠款所导致的。虽然在形式上子公司是有限责任公司,通常情况下母公司无需对该子公司无力对外偿还的负债承担额外责任,但本案例中子公司无力偿还的债务,其债权人即为母公司自身,因此,母公司仍需在相当程度上承担子公司资不抵债的相关损失。

在本案例中,1 元交易作价的公允与否,主要考虑的因素是受让方或者其他关联方是否对 A 公司的应收债权 171 912.30 万元的可收回性提供额外担保。如果不提供额外担保的,则鉴于被转让的子公司是有限责任公司,受让方无需对其无力偿还的债务承担保证责任,因此按 1 元转让不能说不公允(实务中,在非关联第三方之间转让资不抵债的公司股权时,如果不涉及担保责任问题,则按名义价格 1 元转让也是相当常见的定价方式)。但如果受让方或者其他关联方针对 A 公司的该笔应收债权提供了担保,导致其可收回金额高于无担保情况下,则由此导致的可收回金额增加应视作关联方的资本性投入,在 A 公司的个别报表和合并报表层面应依据权益性交易原则计入资本公积处理。

(二) 股权处置损益的计算

本案例中股权转让事项的处理,需区分 A 公司的个别报表和合并报表层面分别讨论。为简化起见,下述讨论中均不考虑受让方或者其他关联方可能为该笔 171 912.30 万元应收债权提供担保的情形(即,不涉及权益性交易因素,假设交易是公允的)。

1. A 公司个别报表层面。

A 公司的个别报表层面,原先对 B 公司有长期股权投资 8 亿元和应收债权 171 912.30 万元,在不考虑计提长期股权投资减值准备和坏账准备的情况下,按 1 元名义价格转让股权,将导致个别报表层面确认长期股权投资处置损失 8 亿元(取近似值,下同)。该项 171 912.30 万元应收债权的可收回性在股权转让前后未发生实质性变化(假设估计可收回金额为 10 亿元,下同),故该项应收债权的账面价值在股权转让前后保持不变。

按照上述方法,在个别报表层面,就该 B 公司的股权、债权投资事项,累计确认亏损为 151 912.30 万元[(8 亿元－0)＋(171 912.30 万元－10 亿元)]。

由于目前的严重亏损、资不抵债的状况是该子公司成立以来长期累积的结果,因此在个别报表层面,当以前年度子公司发生亏损导致净资产减少时,应把该情况看作一个减值迹象,在以前各年度末按照《企业会计准则第8号——资产减值》的相关规定对该项长期股权投资进行减值测试,并按照《企业会计准则第22号——金融工具确认和计量》的相关规定对应收债权计提坏账准备,即相关的损益影响很可能应当分散到以前的各相关年度中。如果把前述的股权转让损失和坏账损失均确认在2013年度,很可能是不恰当的。

2. A公司合并报表层面。

在合并报表层面,A公司处置子公司股权并丧失对其控制权,对此应按照《企业会计准则第33号——合并财务报表(2014年修订)》第五十条的相关规定处理。同时,原先在编制合并报表时予以抵销的内部债权债务关系随着丧失对子公司的控制权而变成了合并集团对外的一项应收债权,从合并报表主体角度看就是一项应收债权的初始确认。根据《企业会计准则第22号——金融工具确认和计量》第三十条规定,对金融工具的初始计量应采用其公允价值,就本案例中的应收债权而言即为预计的可收回金额。例如,对于该项171 912.30万元的应收债权,根据B公司截至处置日的财务状况判断,预计可收回10亿元,则在合并报表层面应确认一项对B公司的应收债权10亿元(该金额应与A公司个别报表层面该项应收债权扣除坏账准备后的账面价值一致)。

根据《企业会计准则第33号——合并财务报表(2014年修订)》第五十条规定,处置子公司股权导致丧失控制权时,在合并报表层面,"处置股权取得的对价与剩余股权公允价值之和,减去按原持股比例计算应享有原有子公司自购买日开始持续计算的净资产的份额之间的差额,计入丧失控制权当期的投资收益,同时冲减商誉。与原有子公司股权投资相关的其他综合收益等,应当在丧失控制权时转为当期投资收益"。

本案例中处置股权所获得的对价即为名义价款1元+该项应收债权的公允价值。

"按原持股比例计算应享有原有子公司自购买日开始持续计算的净资产的份额"不是被处置的子公司净资产在其自身报表中的账面价值,而是该等净资产在A公司合并报表层面的账面价值。由于子公司B对A公司的应付款项在编制合并报表时已经抵销,即该负债在合并报表层面的账面价值为零,所以B公司的净资产在A公司合并报表层面的账面价值(假设处置日为2013年6月底)为−53 405.35万元(2013年年末B公司账面净资产)+171 912.30万元=118 506.95(万元)。

故合并报表层面,因此合并报表层面应确认的处置损益=名义价款1元+该项应收债权的公允价值(假设为10亿元)−原子公司净资产账面价值118 506.95万元=−18 506.95万元(净损失)。扣除将B公司2013年1~6月利润表纳入合并范围导致增加的亏损额11 247.46万元后,该交易导致合并报表层面本期利润净减少29 754.41万元。连同合并报表层面在以前年度已经确认的该子公司累计亏损额122 157.89万元,在合并报表层面就该项股权、债权投资累计确认的亏损额也是 151 912.30 万元，与个别报表层面累计确认的亏损额一致。

问题 3-1-2 以联营企业股权对另一联营企业增资的会计处理

问题：

以持有的联营企业股权对另一联营企业增资，对换入的另一联营企业股权投资如何进行计量？

背景：

A 公司于 2014 年 11 月 30 日以持有的对联营企业 B 公司的股权（原持股比例 25％）向另一联营企业 C 公司（持股比例 40％）增资 1.3 亿元（评估值），C 公司的另一股东同比例对其进行增资。增资后 A 公司对 C 公司的持股比例不变。

A 公司原持有 B 公司 25％的股权，截至 2014 年 11 月 30 日，A 公司对 B 公司长期股权投资的账面价值为 1.2 亿元。

A 公司持有 C 公司 40％的股权，D 公司持有 C 公司 60％的股权。

解答：

本案例中，在 A 公司层面，以原持有的 B 公司 25％股权对持股 40％的联营企业 C 公司增资，事实上不再对 B 公司保留重大影响（通常认为，重大影响仅存在于直接持股关系的情形中，“间接重大影响”并不存在，即投资方对联营企业的联营企业不具有重大影响；这一点与控制、共同控制不同，控制和共同控制可以逐层向下传递，因此“间接控制”和“间接共同控制”是可能存在的）。因此，对于丧失对 B 公司重大影响的事项，应根据《企业会计准则第 2 号——长期股权投资（2014 年修订）》第十五条第一款的规定处理，即“投资方因处置部分股权投资等原因丧失了对被投资单位的共同控制或重大影响的，处置后的剩余股权应当改按《企业会计准则第 22 号——金融工具确认和计量》核算，其在丧失共同控制或重大影响之日的公允价值与账面价值之间的差额计入当期损益。原股权投资因采用权益法核算而确认的其他综合收益，应当在终止采用权益法核算时采用与被投资单位直接处置相关资产或负债相同的基础进行会计处理”。

据此，A 公司将原持有的 B 公司 25％股权向联营企业 C 公司增资，应将 B 公司 25％股权投资的公允价值和账面价值之间的差额计入当期投资收益；相应地，新增的对 C 公司的股权投资的成本应根据《企业会计准则第 7 号——非货币性资产交换》中对具有商业实质且换出资产公允价值能够可靠计量的非货币性资产交换的规定，按换出资产（即 B 公司 25％的股权）的公允价值作为初始投资成本。即，从《企业会计准则第 2 号——长期股权投资（2014 年修订）》对丧失对联营企业重大影响的处理规定和《企业会计准则第 7 号——非货币性资产交换》中具有商业实质的非货币性资产交换的会计处理规定的角度，所得出的处理结论是一致的。

A 公司以 B 公司 25％股权对 C 公司增资的账务处理应为：

借：长期股权投资——C公司　　130 000 000
　　贷：长期股权投资——B公司　　120 000 000
　　　　投资收益　　10 000 000

在本案例中，因为C公司的两个股东A和D是等比例增资，增资前后双方在C公司的股权比例保持不变。如果双方非同比例增资，但增资前后C公司都是A公司的联营企业，则相关会计处理可参考以下会计准则的规定或指引：

(1) 如果增资后A公司在C公司中的股权比例上升的，则可参考《计学撮要2011》中关于“增持联营企业股权但增持后仍为联营企业的处理”的问题解答。

(2) 如果增资后A公司在C公司中的股权比例下降的，则应将另一股东D的增资分解为两部分：一是与A对C的增资(其金额等于用作出资的B公司25%股权于增资日的公允价值)按比例折算的等比例出资(例如，本案例中A对C的增资的公允价值为1.3亿元，股权比例为40%，则等比例折算的D公司出资为1.95亿元)；二是D公司对C的出资额超出上述等比例出资的部分，即D的单方面超额出资。首先假设A公司与D公司等比例对C公司增资，A公司出资1.3亿元，D公司出资1.95亿元，完成该步骤后A与D在C的股权比例保持40%对60%不变，A在C的净资产中所享有份额的增加额与本次增资成本相同，即1.3亿元；然后是D公司的单方面超额出资，对这部分超额出资导致的A公司在C公司中的股权比例稀释，A公司在权益法核算时，应按照《企业会计准则第2号——长期股权投资》(2014年修订)第十一条的相关规定处理。

问题3-1-3　从联营企业购买业务构成非同一控制下业务合并的抵销处理

问题：

从联营企业购买业务构成非同一控制下业务合并时如何抵销处理？

背景：

A公司为最终控制方(母公司)，B公司系A公司的控股子公司，持股比例52%，C公司系A公司的控股子公司，持股比例65%，D公司系C公司投资的联营企业，持股比例36%，D公司其余股东持股64%。

股权结构如下图所示。

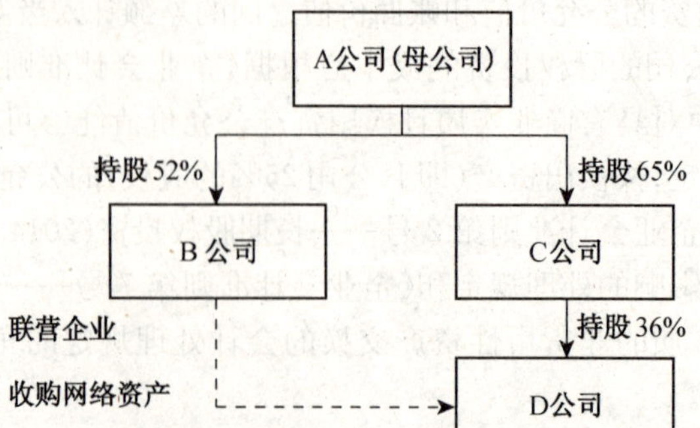

发生如下经济业务事项：

(1) 2013 年 12 月 31 日，B 公司完成对 D 公司网络资产及相关业务的收购，此项资产收购构成业务合并，形成非同一控制下的业务合并。B 公司支付的合并对价为 60 000 万元，网络资产公允价值为 34 000 万元，两者差额 26 000 万元在合并报表中体现为商誉。

(2) 2013 年 12 月 31 日，C 公司根据 D 公司经营状况，按持股比例确认投资收益为 26 000×36%＝9 360(万元)。D 公司经营状况如下。

D 公司经营状况表 单位：万元

日期	科目	金额	备注
2013 年 12 月 31 日	所有者权益	73 000	
2013 年度	净利润	26 000	其中处置网络资产营业外收入 25 000 万元

上述事项在 A 公司编制 2013 年年报时，C 公司确认的投资收益与 D 公司出售网络资产有关，购买网络资产的 B 公司是 A 公司合并范围内控股子公司，企业在编制 A 公司的合并报表时，C 公司对 D 公司个别报表层面确认的投资收益，与合并报表层面因 B 公司完成对 D 公司网络资产的收购确认的商誉，是否应按比例抵销?

解答：

C 公司对 D 公司进行权益法核算时，不涉及对内部交易损益的抵销和调整问题。

在 A 公司合并报表层面，B 公司收购 D 公司网络资产业务的交易属于向联营企业购买构成业务的资产组(非同一控制下业务合并)。在编制 A 公司的合并报表时，不需对 C 公司个别报表层面确认的对 D 公司的权益法投资收益和 A 公司合并报表层面确认的合并商誉进行抵销。

结论基础：

对本案例所涉及的相关事实进一步分析如下：

1. 本案例所涉及的各公司中，由上图可知 C 公司和 B 公司之间不存在股权投资关系，而是平行关系，即 C 公司直属于 A 公司，不在 B 公司的控制范围之内。

2. 本案例与一般的投资方与联营企业之间逆流交易的区别在于交易标的构成“业务”。由于合并集团(A 公司的合并报表会计主体)原先通过联营企业在该业务中享有 36%的权益，现在通过业务收购享有其 100%的权益(按 B 公司的期末股权结构计算，其中 48%属于持有 B 公司股权的少数股东)，因此可以看作一项通过分步交易实现的非同一控制下业务合并，根据《企业会计准则解释第 4 号》第三条的规定，此时的合并成本应按照所支付的合并对价的公允价值计量，在合并报表层面对所取得的资产、负债也按照公允价值予以初始计量。

3. 如果按照长期股权投资准则规定的权益法核算原则，合并报表层面实际的合并成本应等于合并对价的公允价值减去权益法核算中被抵销的内部交易未实现损益的相应份额，也就是说，企业合并准则[在 IFRS 体系下对应的准则为《国际财务报告准则第 10 号——合并财务报表》(以下简称 IFRS 10)和《国际财务报告准则第 3 号——企业合并(2008 年修订)》(以下简称 IFRS 3)]与长期股权投资准则[在 IFRS 体系下对应的准则为《国际会计准则第 28 号——在联营企业和合营企业中的投资》(以下简称 IAS 28)]在这个问题上存在冲突,目前这个问题也已被国际会计准则理事会(IASB)和国际财务报告解释委员会(IFRIC)关注到。《计学撮要 2013》中的“问题 3-2-67 以子公司股权向合营企业投资时,在个别报表和合并报表层面的处理”就是一个类似的介绍合并报表准则和长期股权投资准则之间发生冲突如何解决的案例。

4. 为此,IASB 于 2012 年 12 月发布了一项征求意见稿《投资企业与其联营或合营企业之间的资产转让或投入(对 IFRS 10 和 IAS 28 的建议修订)》(Sale or Contribution of Assets between an Investor and its Associate or Joint Venture (proposed amendments to IFRS 10 and IAS 28)》,其中建议在 IAS 28 中增设第 31A 段,其内容为:“投资方(包括其纳入合并财务报表范围的子公司)与其联营或合营企业之间发生资产转让或投入交易,如果该资产构成 IFRS 3 所定义的‘业务’,则相关损益应当在投资方的财务报表中全额确认(即投资方在该交易所产生的损益中应享有或承担的份额不予以抵销)”[The gain or loss resulting from the sale or contribution of assets that constitute a business, as defined in IFRS 3, between an investor (including its consolidated subsidiaries) and its associate or joint venture is recognised in full in the investor's financial statements (ie the investor's interest in the gains or losses resulting from these transactions is not eliminated).]。

另外,在该征求意见稿的“结论基础”部分的 BC8 段中提到:

IASB 和解释委员会决定,“顺流”和“逆流”交易均应受到该项对 IFRS 10 和 IAS 28(2011)的建议修订的影响。IASB 和解释委员会关注到,如果联营或合营企业向投资方出售资产,而该项资产构成“业务”(在一项“逆流”交易中),由此导致投资方取得对该业务的控制权,则该投资方应根据 IFRS 3 的规定,将该业务作为一项业务合并进行处理。IASB 和解释委员会得出结论,认为该投资方应当:

① 按公允价值确认所取得的资产和负债;以及

② 确认在联营或合营企业的处置该项业务的损益中所应享有或承担的份额。

IASB 和解释委员会关注到,投资方运用 IAS 28(如本征求意见稿所建议的)中的要求在其财务报表中进行会计处理的结果,与 IFRS 3 对分步交易实现企业合并的会计处理要求是一致的。

[The IASB and the Interpretations Committee decided that both 'upstream' and 'downstream' transactions should be affected by the proposed amendments to IFRS 10 and IAS 28 (2011). The IASB and the Interpretations Committee noted that if assets that constitute a business were to be sold by an associate or joint venture to the investor (in an 'upstream' transaction), with the result that the investor takes control of that business, the investor would account for this transaction as a business combination in accordance with IFRS 3. In that case, the IASB and the Interpretations Committee concluded that the investor should:

(a) recognise the assets and liabilities acquired at their fair values; and

(b) recognise its share in the associate's or joint venture's gains or losses resulting from the disposal of the business.

The IASB and the Interpretations Committee noted that the accounting treatment in the investor's financial statements resulting from the application of the requirements in IAS 28 (as proposed in this Exposure Draft) is consistent with the requirements in IFRS 3 for a business combination that is achieved in stages.]

从目前征求意见的反馈情况看,反响良好,大部分反馈意见均支持该修改,同时该修改也得到了 IFRIC 的支持。2014 年 9 月,IASB 正式发布了对 IFRS 10 和 IAS 28 的上述修订,将于 2016 年 1 月 1 日起生效。

5. 因此,针对本案例,基于不同准则存在冲突,以及目前 IASB 和 IFRIC 对该冲突的解决方案已经形成倾向性意见的事实(修改后的准则已发布),我们理解:

(1) C 公司对 D 公司进行权益法核算时,不涉及对内部交易损益的抵销和调整问题。

(2) 在 A 公司合并报表层面,B 公司收购 D 公司网络资产业务的交易属于向联营企业购买构成业务的资产组(非同一控制下业务合并)。在编制 A 公司的合并报表时,不需对 C 公司个别报表层面确认的对 D 公司的权益法投资收益和 A 公司合并报表层面确认的合并商誉进行抵销。

问题 3-1-4　对联营企业或合营企业在其投资方中所持股权的会计处理

问题:

如果联营企业不能对其持有投资方的股权(互相投资,亦称为"循环投资")采用权益法核算,则投资方应如何计量这部分权益的影响?

背景:

投资方 A 持有其联营企业 B 20%的股权;B 持有 A 10%的股权,但不构成重大影响。

情形 1:

本年度 B 的净利润为 1 300 万元,其中包括 A 分配的股利 100 万元和 B 对 A 投资产生的公允价值变动收益 200 万元。

情形 2:

本年度 B 的净利润为 1 100 万元,包括 A 分配的股利 100 万元和 B 对 A 的可供出售金融资产的投资产生的其他综合收益 200 万元。

解答:

在以上两种情形下,按照权益法,投资方 A 持有 B 股权所确认的投资收益都是 200 万元,该投资收益是根据联营企业 B 的净利润减去其持有投资方 A 股权所确认的投资收益之后的净额 1 000 万元,再乘以 A 对 B 的持股比例 20%而求得的。

在情形 2 中,如果 B 将其对 A 的投资分类为可供出售金融资产,则 A 因持有对 B 的长期股权投资(权益法核算)而确认的在 B 的其他综合收益中所占份额也应当扣减 B 持有对 A 的股权投资产生的其他综合收益(可供出售金融资产公允价值变动)。

在以上两种情形下,因为 A 事实上间接持有其自身的 2%股权,故 A 还应当通过相应减少其股东权益余额和"长期股权投资——B 公司"的余额,并采用减少后的股份数来计算每股收益。

结论基础:

当采用权益法核算一项长期股权投资时,投资方应采用与合并程序类似的程序。参照《国际会计准则第 10 号——合并财务报表》应用指南 86(3)中的规定,合并程序包括与集团内部交易相关的收入和收益(包括子公司在母公司中所持投资带来的收益)和费用的抵销。

因此,投资方在采用权益法核算对联营企业的长期股权投资时,应抵销其联营企业对其投资产生的收益,包括股利和确认为当期损益或其他综合收益的公允价值变动额。

《国际会计准则第 28 号——在联营企业和合营企业中的投资》第 26 段指出:"适合于权益法应用的许多程序与《国际财务报告准则第 10 号——合并财务报表》中描述的合并程序类似。而且,对取得子公司进行会计处理所采用程序的基本概念,也在对取得联营企业或合营企业中投资进行会计处理时被采纳。"

《国际会计准则第 28 号——在联营企业和合营企业中的投资》第 28 段指出:"主体(包括纳入合并财务报表范围的子公司)与联营企业或合营企业之间因'逆流'和'顺流'交易产生的利得和损失,在主体财务报表中确认的部分仅限于与非关联投资者在联营企业或合营企业中的权益相关的部分。'逆流'交易的例子,如将联营企业或合营企业的资产出售给投资者。'顺流'交易的例子,如将投资者的资产出售或赠予联营企业或合营企业。这些交易带来的投资者享有的联营企业或合营企业的损益份额应予抵销"。《企业会计准则第 2 号——长期股权投资》第十三条也规定:"投资方计算确认应享有或应分担被投资单位的净损益时,与联营企业、合营企业之间发生的未实现内部交易损益按照应享有的比例计算归属于投资方的部分,应当予以抵销,在此基础上确认投资收益。"

问题 3-1-5 对本企业与联营企业和合营企业之间互相投资的会计处理

问题:

1. 企业应当如何核算本企业与联营企业之间的互相投资?

2. 在涉及交叉持股的情况下，每股收益应如何调整计算？

背景：

A 公司持有其联营企业 B 公司 20%的股权，并对 B 公司具有重大影响；

B 公司持有其联营企业 A 公司 20%的股权，并对 A 公司具有重大影响；

A 公司和 B 公司的股本都是 100 000 元(分为 10 万股，每股面值 1 元)，A 公司的净利润(不含其在 B 公司的净利润中享有的份额)为 100 万元，同样，B 公司的净利润(不含其在 A 公司的净利润中享有份额)为 100 万元。

不考虑税费的影响，且假设不存在应付股利。

因此，A 公司的利润(a)和 B 公司的利润(b)互相依赖的经济现实由以下联立方程式解答：

$$a = 100 + 0.2b$$
$$b = 100 + 0.2a$$

因此，求解该联立方程式得出如下结果：$a = 125$，$b = 125$

解答：

1. 净额法可用于对两个互为联营企业的企业之间互相投资的会计处理。这个方法不考虑互相投资额，只考虑投资方在联营企业享有的扣除由互相投资产生的股权收益后净利润的份额。

因此，本案例中，A 公司和 B 公司在各自财务报表中的新增利润分别限于 20 万元，而不是通过上述“背景”部分中的联立方程式得出的 25 万元(125－100)。

2. 计算每股收益时，普通股的加权平均数中应扣减实质上的交叉持股数(本案例中各为 100 000 股×20%×20%＝4 000 股)。因此，为计算每股收益，主体 A 和 B 的普通股数量应各调减至 96 000 股。此外，还应调整减少两公司各自的权益余额及其对联营企业的长期股权投资的余额，调整金额为主体自身股权 4%对应的权益余额。

结论基础：

(说明：以下讨论系基于国际财务报告准则(IFRS)体系下的相应规定。因为中国企业会计准则和 IFRS 在这些方面的规定没有差异，因此本问题解答也同样适用于中国企业会计准则体系下对该类问题的处理。)

1. 根据《国际会计准则第 28 号——在联营企业和合营企业中的投资》第 27 段(详见下文)的字面意思，本案例中，A 公司确认其在 B 公司的净利润中所享有的份额时，其计算基数应包括 B 公司采用权益法核算确认的利润。然而，在 A、B 两公司互相投资的情况下，这种方法会导致重复计量 A 公司的利润。因此，采取“净额法”直接计算本企业占有联营企业利润(不含互相投资形成的利润)的相应份额(20%)的方法更加恰当。在本例中，净额法导致 A 公司和 B 公司都确认 120 万元的利润。5 万元的差额代表了互相进行权益性投资的影响额，因而不计入利润。

进一步支持以上观点的证据是按照权益法计量是采用与合并程序类似的

程序,例如抵销未实现利润。根据《国际财务报告准则第 10 号——合并财务报表》B86(3)段,子公司对母公司的投资产生的收益应予以抵销,因此,在权益法会计核算中运用与合并程序类似的程序时,联营企业对投资方的投资产生的收益也应予以抵销。

《国际会计准则第 28 号——在联营企业和合营企业中的投资》第 27 段指出:"集团在联营企业或合营企业中享有的份额是母公司及其子公司持有的该联营企业或合营企业的股份之和。集团其他联营企业或合营企业所持有的股份不予考虑。如果某一联营企业或合营企业拥有子公司、联营企业或合营企业,采用权益法时考虑的损益、其他综合收益以及净资产则是该联营企业或合营企业的财务报表中确认的部分(包括该联营企业或合营企业享有的其联营企业和合营企业的损益、其他综合收益以及净资产的份额),但是,在此之前为统一会计政策必须作相应调整(参见第 35 段和第 36 段)。"

《国际会计准则第 28 号——在联营企业和合营企业中的投资》第 26 段指出:"适合于权益法应用的许多程序与《国际财务报告准则第 10 号》中描述的合并程序类似。而且,对取得子公司进行会计处理所采用程序的基本概念,也在对取得联营企业或合营企业中投资进行会计处理时被采纳"。

《国际财务报告准则第 10 号——合并财务报表》第 B86 段指出:"合并财务报表:……(3)全部抵销与集团公司内部所有交易相关的资产、负债、权益、收入、费用和现金流(全部抵销因集团内部交易损益确认的资产,比如,存货或固定资产)"。

2. 在计算每股收益时,由于同样的原因——采取净额法确定利润,即在权益法核算中应当运用编制合并报表时所采用的原则,这包括对集团内部交易余额(例如,联营企业对投资方的投资)的抵销,因而需要调整发行普通股的数量。因此,调整会减少主体的权益金额及其对联营企业的投资,调整额为主体自身股权 4%对应的权益余额。

联营企业不构成集团的一部分,因而其持有投资方的股份不是通常定义的"库存股"。然而,以上结论并不依赖于将联营企业的持股作为库存股,而是如上所述,该结论系基于 IAS28 第 26 段中的规定,即为运用权益法而采取的许多适当程序与 IFRS10 中描述的合并程序相类似。根据 IFRS10 第 B86(3)段的规定,对于子公司持有母公司的股份,应进行抵销处理。同样的程序也可以运用于权益法会计核算,结果与从权益中抵销库存股的会计处理相似,因而在确定每股收益时需扣除联营企业之间交叉持股所对应的本企业股份数量。

《国际会计准则第 32 号——金融工具:列报》第 33 段指出:"如果主体重新获取自身权益工具,这些工具("库存股")应当从权益中扣减。购买、出售、发行或撤销主体自身权益工具所产生的利得或损失不应计入损益。主体或集团其他成员可能获取并持有这类库存股。支付或收到的对价应当直接在权益中确认。"

《国际会计准则第 32 号》的应用指南中第 36 段指出,"不论重新获取主体自身权益工具的原因如何,主体自身权益工具都不应当确认为一项金融资产"。

问题3-1-6 联营企业之间转让资产的交易及其期末未实现损益在权益法核算中的抵销

问题：

对于投资方而言，两家联营企业之间相互转让股权投资后，如何按权益法确认投资收益？

背景：

A公司和B公司为两家上市公司，他们共同设立了C公司、D公司和E公司。C公司由A公司(持股70%)控制，另30%股权由B公司持有；D公司和E公司由B公司(持股70%)控制，另30%股权由A公司持有。C公司和E公司共同参股了F公司，分别持有其37.5%的股份。现出于B公司内部整合需要，2014年12月1日，E公司将其持有的F公司的全部37.5%股权按照原投资价款转让给了D公司(2014年年初，E公司账面“长期股权投资——F公司”按权益法核算后金额为4.5亿元，原投资成本为5亿元。假设交易价格是公允的)。股权转让后，E公司2014年将产生0.5亿元的净投资收益(转让前2014年权益法核算部分的持有投资收益将与处置收益互抵)；D公司取得投资后，对F公司按权益法核算，2014年内只按持股比例核算F公司12月净损益及其他权益变动。

解答：

对B公司而言，该交易是一项联营企业股权在不同子公司之间转移的内部交易，在合并报表层面应完整抵销其影响。相关处理方法在《企业会计准则第33号——合并财务报表》及其应用指南中已有明确规定，应不存在需特殊考虑的会计处理问题。

对A公司而言，同受其重大影响的两家联营企业之间互相转让一项对联营企业的股权投资，也同样属于应抵销的内部交易。在对E公司(该交易中的“卖方”)进行权益法核算时，应当按比例抵销其所确认的转让F公司37.5%股权的收益，具体抵销金额应等于：E公司确认的股权转让收益5 000万元×A公司对E公司的持股比例30%×A公司对D公司的持股比例30%＝450万元。

另外，此次重组后，F公司仍然是A公司的联营企业(A公司的子公司C公司持有F公司37.5%的股权，在此次重组前后无变化)。在A公司的合并财务报表中，由子公司C持有的F公司37.5%股权的权益法核算不受此次D、E之间交易的影响。

结论基础：

(说明：以下讨论系基于国际财务报告准则(IFRS)体系下的相应规定。因为中国企业会计准则和IFRS在这些方面的规定没有差异，因此本问题解答也同样适用于中国企业会计准则体系下对该类问题的处理。)

《国际会计准则第28号——在联营企业和合营企业中的投资》第28段中指出：“主体(包括纳入合并财务报表范围的子公司)与联营企业或合营企业之

间因“逆流”或“顺流”交易产生的利得和损失，在主体财务报表中确认的部分仅限于与非关联投资者在联营企业或合营企业中的权益相关的部分。”

《国际会计准则第 28 号——在联营企业和合营企业中的投资》第 26 段中指出：“适合于权益法应用的许多程序与《国际财务报告准则第 10 号》中描述的合并程序类似。而且，对取得子公司进行会计处理所采用程序的基本概念，也在对取得联营企业或合营企业中投资进行会计处理时被采纳。”

《国际财务报告准则第 10 号——合并财务报表》B86 段指出：“合并财务报表：……(3)全部抵销与集团公司内部所有交易相关的资产、负债、权益、收入、费用和现金流(全部抵销因集团内部交易损益确认的资产，比如，存货或固定资产)。”

IAS 28 的第 28 段只提及顺流和逆流交易，应当认为这是对该准则第 26 段要求的一个举例，并不是按照该准则第 26 段所述原则需要抵销的唯一情况。因此，IAS 28 第 28 段和 IFRS 10 的 B86(3)段所遵循的原则是一样的，在投资者财务报表中对于联营企业和(或)合营企业之间任何交易产生的未实现的利润均需要按投资者在交易双方中的持股比例进行抵销。

问题 3-1-7 在明知被收购方将搬迁情况下，签订股权收购协议时对购买对价分摊的特殊考虑

问题：

如下文背景资料所述，A 公司收购 B 公司股权时，B 公司已经与当地政府签订《拆迁补偿协议书》，此时 A 公司应如何确定 B 公司的各项可辨认资产、负债于收购日的公允价值？

背景：

A 公司于 2014 年 12 月 23 日与 B 公司股东签订股权转让协议，收购 B 公司个人股东所持 B 公司 33％的股份。收购净资产基准日为 2014 年 9 月 30 日，约定基准日至收购日期间损益由 A 公司享有。

2014 年 4 月，当地开发区管理委员会(以下简称管委会)与 B 公司签订《拆迁补偿协议书》，B 公司同意在管委会辖区内进行搬迁重建并扩大产能，管委会重新为其安排工业用地用于新厂区建设，双方在对 B 公司厂区的全部资产进行资产评估及搬迁停产试产损失核算等工作的基础上达成一致意见，确定搬迁安置补偿总费用为 11 800 万元。

2014 年 2 月，B 公司取得新出让土地。2014 年 12 月 5 日，B 公司原土地使用证与房产证由管委会收回。B 公司计划于 2016 年 5 月前完成整体搬迁。目前 B 公司仍在原厂区进行生产活动。

解答：

根据《企业会计准则第 2 号——长期股权投资(2014 年修订)》第十一条规定：“投资方取得长期股权投资后，应当按照应享有或应分担的被投资单位实现的净损益和其他综合收益的份额，分别确认投资收益和其他综合收益，同时调

整长期股权投资的账面价值；……投资方在确认应享有被投资单位净损益的份额时，应当以取得投资时被投资单位可辨认净资产的公允价值为基础，对被投资单位的净利润进行调整后确认……”因此，投资方在取得对合营企业或联营企业的长期股权投资之日，应确定被投资方的各项可辨认资产和负债的公允价值，而此时被投资方可辨认净资产公允价值的确定在很大程度上可以参考《企业会计准则第 20 号——企业合并》及其应用指南和讲解所规定的在非同一控制下企业合并中被购买方可辨认净资产于购买日的公允价值的确定方法，并且应当只考虑一般市场参与者都会考虑的因素，而不考虑仅与特定市场参与者(收购方和被收购方)相关的因素。

本案例中，A 公司、B 公司及股东签订股权收购协议时(2014 年 12 月)，B 公司已经与当地政府签订了搬迁补偿协议，也就是在已知 B 公司的原有土地将被政府收回并获得补偿、部分资产将被报废清理的前提下签订股权收购协议的，因此，站在收购方的视角，其对 B 公司的可辨认资产、负债估值(即确定收购日公允价值)的视角应不同于 B 公司自身。

1. 对于将在搬迁中被废弃的旧房、机器设备等，由于其在收购日后仍将维持一段时间的正常使用，但从正常使用中获取的经济利益较小，主要将通过补偿款的方式收回其成本，因此我们认为可该按照其在剩余使用寿命内按照其原账面价值计算的应计折旧额，模拟其购买日的公允价值，确保日后实际发生废弃时，从收购方的视角不发生损失。

2. 对于根据 B 公司与政府签订的拆迁补偿协议可获得的补偿款，可在确定其很可能收到的前提下，按其于收购日的折现值确认为一项“其他流动/非流动资产”。这样做的主要考虑是：对 B 公司自身的财务报表而言，因为截至购买日尚未开始实质性的搬迁工作，因此该项补偿款在 B 公司的自身财务报表中尚不能确认为一项资产。但是，A 公司在与 B 公司股东谈判此次股权转让交易的合同条款时，应当已经充分考虑了 B 公司此前与政府已达成的搬迁补偿协议对交易作价的影响，即依据该搬迁补偿协议收取补偿款的权利本身是具有价值的，且其公允价值能够可靠计量(即未来应收金额的现值)，故应按照未来应收补偿款的现时公允价值确认为一项资产。

3. 对于后续尚待发生的停工损失和搬迁过程中费用性支出(资产处置损失除外，因为在前面第 1 点中确定拟处置资产的公允价值时已经排除该因素)，应参照《企业会计准则第 20 号——企业合并》对被购买方或有负债确认的相关规定确认预计负债，作为对 B 公司收购日净资产的减项，后续发生此类损失和费用性支出时冲减该预计负债。

按照上述原则重新调整和确认 B 公司于收购日的可辨认净资产公允价值，该公允价值乘以股权收购比例的乘积，与股权收购价款之间的差额，为隐含于股权收购成本中的商誉或负商誉。如果为正商誉的，不调整长期股权投资成本；如果为负商誉的，确认为当期营业外收入。

另外，B 公司自身的账务处理中，可能会将部分补偿款确认为递延收益，在后续发生相关费用性支出或者新购建的非流动资产计提折旧或摊销时摊销该递延收益,但从收购方的立场,其调整后的B公司财务报表中不应存在递延收益。

问题 3-1-8 股权转让中业绩达标初始保证金(或有对价)的处理

问题:

如下文背景资料介绍,A公司增资B公司时,B公司及其实际控制人承诺如业绩不达到预期水平则将给予补偿,此时A公司如何确认长期股权投资成本?如果收到业绩补偿如何处理?

背景:

2013年11月,A公司与B公司、B公司之实际控制人自然人C签订合同,约定股权转让,增资扩股,业绩保证及股份受让要求权合同,主要条款如下:

合同一:股权转让合同。

自然人C将其持有的公司出资额人民币300万元,即3.585 6%的股权以每元出资额5.2元,即人民币1 560万元的价格转让给A公司。

合同二:增资扩股合同。

经B公司全体股东同意增加注册资本人民币700万元,占比7.443 8%,全部由A公司认购,认购价格为人民币3 640万元,其中:人民币700万元计入目标公司的"注册资本",人民币2 140万元计入目标公司"资本公积",人民币800万元作为业绩达标初始保证金,暂计入B公司的"其他应付款",根据业绩目标是否实现决定是否偿还投资人。2013年度、2014年度经审计净利润达到业绩目标后,如果业绩保证金部分仍有剩余,将补充"资本公积"。

合同三:业绩保证及股份受让要求权合同。

B公司及其实际控制人C承诺:2013年经有证券从业资格的会计师事务所审计的扣除非经常性损益后的净利润(下称"扣非后净利润")达到4 800万元,2014年扣非后净利润达到6 000万元,否则由自然人C及B公司按比例退还投资款,计算公式为:退还金额=(当年业绩承诺－扣非后净利润)/当年业绩承诺×5 200万元。

在对B公司的增资合同中约定,设置800万元作为业绩保证金,暂记入B公司的"其他应付款"科目,依据业绩目标是否实现决定是否偿还投资人,2013年扣非后净利润确认需要补偿投资人的金额后(如需要),剩余业绩保证金转为2014年度业绩保证金。如业绩保证金部分不够偿还投资人,则不足部分由自然人C负责补偿。2013年需补偿投资人的金额暂不支付,待2014年扣非后净利润不到6 000万元,则由B公司按比例退还业绩保证金,不足部分由自然人C负责补偿。如果业绩保证金有剩余,则转为B公司资本公积。

如2013年和2014年扣非后净利润合计超过10 800万元,则豁免B公司及自然人C2013年度或2014年度业绩不达标的投资补偿义务。偏差在5%以内时,豁免自然人C的投资补偿义务;如负偏差超过5%,则需全额补偿投资人。

解答：

本案例中，尽管增资协议约定增资款中的800万元是作为“业绩保证金”，如果B公司2013年、2014年达不到业绩要求，应将该“业绩保证金”根据合同约定的公式计算的金额全部或部分返还A公司，如果“业绩保证金”不足返还，则由自然人C负责补足。因此，实际上业绩补偿承诺的支出是由B公司和自然人C承担的，而A公司支付的对价仍然是包括800万元业绩保证金的全部对价。

对于此处所涉及的业绩补偿承诺，通常理解为一项保护性条款，即交易双方在为标的资产估值和谈判确定交易价格时，通常都是以“盈利预测很可能实现”为前提的(否则就表明盈利预测是不合理的)，业绩补偿只是在万一盈利承诺不能实现的情况下对购买方的补偿手段。因此基于该盈利预测作出的补偿承诺在投资日的公允价值通常应认定为零。

即，对于本案例来说，A公司对B公司增资而增加的长期股权投资初始计量金额应为3 640万元，包括在目标公司账面上计入实收资本的700万元、计入资本公积的2 140万元和业绩保证金800万元。同时，A公司取得了一项与未来业绩补偿相关的或有对价资产，其初始公允价值应根据在购买日对B公司2013年、2014年度所作出的盈利预测和既定的补偿金额公式加以确定(如果B公司2013年、2014年度预测扣非后净利润均高于此处约定的业绩目标，或者该两年的预测扣非后净利润之和大于10 800万元的，则该或有对价的初始公允价值为零)。在2013年年末，如果B公司2013年度业绩达标，则无需进行账务处理；如果2013年度业绩未达标且能够收到补偿，则可将应收2013年度业绩补偿款确认为营业外收入。此时，如果判断日后可能还会进一步获得补偿且金额且能够可靠估计，则将其按照公允价值确认为一项“其他流动资产”和营业外收入。如果判断日后很可能返还该补偿金额(2013年和2014年合计业绩达标的情况)，则暂将该金额计入“其他应付款”。同时，鉴于未实现盈利预测构成了长期股权投资的减值迹象，故还应对该项长期股权投资按照《企业会计准则第8号——资产减值》的相关规定进行减值测试，如发生减值的，则应对其计提减值准备。

问题3-1-9 根据对赌条款收到联营企业的控股股东支付的业绩补偿款的处理

问题：

根据对赌条款收到联营企业的控股股东支付的业绩补偿款如何处理？

背景：

2013年5月，A公司与B公司及其股东签订了《B公司增资协议》及补充协议书。协议约定A公司向B公司增资1 000万元，取得其7.04%的股权，B公司3名董事中1名由A公司选派，且根据增资协议及补充协议书，A公司对B公司的部分事项拥有实质性的否决权。

同时增资协议之补充协议书约定了控股股东以下承诺与补偿(奖励)条款：

业绩承诺：B公司2013年实现净利润不低于1 420万元；2014年实现业绩比2013年增长30%以上。

补偿条款：如果B公司实际达成的考核指标低于承诺业绩，则A有权要求B公司控股股东给予现金补偿，补偿款的具体计算公式为：补偿款=(承诺净利润－实际实现净利润数)×7.04%(投资后占股比例，补偿时按照A公司实际占股比例计算)×10(投资时的市盈率)。

业绩奖励：2013年B公司实现净利润1 775万元以上，A公司追加投资250万元。该追加投资不调整股权，直接进入B公司资本公积。2013年B公司实现净利润超过2 200万元，超出部分可分配用于管理层奖励，本轮投资者不享受该次分配。

B公司2013年度实现净利润1 334.81万元。按照上述增资协议之补充协议书约定，B公司2013年实现净利润不低于1 420万元，如果B公司实际达成的考核指标低于承诺业绩，则A公司有权要求B公司控股股东给予现金补偿。2014年6月18日，A公司收到B公司控股股东的利润承诺补偿款60万元[(1 420－1 334.81)×7.04%×10]。

解答：

尽管在本案例A公司不能控制B公司，但在B公司董事会3席中占1席，且对部分事项拥有实质性的否决权，从而对B公司具有重大影响。我们理解A公司很可能对B公司的股权投资是采用权益法核算，或者在初始确认时按照《企业会计准则第22号——金融工具确认和计量》的规定将其指定为以公允价值计量且其变动计入当期损益的金融资产[如果A公司属于《企业会计准则第33号——合并财务报表》(2014年修订)所定义的“投资性主体”或者《企业会计准则第2号——长期股权投资》(2014年修订)所指的“风险投资机构、共同基金以及类似主体”]。

在本案例中，A公司基于当初入股时(2013年5月)投资补充协议中的对赌条款的约定，从B公司的实际控制人处取得现金补偿。我们理解该对赌条款的作用类似于企业合并中的或有对价，应采用非同一控制下企业合并中的或有对价类似的原则进行处理，在初始确认时按或有对价于投资日的公允价值计入投资成本，后续对该或有对价采用公允价值计量(其变动计入当期损益)。由于本案例中同时存在业绩补偿条款和业绩奖励条款，因此对A公司而言，或有对价有可能是资产，也有可能是负债，视其对未来业绩考核期内目标公司的盈利预测估计数而定。

由于对赌条款的触发条件为B公司的业绩考核目标完成情况，因此在取得投资之日，A公司应根据该日对B公司未来考核期内的盈利预测，确定该或有对价于投资日的公允价值，并将该公允价值作为投资成本的调整因素，相应确认一项资产或负债。其中，如果对赌条款所设定的业绩考核指标与投资日所作出的相应期间内B公司盈利预测数一致，则该或有对价于投资日的公允价值为零。后续每个资产负债表日，应根据B公司的实际经营状况、对B公司所属行业未来走势的宏观分析等，对B公司在剩余考核期间内的盈利预测数进行修正，相应调整对或有对价的公允价值估值，该或有对价的公允价值变动额计入当期损益。

因此，本案例中因B公司未实现年度业绩考核目标而由其控股股东给予的现金补偿款，A公司应当计入损益(有可能已经通过以前年度确认的或有对价公允价值变动损益，体现在以前年度损益中了，也可能是计入收到当期的损益)，而不是冲减长期股权投资成本。但是，另一方面，由于当初的入股价格是基于未来预计盈利的一定倍数(10倍市盈率)计算的，B公司未达到业绩考核目标的事实表明该项股权投资未来的可收回金额可能低于预期，存在减值迹象，因此在将或有对价的公允价值变动计入损益的同时，还应根据相关会计准则的规定，对该项股权投资进行减值测试(注：如果在初始确认时按照《企业会计准则第22号——金融工具确认和计量》的规定将其指定为以公允价值计量且其变动计入当期损益的金融资产，则无需进行减值测试，但应确认公允价值下降的损失)，并就其可收回金额低于账面价值的差额确认减值损失。我们理解在很多情况下，需确认的减值损失金额将显著大于所确认的或有对价公允价值变动损益。即：此处或有对价的实质是对股权投资减值损失的(部分)补偿，而不是对投资成本的调整。本案例中的投资成本在补偿前后并未发生变化，因此不能作为冲减投资成本处理。

问题3-1-10 全资子公司引入外部股东导致母公司持股比例下降时的处理

问题：

全资子公司引入外部股东增资扩股，导致母公司持股比例下降，当母公司持股比例分别降到75%、40%、10%时，其个别报表和合并报表分别如何处理？

背景：

2013年5月31日，A公司拥有B公司100%股份，B公司纳入A公司合并报表范围。B公司拟通过吸收外部投资者增资扩股(A公司不再投资)，B公司通过增资扩股后，A公司拥有B公司的股权比例发生变化，假设变更为75%(控制)、40%(有重大影响)或10%(无控制、无共同控制、无重大影响)三种情形，这三种情形互相独立。

解答：

假设在本案例中，如果对被投资企业持股10%，则对其不具有控制、共同控制或者重大影响；如果对被投资企业持股40%，则对其不具有控制，但具有重大影响(被投资企业为联营企业)；如果对被投资企业持股75%，则对其仍具有控制(被投资企业为非全资子公司)，则有以下几方面。

(一) A公司个别报表层面的处理

1. 在持股比例变为10%的情况下，根据《企业会计准则第2号——长期股权投资(2014年修订)》第二条规定，A公司个别报表层面对无控制、无共同控制以及无重大影响的长期股权投资应适用《企业会计准则第 22 号——金融工具确认和计量》,通常情况下作为可供出售金融资产核算。

根据《企业会计准则第 2 号——长期股权投资》(2014 年修订)第十五条第一款规定,以及《企业会计准则第 22 号——金融工具确认和计量》第三十条关于“企业初始确认金融资产或金融负债,应当按照公允价值计量”的规定,在 A 公司丧失对 B 公司的控制权,将剩余的 10%股权投资转为金融资产核算时,该金融资产应按丧失控制权之日的公允价值进行初始计量,该公允价值与原持有的对 B 公司 100%长期股权投资(成本法核算)的账面价值之间的差额确认为丧失控制权的当期投资收益。

关于该项 10%股权投资作为金融资产核算后的后续计量问题,根据《企业会计准则第 22 号——金融工具确认和计量》第三十二条规定:“在活跃市场中没有报价且其公允价值不能可靠计量的权益工具投资,以及与该权益工具挂钩并须通过交付该权益工具结算的衍生金融资产,应当按照成本进行后续计量。”据此,我们认为,对于此类“三无”(无控制、无共同控制、无重大影响)长期股权投资转入金融工具准则规范范围后的分类和后续计量问题,一般可按以下口径把握:

(1) 根据《企业会计准则第 22 号——金融工具确认和计量》的规定,无活跃市场、公允价值不能可靠确定的“三无”股权投资应归类为可供出售金融资产。

(2) 该类投资分类为可供出售金融资产的,对其后续计量按以下原则处理:

第一,企业在向关键管理人员提交内部管理报告、评价投资业绩、作出投资决策和编制对外财务报告时,以公允价值作为此类投资资产的首要计量基础的,应采用合理的会计估计和估值手段,就修订后长期股权投资准则生效日和比较财务报表期间持有的可供出售金融资产的公允价值进行评估。权益工具没有活跃市场报价,并非一定代表公允价值不能可靠计量。只有在公允价值合理估计数的变动区间很大,且公允价值变动区间内,各种用于确定公允价值估计数的概率无法合理地确定的前提下,才能认定公允价值不能可靠计量,并按照《企业会计准则第 22 号——金融工具确认和计量》第三十二条规定,在活跃市场中没有报价且其公允价值不能可靠计量的权益工具投资,以及与该权益工具挂钩并须通过交付该权益工具结算的衍生金融资产,应当按照成本进行后续计量。

第二,除上述情形以外的其他企业,对于被投资单位不具有控制、共同控制和重大影响的长期股权投资,如果在活跃市场中没有报价且其公允价值不能可靠计量的,则应当根据《企业会计准则第 22 号——金融工具确认和计量》第三十二条的规定,按照成本进行后续计量。

2. 在持股比例变为 75%的情况下,根据《企业会计准则第 2 号——长期股权投资》(2014 年修订)规定,A 公司个别报表层面对该被投资企业的长期股权投资仍采用成本法核算。由于 A 公司不参与增资,其投资成本保持不变,故个别报表层面无需作账务处理。

3. 在持股比例变为 40%的情况下,根据《企业会计准则第 2 号——长期股权投资》(2014 年修订)的规定,A 公司个别报表层面对该被投资企业的长期股权投资需调整为权益法核算。根据《企业会计准则第 2 号——长期股权投资》(2014 年修订)第十五条第二款对丧失对子公司的控制权时个别报表层面处理原则的规定:“处置后的剩余股权能够对被投资单位实施共同控制或施加重大影响的,应当改按权益法核算,并对该剩余股权视同自取得时即采用权益法核算进行调整”。对于成本法转为权益法核算的具体衔接方法,可参考《〈企业会计准则第 2 号——长期股权投资〉(2014 年修订)应用指南》“成本法转权益法”的相关衔接办法(见该准则单行本第 57~60 页)处理。

本案例中,由于系通过引入外部股东单方面增资的“被动稀释”方式丧失控制权,并未从法律形式上直接转让股权,因此可以把整个交易过程分解为以下两个步骤,依次进行处理:①首先由 A 公司对 B 公司增资,增资额等于引入外部股东的增资额,该步骤完成后 B 公司仍然是 A 公司的全资子公司;②其次由 A 公司将前一步骤中新增的实收资本转让给引入的新股东,转让价格等于引入外部股东的增资额,保留 40%的股权。故应确认的处置损益=外部股东增资额－增资日 B 公司的增资后净资产×60%。经过上述处理后,对剩余的 40%股权按照《企业会计准则第 2 号——长期股权投资》(2014 年修订)第十五条第二款规定的衔接办法处理。

例如,假设于 2013 年 5 月 31 日,B 公司全部净资产的账面价值为 1 500 万元(其中实收资本 1 000 万元,未分配利润 500 万元),评估值为 2 000 万元;A 公司对 B 公司的初始投资成本为 1 000 万元。2013 年 6 月 1 日,外部投资者 C 公司对 B 公司出资 3 000 万元,占增资扩股后 B 公司 60%的股权,A 公司保留 40%的股权。增资扩股后 B 公司的账面净资产为 4 500 万元,其中实收资本 2 500万元,资本公积 1 500 万元,未分配利润 500 万元。则在 A 公司的个别报表层面的处理如下:

第一步,假设 A 公司自身先对 B 公司增资 3 000 万元,增资后对 B 公司的投资成本变为 4 000 万元。第二步,将该 4 000 万元长期股权投资的 60%[对应的成本为 2 400 万元(4 000×60%)]以 3 000 万元的价格出售给 C 公司,确认投资收益 600 万元(3 000－2 400),相应地剩余长期股权投资的账面价值(新的投资成本)为 1 600 万元,该 40%剩余股权在增资扩股后 B 公司的账面净资产(4 500万元)中所享有的份额为 1 800 万元,与投资成本 1 600 万元之间的差额 200 万元恰好为 B 公司账面累积未分配利润 500 万元的 40%,因此需通过对剩余 40%股权进行权益法核算的方式予以确认。即,本例中 A 公司个别报表层面对于成本法转为权益法的账务处理如下:

借:长期股权投资(权益法)——B 公司(投资成本)	16 000 000	
贷:长期股权投资(成本法)——B 公司		10 000 000
投资收益		6 000 000
借:长期股权投资(权益法)——B 公司(损益调整)	2 000 000	
贷:利润分配——未分配利润、投资收益		2 000 000

另外,财政部于 2015 年 11 月 4 日发布了《企业会计准则解释第 7 号》(财会[2015]19 号),其中第一条规定:投资方因其他投资方对其子公司增资而导致本投资方持股比例下降,从而丧失控制权但能实施共同控制或施加重大影响的,“在个别财务报表中,应当对该项长期股权投资从成本法转为权益法核算。首先,按照新的持股比例确认本投资方应享有的原子公司因增资扩股而增加净资产的份额,与应结转持股比例下降部分所对应的长期股权投资原账面价值之间的差额计入当期损益;然后,按照新的持股比例视同自取得投资时即采用权益法核算进行调整。”根据该规定计算得出的结果与上述做法的结果应当是一致的。沿用上例数据,测算如下:

(1) 按照新的持股比例确认本投资方应享有的原子公司因增资扩股而增加净资产的份额=外部投资者 C 的出资额 3 000 万元×新的持股比例 40%=1 200(万元)。

(2) 应结转持股比例下降部分所对应的长期股权投资原账面价值=长期股权投资原账面价值 1 000 万元×(原持股比例 100%-新持股比例 40%)=600(万元)。

(3) 应确认的当期投资收益=①-②=1 200-600=600(万元)。

(4) 新的持股比例视同自取得投资时即采用权益法核算进行调整的影响金额=股权比例稀释时点上的 B 公司留存收益余额 500 万元×40%=200(万元)。

会计调整分录与上面做法下相同。

(二) A 公司合并报表层面的处理

1. 在持股比例变为 10%的情况下,在 A 公司个别报表层面已将剩余股权转入可供出售金融资产核算,并以丧失控制权之日的公允价值作为该金融资产的初始成本,个别报表层面对该金融资产的确认和计量原则与合并报表层面一致,故在个别报表层面已按前述“A 公司个别报表层面的处理”之 1. 所述方法进行处理的前提下,在编制合并报表时,无需作进一步的调整处理。

2. 在持股比例变为 75%的情况下,属于在不丧失控制权的前提下部分处置子公司股权。应按《企业会计准则第 33 号——合并财务报表(2014 年修订)》第四十九条的规定处理。在合并报表层面调整权益(通常为资本公积)的金额=外部股东增资额-增资日 B 公司的增资后净资产×(1-75%)。

3. 在持股比例变为 40%的情况下,A 公司丧失了对 B 公司的控制权。根据《企业会计准则第 33 号——合并财务报表(2014 年修订)》第五十条关于丧失对子公司控制权时合并报表层面处理原则的规定:“对于剩余股权,应当按照其在丧失控制权日的公允价值进行重新计量。处置股权取得的对价与剩余股权公允价值之和,减去按原持股比例计算应享有原有子公司自购买日或合并日开始持续计算的净资产的份额之间的差额,计入丧失控制权当期的投资收益,同时冲减商誉。与原有子公司股权投资相关的其他综合收益等,应当在丧失控制权时转为当期投资收益。”即对于剩余的 10%或者 40%股权应按照控制权丧失日的公允价值(通常根据新股东的增资价款按比例推算)作为合并报表层面的处置后成本,后续根据是否对被投资企业保留重大影响,分别采用成本法或者权益法核算。但在保留重大影响的情况下，虽然个别报表和合并报表层面都采用权益法核算，但权益法核算的基础和结果不同(详见《计学撮要 2011》第 322～325 页中的问题解答“丧失对子公司控制权但仍保留共同控制或重大影响的处理”)。

继续采用前面“(一)A 公司个别报表层面的处理”部分中对“A 公司持股比例变为 40%”情形下的举例中的数据，说明 A 公司于丧失控制权之日在其合并报表层面的处理。于 2013 年 6 月 1 日，A 公司在合并报表层面应确认的丧失控制权收益计算如下：处置股权取得的对价(0)＋剩余 40%股权的公允价值(2 000万元)－丧失控制权之日 B 公司账面净资产(1 500 万元)×原持股比例(100%)＝500 万元。在 A 公司合并报表层面，后续对 B 公司的 40%股权投资采用权益法核算的成本基础为该 40%剩余股权于丧失控制权之日的公允价值 2 000 万元，而不同于个别报表层面的 1 600 万元。相应地，在丧失对 B 公司控制权但保留重大影响的情况下，后续 A 公司虽然在个别报表和合并报表层面对 B 公司的 40%股权投资均采用权益法核算，但在不同报表层面，权益法核算的基础和长期股权投资、投资收益、其他综合收益等的计量金额均可能存在差异。

问题 3-1-11 股东非同比例增资导致原控股股东丧失控制权的会计处理

问题：

各股东对公司非同比例增资，导致原控股股东丧失控制权时，该原控股股东应如何进行会计处理？

背景：

2013 年 1 月，A 公司对 B 公司出资 15 829 600.00 元(85 万元计入实收资本，其他计入资本公积)，持股比例为 85%，另一股东 C 公司持股 15%。自此 B 公司成为 A 公司的子公司。

2013 年 1 月 B 公司在 A 公司出资后的净资产金额

净资产状况	B公司净资产金额
实收资本	1 000 000.00
资本公积	17 623 149.51
盈余公积	
未分配利润	－14 467 297.32
净资产合计	4 155 852.19

2014 年 1 月，A 公司及 C 公司同时对 B 公司增资，增资前 B 公司实收资本 100 万元，增资后为 2 000 万元，增资后双方持股比例分别变更为 49%及 51%。股东双方均以人民币现金出资的方式参与本次增资扩股。其中 A 公司共计投资资金人民币 1 000 万元，其中 895 万元作为注册资本投入，105 万元作为目标公司资本公积金投入；C 公司共计投入资金人民币 1 775.51 万元，其中 1 005 万元作为注册资本投入，770.51 万元作为目标公司资本公积金投入。

2014 年 1 月 B 公司增资前的净资产金额

净资产状况	金额
实收资本	1 000 000.00
资本公积	17 623 149.51
盈余公积	
未分配利润	－24 831 384.25
净资产合计	－6 208 234.74

已知 2013 年 1 月和 2014 年 1 月的两次增资不属于“一揽子交易”。

根据上述背景信息,A 公司于 2014 年 1 月对 B 公司第二次增资丧失控制权后如何确认长期股权投资?

解答:

我们理解此处所讨论的应当是 A 公司个别报表层面对 B 公司的长期股权投资账面价值处理问题。合并报表层面只需根据《企业会计准则解释第 4 号》第四条和《企业会计准则第 33 号——合并财务报表》(2014 年修订)第五十条的规定,按照稀释后剩余 49%股权的公允价值对丧失控制权之日对 B 公司的剩余股权投资进行计量即可。

在 A 公司的个别报表层面,参考《企业会计准则第 2 号——长期股权投资》(2014 年修订)第十五条的规定:“投资方因处置部分权益性投资等原因丧失了对被投资单位的控制的,在编制个别财务报表时,处置后的剩余股权能够对被投资单位实施共同控制或施加重大影响的,应当改按权益法核算,并对该剩余股权视同自取得时即采用权益法核算进行调整;处置后的剩余股权不能对被投资单位实施共同控制或施加重大影响的,应当改按《企业会计准则第 22 号——金融工具确认和计量》的有关规定进行会计处理,其在丧失控制之日的公允价值与账面价值间的差额计入当期损益。在编制合并财务报表时,应当按照《企业会计准则第 33 号——合并财务报表》的有关规定进行会计处理。”由于修订后的长期股权投资准则规定的衔接办法是追溯调整,因此对于该项发生于 2014 年 1 月的丧失控制权事项,在 2014 年度财务报表中的处理实际上是遵循 2014 年修订后的长期股权投资准则的规定。

建议按以下步骤处理:

第一步:2014 年 1 月,A 公司和 C 公司按原持股比例(85%:15%)对 B 公司同步增资 2 775.51 万元,其中 A 公司出资 23 591 835.00 元,B 公司出资 4 163 265.00元,A 公司的投资成本相应变为 39 421 435.00 元:

借:长期股权投资　　23 591 835.00
　贷:银行存款　　23 591 835.00

第二步:完成第一步后,A 公司将其所持 B 公司的 36%股权(85%－49%)按此次增资价格为 23 591 835.00 元超出实际增资额 1 000 万元的差额为 13 591 835.00元出售给 C 公司,并确认处置损益。需结转的该 36%股权的对应成本为 16 696 137.18 元(39 421 435.00×(36%/85%))

借：银行存款　　13 591 835.00

　　贷：长期股权投资　　16 696 137.18

　　　　投资收益　　−3 104 302.18

第三步，对于剩余的 49%股权[成本 22 725 297.82 元](39 421 435.00−16 696 137.18)视同自 2013 年 1 月取得时起即进行权益法核算，将 2013 年 1 月—2014 年 1 月期间 B 公司的净亏损额−10 364 086.93 元[(−24 831 384.25)−(−14 467 297.32)]按比例予以确认，调整期初未分配利润−5 078 402.60 元[(−10 364 086.93)×49%]。

借：利润分配——未分配利润　　5 078 402.60

　　贷：长期股权投资——损益调整　　5 078 402.60

相应地，经调整后的长期股权投资账面价值＝22 725 297.82−5 078 402.60＝17 646 895.22(元)。

验算：

(1) 2014 年增资后 B 公司净资产：21 546 865.26 元。

其 49%为：10 557 963.98 元。

(2) 2013 年出资时形成的商誉金额：15 829 600.00−4 155 852.19×85%＝12 297 125.64(元)。

其(49%÷85%)为：7 088 931.25 元。

(3) 调整后长期股权投资账面价值应为：(1)＋(2)＝17 646 895.23 元，与上面方法计算的结果相同(有尾差，可忽略)。

问题 3-1-12　公司通过持有项目公司股权间接享受土地增值收益或通过为项目公司提供服务获取收入时的会计处理

问题：

如下文背景资料所述，A 公司通过转让项目公司股权或者为项目公司提供服务获取收益时如何进行会计处理？

背景：

A 公司主要从事土地资产管理业务，具体业务模式为由公司市场人员寻找开发程度低于 50%的地块，A 公司购买该地块后，会针对该地块成立一家公司(有时拥有该地块的业主已经针对该地块成立了一家开发公司，则会继续沿用该开发公司的法人框架)(上述两种情况，A 公司称之为项目公司)。A 公司取得项目公司全部或部分股权后，通过取得对项目公司的控制权或通过与项目公司签订的协议等，实现对该地块提供方案设计、项目管理等服务工作，一般不进行后期的开发工作，待方案完成后，将所持项目公司股权一并转让，获取收入。在持有项目公司股权期间，也可能会根据协议，从项目公司取得项目管理服务收入。在持有项目公司股权的过程中，可能会发生持有目的的变化，即持有股权的目的从出售改变为从项目公司的持续经营过程中获取利益分配(仅存在于持有少数股权情况)。在持有多数股权的情况下，存在完成方案设计，并转让部分股权后，还持有少数股权的情况，A 公司可能会改变持有这部分股权的目的，即持有股权的目的从出售改变为从项目公司的持续经营过程中获取利益分配。A 公司在收购项目公司股权过程中，可能会因资金紧张，引进信托公司共同购买项目公司股权，A 公司对相关收益享有劣后受益权。A 公司也可不收购项目公司股权，而仅提供方案设计、项目管理等服务，主要取决于 A 公司是否能够对土地提供方案设计、项目管理等服务。

解答：

根据背景资料分析，A 公司的业务模式可以理解为：取得一块土地(以项目公司股权为法律上的表现形式，下同)后，通过提供方案设计、项目管理等服务使该土地升值，然后通过出售土地实现相应的升值收益。其收益的来源应主要包括三部分：①该期间内该土地(裸地)的自然升值；②通过提供方案设计、项目管理等服务使土地的附加值提升；③项目管理服务等劳务性质的收入。

1. 在个别报表层面，由于该业务模式以项目公司为载体，即 A 公司直接持有的是项目公司的股权，而并不直接拥有土地，因此在个别报表层面仍应体现为一项股权投资而不是存货。相应地，对所持股权投资的核算应适用《企业会计准则第 2 号——长期股权投资》及其应用指南和相关准则解释的规定；基于所持股权而获取的股权处置收益(即上述第①、②两项)应确认为投资收益；基于所提供的管理服务，在公允的基础上向项目公司收取的服务费(即上述第③项)，应按照《企业会计准则第 14 号——收入》规定的“提供劳务模式”确认为营业收入：

(1) 如果这部分劳务的公允价值能够可靠确定(例如，有单独提供此类劳务的情况时，根据单独提供劳务情况下应收取的价款金额作为该劳务的公允价值)，则 A 公司应按照所提供劳务的公允价值，借记“长期股权投资——项目公司”科目，贷记“营业收入”科目；项目公司应根据接受劳务的公允价值，借记“开发成本”等相关科目，贷记“资本公积”科目。

(2) 如果这部分劳务的公允价值不能可靠确定，则 A 公司不确认相关的营业收入。如果针对此项劳务的提供，A 公司发生了可直接归属的成本的，则可将此类成本借记“长期股权投资——项目公司”科目。

2. 在合并报表层面，A 公司应当对照《企业会计准则第 33 号——合并财务报表》(2014 年修订)的规定，评估其对于各项目公司是否拥有控制权。

(1) 对于拥有控制权的项目公司，应纳入合并报表范围。在合并报表层面，基于“实质重于形式”的原则和对其业务模式的上述分析，可将项目公司所持有的土地在合并报表层面列报为存货，并把项目公司股权的处置价款确认为营业收入，以及把相应的项目公司净资产(主要为土地存货)结转营业成本。A 公司为项目公司提供方案设计、项目管理等服务所发生的成本，在实现收益(处置项目公司股权并导致丧失控制权)之前应当增加存货成本，A 公司向项目公司收取的劳务价款作为合并范围内的内部交易予以抵销。如果后续处置项目公司股权后仍保留部分少数股权并意图长期持有的，则将这部分少数股权确认为长期股权投资，并按照《企业会计准则第 2 号——长期股权投资(2014 年修订)》第十五条第二款和《企业会计准则第 33 号——合并财务报表》(2014 年修订)第五十条的相关规定进行后续计量。

如果引入信托公司,A 公司持有劣后收益权的,则首先对照《〈企业会计准则第 33 号——合并财务报表〉(2014 年修订)应用指南》"权力来自表决权之外的其他权利"部分(见该准则单行本第 40～42 页)中所列的各项条件,判断 A 公司能否对该信托实施控制;其次应当根据对信托条款的分析,确定所引入的信托资金是否实质上属于借款。如果实质上属于借款(例如,保障信托的优先级受益人的本金安全和取得固定收益,不受项目公司的经营业绩和土地公允价值变动的影响),则在合并报表层面将通过信托方式融入的资金确认为一项负债,同时将以信托名义持有的项目公司股权视同 A 公司所持有的股权纳入合并报表。

(2) 对不具备控制的项目公司,对其股权投资在合并财务报表中仍列报为"长期股权投资",如果对项目公司具有重大影响或者共同控制的,在合并报表层面仍采用权益法核算。处置收益仍反映在"投资收益"项目中,但在"投资收益"项目的附注中可以增补相关明细资料的披露。此时,与前述对项目公司具有控制权时的情况类似,A 公司仍应采用适当的方式确定所提供的方案设计、项目管理等服务的公允价值,相应确认提供这些劳务的收入;但鉴于项目公司将这部分劳务的价值计入其开发成本而不是直接计入损益,即存在顺流交易的未实现损益,故在权益法核算时,应按比例抵销该顺流交易的未实现损益。如果这些劳务的公允价值不能可靠确定,则 A 公司不确认提供这些劳务的收入,但应把提供这些劳务所发生的成本增加对项目公司的长期股权投资的账面价值。

为了使报表使用者能够更准确、全面地理解 A 公司的业务模式,即投资和处置项目公司股权是业务模式的内在组成部分,与通常意义上不属于企业主营业务的"投资"存在区别,A 公司可参照原《企业会计制度》下的《投资公司会计核算办法》(财会[2004]14 号)规定的投资公司利润表格式和中国证券业协会发布的《证券投资基金会计核算业务指引》(中证协发[2007]56 号)规定的证券投资基金利润表格式,对利润表的格式进行一定调整,例如可以把属于正常业务组成部分和必要环节的投资所产生的收益移到"主营业务收入"下披露,作为"主营业务收入"的一个子项。

如果不持有项目公司股权,不享有土地增值收益且不承担土地公允价值变动风险,仅仅提供方案设计、项目管理等劳务赚取收入的,则按照《企业会计准则第 14 号——收入》规定的"提供劳务模式"确认劳务收入,并结转相应成本。

问题 3-1-13 将股权投资从金融资产模式转换为权益法核算时,被投资企业净资产公允价值的确定问题

问题:

将股权投资从金融资产模式转换为权益法核算时,被投资企业净资产公允价值如何确定?

背景:

2013 年年末,为增加 A 公司净资产,省国资委无偿向 A 公司划转 B 集团 7%的股权。A 公司原持有 B 集团 13.5%的股权,作为可供出售金融资产核算;此次划转后,A 公司成为 B 集团第二大股东,股权比例 20.5%。

2013 年年末,由于仅仅发生股权比例的变化,A 公司对被投资单位的影响和决策权无实质性变化,在 2013 年年末仍作为可供出售金融资产核算。

2014 年,A 公司拟通过股东大会重组董事会,以在本年达到对 B 集团的重大影响。但是在从金融资产核算模式转换为权益法的会计处理中,需要获取被投资方净资产的公允价值。2012 年,B 集团股东进行过股权转让,该笔交易是无关联关系的双方,在熟悉交易标的、且自愿的前提下进行的公平交易,故 A 公司拟以该笔交易额换算 B 集团 2014 年 6 月 30 日净资产的公允价值。

解答:

本案例中,A 公司拟作为参照的股权转让交易发生于 2012 年,距离本次股权划转的基准日(2013 年年末)已有一年以上,在该期间内确定公允价值所依据的关键估值参数可能已发生重大变化。因此,以 2012 年交易推算 2014 年 6 月 30 日公允价值是不可行的。

根据《企业会计准则第 2 号——长期股权投资(2014 年修订)》第十四条第一款规定:投资方因追加投资等原因能够对被投资单位施加重大影响或实施共同控制但不构成控制的,应当按照《企业会计准则第 22 号——金融工具确认和计量》确定的原持有的股权投资的公允价值加上新增投资成本之和,作为改按权益法核算的初始投资成本。原持有的股权投资分类为可供出售金融资产的,其公允价值与账面价值之间的差额,以及原计入其他综合收益的累计公允价值变动应当转入改按权益法核算的当期损益。

《〈企业会计准则第 2 号——长期股权投资〉(2014 年修订)应用指南》在此基础上,将金融资产模式转换为权益法核算的具体操作方法进一步明确如下:

(一)公允价值计量转权益法核算 原持有的对被投资单位的股权投资(不具有控制、共同控制或重大影响的),按照金融工具确认和计量准则进行会计处理的,因追加投资等原因导致持股比例上升,能够对被投资单位施加共同控制或重大影响的,在转按权益法核算时,投资方应当按照金融工具确认和计量准则确定的原股权投资的公允价值加上为取得新增投资而应支付对价的公允价值,作为改按权益法核算的初始投资成本。原持有的股权投资分类为可供出售金融资产的,其公允价值与账面价值之间的差额,以及原计入其他综合收益的累计公允价值变动应当转人改按权益法核算的当期损益。

然后,比较上述计算所得的初始投资成本,与按照追加投资后全新的持股比例计算确定的应享有被投资单位在追加投资日可辨认净资产公允价值份额之间的差额,前者大于后者的,不调整长期股权投资的账面价值;前者小于后者的,差额应调整长期股权投资的账面价值,并计入当期营业外收入。

从经济实质而言,从金融资产模式转换为权益法核算,意味着取得了对被投资企业的共同控制或重大影响,因而应当作为一项“跨越会计处理界线”的重大经济事项,视同按取得共同控制或重大影响之日的公允价值处置原持有的股权,随即按该日的公允价值购入一项对被投资企业具有共同控制或重大影响的股权,所以在核算方法转换后,应当以“原股权投资的公允价值加上为取得新增投资而应支付对价的公允价值”作为改按权益法核算的初始投资成本,该“公允价值”是指被投资企业整体公允价值中对应于投资方所持股权的部分(除了包含可辨认净资产的公允价值以外,还包括商誉因素),该投资成本与取得被投资企业可辨认净资产于当日的公允价值份额之间的差额,为投资成本中隐含的商誉或者负商誉因素。

因此,在核算方法转换日,需要取得两方面的公允价值:一是被投资企业净资产的整体公允价值中归属于投资方所持股权的部分;二是被投资企业可辨认净资产公允价值中的相应份额。这两项公允价值很可能是不同的,两者的差额即为投资成本中所包含的商誉或负商誉(其中商誉不单独确认)。

在实务操作中,如果投资方在核算方法转换日进行了增持股权的交易,且没有证据表明该增持股权的交易作价是显失公允的,则通常可以依据该增持股权的交易价格按比例推算出此前原持有的作为金融资产核算的股权在核算方法转换日的公允价值。但在本案例中,新增的 13.5%股权系在之前通过无偿划拨的方式取得,没有当天或近期的股权交易作价可供参考,此时只能依据《企业会计准则第 39 号——公允价值计量》的规定,通过采用适当的估值技术确定所持有的总共 20.5%股权于核算方法转换日的公允价值,即这部分股权对应的被投资企业净资产整体价值份额。

对于可辨认净资产公允价值的确定,可采用类似于非同一控制下企业合并中购买日的“购买对价分摊”方法确定,具体可参考《〈企业会计准则第 20 号——企业合并〉应用指南》第四条“非同一控制下的企业合并”之“(四)购买方应当按照以下规定确定合并中取得的被购买方各项可辨认资产、负债及或有负债的公允价值”中的相关指引确定。实务中通常需聘请评估机构以核算方法转换日为基准日,进行以“购买对价分摊”(Purchase Price Allocation, PPA)为目的的评估加以确定,并需根据《企业会计准则解释第 5 号》第一条的规定,注意识别和计量被投资方账面上未单独予以确认和计量,但对投资方而言符合可辨认性标准的无形资产项目。

问题 3-1-14 对“单一资产实体”的投资,但对该实体没有控制、共同控制或者重大影响时,应如何对该项投资进行核算的问题

问题:

对“单一资产实体”的投资,但对该实体没有控制、共同控制或者重大影响时,应如何对该项投资进行核算?

背景:

A 公司持有 B 高速公路公司 1.67%的股权,价值 9 015 040.00 元,作为可

供出售金融资产核算,但因该股权投资无活跃市场,公允价值不能可靠确定,故按成本进行后续计量。

B 高速公路公司与某省政府约定,改公司经营期限为 30 年,30 年届满后该高速公路无偿交还给政府,即 B 高速公路公司解散。从 2013 年起至经营期限结束还有 17 年,但长期股权投资准则和金融工具确认和计量准则均无对此类金融资产的成本可以进行摊销的规定,故 A 公司用该项股权投资成本除以 17,得出每年应计提长期股权投资减值准备的金额为 530 296.47 元。

2013 年,A 公司计提长期股权投资减值准备 530 296.47 元;2013 年收到 B 高速公路公司分红 1 262 482.67 元,作为投资收益核算。

解答:

由于本案例中的被投资企业是高速公路项目公司,其唯一业务是特定高速公路的 30 年运营业务,因此被投资企业属于《计学撮要 2013》的问题 3-2-1“收购‘单一资产实体’是否构成业务合并”所定义的“单一资产实体”。此问题可以归结为:对“单一资产实体”的投资,但对该实体没有控制、共同控制或者重大影响时,应如何对该项投资进行核算的问题。我们认为,对于此类投资,可以采用以下两种方法之一核算,但一旦选择其中一种处理方式,即构成本会计主体的一项会计政策,应当一贯地运用于所有同类或类似交易。

1. 侧重于交易法律形式的处理方式。

因为该交易在法律形式上体现为对公司法人的股权投资,根据《企业会计准则第 2 号——长期股权投资(2014 年修订)》的规定,对被投资企业没有控制、共同控制或者重大影响时,应适用《企业会计准则第 22 号——金融工具确认与计量》。根据《企业会计准则第 22 号——金融工具确认和计量》的规定,无活跃市场、公允价值不能可靠确定的“三无”长期股权投资在金融工具准则下应归类为可供出售金融资产。因此在会计上将该投资确认可供出售金融资产,如果 B 高速公路在活跃市场中没有报价且其公允价值不能可靠计量的,则应当根据《企业会计准则第 22 号——金融工具确认和计量》第三十二条的规定,按照成本进行后续计量。

同时,由于 B 高速公路的未来现金流高度依赖于 B 高速公路所拥有的特定高速公路经营权,由于经营权有期限限制,随着年限递增,该资产的未来经济利益流入潜力逐步被消耗,导致可供出售金融资产账面价值(初始成本)高于其可收回金额(通常取未来现金流量现值),因此对可收回金额低于账面价值的部分应根据《企业会计准则第 8 号——资产减值》的规定计提减值准备。但此处所计提的减值准备金额并不是按照初始投资成本除以剩余经营权年限,而是需在每年年末对剩余经营年限内的预计现金净流量以适当的折现率[通常取加权平均资本成本率(WACC)]折现后的金额,因此其损益影响在各年度之间不一定是均衡的。

2. 侧重于交易经济实质的处理方式。

一方面 B 高速公路公司是一个“单一资产实体”,其未来现金流高度依赖于具有不可替代性的特定可辨认资产(本案例中为特定高速公路的 30 年经营权)，但另一方面，在可供出售金融资产核算模式下(具体采用成本法进行后续计量)，虽然B高速公路公司逐年对相关的固定资产或无形资产进行折旧或摊销，但这部分折旧或摊销不能直接按比例反映到投资方的可供出售金融资产价值和投资收益中；同时，一方面确认投资收益，另一方面计提减值准备的方式在逻辑上也存在矛盾之处，不便于理解。因此，通过对该交易经济实质的分析，可以采用“穿透”处理的方法，即不考虑该项目公司的法律形式，认为A公司所持有的资产虽然名义上是B高速公路公司的股权，但实质上是一项按份共有的高速公路经营权中的1.67%份额。因此，不将该项资产确认为可供出售金融资产，而是将其按照实际取得成本确认为一项“其他非流动资产”，自取得之日起在该高速公路的剩余经营年限内摊销，摊销额计入“其他业务成本”，在B高速公路公司宣告分配现金股利时，视同取得一项让渡资产使用权收入，按照《企业会计准则第14号——收入》对让渡资产使用权收入的确认和计量原则的规定进行处理，确认为其他业务收入。即，在该种处理模式下，是将所持有的资产视作一项按份共有资产中的相应份额，而不是一项金融资产，类似于按比例确认其在B高速公路公司的收入和成本中应享有的相应份额。

问题3-1-15 能否依据股东与被投资单位高管存在身份重合而认定具有重大影响

问题：

投资单位的股东在被投资单位担任董事、监事或高级管理人员，能否据此判断投资单位对被投资单位施加重大影响？

背景：

1999年11月，C公司作为主要发起人，与A公司并联合其他股东，发起设立B公司。自2001年8月以来，A公司持有B公司3%的股权，系B公司的第二大股东，且A公司管理层对B公司的持有意图系长期持有。截至2014年12月31日，A公司16个职工股东在B公司分别担任董事、董秘、监事、总经理、副总经理、总工程师等职务。

解答：

我们认为，背景资料中的证据不足以支持A公司对B公司具有重大影响、应采用权益法核算的判断。

结论基础：

关于判断对被投资单位是否具有重大影响的相关指引，《企业会计准则第2号——长期股权投资》(2014年修订)及其应用指南有详细说明，此处不再赘述。

这里需要着重指出的是：B公司的高管大部分系A公司的股东，不可以理解为A公司在B公司董事会或类似权力机构中派有代表、向被投资单位派出管理人员。本案例中，B公司的高管与A公司的股东存在身份重合情况，但这并不能表明这些高管是A公司以其自身名义，基于其作为B公司股东的身份任命的,同时这些高管在作出关于B公司的财务和经营政策等相关活动决策时,并不会以A公司的利益最大化作为其首要考虑因素。即,虽然存在B公司高管与A公司股东身份重合的情形,但这些高管并不是A公司任命的,也不是基于其作为A公司股东的身份而成为B公司高管的。这些存在身份重合情形的高管和董事不能视为A公司派驻于B公司的代表,A公司也不能利用其股东与B公司高管的身份重合推动其所提出的财务、经营政策方面的议案获得B公司董事会和股东大会的通过,从而实现其自身利益的最大化。因此,身份重合不是判断具有重大影响的充分、适当的审计证据。鉴于A公司对B公司的持股比例只有3%,因此应当认为A公司对B公司不具有重大影响,其持有B公司的股权投资应作为金融资产,按照《企业会计准则第22号——金融工具确认和计量》的相关规定进行核算。

问题 3-1-16 是否构成合营安排的判断及会计处理

问题:

如下文背景资料所述,A公司、B公司的合作是否属于合营安排? A公司、B公司分别如何进行会计处理?

背景:

A公司是一铸造企业。A公司以其场地、设备、原材料a1与B公司合作经营生产某种产品。

A公司生产完成原材料a1后,将其送到相关场地,由B公司提供原材料b1,并由B公司员工利用这些A公司提供的设备加工完成产成品d1。

A公司、B公司在合作经营协议中约定:

1. 合作经营双方约定合作经营安排的相关活动的决策由A公司和B公司一致同意才能作出。

2. 此种经营安排下,产成品d1只能由B公司销售给A公司,并由B公司向A公司开具货物销售发票,A公司开销售发票给D公司(终端客户)。

3. A公司承担场地、设备、原材料a1的成本及与生产加工相关的其他费用,如水费、电费等,以及将产成品d1运输到D公司运费等。

4. B公司承担完成加工所需的人工费用及相关辅料的成本。

5. 对除上述第3、第4项外产生的资产、负债、成本、费用由A、B公司按其共同经营份额分别确认。

解答:

1. 根据《企业会计准则第40号——合营安排》的相关规定:

第二条 合营安排,是指一项由两个或两个以上的参与方共同控制的安排。合营安排具有下列特征:

(一) 各参与方均受到该安排的约束;

(二) 两个或两个以上的参与方对该安排实施共同控制。任何一个参与方都不能够单独控制该安排,对该安排具有共同控制的任何一个参与方均能够阻止其他参与方或参与方组合单独控制该安排。

第五条 共同控制，是指按照相关约定对某项安排所共有的控制，并且该安排的相关活动必须经过分享控制权的参与方一致同意后才能决策。

本准则所称相关活动，是指对某项安排的回报产生重大影响的活动。某项安排的相关活动应当根据具体情况进行判断，通常包括商品或劳务的销售和购买、金融资产的管理、资产的购买和处路、研究与开发活动以及融资活动等。

第九条 合营安排分为共同经营和合营企业。

共同经营，是指合营方享有该安排相关资产且承担该安排相关负债的合营安排。

合营企业，是指合营方仅对该安排的净资产享有权利的合营安排。

第十一条 未通过单独主体达成的合营安排，应当划分为共同经营。

单独主体，是指具有单独可辨认的财务架构的主体，包括单独的法人主体和不具备法人主体资格但法律认可的主体。

如本案例背景所述，合作经营协议约定：合作经营安排的相关活动的决策由A公司和B公司一致同意才能作出；产成品d1只能由B公司销售给A公司，再由A公司销售给D公司(终端客户)。如果产成品d1的销售价格、终端客户D公司的选定等事宜是A公司与B公司共同确定并在合作协议中明确约定，则上述合作经营属于合营安排。否则，上述合作经营实质由A公司控制。

2. 根据《企业会计准则第40号——合营安排》第十五条规定：

合营方应当确认其与共同经营中利益份额相关的下列项目，并按照相关企业会计准则的规定进行会计处理：

（一）确认单独所持有的资产，以及按其份额确认共同持有的资产；

（二）确认单独所承担的负债，以及按其份额确认共同承担的负债；

（三）确认出售其享有的共同经营产出份额所产生的收入；

（四）按其份额确认共同经营因出售产出所产生的收入；

（五）确认单独所发生的费用，以及按其份额确认共同经营发生的费用。

如本案例背景所述，合作经营协议3～5条约定了A公司、B公司各自承担的成本费用项目，由此，如果根据上述问题1中的分析，判断该合作经营为合营安排，则A公司、B公司按照约定分别核算各自承担的成本费用；如果根据上述问题1中的分析判断该合作经营为A公司实质控制，则A公司参照委托加工业务核算，B公司参照受托加工业务核算。

问题3-1-17 待处置的原子公司剩余股权能否认定为持有待售及其后续计量原则

问题：

如下文背景资料所述，A公司对于尚未完成转让的C公司的20%股权应如何进行处理？

背景:

2012 年 12 月 5 日,A 公司与 B 公司及 4 名自然人就 A 公司全资子公司 C 公司股权事宜签署了《股权转让协议》。A 公司将持有的 C 公司 100%股权按照协议约定的条件和条款进行转让,股权总价款为 11 600 万元人民币。其中,分两次分别向 B 公司转让所持标的股权的 70%和 20%,对应转让价款分别为8 120万元和 2 320 万元,两次交易独立完成;向 4 名自然人转让所持标的股权的 10%,对应转让价款为 1 160 万元。上述首次向 B 公司及 4 名自然人转让股权的处置日及相关股权的工商登记日期为 2012 年 12 月 31 日。第二次向 B 公司转让股权的时间为 2014 年 3 月 31 日,即 B 公司在 2014 年 3 月 31 日前或不迟于该日支付第二次股权受让款。若 B 公司能在 2014 年 3 月 31 日前支付第二次股权转让款,则 A 公司同意将其在过渡期(首次交割日至二次交割日的期间)内持有的 C 公司 20%股权对应的股东权益让渡给 B 公司。同时约定:B 公司未按本协议约定的期限支付股权受让款的,每逾期一天,按应付款总额的万分之五支付滞纳金,逾期超过 20 天的,A 公司有权解除合同。

A 公司 2013 年度财务报表批准报出日(同时为审计报告日)为 2014 年 3 月 27 日,截至该日,B 公司尚未支付第二期股权转让款。因 2013 年度财务报表的批准报出日在约定的第二次交割日之前,注册会计师取得了 A 公司管理层关于继续执行该协议的确认函,同时向 B 公司函证,B 公司回函确认继续执行该项协议。根据 A 公司、B 公司合同约定及其执行该协议的意向,双方最终可能实际执行的价格最大可能性是合同原约定的 2 320 万元,其可变现净值为 2 320 万元,因而 2013 年度会计报表按权益法确认 20%股权对应的投资收益,同时按其与可能的交易价格 2 320 万元之间的差额计提减值准备。

截至 2014 年 12 月 18 日,双方尚未完成股权二次交割,因 B 公司未按时支付第二期股权转让款(因 2014 年 3 月 31 日目标公司经审计的财务报告未出),双方对 2013 年度及 2014 年度的收益归属及滞纳金支付存在一定分歧,目前尚未形成书面文件。

解答:

根据背景资料介绍,我们理解,虽然 A 公司向 B 公司转让 C 公司 70%和 20%股权的交易是在同一份协议中约定的,但这两项交易彼此独立,并不是互为前提,并不构成《企业会计准则第 33 号——合并财务报表》(2014 年修订)第五十一条所指的“一揽子交易”。在第一项交易已于 2012 年内完成的情况下,后一项交易实际上是单独处置联营企业股权(假设在持股 20%期间,A 公司能够对 C 公司施加重大影响)。

根据背景资料的说明,“截至 2013 年度报告报出日,B 公司尚未支付第二期股权转让款,因 2013 年度报告报出日在约定的二次交割日之前,注册会计师取得 A 公司管理层关于继续执行该协议的确认函,同时向 B 公司函证,B 公司确认继续执行该项协议”,即根据当时可获取的信息分析,该项股权转让交易的完成具有高度可能性。对照《企业会计准则第 30 号——财务报表列报》(2014 年修订)第四十二条规定的"持有待售非流动资产"判断标准(该组成部分必须在其当前状况下仅根据出售此类组成部分的惯常条款即可立即出售;企业已经就处置该组成部分作出决议,如按规定需得到股东批准的,应当已经取得股东大会或相应权力机构的批准;企业已经与受让方签订了不可撤销的转让协议;该项转让将在一年内完成),在 2013 年年末,应认为符合认定为"持有待售非流动资产"的条件。根据《企业会计准则第 2 号——长期股权投资》(2014 年修订)第十六条第一款规定,"对联营企业或合营企业的权益性投资全部或部分分类为持有待售资产的,投资方应当按照《企业会计准则第 4 号——固定资产》的有关规定处理",即 2013 年年末对其按转入持有待售状态时的原账面价值和预计可收回金额两者孰低计量。因此我们理解 2013 年年末的账务处理(期末计量金额为预计可收回金额 2 320 万元)基本是符合企业会计准则规定的。

根据 2014 年年内的最新发展情况看,我们理解到 2014 年年末,选择是否解约的主动权在 A 公司手中,A 公司可以选择对其自身最有利的处理方式。鉴于"双方对 2013 年度及 2014 年度的收益归属及滞纳金支付存在一定分歧,目前尚未形成书面文件",表明该 20%股权转让交易能否最终获得履行存在较大不确定性,因而截至 2014 年年末,该 20%股权投资已不再符合《企业会计准则第 30 号——财务报表列报》(2014 年修订)第四十二条规定的"持有待售非流动资产"判断标准。根据《企业会计准则第 2 号——长期股权投资》(2014 年修订)第十六条第二款规定:"划分为持有待售的对联营企业或合营企业的权益性投资,不再符合持有待售资产分类条件的,应当从被分类为持有待售资产之日起采用权益法进行追溯调整。分类为持有待售期间的财务报表应当作相应调整"。即,对 2013 年度的报表应按对该 20%股权进行权益法核算的要求进行追溯调整,包括对 2013 年年末计提的减值准备予以追溯调整,视同该项减值准备从未计提过(而不是将已计提的减值准备予以转回)。但在 2014 年年末,应根据当前的最新发展变化考虑该项股权投资是否已经发生减值,考虑是否需在 2014 年年末对其计提减值准备(但不是作为持有待售非流动资产)。

问题 3-1-18 长期股权投资和可供出售金融资产的区分

问题:

在同一合并集团内,各个公司是否可以根据持有的不同目的,将持有的对同一被投资单位的股权投资在各自报表上分别列报为长期股权投资和金融资产?如可以分别列报在不同的报表项目中,则在集团合并报表层面,又应如何处理?

背景:

F 公司为深圳证券交易所上市公司。A 公司直接及间接持有 F 公司股权比例为 58.68%。股权结构如下:

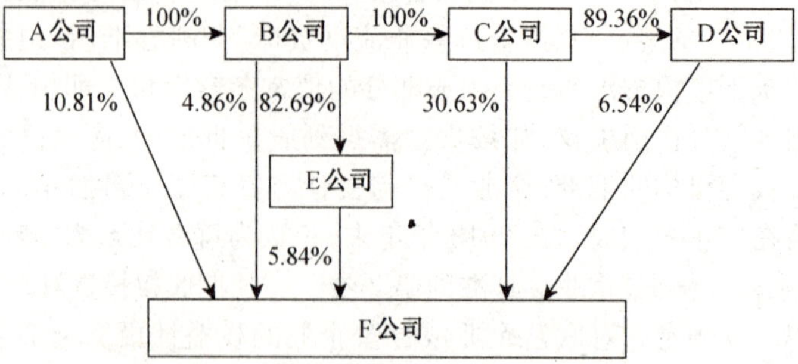

如图所示,E 公司及 D 公司分别持有 F 公司 5.84%和 6.54%的股权,该股权为以前年度形成的限售股,因公司未及时解除限售,至今在深交所交易系统中仍为限售股。

解答:

根据《企业会计准则第 2 号——长期股权投资(2014 年修订)》(以下简称“CAS 2”)和《企业会计准则第 22 号——金融工具确认和计量》(以下简称“CAS 22”)的规定,企业(合并报表准则所定义的投资性主体,以及 CAS 2 所指的“风险投资机构、共同基金以及类似主体”除外,下同)对其所持有的对其他企业的股权投资,应按照以下规定确定其所适用的会计核算模式:

首先判断本企业(本会计主体)自身对被投资方是否具有控制、共同控制或重大影响。这一判断必须完全基于本企业自身的情况作出,不能考虑本企业所属集团的母公司或其他成员企业对被投资单位是否具有控制、共同控制或重大影响的因素,但应将本企业的子公司所持有的被投资方股权纳入考虑。

其次,根据上一步骤的判断结果作出如下处理:

1. 如果本企业对被投资方具有控制、共同控制或重大影响的(包括通过本企业的子公司间接持有部分股权,直接持股和间接持股综合起来,使本企业具有控制、共同控制或重大影响的情形),则不论本企业对该被投资方的直接持股比例多大,均应作为长期股权投资,根据本企业与被投资方之间关系的性质,采用成本法或权益法核算。

2. 如果本企业对被投资方不具有控制、共同控制或重大影响的(“三无”股权投资),则本企业应将对该被投资方的股权投资作为金融资产,根据 CAS 22 进行核算。通常情况下,只有对具有活跃市场、可随时出售变现的上市公司股票投资,且管理层具有在短期内出售获利的明确意图的情况下,才能被分类为交易性金融资产;其他情形的“三无”股权投资应分类为可供出售金融资产。

3. 虽然同一企业集团内的不同母子公司在其各自的单独财务报表中根据其自身对被投资方是否具有控制、共同控制或重大影响的判断确定了其自身直接持股的核算模式,从而对同一被投资方的股权投资在不同成员企业的各自单独财务报表中有不同的核算模式,但是在合并报表层面,应根据合并集团整体上对该被投资方是否具有控制、共同控制或重大影响,重新确定合并报表层面对该被投资方的核算模式，并在合并报表层面进行相应的“视角差异调整”（如需要）。其中：

(1) 合并集团整体上对某一被投资方具有控制权的，应将其作为子公司纳入合并财务报表的合并范围，集团内所有企业对其所持股权（无论在各直接持股单位自身报表中如何核算）均作为内部对该子公司的持股予以抵销。

(2) 合并集团整体上对某一被投资方具有共同控制或重大影响的，应将其作为合并集团的合营企业或联营企业，集团内所有企业对其持股均调整为权益法核算。但是，对于集团内的风险投资机构、共同基金以及类似主体持有的该被投资方部分股权，可根据 CAS 2 第九条规定的“公允价值计量选择权”条款，选择继续以公允价值计量且其变动计入损益的核算模式（即交易性金融资产）。

因此，在合并报表层面，除了选择适用 CAS 2 第九条所规定的“公允价值计量选择权”的情形以外，不同成员企业对同一被投资方的股权投资应采用相同的核算模式。

如果合并集团总体上对某一被投资方不具有控制、共同控制和重大影响的，则在合并报表层面，各成员企业所持有的该被投资方股权投资均作为金融资产核算。在金融资产核算模式下，如果不同成员企业持有同一被投资方的股权投资的意图不同的，可在合并报表层面继续保留在初始取得投资时按相应成员企业的持有意图而对其作出的金融资产分类（即在合并报表层面，对同一被投资方的股权投资，部分作为交易性金融资产，部分作为可供出售金融资产），但根据 CAS 22 第十九条规定，后续持有期间不得改变初始确认时所确定的金融资产类别。

在本案例中，根据背景资料分析，首先在各家公司的单体报表层面所持股份均按本公司与被投资方之间关系的性质及持有意图分类为长期股权投资、交易性金融资产、可供出售金融资产等，其中 E 公司和 D 公司持有对 F 公司的股权（分别持股 5.84%、6.54%）因各自均不对上市公司具有控制、共同控制和重大影响，而列示为可供出售金融资产（根据 CAS 22 的规定，“可供出售金融资产”是金融资产四分类中的“剩余类别”，将金融资产归入该类别并不受到实际能否出售该金融资产的限制）。但对于合并报表主体来说，持有的同一上市子公司的股权所享有的股东权益和承担的股东义务应该是完全平等的，在合并报表层面，不应将持有的同一公司的股权人为划分为“长期股权投资”和金融资产。因此，在 A 公司合并报表层面不能将对 F 公司的投资分别列示在长期股权投资和可供出售金融资产，均应列入长期股权投资，并作为集团持有的子公司股份而进行合并抵销，不构成合并报表层面的少数股东权益。

已被作为“长期股权投资”核算的股权投资，除非后续丧失对被投资方的控制、共同控制或重大影响，否则不应转为金融资产核算。对长期股权投资有明确的处置意图，但尚未实际处置的，不能将其转入金融资产核算，但可对照《企业会计准则第 30 号——财务报表列报》第四十二条和 CAS 2 第十六条的规定，判断能否将其转为“持有待售非流动资产”进行核算和列报。

第二节 企业合并和合并财务报表的相关问题

问题 3-2-1 是否属于多次交易实现非同一控制下企业合并的判断以及在合并报表中的处理

问题:

当购买方分多次向被购买方增资或购买其原股东所持股权时,如何确定这些交易是属于多次交易实现的非同一控制下企业合并(非"一揽子交易"),还是属于通过"一揽子交易"实现的非同一控制下企业合并?

背景:

A 公司原注册资本 500 万元,2013 年 6 月,B 集团(原先与 A 公司无任何关联方关系)认缴 510 万元,2013 年 6 月 27 日出资到位 310 万元,其中 300 万元为新增出资,10 万元为购买原股东股权。2013 年 6 月 27 日,A 公司增资后实收资本变更为 800 万元,B 集团此时实际出资比例占实收资本的 38.75%,约定余款 200 万元缴纳时间为 2013 年 11 月 28 日。2013 年 11 月 28 日,B 集团按约定缴纳剩余出资 200 万元,A 公司的注册资本及实收资本变更为 1 000 万元,其中 B 集团持有比例为 51%。

问题是:B 集团合并 A 公司是否属于通过多次交换交易实现非同一控制下企业合并?

解答:

1. 是否属于通过多次交易完成的非同一控制下企业合并。

此问题的关键是判断:①2013 年 6 月 27 日和 11 月 28 日的两次增资是否构成"一揽子交易"(对照《企业会计准则第 33 号——合并财务报表》(2014 年修订)第五十一条规定判断);②在这两次增资的间隔期间,B 集团对 A 公司持股 38.75%,能否据此对 A 公司实施控制,即有权主导 A 公司的相关活动,并据此享有可变回报,并可利用其权力影响该可变回报。

具体分为以下三种情况:

(1) 如果认定两次交易构成"一揽子交易"的,则不属于"通过多次交易完成的非同一控制下企业合并",该交易属于一次性完成的企业合并(只是分期支付价款),购买日为 2013 年 11 月 28 日第二次增资完成后。

本案例中判断两项交易是否构成"一揽子交易"应考虑的因素包括(但不限于):是否在第一次交易前,双方即已签订总体框架协议,明确了交易应达到的最终目标,并对交易的步骤和各步骤的时间等作出了相应的安排;两项增资的后果是否互相影响,例如假设第二次增资未如期注入,是否可能导致第一期增资和受让的股权需退出并恢复到第一次交易前的状态;等等。

(2) 如果认定两次交易不构成"一揽子交易",但在 6 月 27 日的股权转让和增资交易完成后,B集团即已取得对A公司的控制权的,则不属于“通过多次交易完成的非同一控制下企业合并”,该交易的购买日为2013年6月27日第一次增资和股权转让交易完成后,后续第二次增资属于收购少数股权。

(3)如果认定两次交易不构成“一揽子交易”,但在6月27日的股权转让和增资交易完成后,B集团尚未取得对A公司的控制权,直到11月28日第二次增资交易完成后才取得对A公司的控制权的,则属于“通过多次交易完成的非同一控制下企业合并”,该交易的购买日为2013年11月28日第二次增资交易完成后。

2. 于2013年6月27日B集团是否能够控制A公司。

购买日的确定需要结合《〈企业会计准则第20号——企业合并〉应用指南》第二条和《企业会计准则讲解》(2010)第324页所述的五项条件,考虑在2013年6月27日B集团是否能够实质控制A公司。如上述(2)(3)两种情形所述,在排除属于“一揽子交易”的前提下,如果满足相关要求,以2013年6月27日为购买日,从该日起(实务中可从2013年7月1日起)将A公司纳入B集团的合并范围;如果到2013年11月28日才满足上述要求的,则应自2013年11月28日起(实务中可从2013年12月1日起)将A公司纳入B集团的合并范围。

3. 如果能够以2013年6月27日作为购买日[上述情形(2)]。

B集团在购买日编制合并报表时,应按照38.75%的比例计算其在A公司于6月27日的可辨认净资产公允价值中所享有的份额,据此计算商誉或计入当期损益的金额;以及按38.75%比例计算其于6月27日至11月28日期间内的损益和其他权益变动中所享有的份额。后续11月28日第二次增资到51%时,按购买少数股权处理。但双方的协议中对此另有约定的除外。

4. 如果不能够以2013年6月27日作为合并日[上述情形(1)、(3)]。

如果确定以2013年11月28日为购买日的,则应在该购买日进行企业合并的会计处理,并自该日起将A公司纳入B集团的合并报表范围。

如果在2013年6月27日B集团不能控制A公司,但可以对产生重大影响的[上述情形(3)],则应在个别报表中按实际出资比例38.75%对A公司进行权益法核算,直至2013年11月28日出资200万元到位并据此可对A公司实现控制时,将2013年11月28日作为购买日编制合并报表。此时,B集团个别报表层面的会计处理按照《企业会计准则第2号——长期股权投资》(2014年修订)第十四条第二款规定执行,合并报表层面的会计处理按照《企业会计准则第33号——合并财务报表》(2014年修订)第四十八条规定执行。

问题3-2-2 对联营企业的股权投资自身是否构成一项独立的“业务”

问题:

对联营企业的股权投资自身是否构成一项独立的“业务”?

背景:

A公司计划进行重大资产重组,将其除对B公司、C公司的长期股权投资以外的全部资产负债剥离给其控股股东D公司,然后向特定单位发行股份购买资产,重组基准日为2014年6月30日。

A公司对B公司投资占比为49%,采用权益法核算,B公司目前正常经营。

C公司已倒闭,A公司对其股权投资和往来款项已全额计提长期股权投资减值准备和坏账准备。

解答:

对被投资单位不具有控制权,且与投资方的其他资产或资产组不存在协同效应或规模效应的股权投资,不构成《企业会计准则第20号——企业合并》及其应用指南和讲解所指的"业务"。

结论基础:

根据《企业会计准则第20号——企业合并》及其应用指南和讲解的规定,业务是指企业内部某些生产经营活动或资产负债的组合,该组合具有投入、加工处理过程和产出能力,能够独立计算其成本费用或所产生的收入等,可以为投资者等提供股利、更低的成本或其他经济利益等形式的回报。有关资产或资产、负债的组合具备了投入和加工处理过程两个要素即可认为构成一项业务。对于取得的资产、负债组合是否构成业务,应当由企业结合实际情况进行判断。

对被投资单位不具有控制权,且与投资方的其他资产或资产组不存在协同效应或规模效应的股权投资,虽然可以为其投资方(股东)带来股息和股权转让收益等经济利益流入,但这些经济利益流入并不是通过将"加工处理过程"作用于"投入"所获得的,更多地类似于一项"孳息",因此不构成一项"业务"。

如果对被投资单位不具有控制权,则即使该股权对应的被投资单位自身构成"业务",该业务的投入和加工处理过程等要素也不在投资方控制下,不能视为该投资方自身的投入和加工处理过程。此时如果该项投资与投资方的其他资产或资产组不具有协同效应或规模效应,则对该投资方自身而言,该项股权投资只是一项普通的金融资产(财务性投资),不能为其带来常规的股息和股权转让收益以外的其他经济利益。由于该项金融资产自身不具有独立的投入和加工处理过程,因此其自身不可能成为一项独立的业务;又因为该项投资的独立性较大,与投资方的其他资产或资产组之间不具有协同效应或规模效应,所以也不能成为一个更大的业务的组成部分。总之,其既不可能自身构成一项独立业务,也不可能成为一项更大的业务的组成部分,因此该项股权投资不构成"业务"。

本案例中,A公司保留的两项长期股权投资中,C公司已倒闭,不再具有投入、加工处理过程和产出能力;B公司是一个独立的公司,A公司持有49%的股权,对其不具有控制权,故A公司所持股权不构成"业务"。

问题3-2-3 分次收购公司及执行新准则相关问题

问题:

如下文背景资料所述,B公司收购C公司是否构成分步实现非同一控制下企业合并？如何进行会计处理？

背景：

A公司注册成立于2007年11月，申请设立登记的注册资本为180万美元，其中B公司认缴的注册资本为80万美元，另外100万美元由C公司认缴(C公司最终控制人是B公司最终控制人之妹，其妹已加入外国籍)。2007年11月，B公司将原值2 587 966.56元、净值2 449 505.26元的与生产保健品、日用品等生产线相关的机器设备、车辆、电子设备等实物资产用于对A公司出资，该等实物资产的评估原值为2 532 971.70元、净值为2 432 206.16元；按当日汇率折算后的出资金额为美元26.67万元。2008年1月B公司以货币对A公司出资53.33万美元。A公司于2009年2月新增注册资本220万美元，全部由C公司认缴。截至2013年6月30日，A公司的注册资本为400万美元，实收资本为258.849 916万美元，其中B公司认缴注册资本80万美元，实际出资80万美元。B公司对A公司的认缴注册资本80万美元占注册资本400万美元的比例为20.00%；实际出资80万美元占其实收资本258.849 916万美元的比例为30.91%。

B公司2013年1月3日同C公司签署股权转让协议，C公司同意将其持有的A公司69.09%的股权连同与之相关的全部权利义务转让给B公司，转让价款为76万加元。2012年12月27日，B公司已经支付了相当于人民币510万元的收购款，且向工商行政管理局提交了工商变更申请，2013年1月6日正式受理工商变更，改选了董事会成员等，收购行为完成。

解答：

(1) 本案例首先需要确认企业合并的性质：从“C公司最终控制人是B公司最终控制人之妹，其妹已加入外国籍”这一点来看，B、C公司的最终控制人不是同一人，虽然系兄妹关系，但一般来说兄妹之间利益也是独立的，这与其国籍无关。因此，判断其属于非同一控制下企业合并的可能性相对较大。另外，因为B原持有被合并公司的30.91%的股权，再次收购应为分步实现的非同一控制下企业合并。

(2) 分步实现的非同一控制下企业合并的会计处理：在该项交易应界定为非同一控制下企业合并的前提下，相应的准则依据为《企业会计准则第2号——长期股权投资》(2014年修订)第十四条第二款(个别报表层面)和《企业会计准则第33号——合并财务报表》(2014年修订)第四十八条(合并报表层面)，应注意购买方的合并报表和个别报表层面的处理原则有所不同。即：①个别报表层面，在个别财务报表中，应当以购买日之前所持被购买方的股权投资的账面价值与购买日新增投资成本之和，作为该项投资的初始投资成本；购买日之前持有的被购买方的股权涉及其他综合收益的，应当在处置该项投资时将与其相关的其他综合收益(例如，可供出售金融资产公允价值变动计入资本公积的部分，下同)转入当期投资收益；②在合并财务报表中，对于购买日之前持有的被购买方的股权，应当按照该股权在购买日的公允价值进行重新计量，公允价值与其账面价值的差额计入当期投资收益；购买日之前持有的被购买方的股权涉及权益法核算下的其他综合收益等的，与其相关的其他综合收益等应当转为购买日所属当期投资收益。

具体可根据《企业会计准则讲解》(2010)第 331 页的以下指引进行处理：

通过多次交换交易分步实现的非同一控制下企业合并，企业在每一单项交换交易发生时，应确认对被购买方的投资。投资企业在持有被投资单位的部分股权后，通过增加持股比例等达到对被投资单位形成控制的，应分别每一单项交易的成本与该交易发生时应享有被投资单位可辨认净资产公允价值的份额进行比较，确定每一单项交易中产生的商誉。达到企业合并时应确认的商誉(或合并财务报表中应确认的商誉)为每一单项交易中应确认的商誉之和。在合并财务报表中，对于购买日之前持有的被购买方的股权，应当按照该股权在购买日的公允价值进行重新计量，确认有关投资收益，同时将与其相关的其他综合收益转为投资收益，并在附注中作出相关披露。

通过多次交易分步实现的非同一控制下企业合并，应按以下顺序处理：

一是对长期股权投资的账面余额进行调整。购买方应当以购买日之前所持被购买方的股权投资的账面价值与购买日新增投资成本之和，作为该项投资的初始投资成本；购买日之前持有的被购买方的股权涉及其他综合收益的，应当在处置该项投资时将与其相关的其他综合收益转入当期投资收益。

二是比较达到企业合并时每一单项交易的成本与交易时应享有被投资单位可辨认净资产公允价值的份额，确定每一单项交易应予确认的商誉或是应计入发生当期损益的金额。购买方在购买日确认的商誉(或计入损益的金额)应为每一单项交易产生的商誉(或应予确认损益的金额)之和。

三是对于购买日之前持有的被购买方的股权，应当按照该股权在购买日的公允价值进行重新计量，确认有关投资收益，同时将与其相关的其他综合收益转为投资收益。

问题 3-2-4　由国家主导的控股企业合并是否属于同一控制下的企业合并

问题：

由国家主导的控股企业合并是否属于同一控制下的企业合并？

背景：

××省省委、省政府 2014 年 5 月发布的《关于深化国有企业改革的意见》提出要大力推进国有经济战略性调整，分类推进调整重组中明确提出：“支持产业相近、行业相关、主业相同的国有企业加快实施资源整合。……加快完成省铁路集团、A 工程咨询设计集团的组建”。

2013 年 12 月 11 日，××省人民政府《××省人民政府关于组建 A 工程咨询设计集团公司的批复》文件，同意整合 B 设计院、C 工程咨询公司、D 设备工程招标有限公司、E 成套招标有限公司，组建 A 工程咨询设计集团公司。2014 年 6 月 30 日，××省人民政府将省交通规划院整体划入 A 工程咨询设计集团有限公司，而省交通规划院根据《××省机构编制委员会关于省交通厅所属事业单位调整的批复》文件列入转企改制单位范围，并撤销了事业编制，但至今未完成转企改制工作。

××省国资委下发文件对各单位股权进行划转，且划转基准日均为2014年6月30日，划转股权的价值以经省国资委核准的资产评估结果为准，并作为国资委对A工程咨询设计有限公司的出资，具体情况如下表。

具体出资情况

序号	单位名称	出资人	股权比例
1	B设计院	省国资委	74%
2	D设备工程招标有限公司	省国资委	100%
3	C工程咨询有限公司	省国资委	100%
4	省交通规划设计院	原为省交通厅	100%
5	E成套招标有限公司	省国资委	100%

解答：

根据中国证监会《上市公司执行新会计准则协调小组工作小组会议纪要》(2007年第2期)："根据会计部与财政部会计司协调会议精神，对同一控制条件下的企业合并的认定应把握从严控制原则，公司通常应将同一企业集团内部所进行的企业合并认定为同一控制条件下的企业合并；对于国家或地方国资委控制下的企业之间发生的企业合并，通常应按照个案实际情况进行认定。"

此外，2009年年末，财政部会计司原司长刘玉廷在署名文章《严格遵守会计准则 提供高质量财务报告 认真履行社会责任》中指出："近年来，企业合并会计已经成为会计准则执行中较为普遍的热点难点问题，其核心是涉及大量的职业判断。比如，如何认定同一控制下的企业合并与非同一控制下的企业合并，主要是看其是否完全按照公平公正的市场交易规则自愿达成，如果交易实质上属于符合市场交易规则自愿达成的，通常属于非同一控制下的企业合并；反之，如果交易不属于自愿达成的，就属于合并双方资产、负债的简单整合，一般应当认定为同一控制下的企业合并"。

但也需要指出：认定是否为"同一控制下的企业合并"应当依据企业会计准则，而不是证券监管或者其他监管规定。由于不同方面的规定出发点不同，当基于不同方面的规定对同一事项的判断出现差异时，就会计处理和报表列报、附注披露而言，应以基于会计准则得出的结论为准。

因此，由××省省委、省政府《关于深化国有企业改革的意见》中的相关内容可以判断，A工程咨询设计集团公司的组建是××省政府对国有资产重新整合布局的大规模行动的一部分，而非重组企业之间按市场原则自愿谈判达成，国资委实质在此项交易中实施了控制，是交易的直接发起者和推动者，并非国有资产监管者履行合并方案审批职能。如无国资委的主导和控制，此项合并不能完成。就本案例而言，涉及的几家公司除省交通规划设计院外，均由当地国资委出资且实际控制，由各方的共同出资人即当地国资委决定将四家公司的股权无偿划转至A工程咨询设计集团公司，国资委系基于股东身份作出这一决定，该交易应不属于“符合市场交易规则自愿达成”，因此可视为同一控制下企业合并。

对于B设计院、D设备工程招标有限公司、C工程咨询公司而言，其划转批文中均明确“划转资产的价值以经省国资委核准的资产评估结果为准，并作为省国资委对A工程咨询设计有限公司的出资”，即另外三家企业是由省国资委以股权出资方式投入A工程咨询设计集团有限公司的，且经过了评估。在此情况下，如果作价金额(所增加的A工程咨询设计有限公司注册资本和实收资本金额)是按照该等目标企业于基准日(2014.6.30)的净资产评估值确定，则在A工程咨询设计有限公司的个别报表层面，对该三家公司的长期股权投资的初始确认金额也只能按照基准日评估值，以免出现个别报表层面资本公积出现借方余额，给人造成“出资不足”的印象。在A工程咨询设计有限公司的合并报表层面，应完整体现“同一控制下企业合并”的会计处理原则。

当地省政府将省交通规划院整体划入A工程咨询设计集团有限公司，代表对省交通规划院履行出资人职责的单位发生了变化(由省交通厅变为省国资委)，应认定为一项非同一控制下的企业合并。但鉴于此类无偿划转通常并不经过评估，以及财政部会计司、证监会会计部等有关人士在一些公开讲课中透露的信息和与他们的沟通结果，对于此类涉及无偿划转的非同一控制下企业合并，合并方(划入方)可按照股权所在标的公司净资产账面价值的相应份额借记“长期股权投资”科目，同时贷记“资本公积”科目，但在合并方编制合并报表时不追溯调整合并日之前的数据。

问题 3-2-5　投资行为的经济实质判断

问题：

根据下文背景资料所述，A公司如何判断其所持有的对C公司股权投资的经济实质？如何核算对C公司的投资？

背景：

A公司与B公司签订合作经营协议，约定由A公司出资2 550万元、B公司出资2 450万元组建C公司，A公司占比51%。双方另行签订借款合同，按合同约定，A公司的出资款由B公司法定代表人以借款的形式支付给A公司，A公司在收到该借款后将其投入C公司作为出资，以A公司持有的C公司31%的股权作为质押，且质押期间由B公司享有与该部分质押股权相关的表决权、分红权等股东权利。同时双方签订委托经营协议，约定C公司日常经营由B公司负责，且A公司在该项投资中不承担被投资企业的经营亏损等损失，如果C公司发生经营亏损，则以A公司投资总额2 550万元为上限，B公司承担A公司的损失，即按照亏损额相应免除A公司向B公司法定代表人所借的款项。

本案例中,A 公司为网站运营商,拥有经济信息发布相关资质和网络平台;C 公司从事经济信息发布业务,其信息发布使用 A 公司的平台。

解答:

根据上文背景分析,首先 A 公司的出资是向 B 公司法定代表人借款的,同时借款期间,A 公司将其投资 C 公司所占 31%的股权质押给 B 公司,并在质押期间让渡了该 31%股份相关的分红权等股东权利。其次从委托经营管理协议来看,实质的日常经营都是由 B 公司负责,而 A 公司只是配合,即被投资企业的财务和经营政策完全由对方决定[从《企业会计准则第 33 号——合并财务报表(2014 年修订)》的角度,则是被投资企业的相关活动完全由对方主导,A 公司不具有主导被投资方的权力]。同时,A 公司在该项投资中也不承担被投资企业的经营亏损等损失。所以从实质控制的角度来看,对照《企业会计准则第 33 号——合并财务报表(2014 年修订)》中的"控制"定义和判断标准,A 公司不具备对 C 公司的控制权,不能合并 C 公司的报表。

会计上的处理应遵循"实质重于形式"的要求,从经济实质来看,在上述投资中,更倾向 A 公司代持了部分股份,由于 31%股权质押给了 B 公司,A 公司实际享受的风险和报酬仅有 20%的部分。具体的会计处理可能要进一步视双方对于具体收益的分配以及是否判定出资款即为 A 公司的平台使用费而定。例如,该交易的经济实质可能被认定为:A 公司以无偿取得 C 公司的 20%股权为对价,让渡相关媒体平台的使用权,如果是,则可能需要根据《企业会计准则第 14 号——收入》关于让渡资产使用权收入的确认和计量的相关规定,将该 20%股权的公允价值(在新公司设立日的公允价值为 1 000 万元)在合作期内分期确认为让渡资产使用权收入。

问题 3-2-6 被购买方是否构成"业务"的判断及相应的会计处理

问题:

根据下文背景描述,C 公司的现有资产及业务是否构成"业务"? A 公司收购 C 公司如何进行处理?

背景:

2013 年 9 月 30 日,A 公司与自然人 B 签订股权转让协议,双方约定自然人 B 将其持有的 C 公司 100%股权以 2 065 万元的价值转让给 A 公司。同时双方约定,2013 年 10 月 1 日前,A 公司向自然人 B 支付转让款 1 000 万元,2014 年 4 月 1 日前,再支付剩余的 1 065 万元,股权转让的基准日为首笔股权转让款支付日,基准日之前 C 公司发生的债权债务由自然人 B 自行承担,之后的债权债务关系由 A 公司承担,并约定分两次办理完全部的工商变更,第一次为 2013 年 10 月 30 日前完成 90%的股权变更,第二次为 2014 年 10 月 1 日前办理完剩余的 10%的股权变更。实际执行中,A 公司于 2013 年 10 月 9 日向 B 支付股权转让款 1 000 万元,并于 2013 年 12 月 25 日完成了 C 公司的第一次工商变更登记(该次变更后,A 公司持有 C 公司 90%的股权,B 持有 C 公司 10%的股权,变更后按持股比例享有表决权)。

C公司自2011年3月24日成立至收购日基本无生产经营活动产生,也无相应的人员。该公司2013年12月31日的简要报表(因无经营,本年报表数据基本无变动)列示如下。

简 要 报 表

单位:元

项 目	金额	项 目	金额
货币资金	66 134.42	未交税金	26.25
其他应收款	1 977 918.10	实收资本	20 000 000.00
在建工程	387 560.00	未分配利润	−16 443.83
无形资产——土地使用权	17 551 969.90		
小计	19 983 582.42	小计	19 983 582.42

按双方约定基准日前C公司发生的债权债务由自然人B自行承担,故剥离约定由原股东B承担的债权债务后,C公司的报表项目仅剩余货币资金、在建工程、土地使用权等。同时C公司未持有任何注册商标及专利等知识产权。

A公司2013年8月聘请专业机构对相关资产进行了专业评估。评估结果显示,除上述债权债务及货币资金、在建工程、土地使用权外,无其他未入账的资产负债项目。

解答:

问题1:是否构成"业务"及相关处理

根据《企业会计准则第20号——企业合并》及其应用指南、讲解的规定,业务是指企业内部某些生产经营活动或资产负债的组合,该组合具有投入、加工处理和产出能力,能够独立计算其成本费用或所产生的收入。业务通常具备"投入"、"加工处理过程"和"产出"三个要素。有关资产或资产、负债的组合是否构成一项业务,应结合所取得资产、负债的内在联系及加工处理过程等进行综合判断。

另外,参照IFRS体系下《国际财务报告准则第3号——企业合并》附录B(应用指南)中的规定,在判断某一组特定的活动或资产是否构成业务时,只需要考虑相关活动或资产组合是否具有独立的投入和加工处理过程,而不考虑资产出售方过去是否将其作为一项业务运作,以及购买方今后是否会将其作为一项业务来运作。不同行业的企业,以及处于不同发展阶段的企业,其业务的各构成要素的性质可能产生很大差异。其中,判断处于筹备阶段的企业是否构成业务可考虑的因素包括:该企业是否已经开始了原计划中的主要经营活动;该企业是否具备开展业务活动所需的员工、知识产权和其他投入,以及可运用于这些投入的加工处理过程;该企业是否正在实施一项旨在具备产出能力的计划;将可以赢得客户来购买其产出的产品、服务等(提示:上述要素并不要求全部齐备)。

就本案例而言,C公司自2011年3月24日成立至收购日基本无生产经营活动产生,也无相应的人员。从其报表看,影响其是否构成“业务”的判断在很大程度上取决于其账面上的在建工程(387 560元)的性质、内容和目前所处阶段。如果截至被收购时,该在建工程仍处于前期筹备阶段,尚未实体开工,则我们理解一般不影响对被收购方不构成“业务”的判断。

根据《企业会计准则讲解》(2010)中的规定,如果取得了对被购买方的控制权,但被购买方不构成业务,则:

1. 购买方(A公司)个别报表层面:长期股权投资属于企业合并以外的其他原因形成,应按照《企业会计准则第2号——长期股权投资(2014年修订)》第六条规定进行初始计量,取得投资时发生的直接交易费用计入长期股权投资成本。

2. 购买方(A公司)合并报表层面:按照《企业会计准则讲解》(2010)第309页中的提示,“如果一个企业取得了对另一个或多个企业的控制权,而被购买方(或被合并方)并不构成业务,则该交易或事项不形成企业合并。企业取得了不形成业务的一组资产或是净资产时,应将购买成本按购买日所取得各项可辨认资产、负债的相对公允价值基础进行分配,不按照企业合并准则进行处理”。据此,在本案例中,应将购买价款总额按照各项资产、负债的相对公允价值比例进行分配,没有商誉产生。个别报表层面按实际支付的对价款的公允价值确认长期股权投资;合并报表层面就是把实际支付的对价款的公允价值按被购买方各项资产的相对公允价值比例分摊到各项资产,在合并报表层面作为各项资产的初始计量金额(在被购买方不构成业务的情况下,购买方应按照资产购买进行会计处理,但不是作为权益性交易)。

问题2:购买日的判断

在本案例中,虽然款项分期支付,股权的工商变更也是分期办理,但这些交易步骤是同时谈判达成的、互为前提和条件的“一揽子交易”,其最终目的是实现A公司对被购买方的100%持股。因此,应作为一个整体进行会计处理,而不是先收购90%的控股股权再收购10%的少数股权。

本案例中,虽然不构成企业合并,但对于“购买日”的判断仍然可以参考《〈企业会计准则第2号——长期股权投资〉应用指南》第二条的相关规定,即以购买方取得被购买方控制权的日期(包括有权决定其财务和经营政策,并据此获取相应经济利益)作为购买日。

按协议规定,交易不可撤销。A公司支付首期收购款1 000万元后,即实际取得相关资产的控制权,因此,在1 000万元付出时,可以对取得的长期股权投资进行账务处理,其成本为约定的购买总价2 065万元,2013年年末将应付未付的第二期价款1 065万元确认为负债。另外,虽然协议约定在两次价款支付期间,被购买方法律上的股权架构为90%∶10%,但因为双方已约定基准日后目标公司新发生的债权债务由目标公司承担,且最终目标公司的100%股权均将由A公司持有,因此A公司在两次股权收购期间仍应按100%持股编制合并报表,在合并报表层面不确认少数股权。

问题3-2-7 同一控制下的企业合并,在追溯合并被合并方报表过程中,针对合并方通过非合并范围内关联方间接销售给被合并方的交易及未实现利润的抵销

问题:

同一控制下的企业合并,在追溯合并被合并方报表过程中,针对合并方通过非合并范围内关联方间接销售给被合并方的交易及未实现利润,应如何抵销?

背景:

A公司拟申报A股IPO。

2013年12月16日,A公司与其控股股东E公司签订股权转让协议,受让E公司持有的D公司100%股权。协议约定:协议生效后,A公司100%持有D公司股权;自2013年7月1日起,A公司依法享有D公司的净利润,并承担D公司在经营过程中的经营风险。于2013年12月下旬,A公司已支付约定款项的60%。此合并为同一控制下的企业合并,合并日为2013年12月31日。2013年12月的同一控制下合并的目的是基于A公司作为未来上市、经营战略的规划,以及根据IPO规范运作的要求消除同业竞争、减少和规范关联交易。

2013年度,A公司销售给D公司、E公司和非合并范围内关联方F公司的销售额为人民币316 729 142.95元,约占总收入的82.59%;2012年度,A公司销售给E公司、F公司的销售额为人民币395 236 304.59元,约占总收入的86.45%。

2012年度交易如下图。

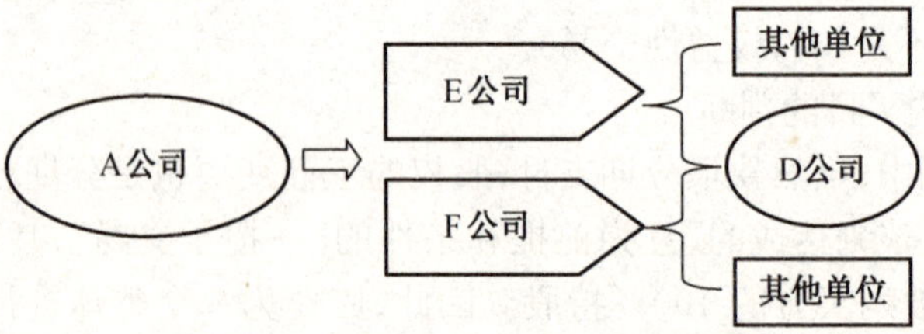

注:(1)A公司销售给E公司、F公司毛利率为25%;后两者销售给其他单位以及D有限公司毛利率为10%左右。

(2) E公司、F公司分别对D公司的销售收入,约占其各自报表营业收入的50%左右。

2013年度交易如下图。

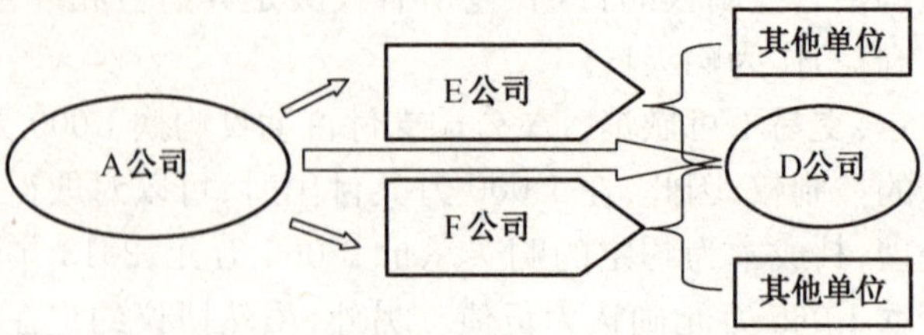

注:(1)A公司销售给E公司、F公司毛利率为25%;后两者销售给其他单位以及D有限公司毛利率为10%左右。

(2) E公司、F公司分别对D公司的销售收入,约占其各自报表营业收入的50%左右。

(3) 2013年度A公司逐渐减少对E公司的销售,直接销售给D公司。

截至2012年12月31日D公司账面存货余额10 789 053.00元;截至2013

年 12 月 31 日 D 公司账面存货余额 50 304 009.00 元。

截至 2012 年 12 月 31 日 E 公司、F 公司账面存货余额初步估计约 3 000 万～4 000 万元；截至 2013 年 12 月 31 日 E 公司、F 公司账面存货余额为零。

解答：

问题 1：相关交易是否应在合并报表层面进行抵销处理

根据背景资料介绍，A 公司同一控制下收购 D 公司，D 公司持有大量由 A 公司出售给该两公司共同的控股股东 E 公司、合并范围外关联方 F 公司后再次转售给 D 公司的存货。

注册会计师需要分析交易的经济实质，对照《企业会计准则解释第 5 号》第五条的规定，识别和判断其中是否存在“一揽子交易”安排，即这些交易是否属于同时谈判达成、互为前提和条件、旨在实现同一项商业目的的“一揽子交易”，且只有将其作为一个整体来看才是具有商业实质和合理商业理由的：

1. A 公司将货物出售给其控股股东 E 公司、合并范围外关联方 F 公司，再由这两者将货物销售给 D 公司的交易，是否属于“一揽子交易”；

2. 上述两步骤的存货购销交易，和 2013 年 12 月 A 公司同一控制下合并 D 公司的交易，是否属于“一揽子交易”。

如果可以将全部交易（尤其是两步存货购销交易）视作“一揽子交易”安排，A 公司销售给 E、F 公司的货物的前提是其后需要通过收购 D 公司，从而视同相关售出货物的回购。在此情况下，商品所有权上的主要风险和报酬没有转移，企业不应确认收入，并在 A 公司的合并报表层面，在就同一控制下合并 D 公司的事项追溯调整前期比较数据的基础上，将相关交易进行抵销，不能抵销的已支付给股东的差价部分（股东在出售给 D 公司的过程中所赚取的 10%毛利），应分析该交易的经济实质以确定在合并报表层面如何处理（例如，如果两笔购销交易的间隔时间较长，事实上具有融资性质的，则按利息支出的确认原则分期计入财务费用；如果属于变相对股东进行利润分配的，则冲减合并报表层面的留存收益）。

如果上述存货购销交易和同一控制下收购 D 并不是一个整体的“一揽子交易”安排，A 出售给 E 公司、F 公司的货物如已收到货款，并发出商品，且两个交易步骤中的毛利率和售价与正常的非关联销售相比无重大差异的，应确认收入；而 E 公司和 F 公司出售给 D 公司的货物在收购前可视为单独两个交易。D 公司与 A 公司并无直接的合并内部的交易。因此，无需要进行内部未实现利润的抵销。

在实际操作中，鉴于相关证据和分析仍有一定的主观判断成分，并非完全客观的事实证据；并考虑到 A 公司拟实施 A 股 IPO，A 公司此次收购 D 公司的目的是“基于 A 公司作为未来上市、经营战略的规划，以及根据 IPO 规范运作的要求消除同业竞争、减少和规范关联交易”，并基于谨慎性原则的考量，为避免引发质疑，也为了降低注册会计师自身的执业风险，也可考虑对相关存货采购和销售业务在同一控制下合并完成后的前期合并报表中进行抵销处理，即作为一个整体考虑，从同一控制下合并视同合并方一开始就控制被合并方而言，最终销售给D公司的交易,在D公司将相关存货对外出售前,不能完全符合销售确认条件。

在确定内部交易的抵销金额时,应注意以下问题:

(1) 由于在2012年年末和2013年6月末有部分存货仍在E公司和F公司,后来销售给D公司,并随着D公司一并在2013年12月的同一控制下合并中被重新纳入A公司的合并报表范围,在目前进行合并抵销并追溯前期比较数据时,可通过分析截至目前同一存货品种的销售数量(A公司对E公司和F公司)和采购数量(E公司、F公司对D公司),取两者中的较低者作为应予抵销的内部交易存货数量。

(2) 由于同样的货物经过一定交易流转后最终仍回到合并报表主体内,其为合并报表主体带来未来经济利益流入的能力并未增加;从另一方面讲,这部分由关联方赚取的转售毛利也不是使重新收回的货物达到当前状态和场所所必需的支出。因此在合并报表层面不能就E公司、F公司在转售过程中收取的10%毛利增加存货价值。

由于该10%毛利代表A公司合并报表主体的对外经济利益流出,在不能计入存货价值的情况下,在合并报表层面的处理只可能有两种:计入损益或直接冲减权益。具体而言,可分为以下两种情况讨论:

第一种,E公司、F公司为A公司合并报表主体提供了融资(例如,回购款的支付显著晚于销售款的收取),且该毛利金额与根据所占用的资金、占用的期限和市场利率计算的结果基本相当的,可以认为实质上是A公司合并报表主体取得融资的对价,按利息支出的确认原则在取得融资期间计入损益(符合《企业会计准则第17号——借款费用》规定的借款费用资本化条件的利息除外)。

第二种,其他情况(E公司、F公司没有为A公司合并报表主体提供融资,或者该10%毛利金额与根据所占用的资金、占用的期限和市场利率计算的结果显著不相称的),可以认为该10%的毛利实质上是A公司合并报表主体对股东的一项权益分配,像利润分配那样直接冲减权益。

另外,若在整体合并层面做交易的抵销,我们理解应对E公司、F公司两者销售给D公司的存货全部抵销相应的购销交易发生额和未实现毛利。虽然“同一控制下合并”是针对E公司而言(A公司和D公司均为其控股的子公司),但此处的交易抵销是基于最终存货又回到A公司合并报表范围内,与当初作为“过桥方”的交易对手是否为控股股东或者与本企业处于同一控制下的关联方并无直接联系,应采用同一原则处理。

问题2:在作为内部交易予以抵销的情况下,是否就期末抵销的内部未实现交易损益在合并报表层面确认递延所得税,以及确认递延所得税时所采用的税率

《企业会计准则解释第1号》第九条规定:“企业在编制合并财务报表时,因抵销未实现内部销售损益导致合并资产负债表中资产、负债的账面价值与其在所属纳税主体的计税基础之间产生暂时性差异的,在合并资产负债表中应当确认递延所得税资产或递延所得税负债,同时调整合并利润表中的所得税费用,

但与直接计入所有者权益的交易或事项及企业合并相关的递延所得税除外”。

如《计学撮要 2011》第 253～256 页的问答“集团合并报表层面与已抵销的内部交易未实现损益相关的递延所得税资产/负债的适用税率”所述，在集团合并报表层面，就已抵销的内部交易未实现损益确认递延所得税时，如果在内部交易中处于买方和卖方地位的两个法人的税务待遇（主要是适用税率）不同，则在计算递延所得税资产/负债时应使用在内部交易中处于买方地位的法人的适用税率。”据此：

(1) 对于截至期末，已经在“一揽子交易”安排下由 E 公司、F 公司销售给 D 公司，但 D 公司尚未对外出售的存货，应按照 D 公司的适用税率对该项合并报表层面与内部交易未实现损益抵销相关的递延所得税资产进行计量。

(2) 对于截至期末，已经在“一揽子交易”安排下由 A 公司销售给 E 公司或 F 公司，但 E 公司或 F 公司尚未销售给 D 公司的存货，也应把 A 公司销售给 E 公司或 F 公司时所确认的毛利予以抵销。由于最终该存货将由 D 公司购入，相应的内部交易未实现损益将通过 D 公司对外销售予以实现，因此与这部分存货的内部交易未实现损益抵销相关的递延所得税资产的计量也应使用 D 公司的适用税率。

问题 3-2-8 被合并方历史上发生过多次股权变动情况下的权益结合法运用问题

问题：

在同一控制下的企业合并中，如果被合并方的历史沿革较为复杂（报告期内多次发生股权比例变动），则如何在合并报表中就企业合并事项追溯重述其前期比较数据？

背景：

2013 年 8 月份之前，A 公司持有 B 公司 100％的股份；2013 年 9 月份由于 C 集团增资，持股比例为 95％，A 公司降为 5％；

2014 年 12 月份，A 公司通过增资方式，对 B 公司的持股比例由 5％增加到 51％，C 集团由 95％降至 49％；

A 公司、B 公司、C 集团同受 D 公司控制，且满足“控制非暂时性”的条件，因此上述两次股权重组都是发生在 D 公司控制范围内的股权重组。

如前述背景资料所示，A 公司在 2013 年、2014 年合并报表中，对 B 公司的少数股东损益按何比例确定？

解答：

本案例首先需要明确 2013 年 8 月和 2014 年 12 月的两次增资和股权比例变动的交易是否属于《企业会计准则第 33 号——合并财务报表(2014 年修订)》第五十一条所指的“一揽子交易”？

以下讨论假设两次交易互相独立，并非“一揽子交易”，即 A 公司于 2013 年 8 月丧失对 B 公司的控制权，2014 年 12 月重新获得对 B 公司的控制权。

本案例所涉及的问题是同一控制下企业合并中权益结合法运用的特殊问题,即历史沿革较为复杂(报告期内多次发生股权比例变动)的被合并方,如何在合并报表中就第二次的企业合并事项追溯重述其前期比较数据的问题。此问题在企业会计准则体系下无明确规定,在 IFRS 体系下也无指引可循。但我们理解,基于权益结合法的一般原理,A 公司合并报表层面采用以下做法应当是合理的:

1. 在整个报告期(含前期比较期间),A 公司应将 B 公司持续纳入其合并报表,其资产、负债、收入、费用均按常规方法予以合并,并按常规的合并报表编制方法对内部交易和内部往来等进行抵销处理。

2. 根据背景资料介绍的股权变动情况,在 A 公司的合并报表层面体现以下处理效果:2013 年 8 月之前,根据当时的实际情况,B 公司的 100%权益和损益均归属于 A 公司,当时没有少数股权;自 2013 年 8 月起直到 2014 年年末,B 公司的少数股权比例为 49%。即,在 A 公司的合并报表层面,应体现出一项在 2013 年 8 月将其对 B 公司的持股比例从 100%降至 51%但仍控制 B 公司的权益性交易。在该合并报表中,两次交易间隔期间(2013 年8 月至 2014 年 12 月)的权益状况是根据 2014 年 12 月后的权益状况模拟的,2014 年 12 月末的权益(含少数股东权益)状况应体现出第二次交易完成后的实际情况。在合并报表层面,根据"权益性交易"的处理原则,两次少数股东权益变动的份额(2013 年 8 月股权比例下降,2014 年 12 月视同 B 公司的两方股东同比例增资)与少数股东在两次交易中实际出资额的差额在合并报表层面调整资本公积。

问题 3-2-9 子公司改制并引入战略投资者后母公司合并报表中少数股东权益处理

问题:

子公司改制并引入战略投资者后,在其母公司的合并报表中,应如何计算少数股东权益?

背景:

A 公司为 P 集团的子公司。A 公司原系全民所有制企业,本年改制设立股份有限公司,并引入战略投资者。

假设 A 公司评估前净资产账面价值为 100 万元,评估增值 100 万元,其中"长期股权投资——B 公司"评估增值 40 万元(与原账面投资成本比较),无形资产评估增值 60 万元;B 公司为 A 公司的全资子公司,为有限责任公司,在本次改制中 B 公司未调整评估增值的资产的账面价值,A 公司对 B 公司的长期股权投资按评估增值调整后与享有 B 公司净资产之间的差额为 10 万元;A 公司已评估净资产 200 万元(原账面价值 100 万元+评估增值 100 万元),战略投资者投入 50 万元出资,P 集团占改制后 A 股份有限公司的股权比例为 80%,战略投资者占 20%。

解答：

在实体理论下的合并报表中，是把母公司股东和少数股东平等对待的，例如子公司向母公司逆流销售业务的未实现损益抵销影响需按比例分配给少数股东，同时少数股东对于其所持股的资不抵债的子公司也应承担超额亏损的相应份额。因此，合并报表层面所示的少数股东权益余额不一定等于相关子公司个别报表层面的净资产额乘以少数股东持股比例。

本案例中的A公司改制并引入战投事项可以分解为两步骤：

一是P集团先把A公司改制为全资持股的有限责任公司，此时A公司个别报表层面上的净资产为200万元(按评估值)，但因为A公司的子公司B公司自身并未改制，未按评估值进行账务调整，故其净资产仍按原账面价值体现于A公司和P集团的合并报表中，故在P集团的合并报表中，A公司的净资产价值为190万元(200－10)。P集团合并报表层面所示该步骤完成后A公司净资产价值(190万元)低于P集团个别报表层面所示的对改制后A公司的长期股权投资成本(200万元)的差额(10万元)在P集团的合并报表层面冲减资本公积。即：

(1) P集团个别报表层面对A公司改制事项的会计分录为：

借：长期股权投资——A股份有限公司	2 000 000	
贷：长期股权投资——A公司(改制前)		1 000 000
资本公积		1 000 000

(2) P集团合并报表层面，在上述个别报表层面已经入账的会计分录基础上，编制以下抵销分录，以抵销改制后A股份有限公司的净资产和P集团对其的长期股权投资：

借：股本、资本公积等(A股份有限公司合并报表)	1 900 000	
资本公积——资本溢价	100 000	
贷：长期股权投资——A股份有限公司		2 000 000

二是在第一步基础上引入外部战略投资者，战略投资者出资50万元享有A公司的20%股权，即战略投资者出资后A公司个别报表层面的净资产增至250万元，P集团合并报表层面A公司的净资产价值增至240万元(190＋50)，相应地少数股东权益份额为48万元(240×20%)，少数股东出资额与少数股东权益之间的差额2万元(50－48)在合并报表层面作为少数股东让渡给多数股东(P集团)的权益，贷记"资本公积"科目(相当于在所有步骤完成后，最终冲减合并报表层面资本公积的金额为8万元)。即该步骤完成后，P集团合并报表中抵销对A公司的长期股权投资和A公司净资产的抵销分录为：

借：股本、资本公积等(A股份有限公司合并报表)	2 400 000	
资本公积——资本溢价	80 000	
贷：长期股权投资——A股份有限公司		2 000 000
少数股东权益		480 000

问题 3-2-10 同一实质控制人控制下的企业重组的处理

问题:

如下文背景所述,F 公司收购 B 公司股权如何进行处理?

背景:

自然人 A 向香港居民(甲、乙)支付 1 200 万美元收购注册于境外 M 国的 B 矿业公司股权,同时,C 公司(注册于 M 国)与香港居民(甲、乙)签订协议,以 B 矿业公司注册资本金额 200 万当地货币单位收购 B 矿业公司股权。自然人 A 是 C 公司的最终控制人,上述交易完成后,B 公司的 100%股权由 C 公司持有,即自然人 A 和 C 公司取得 B 公司股权的对价总额为 1 200 万美元+200 万当地货币单位。

B 矿业持有四个位于 M 国的钽铌矿("矿场")的探矿权,其主要业务为对于矿场进行钽铌矿勘探,并有意开采其矿物资源。

C 公司是专为收购 B 公司股权之目的而设立的壳公司,除了持有 B 公司的 100%股权以外,无其他资产、负债和业务。

F 公司(境内上市公司)通过其子公司 D 公司收购 E 公司(BVI)持有的 C 公司 100%股权,收购价款为 1 200 万美元。协议书同时中约定:

如未能于交割日期起的 36 个月内就勘矿权证及交割日期后集团新取得的勘矿权证所载矿区范围完成详查,E 公司(BVI)将针对本次股权交易进行回购,回购价格包括 1 200 万美元及本次交易后 D 公司投入的勘探费并加上利息。

B 矿业公司的股东从香港居民(甲、乙)变更为 C 公司时,账面净资产约为注册资本,变更前尚未开始勘探活动。E 公司(BVI)控制 B 矿业后,已陆续配备相关专业人员开展矿区基础建设和初勘、试采工作。在 C 公司股东变更为 D 公司时,C 公司已构成《企业会计准则第 20 号——企业合并》及其应用指南和讲解所定义的"业务"。

D 公司收购 E 公司(BVI)持有的 C 公司 100%股权时,C 公司的账面净资产为负数。

针对 B 矿业公司的价值,历次股权变更时均未出具对其的正式评估报告,仅在 2013 年 D 公司收购 E 公司(BVI)持有的 C 公司 100%股权时,由境内的资产评估机构出具了《M 国××矿区铌钽矿矿业权价值评估咨询报告书》,以及由国内某省某地勘大队出具了《M 国××矿区铌钽矿预查报告》。

自然人 A 系 F 公司、C 公司、D 公司、E 公司的最终控制人。

股权收购前自然人 A、C 公司、D 公司、E 公司、F 公司、B 公司关系如下。

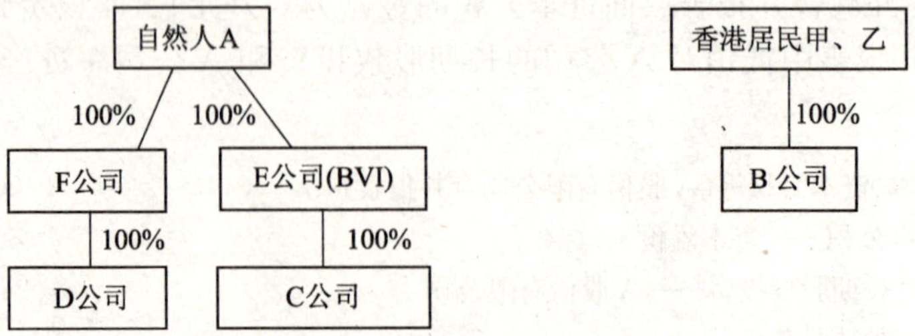

前述交易全部完成后自然人 A、C 公司、D 公司、F 公司、B 公司关系如下。

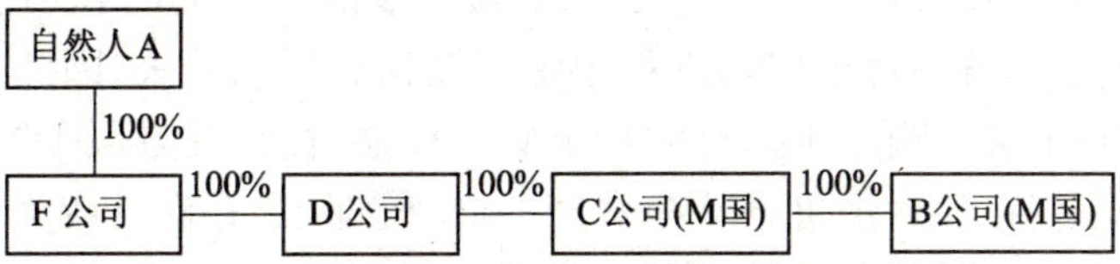

解答:

在本案例中,F 公司通过子公司 D 公司向其实际控制人自然人 A 收购了 C 公司和 B 矿业公司的股权,并取得其控制权。该交易是在实际控制人的主导下完成的,且预计收购完成后 F 公司对被收购方的控制权将在可预见的未来持续存在(即控制是非暂时性的)。且 E 公司(BVI)控制 B 矿业后,已陆续配备相关专业人员开展矿区基础建设和初勘、试采工作。在 D 公司变更为 C 公司股东时,C 公司已构成《企业会计准则第 20 号——企业合并》及其应用指南和讲解所定义的“业务”。因此,根据《企业会计准则第 20 号——企业合并》对“同一控制下的企业合并”的定义和判断标准的规定,该交易从 F 公司角度可以看作一项同一控制下的企业合并。根据会计准则规定,同一控制下企业合并的会计处理应以被合并方净资产的账面价值为基础。

但是,因为被合并方——C 公司和 B 矿业公司最初是由实际控制人自然人 A 向非关联方——香港居民甲、乙以支付现金的方式取得的,根据《企业会计准则解释第 6 号》第二条规定:“合并方编制财务报表时,在被合并方是最终控制方以前年度从第三方收购来的情况下,应视同合并后形成的报告主体自最终控制方开始实施控制时起,一直是一体化存续下来的,应以被合并方的资产、负债(包括最终控制方收购被合并方而形成的商誉)在最终控制方财务报表中的账面价值为基础,进行相关会计处理。合并方的财务报表比较数据追溯调整的期间应不早于双方处于最终控制方的控制之下孰晚的时间。”因此,本案例中作为会计处理基础的“被合并方净资产账面价值”不是指相关资产、负债(如矿区权益等)在被合并方——C 公司和 B 矿业公司自身账面上的账面价值,而是从最终控制方合并报表层面确定的账面价值。本案例中最终控制方为自然人 A,但仍可按照非同一控制下合并的一般处理原则,在假设其编制合并报表的前提下,推算这些净资产在最终控制方合并报表层面的账面价值。本案例中被合并方净资产在最终控制方合并报表层面的账面价值应当以最初取得成本(1200 万美元+200 万当地货币单位)为起点,加上后续可资本化的勘探支出等,加减自实际控制人取得对其控制权之日起到同一控制下合并日期间的净损益,持续计算到合并日的价值。

即:D 公司的个别报表层面,对该项同一控制下合并的会计处理为:

借:长期股权投资——C 公司　被购买方合并净资产在最终控制方合并报表层面的账面价值

　贷:银行存款　　1 200 万美元

　　资本公积　　(差额)

在F公司合并报表层面,虽然没有对被合并方的净资产进行过完整的评估,但是鉴于被收购方是一个矿业公司,其最主要的资产是位于M国的矿场的探矿权,其主要业务为对于矿场进行钽铌矿勘探和后续开采,因此其未来现金流量高度依赖于被收购方所拥有的特定矿区权益,被合并方属于"单一资产实体",事实上不存在独立于可辨认净资产的商誉(即,合并商誉应为零)。因此,可以从上述D公司个别报表层面的长期股权投资成本中扣除其他不重大的资产、负债公允价值(通常理解,除了矿区权益以外的其他资产、负债的公允价值和账面价值之间存在重大差异的可能性较小,故此处可以以账面价值代替公允价值)后的剩余部分,作为合并报表层面对该矿区权益的初始计量金额。

因此,本案例中虽然将此次并购交易定性为同一控制下的企业合并,但由于被合并方是最终控制方以前年度从第三方收购来的,因此在F公司的合并报表层面对该事项的处理结果与非同一控制下企业合并模式下的处理结果类似。

根据《企业会计准则讲解》(2010)第二十八章第一节中的指引:"石油天然气以外的采掘业企业的勘探和评价活动参照油气准则执行,其他活动应该按照相关准则进行处理"。据此,在F公司取得对C公司和B矿业公司的控制权后,被合并方继续从事的勘探开发活动,应参照《企业会计准则第27号——石油天然气开采》的相关规定进行会计处理,包括对勘探支出的资本化采用成果法,以及每期期末按照该准则的要求对未探明矿区权益进行减值测试等。

本次交易中虽然附带回购协议,即"如未能于交割日期起的36个月内就勘矿权证及交割日期后集团新取得的勘矿权证所载矿区范围完成详查,E公司(BVI)将针对本次股权交易进行回购,回购价格包括1 200万美元及本次交易后D公司投入的勘探费并加上利息",但该项回购承诺是实际控制人所控制的企业(此次关联方股权交易中的卖方)作出的,并不符合市场公允交易条件,因此不能成为对形成的商誉或资产组公允价值(无形资产或其他非流动资产)免于进行减值测试的合理理由。合并日后每期期末,均应按照会计准则的要求对矿区权益进行减值测试(其中,未探明矿区权益的减值适用《企业会计准则第27号——石油天然气开采》;已探明矿区权益、井及相关设施、辅助设备及设施的减值适用《企业会计准则第8号——资产减值》),如可收回金额低于账面价值的,则应确认减值损失并计入当期损益;后续如E公司(BVI)履行回购承诺,则回购价款高于届时该等股权对应的净资产价值的差额,在F公司的报表中应按权益性交易的处理原则计入资本公积处理。

问题 3-2-11 子公司吸收合并母公司的处理

问题:

子公司吸收合并母公司时注册资本如何确定?如何进行账务处理?

背景:

A公司为B公司的控股母公司,持B公司96.90%的股权,B公司的股权结构如下表。

B公司的股权结构

投资方	股份(万元)	持股比例(%)
A公司	969.00	96.90
其他股东	31.00	3.10
合计	1 000.00	100.00

A公司的账面列示的“长期股权投资——B公司”(按成本法核算)金额为17 720 220.09元。根据两公司的股东大会决议,同意以2013年6月30日为基准日,由B公司吸收合并A公司(子公司吸收合并母公司),约定子公司B公司吸收合并母公司A公司后,B公司的注册资本变更为2 631万元。吸收合并后B公司的股权结构如下表。

吸收合并后B公司的股权结构

所有者权益	金额(元)	比例(%)
C公司	11 265 476	42.82
D公司	9 680 012	36.79
其他个人股	5 364 512	20.39
合　计	26 310 000	100.00

A公司所有者权益如下表。

A公司所有者权益

所有者权益	6月30日审计金额	6月30日评估金额	6.30按评估价调整后金额(剔除长期股权投资增值)
实收资本	26 000 000.00	26 000 000.00	26 000 000.00
资本公积	5 972 020.09	329 849 828.60	7 652 142.94
盈余公积	1 438 551.51	1 438 551.51	1 438 551.51
未分配利润	−26 045 008.40	−26 045 008.40	−26 045 008.40
归属于母公司的所有者权益合计	7 365 563.20	331 243 371.71	9 045 686.05

A公司净资产评估增值323 877 808.51元,主要为长期股权投资评估增值322 197 685.66元。

B公司所有者权益如下表。

B公司所有者权益

所有者权益	6月30日审计金额	6月30日评估金额
实收资本	10 000 000.00	
资本公积	31 000.00	
盈余公积	12 412 951.13	
未分配利润	226 869 283.31	
归属于母公司的所有者权益合计	249 313 234.44	323 994 259.36

解答：

1. 根据《国家工商行政管理总局关于做好公司合并分立登记支持企业兼并重组的意见》(工商企字[2011]226 号)第二条第(五)项规定："支持公司自主约定注册资本数额。因合并而存续或者新设的公司，其注册资本、实收资本数额由合并协议约定，但不得高于合并前各公司的注册资本之和、实收资本之和。合并各方之间存在投资关系的，计算合并前各公司的注册资本之和、实收资本之和时，应当扣除投资所对应的注册资本、实收资本数额"。在本案例中，母公司原有注册资本 1 000 万元，子公司原有注册资本 2 600 万元(其中少数股东出资 31 万元)。对照上述规定，将合并后存续公司(原子公司)的注册资本和实收资本确定为 2 631 万元(2 600＋1 000－1 000＋31)是合乎上述规定的。

2. 该交易的经济实质可以理解为：首先由母公司把其对子公司的长期股权投资剥离给母公司的原股东，再由母公司的原股东把母公司的剩余净资产投入原子公司，从而完成吸收合并过程。因此，该业务可以视作子公司对母公司剥离对该子公司长期股权投资后剩余净资产和业务的合并，如果母公司剥离对该子公司长期股权投资后的剩余净资产构成企业合并准则所指的"业务"，则将构成一项企业合并，应按《企业会计准则第 20 号——企业合并》的规定进行会计处理。由于在吸收合并完成前后，存续企业的注册资本、实收资本总额和股权结构将发生重大变化，因此需要考虑站在子公司(合并方)的角度，该项合并是同一控制下的合并还是非同一控制下的合并。根据背景资料中合并后 B 公司所有者权益情况判断该次合并为非同一控制下的合并。

3. 关于吸收合并后子公司个别报表层面净资产项目的变动，我们理解：如果此处将该次吸收合并作为非同一控制下合并的处理是恰当的，则存续公司(B 公司)在接收被吸收方(A 公司，原母公司)扣除长期股权投资后的剩余净资产时，应把所接受的剩余净资产按评估值入账，同时将这些剩余净资产的评估值作为一个整体，首先把"实收资本"科目余额调整到合并方案所规定的合并后存续公司实收资本金额，再把所接受的剩余净资产评估值扣除转入实收资本后的剩余部分－24 984 534.04 元(－8 674 534.04－16 310 000)依次冲减资本公积、盈余公积和未分配利润，即吸收合并的会计分录为：

借：各项资产和负债	－8 674 534.04
贷：实收资本	16 310 000.00
资本公积(假设均为资本溢价形成)	－31 000.00
盈余公积	－12 412 951.13
未分配利润	－12 540 582.91

经上述调整后，存续公司(B 公司)的股东权益项目结构与前述 A 公司处理后情况一致，即实收资本 2 631 万元整，未分配利润 214 328 700.40 元，资本公积和盈余公积为零，合计 240 638 700.40 元。合并后 B 公司的所有者权益具体如下表所示。

合并后B公司所有者权益 单位:元

所有者权益	6月30日审计金额	母公司6月30日按评估价调整后金额(扣除长期股权投资)	权益明细调整	确定金额
实收资本	10 000 000.00	26 000 000.00	-9 690 000.00	26 310 000.00
资本公积	31 000.00	-8 629 525.64	8 598 525.64	
盈余公积	12 412 951.13		-12 412 951.13	
未分配利润	226 869 283.31	-26 045 008.40	13 504 425.49	214 328 700.40
归属于母公司的所有者权益合计	249 313 234.44	-8 674 534.04		240 638 700.40

问题3-2-12 分步交易实现同一控制下合并的处理

问题:

如下文背景资料所述,A公司通过分步交易实现对B公司的控制时应如何处理?

背景:

2010年,C公司系某中央直属大型国企,持有A公司51%以上的股权。C公司始终能够控制A公司。

2010年,C公司通过非同一控制下企业合并以25 900万元取得对B公司51.66%的股权,由此C公司取得对B公司的控制权。25 900万元的计算依据为B公司当时对应净资产的评估值,该评估值远高于B公司的净资产账面价值。

2012年,A公司通过向B公司的小股东收购股权取得对B公司14%的股权,当年按成本法核算。

2013年,A公司向C公司收购B公司23%的股权,并取得董事会席位,因此2013年A公司对B公司采用权益法核算,在计算投资收益时按取得该23%股权之日公允价值对B公司的账面价值进行调整后计算投资收益。

2014年8月,A公司拟向C公司收购B公司28%的股权,一旦收购完成,A公司将持有B公司51%以上的股权。

C公司从2010年开始,将B公司纳入合并范围,在编制合并财务报表时,按B公司的账面价值直接合并,并将账面价值对应净资产的份额和初始投资25 900万元的差额,确认为商誉。

B公司自2010年开始,每年年末都委托外部评估机构进行评估。

解答:

1.《企业会计准则第20号——企业合并》第五条规定:“参与合并的企业在合并前后均受同一方或相同的多方最终控制且该控制并非暂时性的,为同一控制下的企业合并。”该准则讲解进一步指出:“控制并非暂时性,是指参与合并的各方在合并前后较长的时间内受同一方或相同的多方最终控制。较长的时间通常指1年以上(含1年)";"同一控制下企业合并的判断,应当遵循实质重于形式要求"。

本案例中如"背景"所述,2010年,C公司能够控制B公司,将后者纳入合并范围;C公司持有A公司51%以上的股份,能够控制A公司。A公司、B公司同受C公司控制。2014年8月,A公司拟向C公司收购B公司28%的股权,一旦收购完成,A公司将持有B公司51%以上的股权,将由A公司直接控制B公司。因此,该事项对于A公司而言符合上述同一控制下企业合并的条件,即参与合并的各方在合并前后较长的时间内受同一方或相同的多方最终控制。我们倾向于同一控制下企业合并。并且,从背景资料看,A公司最初取得B公司37%股权时(2012年取得14%,2013年取得23%),B公司和A公司即已同在A公司的最终控制下(B公司自2010年起被C公司控制)。在此情况下,如果2014年内增持28%股权的交易与A公司最初取得B公司37%股权的两次交易不构成"一揽子交易"[如《企业会计准则第33号——合并财务报表(2014年修订)》第五十一条所定义]的,则该交易可以认定为以分步交易实现的同一控制下企业合并。

2. 对于分步交易实现的同一控制下企业合并所形成的长期股权投资的会计处理,在《企业会计准则第2号——长期股权投资》(2014年修订)的应用指南中已作出规定,其要点如下(见《企业会计准则第2号——长期股权投资(单行本)》第30~32页):

企业通过多次交易分步取得同一控制下被投资单位的股权,最终形成企业合并的,应当判断多次交易是否属于"一揽子交易",并根据不同情况分别作出处理。属于"一揽子交易"的,合并方应当将各项交易作为一项取得控制权的交易进行会计处理。不属于"一揽子交易"的,在取得控制权日,合并方应按照以下步骤进行会计处理:

(1) 确定同一控制下企业合并形成的长期股权投资的初始投资成本。在合并日,根据合并后被合并方在最终控制方合并财务报表中的净资产的账面价值,确定长期股权投资的初始投资成本。

(2) 长期股权投资初始投资成本与合并对价账面价值之间的差额的处理。合并日长期股权投资的初始投资成本,与达到合并前的长期股权投资账面价值加上合并日进一步取得股份新支付对价的账面价值之和的差额,调整资本公积(资本溢价或股本溢价);资本公积不足冲减的,冲减留存收益。

(3) 合并日之前持有的股权投资,因采用权益法核算或金融工具确认和计量准则核算而确认的其他综合收益,暂不进行会计处理,直至处置该项投资时采用与被投资单位直接处置相关资产或负债相同的基础进行会计处理;因采用权益法核算而确认的被投资单位净资产中除净损益、其他综合收益和利润分配以外的所有者权益其他变动,暂不进行会计处理,直至处置该项投资时转入当期损益。其中,处置后的剩余股权根据本准则采用成本法或权益法核算的,其他综合收益和其他所有者权益应按比例结转,处置后的剩余股权改按金融工具确认和计量准则进行会计处理的，其他综合收益和其他所有者权益应全部结转。

（4）编制合并财务报表。合并方应当按照《企业会计准则第20号——企业合并》（以下简称"企业合并准则"）和合并财务报表准则的规定编制合并财务报表。合并方在达到合并之前持有的长期股权投资，在取得之日与合并方与被合并方同处于同一方最终控制日孰晚日与合并日之间已确认有关损益、其他综合收益和其他所有者权益变动，应分别冲减比较报表期间的期初留存收益或当期损益。

3. 根据上述规定和应用指南，本案例的处理方法如下：

（1）在本次收购28%股权完成，形成分步交易的同一控制下合并时，A公司个别报表层面对C公司的长期股权投资的成本金额应当等于合并日B公司净资产在C公司合并报表层面所示账面价值乘以A公司对B公司的持股比例（65%）。其中，"B公司净资产在C公司合并报表层面所示账面价值"是指以B公司2010年被以非同一控制下合并方式纳入C公司合并报表范围之日（购买日）的净资产（含商誉在内）的公允价值为基础持续计算到本次同一控制下合并日（2014年8月）的金额。按照"下推会计"的原则，C公司合并报表层面所确认的与B公司相关的合并商誉的价值也应一并下推到A公司层面，体现在A公司对B公司的长期股权投资成本中。

（2）A公司在原权益法下对所持B公司37%长期股权投资的账面价值与本次增持28%股权所支付的对价的账面价值之和，与上述（1）所述投资成本之间的差额，在A公司报表中应调整资本公积，如资本公积不足冲减，则调整留存收益。

（3）C公司2010年取得对B公司的控制权属于非同一控制下合并，因此C公司的各项资产和负债应当以购买日公允价值为基础持续计算的金额体现在C公司的合并报表中。C公司在编制合并报表时未对B公司的资产和负债进行公允价值调整，严格来说应属于会计差错。审计师应考虑在运用下推会计方法的情况下，该错报对A公司的个别报表和合并报表可能产生影响的程度，如果影响重大的，审计师应建议C公司进行差错更正，并依据更正后C公司合并报表层面所显示的B公司各项资产、负债的账面价值作为本次同一控制下合并会计处理所依据的账面价值基础。如果C公司拒绝在其合并报表层面进行差错更正，但该事项对A公司合并报表仍具有重大影响的，则审计师需要运用适当的方法独立确定以当初C公司取得B公司控制权之日的公允价值为基础持续计算到2014年8月合并日的金额，作为个别报表层面长期股权投资会计处理和合并报表层面的合并处理的基础。

另外，A公司在按同一控制下合并的原则追溯重述其前期合并报表时还应注意：因为此处A公司取得B公司股权分为三次，第一次在2012年取得14%股权是通过向B公司的小股东收购获得；第二次在2013年取得23%股权和第三次在2014年取得28%股权都是向其母公司C公司收购获得。且B公司最初是在2010年通过非同一控制下企业合并被纳入C公司的控制范围的。在此情况下：

(1) 根据《企业会计准则解释第 6 号》第二条规定，A 公司在其合并报表层面就 B 公司的追溯调整，最早只能追溯到 2010 年内 C 公司取得对 B 公司的控制权之日，不能追溯到更早的年度和期间。

(2) 自 2010 年 C 公司取得对 B 公司控制权之日到 2012 年 A 公司收购 C 公司 14%少数股权的交易日这段时间内，A 公司的合并报表中对 B 公司的合并比例应为 51%，其余 49%为少数股权；自 2012 年 A 公司收购 B 公司 14%少数股权的交易日起，A 公司的合并报表中对 B 公司的合并比例应为 65%，其余 35%为少数股权。即，在 2012 年 A 公司收购 B 公司 14%少数股权的交易日，A 公司的合并报表层面应当体现出一项收购 B 公司 14%少数股权的交易，按照收购该 14%股权的对价款与对应的 B 公司可辨认净资产在 C 公司的合并报表层面所显示的账面价值份额之间的差额调整资本公积。

问题 3-2-13　分步交易的性质判断和商誉计算

问题：

如下文"背景"部分介绍，A 公司拟分两步收购目标公司 100%股权，于第一步收购 51%，实现对目标公司的控制，在满足一定条件后进行剩余股权收购，此时 A 公司应如何进行处理？

背景：

A 公司与目标公司股东签订的股权收购协议，拟收购其全部股权。双方以目标公司 2014 年 10 月 31 日的净资产评估价值为作价依据，评估价值为 3.6 亿元，约定以 3.6 亿元收购，全部以货币资金支付收购对价。收购分两步实施，第一次收购 51%的股权，约定收购价款 1.5 亿元，于 2014 年年底前完成；第二次收购为 2015 年 6 月 30 日，双方约定若目标公司 2015 年 1～6 月净利润达到 1 500 万元的情况下，收购协议继续履行，A 公司支付剩余的 2.1 亿元收购款项；若未达到 1 500 万元净利润，则剩余收购不再执行。

在第一阶段完成收购后，合并日假设为 2014 年 10 月 31 日，目标公司可辨认净资产为 0.18 亿元。在编制合并日合并报表时，A 公司确认的商誉为 1.4 亿元(1.5－0.18×51%)。

解答：

本案例的关键在于判断两次股权收购是否构成互为前提和条件的"一揽子交易"。从上述背景信息看，我们理解此处所涉及的两步股权购买交易虽然是一并筹划的，但并不是互为前提和条件，并不构成"一揽子交易"。主要考虑是：

1. 通过第一步骤，A 公司已取得目标公司 51%的股权，已可实现对目标公司的控制，实现了将目标公司纳入合并报表范围这一最重要的交易目的。

2. 第二步骤的进行是有条件的，即目标公司 2015 年 1～6 月实现 1 500 万元的目标净利润。如果不满足该条件，则后续收购不再进行，但第二步骤进行与否并不影响已完成的第一步骤的交易结果的效力。

由于两个步骤的交易对价并不对应(第一步骤 1.5 亿元收购 51%,第二步骤 2.1 亿元收购 49%),因此第二步骤所支付的 2.1 亿元并不是全部归属于后续取得的 49%股权,其中有一部分实际上是为第一步骤中取得的 51%股权所支付的或有对价。该或有对价的金额简单计算为:3.6 亿元×51%－1.5 亿元＝3 360(万元),相应地第二步交易(如实施)的对价金额为:2.1 亿元－3 360 万元＝17 640(万元)(等于 3.6 亿元×49%)。

上述第一步交易的合并成本为已支付的 1.5 亿元确定对价和后续支付的或有对价于购买日的公允价值两项之和。假设目标公司 2015 年上半年可实现 1 500 万元的利润目标,即很可能需要支付该部分或有对价的,则第一步骤的合并成本为 15 000＋3 360＝18 360(万元)。购买日应确认的商誉为该合并成本与购买日获得目标公司可辨认净资产公允价值份额(51%)之差。

考虑收购日目标公司的可辨认净资产为 0.18 亿元,与合并成本差异较大,A 公司应以购买日为基准日,对目标公司进行以“购买对价分摊”(Purchase price allocation, PPA)为目的的评估,以确定被购买方的各单项可辨认资产、负债于购买日的公允价值。尤其需要注意根据《企业会计准则解释第 5 号》第一条的规定识别符合“可辨认性”标准但在被购买方自身报表中未予以确认和计量的无形资产项目,如技术类无形资产(专利或非专利技术、研发中项目等)、营销类无形资产(品牌、客户资源、业务渠道等)、许可类无形资产(特许经营资质等),对所识别的应单独确认的无形资产项目使用合理的方法确定其于购买日的公允价值,计入购买日被购买方可辨认净资产公允价值中,以减少购买日所确认的商誉,减轻后续商誉减值测试的压力。

后续如果实现第二步 49%的股权收购,则作为一项购买少数股权的交易进行会计处理,该交易的对价金额为 2.1 亿元与或有对价金额之差(如前面计算的 17 640 万元)。在合并报表层面,该对价金额与按照新增持股比例(49%)计算应享有子公司自购买日或合并日开始持续计算的净资产份额之间的差额,应当调整资本公积(资本溢价或股本溢价),资本公积不足冲减的,调整留存收益。

在第二步交易实施之前,A 公司个别报表层面无需就该 49%少数股权的收购价款确认为负债,其长期股权投资的账面价值等于按前述方法确定的第一步骤的合并成本;合并报表层面,该 49%股权继续列报为少数股东权益。

后续如果目标公司未实现 2015 年上半年 1 500 万元的盈利目标,第二步交易不再进行,则应当冲回原先确认的或有对价,计入 2015 年度的营业外收入;同时在个别报表层面对长期股权投资进行减值测试,在合并报表层面对该子公司的相关资产组进行减值测试,将所确认的资产减值损失计入相应层面财务报表的损益中。

问题 3-2-14 股权收购和被收购公司股东入股是否构成“一揽子交易”及会计处理

问题：

如下文背景资料介绍，A 公司收购 B 公司股权及 B 公司原股东入股 A 公司是否构成“一揽子交易”，A 公司个别报表及合并报表分别如何进行处理？

背景：

A 公司拟以 2014 年 7 月 31 日为基准日在新三板挂牌，B 公司系 A 公司第二大股东之近亲属控制的企业，因 B 公司经营范围与 A 公司相同，A 公司拟将 B 公司收购，收购过程如下：

B 公司股东以低价入股 A 公司(以 A 公司 2014 年 4 月净资产作价，未考虑其土地使用权增值等情况)，A 公司以低价收购 B 公司(以 B 公司 2014 年 4 月净资产作价，未考虑其土地使用权增值的情况)，此两笔交易同时谈成，彼此互为前提。收购及入股在 2014 年 7 月 18 日至 7 月 31 日之间完成。

截至 2014 年 7 月 31 日，B 公司账面净资产 709 万元，土地使用权账面价值 112 万元，土地使用权公允价值 384 万元，A 公司收购 B 公司的价款为 669 万元。

B 公司股东入股 A 公司总计金额 1 157 万元，其中 710 万作为股本，447 万作为资本溢价，其中 A 公司的第二大股东入股 563 万元，占入股金额的79.3%，入股后该第二大股东共占股 30%。

解答：

根据上文背景资料介绍，如果把这两个交易联系起来看，B 公司的原股东低价转让了股权给 A 公司，而同样在对 A 公司增资中，A 公司的大股东牺牲了部分权益，即以未考虑土地增值的价格放弃了增资权，降低了持股比例(相当于让渡了 A 公司的部分股权给 B 公司的原股东及其关联方)。在两次交易中，交易双方各自均未考虑两家公司的资产(如土地使用权)的增值，都是按照两公司各自的账面净资产为依据确定交易价格和股权比例。据此，我们认为这两项交易(股权转让和增资)构成一并谈判达成、同时实施、互为条件的“一揽子交易”还是有较大可能的。但是，单纯从这两个协议本身的文本看不出这两项交易之间的联系，注册会计师应向交易各方进一步核实该交易的谈判和签约过程，以及这两项交易价格和股权结构确定的主要考虑因素等，对是否构成“一揽子交易”的判断提供进一步证据支持。

在确认该两项交易属于“一揽子交易”的前提下，应当将这两项交易作为一个整体进行会计处理。如果从“一揽子交易”的立场上看，这两项交易应当理解为：A 公司收购 B 公司 100%股权，所收购的股权对应的净资产公允价值为 913 万元(假设被购买方只有土地使用权这一项资产有增值，即账面价值 112 万元，公允价值 384 万元，增值 272 万元，扣除按 25%税率测算的递延所得税负债 68 万元后，B 公司净资产净增值 204 万元，即其净资产公允价值为 709＋204＝913(万元)，其中由 A 公司直接以现金方式支付对价 669 万元，另外 A 公司的大股东通过允许被收购方 B 公司的部分股东以低价向购买方 A 公司增资的方式(因为确定对 A 公司本身的净资产价值时也没有考虑其所持有的可辨认净资产的增值，因而 B 公司原股东增资后在 A 公司所占的股权比例要高于假设双方均按评估值为依据确定股权比例时的情况)让渡了A公司的部分股权作为支付对价的方式,即部分对价实际上是由购买方的大股东代为承担的。这部分由大股东代为支付的对价的公允价值计算公式如下:

由大股东代为支付的合并对价的公允价值=(A公司净资产公允价值+B公司股东支付的增资款1 157万元)×(增资后B公司股东在A公司所占股权比例-B公司股东支付的增资款1 157万元/(A公司净资产公允价值+B公司股东支付的增资款1 157万元)]

上述由大股东代为支付的合并对价的公允价值在A公司的个别报表和合并报表中均贷记资本公积(个别报表层面同时借记对B公司的长期股权投资的成本)。

在合并报表层面,以A公司直接支付的现金对价669万元和上述大股东代为承担的对价之和作为A公司收购B公司100%股权的合并成本,该合并成本与购买日取得B公司可辨认净资产公允价值的差额,在合并报表层面确认为商誉或负商誉。

问题3-2-15 反向购买完成后报表编制的相关问题

问题:

构成反向购买的重大资产重组完成后报表编制的相关问题,包括:反向购买完成后当年度财务报表的合并范围;反向购买完成后当年度合并报表中前期比较数据的确定原则。

背景:

上市公司A公司的控股股东与B公司协商进行重大资产重组,方案为:①A公司拟向其原控股股东股东等出售除货币资金、约定资产、约定负债和本次重大资产重组涉及的中介机构服务协议(以下简称“留存资产”)之外的全部资产与负债及其相关的一切权利和义务(以下简称“置出资产”);②通过向B公司发行股份的方式购买其持有的C公司100%的股权(以下简称“拟购买资产”);③向B公司非公开发行股份募集配套资金。

本次交易完成后,B公司取得A公司的控制权,构成反向购买。

重组交易基准日为2013年12月31日(审计、评估基准日)。

重组协议约定:①对于A公司拟出售给其原控股股东等的长期股权投资(置出资产),自交易基准日起,其收益和亏损,均由相应的资产接收方享有和承担。②过渡期(自交易基准日起至约定交割日的期间)内拟购买资产的收益归上市公司享有,过渡期间产生的亏损由B公司在交割审计完成后两个月内向A公司以货币资金方式一次性补足。

置出资产2014年由A公司实际经营并控制。重组协议约定的各交易步骤在2014年12月31日全部完成。

解答:

本案例中,因为该项重大资产重组在2014年12月31日全部完成,故上市公司2014年度个别报表和合并报表的编制原则将有所不同:个别报表按照“法人主体延续”作为会计主体的确定原则;合并报表按照“经济主体延续”作为会计主体的确定原则。只有在合并报表层面才体现出反向购买的会计处理原则。

1. 上市公司2014年度个别报表。

由于"置出资产2014年由A公司实际经营并控制",置入资产在2014年年末才进入上市公司,因此上市公司的个别报表层面遵循"法人主体延续"的原则,以上市公司2013年年末的个别资产负债表作为2014年年末个别资产负债表的期初比较数据,以2013年度的个别利润表、个别现金流量表作为2014年度个别利润表、个别现金流量表中的前期比较数据。上市公司2014年度的利润表、现金流量表反映置换前原有业务和资产在2014年内的经营成果和现金流量情况。

上市公司2014年年末资产负债表应反映重大资产重组完成时点上的财务状况,其中:重组后保留的资产和负债继续按原账面价值列示;所取得的对C公司的长期股权投资按公允价值(一般为增发股份的发行价格)进行初始计量,并作为后续成本法核算的成本基础;按增发股份的面值增加股本;增发股份的发行价超出面值的差额,扣减由上市公司承担的证券承销费、验资费等与增发股份直接相关的交易费用后的剩余部分贷记"资本公积——股本溢价"科目。

置出资产的出售价格(基准日评估值)和截至2014年年末这部分置出资产的账面价值之间的差额,按以下原则处理:如果置出资产在2014年内发生经营亏损,按约定该部分亏损由原大股东承担的,则这部分经营亏损贷记"资本公积——股本溢价"科目,其余差额作为资产置换损益计入营业外收支;如果置出资产在2014年内盈利,则置出资产的出售价格(基准日评估值)和截至2014年年末这部分置出资产的账面价值之间的差额作为资产置换损益,计入2014年度的营业外收支。

2. 上市公司2014年度合并报表。

上市公司的合并报表按照反向购买原则编制,其前期比较数据为置入资产(C公司)于2014年年初和2013年度的财务状况、经营成果和现金流量数据(即与重大资产重组申报过程中编制的拟购买资产3年一期报表一致);2014年度合并利润表和合并现金流量表为C公司2014年度财务报表的相应数据(但在合并现金流量表中,应将2014年年末取得上市公司原有的现金及现金等价物的金额,通过"收到的其他与投资活动有关的现金"项目并入,使期末现金及现金等价物余额与合并资产负债表相勾稽)。

上市公司2014年年末的合并资产负债表中,将通过资产重组取得上市公司保留的资产、负债(我们理解不构成"业务")按其购买日公允价值纳入合并报表,相应增加合并报表层面的归属母公司股东的净资产。因为上市公司保留的资产、负债不构成"业务",因此合并报表层面不确认商誉,而是按照财会便[2009]17号文和财会函[2008]60号文规定的"权益性交易"原则处理。

因为重组完成日(会计上的购买日)为2014年年底,因此上市公司置出资产和业务的相关损益和现金流量不纳入重组完成后上市公司的2014年度合并报表。置出资产在基准日后的损益由上市公司原大股东承担的约定将导致购买日取得上市公司原有净资产公允价值的变化,相应影响合并报表层面在购买日调整资本公积的金额,但不会导致在上市公司合并报表层面确认商誉或损益。

问题 3-2-16 被收购方业绩达不到股权转让协议约定的对赌条件时,购买方对补偿款的会计处理

问题:

在股权转让交易涉及对赌条款的情况下,当目标公司的未实现对赌条款设定的业绩目标时,股权受让方(购买方)对按约定收取的业绩补偿款应如何进行会计处理?

背景:

A 公司股东将所持部分股权转让给 B 上市公司,约定股权转让款分六期支付。

同时股权转让协议约定了 A 公司 2013 年 1 月 1 日至 2015 年 12 月 31 日利润指标,如果 A 公司在这 3 年的利润情况达不到约定的水平,则股权转让方需要补偿 B 上市公司。

A 公司 2013 年度营业收入为 5 696 万元,净利润为 1 517 万元,协议约定目标利润为 2 333 万元,股权转让方需要对 B 上市公司进行补偿。补偿金额根据股权转让协议约定的公式计算。协议约定,在业绩承诺期内每一会计年度结束后,双方根据当年度实际经营业绩和承诺业绩之间的差异情况,对当年度的业绩补偿款进行结算;业绩承诺期全部结束后,双方应对业绩补偿款进行清算,三个基本考核年度中,如果目标公司实际完成的营业收入累计金额及税后净利润累计金额分别大于(或等于)本协议附件约定的目标公司 2013 年至 2015 年会计年度营业收入考核指标之和及税后净利润考核指标之和,则受让方同意支付或返还三个基本考核年度中转让方少分享的目标公司相应年度的经营成果。

按上述约定,B 上市公司虽然只持有 A 公司 51%的股权,但是 B 公司应享有的目标公司 2013 年度经营成果应为:归属于母公司的净利润为 1 189.83 万元(2 333×51%),少数股东(原股东保留的 49%股权)可享有的损益327.17万元(1 517－1 189.83),而按持股比例计算归属于母公司的净利润为 773.62 万元(1 517×51%),少数股东损益为 743.38 万元。

根据上述背景信息,B 上市公司从非关联方收购 A 公司 51%的股权,股权转让协议对 A 公司 2013 年至 2015 年的业绩进行约定,如达不到约定的业绩目标,则股权转让方需要对 B 公司进行补偿。在此情况下,B 公司对股权转让方支付的补偿款应该如何进行会计处理?

解答:

本案例所涉及的会计问题是非同一控制下合并中的购买方对或有对价的会计处理。根据《企业会计准则讲解(2010)》第 325 页对“或有对价”的说明,“合并各方在合并协议中约定,根据未来一项或多项或有事项的发生,购买方通过发行额外证券、支付额外现金或其他资产等方式追加合并对价,或者要求返

还之前已经支付的对价。购买方应当将合并协议约定的或有对价作为企业合并转移对价的一部分,按照其在购买日的公允价值计入企业合并成本。”

本案例的或有对价是原股东的补偿承诺(补偿是通过对目标公司3年内的利润分配进行调整的方式实现的,相当于原股东将其应得的部分利润作为对价的调整支付给作为购买方的上市公司),不涉及上市公司作为购买方后续追加支付对价。在购买日,购买方应根据购买日可获得的信息,对未来收到或有对价的可能性作出合理估计,并将或有对价于购买日的公允价值作为对合并成本的调整数。或有对价是否最终能够收到以及其金额大小,需要根据2013—2015年3年经审计的目标公司报表数据来确定,因此应对目标公司2013—2015年3年进行盈利预测,对未来收到或有对价的可能性作出合理、谨慎的估计。

如果在购买日判断很可能收到补偿且补偿金额能够可靠计量,可在购买日按其公允价值将其确认为一项应收款项,相应在购买方个别报表层面调整所确认的长期股权投资成本,在合并报表层面则调整在购买日所确认的商誉或负商誉;反之,如果在购买日无法判断是否可能获得对价或可能性不大,在购买日无需处理,而在实际收到时计入当期损益。该或有对价在购买日到其约定结算期之间应按公允价值计量,其变动额计入当期损益。

在把交易双方之间就目标公司利润分享调整的特殊约定作为或有对价处理的前提下,后续利润考核期间目标公司的净利润或净亏损仍按照51∶49的比例在控股股东和少数股东之间分配,分别计入B公司合并报表中的“归属母公司股东的净利润”和“少数股东损益”,相当于目标公司先按股权比例将其利润分配给各股东,少数股东随即以其分得的全部或部分收益作为支付企业合并的或有对价的资金来源,如该来源不足以支付的,负有补偿责任的少数股东(原转让方)应当通过其他来源(如从尚未支付的股权转让款中扣减)补足不足部分。

由于此处的利润分配调整条款是在股权转让协议中一并约定的,是企业合并交易的内在组成部分;且该交易是非同一控制下的企业合并,转让方(原股东)与上市公司并无关联方关系;另外,补偿款由转让方直接补足给购买方,而不是补偿给目标公司,因此,本案例中,上市公司的个别报表和合并报表层面都不应当把或有对价计入资本公积,而是将其于购买日的公允价值作为合并成本的一部分,或有对价公允价值的后续变动计入相关期间的损益。

对于此处所涉及的业绩补偿承诺,通常理解为一项保护性条款,即交易双方在为标的资产估值和谈判确定交易价格时,通常都是以“盈利预测很可能实现”为前提的(否则就表明所公告的盈利预测是不合理的),业绩补偿只是在万一盈利承诺不能实现的情况下对购买方的补偿手段。因此基于该盈利预测作出的补偿承诺在合并日或者购买日的公允价值通常应认定为零。

即,对于本案例来说,B公司在购买日无需对或有对价进行账务处理。在2013年目标公司经审计数据确定后,如果无需补偿,则按正常进行账务处理即可;如果能够收到补偿,可结合对后2年重新编制或调整的盈利预测,进一步判断在2015年结束后,该或有对价的最终情况,包括是否需要继续补偿,是否需要返还 2013 年已收到的补偿等。如果判断无需返还 2013 年已经收到的补偿，则可将其确认为营业外收入；如果判断日后可能还会进一步获得补偿且金额且能够可靠估计，则将其按照公允价值确认为一项应收款和营业外收入（预计该种可能性较低）。如果判断日后很可能返还该补偿金额，则暂将该金额计入“其他应付款”。2014 年度目标公司经审计的数据确定后，也按此处理。另一方面，目标公司未实现原定的业绩目标，表明 B 公司对其股权投资存在减值迹象，B 公司需根据《企业会计准则第 8 号——资产减值》的规定对其进行减值测试，必要时计提减值准备。在实务操作中，很可能出现需确认的减值损失大于就业绩补偿款确认的营业外收入的情况。

问题 3-2-17 非同一控制下企业合并涉及购买日后对被收购方价值调整的处理

问题：

非同一控制下企业合并涉及购买日后对被合并方价值调整应如何处理？如何区分哪些调整应作为对购买日被购买方可辨认净资产公允价值和商誉的调整，哪些属于购买日后新发生的事项？

背景：

2010 年 12 月，A 公司与 B 公司共同出资设立了 C 公司。C 公司的注册资本为 6 亿元，其中 A 公司投资 1 800 万元，拥有 3%的股权，采用成本法核算对 C 公司的股权投资。2013 年，A 公司和 B 公司进行股权转让，B 公司转让 C 公司 67%的股权给 A 公司，评估基准日为 2013 年 8 月 31 日，以 C 企业基准日整体净资产评估值的 67%为转让价款金额。2013 年 12 月 3 日，双方完成了交割，由此确认 2013 年 11 月 30 日为购买日。由于从 2013 年 8 月之后，C 公司一直是经营亏损，2013 年 11 月 30 日，C 公司账面净资产低于评估基准日，导致形成商誉 664.92 万元。

在 C 公司设立初期，将 B 公司 5.82 亿元股本金视同贷款计提了 2 000 万元利息并支付给 B 公司，同时计入了主营业务成本。A 公司在取得 C 公司控制权后，认为该做法不符合法律规定，B 公司应当归还所收取的该部分利息。经双方股东协商，2014 年 1 月，C 公司从 B 公司拆借 2 亿元资金用于工程建设，并将其中的 2 000 万元作为前述利息的偿还，且冲减了主营业务成本。但在前期以股权转让为目的的资产评估中，是按照 C 公司计提利息并计入当期损益的做法进行会计处理的，由此导致此前确定的基准日和购买日 C 公司可辨认净资产份额虚减。

C 公司项目分为多期，其中已经开发并接近尾声（预计 2014 年 8 月完工）的一期项目主要由 B 公司管理，因此，在股权转让协议中，A 公司与 B 公司约定，一期项目的收益全部按照原来的股权比例分配，即 B 公司 97%、A 公司 3%，二期及以后各期项目按照新的股权比例（A 公司 70%、B 公司 30%）来分红。

上述事项均导致 A 公司取得 C 公司净资产公允价值的变动。具体体现在：

(1) 对原先对股本金的"利息"的冲回和款项追回均发生在 2014 年内(购买日后),如果将其视为会计差错,调整购买日(2013 年 11 月 30 日)的 C 公司可辨认净资产价值,将导致商誉减少,甚至逆转为负商誉。

(2) 在股权转让协议中约定对现已基本开发完毕的一期项目继续按原股权比例分配收益,但由于该期项目最早在 2014 年 8 月才能完成竣工决算,届时才能够清算究竟有多少收益仍应按照原股比进行分配。从目前的时点(2014 年年初,2013 年度审计期间内)上看,只能确定 2013 年度的净利润的分红额。由于项目投资总额较大,竣工决算与账面实际归集的成本可能有不小的差异,因此 A 公司管理层无法预估可能的分红情况。

解答:

根据《企业会计准则讲解》(2010)第二十一章"企业合并"相关章节规定:"自购买日算起 12 个月内取得进一步的信息表明需对原暂时确定的企业合并成本或所取得的可辨认资产、负债的暂时性价值进行调整的,应视同在购买日发生,进行追溯调整,同时对以暂时性价值为基础提供的比较报表信息,也应进行相关的调整。""自购买日算起 12 个月以后对企业合并成本或合并中取得的可辨认资产、负债价值的调整,应当按照《企业会计准则第 28 号——会计政策、会计估计变更和会计差错更正》的原则进行处理,即对于企业合并成本、合并中取得可辨认资产、负债公允价值等进行的调整,应作为前期差错处理。"(见原书第 328 页)

由上述规定分析,在非同一控制下企业合并中,能够对企业合并成本或所取得可辨认资产、负债公允价值进行调整的理由限于购买日起一年内获取了关于购买日存在状态的新的或者进一步信息的,可进行调整,视同在购买日确认和计量。

本案例中:

1. 对于 2 000 万元利息的调整。

首先需要对该调整事项的真实性恰当性执行审计程序,如:

(1) 对 B 公司针对此事项进行函证。

(2) 对 C 公司关于此事项的账务处理进行清查(2 000 万元利息的计提、款项支付流向、调查是否存在其他 B 公司对 C 公司的往来款项,该 2 000 万元利息是否可能属于其他借款而非投资款的利息等)。

(3) 如果为 C 公司本次收购事项执行审计工作的并非是本所,则需要根据《中国注册会计师审计准则第 1401 号——对集团财务报表审计的特殊考虑》的规定,与其会计师进行沟通,获取其他会计师对于此事项的意见。

(4) 获取 C 公司和 B 公司对此事项的专项声明书。

(5) 取得 B 公司和 A 公司关于此事项的补充协议;等等。

如果在经过前述审计程序后,可确认此事项的真实性,则该事项对于 C 公司来说属于前期会计差错,相应地对于 A 公司来说属于购买日后 12 个月内获得的关于被购买方在购买日存在状态的新的信息,影响了被购买方各项可辨认资产、负债的公允价值,根据准则规定,可以对公允价值进而对商誉进行追溯调整,视同在购买日即获悉此事项并进行了相应的更正处理，冲回以前年度多计的主营业务成本，相应增加购买日获得的被购买方可辨认净资产公允价值金额。

2. 对于一期项目分红金额的调整。

此问题首先需要注意分析：由于一期项目的开发已近尾声，且双方约定仍按照原先的权益比例(3%对 97%)分配一期项目的收益，则是否可能存在这样的情况：一期项目的后续工作仍由原控股股东 B 公司主导，且仍处于其实际控制下，A 公司通过本次股权交易所取得的只是对后续各期开发项目的控制权？

《企业会计准则第 33 号——合并财务报表(2014 年修订)》第二十条规定："投资方通常应当对是否控制被投资方整体进行判断。但极个别情况下，有确凿证据表明同时满足下列条件并且符合相关法律法规规定的，投资方应当将被投资方的一部分(以下简称'该部分')视为被投资方可分割的部分(单独主体)，进而判断是否控制该部分(单独主体)。(一)该部分的资产作为偿还该部分负债或该部分其他权益的唯一来源，不能用于偿还该部分以外的被投资方的其他负债；(二)除与该部分相关的各方外，其他方不享有与该部分资产相关的权利，也不享有与该部分资产剩余现金流量相关的权利。"该准则应用指南对"单独主体"问题作出了进一步说明(见该准则单行本第 53～55 页)。

根据上述规定，应考虑是否需要把 C 公司分解为两个主体(分别包含一期项目和后续各期项目)，分别考虑其控制权问题。如果一期项目符合上述条件的，则一期项目相关的资产和负债不纳入 A 公司的合并报表范围。

如果不满足将一期项目界定为"单独主体"的条件(根据目前的法律法规环境，这种可能性相对较大)，仍应把 C 公司作为一个整体考虑其控制权和合并报表问题的，则需要判断"已经开发并接近尾声的一期项目"在购买日(2013 年 11 月 30 日)的具体状况，据此相应作出不同的处理：

(1) 如果截至购买日，一期工程已经基本全部完工，也不会再有较大金额的支出，只是处于收尾清理阶段，则 12 个月内(2014 年 11 月 30 日前)竣工决算完成，则可以视为是购买日后 12 个月内获得的关于被购买方在购买日存在状态的新的信息，视同在购买日发生，对被购买方购买日可辨认资产、负债的公允价值进而对商誉进行追溯调整。

(2) 如果在购买日，一期工程并没有全部完工，后期预计还会有较大金额支出，并由此导致在购买日无法合理估计最终的竣工决算结果，则即使在 12 个月内获得竣工决算结果，也不能视为获得对购买日存在状态的新的信息，因而不能对购买方在购买日的公允价值及合并方的商誉进行追溯调整。

如果在 2014 年 11 月 30 日之后才获得竣工决算结果，则同样需要区分上述两种情况，考虑能否对购买日的公允价值和商誉进行追溯调整(但如果追溯调整的，则只能以前期差错更正的名义进行)。

问题 3-2-18 购买日后对收购价格调整的会计处理(对应于不同调整原因的不同会计处理)

问题：

购买日之后，出于不同原因对股权购买价格进行调整，购买方分别应如何处理？

背景：

2013 年 10 月 31 日，A 公司与 B 公司原股东签订了其持有的 B 公司等 3 家公司的股权转让协议，协议中约定此次股权转让对价为 232 628 960.00 元；B 公司原股东承诺 2013 年业绩不低于 2 500 万元，否则从股权转让对价中扣减业绩未达标部分的金额；B 公司原股东承诺应收账款回款金额于交割日起 12 个月内应达到专项审计确认的应收账款总额减去 5 632 255.50 元的差额乘以 90%(目标回收金额)，若未达到，则从股权转让对价中扣减实际回款金额与目标回款金额差异部分。

2013 年 12 月，B 公司等被 A 公司收购成功，完成工商变更登记，购买日确定为 2013 年 12 月 31 日。

2013 年度，B 公司等被收购方实现净利润 15 333 034.21 元，低于承诺业绩(2 500 万元)的差额为 9 666 965.79 元。

2014 年 6 月 26 日，A 公司与 B 公司原股东签订 B 公司等 3 家公司的上述股权转让之补充协议，协议中约定 B 公司原股东同意由于部分源代码缺失，免除 A 公司股权转让款 1 200 万元；同时由于 B 公司等 2013 年业绩不达标，免除 A 公司股权转让款 9 666 965.79 元(25 000 0000－15 333 034.21)。

于 2014 年年末，经应收账款专项审计，2014 年 B 公司等 3 家被收购公司的应收账款专项回款金额合计 20 938 681.82 元，而根据协议条款测算的目标回款金额应为 37 858 386.67 元，差异 16 919 704.85 元，B 公司原股东同意免除 A 公司股权转让款 16 919 704.85 元。股权转让协议中约定回款不达标，从支付股权转让款中扣除，但协议中未明确约定扣减的股权转让款 A 公司需支付给 B 公司，用于作为 B 公司应收账款的回款。实际操作中，A 公司拟从募集资金账户中支付 B 公司等 16 919 704.85 元用于作为 B 公司的专项应收账款的回款，该操作尚未执行。

解答：

本案例中，因源代码缺失导致减少收购款 1 200 万元和因 2013 年业绩未达标、专项回款未达标而根据对赌条款减少的收购款，是属于性质不同的两个问题。

1. 因源代码缺失减少收购款。

根据背景资料介绍，2013 年 12 月 31 日为购买日，2014 年因交接时的源代码缺失免除购买方股权转让价款 1 200 万元，我们认为：该事项是由于被购买方存在原先未被发现的瑕疵，经交易双方于 2014 年 6 月另行协商达成协议而对股权转让款的减免。该事项并非或有对价，而是根据新发现的被购买方瑕疵，依据购买日后达成的补充协议而对合并成本进行的调整，因此应当对 A 公司个别报表层面所确认的投资成本和合并报表层面所确认的商誉进行调整，同时减少应付股权转让款。该调整金额体现为 2014 年度的发生额(减少额)，不追溯调整以前年度报表(因为相关事项被发现和双方对此达成补充协议都是在 2014 年内新发生的事项,不代表购买日或 2013 年年末资产负债表日的存在状态)。这里需要说明的是:《企业会计准则讲解》(2010)第二十一章“企业合并”中规定的“自购买日算起 12 个月内取得进一步的信息表明需对原暂时确定的企业合并成本或所取得的可辨认资产、负债的暂时性价值进行调整的,应视同在购买日发生,进行追溯调整,同时对以暂时性价值为基础提供的比较报表信息,也应进行相关的调整”(见原书第 328 页)这一条并不适用于根据购买日后达成的补充协议对合并成本所作出的调整。

2. 因 2013 年目标公司业绩未达标及应收账款回收未达标而减少收购款。

此事项属于或有对价问题。根据《企业会计准则讲解》(2010)第 325 页对“或有对价”的说明,“合并各方在合并协议中约定,根据未来一项或多项或有事项的发生,购买方通过发行额外证券、支付额外现金或其他资产等方式追加合并对价,或者要求返还之前已经支付的对价。购买方应当将合并协议约定的或有对价作为企业合并转移对价的一部分,按照其在购买日的公允价值计入企业合并成本。”

在购买日,购买方应根据购买日可获得的信息,对未来收到或有对价的可能性作出合理估计,并将或有对价于购买日的公允价值作为对合并成本的调整数。或有对价是否最终能够收到以及其金额大小,需要根据 2013 年经审计的目标公司报表数据以及 2014 年专项应收款的回收情况来确定,因此应对目标公司 2013 年进行盈利预测,以及 2014 年度专项应收款的回收可能性进行预测,对未来收到或有对价的可能性作出合理、谨慎的估计。

如果在购买日判断很可能收到补偿且补偿金额能够可靠计量,可在购买日按其公允价值将其确认为一项应收款项,相应在购买方个别报表层面调整所确认的长期股权投资成本,在合并报表层面则调整在购买日所确认的商誉或负商誉;反之,如果在购买日无法判断是否可能获得对价或可能性不大,则在购买日无需处理,而在实际收到时计入当期损益。该或有对价在购买日到其约定结算期之间应按公允价值计量,其变动额计入当期损益。

因此本案例中因 2013 年业绩未达标而免除的收购款 9 666 965.79 元,以及因专项回款未达标而免除的收购款 16 919 704.85 元,如果在购买日均尚无法合理估计,则在 2013 年 12 月 31 日无需处理,在 2014 年度确认后将少支付的收购款项计入当期损益(营业外收入)。

如果在购买日对于 2013 年业绩能够进行可靠估计(因购买日为 2013 年 12 月 31 日,此时对 2013 年业绩是否能够达标有可能进行比较可靠的估计),则应将 9 666 965.79 元直接减少购买日个别报表的长期股权投资,并调整合并报表层面的商誉或负商誉。

对于上述涉及或有对价的事项,均作为 2014 年度发生额处理,对无需支付的或有对价确认为 2014 年度的营业外收入(除了前段所述的根据 2013 年度业绩直接调整合并成本的情况以外)。同时应将被收购方业绩未达标的事实作为减值迹象,在期末对商誉或其他非流动资产进行减值测试时从严把握。

如果购买方将应少支付的收购款 16 919 704.85 元支付给被收购的目标公司,则应根据其款项的性质(股权投资或债权性质的往来)在双方各自的个别报表中另行进行账务处理,但不影响购买方合并报表的列报和披露。至于目标公司专项应收款坏账准备的计提应遵循其一贯的坏账准备计提相关政策,不影响前述收购事项的处理。

问题 3-2-19　上市公司收购资产时向原股东支付超额利润奖励应作为或有对价还是职工薪酬的性质判断

问题:

上市公司收购资产时承诺向原股东支付的超额利润奖励,应作为或有对价还是职工薪酬?

背景:

A 公司为上市公司,B 公司为目标公司,2014 年 9 月,A 公司及 B 公司的股东签署《发行股份及支付现金购买资产协议》,协议中 B 公司股东承诺 2014 年度、2015 年度、2016 年度 B 公司经审计的报表中扣除非经常性损益后归属于母公司股东的税后净利润分别不低于人民币 3 200 万元、4 160 万元、5 408 万元,如承诺期实际实现的净利润总和高于承诺期承诺利润的总和的(承诺期内标的公司因股权收购等资本性并购而通过合并报表方式形成的利润不计入上述的“净利润总和”),则超出部分的 30%作为奖励对价,由上市公司以现金方式,向截至 2016 年 12 月 31 日仍在目标公司留任的原股东(以下简称“被奖励方”)支付。

解答:

关于在此类交易中如何区分对留任的被收购方原股东的业绩奖励属于企业合并或有对价还是职工薪酬的问题,在证监会会计部发布的《2013 年上市公司年报会计监管报告》中有以下论述:

6. 合并成本与职工薪酬的区分

近年来,随着国家对个人创业的大力支持,社会上涌现了一批由自然人创建并担任核心管理人员的优秀的民营企业,这些企业成为上市公司收购的热点。上市公司收购这些企业后,出于企业平稳过渡及持续发展的考虑,被收购企业的创始人大多继续在企业任职。实务中常见的一种安排是,被收购方的个人股东承诺未来的任职期限,并承诺在提前离职时承担相应的赔偿责任;另有一些交易中,上市公司与个人股东约定,在未来服务期限届满并达到既定业绩条件时,上市公司支付给个人约定的款项。存在此类安排时,上市公司应考虑其支付给这些个人的款项,是针对其股东身份、为了取得其持有的被收购企业权益而支付的合并成本,还是针对其高管身份、为了获取这些个人在未来期间的服务而支付的职工薪酬。上市公司应结合相关安排的性质、安排的目的,确定支付的款项并据此进行相应的会计处理。

实务中,由于对准则的理解和把握不到位、对相关交易安排的实质缺乏深入分析，部分上市公司未能合理区分企业合并成本及合并日后的职工薪酬，将应在未来期间确认为成本费用的职工薪酬性质的款项作为合并成本进行会计处理，从而在高估合并商誉的同时，低估了合并当期及未来期间的成本费用。

通常情况下，如果款项的支付以相关人员未来期间的任职为条件，那么相关款项很可能是职工薪酬而不是企业合并的合并成本。此外，以下因素也有助于企业在实务中判断相关款项的性质：相关款项支付是对在企业任职的原股东的特殊安排，还是同样适用于不在企业任职的原股东；如果不考虑相关款项支付安排，这些原股东身份的个人作为高管的薪酬与其他高管相比是否处于合理水平；决定具体支付金额的因素与企业估值的关系等。

如前面“背景”部分所述，上市公司A与其拟收购目标公司B及其股东签订的《发行股份及支付现金购买资产协议》中约定“如承诺期实际实现的净利润总和高于承诺期承诺利润的总和的，超出部分的30%作为奖励对价，由上市公司以现金方式，向截至2016年12月31日仍在目标公司留任的原股东（以下简称‘被奖励方’）支付”。对上述超额奖励是否构成对标的公司收购的或有对价关键在于该超额奖励与股权收购是否构成“一揽子交易”，即支付超额奖励是否构成股权收购的必要条件之一。如不是，则不构成股权收购的或有对价；如是，则结合上述技术指引进一步分析是否构成企业合并的或有对价。

在本案例中，业绩奖励与股权收购协议是作为“一揽子交易安排”签订的，即支付超额奖励是股权收购的必要条件之一。但是，对于上述奖励安排，被奖励方获得奖励，除了被购买方实现业绩目标以外，还必须以未来期间内这些被奖励方在被收购公司持续任职为条件，因此不属于企业合并的或有对价，而应当属于职工薪酬，其会计处理具体应当适用《企业会计准则第9号——职工薪酬（2014年修订）》第九条对“利润分享计划”的规定，具体如下：

利润分享计划同时满足下列条件的，企业应当确认相关的应付职工薪酬：

（一）企业因过去事项导致现在具有支付职工薪酬的法定义务或推定义务；

（二）因利润分享计划所产生的应付职工薪酬义务金额能够可靠估计。属于下列三种情形之一的，视为义务金额能够可靠估计：

1. 在财务报告批准报出之前企业已确定应支付的薪酬金额。

2. 该短期利润分享计划的正式条款中包括确定薪酬金额的方式。

3. 过去的惯例为企业确定推定义务金额提供了明显证据。

据此，利润分享计划相关负债应当在被奖励方已经提供相关职务服务（在约定期限内持续任职）并满足业绩考核条件，且金额能够可靠估计时才能确认为负债，同时计入损益，而不应在计划推出时根据对未来情况的估计确认相关负债。

问题3-2-20 公司收购协议中规定的对价调整（奖励或补偿）方案对本次合并商誉确定的影响

问题：

如下文背景资料介绍，A公司收购B公司时约定的对价调整方案是否会影响合并当年合并成本的确认？如果影响，其金额如何预估？能否在2016年该事项已经确定时调整2014年的合并成本和商誉？

背景：

A公司以2013年10月31日的审计评估结果为定价基础，受让B公司原股东持有的B公司40%的股份，享有的表决权比例为60%，故纳入合并范围。原最大股东出让40%股份后持股36.39%，其余均为自然人股东。合并日为2014年1月31日。收购协议约定对价是9 920万元。截至2014年12月31日合并对价已全部支付。收购协议对本次交易的对价调整机制及利润补偿方案做了规定：

以B公司2014—2016年经调整的审计税后净利润复合增长率不低于25%作为基准承诺利润，如果超过了基准承诺利润则将针对超出部分进行价格调整，比如复合增值率为25%～30%，则对价调整为现价格(9 920万元)的1.1倍，以此类推，协议对对价奖励共划分了四档；如果复合增值率在20%～25%，则原股东需要给予A公司一定的现金补偿，则对价将低于9 920万元。协议对业绩未达到承诺的补偿划分为两档。

解答：

根据背景资料的描述，本案例所涉及的业绩补偿承诺和奖励，主要涉及两方面的会计问题：①业绩奖励属于职工薪酬还是或有对价的判断；②或有对价(包括业绩补偿和属于或有对价的业绩奖励)的会计处理。

关于①，我们可主要参考证监会会计部《2013年上市公司年报会计监管报告》的以下表述：

6. 合并成本与职工薪酬的区分

近年来，随着国家对个人创业的大力支持，社会上涌现了一批由自然人创建并担任核心管理人员的优秀的民营企业，这些企业成为上市公司收购的热点。上市公司收购这些企业后，出于企业平稳过渡及持续发展的考虑，被收购企业的创始人大多继续在企业任职。实务中常见的一种安排是，被收购方的个人股东承诺未来的任职期限，并承诺在提前离职时承担相应的赔偿责任；另有一些交易中，上市公司与个人股东约定，在未来服务期限届满并达到既定业绩条件时，上市公司支付给个人约定的款项。存在此类安排时，上市公司应考虑其支付给这些个人的款项，是针对其股东身份、为了取得其持有的被收购企业权益而支付的合并成本，还是针对其高管身份、为了获取这些个人在未来期间的服务而支付的职工薪酬。上市公司应结合相关安排的性质、安排的目的，确定支付的款项并据此进行相应的会计处理。

实务中，由于对准则的理解和把握不到位、对相关交易安排的实质缺乏深入分析，部分上市公司未能合理区分企业合并成本及合并日后的职工薪酬，将应在未来期间确认为成本费用的职工薪酬性质的款项作为合并成本进行会计处理，从而在高估合并商誉的同时，低估了合并当期及未来期间的成本费用。

通常情况下，如果款项的支付以相关人员未来期间的任职为条件，那么相关款项很可能是职工薪酬而不是企业合并的合并成本。此外，以下因素也有助于企业在实务中判断相关款项的性质：相关款项支付是对在企业任职的原股东的特殊安排，还是同样适用于不在企业任职的原股东；如果不考虑相关款项支付安排，这些原股东身份的个人作为高管的薪酬与其他高管相比是否处于合理水平；决定具体支付金额的因素与企业估值的关系等。

关于(2)，我们可主要参考《企业会计准则讲解》(2010)第325～326页的相关表述处理：

4. 或有对价的公允价值。某些情况下，合并各方可能在合并协议中约定，根据未来一项或多项或有事项的发生，购买方通过发行额外证券、支付额外现金或其他资产等方式追加合并对价，或者要求返还之前已经支付的对价。购买方应当将合并协议约定的或有对价作为企业合并转移对价的一部分，按照其在购买日的公允价值计入企业合并成本。根据《企业会计准则第37号——金融工具列报》、《企业会计准则第22号——金融工具确认和计量》以及其他相关准则的规定，或有对价符合权益工具和金融负债定义的，购买方应当将支付或有对价的义务确认为一项权益或负债；符合资产定义并满足资产确认条件的，购买方应当将符合合并协议约定条件的、可收回的部分已支付合并对价的权利确认为一项资产。

购买日后12个月内出现对购买日已存在情况的新的或者进一步证据而需要调整或有对价的，应当予以确认并对原计入合并商誉的金额进行调整；其他情况下发生的或有对价变化或调整，应当区分以下情况进行会计处理：或有对价为权益性质的，不进行会计处理；或有对价为资产或负债性质的，按照企业会计准则有关规定处理，如果属于《企业会计准则第22号——金融工具的确认和计量》中的金融工具，应采用公允价值计量，公允价值变化产生的利得和损失应按该准则规定计入当期损益或计入资本公积；如果不属于《企业会计准则第22号——金融工具的确认和计量》中的金融工具，应按照《企业会计准则第13号——或有事项》或其他相应的准则处理。

本案例中的业绩补偿基本可以认为属于与企业合并相关的或有对价安排；业绩奖励的性质认定应结合上述(1)中的相关指引，判断属于或有对价还是职工薪酬安排。本案例中的或有对价安排主要与未来盈利水平与预测数之间的差异相关，属于购买日后新出现的状态和情况，因此对于或有对价的公允价值变动(包括因被购买方业绩低于承诺数而取得的补偿，或者因被购买方业绩高于承诺数而支付给原股东且被认定为或有对价性质的业绩奖励)均应计入后续期间的损益。业绩奖励如果被认定为职工薪酬性质，则按照《企业会计准则第9号——职工薪酬》的相关规定进行会计处理。总之，此处所涉及的业绩补偿和业绩奖励无论如何定性，都不会导致在购买日之后对原确认的合并成本和商誉进行调整。

后续如果被购买方的实际业绩低于承诺数的，则应取得的业绩补偿可计入当期损益(营业外收入)，同时应注意被购买方的盈利能力低于预期这一事实对商誉减值测试的影响。在实际操作中，很多情况下需确认的商誉减值损失将大于可收到的业绩补偿。

企业合并中的业绩补偿条款通常理解为一项保护性条款，即交易双方在为标的资产估值和谈判确定交易价格时，通常都是以“盈利预测利润很可能实现”为前提的(否则就表明盈利预测是不合理的)，业绩补偿只是在万一盈利承诺不能实现的情况下对购买方的补偿手段。因此基于该盈利预测作出的补偿承诺在投资日的公允价值通常应认定为零。

在实际操作中，很多并购案例的业绩补偿协议中都有3年后对业绩补偿(或业绩奖励总金额)，根据3年内的累计业绩情况进行清算的条款。如果本案例中也包含这类条款，即在目前业绩承诺期仅过了第一年的情况下，双方根据第一年的业绩完成情况进行的收付均应看作是暂时性的。如果A公司在合并当年年末能取得B公司当年的利润数据，据此确定与合并当年相关的(暂定)补偿金额的，可以将减少的对价暂计入“其他应付款”，到3年承诺期满后将确定无需支付的或有对价转入营业外收入。至于未来2年的交易对价是否补偿不确定，因此本期可不予考虑，确定时再进行调整。

如果将业绩奖励定性为职工薪酬的，则应当在满足《企业会计准则第9号——职工薪酬(2014年修订)》第九条规定条件时确认为负债并计入当期管理费用。

问题 3-2-21 长期股权投资和企业合并直接费用会计处理的一般原则

问题：

在认购方以对第三方公司的股权投资认购股份公司增发的股份的交易中，被增资的股份公司对于所涉及的交易费用应如何进行会计处理？

解答：

首先，无论是否构成企业合并交易，在认购方以对第三方公司的股权投资认购股份公司增发的股份的交易中，对于所涉及的交易费用，都必须以适当的方式分解为两部分：

(1) 企业合并或以其他方式取得长期股权投资的交易费用。

(2) 当以企业自身权益工具作为投资或合并对价的支付方式时，所发生的权益工具发行费用。

这两者的划分依据，可参考《计学撮要2011》中第319～320页的问题解答“问题13(如何区分企业合并的直接交易费用哪些应当费用化，哪些应当计入作为合并对价所发行的证券的初始确认金额)”。

即，上述问题解答所涉及的两类交易费用中，第一类“企业合并或以其他方式取得长期股权投资的交易费用”是指与交易条件的谈判和购买协议的达成相关的交易费用(这类交易费用是无论采用何种对价支付方式都会发生的)；第二类“权益工具发行费用”是与协议达成后的对价支付相关的交易费用(如果采用现金作为对价支付方式即不会发生的)。另外，第二类“权益工具发行费用”的范围还同时受制于《企业会计准则第37号——金融工具列报(2014年修订)》第二十三条的规定，即“与权益性交易相关的交易费用应当从权益中扣减。交易费用，是指可直接归属于购买、发行或处置金融工具的增量费用。增量费用，是指企业不购买、发行或处置金融工具就不会发生的费用。企业发行或取得自身权益工具时发生的交易费用（例如登记费，承销费，法律、会计、评估及其他专业服务费用，印刷成本和印花税等），可直接归属于权益性交易的，应当从权益中扣减。终止的未完成权益性交易所发生的交易费用应当计入当期损益。”关于可从发行溢价中扣减的“权益工具发行费用”的范围的进一步指引，可参阅《计学撮要 2011》第 374～377 页的问题解答“可从股票发行溢价中扣减的发行费用的范围”。

如果某项购并或取得长期股权投资的交易中，其对价全部采用购买方（合并方）或投资方自身权益工具以外的对价形式支付（如现金或承担金融负债），则只有第一类交易费用，没有第二类交易费用；如果全部或部分对价以购买方（合并方）或投资方自身的权益工具形式支付，则同时存在第一类和第二类交易费用，需依据上面问题解答所给出的原则在上述两类交易费用之间作出合理的划分。

在对交易费用的类别和性质按上述指引进行合理划分的基础上，对两类交易费用分别按照以下原则处理。以下处理原则适用于所有股权收购或增资交易，无论是否构成企业合并：

1. 第一类交易费用（企业合并或以其他方式取得长期股权投资的交易费用）：

（1）如果某项股权收购或增资交易构成企业合并的，则此类交易费用在发生时直接费用化处理。

（2）如果某项股权收购或增资交易不构成企业合并的，则此类交易费用发生时，企业应当谨慎评估该项拟实施的交易最终成功的可能性。如果从当时情况看该交易很可能成功，则可以将已发生的此类交易费用暂在“其他非流动资产”中挂账，到交易完成（取得被投资方股权）后，从“其他非流动资产”转入长期股权投资或可供出售金融资产的初始计量金额中；如因为情况变化而放弃交易，或者认为该交易不成功的可能性大于成功的可能性，则需将以前已计入“其他非流动资产”的此类发行费用转入损益。

2. 第二类交易费用（权益性证券的发行费用）：在作为股权收购或合并对价的权益性证券成功发行之后，此类交易费用可从发行溢价中扣减。资本公积中的资本溢价或股本溢价不足冲减的，则调整留存收益。同理，在此类交易费用发生时，如果尚未实际发行权益性证券，则企业应当谨慎评估该项拟实施的交易最终成功的可能性。如果从当时情况看该交易很可能成功，则可以将已发生的此类交易费用暂在“其他非流动资产”中挂账，到交易完成（证券实际发行）后，从“其他非流动资产”转入“资本公积——资本溢价或股本溢价”的借方；如因为情况变化而放弃交易，或者认为该交易不成功的可能性大于成功的可能性，则需将以前已计入“其他非流动资产”的此类发行费用转入损益。

问题 3-2-22 关于企业分立的会计处理

问题：

企业分立时所涉及各企业如何进行账务处理?

背景：

国内公司 P 公司持有 A 公司 100%股权。由于业务整合需要,P 公司对 A 公司进行分立,以 A 公司的优质资产出资(匹配相应的资产和负债)成立 B 公司,享有 60%的股权,P 公司能够控制 B 公司,A 公司法人资格仍然存续。P 公司对用于向 B 公司出资的资产和负债(包括存货、房屋建筑物、土地使用权、流动负债等)进行了评估。

解答：

目前,企业会计准则体系尚未对企业分立所涉及的各相关企业的会计处理作出明确规定,以下所述为实务中的一般处理方法。

(一) 存续分立的会计处理。

存续分立是指将被分立企业的一个或多个没有法人资格的营业分支机构分离出去成立新的公司,将新公司的股份部分或全部分配给被分立公司的股东,且被分立公司依然存续经营。根据《国家工商行政管理总局关于做好公司合并分立登记支持企业兼并重组的意见》(工商企字[2011]226 号)的规定,“因分立而存续或者新设的公司,其注册资本、实收资本数额由分立决议或者决定约定,但分立后公司注册资本之和、实收资本之和不得高于分立前公司的注册资本、实收资本”,因此存续企业需相应减少其注册资本和实收资本。

1. 存续企业的会计处理和税务处理。

无论分立企业有没有增加新的投资者,被分立企业只需将进入分立企业的资产、负债以原账面价值为基础予以转销,并按转出的净资产账面价值冲减所有者权益,借记负债类科目,贷记资产类科目,差额借记权益类科目(按分立方案确定的存续企业减少实收资本的金额借记“实收资本”科目,其余差额依次冲减“资本公积”、“盈余公积”和“未分配利润”)。如满足《财政部、国家税务总局关于企业重组业务企业所得税处理若干问题的通知》(财税[2009]59 号)规定的特殊性重组税务处理的适用条件,并按照《国家税务总局关于发布〈企业重组业务企业所得税管理办法〉的公告》(国家税务总局公告[2010]4 号)的有关规定办理了备案手续,则被分立企业无需就分立资产的公允价值和原计税基础之间的差额计入当期应纳税所得额;否则,被分立企业需就分立资产的公允价值和原计税基础之间的差额计入当期应纳税所得额,计算缴纳企业所得税。

2. 新设企业的会计处理和税务处理。

对于分立中的新设企业,应根据该新设企业是否与被分立企业处于同一控制下,确定该新设企业取得被分立企业原有的部分资产、负债所构成的业务,是构成一项同一控制下的合并还是非同一控制下的合并,据此确定各项资产、负债的入账价值。如果新设企业取得的分立资产、负债不构成《企业会计准则第

20号——企业合并》及其应用指南和讲解所定义的“业务”的，则应按公允价值确定所取得的资产、负债的入账价值。

在本案例中，B公司从A公司中分立出来属于同一控制下的新设分立，其经济实质相当于B公司通过同一控制下合并取得了A公司部分业务对应的资产和负债(同一控制下的业务合并)，故B公司对取得分立资产、负债的入账价值不能使用评估值，应为分立资产、负债在最终控制方合并报表层面的原账面价值。

新设企业取得分立资产、负债的计税基础确定，因是否采用特殊性税务处理方法而不同，具体情况如下：

(1) 在存续分立情形下，且不采用特殊性税务处理方法时，当对新设企业而言构成非同一控制下企业合并时，分立企业接受资产的入账价值与税法允许税前扣除的计税基础一致，均是购买日公允价值(通常采用“购买对价分摊”评估方法确定)。当对新设企业而言构成同一控制下企业合并时，分立企业接受资产的入账价值为分立资产在最终控制方合并报表层面的原账面价值，则会计上的账面价值与按照税法规定确定的计税基础存在差异。

(2) 在存续分立情形下，且采用特殊性税务处理方法时，当对新设企业而言构成非同一控制下企业合并时，分立企业接受资产的入账价值为评估价值，而税法允许扣除的只能是原计税基础金额(如果不考虑资产减值准备等暂时性差异因素的影响，则计税基础基本相当于原账面价值)，两者存在暂时性差异。当对新设企业而言构成同一控制下企业合并时，分立企业接受资产的入账价值为分立资产在最终控制方合并报表层面的原账面价值，由于税收上也只允许按原计税基础在税前扣除，会计与税法规定基本一致。

上面所述的新设企业层面入账价值和计税基础的确定原则，可总结如下表所述。

新设企业层面入账价值和计税基础的确定原则

会计处理模式	税务处理模式	入账价值	计税基础	是否存在暂时性差异
同一控制下合并	一般	原账面价值	公允价值	是
	特殊		原计税基础	否*
非同一控制下合并	一般	公允价值	公允价值	否
	特殊		原计税基础	是
非企业合并(取得的分立净资产不构成业务)	一般		公允价值	否
	特殊		原计税基础	是

* 此处不考虑资产、负债的原账面价值和原计税基础之间在此次分立之前在原企业已存在的暂时性差异。下同。

对分立中的新设企业而言，如果其取得分立资产、负债的入账价值与其计税基础不一致，则是否确认就该等暂时性差异确认递延所得税资产或负债，可按以下方法考虑：

(1) 如果取得分立资产、负债对新设企业而言构成非同一控制下的企业合并,则应当就该等暂时性差异确认递延所得税负债或递延所得税资产,相应调整所确认的商誉或负商誉。

(2) 如果取得分立资产、负债对新设企业而言构成同一控制下的企业合并,则应当参照《计学撮要 2013》之“问题 2-3-8(同一控制下合并中所得税的确认)”所述原则处理,可以选择确认或不确认由此形成的递延所得税资产或负债。如果确认递延所得税资产或负债,则递延所得税的确认金额作为对同一控制下合并中形成的资本公积的调整数。

在构成同一控制下合并的情况下,如果选择确认由此形成的递延所得税资产或递延所得税负债的,则当资产的入账价值大于计税基础时,形成递延所得税负债,即借记“资本公积”科目(如新设企业的资本公积不足冲减,则不足冲减的差额冲减未分配利润),贷记“递延所得税负债”科目;当资产的入账价值小于计税基础时,形成递延所得税资产,即借记“递延所得税资产”科目,贷记“资本公积”科目。在资产耗用或处置时递延所得税资产或递延所得税负债转销,转销递延所得税资产和递延所得税负债的影响均计入转回当期的“所得税费用——递延所得税费用”。

(3) 如果分立资产不构成《企业会计准则第 20 号——企业合并》及其应用指南和讲解所定义的“业务”,例如一块尚未动工开发的土地,则即使取得分立资产的入账价值和计税基础之间存在差异,也因为《企业会计准则第 18 号——所得税》第十一条和第十三条规定的“初始确认豁免”原则,不能确认递延所得税资产或递延所得税负债。

(二) 新设分立下会计处理

新设分立是指将被分立企业分立组成两个或两个以上的新公司(即分立企业),被分立企业不需要经过法定的清算程序即可宣告解散。

企业经批准采取新设分立方式时,应当对原企业各类资产进行全面清查登记,对各类资产及债权债务进行全面核对查实,编制分立日的资产负债表及财产清册。分立后的两个或两个以上的分立企业,其会计处理和税务处理均可参照前述存续分立中新设企业的相应处理方式。

问题 3-2-23 公司出资举办的非营利性单位是否纳入合并报表范围

问题:

公司设立的民办非企业法人单位(在民政部门登记)是否应纳入合并报表范围?

背景:

A 公司 2013 年出资 100 万元成立 B 研究院(下简称研究院),研究院系在省民政厅登记,登记的性质为民办非企业单位,经营范围为:生产工艺及装备技术研究,产品应用技术研究,外加剂技术研究,技术咨询,技术服务。

A 公司是研究院的唯一出资人,研究院的法定代表人为 A 公司的副总经理,其财务和经营决策均由 A 公司控制。该研究院的研究范围与 A 公司的主营业务直接相关,A 公司是其研究成果的最主要用户。

研究院执行非营利的事业单位会计制度。

解答:

2014 年 7 月 1 日以后生效的《企业会计准则第 33 号——合并财务报表》(2014 年修订)(以下简称“修订后合并报表准则”)变更了“控制”的定义和判断标准,其中的判断标准之一是“通过参与被投资方的相关活动而享有可变回报”。对于其中的“可变回报”,不仅指基于股东和出资人身份取得的资本性回报(股利、股权转让收益等),也包括其他形式。《〈企业会计准则第 33 号——合并财务报表〉(2014 年修订)应用指南》对“可变回报”这一控制要素作出了如下解释:

判断投资方是否控制被投资方的第二项基本要素是,因参与被投资方的相关活动而享有可变回报。本准则第十七条规定,可变回报是不固定的并可能随被投资方业绩而变动的回报,可能是正数,也可能是负数,或者有正有负。投资方在判断其享有被投资方的回报是否变动以及如何变动时,应当根据合同安排的实质,而不是法律形式。例如,投资方持有固定利率的交易性债券投资时,虽然利率是固定的,但该利率取决于债券违约风险及债券发行方的信用风险,因此,固定利率也可能属于可变回报。又如,管理被投资方资产获得的固定管理费也属于可变回报,因为管理者是否能获得此回报依赖于被投资方是否能够产生足够的收益用于支付该固定管理费。其他可变回报的例子包括:

1. 股利、被投资方经济利益的其他分配(例如,被投资方发行的债务工具产生的利息)、投资方对被投资方投资的价值变动。

2. 因向被投资方的资产或负债提供服务而得到的报酬、因提供信用支持或流动性支持收取的费用或承担的损失、被投资方清算时在其剩余净资产中所享有的权益、税务利益,以及因涉入被投资方而获得的未来流动性。

3. 其他利益持有方无法得到的回报。例如,投资方将自身资产与被投资方的资产一并使用,以实现规模经济,达到节约成本、为稀缺产品提供资源、获得专有技术或限制某些运营或资产,从而提高投资方其他资产的价值。

投资方的可变回报通常体现为从被投资方获取股利。受法律法规的限制,投资方有时无法通过分配被投资方利润或盈余的形式获得回报,例如,当被投资方的法律形式为信托机构时,其盈利可能不是以股利形式分配给投资者。此时,需要根据具体情况,以投资方的投资目的为出发点,综合分析投资方是否获得除股利以外的其他可变回报,被投资方不能进行利润分配并不必然代表投资方不能获取可变回报。

另外,即使只有一个投资方控制被投资方,也不能说明只有该投资方才能获取可变回报。例如,少数股东可以分享被投资方的利润。

据此,在修订后的合并报表准则下,对于被投资方是非营利组织的情形,需要根据具体情况,以投资方的投资目的为出发点,综合分析投资方是否获得除股利以外的其他可变回报，被投资方不能进行利润或结余的分配并不必然代表投资方不能获取可变回报。例如，如果本案例中 A 公司成立该研究院的目的是从事与公司主营业务活动相关的技术研发，其所研发的技术将主要归本公司使用，据以从中获取可变回报的，则该研究院在修订后合并报表准则下应纳入 A 公司的合并报表范围。

问题 3-2-24　为特殊目的而设立的结构化主体是否纳入合并报表

问题：

如何为分析特殊目的而设立的结构化主体是否纳入合并报表？

背景：

A 公司中标某地产项目，为此成立区域平台公司 B 公司，B 公司通过一间全资拥有的 BVI 公司(注册资本为 1 美元)持有该地产项目公司(香港公司，注册资本为 1 港元)。C 地产基金通过增资 BVI 公司的方式获取该地产项目公司 50%股权，双方在同股同权的合作原则下，共同投入开发该地产项目。对项目的后续开发资金，C 地产基金及 A 公司按照股权比例各投入约 12 亿港元股东资金(以贷款形式体现)，剩余开发资金由该地产项目公司自筹。

根据该基金设立方案，该基金计划由 80%优先级资金和 20%劣后级资金组成，优先级投资者可享有 8%(暂定)的收益率，超额的收益部分由劣后级投资者享有。由于该基金与 A 公司按照同股同权方式投资该地产项目，因此 A 公司不向该基金提供任何形式的回报担保或优先分配承诺。但是，该基金内部存在优先级和劣后级两种不同的份额，优先级的预期收益和本金回收得到优先保障，劣后级份额持有人以其持有的劣后级份额对应的权益为限，向优先级份额持有人的预期收益实现和本金回收提供担保。

在项目操作模式上，引入基金后，仍由 A 公司实质操盘该地产项目；在治理结构上，实行双数董事席位，双方股东各占一半。

该地产项目运作模式图如下。

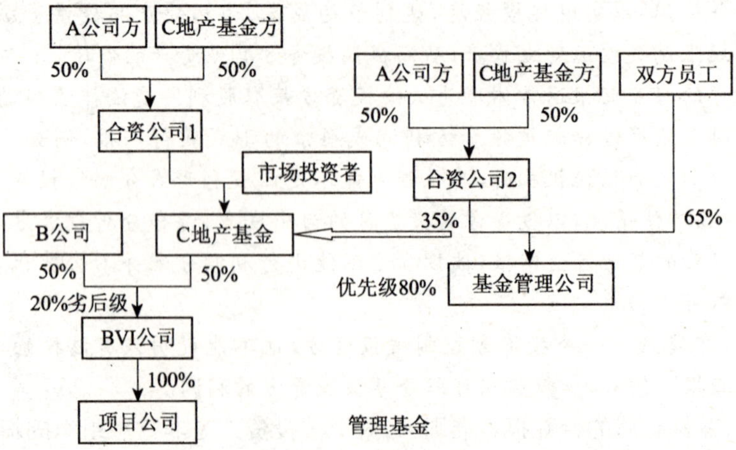

解答：

根据《企业会计准则第 33 号——合并财务报表》(2014 年修订)，合并报表范围以“控制”为基础确定，对控制的定义为“投资方拥有对被投资方的权力，通过参与被投资方的相关活动而享有可变回报，并且有能力运用对被投资方的权力影响其回报金额”。在该准则下，控制权有三要素：主导被投资方的权力；面临可变回报的收益和风险；主导权和可变回报之间的联系。

在本案例中，由于房地产开发项目的实质主导权仍在 A 公司手中；且 A 公司通过持有劣后级份额，承担了整个开发项目的绝大部分可变回报的收益和风险；且 A 公司并不是他人的代理人，而是基于自身的利益作出决策，因此在《企业会计准则第 33 号——合并财务报表》(2014 年修订)，也同样应当认为 A 公司对该开发项目具有控制权，应纳入 A 公司的合并报表范围。

本案例中所涉及的各级平台公司属于《企业会计准则第 33 号——合并财务报表》(2014 年修订)和《企业会计准则第 41 号——在其他主体中权益的披露》所定义的“结构化主体”，即在确定其控制方时没有将表决权或类似权利作为决定因素而设计的主体。在确认哪个投资方(如有)拥有对结构化主体的权力时，很重要的一点是审查投资方和被投资方签署的合同协议，包括分析被投资方的原始文件和管理文件、提供给投资方的市场材料以及被投资方签署的其他合同协议等。关于投资方对结构化主体是否拥有权力的判断，需要结合下列四项因素进行进一步的分析：①在设立被投资方时所作出的决策及投资方对其设立活动的参与度；②考虑其他相关合同安排；③考虑仅在特殊事件发生时开展的活动；④投资方对被投资方作出的承诺。

在本案例中，各级平台公司的相关活动是为 A 公司的开发项目筹集资金，其活动都是在相关主体设立前的协议中明确约定的；A 公司积极参与了相关结构化主体的设立，在其设立中起到主导作用；A 公司向优先级份额持有人作出优先保证其预定收益的承诺，从而其回报比其他投资者具有更大的可变性，且 A 公司可通过其对房地产开发相关活动的主导直接影响其自身可获得的可变回报。因此，A 公司对该房地产开发项目具有控制权，应将其纳入合并报表。

根据《企业会计准则第 40 号——合营安排》第五条规定：“共同控制，是指按照相关约定对某项安排所共有的控制，并且该安排的相关活动必须经过分享控制权的参与方一致同意后才能决策。”如前面的分析所示，本案例中，A 公司和 C 地产基金实际上并不是共同控制关系，而是依据双方对开发项目实质主导权归属的约定，由 A 公司享有对该开发项目的控制权，因此本案例不涉及共同控制，不属于《企业会计准则第 40 号——合营安排》的规范范围。

问题 3-2-25　托管经营并提供委托贷款期间是否具有对被托管方的控制权

问题：

1. 根据《企业会计准则第 33 号——合并财务报表(2014 年修订)》，无股权投资关系的控制能否进行财务报表合并？

2. 受托管理经营下合并报表具体如何处理？

背景：

A 公司接受 B 公司股东委托管理 B 公司，同时 A 公司提供贷款给 B 公司。

A 公司与 B 公司及其股东签署了《委托管理协议》，A 公司受 B 公司股东的委托，受托行使 53.92%的 B 公司股东权利，并全面负责 B 公司的生产、经营和管理；同时 A 公司通过银行委托贷款的方式，向 B 公司提供 9 128 万元的财务资助。在满足一定条件时，A 公司有权通过合法的方式将上述委托贷款全部以增资的方式转为对 B 公司的股权投资，增资完成后持股比例为 53.92%。

《委托管理协议》经 B 公司股东大会批准后生效后，A 公司拟向 B 公司推荐四名董事(包括董事长一名)、总经理及财务负责人人选各一名。

《委托管理协议》的主要内容如下：

1. 托管内容：A 公司受托行使 53.92%的 B 公司股东权利，并全面负责 B 公司的生产、经营和管理。

2. 托管事项包括但不限于：

(1) 行使委托方合计持有的 B 公司 53.92%股权所对应的股东权利。

(2) 决定 B 公司的经营计划和投资方案。

(3) 决定 B 公司对外投资、收购或出售资产、融资、资产抵押、对外担保等事项。

(4) 根据本协议的约定，决定聘任或解聘 B 公司的董事、监事；并有权决定提交 B 公司董事会审议的 B 公司总经理、财务负责人人选，以及技术、营销、人力资源等部门负责人的人选。

(5) 制订 B 公司的年度财务预算方案、决算方案、利润分配方案和弥补亏损方案。

(6)《公司法》及 B 公司章程规定的其他应由 B 公司股东或股东会决策的经营管理事项。

3. 根据《公司法》及 B 公司章程规定，如相关经营管理事项需以 B 公司股东的名义作出，则委托方将 B 公司合计 53.92%的表决权委托 A 公司行使或应按照公司的决定行使。

4. 托管期限内，B 公司的股权结构不因本次托管而有变化，B 公司资产依法归 B 公司所有。

5. 托管期限内，B 公司的日常生产、经营、管理等费用及公司及其相关人员因履行本协议下的托管义务而发生的合理费用由 B 公司承担。

6. 托管收益：

(1) A 公司不向委托方收取固定的托管费用。在托管期限内，A 公司享有 B 公司 53.92%的股东分红权。A 公司有权决定分红的时点，如果 A 公司未来成为 B 公司的股东，A 公司的此项分红权也可以在成为股东时通过享有 B 公司未分配利润的方式实现。

(2) 如 A 公司未行使债权转股权的权利，则 A 公司按照银行同期贷款利率收取利息或 53.92%的股权比例向 B 公司收取托管期限内的股东分红(两者以孰高者为准)。

7. 提供财务资助及债权转股条款:

(1) 为支持 B 公司业务的发展,A 公司同意在托管期限内通过委托贷款的方式向 B 公司提供人民币 9 128 万元的财务资助(如转股则不收取固定的资金占用费)。

(2) 作为 B 公司的股东,就 A 公司向 B 公司提供的上述财务资助,各自然人股东同意分别以其持有 B 公司 22.06 %、9.80%、22.06 %的股权向 A 公司提供质押担保,并在收到委托贷款后 5 个工作日内办妥股权出质登记。

解答:

从背景资料中的《委托管理协议》的条款分析,我们理解此处的托管安排很可能是 A 公司拟持股 B 公司 53.92%(主要是通过后续的债权转股权方式增资),但为了降低投资风险,故先行采取以委托贷款方式注入资金并取得相应的经营管理决策权,同时保留转股选择权(万一判断无法实现投资目的时,可以采用收回委托贷款的方式实现安全退出,至少可以保证本金的安全并取得约定的利息收益),即此处的“委托贷款+托管”实际上是股权收购的先行步骤。

对照《企业会计准则第 33 号——合并财务报表》(2014 年修订)所规定的“控制三要素”,我们认为在投出委托贷款并接管其经营后,A 公司已经取得对 B 公司的控制权,可将 B 公司纳入其合并报表范围。主要考虑如下:

1. 拥有对被投资方的权力——在托管期间,A 公司受托行使 53.92%的股东权利,并全面负责被托管方的生产、经营和管理,包括决定被托管方的经营计划和投资方案,以及人事任免,并实际可以行使或控制 B 公司股东会的 53.92%表决权;在 B 公司的董事会中占多数表决权,董事会议事规则为过半数通过;重大经营决策不能绕过董事会直接提交股东会;等等。这些约定通过保证 A 公司控制 B 公司股东会、董事会的多数表决权,从而拥有对被投资方的权力。

2. 通过参与被投资方的相关活动而享有可变回报——根据《委托管理协议》中的收益分配条款,A 公司享有 B 公司托管期限内的 53.92%的股东分红权(如 A 公司未行使债权转股权的权利,则 A 公司向 B 公司收取利息或要求 B 公司支付 53.92%的股东分红,且两者以孰高者为准),表明 A 公司通过参与 B 公司的相关活动而享有可变回报。即使最终 A 公司不行使认购权而要求收取委托贷款本息而退出,则委托贷款本息本身也属于可变回报。

3. 有能力运用对被投资方的权力影响其回报金额——A 公司通过主导 B 公司的董事会和股东会上的表决,对被投资方 B 公司的可变回报施加影响,且虽然其法律上的身份是受托方和委托贷款的债权人,但由于其享有决策权范围广泛、其他股东不享有实质性罢免权、通过委托贷款和股权收益权享有可变回报的量级和可变性均属重大,故并不是 B 公司现有股东的代理人,而是基于主要责任人的地位而作出决策。

在本案例中,A 公司在托管期间将 B 公司纳入其合并报表时,由于并未向 B 公司的现有股东承诺保证其本金安全和获取保底收益或固定收益;同时本案例中的托管没有时间限制,何时结束托管(相应地将被托管方交还给原股东)的主动权在托管方手中,故并不存在一项对 B 公司现有股东的“交付现金或其他金融资产的合同义务”或“在潜在不利条件下,与其他方交换金融资产或金融负债的合同义务”。因此,B 公司的股东所享有的股权在 A 公司合并报表层面应列报为权益(少数股东权益)而不是一项金融负债。相应地,应归属于 B 公司现有股东的收益在合并利润表中列报为少数股东损益(注意:不是“资本公积”)。在 A 公司的合并报表层面,对取得 B 公司控制权的事项,应根据《企业会计准则第 20 号——企业合并(2014 年修订)》的有关规定,作为非同一控制下的企业合并进行会计处理。

实务提示:

1. 本案例的处理结果不能推广到其他存在托管关系的情形,不能依据本案例的解答就简单地认为在所有存在托管、承包经营关系的案例中,承包方和托管方都可以将被托管方、被承包方纳入合并报表范围。基于托管的控制实际上是一种协议控制,其能否成立取决于对合同条款和其他相关因素的详细分析和综合判断,具有明显的个案色彩。在一个案例中能够认可协议控制,不代表在其他案例中也同样能够获得认可。在本案例中,之所以我们认可了该托管所形成的控制,一个很重要的考虑是本案例中的“委托贷款+托管”实际上是股权收购的先行步骤,且收购款也已通过委托贷款的方式足额支付,有足够把握最终能够收购成功。但其他案例很可能并非如此。因此,不应将本案例的结论简单推广到所有托管、承包经营案例。

2. 即使托管方、承包方能够将被托管方、被承包方的报表纳入其合并报表范围,也应当注意:在托管方、承包方的合并报表中,被托管方、被承包方的权益中不归属于托管方、承包方的部分(如被托管方、被承包方的原股东所享有的权益)不一定列报为少数股东权益,而更大的可能性是列报为负债。这也与本案例中的处理不同。

这是因为:在多数情况下,托管和承包经营是有期限限制的,要在期满后将被托管企业归还给其原股东(可能被要求保证所归还的净资产价值不低于托管、承包经营开始日的价值)。因而,在合并报表层面,存在一项“向其他方交付现金或其他金融资产的合同义务”,该义务不能无条件避免,因此,根据《企业会计准则第 37 号——金融工具列报》(2014 年修订)第八条、第九条、第十条的相关规定,该被托管、承包经营的企业中归属于其原股东的权益应列报为金融负债;而根据《企业会计准则第 37 号——金融工具列报》(2014 年修订)第二十一条规定,“金融工具或其组成部分属于金融负债的,相关利息、股利(或股息)、利得或损失,以及赎回或再融资产生的利得或损失等,应当计入当期损益”,相应地,被托管、承包经营企业的损益中归属于其原股东的部分应列报为损益。

在本案例中,之所以能够将被托管方的权益中不归属于托管方的部分列报为少数股东权益而不是负债,是因为本案例中的托管没有时间限制,何时结束托管(相应地将被托管方交还给原股东)的主动权在托管方 A 公司手中,且最终有很大可能性是 A 公司将上述委托贷款全部以增资的方式转为对 B 公司的股权投资，从而持有B公司的多数股权。在此情况下，A公司完全可以通过其自身的行为无条件地避免上述“向其他方交付现金或其他金融资产的合同义务”，因而在该项托管关系中B公司的权益中归属于其原股东的部分不构成“交付现金或其他金融资产给其他方，或在潜在不利条件下与其他方交换金融资产或金融负债的合同义务”，所以可在A公司的合并报表层面列报为少数股东权益。

问题 3-2-26 资产被冻结的清算企业是否纳入合并范围

问题：

资产被冻结的清算企业是否纳入合并财务报表的合并范围？

背景：

A公司对B公司投资5 000万元，持股比例为100%。因B公司经营不善，且存在诉讼纠纷，A公司拟将B公司清算，并于2014年12月16日办理了B公司清算的工商备案，下一步拟对B公司的税务登记予以注销。

截至2014年11月30日，B公司的净资产86 366 697.28元。

因诉讼案件，B公司固定资产中的车辆已经被封存，长期股权投资、无形资产已经冻结，银行账户除工商银行户外均被冻结。B公司主要债务人的实际控制人发生亏损，欠付公司14亿元债务无法偿还，经了解主要债务人无资产可供清偿。

A公司及其子公司均无对B公司的担保。

问题1：B公司正在进行清算，因无法清偿债务，冻结资产也无法解冻，应收债权无法收回，可能发生大量损失，A公司的投资成本无法收回，同时由于A公司未对B公司提供担保，不存在出资额外的其他损失，是否可以判定A公司无法从B公司取得可变回报，对其不具有控制权，从而不将其纳入合并范围？

问题2：在其他条件不变的情况下，所得税是否清算完毕，对纳入合并范围的判断是否存在影响？

解答：

根据2014年7月1日开始执行的《企业会计准则第33号——合并财务报表(2014年修订)，评估控制需要考虑三个方面的因素：权力、可变回报以及是否能够用权力来影响自身的可变回报的金额。在考虑对清算时期的被投资方是否控制时也应从此三方面评估。

从我国的实际情况来看，母公司对于处于清算期间的子公司是否仍然能够控制，一般可按以下原则掌握：

1. 已依据《企业破产法》相关规定进入破产程序的子公司，由于已被法院指定的破产管理人接管，原母公司通常不再能够主导其相关活动；且此类子公司一般资不抵债，破产程序的主要目标是保证各类债权人公平受偿，清算完成后通常并没有剩余财产可供分配给股东，即清算结果不会影响其股东的经济利益，股东不再能从该子公司的清算活动中获取可变回报，所以进入破产程序的子公司一般不应纳入其原母公司的合并范围。

2. 对于股东自行组织清算(非破产清算)的子公司,根据《公司法(2013 年修订)》第一百八十三条的规定,有限责任公司的清算组由股东组成,股份有限公司的清算组由董事或者股东大会确定的人员组成,即其母公司通常可决定清算组成员任免事项和决定清算过程中的重大事项;同时清算的结果(清算结束后的剩余财产分配)将直接影响母公司可从中获取的经济利益,即母公司在清算期间仍然能够主导被清算子公司的相关活动(清算),且有权从其清算活动中获取可变回报,并运用其主导权影响被投资方的可变回报金额,所以母公司对于处于此类清算期间的子公司一般仍然具有控制权,应继续将其纳入合并范围。[可参考本书专题Ⅱ第二部分《企业会计准则第 33 号——合并财务报表》(2014 年修订)实务操作指南中的相关内容]

就本案例而言,虽然主要资产已经被冻结,但在尚未正式启动法院主导下的破产清算程序的情况下,清算过程仍然由其大股东主导(包括主导确定债权追偿或放弃、债务清偿方案的决策等),并且基于准则对"可变回报"的广义解释,剩余财产分配并不是"可变回报"的唯一来源(例如清算的最后结果仍将影响其报表上确认的子公司处置或清算损益),不能仅仅因为预计没有剩余财产可供分配给股东就认为股东不能从清算过程中获取可变回报;并且母公司主导下的清算组所作出的关于清算活动的决策会直接影响母公司承担的可变回报,母公司在这一过程中并非代理人而是主要责任人。据此,我们认为在进入破产程序之前,母公司的继续涉入和承担可变回报,使得母公司继续对其拥有控制权,应继续将该子公司纳入合并报表范围。

清算企业所得税是否清算完毕,不影响对控制的判断。

根据《公司法》(2013 年修订)第一百八十七条规定:"清算组在清理公司财产、编制资产负债表和财产清单后,发现公司财产不足清偿债务的,应当依法向人民法院申请宣告破产。公司经人民法院裁定宣告破产后,清算组应当将清算事务移交给人民法院。"据此,如果目前情况表明该被清算子公司已经处于资不抵债状态,则清算组应根据《公司法》的该条规定提出破产申请。一旦宣告破产,清算事务被移交给法院处理后,母公司即不应再将该子公司纳入合并报表范围。

问题 3-2-27 在判断房地产合作开发项目是否纳入合并范围时对"单独主体"概念的运用

问题:

A 公司与 B 公司以下文背景资料介绍的方式联合开发房地产项目,该项目是否属于共同经营?A 公司在其个别报表、合并报表中分别如何进行处理?

背景:

A 公司(甲方),与 B 公司(乙方)于 2013 年 12 月 19 日签订《房地产联合开发协议》,对三宗地合作开发,土地出让金 47 698 万元已经由甲方缴纳,取得了《建设用地规划许可证》。合作协议主要内容如下:

……

第四条、合作方式及期限

1. 甲方提供项目建设用地，乙方提供项目建设所需资金；

2. 合作项目单独设立银行账户，用于本项目的资金管理；

3. 甲方出资额度以提供地块的土地出让金额度为准。乙方出资额要满足项目需要，额度需经甲乙双方书面确定；

4. 乙方投资以现金和实物方式出资，实物部分出资金额的确定，以双方每月共同认定的工程验工月报为准；

5. 乙方不得以甲乙双方合作开发的商住楼项目进行任何融资、贷款活动；

……

第五条、利益分配

项目结束决算后，甲乙双方按投入的资金额分配项目的利润，既：

甲方利润 = 项目利润 × 甲方出资金额 ÷（甲方出资金额 + 乙方出资金额）

乙方利润 = 项目利润 × 乙方出资金额 ÷（甲方出资金额 + 乙方出资金额）

甲方出资金额即土地成本，如有其他现金或实物等投入，经乙方确认记入投入资金。

项目结束决算时，未出售房产也按上述比例分配。

项目如亏损，双方按上述利润分配方式承担亏损额。

第六条　项目管理

1. 本协议签署后，甲乙双方各自派员共同组建合作开发项目管理部，负责项目的开发工作，包括项目前期办理手续、项目规划设计管理、工程施工管理、销售管理、项目财务管理及相关文件、档案、印鉴管理。项目管理部下设综合办公室、工程部、财务部、销售部。项目经理由甲方委派、项目副经理由乙方委派，项目财务总监由乙方委派，会计、出纳由甲方委派，其他人员构成、任职，经双方讨论同意后由项目经理任命，原则是一方任正职、另一方任副职，工作人员双方尽可能均衡。

2. 合作开发项目的前期工作由甲方负责，包括但不限于以下各项：

(1) 落实合作开发项目用地规划手续，获得合建项目占地的使用地规划批文，土地使用权人为甲方，土地使用不附带第三者的利益限制。

(2) 落实合作开发项目占地的规划报建工作。

(3) 完成合作开发项目规划用地的拆迁和三通一平工作，所发生的费用和收益由甲方独立承担，不计入项目成本及利益。

……

解答：

首先明确本案例讨论的前提：

(1) 该项目管理部设在甲方这一法人的框架内，合作开发项目对外以甲方的名义报建、与施工方签约、对外销售或出租等。

(2) 双方的约定表明，自合作开发协议生效时起，该合作开发项目的所有重大事项均由甲乙双方在共同协商一致的基础上确定，甲乙双方对该项目具有共同控制的权力。

(3) 除了此处提及的收益分配办法以外,无其他收益分配或亏损分担方面的约定,特别是:没有一方保证另一方投资本金安全和取得固定收益的约定,也没有双方按约定面积、楼层等事先确定实物分配方式的约定。

在上述前提下:

1. 甲方个别报表中的处理。

虽然双方在该开发项目上事实上是共同控制的关系,即双方依据合作开发协议共同主导该开发项目的相关活动,且按实际出资比例享有收益和承担风险,但因为项目管理部设立在甲方这一法人主体内,与甲方的其他资产、负债并未实现完全的风险隔离,不是《企业会计准则第 40 号——合营安排》中提及的"单独主体",也不是双方共同拥有所有权的单项资产,因此其报表仍应完整包含于甲方这一法人主体的财务报表内,其资产、负债、损益应完整纳入甲方的财务报表。

对于乙方已投入合作项目的资金和在合作项目中享有的权益,我们理解,虽然乙方的出资是根据项目开发进度逐步投入,最终的收益分配比例要到项目全部完成后才能确定下来,但是甲乙双方应当可以根据历史经验,合理估计项目完成时双方的最终收益分配比例,在项目尚未完成期间的每个资产负债表日,在没有证据表明双方或一方将会违约的情况下,按照该暂估比例测算双方各自在合作开发项目净资产中所占的份额,同时每期末应根据截至该日可获得的最新信息对该比例的估计进行调整,并按会计估计变更进行衔接。

在甲方的个别报表层面,对于乙方的出资及据此在合作开发项目中应享有的权益,甲方有责任在项目结束、清算完毕后支付或归还给乙方,因此甲方虽然没有保证乙方出资本金安全和获取约定收益,但仍承担了在未来交付现金给乙方的合同义务,符合《企业会计准则第 37 号——金融工具列报》(2014 年修订)第八条对"金融负债"的定义。但是,乙方只有在项目结束清算时才有权要求甲方按比例交付合作项目的剩余净资产,对照《企业会计准则第 37 号——金融工具列报》(2014 年修订)第十七条和第十八条的规定,在甲方自身的单独财务报表中应分类为权益工具,即"其他权益工具"。

2. 甲方的母公司在其合并报表中的处理。

该合作开发项目与甲方的其他资产和负债没有实现完全的风险隔离,因此对甲方的母公司而言,该合作开发项目不是《企业会计准则第 33 号——合并财务报表》第二十条所定义的"单独主体",因此虽然严格意义上并不能控制该合作开发项目,但因为该合作开发项目是其子公司这一法人主体的组成部分,故仍应将合作开发项目的资产、负债、损益和权益变动完整地纳入其合并财务报表内。

需要注意:虽然乙方的出资及据此在合作项目中享有的权益在甲方的单独财务报表中可列报为"其他权益工具",但是根据《企业会计准则第 37 号——金融工具列报》(2014 年修订)第二十条的规定,甲方的母公司在编制合并财务报表时,乙方在合作开发项目中所享有的权益份额仍然应列报为金融负债,乙方应享有的投资回报应计入损益，该合作开发项目不产生少数股东权益和少数股东损益。

问题 3-2-28 少数股东以子公司名义经营的资产，是否应列入母公司的合并财务报表

问题：

对于子公司的少数股东以子公司名义经营的资产，是否应列入母公司的合并财务报表？

背景：

A 公司 2005 年增资 B 公司，占 B 公司 49%股份，并受托管理另一股东所持有的 B 公司 6%股权，据此 A 公司实现对 B 公司的控制。2008 年，现股东之一 C 公司通过法院拍卖取得自然人 D 持有 B 公司的 45%股权，至此，自然人 D 不再持有 B 公司股权。

自然人 D 以 B 公司名义采用"自负盈亏"方式经营开发"××花园"项目，但 B 公司"××花园"项目所有权归属于公司，A 公司取得对 B 公司的控制权之前，"××花园"项目列示在其"存货——开发成本"中。现股东 A 公司、C 公司与原股东自然人 D 在 B 公司的增资和股权转让协议中约定，"××花园"项目由原股东自然人 D 以自负盈亏的方式承包经营开发，即售房款扣除 B 公司代其支付协议债务清单之外的款项及其成本、税费等后的收益由原股东自然人 D 享有。

解答：

本案例可参考《企业会计准则第 33 号——合并财务报表》(2014 年修订)中的"对被投资企业可分割的部分(单独主体)的控制"概念。

根据《企业会计准则第 33 号——合并财务报表》(2014 年修订)第二十条规定：

投资方通常应当对是否控制被投资方整体进行判断。但极个别情况下，有确凿证据表明同时满足下列条件并且符合相关法律法规规定的，投资方应当将被投资方的一部分(以下简称"该部分")视为被投资方可分割的部分(单独主体)，进而判断是否控制该部分(单独主体)。

(一) 该部分的资产是偿付该部分负债或该部分其他权益的唯一来源，不能用于偿还该部分以外的被投资方的其他负债；

(二) 除与该部分相关的各方外，其他方不享有与该部分资产相关的权利，也不享有与该部分资产剩余现金流量相关的权利。

以下内容摘自《〈企业会计准则第 33 号——合并财务报表〉(2014 年修订)应用指南》：

投资方通常应当对是否控制被投资方整体进行判断。但在少数情况下，如果有确凿证据表明同时满足下列条件并且符合相关法律法规规定的，投资方应当将被投资方的一部分(以下简称"该部分")视为被投资方可分割部分，进而判

断是否控制该部分：

1. 该部分的资产是偿付该部分负债或该部分其他权益的唯一来源，不能用于偿还该部分以外的被投资方的其他负债；

2. 除与该部分相关的各方外，其他方不享有与该部分资产相关的权利，也不享有与该部分资产剩余现金流量相关的权利。

因此，实质上该部分的所有资产、负债及相关权益均与被投资方的其他部分相隔离，即：该部分的资产产生的回报不能由该部分以外的被投资方其他部分使用，该部分的负债也不能用该部分以外的被投资方资产偿还。

如果被投资方的一部分资产和负债及相关权益满足上述条件，构成可分割部分，则投资方应当基于控制的判断标准确定其是否能够控制该可分割部分，包括考虑该可分割部分的相关活动及其决策机制，投资方是否有能力主导可分割部分的相关活动并据以从中取得可变回报等。如果投资方控制该可分割部分，则应将其进行合并。此时，其他方在考虑是否控制并合并被投资方时，应仅对被投资方的剩余部分进行评估，不包括该可分割部分。

【例 16】 甲公司和乙公司在 2×01 年成立了一家合营企业丙公司，生产和销售一种特殊的建筑材料 A，甲与乙共同控制丙公司。2×08 年，甲公司想继续投资 A 材料的高端产品，由于种种原因，甲公司计划通过丙公司进行产品的生产和销售。因此，甲公司、乙公司与丙公司达成如下协议安排：

在丙公司内部设立项目部，专门’负责产品的生产和销售。项目部所需要的资金全部由甲公司提供。项目独立核算，产生的净利润全部归属于甲公司，其净利润的计算公式为：

产品净利润＝销售产品的全部收入－能够直接归属于项目的全部成本税金及费用－按照约定的计算公式分配给项目的成本税全及费用项目的所有资产和负债均全部归属于甲公司。项目的财务和经营等相关活动的决策完全由甲公司作出，乙公司对此不干涉。

本例中，根据相关法律的规定，丙公司是一个法人主体，如果丙公司被其债务人起诉，要求以丙公司的资产来偿还债务，则可能出现，项目相关资产被用于偿还 A 项目负债的情况。因此，项目部并非可分割部分，不应认定为可分割部分。

【例 17】 A 公司为有限责任公司，专门从事房地产开发，其主要经营活动为在 B 地块上开发住宅和商业地产项目。B 地块的开发分三期执行，各期地块的开发成本和销售、收入分设三个独立子账套进行单独核算管理，但与各期开发相关的开发支出均由 A 公司作为同一法人主体进行清偿，各期项目相关的营业税、土地增值税及所得税等相关税收也均由 A 公司作为同一纳税主体进行统一中报和清算。各地块的相关经营决策互相独立，其经营损益分别归属于不同的权利人。

本例中，虽然各期开发项目区分了三个账套进行独立核算管理，但是，这并不足以说明其中一期开发项目的有关资产、负债和权益均与其余各期的剩余部分相隔离。各期开发支出和相应税负仍以 A 公司作为单一主体进行清偿就表明某期资产并非仅承担与该期资产相关的负债，某期资产也并非与该期开发相关的负债的唯一支付来源。因此，本例中的各期开发项目并非可分割的部分，不应被认定为可分割部分。

在本案例中，虽有约定原股东自然人D以B公司名义采用“自负盈亏”方式经营开发“××花园”项目，但该项目仍处于子公司B公司这一法人主体的框架之内，并未与B公司的其他资产和负债实现完全的风险隔离，该项目的资产可能被用于偿还B公司的其他组成部分的债务，而B公司的其他组成部分的资产也可能被用于偿还该项目的债务。因此本案例中对于“××花园”项目，应当与B公司的其他资产、负债作为一个整体，一并考虑控制权问题，而不能作为一个单独主体考虑其控制权问题。

由于总体上B公司作为一个整体属于A公司的子公司，因此作为其一部分的“××花园”项目的相关资产、负债和损益也应当体现于A公司的合并财务报表中。

问题 3-2-29 控股股东以所持有的非上市子公司的股权为对价认购上市公司增发股份的处理

问题：

上市公司的控股股东以所持有的非上市子公司的股权为对价认购上市公司增发股份，在该控股股东的个别报表和合并报表层面分别应如何处理？

背景：

为实现资源整合，避免同业竞争，A公司以增资方式将子公司B公司和C公司的股权注入子公司D公司(上市公司)，并取得D公司非公开增发的股份，B公司和C公司相应成为D公司的子公司。该项交易作为重大资产重组和上市公司的非公开增发事项，在取得证监会的核准后实施。

在此情况下：

1. A公司如何确认换入D公司股权的投资成本？

2. A公司2013年合并D公司时，长期股权投资(D公司)与其在D公司净资产中所占份额的差额如何处理？

解答：

1. A公司将B公司和C公司的股权注入D公司，并未改变A公司所能控制的经济资源及其风险和报酬特征，因此对A公司而言不属于企业合并交易。但A公司通过该交易，以两项非上市公司的股权换取了上市公司增发的股份，实现了经营性资产的证券化，由于上市公司股份与非上市公司股权在未来现金流量风险、时间和金额方面存在实质性差异，具体体现为估值方法、估值结果、价值波动性等方面的重大差异，故我们认为该交易对于A公司个别报表层面而言是具有商业实质的非货币性资产交换交易。

2. 根据《企业会计准则第7号——非货币性资产交换》的相关规定，在非货币性资产交换交易具有商业实质的前提下，当换入资产公允价值更加可靠时，可以以换入资产的公允价值为基础确定换入资产的入账成本。由于D公司是上市公司,其股份有公开报价,故可以以换入股权的公允价值作为新增的长期股权投资的成本,该成本与A公司个别报表层面对B公司、C公司的长期股权投资的账面价值之间的差额,在A公司个别报表层面确认为投资收益(股权投资处置损益)。

3. 在A公司的合并报表层面,由于B公司与C公司在该次股权交易前后均在合并范围之内,即属于A公司可控制范围内的内部交易,对由A公司、B公司、C公司所构成的合并集团的对外财务状况、经营成果和现金流量不产生影响。因此,在A公司的合并报表层面,应完全抵销该项内部交易的影响,就如同该项内部投资交易没有发生过一样。B公司、C公司的各项资产、负债在A公司合并报表层面的计量金额保持不变,A公司个别报表层面所确认的上述“投资收益——股权投资处置损益”应当予以抵销。可参阅《企业会计准则讲解》(2010)第581页:“企业以非货币资产出资设立子公司或对子公司增资,在编制合并财务报表时,需要将该非货币资产调整恢复至原账面价值,并在此基础上持续编制合并财务报表”。即,虽然通过该次重组交易,A公司提升了在B公司中的持股比例,同时减少了在C公司的净资产和净损益中最终享有权益的份额,但这些交易都是在其合并报表范围内进行的,并不涉及与合并范围外的少数股东之间的交易,站在合并报表主体的角度看,并未出现少数股东从合并报表主体中增资或撤资的权益性交易,因此在重组完成时点,并不需要对其合并报表层面的少数股东权益和资本公积等权益项目进行重分类调整。

问题3-2-30 合并报表中关于权益法核算的联营企业有关逆流交易在合并报表层面的调整

问题:

如果公司当期新增子公司导致本期开始编制合并报表,则对于以前年度本公司与联营、合营企业之间的逆流交易截至本期期初尚未实现的损益,是否需在合并报表层面对相关资产项目的期初余额进行调整?

背景:

A公司于2007年1月取得B公司20%有表决权股份,能够对B公司施加重大影响。2013年8月,B公司将其成本为600万元的某商品以1 000万元的价格出售给A公司,A公司将取得的商品作为存货。截至2013年资产负债表日,A公司仍未对外出售该存货。

A公司原先没有子公司,因而无需编制合并报表。2014年2月,A公司新设了一个全资子公司,相应地开始需要编制合并财务报表。

解答:

本案例的背景可以总结为:A公司与其联营企业之间的逆流交易发生在前,当初发生逆流交易时,A公司还没有其他子公司,无需编制合并报表;但在该逆流交易的内部损益完全实现之前,A公司新设立了一家子公司(该子公司与该联营企业无直接的业务往来关系),由此开始需要编制合并报表,此时在后续编制合并报表时，在合并报表层面对该项尚未实现的逆流交易损益是否需要调整，以及应如何进行调整的问题。

对于上述问题，如《企业会计准则讲解》(2010)的举例 3-10、3-11 中所要求的在合并报表层面就未实现内部交易损益所作出的进一步调整(顺流交易为借记“营业收入”科目，贷记“营业成本”和“投资收益”科目；逆流交易为借记“长期股权投资”科目，贷记“存货”或“固定资产”等科目)是以该等内部交易发生时，投资方企业需要编制合并报表为前提的。如果 A 公司与联营企业之间的内部交易发生时，A 公司尚不需要编制合并报表，则在交易发生时也就不存在在合并报表层面进行上述调整的问题。相应地，在后续期间内，该项内部交易损益实现时，虽然此时可能已经需要编制合并报表，但合并报表层面也不需要再就已实现的交易损益再作出进一步的调整。

上述处理方法的主要理由是：在通常情况下，合并报表的报告期是存在母子公司关系的期间。如果本报告期期初尚无子公司，本期内新设子公司或通过非同一控制下合并方式取得子公司，则合并报表应从该子公司的设立日或购买日开始编制，并不追溯到更早的期间；且本企业在该日之前与合营、联营企业之间的交易与子公司的新设或购买是两项互相独立的交易，所以在子公司设立日或购买日之前本企业与联营、合营企业之间发生的内部交易未实现损益，在子公司设立日或购买日开始编制合并报表时，在合并报表层面无需进行特殊调整(当然更不需要追溯调整前期金额)；与之相对应的是，在后续该等内部交易损益实现时，在合并报表层面也不需要作出特殊的转回调整处理(但本企业个别报表层面的权益法核算中，仍应对内部交易损益的实现有所体现，此时个别报表层面对“长期股权投资”和“投资收益”两个项目的调整也会原样反映到合并报表层面)。

如果本报告期内通过同一控制下合并取得子公司，则因为合并报表层面需追溯调整前期比较数据，视同自最早比较期间期初开始即已经需要编制合并报表，故在涉及同一控制下合并的情况下，合并日以前本企业与联营、合营企业之间发生的内部交易未实现损益，在本期编制合并报表时即应按照《企业会计准则讲解》(2010)第三章中的上述举例，在合并报表层面作出相应的调整。

因此，在本案例中，由于本期内通过新设方式设立子公司，故对于该子公司设立日之前 A 公司与联营企业之间的内部交易未实现损益，及其后续的实现，在编制合并报表时无需进行特殊的调整处理，该事项在合并报表层面的反映方式与在被投资企业个别报表层面权益法核算时的反映方式一致。

问题 3-2-31 子公司部分股东退出(通过减资方式)在子公司个别报表层面及其母公司个别和合并报表层面的会计处理

问题：

如下文背景资料所述，B 公司回购少数股东股权，以现金及联营公司股权作为支付对价，此时 B 公司个别报表层面如何处理？其母公司个别报表和合并报表分别如何处理？

背景:

A 公司、B 公司、C 公司、D 公司及 E 公司股权结构如下图所示。

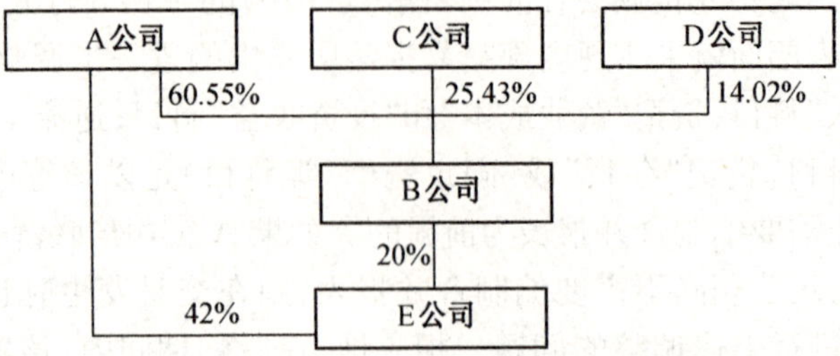

B 公司通过减资方式回购 C 公司、D 公司持有该公司的 39.45%股权,对应注销 32 574 万元的出资。B 公司 39.45%股权的预估值假设为 9 亿元,即 B 公司应支付给 C 公司、D 公司 9 亿元对价,C 公司、D 公司从 B 公司退出。减资完成后,B 公司成为 A 公司的全资子公司。

B 公司所持 E 公司的 15%的股权作为支付对价的一部分。目前,该部分股权账面价值 8 000 万元,预估值为 7 亿元。另支付现金 2 亿元。

解答:

(一) B 公司层面

《〈企业会计准则第 37 号——金融工具列报〉应用指南》第一条"权益工具及所有者权益"规定:"股份有限公司按法定程序报经批准采用收购本公司股票方式减资的,按注销股票面值总额减少股本,购回股票支付的价款(含交易费用)超过面值总额的部分,应依次冲减资本公积(股本溢价)、盈余公积和未分配利润;购回股票支付的价款低于面值总额的,低于面值总额的部分增加资本公积(股本溢价)。"

因此,B 公司以股权投资和货币资金为对价回购股份,在自身个别层面的账务处理为:

借: 实收资本	325 740 000	
贷: 货币资金		200 000 000
长期股权投资——E 公司(80 000 000/20%×15%)		60 000 000
资本公积——资本溢价		65 740 000

如果 B 公司凭借保留的 E 公司 5%股权投资已不能对 E 公司具有控制、共同控制或重大影响,则在减资后,B 公司应对剩余的对 E 公司 5%股权投资转为金融资产核算,并根据《企业会计准则第 2 号——长期股权投资(2014 年修订)》第十五条第一款的规定进行衔接处理。

(二) A 公司层面

应注意判断在此次交易完成后,A 公司凭借其直接持有的 E 公司 42%股权和通过全资子公司 B 公司持有的 5%股权(合计 47%)能否继续保持对 E 公司的控制权。根据不同情况分别处理:

1. 个别报表层面:

(1) 如果继续保持对 E 公司的控制权,则不做处理。

(2) 如果因此丧失了对 E 公司的控制权，则 A 公司直接持有 E 公司的 42%股权应转为权益法核算，并视同当初取得该项投资之日起即已采用权益法核算，进行追溯调整。

2. 合并报表层面：

(1) 如果继续保持对 E 公司的控制权，则合并报表范围保持不变，B 公司的少数股权比例由 39.45%变为零，E 公司的少数股权比例由 38%增至 53%。这两者均为在不丧失控制权情况下的相对权益比例变动，在合并报表层面均按权益性交易原则处理，不影响合并报表层面的损益，也不需要对合并报表范围内企业的资产和负债按公允价值进行重新计量。合并报表层面调整资本公积的金额＝支付的现金 2 亿元＋(以交易完成日为基准，交易完成后合并报表层面的少数股东权益－以交易完成日为基准，交易完成前合并报表层面的少数股东权益)。

(2) 如果因此丧失了对 E 公司的控制权，则在合并报表层面，该事项同时体现为一项丧失对子公司(E 公司)控制权的交易和购买子公司(B 公司)少数股东权益的交易，相当于将子公司(E)的部分股权处置给另一子公司(B)的少数股东，同时子公司 B 的少数股东退股，以应收 B 公司少数股东的股权转让款冲抵应付给 B 公司少数股东的退股款(另外再支付退股款现金 2 亿元)。其在合并报表层面的处理要点是：

第一，对剩余的 E 公司 47%股权(含通过 B 公司持有的 5%股权)按丧失控制权之日的公允价值重新计量，该公允价值与 E 公司 15%股权的处置价款(5.25 亿元)之和，与合并报表层面按原持股比例(62%)计算应享有 E 公司自购买日开始持续计算的净资产的份额之间的差额，计入丧失控制权当期的投资收益。

第二，合并报表层面因少数股东退股冲减权益的金额＝所支付的退股款总额(7.25 亿元)－(以交易完成日为基准，交易完成后合并报表层面的少数股东权益－以交易完成日为基准，交易完成前合并报表层面的少数股东权益)。

如果 A 公司继续保持对 E 公司的控制权，则 B 公司仍然持有的 E 公司 5%股权也是合并集团对子公司(E 公司)持有股权的一部分，应与 A 公司直接持有的 E 公司 42%股权一起参与合并抵销，此时在 A 公司的合并报表中应抵销 B 公司个别报表层面所确认的该 5%股权按丧失重大影响之日的公允价值重新计量的损益。如果 A 公司丧失了对 E 公司的控制权但保留重大影响的，则在 A 公司的合并报表层面，应将 B 公司持有的 E 公司 5%股权投资与 A 公司直接持有的 E 公司 42%股权合并，作为一项长期股权投资(而不是将 B 公司持有的 5%股权单独列报为一项金融资产)，后续按权益法核算。

问题 3-2-32 就内部交易的标的存货计提存货跌价准备形成的递延所得税资产在合并报表层面的调整

问题：

在母公司或子公司个别报表层面就内部交易的标的存货计提存货跌价准

备形成的递延所得税资产,在合并报表层面是否应根据内部交易损益的抵销情况进行调整?

背景:

A 公司与船东签订船舶建造合同,再由 A 公司与子公司 B 公司签订建造合同,由 B 公司负责建造船舶,A 公司个别报表对船舶的采购销售作为一般商品销售确认收入,B 公司个别报表及集团合并报表按建造合同确认收入。资产负债表日在对在建船舶进行减值测试中发现其中一条船出现合同亏损情况,在 B 公司计提减值准备 1 684 416.67 元,并对减值准备确认递延所得税资产。合并报表层面对该在建船舶应计提减值准备 574 543.36 元,即在编制合并报表时应冲回减值准备 1 109 873.31 元(该部分为母公司的合同利润)。

解答:

我们认为,确认递延所得税资产的一项基本前提是存在可抵扣暂时性差异,即资产账面价值小于计税基础或负债账面价值大于计税基础的暂时性差异。因此,如果合并报表层面的调整涉及变动相关存货的账面价值的,则需要调整已确认的与存货跌价准备相对应的递延所得税资产;反之,如果合并报表层面的调整不改变该项存货的账面价值(即该存货在子公司个别报表层面和合并报表层面的账面价值一致),则合并报表层面对已确认的递延所得税资产可不进行调整。

在本案例中,子公司个别报表层面和母公司合并报表层面均采用建造合同方式确认收入,而母公司个别报表层面采用"销售商品模式"确认收入。假设截至期末该船尚未完工,即母公司个别报表层面尚无任何关于该船的收入、成本和存货的列报和披露内容;但因为该船系由子公司承建,因此子公司报表所反映的完工进度和合并报表层面应当一致。相应地,在编制合并报表时,对子公司层面已确认的营业收入、营业成本和存货的调整主要系因子公司个别报表层面和母公司合并报表层面的合同总收入不同而对这些项目的金额作出的相应调整。在合并报表层面调整该建造合同的预计亏损后,相应地也应当把冲回的减值准备 1 109 873.31 元对应已确认的递延所得税资产予以冲回。其主要原因是:

1. 在合并报表层面,随着对预计合同亏损金额的调整(调整金额为母公司的合同利润),资产的账面价值已经发生变化,虽然计税基础不变,但是相应的暂时性差异的金额也已发生变化(可抵扣暂时性差异的金额减少),相应地应冲回个别报表层面已确认的递延所得税资产。

2. 此处的存货跌价准备调整实际上是对母子公司之间内部交易未实现损益的抵销,而针对内部交易未实现损益的抵销,应按企业会计准则的规定(如《企业会计准则解释第 1 号》第九条等)在合并报表层面确认递延所得税资产,本案例也应遵循同样的处理原则,只不过具体表现形式上体现为对子公司已确认的递延所得税资产的"再调整"。

参照《计学撮要 2011》第 253～256 页中的问答"集团合并报表层面与已抵销的内部交易未实现损益相关的递延所得税资产/负债的适用税率"所述原则,"在集团合并报表层面,就已抵销的内部交易未实现损益确认递延所得税时,如果在内部交易中处于买方和卖方地位的两个法人的税务待遇(主要是适用税率)不同,则在计算递延所得税资产/负债时应使用在内部交易中处于买方地位的法人的适用税率”。据此,在本案例中,如果母子公司适用税率不同的,则合并报表层面的递延所得税资产余额应调整为:子公司个别报表层面的暂时性差异金额×子公司的适用税率－内部交易的未发生且未实现损益金额×内部交易中的买方(母公司)的适用税率。

其中,当内部交易中的买方适用超额累进的所得税税率时,参考《国际会计准则第 34 号——中期财务报告》后附举例中对累进税率情况下如何计量中期所得税费用的指引,应当通过对暂时性差异预计转回年度内该内部买方的应纳税所得额的估计,相应估计实际适用的该年度所得税税率,作为计量与内部交易未实现损益相关的递延所得税资产时的适用税率。

问题 3-2-33 非同一控制下企业合并取得子公司的子公司,因其他股东对其增资而丧失控制权的情况下,对于商誉如何处理

问题:

非同一控制下企业合并取得子公司的子公司,因其他股东对其增资而丧失控制权的情况下,对于商誉如何处理?

背景:

2011 年 5 月,A 公司以发行股票购买资产的方式,通过非同一控制下企业合并取得对 B 公司 90.36%的股权,企业合并成本为 40 467.18 万元,对应股权购买日可辨认净资产公允价值为 21 048.51 万元,形成合并商誉 19 418.67 万元。

合并日,B 公司下属子公司一共 13 家,其中全资持有 C 公司 100%的股权。将各家公司均作为一个独立的资产组合,按照各家公司公允价值(收购时的评估值)对商誉进行分摊,分摊后 C 公司对应的商誉为 2 000 万元。

为进一步深化与 D 公司的合作,A 公司拟同意其下属参股公司 E 公司(D 公司持股 51%;A 公司持股 49%)对 C 公司进行增资,并取得对 C 公司的控制权,增资的作价计划按照 C 公司经审计的净资产。相应地,自 E 公司完成对 C 公司增资之日起,A 公司丧失对 C 公司的控制权。

解答:

在本案例中,其他股东单方面对子公司增资并取得对该原子公司的控制权,母公司相应丧失对该原子公司的控制权。在合并报表层面,对于丧失控制权的处理原则是一致的,无论是因为母公司对外转让子公司股权,还是其他股东单方面对子公司增资(或股东非同比例增资)导致母公司股权被动稀释,或者通过协议安排或者其他方式。在合并报表层面所需要达到的处理效果就是《企业会计准则第 33 号——合并财务报表》(2014 年修订)第五十条所规定的:“对于剩余股权,应当按照其在丧失控制权日的公允价值进行重新计量。处置股权取得的对价与剩余股权公允价值之和,减去按原持股比例计算应享有原有子公

司自购买日或合并日开始持续计算的净资产的份额之间的差额,计入丧失控制权当期的投资收益,同时冲减商誉。与原有子公司股权投资相关的其他综合收益等,应当在丧失控制权时转为当期投资收益”。

本案例中,所引入的股东(E公司)本身是母公司A公司的联营企业,母公司在其中也享有权益,但不能对其实施控制,因此在该联营企业对子公司(C公司)增资后,尽管母公司在其中直接和间接享有的权益份额可能仍占多数,但仍然丧失了对该子公司的控制权,应按照《企业会计准则第33号——合并财务报表》(2014年修订)第五十条规定处理。

根据《企业会计准则第33号——合并财务报表》(2014年修订)第五十条规定:

1. 合并报表层面对稀释后仍然持有的股权,应按照该剩余股权在处置日(即控制权丧失日,被动稀释在合并报表层面的处理效果等同于处置)的公允价值作为该项长期股权投资的初始投资成本。在实际操作中,对于一般的企业,其商誉对股权估值的影响不大(例如,基本没有“控制权溢价”),基于简化考虑,可以按照引入新股东时该新股东的增资价格按比例推算原母公司继续持有的剩余股权在处置日的公允价值。该公允价值是在增资完成后的剩余股权公允价值,其中考虑了因引入新股东导致该原子公司净资产增加的影响因素。

2. 合并报表层面应确认的处置环节投资收益金额=前一步骤中确定的剩余股权于处置日的公允价值-处置日该子公司的原有(增资前)净资产在合并报表层面体现的账面价值-就该子公司在合并报表层面确认的商誉±与该子公司对应的其他综合收益的转出影响额(如有)。

如果B公司丧失对C公司控制权后,仍保留对子公司的重大影响,则该问题可参考《计学撮要2011》第322~325页的问答“丧失对子公司控制权但仍保留共同控制或重大影响的处理”进行处理。自控制权丧失之日起对剩余投资改用权益法核算,需要视同按该日公允价值重新取得一项对被投资单位具有共同控制或重大影响的长期股权投资,按照《企业会计准则第2号——长期股权投资》及其应用指南和讲解规定的初始确认日投资成本分摊程序,确定各项可辨认资产、负债于处置日的公允价值,以及名义商誉的金额。重新确定的各项可辨认资产、负债于处置日的公允价值将成为后续权益法核算中对被投资单位净损益进行调整的新的基础。

这里还需要说明的是:根据《企业会计准则第2号——长期股权投资》(2014年修订)的官方应用指南和本书专题II第一部分实务操作指南,“投资方与联营、合营企业之间发生投出或出售资产的交易,该资产构成业务的,应当按照《企业会计准则第20号——企业合并》、《企业会计准则第33号——合并财务报表》的有关规定进行会计处理”。其中,“投资方向联营、合营企业投出业务,投资方因此取得长期股权投资但未取得控制权的,应以投出业务的公允价值作为新增长期股权投资的初始投资成本,初始投资成本与投出业务的账面价值之差,全额计入当期损益。投资方向联营、合营企业出售业务,取得的对价与业务的账面价值之间的差额,全额计入当期损益”。据此,A公司和B公司在丧失对E公司控制权之日,应当根据《企业会计准则第33号——合并财务报表》(2014年修订)第五十条规定的计算方法,在合并报表层面全额确认丧失对E公司控制权的相关损益,而不能像与合营、联营企业之间发生不构成业务的资产的买卖交易时那样,按比例抵销未实现交易损益。

问题3-2-34 代垫未成立非全资子公司费用合并层面处理

问题:

母公司为非全资子公司代垫费用,挂账于其他应收款,但该非全资子公司尚未成立,则合并报表层面应如何处理?

背景:

2014年度,A公司筹建非全资子公司B(A公司将持有B公司60%股权),为其代垫部分前期费用,挂账于其他应收款。截至2014年12月31日,A公司需编制合并报表。B公司实际于2015年2月成立。

解答:

在母公司的合并报表层面,该部分代垫费用后续从子公司的收回是应予抵销的内部交易,对合并报表层面不产生影响。在合并报表中,无论将设立的子公司是否为全资子公司,这部分代垫费用在发生时即应计入当期损益(除非是符合相关企业会计准则规定的可确认资产的条件的项目)。需注意的是:不能仅仅将归属于母公司在未来子公司中的股权比例的部分确认为费用。例如,发生代垫的开办费100元,母公司对未来子公司的股权比例为60%,则仍应在合并报表层面确认管理费用100元而不是60元。

由于此时子公司尚未正式成立,不存在少数股东权益,未来的少数股东并无承担该部分代垫费用的现时义务,因此该部分代垫费用应全部冲减合并报表中的归属于母公司股东的权益和损益,无少数股权影响。

后续子公司成立后,如果母公司和少数股东一致同意由子公司将代垫费用归还给母公司,则子公司在归还代垫费用时确认为其自身的费用,这部分费用中按比例归属于少数股东损益的部分可在合并报表层面转回,减少合并报表层面的少数股东权益和少数股东损益。

例如,2014年内,母公司A为筹建中的子公司B代垫开办费100万元(均为费用性支出,不形成资产)。2015年2月,B公司正式注册成立,A公司对其持股比例为60%。2015年3月,B公司将代垫费用100万元以现金方式归还给A公司,则上述交易在合并报表层面的影响如下:

(说明:以下演示的会计分录是直接将合并报表主体看作一个需进行账务处理的常规会计主体,在合并报表层面上直接编制的账务处理分录,并不是传统意义上的合并抵销分录)

(1) 2014年内发生代垫费用支出时:

借: 管理费用	1 000 000	
贷: 银行存款等		1 000 000

(上述管理费用在 2014 年度合并报表中全部冲减归属母公司股东的权益和损益)

(2) 2015 年内,B 公司向 A 公司归还代垫费用支出时:

借: 少数股东权益	400 000
贷: 少数股东损益	400 000

问题 3-2-35　关于因客观原因而撤销已完成的股权转让交易时的处理

问题:

股权转让合同中约定了股权转让交易完成的条件,当条件不能成立时,转让双方应如何处理?

背景:

B 公司为 A 公司的全资子公司,业务性质是经营某汽车品牌的 4S 店。2012 年经 A 公司的股东一致同意决定转让 B 公司的全部股权。

2012 年 11 月,A 公司与 C 公司(C 公司与 A 公司无任何关联关系)签订股权转让协议,A 公司将 B 公司的股权全部转让给 C 公司。根据协议,双方同意在 2012 年 11 月 30 日经审计的净资产 500 万元基础上溢价 350 万元,作价 850 万元转让给 C 公司。同时约定,交易的前提是 A 公司协助 C 公司续签 B 公司的授权经销合同。2012 年 12 月 29 日,B 公司完成股权转让的过户手续,以及财产的移交手续。A 公司在 2012 年 12 月收到 C 公司股权转让款 450 万元,并于 2013 年 1 月收到第二笔款 300 万元。余额 100 万元在完成续签 B 公司的授权经销合同后支付。

2012 年 12 月 1～20 日属于双方共管,并按比例分配该期间的收益。2013 年开始 A 公司未参与 B 公司的任何经营。根据合同的约定,B 公司的股权变更手续应于 2013 年 6 月 30 日前向该品牌的汽车厂商(以下简称:厂商)进行备案。但截至 2013 年 9 月 30 日,厂商不同意 A 公司完全退出 B 公司,要求 A 公司必须持股。因此关于 B 公司的股权变更手续并未向厂商完成备案(厂商不同意备案,则授权经销合同不能续签)。根据股权转让合同约定,如果由于厂商的原因导致无法续签授权经销合同,则股权转让交易撤销,A 公司无息返还 B 公司的股权转让款。

2013 年 12 月,经 A 公司与 C 公司充分协商,双方决定解除原股权转让协议。根据协议,A 公司以 B 公司的 2013 年 11 月 30 日经审计的净资产,加上 350 万元的溢价(原 2012 年转让的溢价)购回 B 公司 100% 的股权。同时约定 2013 年 12 月 20 日开始双方共管 B 公司。双方约定在工商变更手续完成后两日内 A 公司需付完全款并在当日内办理经营管理权的移交。预计此次交易将在 2013 年 12 月 31 日之前完成。

解答:

根据上文背景分析,A 公司、C 公司 2012 年的股权转让合同中约定"交易的前提是 A 公司协助 C 公司续签 B 公司的授权经销合同",而厂商在 2013 年明确表态不同意此次股权转让，则在2012年年末，由于股权转让交易的前提能否成立存在较大的不确定性，虽然A公司、C公司双方已经完成了股权转让的大部分法律手续，但是2012年内确认该项股权处置损益仍然是不恰当的。因为在股权转让的法律手续完成后，A公司仍有重大的合同义务（协助C公司续签B公司的授权经销合同）需要履行，而该条件能否达到具有重大的不确定性。鉴于该股权转让合同的约定事实上要求该项股权转让需经过外部（汽车厂商）批准方可生效，则对照《〈企业会计准则第20号——企业合并〉应用指南》第二条对合并日/购买日判断条件的规定，在该股权转让事项尚未获得所需外部批准的情况下，不能认为已满足“处置日”的认定标准，A公司不能确认B公司股权的处置损益，应继续将B公司纳入其合并报表范围。相应地，则B公司的股权在2012年不能认为已经转让（在股权转让完成的条件全部达到时才能认为股权转让已经完成），C公司应按照租赁经营进行处理（在租赁期间租金为零，但通过2012年受让B公司股权价款和2013年转让B公司股权价款之间的差额，C公司事实上享有B公司的全部剩余收益）。

如果A公司在2012年内即已确认了B公司的股权转让损益，且自2012年年末起不再将B公司纳入其合并报表范围，则在编制2013年度财务报表时，应考虑是否构成一项重大的前期差错，进行适当的更正处理。可参考证监会会计部《上市公司执行企业会计准则监管问题解答（2013年第1期，总第8期）》（会计部函[2013]232号）第一条的规定：“只有在上市公司能够提供确凿证据，表明由于重大人为过失或舞弊等原因，未能合理使用前期报表编报时已经存在且能够取得的可靠信息，导致前期会计估计结果未恰当反映当时情况，才能认定前期会计估计存在差错。前期会计估计存在差错，并不必然进行追溯调整，只有当上市公司确定相关因素导致会计估计差错累计影响数切实可行且该差错重要时，才采用追溯重述法调整前期报表，否则应采用未来适用法。”

问题3-2-36　托管方在其自身报表中对被托管方净资产的确认

问题：

在确定托管方对被托管方基于托管协议形成控制关系的情况下，托管方在其自身的个别报表和合并报表中应如何确认被托管方的净资产？

背景：

2011年11月，A集团将其子公司B公司托管给另一子公司C公司管理。A集团拟以B公司的股权对C公司增资（但增资价格、增资后所占股权比例等重要参数待定），故托管协议约定托管期限为2011年1月1日起至B公司股权过户之日。托管协议同时约定C公司全权代表A集团行使股东权利，承担股东收益或亏损。

C公司个别报表层面的账务处理为：

借：长期股权投资

　　贷：资本公积

解答:

本案例中,从托管协议对托管期限的约定"2011 年 1 月 1 日起至股权过户之日"的约定看,此处的托管是股权转让的前置步骤。根据托管协议,在托管期间内,C 公司全权代表 A 集团行使股东权利,拥有广泛的决策权力,以及获取被托管企业的大部分经济利益和承担大部分风险。因此托管方(未来的股权收购方)对被托管方(目标公司)具有实质控制权,应合并被托管方的可能性是比较大的。

但是,不论本案例中托管方是否应合并被托管方,托管方在个别报表层面均不应确认对被托管方的长期股权投资以及相应的资本公积增加。主要考虑是:①在股权收购完成前,托管方和被托管方之间只存在基于协议的控制关系,但不存在股权投资关系;②最终控制方(A 集团)拟以被托管方股权向托管方增资,但需增加的托管方股份数量等重要参数尚未确定,不符合《企业会计准则第 37 号——金融工具列报》规定的"可用或需用自身权益工具结算"的工具的发行方将其认定为权益所需满足的"固定换固定"标准;③托管方只有在股权收购完成、将基于协议的控制关系转为基于股权的控制关系之后,才能对托管开始日原有的净资产享有完整的权利,在交易尚未完成的情况下并不享有对其原有存量净资产的权利。

如果托管方能够在托管期间内控制被托管方,将被托管方纳入合并报表范围的,则被托管方的原有净资产在托管方的合并报表中应列报为负债而不是权益。主要考虑是:本案例中,委托方(A 集团)拟在托管结束时以被托管企业的股权对托管方增资,因而对托管方而言相当于发行了一项"须用或可用企业自身权益工具进行结算"的金融工具。根据《企业会计准则第 37 号——金融工具列报》(2014 年修订)第九条规定:"权益工具,是指能证明拥有某个企业在扣除所有负债后的资产中的剩余权益的合同。在同时满足下列条件的情况下,企业应当将发行的金融工具分类为权益工具:……(二)将来须用或可用企业自身权益工具结算该金融工具。如为非衍生工具,该金融工具应当不包括交付可变数量的自身权益工具进行结算的合同义务;……"。该准则第十条第(二)项规定:"如果一项金融工具须用或可用企业自身权益工具进行结算,需要考虑用于结算该工具的企业自身权益工具,是作为现金或其他金融资产的替代品,还是为了使该工具持有方享有在发行方扣除所有负债后的资产中的剩余权益。如果是前者,该工具是发行方的金融负债;如果是后者,该工具是发行方的权益工具。在某些情况下,一项金融工具合同规定企业须用或可用自身权益工具结算该金融工具,其中合同权利或合同义务的金额等于可获取或需交付的自身权益工具的数量乘以其结算时的公允价值,则无论该合同权利或合同义务的金额是固定的,还是完全或部分地基于除企业自身权益工具的市场价格以外变量(例如,利率、某种商品的价格或某项金融工具的价格)的变动而变动,该合同应当分类为金融负债。"据此,由于拟新增股份数量未定,因此不能认为被托管方发行的权益工具,而属于债务工具,即合并报表层面对被托管方净资产不能确认为少数股东权益,而应确认为金融负债(如长期应付款或其他非流动负债等)。

问题 3-2-37 本期因进入破产重整程序而不再纳入合并范围的子公司以前年度形成的超额亏损应如何在合并报表中反映

问题：

本期因进入破产重整程序而不再纳入合并范围的子公司，其以前年度形成的超额亏损应如何在合并报表中反映？

背景：

A 公司因不能清偿到期债务，2013 年 12 月 31 日，公司债权人 B 银行向人民法院申请对 A 公司进行重整。××中级人民法院于 2014 年 3 月 18 日下达《民事裁定书》，裁定受理重整申请，并同时指定管理人。由管理人按照《企业破产法》的有关规定依法履行职责，全面负责 A 公司各项重整工作。

2014 年 11 月，对 A 公司部分资产通过拍卖方式进行了处置。2015 年 3 月末至今正在对 A 公司的剩余资产进行拍卖。

此处所讨论的问题是：在 A 公司的母公司 C 公司的合并报表层面，A 公司因进入破产重整程序而不再纳入 C 公司的合并报表范围，对 C 公司的合并报表将产生何种影响。

解答：

首先需要说明的是：本案例中，子公司 A 公司是进入破产重整程序，而不是破产清算程序。根据《企业破产法》第七十三条规定："在重整期间，经债务人申请，人民法院批准，债务人可以在管理人的监督下自行管理财产和营业事务。有前款规定情形的，依照本法规定已接管债务人财产和营业事务的管理人应当向债务人移交财产和营业事务，本法规定的管理人的职权由债务人行使。"因此，如果在破产重整期间，经法院批准，由 A 公司在管理人的监督下自行管理财产和营业事务的，则意味着 A 公司的母公司在破产重整期间并未丧失对其控制权，仍应继续将其纳入合并报表范围。如果其破产重整期间的财产和营业事务由管理人负责管理的，则通常表明其母公司丧失了对处于破产重整过程中的债务人的控制权，不应将其纳入合并报表范围。以下的讨论均假设 A 公司的母公司 C 公司在 A 公司进入破产重整程序后即丧失对其控制权。

在 C 公司的合并报表层面，虽然没有实际处置 A 公司的股权，但在丧失对其控制权时，在合并报表层面应体现出《企业会计准则第 33 号——合并财务报表(2014 年修订)》第五十条要求的处理原则，即："对于剩余股权，应当按照其在丧失控制权日的公允价值进行重新计量。处置股权取得的对价与剩余股权公允价值之和，减去按原持股比例计算应享有原有子公司自购买日或合并日开始持续计算的净资产的份额之间的差额，计入丧失控制权当期的投资收益，同时冲减商誉。与原有子公司股权投资相关的其他综合收益等，应当在丧失控制权时转为当期投资收益"。

同时，对于 A 公司不再纳入合并报表范围时，其历史上形成的超额亏损的处理，应遵循证监会会计部《上市公司执行企业会计准则监管问题解答(2009 年第 1 期)》(会计部函[2009]48 号)中的以下规定：

问题 3. 执行新会计准则后，对于转让超额亏损子公司的经济业务，在合并报表中应如何进行会计处理？

解答：公司对超额亏损子公司在 2006 年 12 月 31 日前根据有关规定未确认的投资损失，公司在新会计准则实施后转让上述超额亏损子公司时，转让价款与上述未确认投资损失的差额应调整未分配利润，不能在合并利润表中确认为当期投资收益；对于新会计准则实施后已在利润表内确认的子公司超额亏损，在转让该子公司时可以将转让价款与已确认超额亏损的差额作为投资收益计入当期合并利润表。

即，对于母公司丧失对 A 公司控制权时，A 公司历史上形成的超额亏损转回数的处理，应区分不同情况处理：对于形成于 2007 年 1 月 1 日以后的超额亏损，在丧失控制权时可以计入合并报表层面的投资收益；对于形成于 2006 年 12 月 31 日或之前的超额亏损，在丧失控制权时只能直接转入合并报表层面的未分配利润，不能计入合并报表层面的投资收益。

问题 3-2-38　母公司向上市子公司增资过程中发生的发行费用在母公司合并报表层面如何处理

问题：

母公司向上市子公司增资过程中发生的发行费用，在母公司的合并报表层面如何处理？

背景：

A 上市公司非公开发行股票，其母公司认购的股份数对应的发行总价为 8 000万元，母公司个别报表层面相应增加长期股权投资 8 000 万元。A 公司实际获得资金 7 200 万元(扣除发行费用 800 万元)，记入“实收资本”科目，1 000 万元，记入“资本公积——股本溢价”科目，6 200 万元。发行费用的产生，导致子公司个别报表层面净资产变化与母公司个别报表层面长期股权投资变化不一致。

解答：

本案例在母公司合并报表层面，属于在不改变对子公司(A 公司)控制权前提下的相对权益比例变动(购买少数股权或部分处置子公司股权)的交易，该部分发行费用的处理原则应根据以下不同原则确定(注：以下讨论均假设非公开发行的股份以现金方式认购，即不涉及企业合并的交易费用)：

1. 如 A 公司本次非公开发行股份全部由母公司认购，没有其他少数股东参与认购，则该交易并不导致母公司合并报表层面的股东权益总额发生变化，即没有引入新增的外部资金，仅仅是母公司控制范围内的“把经济资源从左口袋移到右口袋”的重组。此时，虽然在子公司(A 公司)层面，这部分发行费用可以认为是与引入外部新增资金相关，因而可以冲减资本公积，但在母公司的合并报表层面，由于没有新增权益资金与之匹配，故应当调整计入管理费用。

2. 如果 A 公司本次非公开发行的股份全部由外部少数股东(指其母公司

合并报表范围以外的股东)认购,即在母公司的合并报表层面,也是通过此次非公开增发引入了新增的外部资金,因此这部分发行费用可以认为是与外部新增资金相关,可以按照少数股东缴入的新增权益资金在母公司合并报表层面计入资本公积和少数股东权益的相对金额比例(注:因为少数股东的增资价格总是高于 A 公司的每股净资产,因此在母公司的合并报表中,少数股东投入的新增资金中有部分会转入归属母公司股东的权益,不会全部计入少数股东权益),将该发行费用进行分摊,分别冲减母公司合并报表层面的资本公积和少数股东权益。

3. 如果 A 公司本次非公开发行的股份中,部分由母公司或其子公司认购,部分由外部少数股东认购,则在母公司的合并报表层面,对于 A 公司所发生的发行费用,需按以下步骤处理:

(1) 首先,根据 A 公司本次增发股份中由母公司(或其子公司)和外部少数股东认购的股份数量比例,将该发行费用分解为两部分。对归属于由母公司或其子公司认购的这部分股份的发行费用,应按照上面第 1 点中的做法,在母公司的合并报表层面计入管理费用。

(2) 其次,对归属于外部少数股东认购的新增股份的这部分发行费用,应按照上述第 2 点中的做法,按照少数股东缴入的新增权益资金在母公司合并报表层面计入资本公积和少数股东权益的相对金额比例,再分解为对应于新增资本公积的部分和对应于新增少数股东权益的部分,将对应于新增资本公积的部分冲减本次增发后在合并报表层面新增的资本公积,将对应于新增少数股权的部分冲减本次增发后在合并报表层面新增的少数股东权益。

第四章

特殊业务问答

第一节　金融工具和套期会计的相关问题

问题 4-1-1　可交换债券发行方的会计处理

问题：

以其他公司股票作为抵押发行的可交换债券，发行方如何进行会计处理？

背景：

可交换公司债券(以下简称“可交换债券”或“可交换债”)是指上市公司的股东依法发行、在一定期限内依据约定的条件可以交换成该股东所持有的上市公司股份的公司债券。根据《上市公司股东发行可交换公司债券试行规定》(证监会公告[2008]41 号)规定，可交换公司债券的期限最短为 1 年，最长为 6 年，自发行结束之日起 12 个月后方可交换为预备交换的股票，债券持有人对交换股票或者不交换股票有选择权。

公司债券交换为每股股份的价格应当不低于公告募集说明书日前 20 个交易日公司股票均价和前一个交易日的均价。募集说明书应当事先约定交换价格及其调整、修正原则。若调整或修正交换价格，将造成预备用于交换的股票数量少于未偿还可交换公司债券全部换股所需股票的，公司必须事先补充提供预备用于交换的股票，并就该等股票设定担保，办理相关登记手续。

预备用于交换的股票及其孳息(包括资本公积转增股本、送股、分红、派息等)，是本次发行可交换公司债券的担保物，用于对债券持有人交换股份和本期债券本息偿付提供担保。

拥有上市公司控制权的股东发行可交换公司债券的，应当合理确定发行方案，不得通过本次发行直接将控制权转让给他人。

A 公司 2014 年内以持有的某上市公司的股票(目前在可能出售金融资产核算)作为抵押发行可转换债券。

解答：

首先假定以下讨论前提：①该可交换债的换股价格是一个事先确定的固定价

格(无论按照何种方式确定),后续转股价格调整条款的设置与目前的可转债转股价格调整条款类似,即在除权、除息、公积金和未分配利润转股等情况下按照事先设定的公式进行换股价格调整;②该可转债按固定的票面利率计息;③在转换权的有效期内,持有人可以要求将可交换债的本息按照约定的转股价格转换为标的股票,也可要求在到期日归还本金和按票面利率计算的利息。则:

1. 发行人个别报表层面的处理。

可交换债的标的并不是发行人自身的权益工具,而是发行人持有的他人权益工具(对发行人而言是一项金融资产或者长期股权投资),因此并不存在权益成分,这一点与可转债是不同的。可交换债对于发行人而言实际上是一项包含嵌入衍生工具的混合工具,其主合同为到期本息(按票面利率计算)按照市场利率折现的金额;嵌入衍生工具为授予持有人的按照固定价格购买发行人持有的特定金融资产的一项看涨期权。该期权的初始计量金额同样采用从发行总价中扣减主合同现金流折现值的方式确定,在后续的每个期末按照公允价值计量(该公允价值可能为正,但一般不大可能为负,取决于转股价格和标的股票的市价孰低孰高),公允价值的变动计入损益,也就是该项衍生工具属于以公允价值计量且其变动计入当期损益的金融资产或金融负债。后续持有人行使换股权或者该期权到期失效时,将累积的交易性金融资产/负债余额予以转销处理。

在该可交换债存续期间,相应数量的标的股票按规定需被冻结,预备用于交换,发行人不能随意处置这些股票。但这并不意味着发行人不再享有或承担该金融资产所有权上的主要风险和报酬。这是因为到期后以货币形式收回本息还是取得股票,选择的主动权在持有人而不是发行人手中。只有当持有人选择取得股票,发行人按约定交付相应数量的股票时,该金融资产所有权上的主要风险和报酬才转移给可交换债券持有人。因此,在该可交换债存续期间,该金融资产继续按原先的分类进行相应的核算,包括确认公允价值变动(如发行人原作为金融资产核算)。同时,在财务报表附注中应披露相应数量的股票已被冻结,其所有权受到限制的事实。

当发行人依据约定的转股价格将所持有的标的股票交付给持有人以结算该项负债时,发行人应按处置金融资产或长期股权投资进行会计处理,处置价格即为约定的转股价格,即转股价格和该标的股票投资的账面价值之间的差额确认为发行人的投资收益。如果该部分标的股票在发行人账面上有对应的其他综合收益的,则该其他综合收益也应一并予以转出(除了"按照权益法核算的在被投资单位以后会计期间不能重分类进损益的其他综合收益中所享有的份额"以外,其余的其他综合收益项目的转出均为转入投资收益)。

2. 当预备用于交换的股份是发行人子公司的股份时,发行人合并报表层面的处理。

当上市公司的控股股东以其所持有的上市子公司股份为标的发行可交换债,即预备用于交换的股份是发行人子公司的股份时,在发行人的合并报表层面,由于子公司的少数股东权益也被视作合并主体自身的权益,因此可交换债持有人如果行使转股权,则将导致母公司在不丧失控制权的前提下部分出售其所持有的子公司股权,该交易在合并报表层面将构成一项权益性交易,其结果是合并报表层面的权益增加,因此其中嵌入的转换权属于“须用或可用发行方自身权益工具进行结算的金融工具”。此时,由于转股价格固定(或者仅可在有限的特定情况下按照事先确定的公式进行调整),符合《企业会计准则第 37 号——金融工具列报》(2014 年修订)第九条第(二)项所指的“如为衍生工具,企业只能通过以固定数量的自身权益工具交换固定金额的现金或其他金融资产结算该金融工具”这一条件,因此该转换权在发行方(上市公司的控股股东)的合并报表层面属于权益工具,即初始确认时在合并报表层面确认为资本公积。此类条款的可交换债在发行人合并报表层面的处理效果与该上市子公司发行的可转债类似,只不过发行可转债募集的资金归上市子公司所有,而发行可交换债募集的资金归大股东所有。

当发行人依据约定的转股价格将所持有的标的股票交付给持有人以结算该项可交换债时,转股价格和该标的股票投资对应享有的子公司净资产份额之间的差额根据《企业会计准则第 33 号——合并财务报表》(2014 年修订)第四十九条规定调整合并报表层面的资本公积。

从中可以看出,当预备用于交换的股份是发行人子公司的股份时,发行人在个别报表和合并报表层面对该可交换债的账务处理是有很大不同的。

问题 4-1-2 资产管理人投资于自己负责管理的理财产品的相关核算

问题:

资产管理人投资于自己负责管理的理财产品的相关核算。具体而言:①投资本金应当在哪个会计科目进行核算?②所产生的投资收益应当如何进行核算?③管理人应当如何进行管理费收入的核算?

背景:

某资产管理人设立 X 集合理财计划,其中分为 A 类份额和 B 类份额。资产管理合同主要条款如下:

1. “管理人承诺以诚实守信、审慎尽责的原则管理和运用本集合计划资产,但不保证本集合计划一定盈利,也不保证最低收益。”

2. “本集合计划的管理期限为集合计划的存续期,本集合计划存续期为 25 个月,自集合计划成立起满 24 个月后,管理人可以择期终止。本集合计划在符合本合同集合计划的展期约定的条件下可以展期。”

3. “X 集合计划 A 的开放期:自集合计划成立起满 12 个月后的下一个自然月的前 10 个工作日为 X 集合计划 A 的开放期,遇法定节假日、休息日自动顺延。”“X 集合计划 B 的开放期:本集合计划的存续期内每个工作日为 X 集合计划 B 的开放期。”

4. “本集合计划的风险收益特征及适合推广对象:从集合计划整体运作来看,本集合计划属于中高风险品种。从两类份额看,X 集合计划 A 份额持有人将获得固定的年化约定收益率,表现出风险较低、收益相对稳定的特点,适合追求较稳定收益,能承受一定风险的投资者;X 集合计划 B 份额持有人获得剩余收益,带有适当的杠杆效应,表现出风险较高,收益较高的特点,适合追求高风险高收益的投资者。"

5. "管理费:按前一日的集合计划净值的 2%年花费率计算。管理费每日计提,逐日累计,在本集合计划终止时集中支付。若终止时本集合计划净资产全部分配给 X 集合计划 A 的本金和收益,且管理人追加自有资金或其他外部投资者追加资金购买 B 份额后,仍存在额外未弥补的 X 集合计划 A 的本金及约定收益总额的差额,则以已计提的管理费为限返还用于支付 X 集合计划 A 的本金和收益。此时如果已计提的管理费大于差额的,则返回后的剩余部分分配给管理人;如果已计提的管理费仍不够弥补差额的,则由 X 集合计划 A 委托人承担相应损失。"

6. "管理人将以自有资金参与 X 集合计划 B:①自有资金参与的条件:自有资金仅在集合计划推广期内参与本集合计划,本集合计划成立后,除本合同约定的情况外,不再增加自有资金参与规模。除本合同约定的强制退出情况外,管理人承诺计划存续期内不收回已投入资金,并承担相应义务和享有约定的权利。②自有资金的参与方式和金额:本集合计划自有资金认购 X 集合计划 B 部分。管理人所认购的份额不超过本集合计划成立时总份额的 20%(含 20%)。③自有资金的收益分配按照本合同"十四、集合计划的收益分配"对 X 集合计划 B 的收益分配约定进行。④自有资金责任承担方式和金额:若本集合计划分配收益时出现可分配利润小于 X 集合计划 A 的约定收益总额,或本集合计划的本金出现亏损时,则利用 X 集合计划 B 的本金弥补 X 集合计划 A 的本金和收益差额。本集合计划自有资金以其参与金额为限承担责任。"

7. "风险揭示:管理人并不承诺或保证 X 集合计划 A 委托人获得约定收益,也不保证 X 集合计划 A 委托人的本金安全,即如在本集合计划资产出现极端损失情况下,X 集合计划 A 委托人仍可能面临无法取得约定固定收益乃至投资本金受损的风险。"

8. "X 集合计划 A 约定的年化约定收益率每 12 个月调整一次。初始年化约定收益率于推广期之前至少一个工作日予以公告;存续期间年化约定收益率于 X 集合计划 A 的开放期之前至少一个工作日予以公告。本集合计划的初始配比原则上为 4∶1(注:不包括募集期利息折份额的部分,下同),即 X 集合计划 A 在委托人初始有效认购总份额中的份额占比为 4/5,X 集合计划 B 在委托人初始有效认购总份额中的份额占比为 1/5,且两类份额的资产合并运作。"

9. "收益分配顺序:本集合计划成立后每满 12 个自然月至少分配收益一次。分配方式为现金分红。收益分配的比例为本期可实现分红收益的 100%。本集合计划将首先按照约定的年化收益率向 X 集合计划 A 分配现金收益,剩余现金收益全部分配给 X 集合计划 B。若收益分配后 X 集合计划 B 的单位份额净值低于 1.00 元时,则以其资产净值为限进行份额折算,折算后的 X 集合计划 B 单位份额净值为 1.00 元,份额数量相应缩减。"

10. "投资目标与投资理念:本集合计划以投资固定收益类产品为主,通过对于当前国家经济形势、货币政策、财政政策、产业政策及资本市场资金环境的细致分析及研究,积极主动地对计划的大类资产进行配置调整,致力于在有效控制风险的前提下,实现集合计划资产获取长期稳定投资收益的目标。本集合计划遵循稳健投资的投资理念,在有效控制风险的前提下,通过投资固定收益类产品,实现集合计划资产的长期稳定增值。”

11. “集合计划财产按下列顺序清偿:①支付清算费用;②缴纳所欠税款;③支付除管理费以外的应付费用;④支付 X 集合计划 A 本金和收益;⑤支付管理费;⑥支付 X 集合计划 B 本金和收益。”

解答:

1. 关于金融资产的归类和核算原则。

根据《企业会计准则讲解》(2010)第二十三章中对“可供出售金融资产”的定义(原书第 367 页):

四、可供出售金融资产

对于公允价值能够可靠计量的金融资产,企业可以将其直接指定为可供出售金融资产。例如,在活跃市场上有报价的股票投资、债券投资等。如企业没有将其划分为其他三类金融资产,则应将其作为可供出售金融资产处理。相对于交易性金融资产而言,可供出售金融资产的持有意图不明确……

对于集合管理资产,属于独立于公司之外的一项资产管理计划(与基金的投资形式相类似,但要求限制更严格),公司在到期清算日前不得退出计划,与持有上市公司限售股类似,且也是以公允价值计量,因而可作为“可供出售金融资产”核算。但可供出售金融资产的公允价值变动除了构成减值损失的情况以外,应作为其他综合收益而不是损益。

2. 关于后续核算原则和亏损承担问题。

针对“可供出售金融资产”的后续核算在《企业会计准则讲解》(2010)明确如下(原书第 377 页):

(2) 可供出售金融资产公允价值变动形成的利得或损失,除减值损失和外币货币性金融资产形成的汇兑差额外,应当直接计入所有者权益(资本公积),在该金融资产终止确认时转出,计入当期损益。

对于证券公司作为管理人持有并作为可供出售金融资产核算的理财产品份额本身而言,其作为可供出售金融资产的核算原则与一般的可供出售金融资产无异。因此,在金融资产未终止确认之前,估值变动收益和损失不能计入“投资收益”。只有待相关集合计划终止后,才能计入当期损益。

根据背景资料中“资产管理合同相关条款”第 5、第 6 条关于管理费和管理人以自有资金参与集合理财计划问题的相关约定,管理人需以已计提的管理费收入和所持有的集合理财计划(B 类)份额价值为限,向 A 类理财产品的持有人提供担保,尽可能确保 A 类持有人可以收回本金并取得约定的收益。与管理人对于“集合资产投资”核算相区别,对于管理人“以自有资金参与公司发行的集合计划的亏损承担问题”,应当在相关集合理财计划存续期间内的每个资产负债表日,根据相关理财产品的净值表现、近期预计赎回量等因素,根据相关条款，对很可能应当承担的与已发生损失相关的亏损弥补义务进行预计，如果符合《企业会计准则第 13 号——或有事项》规定的预计负债确认条件的(同时满足下列条件:该义务是企业承担的现时义务;履行该义务很可能导致经济利益流出企业;该义务的金额能够可靠地计量)，则应确认一项预计负债，并在财务报表附注中作出相应披露。

在本案例中，管理人对于以自有资金参与本公司设立的集合资产管理计划所相应确认的可供出售金融资产，在出现《企业会计准则第 22 号——金融工具确认和计量》第四十一条所规定的"表明金融资产发生减值的客观证据"中的一项或者多项[尤其是其中的第(八)项"权益工具投资的公允价值发生严重或非暂时性下跌"]时，应当对其计提减值准备，所计提的减值准备相当于这部分集合资产管理计划份额的公允价值低于成本的差额。与此同时，鉴于此时《企业会计准则第 13 号——或有事项》规定的预计负债确认条件很可能已经满足，故管理人还应当根据当时可获得的信息以及相关规定的条款测算该计划期满时很可能需承担的亏损弥补责任的金额，并就此确认预计负债(注:根据第五条中"若终止时本集合计划净资产全部分配给 X 集合计划 A 的本金和收益，且管理人追加自有资金或其他外部投资者追加资金购买 B 份额后，仍存在额外未弥补的 X 集合计划 A 的本金及约定收益总额的差额，则以已计提的管理费为限返还用于支付 X 集合计划 A 的本金和收益"和第六条中"若本集合计划分配收益时出现可分配利润小于 X 集合计划 A 的约定收益总额，或本集合计划的本金出现亏损时，则利用 X 集合计划 B 的本金弥补 X 集合计划 A 的本金和收益差额。本集合计划自有资金以其参与金额为限承担责任"的约定，该预计负债的期末余额应不超过同一时点管理人已计提的管理费收入和所持有的上述可供出售金融资产的公允价值之和)。上述可供出售金融资产减值和预计负债两个事项存在一定的联系，但是两者的含义和金额不同，所适用的会计准则也不同，故不能加以合并或者互相替代。

3. 关于管理费收入的确认原则。

管理人就向集合理财计划提供的管理服务，而从集合理财计划的净资产中取得的管理费，其性质是提供劳务的收入，应按照《企业会计准则第 14 号——收入》中"提供劳务收入"会计模式进行确认和计量。其确认收入应满足的基本条件是:①相关的管理服务已经提供;②相关的经济利益很可能流入企业;③收入的金额能够可靠地计量。在本案例中，根据上述合同条款第五条，"若终止时本集合计划净资产全部分配给 X 集合计划 A 的本金和收益，且管理人追加自有资金或其他外部投资者追加资金购买 B 份额后，仍存在额外未弥补的 X 集合计划 A 的本金及约定收益总额的差额，则以已计提的管理费为限返还用于支付 X 集合计划 A 的本金和收益"，表明已计提的管理费需作为对 A 类理财产品持有人保本和取得约定收益的担保。公司应谨慎评估该条款导致"相关的经济利益很可能流入企业"这一条件不能满足的可能性。根据前述背景信息，"从集合计划整体运作来看，本集合计划属于中高风险品种"，且必须尽可能保证 A 类理财产品的持有人保本和取得约定收益，但另一方面"本集合计划以投资固定收益类产品为主”,因此管理人对该理财产品的风险自我评价似乎存在矛盾之处,需注意获得进一步的澄清和解释。在此基础上,管理费收入和预计负债按以下原则确认:

(1) 如果在经过谨慎的评估之后,认为最终实际以已提取的管理费承担对A类理财产品持有人的担保责任的可能性小于50%(即该担保责任并非“很可能”导致经济利益流出本企业),则该项担保责任不影响按照常规方法确认管理费收入,只需在附注的“或有事项”部分中对承担担保责任的事实和主要条款予以披露即可。

(2) 如果认为最终实际以已提取的管理费承担对A类理财产品持有人的担保责任的可能性大于50%(即该担保责任“很可能”导致经济利益流出本企业),且担保责任的金额能够可靠预计的,则管理费收入按照常规方法确认,同时还应按照《企业会计准则第13号——或有事项》的规定,就因承担该担保责任很可能导致经济利益流出本企业的金额计提相应的预计负债(可与以自有资金参与理财计划的方式提供担保的相关预计负债合并计提)。

(3) 如果认为最终实际以已提取的管理费承担对A类理财产品持有人的担保责任的可能性大于50%(即该担保责任“很可能”导致经济利益流出本企业),但担保责任的金额不能可靠预计的,则在合同存续期间,应按照《企业会计准则第14号——收入》关于“履行结果不能可靠预计的劳务合同”的收入确认原则,仅就已发生且预计能够得到补偿的劳务成本确认收入,同时将已发生的劳务成本结转营业成本,不确认利润。同时在附注中对所承担的担保责任予以充分披露。

问题4-1-3 表外资产管理业务中,证券公司作为管理人以管理费收入及认购份额次级部分对预期收益提供保证,如何进行会计处理及风险披露

问题:

表外资产管理业务中,证券公司作为管理人以管理费收入及认购份额次级部分对预期收益提供保证,此时如何进行会计处理及风险披露?

背景:

A证券公司发行集合理财计划,主要条款摘录如下:

一、产品本身利益分配情况:

本集合计划分为稳健型份额和进取型份额。稳健型份额按照预期收益率优先享有收益分配的权利。进取型份额享有本集合计划的剩余收益。管理人自有资金参与的份额与其他进取型份额同等享有收益、承担损失。

六、管理人自有资金参与集合计划

1. 自有资金参与的条件

推广期结束后,管理人对稳健型和进取型份额认购进行确认,若稳健型份额的募集规模>进取型份额的募集规模×4/1,管理人将以自有资金认购进取型份额,直至满足稳健型份额的募集规模≤(进取型份额的募集规模+管理人

拟认购进取型份额规模)×4/1。

开放期结束后，管理人对稳健型和进取型份额申购、赎回进行确认，若稳健型份额规模＞进取型份额规模×4/1，管理人将以自有资金申购进取型份额，直至满足稳健型份额规模≤(进取型份额规模＋管理人拟申购进取型份额规模)×4/1。

需要追加进取型份额的情形(详见本合同第七部分相关约定)。

2. 自有资金的参与方式和金额

管理人以自有资金认购或申购进取型份额的形式参与本集合计划。为了维持稳健型和进取型份额比例，本集合计划认购或申购结束后，管理人将根据两类份额的销售情况，确定管理人以自有资金认购或申购进取型份额的金额。

3. 自有资金责任承担方式和金额

管理人自有资金参与的份额与其他进取型份额同等享有收益、承担损失。

4. 自有资金退出的条件

管理人自有资金参与本集合计划的份额，不得超过本计划总份额的20%。因本集合计划规模变动等客观因素导致自有资金参与本集合计划被动超限的，管理人应当在超限之日起的20个工作日内将部分自有资金参与份额退出，以符合法规要求。除因上述情况外，在本集合计划存续期内，管理人自有资金参与进取型份额不得退出。

5. 风险揭示

本集合计划管理人按上述约定以自有资金参与进取型份额，不能构成对稳健型份额本金及收益的保证，也不能保证进取型份额本金不受损失。

七、集合计划的分级

(四) 收益分配和风险承担

1. 稳健型份额预期收益率每年确定一次。

2. 进取型份额以自身本金及收益为稳健型的本金及预期收益提供保证。

3. 若本集合计划的收益满足稳健型份额本金、稳健型份额预期收益、进取型份额本金后还有剩余，则剩余部分的收益归属于进取型份额。

4. 需要追加进取型份额的情形：

稳健型份额收益分配(含份额折算)时，若出现可分配收益小于稳健型份额的预期收益，或稳健型份额本金出现亏损，则利用进取型份额的本金弥补稳健型份额的本金和收益差额。收益分配后，进取型份额以其资产净值为限进行份额折算。管理人在折算后三个工作日内以自有资金或营销其他投资者追加进取型份额至初始投资份额占总份额比例，否则本集合计划提前终止。

若重新估值后的进取型份额净值低于1.000元，应以进取型份额资产净值为限进行份额折算

十三、集合计划费用支出

(一) 集合计划费用支付标准、计算方法、支付方式和时间

1. 管理费

本集合计划管理费按前一日集合计划资产净值1%年费率计提。

若本集合计划终止时净资产全部分配稳健型份额本金和收益，仍存在额外未弥补的稳健型份额的本金及约定收益总额的差额，则管理人以已收取的管理费为限返还用于支付稳健型份额的本金和收益。此时如果已收取的管理费大于差额的，则返回后的剩余部分分配给管理人；如果已收取的管理费仍不够弥补差额的，则由稳健型份额委托人承担相应损失。

解答：

从背景资料提供的相关信息分析，A 公司作为本集合计划的管理人，有权就其提供的管理服务收取管理费，管理费系根据集合理财计划资产净值和 1% 的年费率计收；但同时承诺“若本集合计划终止时净资产全部分配稳健型份额本金和收益，仍存在额外未弥补的稳健型份额的本金及约定收益总额的差额，则管理人以已收取的管理费为限返还用于支付稳健型份额的本金和收益。此时如果已收取的管理费大于差额的，则返回后的剩余部分分配给管理人；如果已收取的管理费仍不够弥补差额的，则由稳健型份额委托人承担相应损失”；同时管理人自行认购的进取型份额也可能被用于对稳健型份额的本金安全和实现预期收益的担保。

针对这一条款，我们倾向于将管理费收入、自有资金认购份额的减值损失和相应的担保责任视作三个独立的事项。即：

1. 对于管理费收入的确认问题，导致 A 公司作为管理人确认管理费收入的依据是其所实际提供的管理服务和《资产管理合同》约定的费率条款，根据已实际提供的管理服务，按照《企业会计准则第 14 号——收入》中规定的提供劳务收入的确认原则，确认相应的管理费收入，管理费收入按照合同约定的费率条款予以计算和计量。“管理人以已收取的管理费为限返还用于支付稳健型份额的本金和收益”的约定所表达的意思是管理人承担担保责任的限额，但该条款并不否认 A 证券公司已经提供了相关的管理服务，以及有权就这些管理服务取得报酬。

2. 对于管理人以自有资金认购的进取型份额，应按照相关合同条款和管理层的持有意图(充分考虑相关条款对于管理人在计划存续期间处置相关份额的限制)，作为相应类型的金融资产核算，一般作为可供出售金融资产核算，期末按照公允价值(公布的净值)计量。

期末，如果其净值份额出现了严重或非暂时性的下跌，则属于其所持计划份额已发生减值的客观证据，应当相应对以自有资金认购并持有的计划份额计提减值准备。此处对所持有的计划份额计提减值准备与下文所述的计提预计负债并不矛盾，预计负债和减值准备可以同时并存(尽管这两者的金额可能存在一定的联系)。在对自有资金认购的进取型份额计提减值准备时，应当仅考虑该份额自身净值的下跌，不应考虑《资产管理合同》约定的担保责任的影响。担保责任的影响如要在表内确认，则应通过“预计负债”和“业务及管理费”科目体现，而不是体现为资产减值损失(详见下文)。

3. 计划存续期间的每一资产负债表日，A 公司应当分析截至目前时点该集合计划的资产负债和损益状况，并基于当前可获得的信息对剩余存续期间的业绩作出谨慎、合理的预计，对照《资产管理合同》的条款，考虑最终计划终止时需承担担保责任的可能性，如果认为该可能程度属于“很可能”（即可能性大于50%），并符合《企业会计准则第13号——或有事项》规定的预计负债确认应满足的其他条件（属于由过去的交易或事项形成的预计很可能导致经济利益流出企业的现时义务，且金额能够可靠计量），则应按照《资产管理合同》的相关条款，确认预计负债。

确认预计负债的对应科目是“业务及管理费”，而不是“资产减值损失”或者冲减已确认的管理费收入。这是因为这种情形并不是所持有份额本身价值的下跌，而是基于《资产管理合同》条款对稳健型份额持有人作出的有限担保承诺。如前所述，我们认为应当确认预计负债而不是资产减值准备的原因，就是因为该项损失并不是资产自身的价值减损导致，而是相关理财产品的交易安排导致，其实质是A公司以其自有财产为该理财产品持有人提供的有限担保，该项损失的实质是担保损失。尽管损失金额与资产价值存在一定联系，但是与资产自身价值减损导致的减值损失存在本质差异。理论上说，公司也可以不必直接将自身持有的权益份额赔偿给其他持有人，而完全可以通过向其他持有人支付等额现金的方式代替（涉及份额分割等问题，用现金作为赔偿的支付手段显然更实际。所以公司所持有理财产品的价值可以理解为公司承担担保责任的限度，而不是该资产自身的减值损失）。

在计量该预计负债的金额时，需要考虑的因素包括：①即使目前处于亏损状况，但根据当前可获得的信息，预计到期日之前是否很可能扭亏为盈（需提供确凿证据）；②基于目前可获得的信息，能否对未来的到期价值作出较为可靠的估计；③根据《资产管理合同》第六条规定，管理人承担的保证进取型和稳健型两种份额最低比例的责任（可能导致管理人承担以自有资金份额增持进取型份额的义务，从而导致面临更大的损失风险）；④目前的计划资产净值状况（可提取的预计负债金额通常不应超出所持有的以自有资金认购的计划份额对应的当前净值和累计已确认的管理费收入之和，但如果有确凿证据表明未来将会进一步亏损并可以合理预计应由管理人弥补的最终亏损额的，则按照该最终亏损额计提）。

问题 4-1-4 以信托方式参与EMC项目投资的会计处理

问题：

合同能源管理服务（EMC）公司的供应商以其部分销售货款参与EMC公司发起的信托，间接对EMC项目投资，是否影响其向EMC公司的销售收入的确认？应如何对该信托投资进行会计处理？

背景：

A公司主要从事LED通用照明产品的研发、生产和销售业务，现A公司拟与社会投资者及EMC公司共同成立信托—LED照明EMC信托产品基金。其中，A公司持有该信托的B类份额，社会投资者持有A类份额，EMC公司自身持有 C 类份额。

(一) 基本业务架构

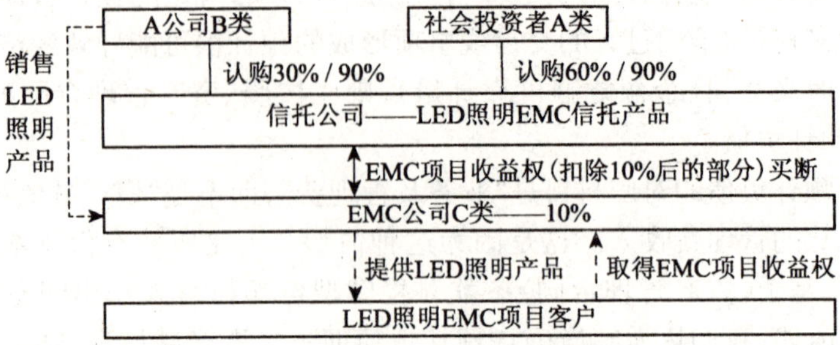

(1) A 公司将 LED 照明产品销售给 EMC 公司。

(2) EMC 公司向终端客户以 EMC 的方式进行销售,即 EMC 公司向终端客户提供 LED 照明产品,终端客户按照节省的能源金额向 EMC 公司支付节能收益分成款,即项目收益权。

(3) EMC 公司将项目的未来收益权,按照现值(未来收益权折现后金额)转让给信托公司,取得转让款,并支付购买 A 公司 LED 产品货款。

(二) 信托产品架构

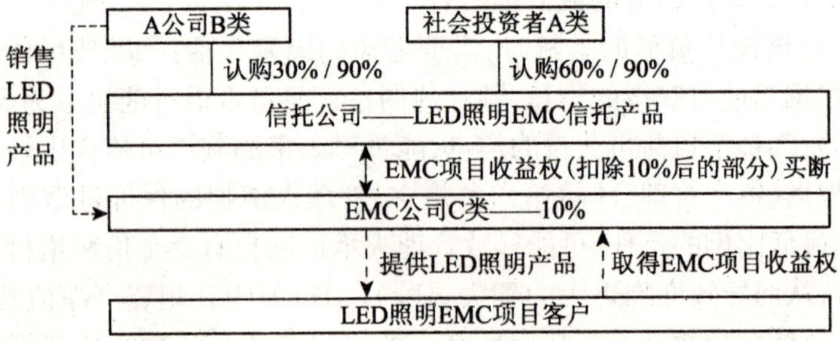

1. 信托产品认购。

信托产品发行总额为 1 亿元,其中份额的 60%向社会投资者(A 类)发行,并赋予优先收益权;30%由 A 公司(B 类)认购,享有次级收益权;另外 10%名义上由 EMC 公司(C 类)认购,但 EMC 公司实际上不出资,享有 10%的剩余收益权。

A 公司认购的 B 类收益权份额为 3 000 万元,该金额占其向 EMC 公司销售收入的 30%。

2. 各类投资者的投资成本和收益。

(1) 信托产品的每期 EMC 收入,首先扣除 10%作为 EMC 公司(C 类)的收益。

(2) 剩余部分由社会投资者(A 类)认购额乘以 7%的年收益率进行分配。如剩余部分不足支付社会投资者(A 类)年 7%的收益(即主要为客户的违约风险),则需由 A 公司(B 类)的认购额(以认购额为限,即损失最多为 3 000 万元)支付。

(3) 在每期 EMC 收入支付 A 类投资者年 7%的收益后仍有剩余的情况

下，按照A公司(B类)认购额乘以7%的年收益进行分配。最后剩余部分归EMC公司。

例如，以下为此类信托架构的典型条款示例：

A. EMC基金仅对应一个EMC项目，基金总额为10 000万元。

B. A公司就该EMC项目向EMC公司销售10 000万元的LED照明产品。产品成本为8 000万元。

C. EMC公司将产品销售给用能单位并获得EMC项目收益权，预期每年获得EMC收入为3 000万元，期限为5年。则预期每期EMC项目收益权的算术合计为15 000万元，按照10%的折现率折算，其EMC项目收益权的现期价值为10 300.00万元。

D. 假设信托基金向EMC公司购买的EMC项目收益权价格，等于其现期价值10 300.00万元。

问题是：A公司将产品销售给EMC公司，同时A公司与其他投资者成立信托产品购买EMC公司项目90%的收益权，此时A公司的销售收入应在何时确认？对购买的该信托产品如何核算？

解答：

1. 关于商品销售收入的确认时点。

在本案例中，A公司将产品销售给EMC公司，同时按约定对信托出资30%的劣后级份额，该出资最多可享有7%的投资收益，但需以出资额为限对社会投资者(A类)的本金和收益提供保障。认购信托份额的出资为销售价款的30%(同时也是该项信托投资的最大可能损失金额)。

在该业务模式下，影响该30%信托投资的主要风险因素包括：

(1) 用能单位依据其与EMC公司签订的协议应支付的节能效益分成款金额不确定的风险，具体影响因素包括：节能服务合同约定的价款计算方式，如是否约定用能单位应支付的保底款、固定的保底款和浮动的收益分成款各自所占比例等；A公司提供的LED产品的实际节能效果；用能单位对该节能产品的实际使用情况；等等。

(2) 用能单位的信用风险，即无力支付分成款的违约风险。

根据《企业会计准则讲解(2010)》第214页的解释："企业已将商品所有权上的主要风险和报酬转移给购货方，是指与商品所有权有关的主要风险和报酬同时转移给了购货方。其中，与商品所有权有关的风险，是指商品可能发生减值或毁损等形成的损失；与商品所有权有关的报酬，是指商品价值增值或通过使用商品等形成的经济利益。"

在本案例的信托安排中，A公司采用有限担保的方式，最大可能损失金额为销售款的30%。因此，虽然存在上述两项风险叠加的影响，但仍可认为存货所有权上的主要风险和报酬已经转移。其中，如果应收用能单位分成款的金额基本确定[即上述第(1)项风险很小]，主要风险来源是用能单位的信用风险，则A公司在整个交易安排中所面临的风险不会大于其采用分期收款销售模式直接对该用能单位销售LED节能产品时所面临的顾客信用风险；如果上述第(1)

项风险较大,则最大可能损失金额也未过半。同时,该商品自身的毁损、减值等损失和使用所产生的经济利益已经通过相关的合同安排转移给用能单位或EMC 公司,所以 A 公司并未因此保留商品所有权上的主要风险和报酬。

同时,在将货物发出时(如公司需负责安装的,则为安装完毕并验收合格时),《企业会计准则第 14 号——收入》第四条规定的销售商品收入确认的其他四项标准也均已满足,后续购入信托计划份额作为另一项独立交易安排,按照金融工具会计准则进行处理。

2. 信托份额投资(劣后级)的会计处理。

根据证监会公告[2010]37 号的规定,公司应按照企业会计准则对金融资产的定义,结合公司管理层对金融资产的持有意图、金融工具的特点等对金融资产进行分类。其中,持有至到期投资是指到期日固定、回收金额固定或可确定,且企业有明确意图和能力持有至到期的非衍生金融资产,同时应有活跃的市场,可以取得其市场价格。因此,"具有活跃市场"是一项投资被归类为持有至到期投资的必要条件。鉴于 A 公司持有的 B 类信托计划份额在到期日前不可转让,不具有活跃市场,因此不能归类为"持有至到期投资"。其分类可按照以下原则确定:

(1) 如果根据用能单位与 EMC 公司签订的节能服务合同,用能单位应支付给 EMC 公司的款项金额是固定或可确定的,即该项证券化的基础资产本身是一项金额确定的债权,影响未来投资收益和本金安全的风险主要来源于用能单位的信用风险,则该项信托份额投资可归类为"贷款和应收款项"类的金融资产。

(2) 如果根据用能单位与 EMC 公司签订的节能服务合同,用能单位应支付给 EMC 公司的款项金额是浮动的(例如有较大比例的分成款,其金额取决于用能单位对节能设备的实际使用情况和节能效果),并不固定,且该变动性成为现金流量波动的主要风险来源的,则该项劣后级份额投资应归类为"可供出售金融资产"(权益类)。

A 公司应根据《企业会计准则第 22 号——金融工具确认和计量》的相关规定,在根据上面的提示确定金融资产分类的基础上,选择适当的会计模式对该项金融资产进行核算:对于分类为"贷款和应收款项"的情形,在存续期间可按实际利率法确认利息收入;对于分类为"可供出售金融资产"的情形,在存续期间不应确认投资收益,只能在信托计划规定的收益分配日,根据信托公司宣布的收益分配情况确认投资收益。当出现从用能单位收到的款项不足以保证 A 类份额还本付息的情况时,一方面,A 公司自身持有的劣后级份额的可收回金额也将受到影响,要对其计提减值准备;另一方面,应当把计提减值准备之后的金融资产账面价值与 A 类份额持有人已发生的投资损失金额相比较,按两者中的较低者确认与有限担保责任相关的预计负债。

该信托作为专为 EMC 公司的融资目的而建立的结构化主体,A 公司在其中的收益有上限(最高 7%,剩余收益归 EMC 公司享有),担保损失金额有上限(最高为出资额 3 000 万元)。A 公司参与了该结构化主体的设计,承担了该信托计划运作中的绝大部分剩余风险(注意:“该信托计划运作中的绝大部分剩余风险”与“商品所有权上的主要风险和报酬”是有区别的),对照《企业会计准则讲解第 33 号——合并财务报表》(2014 年修订)及其应用指南对如何判断对结构化主体是否具有控制权的相关指引(见该准则单行本第 40 页至 44 页“5. 权力来自表决权之外的其他权利”),A 公司很可能应把该信托纳入其合并报表范围。此时,在 A 公司的合并报表层面,A 类份额(优先级)的出资确认为一项负债,分配给 A 类、C 类份额的收益确认为利息支出,同时确认基础资产(该信托持有的应收用能单位的款项)所产生的相关收益(其中,应收用能单位款项的金额为固定或可确定的,可按实际利率法确认利息收入)。基础资产(对用能单位的债权)发生减值损失时,该减值损失首先计入合并利润表上的“资产减值损失”,对于超出 A 公司投资额(3 000 万元)的损失部分则直接冲减由 A 类份额出资所形成的负债,即合并报表层面确认的计入损益的基础资产减值损失以 3 000万元为限,合并报表层面的资产减值损失既代表了 A 公司自身所投资的劣后级份额的价值减损,也代表了 A 公司对 A 类、C 类份额持有人所承担的有限担保责任。

问题 4-1-5 关于金融资产转移的认定及会计处理

问题:

根据本案例的具体情况,金融资产持有人通过发起设立信托并持有其劣后级受益权的方式,将该金融资产转移给信托,应如何进行会计处理?

背景:

甲公司持有 B 有限合伙企业权益 14 亿元,现将该权益转移给 A 信托产品进行证券化。具体做法为:甲公司购买乙信托公司发行的 A 信托产品次级(即劣后级)部分 5 亿元,乙信托公司对外公开募集 A 信托优先级部分 9 亿元(优先级收益率固定,并以次级部分作有限保证),A 信托共计 14 亿元。A 信托的募集说明书中对其投资范围的表述为“本计划所募集资金将用于一次或多次受让甲公司因合法持有 B 有限合伙企业权益份额而享有的获得合伙份额收益的权利,即标的收益权。此外,本计划存续期间,经劣后级份额持有人同意,资产管理人可将闲置资金用于购买短期信托产品或银行理财产品。”A 信托投资限制为“本计划财产的投资仅限于投向上述第(二)条所述投资范围中列明的投资标的(注:即受让甲公司持有的 B 有限合伙企业权益),资产管理人不得将本计划的委托财产用作其他投资”。另外,A 信托存续期间可在开放期内申请劣后级份额的参与和退出(但应保证优先级与劣后级的配比不低于 1.7∶1.1),存续期间劣后级份额不得转让。

A 信托与甲公司签订买卖合同,将甲公司持有的 B 有限合伙权益 14 亿元全部平价转让给 A 信托。

解答:

根据背景资料分析,甲公司以 14 亿元价格将标的合伙份额对应的收益权转让给A信托,并作为劣后级委托人参与该信托。存续期间可在开放期内申请劣后级份额的参与和退出(但应保证优先级与劣后级的配比不低于1.7∶1.1),存续期间劣后级份额不得转让。据此,如果甲公司作为唯一或最主要的劣后级委托人,持有全部或大部分劣后级信托受益权份额,则其作为劣后级委托人事实上享有或承担了该信托(作为结构化主体)的大部分剩余风险和报酬,并且该信托是为了甲公司的融资目的而设立,虽然形式上有专业的资产管理机构担任资产管理人,但该由于该结构化主体的投资对象等已经事先确定(如果需另外投资于其他金融产品,则需经过劣后级委托人同意),事实上乙信托公司仅仅是甲公司(委托人)的代理人,其行使信托管理权应当视作甲公司自身在行使决策权。据此,我们认为,该信托作为结构化主体,实质上受到甲公司的控制,即符合《〈企业会计准则讲解第33号——合并财务报表〉(2014年修订)应用指南》中"5.权力来自表决权之外的其他权利"部分所列的对结构化主体是否具有控制权的各项判断标准(见该准则单行本第40~44页),应将该信托纳入甲公司的合并报表范围。该段指引的详细内容如下:

5. 权力来自表决权之外的其他权利。投资方对被投资方的权力通常来自表决权,但有时,投资方对一些主体的权力不是来自表决权,而是由一项或多项合同安排决定。例如,证券化产品、资产支持融资工具、部分投资基金等结构化主体。结构化主体,是指在确定其控制方时没有将表决权或类似权利作为决定因素而设计的主体。主导该主体相关活动的依据通常是合同安排或其他安排形式。有关结构化主体的判断见《企业会计准则第41号——在其他主体中权益的披露》。

由于主导结构化主体的相关活动不是来自表决权(或类似权利),而是由合同安排决定,这无形中加大了投资方有关是否拥有对该类主体权力的判断难度。本准则第十五条规定,投资方需要评估合同安排,以评价其享有的权利是否足够使其拥有对被投资方的权力。在评估时,投资方通常应考虑下列四方面:

(1) 在设立被投资方时的决策及投资方的参与度。在评估被投资方的设立目的和设计时,投资者应考虑设立被投资方时的决策及投资方的参与度,以判断相关交易条款与参与特点是否为投资方提供了足以获得权力的权利。参与被投资方的设立本身虽然不足以表明参与方控制被投资方,但可能使参与方有机会获得使其拥有对被投资方权力的权利。

(2) 相关合同安排。投资方需考虑结构化主体设立之初的合同安排是否赋予投资方主导结构化主体相关活动的权利。例如,看涨期权、看跌期权、清算权等可能为投资方提供权力的合同安排。在评估对结构化主体是否拥有权力时,应当考虑投资方在这些合同安排中享有的决策权。

(3) 仅在特定情况或事项发生时开展的相关活动。结构化主体的活动及其回报在其设计时就已经明确,除非特定情况或事项发生。当特定情况或事项发生时,只有对结构化主体回报产生重大影响的活动才属于相关活动。相应地,对这些相关活动具有决策权的投资方才享有权力。决策权依赖于特定情况或特定事件的发生这一事实本身并不表示该权利为保护性权利。

(4) 投资方对被投资方作出的承诺。为确保结构化主体持续按照原定设计和计划开展活动,投资方可能会作出一些承诺(包括明确的承诺和暗示性的承诺),因而可能会扩大投资方承担的可变回报风险,由此促使投资方更有动机获取足够多的权利,使其能够主导结构化主体的相关活动。投资方作出的确保此类主体遵守原定设计经营的承诺可能是投资方拥有权力的迹象,但其本身并不赋予投资方权力,也不会阻止其他方拥有权力。

具体而言,虽然 A 信托由独立的资产管理人(乙信托公司)管理,但 A 信托设立时,甲公司参与了其架构设计,并在很大程度上起到了决定作用,后续乙信托公司的管理权主要针对日常行政管理事项,表明符合上述条件(1);当出现特殊事项(如闲置资金)时的投资决策需经过甲公司同意方可实施,表明符合条件(3);虽然没有证据表明是否符合条件(2)和条件(4),但仍可证明甲公司具有主导该结构化主体(信托)的权力。再结合《企业会计准则第 33 号——合并财务报表(2014 年修订)》及其应用指南中关于"控制三要素"之三"权力与回报的关系"等部分的分析,可以判断本案例中的乙信托公司实际上是甲公司的代理人,其拥有决策权,实际上恰恰证明了甲公司拥有主导该结构化主体的权力。再加上甲公司通过认购大部分(或者全部)劣后级权益而享有和承担大部分剩余可变回报,且可变回报和该主导权力之间存在直接关联,因此最终结论是 A 信托是甲公司可控制的结构化主体,应纳入甲公司的合并报表范围。

在合并报表层面,将通过优先级权益融资取得的 9 亿元确认为长期借款,将支付给优先级权益持有人的固定回报确认为利息支出。

在个别报表层面,当甲公司把对该合伙企业的投资转给 A 信托并收到转让差价款时,可以将对该信托次级权益的投资确认为一项可供出售金融资产,即:

借:可供出售金融资产——A 信托次级权益	500 000 000	
银行存款	900 000 000	
贷:可供出售金融资产——B 有限合伙		1400 000 000

由于该方法下个别报表层面不确认借款,因此个别报表层面也不确认利息支出,而是直接将收到信托的分红款确认为投资收益。

另外,我们应当在该合并报表层面上讨论对所转移的目标金融资产(合伙权益)能否终止确认的问题。这与在个别报表层面的讨论仍有很大不同。即合并报表层面的讨论基础是现金流量的"过手协议"(cash flow pass-through),在"过手协议"满足《企业会计准则第 23 号——金融资产转移》第四条第(二)项规定的三个条件的基础上,可认为在合并报表层面属于"既没有转移也没有保留金融资产所有权上几乎所有的风险和报酬,且保留对金融资产控制"的情形,因而应当按照其继续涉入所转移金融资产的程度确认有关金融资产,并相应确认有关负债。

对于"继续涉入资产"和"继续涉入负债"的计量问题,参考《国际会计准则第 39 号——金融工具:确认和计量》后附"应用指南"第 AG51 段规定:The following examples illustrate the application of the derecognition principles of this Standard.

……

(n)Subordinated retained interests and credit guarantees. An entity may provide the transferee with credit enhancement by subordinating some or all of its interest retained in the transferred asset. Alternatively, an entity may provide the transferee with credit enhancement in the form of a credit guarantee that could be unlimited or limited to a specified amount. If the entity retains substantially all the risks and rewards of ownership of the transferred asset, the asset continues to be recognised in its entirety. If the entity retains some, but not substantially all, of the risks and rewards of ownership and has retained control, derecognition is precluded to the extent of the amount of cash or other assets that the entity could be required to pay.

……

即,继续涉入资产和负债的计量,通常按照主体可能被要求支付的现金或者其他资产的金额为限。在本案例中,甲公司需以其所持有的劣后级份额为限,为优先级份额的本金和预计收益提供保证,因此该“继续涉入资产”和“继续涉入负债”的金额以其所持有的劣后级份额的价值为限。另可参考《企业会计准则讲解(2010)》第 409～410 页的例题 24-7。

问题 4-1-6 转融通业务中证券出借方的账务处理

问题:

转融通业务中,企业作为证券出借方如何进行账务处理?

背景:

2013 年,A 公司与 B 证券公司签订了《转融通证券出借交易委托代理协议书》,约定 A 公司将持有的证券(原作为“可供出售金融资产”核算)出借给中国证券金融公司,通过与 A 公司的开户服务券商 B 证券公司进行转融通证券出借交易。B 证券公司具有相应的融资融券业务资格、证券经纪业务资格,已经证券金融公司同意开展转融通业务,已向证券交易所申请并获得证券出借交易权限。

《转融通证券出借交易委托代理协议书》约定,A 公司接受 B 证券公司为其提供的以下服务:①根据 A 公司委托代为申报证券出借指令,并在申报前进行相关的前端检查和控制;②对 A 公司已申报出借的证券,在其撤销出借申报指令前限制其卖出或另作他用;③协助 A 公司办理归还、展期、通知、查询等相关事宜;④代理 A 公司进行资金、证券的清算、交收、核对;⑤代理 A 公司领取证券金融公司补偿的红利股息及其他权益;⑥接受 A 公司对其委托、成交及资金账户内的资金和证券账户内的证券变化情况的查询,并应 A 公司的要求提供相应的清单;⑦双方依法约定的其他事项;⑧证券监督管理机关规定提供的其他服务。

转融通业务实行专户管理，证券金融公司到期归还相同数量、相同品种的证券，向A公司支付借券费用；同时A公司应向B证券公司支付证券出借交易费用。

关于A公司应向B证券公司支付的证券出借交易费用的计算方法和支付方式问题，根据A公司与B证券公司签订的《转融通证券出借交易委托代理协议书》第三十条约定，A公司委托B证券公司进行证券出借交易成交并获得收入的，应当依法纳税，并按约定向B证券公司交纳代理手续费。代理手续费采用后端收费、固定比例的收取方式，即证券金融公司向A公司支付借券费用后，B证券公司按照A公司资金账户实际收到的借券费用金额，于收到当日，按照10%比例收取，从A公司资金账户中自动划转。

解答：

1. 证券借出和收回时的账务处理。

根据案例背景分析，转融通证券业务为专户管理，出借期间除不可收回借出的证券外，公司借出证券有关的风险与收益均未转移，且出借期满后归还相同数量、相同品种的证券。因此可以在"可供出售金融资产"一级科目下另设明细科目"转融通出借证券"进行明细科目调整，对借出和收回转融通的证券过程进行记录。

2. 期末计量问题。

在期末财务报表日尚未收回的转融通证券，在管理层持有意图不发生变化的情况下，可以按照原账面分类，仍然作为"可供出售金融资产"核算和列报。因A公司作为借出方仍然享有或承担其所有权上的主要风险和报酬，因此继续确认其公允价值变动的相关影响。同时在附注中披露其已被出借，出借期间本公司对其处置权受到限制的事实。

3. 获取的收益及支付B证券公司的费用的处理。

本案例中，A公司系以协议方式委托B证券公司将其持有的证券转借给中国证券金融公司，根据上海、深圳证券交易所《转融通证券出借交易实施办法(试行)》的规定，借券费用自证券出借交易成交之日起计算，归还日支付，归还日不计费用。借券费用的计算公式为：借券费用＝出借日证券收盘价×出借数量×出借日费率×实际出借天数/360。其中"费率"由借入人(中国证券金融公司)通过交易所所行情系统和网站向市场公布。因此，在每一期期末，A公司作为出借人，可以根据业务规则中确定的上述计算公式，按权责发生制原则确认借券收益。借券收益属于让渡资产使用权的收入，参照《计学撮要2011》第371～372页的问题解答"委托贷款及其利息收入在资产负债表和利润表上的列示"中的解答，建议列报为其他业务收入。

根据《转融通业务监督管理试行办法》(证监会令第75号)第三十五条规定："证券金融公司根据本办法规定融入证券后、归还证券前，或者证券公司向证券金融公司融入证券后、归还证券前，证券发行人分配投资收益、向证券持有人配售或者无偿派发证券、发行证券持有人有优先认购权的证券的，证券金融公司或者证券公司应当按照约定向融出方支付与所融入证券可得利益相等的证券或者资金”。据此,A 公司在出借证券期间,对所出借证券的股息等投资收益的确认和计量原则仍与其直接持有证券的情况下相同。

就该项转融通借出交易应支付给证券公司的费用,根据本案例中《转融通证券出借交易委托代理协议书》第三十条的约定(见前面“背景”部分),A 公司也可以直接将应支付给 B 证券公司的费用与其所获得的借券费用相抵,按净额确认借券收益。期末在按权责发生制原则确认借券收益时,直接按抵减应付证券公司费用后的 90%净额计量。

问题 4-1-7　融券业务的会计处理

问题:

如下文背景资料所述,C 公司所持资产管理计划份额如何核算?其融入的 X 股票如何核算?

背景:

某资产管理计划分为 A、B 两类份额,A 类份额为某银行出资 3 000 万元,该银行按固定利率收取固定收益;B 类份额由 C 公司持有,出资 2 000 万元,该计划合计金额 5 000 万元用于投资 X 股票定向增发,持有 X 股票 500 万股,该股票锁定期一年。X 股票 500 万股为一个整体,无法分割对应为 A、B 类份额各持有多少股。A 类份额持有人可随时收取 3 000 万元本息(年利率为 8.1%)退出或在资产管理计划处置后收回本息。同时该资产管理计划的《资产管理合同》约定“在本合同存续期满并清算时,计划资产优先偿付全部 A 类份额的本金及基准收益,除本合同另有规定外,剩余部分归 B 类份额所有。如全部计划资产尚未补足对 A 类份额的本金及基准收益,则 B 类份额持有人需对差额部分进行补偿,全体 B 类份额持有人对此承担无限连带责任”。

假设资产管理计划中 X 股票 500 万股成本为 10 元/股。

同时,C 公司向券商融入同种类同数量 X 股票 500 万股,融入后在高于 10 元/股的价位卖出。C 公司待该资产管理计划一年到期,X 股票解禁后,先支付原 A 份额银行 3 000 万元本金及利息,该资产管理计划所持有的全部 X 股票 500 万股都归属于 C 公司,C 公司再将 X 股票 500 万股数归还券商。

解答:

1. 通过上述背景描述,C 公司作为该计划的 B 类份额唯一持有人,实际上承担了保证 A 类份额持有人本金安全和获取固定收益的责任,因而享有或承担了该资产管理计划的几乎所有剩余风险和报酬,因而需把该资产管理计划作为其可控制的结构化主体纳入合并报表范围[参考《〈企业会计准则第 33 号——合并财务报表(2014 年修订)〉应用指南》中关于结构化主体控制权判断的四条主要考虑因素和相关举例,见该准则单行本第 40~44 页]。

2. 在 C 公司的合并报表层面,该交易的实质就是 C 公司向该银行按年利率 8.1%借入一年期借款(资产管理计划所持有的限售股是事实上的抵押物)用于购买该限售股(X 股票 500 万股),因此在合并报表层面作为可供出售金融资产或交易性金融资产核算，可以确认相应的公允价值变动收益或其他综合收益（但因为是限售股，所以其公允价值不能完全根据对应的无限售条件股份的股价确定，而需根据《企业会计准则第 39 号——公允价值计量》的规定，采用一定的估值技术加以调整）。在合并报表层面，向银行还本付息由 C 公司还是资产管理计划操作没有本质区别。

另一方面，C 公司通过融券交易，融入相同品种和数量的证券，应当在融入证券时，按照融入证券的公允价值，确认一项交易性金融资产，并同时确认一项等额的交易性金融负债（因为后续需归还相同品种、数量的证券，因此该负债的偿还义务金额与该证券的公允价值挂钩），后续对该交易性金融负债需按期末公允价值计量，公允价值的变动计入当期损益。融入的证券卖出时，出售价款和融入证券的初始计量金额之间的差额可以确认为当期投资收益。

3. 我们通过对背景描述的理解，认为很可能购入资产管理计划和融券交易这两个事项是有关联的，通过这两个金融产品的组合，可以实现一定程度的风险对冲（通过资产管理计划持有现券，并通过融券交易实现卖出，金融资产投资和交易性金融负债的公允价值变动可以互相抵销；同时通过融券交易，也可解决资产管理计划所持有的限售股的流动性问题），最终可能会使 C 公司获取固定的收益。但因为两个产品的交易对手不同，因此应当作为两项独立的金融产品交易分别进行会计处理，不允许在产品未到期前按照两者组合后形成的“固定收益率”计提利息收入，对持有资产管理计划份额和融券交易的公允价值变动损益应当分别确认（尽管到最后可能可以抵销）。

综上所述，本案例中 C 公司合并报表层面的账务处理如下（为了更清楚地说明交易的经济实质，此处将 C 公司及其所控制的资产管理计划作为一个整体，以 C 公司的合并报表主体作为账务处理的会计主体，考虑相关交易对 A 公司合并报表层面所反映的财务状况和经营成果的影响）：

1. A 公司建立资产管理计划并从银行取得 3 000 万元，期限 1 年，年息 8.1%的短期借款：

借：银行存款	30 000 000	
贷：短期借款		30 000 000

2. 资产管理计划以 5 000 万元购入 X 股票（限售股）500 万股，假设作为可供出售金融资产：

借：可供出售金融资产——X 股票 500 万股（限售股）	50 000 000	
贷：银行存款		50 000 000

同时，C 公司向券商融入 500 万股 X 股票（无限售条件股份），随即出售。假设当日无限售条件的 X 股票的市价为 12 元/股：

借：银行存款	60 000 000	
贷：交易性金融负债		60 000 000

3. 资产管理计划到期日（假设与融券到期日为同一日）的账务处理：

（1）计提银行利息：3 000×8.1%＝243（万元）。

借：财务费用——利息支出　2 430 000
　　贷：应付利息　2 430 000

(2) 向银行还本付息：

借：短期借款　30 000 000
　　应付利息　2 430 000
　　贷：银行存款　32 430 000

(3) 资产管理计划所持有的限售股到期解禁，假设当日 X 股票(无限售条件)的市价为 13 元/股：

借：可供出售金融资产——X 股票 500 万股(无限售条件)　65 000 000
　　贷：可供出售金融资产——X 股票 500 万股(限售股)　50 000 000
　　　　其他综合收益　15 000 000

(4) 确认交易性金融负债公允价值变动：

借：公允价值变动损益[(13－12)×500 万股]　5 000 000
　　贷：交易性金融负债　5 000 000

(5) 用已经解禁的 X 股票 500 万股归还当初从证券公司借入的证券(假设不考虑融券利息支出)：

借：交易性金融负债　65 000 000
　　贷：可供出售金融资产——X 股票 500 万股(无限售条件)　65 000 000

借：其他综合收益　15 000 000
　　贷：投资收益　15 000 000

借：投资收益　5 000 000
　　贷：公允价值变动损益　5 000 000

经过上述处理，C 公司在整个交易过程中可获利 757 万元，即 500 万股限售股购入当日的市价(12 元)与购入成本(10 元)之间的价差减去向银行支付的融资利息 243 万元。即通过这一交易安排，一方面锁定了限售股买卖的价差收益，不再受到限售期间内 X 股票市价波动的影响，且有效利用了银行杠杆；另一方面通过融券安排解决了限售股的流动性局限导致的资金占用问题。

问题 4-1-8　关于内部往来和内部交易账务处理

问题：

关联方之间往来及交易应如何设置核算科目，应如何在资产负债表上列报？

背景：

A 公司对于内部资金往来和内部交易的业务均在“内部往来”科目核算，待各期出具财务报表时根据“内部往来”科目余额全部计入“应收账款”中列示。企业制定《会计科目核算方法》时也明确规定同一关联方公司的所有业务要统一核算,避免往来科目存在多处挂账的现象。

解答:

从会计准则角度,这个问题主要是相关资产和负债是否符合抵销后以净额列报的条件的问题。其主要的准则依据是《企业会计准则第 37 号——金融工具列报》(2014 年修订)第五章“金融资产和金融负债的抵销”。

A 公司将内部资金往来和内部交易全部放在“内部往来”核算,期末以该科目的净余额列示于资产负债表中,相当于将金融资产与金融负债抵销后以净额列报。根据《企业会计准则第 37 号——金融工具列报》(2014 年修订)第二十八条规定:

金融资产和金融负债应当在资产负债表内分别列示,不得相互抵销。但是,同时满足下列条件的,应当以相互抵销后的净额在资产负债表内列示:

(一) 企业具有抵销已确认金额的法定权利,且该种法定权利现在是可执行的;

(二) 企业计划以净额结算,或同时变现该金融资产和清偿该金融负债。

对于上述条件中的第(一)项(抵销已确认金额的法定、现时权利),《企业会计准则第 37 号——金融工具列报》第二十九条至第三十一条作出了以下进一步解释:

第二十九条　抵销权是债务人根据合同或其他协议,以应收债权人的金额全部或部分抵销应付债权人的金额的法定权利。在某些情况下,如果债务人、债权人和第三方三者之间签署的协议明确表示债务人拥有该抵销权,并且不违反相关法律或法规,债务人可能拥有以应收第三方的金额抵销应付债权人的金额的法定权利。

第三十条　抵销权应当不取决于未来事项,而且在企业和所有交易对手方的正常经营过程中,或在出现违约、无力偿债或破产等各种情形下,企业均可执行该法定权利。

在确定抵销权是否可执行时,企业应当充分考虑相关法律和法规要求以及合同约定等各方面因素。

第三十一条　当前可执行的抵销权不构成互相抵销的充分条件,企业既不打算行使抵销权(即净额结算),又无计划同时结算金融资产和金融负债的,该金融资产和金融负债不得抵销。

在没有法定权利的情况下,一方或双方即使有意向以净额为基础进行结算或同时结算相关金融资产和金融负债的,该金融资产和金融负债也不得抵销。

对于第三十一条中所指的“法定权利”,在中国目前的法律环境下,应当关注是否满足《中华人民共和国合同法》第九十九条、第一百条的规定并履行了这两条规定的程序。只有在满足该两条规定的抵销条件并且履行规定程序后,应收、应付款才能在账面上和报表上以抵销后的净额反映。

第九十九条　当事人互负到期债务,该债务的标的物种类、品质相同的,任何一方可以将自己的债务与对方的债务抵销,但依照法律规定或者按照合同性质不得抵销的除外。

当事人主张抵销的，应当通知对方。通知自到达对方时生效。抵销不得附条件或者附期限。

第一百条　当事人互负债务，标的物种类、品质不相同的，经双方协商一致，也可以抵销。

对于上述条件中的第(二)项(以净额结算)，《企业会计准则第 37 号——金融工具列报》(2014 年修订)第三十二条作出了以下进一步解释：

第三十二条　企业同时结算金融资产和金融负债的，如果该结算方式相当于净额结算，则满足本准则第二十八条(二)以净额结算的标准。这种结算方式必须在同一结算过程或周期内处理了相关应收和应付款项，最终消除或几乎消除了信用风险和流动性风险。如果某结算方式同时具备如下特征，可视为满足净额结算标准：

(一) 符合抵销条件的金融资产和金融负债在同一时点提交处理；

(二) 金融资产和金融负债一经提交处理，各方即承诺履行结算义务；

(三) 金融资产和金融负债一经提交处理，除非处理失败，这些资产和负债产生的现金流量不可能发生变动；

(四) 以证券作为担保物的金融资产和金融负债，通过证券结算系统或其他类似机制进行结算(例如券款对付)，即如果证券交付失败，则以证券作为抵押的应收款项或应付款项的处理也将失败，反之亦然；

(五) 若发生本条(四)所述的失败交易，将重新进入处理程序，直至结算完成；

(六) 由同一结算机构执行；

(七) 有足够的日间信用额度，并且能够确保该日间信用额度一经申请提取即可履行，以支持各方能够在结算日进行支付处理。

企业应当对照《企业会计准则第 37 号——金融工具列报》(2014 年修订)的上述规定，合理判断是否满足以抵销后的净额列报金融资产和金融负债的条件。如果不满足净额列报条件的，则在设置核算科目时，应把不能互相抵销的经济业务和往来余额在不同的科目(包含一级科目和明细科目)中核算，并在资产负债表上分别列报为资产和负债。

如果在企业的单独财务报表中，确实符合将针对同一单位的不同性质的往来款项抵销后以净额列报的条件的，则由于最终报表上列报的净额是不同性质的往来款项综合、整体抵销的结果，因此不能依据抵销前的款项性质确定抵销后净额的性质和应列报的报表项目，除非参与抵销的全部往来款项的性质是同类的(例如：应收账款与预收账款抵销；应付账款与预付账款抵销)，否则涉及不同性质、不同业务内容的往来款项抵销后，建议按净额的借贷方向列报于“其他应收款”或者“其他应付款”项目中。

问题 4-1-9　企业为员工购房提供低息或无息贷款的处理

问题：

企业为员工购房提供低息或无息贷款如何处理？

背景：

某公司向满足一定条件的员工提供购买首套房首付借款的福利，并由在该公司任职并领薪的董监高对相应的借款金额进行担保。

解答：

企业提供给员工的购房贷款也属于《企业会计准则第 22 号——金融工具确认和计量》所规定的“贷款和应收款项”类的金融资产，采用摊余成本计量。对其是否应计提坏账准备的考虑与一般的应收款项类似，主要考虑债务人的信用风险状况，如果该笔债权能够获得资产抵押或外部保证担保的，也可以考虑这一因素对可收回金额的影响。

因为该购房贷款属于“贷款和应收款项”类的金融资产，故根据《企业会计准则第 22 号——金融工具确认和计量》第三十条的规定，应按发放日的公允价值进行初始计量，该公允价值等于合同约定的未来现金流量按照市场上同等条件、同等期限的房贷利率折现到发放日的现值。该公允价值与发放金额（名义本金）之间的差额，属于企业为员工提供的薪酬，在贷款存续期间确认为职工薪酬费用。

例如，发放购房贷款 100 万元，名义利率 1%（每年年末付息），期限为 5 年，市场上同等条件的房贷的年利率为 6%，则其折现值为 789 381.81 元。账务处理为：

借：长期应收款　789 381.81
　　长期待摊费用　210 618.19
　　贷：银行存款　1 000 000.00

后续每年末确认利息收入，并摊销长期待摊费用（以第一年年末为例）：

借：应收利息　10 000.00
　　长期应收款　37 362.91
　　贷：财务费用——利息收入　47 362.91

借：管理费用　37 362.91
　　贷：长期待摊费用　37 362.91

相应的长期应收款实际利率摊销表如下表所示。

长期应收款实际利率摊销表

年份	现金流量	折现值	应确认利息收入	应摊销长期待摊费用	长期应收款账面价值
	A	B	C=年初 E×6%	D=C−当年度名义利息	E=年初 E+D
0	−1 000 000.00				789 381.81
1	10 000.00	9 433.96	47 362.91	37 362.91	826 744.72
2	10 000.00	8 899.96	49 604.68	39 604.68	866 349.40
3	10 000.00	8 396.19	51 980.96	41 980.96	908 330.37

(续表)

年份	现金流量	折现值	应确认利息收入	应摊销长期待摊费用	长期应收款账面价值
	A	B	C=年初 E×6%	D=C－当年度名义利息	E=年初 E+D
4	10 000.00	7 920.94	54 499.82	44 499.82	952 830.19
5	1 010 000.00	754 730.75	57 169.81	47 169.81	
合计		789 381.81	260 618.19	210 618.19	

因为购房贷款的期限较长,构成了企业的一项长期资产,因此其本金的发放和收回,以及利息的收取,均作为投资活动的现金流量。

员工实际享受的利息减免优惠应作为与其任职、受雇相关的所得,按“工资薪金所得”税目缴纳个人所得税。

问题 4-1-10 合并报表范围内成员企业之间的票据贴现在合并报表层面的列报

问题:

合并报表范围内成员企业之间互相开出的票据,持票一方将其向银行贴现,则持票人(贴现申请人)个别报表以及集团合并报表层面对该业务如何处理?

背景:

合并报表范围内的 A、B 公司,A 公司向 B 公司采购货物并于 2014 年 11 月 30 日在 X 银行开具银行承兑汇票 1 000 万元(期限 6 个月),B 公司取得后于当日即向 Y 银行贴现,扣除贴现利息 30 万元后(月利率 0.5%,折合年利率 6%),取得贴现资金 970 万元。B 公司判断该银行承兑汇票贴现应收票据所有权上几乎所有的风险和报酬均已转移给了银行。

解答:

1. 本案例中,B 公司判断该银行承兑汇票贴现应收票据所有权上几乎所有的风险和报酬转移给了银行,因此该项金融资产(应收票据)应予终止确认。账务处理如下(单位:万元)。

借: 银行存款　970
　　财务费用——利息支出　30
　　贷: 应收票据　1 000

2. 中国人民银行于 1996 年 6 月颁布、1996 年 8 月 1 日开始施行的《贷款通则》(中国人民银行令[1996]2 号)第九条将“信用贷款、担保贷款和票据贴现”并列,同时明确“票据贴现,系指贷款人以购买借款人未到期商业票据的方式发放的贷款”。同时,根据中国人民银行于 1997 年颁布的《商业汇票承兑、贴现与再贴现管理暂行办法》(以下简称《暂行办法》)规定,贴现系指商业汇票的持票人在汇票到期日前,为了取得资金贴付一定利息将票据权利转让给金融机构的票据行为，是金融机构向持票人融通资金的一种方式。由此可见，无论是银行承兑汇票贴现还是商业承兑汇票贴现，其本质就是变相的融资贷款。

在编制集团合并报表时，站在集团合并报表角度，A、B 公司之间的内部交易已经抵销，集团内 A 公司出票给 B 公司，B 公司到银行进行贴现，对于集团而言相当于集团出票并贴现，属于融资，合并报表会计主体实际承担一笔向银行融资的债务。根据《企业会计准则讲解》(2010)第三十四章“合并财务报表”之第四节“合并现金流量表”：“……需要说明的是，某些现金流量在进行抵销处理后，需站在企业集团的角度，重新对其进行分类。比如，母公司持有子公司向其购买商品所开具的商业承兑汇票向商业银行申请贴现，母公司所取得现金在其个别现金流量表反映为经营活动的现金流入，在将该内部商品购销活动所产生的债权与债务抵销后，母公司向商业银行申请贴现取得的现金在合并现金流量表中应重新归类为筹资活动的现金流量列示。……”(见原书第 592 页)，说明上述贴现行为实质为筹资，收到的贴现净额在个别报表为经营性现金流，但在合并报表时需重分类为筹资性现金流。

相应地，合并资产负债表及利润表中应做相应的调整，原在个别报表“应付票据”中反映的负债应调整为“短期借款”，原在个别报表中因应收票据终止确认而一次计入当期损益(财务费用)的贴现息，应计入金融负债(短期借款)初始确认金额，构成实际利息组成部分(类似折价发行的债券)，该金融负债(短期借款)在后续计量时应按照实际利率法摊余成本计量，即对该折价金额(贴现息)应当在后续的金融负债(短期借款)存续期内(贴现日至票据原到期日期间)按实际利率法分摊，确认为各期的利息支出(由于影响金额较小，期限较短，实务中一般简化为直线法分摊)。

《企业会计准则第 33 号——合并财务报表》及其应用指南和讲解中在“合并资产负债表”和“合并利润表”的相应部分中对上述处理没有明确的规定，但合并资产负债表及合并利润表做上述调整，与合并现金流量表的调整保持一致，反映融资业务的实质，符合基本准则中的权责发生制的会计基础以及可理解性、可比性、实质重于形式等会计信息质量要求。

因此，合并报表时，除内部销售抵销分录之外，还应作如下调整分录(单位：万元)。

1. 现金流量表调整。

借：取得借款收到的现金	970	
贷：销售商品、提供劳务收到的现金		970

2. 资产负债表、利润表调整。

(1) 调整负债科目列报及冲回贴息(理解为集团角度融资，借入 970 万元，并自借入之日起开始计息)：

借：应付票据	1 000	
贷：短期借款		970
财务费用——利息支出		30

(2) 计提当期利息(2014 年 12 月一个月的利息,本金 1 000 万元,贴现月利率 0.5%,即月息 5 万元):

借: 财务费用——利息支出 5

贷: 应付利息(短期借款——应计利息) 5

问题 4-1-11 应付票据保证金能否与应付票据抵销列报

问题:

如下文背景资料介绍,A 公司是否可以依据与银行签订的补充协议将应付票据保证与应付票据抵销列报?

背景:

A 公司 2014 年 7 月 11 日至 16 日通过多家银行开出总共 6 亿元银行承兑汇票,票据保证金为 30 000 万元,同时与银行签订补充协议约定"承兑申请人在汇票到期日前将扣除保证金后的应付票款余额存入其在承兑人处开立的存款账户后,有权申请承兑人扣划该部分票款余额,并有权申请结算该笔汇票业务。"

解答:

根据背景资料分析,我们认为不满足将票据保证金与相应的票据款抵销后按净额列报的条件,理由如下:

1. 根据《企业会计准则第 37 号——金融工具列报(2014 年修订)》(以下简称"CAS 37(2014)")第二十九条规定:"抵销权是债务人根据合同或其他协议,以应收债权人的金额全部或部分抵销应付债权人的金额的法定权利",即抵销权应当是发生在债权人和债务人双方之间。本案例中涉及的金融工具是银行承兑汇票,其本质上是承兑申请人(A 公司)与持票人之间的债权债务关系,银行在其中虽然在法律上作为承兑人(主债务人),但实际上属于代收代付,这一点从各商业银行均将承兑汇票业务作为中间业务管理和核算可以得到证明。在票据到期日银行代承兑申请人向持票人支付票据本息之前,承兑申请人和银行之间并不存在双向的债权债务关系,只有票据保证金的存款关系。因此并不存在抵销的基础,即企业不可能以对银行的债权(保证金存款)去抵销对第三人(持票人)的负债。票据保证金实际上是履行应付票据这一金融负债项下合同义务的担保物,因此不能与该金融负债本身抵销。

2. 即使此处存在可抵销的金融资产和金融负债,但 CAS 37(2014)第三十条要求"抵销权应当不取决于未来事项,而且在企业和所有交易对手方的正常经营过程中,或在出现违约、无力偿债或破产等各种情形下,企业均可执行该法定权利"。但在本案例中,银行要求承兑申请人在汇票到期日前首先将扣除保证金后的应付票款余额存入其在承兑人处开立的存款账户,然后才有权申请承兑人扣划该部分票款余额,并有权申请结算该笔汇票业务。即此处的提前结算权并不是无条件的,而是取决于承兑申请人首先补足全额票据款。因而这里的抵销权并不是"合格"的抵销权。

从另一方面讲,如果承兑申请人确实在票据到期日前补足票款并申请提前结算,则将不能享受到延期付款的利益和便利,损失资金的流动性和时间价值。因而对承兑申请人而言,签订这样的补充协议,在商业上难以证明其合理性。相应地,也就很难证明承兑申请人具有 CAS 37(2014)第二十八条第一款第(二)项所要求的"计划以净额结算,或同时变现该金融资产和清偿该金融负债"的意图。

问题 4-1-12 新三板证券的估值、同一证券有多个交易市场时的估值等

问题:

1. 证券公司作为新三板做市商持有的新三板挂牌公司的股票是否可以按照股转系统中的价格进行估值?

2. 同一只证券在不同市场有交易,是否需要取主要市场的报价进行估值?

3. 债券型基金是否属于债务工具,可供出售金融资产中的债券型基金已计提的减值准备,在随后的会计期间公允价值已上升且客观上与确认原减值损失确认后发生的事项有关的,原确认的减值损失是否可以予以转回,计入当期损益?

解答:

(一) 关于新三板股票的公允价值确定问题

当存在做市商交易的情况下,新三板挂牌股票的估值可在满足以下说明条件的前提下,以"出价—要价价差(bid-ask spread,即买卖价差)"范围内的适当价格进行估值。在某些情况下,也可以接受以该价差范围的中间价进行估值。

出价(bid price)是指经销商或做市商愿意购买一项资产(或处置一项负债)的价格。要价(ask price)是指经销商或做市商愿意出售一项资产(或承担一项负债)的价格。两者的价差是代表了经销商或做市商为特定证券进行做市交易(即,提供双向流动性)所要求的利润空间。

准则允许但不强制要求在计量资产时使用出价,在计量负债时使用要价。相反地,对于在使用"出价—要价价差"报价的市场(如场外交易市场)中买卖的资产和负债,主体应当使用在出价—要价价差范围内最能代表当前情况下公允价值计量的价格。在进行评估时,主体应当评估近期交易记录以支持资产或负债能够在出价—要价价差内的哪个金额脱手其头寸。在某些情况下,对于某些主体而言,这可能导致以出价计量资产和以要价计量负债;但对于其他情况,需要运用判断以确定出价—要价价差范围内最能代表公允价值的金额。不论输入值(即出价或要价)是可观察还是不可观察的(即输入值属于哪个层次),都应当使用出价—要价价差范围内最能代表公允价值的价格。(详见 IFRS 13 第 70 段)

主体需要在此概念的运用上保持一致。在没有证据表明资产的脱手价格在出价—要价价差的范围内可有多个不同金额时,按照出价—要价价差范围内不同的价格计量类似资产的做法是不恰当的。

1. 市场中间价。

如 IFRS 13 的第 71 段所述,IFRS 13 不限制使用市场参与者在公允价值计量中作为实务权宜做法采用的、在出价—要价价差之间的市场中间价或其他定价惯例。采用市场中间价的定价惯例会导致对资产或负债在出价—要价价差的中间点进行估值。

指南并没有限定或限制仅可对特定类型的工具或主体采用市场中间价。然而,我们认为采用该种实务权宜做法的主体应当建立并持续应用关于市场中间价的会计政策,也建议对该政策的选取进行披露。

2. 买卖价差包含哪些方面?

IFRS 13 的结论基础认为,IAS 39 中 AG 70 段中的现有指引仅包含买卖价差中的交易费用。国际会计准则理事会(IASB)和美国财务会计准则委员会(FASB)决定不明确规定除交易费用外买卖价差还包括哪些项目,但他们明确指出,买卖价差并不包含针对交易对方信用风险的调整。(见 IFRS13 的"结论基础"部分中的第 BC164 段)

IASB 没有明确指出,IFRS13 中有关交易费用的指引(即,交易费用不属于资产或负债自身的属性,因而在公允价值计量中不考虑交易费用)和使用买卖价差内价格的指引之间的相互关系和相互影响。如果交易费用包含在买卖价差内,则按照出价计量资产就包括该资产公允价值计量中的某些未来交易费用。

鉴于针对该问题缺乏明确的指引,实务中主体考虑交易费用的方式可能存在多样性。尽管如此,我们希望主体在其自身的所有公允价值计量中采取一致的方法。

企业管理层和注册会计师可以根据上述指引,通过对标的证券股份在报告期内(尤其是资产负债表日前最后 20 个交易日内)成交量、交易活跃度和成交价格波动等因素的分析,考虑能否直接以期末买卖价差的中间价作为期末公允价值。

(二) 关于同时在两个市场有交易的证券的公允价值计量

根据《企业会计准则第 39 号——公允价值计量》第九条规定:"企业以公允价值计量相关资产或负债,应当假定出售资产或者转移负债的有序交易在相关资产或负债的主要市场进行。不存在主要市场的,企业应当假定该交易在相关资产或负债的最有利市场进行。主要市场,是指相关资产或负债交易量最大和交易活跃程度最高的市场。最有利市场,是指在考虑交易费用和运输费用后,能够以最高金额出售相关资产或者以最低金额转移相关负债的市场。"

该准则第十一条规定:"主要市场(或最有利市场)应当是企业在计量日能够进入的交易市场,但不要求企业于计量日在该市场上实际出售资产或者转移负债。由于不同企业可以进入的市场不同,对于不同企业,相同资产或负债可能具有不同的主要市场(或最有利市场)。"

该准则第十二条规定:"企业应当以主要市场的价格计量相关资产或负债的公允价值。不存在主要市场的,企业应当以最有利市场的价格计量相关资产或负债的公允价值。”

据此，对于同一券种，其能否同时使用不同市场上的交易价格作为公允价值计量的依据，应区分不同情况分别处理：

(1) 如果该券种在发行和交易时，严格限定了在不同市场分别发行和交易的数量，企业不能自行将该券种进行跨市场交易流通，则事实上对于在不同市场流通的部分应视作各自独立的不同券种，分别按照各自所在市场的交易价格进行估值。

(2) 如果企业可以自行将该券种进行跨市场交易流通的，则应当依据该券种的主要市场的价格对所持有的全部该券种(包括在非主要市场交易的部分)计量其公允价值。

通常理解，对于国债而言，银行间市场上债券的存量和交易量都显著大于交易所市场，因此银行间市场应视作国债的主要市场。

(三) 关于可供出售金融资产中的债券型基金已计提的减值准备能否转回

债券型基金虽然以债券等固定收益、低风险的金融产品作为其投资对象，但其本身不向持有人保证投资本金安全和取得保底收益或固定收益，即该基金的持有人并不享有一项无条件地收取固定或可确定金额的货币或其他金融资产的权利，而是据此享有在该基金的扣除负债后的净资产中所享有的剩余权益。因此，债券型基金对其持有人而言仍属于权益工具投资。

根据《企业会计准则第 22 号——金融工具确认和计量》第四十八条规定：“可供出售权益工具投资发生的减值损失，不得通过损益转回。但是，在活跃市场中没有报价且其公允价值不能可靠计量的权益工具投资，或与该权益工具挂钩并须通过交付该权益工具结算的衍生金融资产发生的减值损失，不得转回。”据此，可供出售金融资产中的债券型基金已计提的减值准备，在随后的会计期间公允价值已上升且客观上与确认原减值损失确认后发生的事项有关的，鉴于该基金具有活跃市场报价，故其减值准备可以转回，但不得通过损益转回，即转回时应贷记“其他综合收益”科目，到该金融资产被实际处置时才能从其他综合收益转入投资收益。

问题 4-1-13 上市股票的买入价格不同于其在交易所的报价时的初始计量问题

问题：

投资方以不同于公开市场交易价格的价格购入上市公司股份时，应如何进行初始计量？

背景：

A 公司为投资方，B 公司为被收购方(该公司在新交所凯利板上市)。股权收购的事项如下：

第一次收购：2013 年 8 月 13 日，A 公司以 0.2 新元/股的价格认购 B 公司定向发行的 4 000 万股新股，上述新股发行价格是双方综合考虑 B 公司在新交所凯利板近期的交易价格、未来的成长空间、盈利水平以及境内外资本市场类似在线旅行服务公司估值情况后的沟通谈判结果，较 B 公司 2013 年 8 月 13 日的收盘价0.189新元/股溢价约 5.82%。认购完成后，A 公司将持有 B 公司 14.15%的股权(未包括该公司现有库存股)，为该公司单一持股最大股东。此次股权收购实际交易金额折合人民币 39 409 600.00 元。但是，该次收购交易完成后。A 公司对 B 公司尚不具备控制、共同控制或重大影响。

第二次收购：2014 年 2 月 19 日，A 公司与 B 公司的股东(持有全部已发行股份的 7.07%)签署了《股权转让合同》，以 0.2 新元/每股从 B 公司的股东受让股份，共计 2 000 万股，转让价格是双方综合考虑 B 公司在新交所凯利板近期的交易价格、未来的成长空间、盈利水平以及境内外资本市场类似在线旅行服务公司估值情况后的沟通谈判结果为参考依据，与 A 公司 2013 年 8 月认购 B 公司增发新股价格相同。A 公司本次对 B 公司原股东的部分股份进行收购完成后将累计持有 B 公司 21.22%股份，仍为该公司单一持股最大股东。此次股权受让的收购实际交易金额折合人民币 19 344 525.20 元。经查询新加坡股市行情信息，B 公司 2014 年 2 月 19 日的收盘价 0.20 新元/股。

A 公司出于战略需要对 B 公司进行投资，以期实现经营相关领域的资源整合。

解答：

1. 根据《企业会计准则第 39 号——公允价值计量》第二条对“公允价值”的定义是“市场参与者在计量日发生的有序交易中，出售一项资产所能收到或者转移一项负债所需支付的价格”，即公允价值是指“退出价格”(exit price)。该准则第十二条规定：“企业应当以主要市场的价格计量相关资产或负债的公允价值。不存在主要市场的，企业应当以最有利市场的价格计量相关资产或负债的公允价值”。

综合上述两条规定，公允价值应当是该项资产或负债于计量日在主要市场(不存在主要市场时，则为最有利市场)中的“退出价格”。其中主要市场“是指相关资产或负债交易量最大和交易活跃程度最高的市场”。

由于本案例中 B 公司的股票在新交所凯利板上市交易，应当认为新交所凯利板是其“主要市场”，除非 A 公司无法进入该市场出售其所持有的 B 公司股票。相应地，应当依据 B 公司股票在该市场上的成交价格计量其公允价值。因此，在交易完成日，应当以所取得的 B 公司股票在新交所凯利板的当日收盘价作为初始计量金额，该初始计量金额(0.189 新元)与实际交易价格(0.2 新元)之间的交易价格为“首日损失”，应计入当期损益。须注意这不是金融资产后续计量引起的，因此“首日损失”(day 1 loss)应当是计入损益而不是其他综合收益。

参考《国际会计准则第 39 号——金融工具：确认和计量》附录 B“应用指南”部分第 AG 76 段：The best evidence of the fair value of a financial instrument at initial recognition is normally the transaction price (ie the fair value of the consideration given or received, see also IFRS 13). If an entity determines that the fair value at initial recognition differs from the transaction price as mentioned in paragraph 43A, the entity shall account for that instrument at that date as follows:

(a) at the measurement required by paragraph 43 if that fair value is evidenced by a quoted price in an active market for an identical asset or liability (ie a Level 1 input) or based on a valuation technique that uses only data from observable markets. An entity shall recognise the difference between the fair value at initial recognition and the transaction price as a gain or loss.

(b) in all other cases, at the measurement required by paragraph 43, adjusted to defer the difference between the fair value at initial recognition and the transaction price. After initial recognition, the entity shall recognise that deferred difference as a gain or loss only to the extent that it arises from a change in a factor (including time) that market participants would take into account when pricing the asset or liability.

中文翻译：

《国际会计准则第 39 号——金融工具：确认和计量》附录 B“应用指南”部分第 AG 76 段：初始确认时，金融工具公允价值的最好证据是交易价格(即，收取或支付的对价的公允价值，参见《国际财务报告准则第 13 号》)。如果主体可以确定初始计量时金融工具公允价值与上面 43A 段中提到的交易价格不同，就应当按照以下两种方式在计量日对该工具进行会计处理：

(a) 按照第 43 段要求的计量，如果相同金融资产或金融负债在活跃市场的报价(即第一层次输入值)，或基于仅以可观察市场数据为变量的估值技术，可以证明该金融工具的公允价值，主体应将初始计量时金融工具的公允价值与其交易价格的差额计入利得或损失。

(b) 在任何其他情况下，按照第 43 段要求的计量，主体应将初始计量时金融工具的公允价值与其交易价格的差额予以递延，在初始确认后将递延的差额确认为利得或损失，但仅确认市场参与者在制定价格所考虑的因素(包括时间)的变动而产生的利得或损失。

2. 根据背景资料介绍，在第二次股权收购完成后，“A 公司本次对 B 公司原股东的部分股份进行收购完成后将累计持有 B 公司 21.22%股份，仍为该公司单一持股最大股东”；且 A 公司对 B 公司的投资是战略性的，其目的是“实现经营相关领域的资源整合”，并非单纯的以获取买卖差价和股息收益为目的的财务性投资。在此情况下，应关注在第二次股权收购完成后，A 公司对 B 公司是否具有重大影响。如果具有重大影响的，则 A 公司对 B 公司的股权投资应适用《企业会计准则第 2 号——长期股权投资》，确认为长期股权投资并以权益法核算，而不是作为金融资产核算，此时无论对其初始计量还是后续计量都不存在以公允价值计量的要求。如果 A 公司对 B 公司不具有控制、共同控制和重大影响，则无论其是否具有在短期内出售所持 B 公司股份的意图，均应作为金融资产以公允价值进行初始计量和后续计量。

问题 4-1-14 向基金保证保底收益和本金安全的处理

问题:

与其他公司联合成立发展基金,同时向基金保证保底收益和本金安全,应如何进行会计处理?

背景:

A 公司是××市属国有大型企业,联合 B 公司、C 公司共同出资 100 亿元成立 D 基金(有限合伙企业)。D 基金的资金用途为投资于示范区园区开发建设项目及收购现有厂房孵化器等载体,支持 A 公司落实国务院关于“建设国家自主创新示范区”的批复精神,加大统筹协调力度,加快园区建设和产业促进步伐,高标准建设国家自主创新示范区。故 D 基金有可能是对 A 公司进行投资,有可能是对 A 公司全资子公司、控股子公司、甚至合营公司进行投资,有可能是对 A 公司及其子公司之外的主体或项目进行投资。

同时 A 公司与 D 基金和 B、C 公司签订的补差协议约定:如果 D 基金在收益分配时点及清算时点按照实收合伙人本金计算的年化投资收益率低于 8%,A 公司将无条件履行差额补足义务;如 D 基金清算时点不能全额归还实收合伙人本金,则 A 公司应按照 D 基金书面通知,向 D 基金支付补差款,无条件履行其差额补足义务。

同时协议中又约定 A 公司已支付的补差又有可能收回:D 基金期限届满或终止清算时,在清偿合伙企业债务时以最大返还额度为限,返还 A 公司向 D 基金支付的补差款;应返还的补差款视为 D 基金债务;在清算中向各合伙人支付返还出资余额及支付预期回报之前,以最大返还额度(Max)为限额,向 A 公司返还补差款,直至 A 公司累计取得的返还金额等于其向 D 基金实际支付补差款项的金额后即不再返还。Max 的计算公式为:$\text{Max}=D-P-R$[其中:D 为清算时合伙财产在支付清算费用、缴纳税款(不考虑应返还乙方向甲方支付的补差款)、清偿合伙企业债务(不包含应返还乙方向甲方支付的补差款)后剩余的可分配收入;P 为全体合伙人的出资余额;R 为应付未付的全体合伙人的预期回报]。如果将 Max 全部返还 A 公司,仍然达不到 A 公司向 D 基金实际支付款项的金额,则不足之差额部分对应的补差款 A 公司无权要求取回。

解答:

根据背景资料中的补差协议:“如果 D 基金在收益分配时点及清算时点按照实收合伙人本金计算的年化投资收益率低于 8%,A 公司将无条件履行差额补足义务;如 D 基金清算时点不能全额归还实收合伙人本金,则 A 公司应按照 D 基金书面通知,向 D 基金支付补差款,无条件履行其差额补足义务。”我们认为 A 公司实质承担了 D 基金全体股东投资资金的风险,保证全体股东资金安全,并承诺年化投资收益率不低于 8%。但根据背景资料介绍,D 基金的资金并不一定全部投入 A 公司自身(含母子公司,下同)的投资项目,也有可能投入园区内其他企业的相关项目,因此也不能简单理解为 A 公司向社会融资,并支付

融资利率,而应当理解为以下两种情况:

(1) 对于该基金所募集资金中投入 A 公司的投资项目的部分,A 公司对这部分资金提供的保证本金安全和固定收益的承诺实质上代表的是 A 公司的融资利息支出。A 公司在从基金取得资金时应确认为借款(根据预期投资关系存续的时间长短确认为短期借款或长期借款),并在投资存续期间根据资金占用金额、天数和约定的保底收益率逐期确认利息支出,并按《企业会计准则第 17 号——借款费用》规定的原则进行处理(其中,符合该准则规定的资本化条件的利息可以资本化计入相关资产价值中)。相关主体将投资本金归还给基金(相当于基金从投资项目中退出)时,相当于 A 公司向该基金归还借款。

(2) 对于该基金所募集资金中投入非 A 公司投资项目的部分,A 公司对该基金的本金安全和约定收益的保证责任,对 A 公司而言,其性质是对第三方向基金的借款所提供的担保,属于《企业会计准则第 13 号——或有事项》规范的范畴。对于此部分保证责任,补差协议虽然约定 A 公司先行补足的差额部分,预计在期限届满和清算时可能会得到返还,此事项并不影响 A 公司实质性权利义务,A 公司实际发生补付差额的义务时,应根据需补足的差额确认一项负债,同时按照预计(基本确定)可在基金清算时收回的金额的现值确认一项“其他流动资产”或“其他非流动资产”(按预计收回的时间而定),差额确认为营业外支出。

A 公司在按照上述原则进行确认和计量的同时,对此项“补差协议”的条款和财务影响在附注中进行充分披露,及时反映或有事项对企业潜在的财务影响,以及企业可能因此承担的风险。

问题 4-1-15 在约定保底收益回购条款的情况下,股份发行方对股份回购的处理

问题:

在约定保底收益回购条款的情况下,股份发行方对股份回购如何处理?

背景:

A 公司 2012 年 4 月引进 B 公司入股,B 公司投入 800 万美元,其中 366.4 万美元进入注册资本,另外 433.60 万美元进入资本公积,占公司已发行股本的 4%左右。

A 公司与 B 公司签订的股份回购协议约定:

(1) 若在 2015 年 12 月 31 日公司未完成合格的首次公开发行,并且(A)公司已符合所有市场、法律法规要求的进行合格首次公开发行的资格,并且(B)财务投资者已经提议启动合格的首次公开发行或没有投票反对启动合格的首次公开发行;并且(C)由于公司股东大会和/或董事会的决定公司不启动合格的首次公开发行或终止首次公开发行程序,或者

(2) 若截至 2016 年 12 月 31 日,公司未完成合格的首次公开发行,则,自 2016 年 12 月 31 日起的 2 年内(或如果按上述第(1)段,自 2015 年 12 月 31 日

起的 2 年内),B 公司有权要求 A 公司在 24 个月内回购 B 公司持有的全部或部分公司股份,该股份回购价格应为增资款与(1+0.08×n)(n 代表交割后至赎回日所经过的年数)的乘积加上累计的所有未分配红利减去任何向该股份已支付的红利。

B 公司投资后截至 2014 年 8 月底,A 公司所有者权益增加 6 631.61 万元,主要是公司盈利所致。按 B 公司 4%的份额,约占 265 万元。如果此时 A 公司回购 B 公司股份,除上述的 800 万美元(分别在股本和资本公积中)、应占红利 265 万元外,按增资协议规定 A 公司还需按年支付 8%的收益。

解答:

本案例首先需要关注的问题是:A 公司接受 B 公司出资时,应确认为权益工具还是债务工具?

根据《企业会计准则第 37 号——金融工具列报》(注:此处引用的该准则条款均为 2014 年修订后的版本,但该准则 2006 年版及相关的准则解释、应用指南和讲解对这些问题的处理原则与 2014 年修订后的金融工具列报准则均一致,下同)第八条规定:

金融负债,是指企业符合下列条件之一的负债:

(一)向其他方交付现金或其他金融资产的合同义务。

(二)在潜在不利条件下,与其他方交换金融资产或金融负债的合同义务。

(三)将来须用或可用企业自身权益工具进行结算的非衍生工具合同,且企业根据该合同将交付可变数量的自身权益工具。

(四)将来须用或可用企业自身权益工具进行结算的衍生工具合同,但以固定数量的自身权益工具交换固定金额的现金或其他金融资产的衍生工具合同除外。企业对全部现有同类别非衍生自身权益工具的持有方同比例发行配股权、期权或认股权证,使之有权按比例以固定金额的任何货币换取固定数量的该企业自身权益工具的,该类配股权、期权或认股权证应当分类为权益工具。其中,企业自身权益工具不包括应按照本准则第三章分类为权益工具的金融工具,也不包括本身就要求在未来收取或交付企业自身权益工具的合同。

《企业会计准则第 37 号——金融工具列报》第十一条规定:

除根据本准则第三章分类为权益工具的金融工具外,如果一项合同使发行方承担了以现金或其他金融资产回购自身权益工具的义务,即使发行方的回购义务取决于合同对手方是否行使回售权,发行方应当在初始确认时将该义务确认为一项金融负债,其金额等于回购所需支付金额的现值(如远期回购价格的现值、期权行权价格的现值或其他回售金额的现值)。如果最终发行方无需以现金或其他金融资产回购自身权益工具,应当在合同到期时将该项金融负债按照账面价值重分类为权益工具。

根据上文背景资料所述,A 公司在引入 B 公司时通过与其签订回购协议,承诺如在约定期限内无法实现 IPO 则回购 B 公司的出资,则鉴于能否在约定期限内实现 IPO 并不是 A 公司自身可控制的事项(参阅《计学撮要 2013》之"问题 4-1-25 或有结算条款:考虑各类条款以确定其是否在主体的控制范围内"),

因此,A 公司应当在确认 B 公司的增资金额和由此导致的货币资金、股本和资本公积增加的同时,根据《企业会计准则第 37 号——金融工具列报》第十一条的规定,就其所承担的回购义务确认金融负债,账务处理为借记资本公积,贷记长期应付款。根据《企业会计准则第 37 号——金融工具列报》第十一条的上述规定,该笔分录的金额应当是“回购所需支付金额的现值(如远期回购价格的现值、期权行权价格的现值或其他回售金额的现值)”。由于本案例中的回购价款金额系根据 B 公司出资额加上每年 8%的回报确定,因此该项回购义务的初始计量金额等于 PE 的出资金额(包括计入 A 公司的股本和资本公积的金额)。

根据《企业会计准则第 37 号——金融工具列报》第二十一条规定:“金融工具或其组成部分属于金融负债的,相关利息、股利(或股息)、利得或损失,以及赎回或再融资产生的利得或损失等,应当计入当期损益”。因此,在初始确认上述回购义务负债后,A 公司应当每年按照约定的回报率(相当于利率,即年息 8%)确认利息费用,计入各年度损益(财务费用),同时贷记“长期应付款——利息调整”科目。

后续 B 公司如果实际要求回购(如本案例中因 IPO 计划终止或失败而被 B 公司要求回购的情形),则鉴于回购时应支付的金额已经全额计入长期应付款,因此在实际回购时,借记“长期应付款”科目,贷记“银行存款”科目即可。如果企业在约定期限内实现 IPO,或者 B 公司正式声明放弃回购权利,即企业的现时义务解除,则按照《企业会计准则第 37 号——金融工具列报》第十一条的规定,按回购义务解除时该负债的账面价值(含本金和利息),从“长期应付款”科目转入“资本公积——股本溢价”科目。

问题 4-1-16　利率互换业务的会计处理

问题:

利率互换业务如何进行会计处理?

背景:

企业从银行取得 3 年期借款 25 亿元,借款利率为 4.75%+LIBOR,1 年结息一次。企业将借款的一半 12.5 亿元与银行签订利率的套期保值合同,具体做法如下:

企业认为未来的 LIBOR 会走高,与银行签订如下协议:将借款利率的浮动部分 LIBOR 固定在 0.685%,若以后实际的 LIBOR 高于 0.685%,银行将差额补给企业;若以后实际的 LIBOR 低于 0.685%,企业将差额补给银行。

解答:

利率互换业务可分为两种类型:①有基础券的套期保值利率互换;②无基础券的利率互换,其会计处理分别遵循以下原则:

对于第一种类型,应区分有效套期部分的损益和无效套期部分的损益。

(1) 对有效套期部分的损益,可选择使用《企业会计准则第 24 号——套期保值》中的套期会计方法;也可以适用《企业会计准则第 22 号——金融工具确认和计量》,按照衍生金融工具进行会计处理。

(2) 对无效套期部分的损益,则只能适用《企业会计准则第 22 号——金融工具确认和计量》计入当期损益。

对于第二种类型,适用《企业会计准则第 22 号——金融工具确认和计量》,视作衍生金融工具进行会计处理。

将上述基本原则对照本案例具体情况,本案例中有基础合同关系(借款),因此属于此处所述的第一种"有基础券的套期保值利率互换"。

在利率互换中,由利息支出较高的一方向利息支出较低的一方支付按相同名义本金和两种利率形式计算出的利息差额,两者差额计入当期损益,资产负债表日对利率互换协议进行公允价值评估,产生公允价值变动损益作为一项金融资产或金融负债计入资产负债表内。

(一) 利率互换作为衍生金融工具

其会计处理如下:

1. 达成利率互换协议:

借: 衍生工具——利率互换合约(名义金额)

　　贷: 衍生工具——利率互换合约——对冲科目(名义金额)

2. 资产负债表日,进行公允价值评估,根据评估增(减)值金额:

借(或贷):衍生工具——利率互换公允价值变动

　贷(或借):公允价值变动损益——利率互换

3. 资产负债表日,计提应收(付)利息,应由利息支出较高的一方向利息支出较低的一方支付按相同名义本金和两种利率形式计算出的利息差额:

借(或贷):应收(应付)利息

　贷(或借):投资收益——利率互换

4. 利息结算日,收到(支付)利息:

借(或贷):银行存款

　贷(或借):应收(应付)利息

5. 利率互换交易终止,利息结算及结转公允价值变动损益。

借(或贷):银行存款

借(或贷):公允价值变动损益——利率互换

借(或贷):投资收益——利率互换

　贷(或借):衍生工具——利率互换公允价值变动

同时,转出名义金额:

借: 衍生工具——利率互换合约——对冲科目

　　贷: 衍生工具——利率互换合约

上述会计处理中所形成的"衍生工具"科目余额("利率互换合约"、"对冲科目"、"公允价值变动"三个明细科目的净余额合计,即等于"公允价值变动"明细科目的余额)在资产负债表中应列报于“交易性金融资产”或“交易性金融负债”项目内;如果余额较大或者由于某些其他原因而对财务报表整体具有重要性的,也可列报于资产负债表上单独设置的“衍生金融资产”或“衍生金融负债”项目内。

(二) 利率互换满足套期会计条件

若利率互换业务完全满足《企业会计准则第 24 号——套期保值》中运用套期会计相关条件的,则可选择按照套期会计的规定进行账务处理。

利率互换的套期保值可以是公允价值套期,也可以是现金流量套期。若进行公允价值套期,则被指定套期关系的衍生金融工具和相关金融资产需分别转入“套期工具”和“被套期项目”科目核算,套期工具和被套期项目资产负债表日的公允价值变动损益相互冲抵后进入当期损益。

由于套期会计方法的运用门槛较高且操作较为复杂,并且即使对于符合套期会计方法运用条件的交易,也可以选择不采用套期会计方法而使用常规的金融工具会计方法,将用于套期用途的衍生工具作为以公允价值计量且其变动计入当期损益的金融资产或者金融负债,因此在通常情况下,建议对利率互换业务作为一般的交易性金融工具进行会计处理。

问题 4-1-17 投资方是否应将对赌条款中的回购权单独确认为一项衍生工具

问题:

A 公司投资 B 公司时约定,B 公司如果在约定时间未完成首次公开发行,则 A 公司可以要求 B 公司回购其全部或者部分股权,则此时 A 公司是否需要就回购权单独确认一项金融工具?

背景:

A 公司拟增资 B 公司,与 B 公司原股东签订的增资协议中包括一条回购权:(a)B 公司未能于 2020 年 7 月 30 日前完成合格首次公开发行,则 B 公司和其创始股东应当连带的、并且创始股东应促使其委派董事作出相关的决议,由创始股东或公司以法律允许的方式赎回 A 公司要求回购的其在 B 公司中持有的全部或者部分权益,每 1 元注册资本对应的回购价格应当为 A 公司进行本次投资时每 1 元注册资本对应的增资款(以下简称“每股价格”)的 1.5 倍,并加上 A 公司要求回购的权益比例所对应的增资款每年 10%的复利。

A 公司会计政策为对于所有投资的公司均采取指定为公允价值计量,且其公允价值变动计入损益。

解答:

此项回购权属于嵌入于主合同(股权投资)中的衍生工具。根据《企业会计准则第 22 号——金融工具确认和计量》第二十二条规定:

嵌入衍生工具相关的混合工具没有指定为以公允价值计量且其变动计入当期损益的金融资产或金融负债,且同时满足下列条件的,该嵌入衍生工具应当从混合工具中分拆，作为单独存在的衍生工具处理：

（一）与主合同在经济特征及风险方面不存在紧密关系；

（二）与嵌入衍生工具条件相同，单独存在的工具符合衍生工具定义。

无法在取得时或后续的资产负债表日对其进行单独计量的，应当将混合工具整体指定为以公允价值计量且其变动计入当期损益的金融资产或金融负债。

关于如何判断上述(一)中的“紧密关系”，《企业会计准则讲解(2010)》第二十三章第五节中分别给出了“嵌入衍生工具的经济特征和风险不与主合同紧密相关”和“嵌入衍生工具的经济特征和风险与主合同的经济特征和风险紧密相关”的例子(见原书第386～388页)。其中指出：“嵌在某一权益工具中的看跌期权，使得持有人有权要求发行人以一定金额的现金或其他资产回购这项金融工具，其中现金或其他资产的金额随着某一权益工具或商品价格或指数的变动而变动，该看跌期权不与主债务工具紧密相关。”此时，如果符合金融工具确认和计量准则第二十二条规定的其他相关条件，企业应将嵌入衍生工具与主合同分开核算。

另外，在本案例中，在考虑是否将衍生工具分拆出来单独确认时，还需考虑的一个因素是：该衍生工具是附着于该特定股权的，还是仅仅授予A公司的。例如，如果A公司在B公司实现合格IPO之前将该股权转让，则受让方能否承继该项回购权。

如前所述，此项回购权与主合同的经济特征和风险方面不存在紧密关系，因此：

1. 如果该衍生工具并不是附着于特定股权，而仅仅是授予A公司的，则该衍生工具事实上并不是该部分股权的组成部分，应当单独确认一项衍生金融资产。

2. 如果该衍生工具附着于特定股权，可以随着该部分股权的转让而同步转让，则根据《企业会计准则第22号——金融工具确认和计量》第二十二条的规定，该衍生工具可以选择从主合同中分拆出来单独确认和计量，也可以将混合工具整体指定为以公允价值计量且其变动计入当期损益的金融资产。根据背景资料所述情况，A公司“会计政策为对于所有投资的公司均采取指定为公允价值计量并变动计入损益表”，因此我们理解在此情况下，分拆与不分拆两种做法最终对财务报表的影响是一致的。

第二节　租赁会计的相关问题

问题4-2-1　经营租赁支出按期递增的金额是否在整个租赁期内按直线法进行确认

问题：

在经营租赁中，如果租赁协议约定承租人每年应支付的款项逐年递增或每隔若干年增长一定金额，则是否应将支出总额在整个租赁期内按直线法分摊，确认各年度的租赁收入？

背景：

在一项20年期的经营租赁中，约定每年承租人应支付的款项总额，以及其中包含的年租金和维护费用如下表所示。

支出款项明细　　金额单位：万元

期内	年总支出	其中：年租金	其中：年维护费用
第1～5年	200	180	20
第6～10年	210	188	22
第11～15年	220	196	24
第16～20年	230	204	26

在上表所示的租赁业务中，如果出租人负责承担维护费用，并且总支出的增加额大于维护费用的增加额（如上表所示），应如何在利润表中确认上表所列支出？如果租约约定可在每个5年周期的期末终止租赁，会计处理有何不同？

解答：

租金部分虽然每隔若干年增加一定金额，但应当在租赁期内按直线法确认租金收入（上例中，相当于20年中每年以平均年租金192万元确认租金收入），除非该递增的部分代表了除租赁以外的其他服务。如果可以合理证明租金递增的部分代表了其他服务（如维护成本）的递增，则可以分别根据每个期间的具体情况来确认该期间的租赁收益。

如遇租赁撤销或终止，应在不可撤销租赁期内按直线法确认租赁收益。

上述结论也同样适用于经营租赁的承租人在租赁期间的费用确认。

结论基础：

《企业会计准则第21号——租赁》第二十六条规定："对于经营租赁的租金，出租人应当在租赁期内各个期间按照直线法确认为当期损益；其他方法更为系统合理的，也可以采用其他方法。"第二十二条规定："对于经营租赁的租金，承租人应当在租赁期内各个期间按照直线法计入相关资产成本或当期损益；其他方法更为系统合理的，也可以采用其他方法。"

在IFRS体系下，《国际会计准则第17号——租赁》第50段指出："经营租赁形成的租赁收益应按直线法在租赁期内确认为收益，除非另有一种系统方法更能代表从租赁资产中获取的利益递减的时间形态。"

因为在整个租赁期内，由租赁资产产生的经济利益都是相同的（因为租赁物的面积、质量等均相同），因此仍然是直线法最能代表租赁资产所含经济利益的实现在各期间之间的分布情况。因此,将租金总额在整个租赁期内按直线法分摊是最为合理的方法。

《国际会计准则第17号——租赁》第51段进一步指出:"……租赁收益(不包括提供保险和维护等服务的收入)应在租赁期内按直线法确认,除非另有一种系统的方法更能代表从租赁资产获取的利益递减的时间形态。"

《企业会计准则第21号——租赁》和《国际会计准则第17号——租赁》均未包含关于对租赁物维护支出及相关收入的会计处理规定,该事项不属于租赁准则的规范范围。《国际会计准则第17号——租赁》的第3段能够证明这一点,其表述具体如下:"本准则适用于转移资产使用权的协议,即使在这些资产的运行或维护中可能要求出租人提供大量相关服务。本准则不适用于不把资产使用权从合约的一方转移给另一方的服务合约。"

对于在租金上升幅度与预期通货膨胀率较为近似的情况下是否仍应采用直线法的问题,仍存在一些争议。但是,我们并不认可这一观点。本例中涉及的固定增长率并不是视通货膨胀率而定。

对于《企业会计准则第21号——租赁》第二十二条和第二十六条提及的"系统合理的方法"是否应反映资金时间价值的问题,仍存在一些争议。我们不支持该观点,因为按照这个观点将不可能采用直线法,且考虑时间价值的分摊方法并没有反映"从租赁资产中获取的使用效益"。

问题4-2-2 医药企业在"买试剂送仪器"销售模式下免费提供给医院的仪器的核算

问题:

医药企业在"买试剂送仪器"销售模式下免费提供给医院的仪器应如何核算?

背景:

A公司的主要产品为体外诊断试剂,为了促进试剂的销售,公司会向部分医院免费提供体外诊断仪器,并在合同中约定医院需配套采购A公司的试剂。合同期限一般为5年,接近于这些仪器通常情况下的使用寿命。合同期满后,仪器一般以名义价格出售给医院(或者无偿赠送,此处的名义价格通常可以忽略不计)。A公司目前将这部分免费提供给医院使用的仪器作为固定资产核算,按合同约定使用年限与可使用年限孰短的年限计提折旧。

解答:

在本案例中,A公司与医院签订的免费提供仪器的合同,其履行依赖于特定资产(所提供的仪器),且在合同期限内,将仪器的使用权转移给医院,因此该合同中包含租赁安排,应按照《企业会计准则第21号——租赁》进行会计处理。

《企业会计准则第21号——租赁》第五条对"融资租赁"的定义是:"融资租赁,是指实质上转移了与资产所有权有关的全部风险和报酬的租赁。其所有权最终可能转移,也可能不转移”。由该定义可知,判断一项交易是融资租赁还是经营租赁的最根本标准是租赁物所有权上的主要风险和报酬的转移和承担情况。该准则第六条所列的五项具体标准仅是在一般情况下的参考标准,当这些具体标准与准则第五条所规定的基本定义发生矛盾时,应以第五条的基本定义为依据进行判断。

根据本案例背景所述,“为了促进试剂的销售,公司会向部分医院免费提供体外诊断仪器,并在合同中约定医院需配套采购A公司的试剂”。在此情况下,由于不直接收取仪器的租金,这些免费提供的仪器的成本,以及按合同约定应由A公司负担的修理和维护费等,就需要从试剂销售的毛利中回收。因此:

(1) 如果合同中没有约定医院在规定期限内的试剂最低采购量或采购额,或者虽然约定了最低采购量或最低采购额,但该等采购量或采购额按照正常利润水平计算的毛利不足以支持仪器成本和日常维护及修理支出的回收,则表明最终能否收回仪器成本和日常修理维护支出存在较大的不确定性,在此情况下,应当认为该项租赁虽然涵盖了仪器使用寿命的大部分,但仪器所有权上的主要风险和报酬仍由作为出租人的A公司享有或承担,因此应归类为经营租赁。在此模式下,A公司应当将这些免费提供的仪器作为其固定资产予以确认(从另一方面讲,此时对A公司而言,这些仪器符合《企业会计准则第4号——固定资产》第三条所规定的固定资产定义,即为了出租目的而持有、使用寿命超过一个会计年度的有形资产)。这些固定资产应当在相关合同约定的免费使用期内计提折旧,与相应期间内从试剂销售毛利中提取的租赁收入相配比。由于此处每期可确认的租金收入取决于试剂销售收入和毛利率,因此属于“或有租金”。根据《企业会计准则第21号——租赁》第二十九条规定,对于经营租赁中的出租人而言,或有租金应当在实际发生时计入当期损益;同时,如果本期内试剂的销售量或销售额低于预期,或者相关试剂的毛利率下降,则表明其存在减值迹象,应根据《企业会计准则第8号——资产减值》的规定对其进行减值测试,并就可收回金额低于账面价值的差额对其计提减值准备。

(2) 如果合同中约定了最低采购量或最低采购额,且该等采购量或采购额按照正常利润水平计算的毛利足以支持仪器成本和日常维护及修理支出的回收,则表明最终能否收回仪器成本和日常修理维护支出的不确定性较小,相应地,可以认为这些仪器所有权上的主要风险和报酬已经转移给医院,该租赁构成融资租赁,其最低租赁付款额等于合同期间内的约定最低采购量或最低采购额按照正常毛利率水平计算的毛利额。(注:在实务操作中,还应当关注医院履行合同约定的最低采购量或最低采购额义务的意愿和财务能力,以及合同是否对医院的违约行为规定了有力的制裁措施,以将取得最低租赁付款额的不确定性降低到最低限度。如果能否取得最低租赁付款额仍存在较大不确定性的,则可能不能归类为融资租赁。)

在实务中,一些销售办公耗材的企业也采用类似的“买耗材送办公设备”的销售模式促进耗材销售。对这种销售模式下免费提供给顾客的办公设备的核算,也应参照上述方法。

问题 4-2-3 售后回租构成融资租赁交易的核算和披露模式的一贯性

问题:

如下文背景资料所述,A公司对两项售后融资回租业务采用不同的核算方法是否正确?

背景:

A公司本年新增两笔售后融资租回业务,第一笔融资4亿元,其会计核算和以前年度同类业务一样,分出售和租回两步进行账务处理,合同约定起租日资产转移至提供资金方,公司每期支付租金,租赁期满支付最后一笔租金后,出租方(资金提供方)以名义金额1元将资产转让给A公司;本年新增的第二笔融资租赁金额2亿元(2年期)比较特殊,与上述业务存在如下不同:合同约定租赁期内A公司按照年利率6%支付利息,待租赁期满时归还租赁成本2亿元和最后一笔利息。A公司对第二笔租赁业务的会计核算和列报:将对应的固定资产、折旧、累计减值(即前述有形资产)从自有资产重分类到融资租入资产等项目核算,同时在长期应付款核算原始融入资金(租赁成本)2亿元,因其租赁期内仅支付利息,所以不确认未确认融资费用,按照合同约定的计息方式支付租金。

解答:

如《计学撮要 2011》第349~355页的问题解答"以在建船舶'售后回租'方式融资的相关会计处理"所述:

参照《国际会计准则第17号——租赁》第60段对构成融资租赁的售后回租交易的经济实质的分析:"如果售后回租构成融资租赁,则该交易是出租人向承租人提供融资的一种方式,并以该资产作为融资的担保物"(If the leaseback is a finance lease, the transaction is a means whereby the lessor provides finance to the lessee, with the asset as security.)。根据对此类交易经济实质的上述分析,实务中对该类交易还有另一种可使用的会计处理方法:即不在账面上体现标的资产的出售及其相关的递延收益(因此在建工程的账务处理不受影响),而是把所获得的融资作为一项担保借款列报(但在"长期应付款"科目中列报),以后年度支付的租金和留购价款视作还本付息,按照实际利率法以摊余成本对该长期应付款进行后续计量,确认利息支出。该种处理方法与租赁准则及其讲解中介绍的处理方法相比,对租赁期内各年度以及租赁期结束后的净资产、净利润均无影响,唯一的区别就是在建工程和递延收益两个科目的同增同减。同时,这种方法的会计处理不要求确定出售总价,只是把实际获取的融资确认为负债,对于那些在售后回租合同签订时尚无法确定总价的售后回租业务而言有更好的适用性。我们理解,本案例中的售后回租合同即可按照此方法进行会计处理(需要指出的是:我们认为:实务中对构成融资租赁的售后回租业务，企业可以选择其中任何一种方法进行会计处理，但一旦选定其中一种方法，即成为企业的一项会计政策，应当将该种方法一贯地运用于所有同类交易）。

本案例中，A 公司对本年新增第二笔租赁业务的会计核算和列报方式，是基于该业务的经济实质而将其作为借款处理，与 A 公司目前对原有的售后回租构成融资租赁业务的处理方式不同，而如前面引用的《计学撮要 2011》中的问答所述，"实务中对构成融资租赁的售后回租业务，企业可以选择其中任何一种方法进行会计处理，但一旦选定其中一种方法，即成为企业的一项会计政策，应当将该种方法一贯地运用于所有同类交易"，即 A 公司的处理方法将导致同一会计主体在同一会计期间的同一份财务报表中，对性质类似的交易（售后回租构成融资租赁）采用两种不同的核算和列报方式，不符合"一贯性"的要求。因此，A 公司应按以下两种方法之一进行核算：

1. 对本年新增的第二笔融资租赁业务，也采用与以前原有的售后回租构成融资租赁的交易相一致的方式进行确认、计量和列报。

2. 对售后回租构成融资租赁的交易的会计处理政策进行变更，将全部此类交易所采用的会计处理方式均变更为"抵押借款模式"，相应地，按照《企业会计准则第 28 号——会计政策、会计估计变更和差错更正》对企业自主变更会计政策的相关衔接和披露要求，应相应追溯调整财务报表中的前期比较数据（此方法的处理流程相对较为复杂，但变更后的会计政策操作起来更简便，且更能清楚地反映此类业务的经济实质）。

对于该租赁事项的附注披露，按照《企业会计准则第 21 号——租赁》中适用于融资租赁承租人的披露规定，在财务报表附注中披露与该售后回租构成融资租赁的交易相关的信息。

问题 4-2-4 涉及保证金及手续费的售后回租构成融资租赁交易的会计处理

问题：

涉及保证金及手续费的售后回租构成融资租赁交易，应如何进行确认和计量？

背景：

A 公司于 2011 年 12 月与 B 金融租赁有限公司（以下简称"B 租赁公司"）签订《融资租赁合同》，合同约定：

（1）A 公司将账面价值为 387 084 511.75 元的固定资产以 38 708.45 万元转让给 B 租赁公司，同时 A 公司于起租日一次性支付首期租金 8 708.45 万元，B 租赁公司直接向 A 公司支付 30 000 万元后视为 B 租赁公司完全履行了合同约定的设备购买价款支付义务，同时 A 公司也完全履行了首期租金支付义务。

（2）租赁期为 5 年，起租日为 B 租赁公司实际支付租赁设备转让价款之日，每期租金支付方式为等额后付，名义参考年租赁费率为 3～5 年期人民银行贷款基准利率(每季度支付租金 1 790.82 万元)。

(3) A 公司于起租日前一次性支付手续费 1 200 万元。

(4) A 公司于起租日前一次性支付租赁保证金 3 000 万元,保证金不计利息,A 公司在履行合同过程中如发生违约事件,B 租赁公司有权用租赁保证金按以下顺序抵扣:①应付的违约金;②其他费用;③欠付租金。如果 A 公司未按要求补足保证金,B 租赁公司有权使用 A 公司其后每次支付的租金优先补足保证金;如 A 公司在合同履行期间没有发生任何违约事项,租赁保证金用于冲抵最后一期或几期租金相应的金额。

(5) 租赁期届满,租赁设备的名义货价为 1 万元,A 公司按时履行完毕合同项下所有债务后(包括但不限于租金、租赁设备名义货价、其他应付款项等),租赁设备所有权转让给 A 公司。

A 公司在起租日前,用银行存款支付 B 租赁公司手续费 1 200 万元、保证金 3 000 万元,并于 2011 年 12 月 15 日收到 B 租赁公司支付的 30 000.00 万元设备转让款(已扣除首期租金 8 708.45 万元),A 公司于每季末月的 15 日支付租金 1 790.82 万元。

解答:

1. 对于租赁开始时支付的手续费 1 200 万元,应作为对长期应付款账面价值的调整,即借记“未确认融资费用”科目,在实际利率计算时纳入考虑,摊入租赁期内的利息支出中。对该问题的处理请参阅请参考《计学撮要 2013》中的问题解答“问题 4-2-5　售后回租构成融资租赁的情况下,卖方兼承租人支付的手续费的会计处理”,此处从略。

对于售后回租构成融资租赁的交易,无论是采用《企业会计准则讲解(2010)》第二十二章第四节所述的处理方式,还是直接按抵押借款进行会计处理,这部分手续费都不应计入融资租入固定资产的价值中。即,如果采用准则讲解所述的处理方式,则重新确认的“融资租入固定资产”入账价值与“递延收益”入账价值之差(或之和)均应等于该固定资产的原账面价值。这部分手续费应作为对“长期应付款”入账价值的调整,在后续租赁期间内按实际利率法摊销,计入各期的利息支出。

2. 租赁合同中通常会约定承租人需在租赁开始日向出租人缴纳一定金额的保证金(本案例中保证金为零),承租人在按期履行债务、未发生违约的情况下,可将保证金冲抵最后若干期租金。保证金通常不计息。对于本案例中所涉及的保证金 3 000 万元,从背景中的合同条款中看,A 公司作为承租人,只有在按期履行债务时,才具有将保证金冲抵最后 2 期租金的权利。因此,该项抵销权利并非现时可执行的,应将所支付的保证金单独确认为“长期应收款——保证金”,该项“长期应收款——保证金”不能与长期应付款抵销后以净额列报,而是应当分别确认为一项金融资产和金融负债。

在具体操作时,对该项不计息的长期应收款,应当与长期应付款采用相同的实际利率进行折现,其折现值与面值(名义金额)之间的差额确认为“未确认融资收益”,在租赁期间按实际利率法摊销,计入各期的“财务费用——利息收入”科目。

假设本案例中的租赁期为5年，在2011年12月的租赁开始日，初始获取资金净额为30 000－1 200－3 000＝25 800(万元)；每季度末支付租金1 790.82万元；期末留购款项为1万元，相当于倒数第二期需支付的现金净额为582.64万元[1 790.82－(3 000－1 791.82)]，最后一期需支付的现金净额为零。则使用Excel中的IRR()函数求出每季度的实际利率为2.62%，相应地年利率为(1＋2.62%)^4－1＝10.89%。根据该折现率，长期应收款3 000万元的折现值为1 807.83万元，长期应付款的折现值为27 607.83万元。账务处理为(假设不考虑增值税影响)：

借：银行存款 258 000 000
　　未确认融资费用 82 095 700
　　长期应收款——保证金 30 000 000
　　贷：未确认融资收益 11 921 700
　　　　长期应付款 358 174 000

后续应当分别编制长期应收款和长期应付款的实际利率摊销表，分别确认长期应收款的利息收入和长期应付款的利息支出，两者所用的实际利率相同。长期应收款和长期应付款的实际利率摊销表如附件所示。

问题4-2-5 涉及税金影响的售后回租构成融资租赁交易的会计处理

问题：

售后回租构成融资租赁时，当出租方就收到的利息开具增值税专用发票给承租方时，承租方应如何进行确认计量？

背景：

A公司与B公司开展融资租赁(售后回租)业务，A公司将自有资产按5.001 2亿元出售给B公司，然后A公司以按季度支付B公司租金的形式进行回租，A公司每年最后一个月支付当期利息时归还本金100万元，租赁期届满租金随融资本金余额一并结清。租赁期限为设备转让款支付日起32个月。A公司向B公司支付利息时，B公司按收到利息金额开具增值税专用发票。租金计划表如下表所示。

租金计划表

租金期次	本金	利息	税金	小计
1		5 262 773.67	894 671.52	6 157 445.19
2	1 000 000.00	7 689 345.00	1 307 188.65	9 996 533.65
3		7 673 970.00	1 304 574.90	8 978 544.90
4		7 673 970.00	1 304 574.90	8 978 544.90

(续表)

租金期次	本金	利息	税金	小计
5		7 673 970.00	1 304 574.90	8 978 544.90
6	1 000 000.00	7 673 970.00	1 304 574.90	9 978 544.90
7		7 658 595.00	1 301 961.15	8 960 556.15
8		7 658 595.00	1 301 961.15	8 960 556.15
9		7 658 595.00	1 301 961.15	8 960 556.15
10	1 000 000.00	7 658 595.00	1 301 961.15	9 960 556.15
11	497 120 000.00	7 643 220.00	1 299 347.40	506 062 568.40
合计	500 120 000.00	81 925 598.67	13 927 351.77	595 972 951.44

解答：

售后回租构成融资租赁交易的实质是以标的资产为抵押或者质押的融资，故采用借款模式来进行会计处理符合此类交易经济实质的观点。

本案例需要考虑增值税进项税额对现金流的影响。在动产融资租赁"营改增"以后，A 公司每期支付租金时，都可以获得相应的增值税专用发票抵扣进项税额。由于进项税额的抵扣减少了现金流出，因此在"营改增"后测算长期应付款入账价值和实际利率时，都应当以扣除增值税影响后(即不含税)的现金流量净额为基础。这样对长期应付款入账价值和实际利率都会产生影响。

例如，假设每期需支付租金 117 万元，其中可获得抵扣的增值税进项税额有 17 万元，则每期的现金流量净额为 100 万元，据此计算长期应付款的入账价值。后续每期支付租金时的分录为：

借：长期应付款　　1 000 000

　　应交税费——应交增值税(进项税额)　　170 000

　　贷：银行存款　　1170 000

因此，本案例中长期应付款的初始确认金额应当为租赁期开始日租赁公司支付的全部购买价款，即 50 012 万元(如有手续费或服务费等初始一次性收费的，还应从中扣除这些初始一次性收费的金额，但不扣除租赁保证金)。不能将后续预期可获得的进项税额抵扣单独确认为应收款项(因为在实际收到增值税专用发票等有效的抵扣凭证之前，企业并无获得该项税款抵扣的法定权利)。

根据背景资料中的租金计划表，使用 Excel 中的 IRR()函数求出每季度的实际利率为 1.49%，相应地年利率为$(1+1.49\%)^4-1=6.09\%$，则本案例的租赁摊销表如下：

租赁摊销表

期数	现金流量					长期应付款期初数	本期实际利息	本期现金流量(不含税)	长期应付款期末数	税款支付
	本金	利息	增值税	小计	其中:不含税净额		借:财务费用/在建工程 贷:未确认融资费用	借:长期应付款 贷:银行存款		借:进项税额 贷:银行存款
0	−500 120 000.00			−500 120 000.00	−500 120 000.00				500 120 000.00	
1		5 262 773.67	894 671.52	6 157 445.19	5 262 773.67	500 120 000.00	7 451 446.34	−5 262 773.67	502 308 672.67	894 671.52
2	1 000 000.00	7 689 345.00	1 307 188.65	9 996 533.65	8 689 345.00	502 308 672.67	7 484 056.07	−8 689 345.00	501 103 383.73	1 307 188.65
3		7 673 970.00	1 304 574.90	8 978 544.90	7 673 970.00	501 103 383.73	7 466 098.08	−7 673 970.00	500 895 511.82	1 304 574.90
4		7 673 970.00	1 304 574.90	8 978 544.90	7 673 970.00	500 895 511.82	7 463 000.93	−7 673 970.00	500 684 542.75	1 304 574.90
5		7 673 970.00	1 304 574.90	8 978 544.90	7 673 970.00	500 684 542.75	7 459 857.64	−7 673 970.00	500 470 430.39	1 304 574.90
6	1 000 000.00	7 673 970.00	1 304 574.90	9 978 544.90	8 673 970.00	500 470 430.39	7 456 667.51	−8 673 970.00	499 253 127.91	1 304 574.90
7		7 658 595.00	1 301 961.15	8 960 556.15	7 658 595.00	499 253 127.91	7 438 530.54	−7 658 595.00	499 033 063.44	1 301 961.15
8		7 658 595.00	1 301 961.15	8 960 556.15	7 658 595.00	499 033 063.44	7 435 251.73	−7 658 595.00	498 809 720.17	1 301 961.15
9		7 658 595.00	1 301 961.15	8 960 556.15	7 658 595.00	498 809 720.17	7 431 924.06	−7 658 595.00	498 583 049.23	1 301 961.15
10	1 000 000.00	7 658 595.00	1 301 961.15	9 960 556.15	8 658 595.00	498 583 049.23	7 428 546.82	−8 658 595.00	497 353 001.06	1 301 961.15
11	497 120 001.00	7 643 220.00	1 299 347.40	506 062 568.40	504 763 221.00	497 353 001.06	7 410 219.94	−504 763 221.00	—	1 299 347.40
合计	500 120 001.00	81 925 598.67	13 927 351.77	595 972 951.44	582 045 599.67		81 925 599.67	−582 045 599.67		13 927 351.77

注:为简化起见,在每3个月内,利息费用可按直线法在该3个月期间内分摊,以确定长期应付款的期末余额。

第三节 建设经营移交方式(BOT)参与公共基础设施建设业务的相关问题

问题 4-3-1 BOT 污水处理厂预计大维修费用变动的相关问题

问题:

BOT 污水处理厂预计大维修费用变动如何处理?

背景:

某公司以 BOT 模式运营污水处理厂,特许经营年限为 30 年(2010 年年初至 2039 年年末)。按照《企业会计准则解释第 2 号》的规定,对于未来移交时的恢复性大修理费用进行了预计,确认为公司预计负债。在污水处理厂投运时,公司预计未来移交前需要发生的大修理费用总额为 8 805 328 元,各年应提大修理费用如下表所示。

各年应提大修理费用 单位:元

年份	2010	2011	2012	2013	……	2039	累计
年内计提预计负债	69 378	87 125	91 175	95 414		102 267	4 986 634
应计利息	0	3 225	7 426	12 010		134 989	3 818 694
年末预计负债余额	69 378	159 729	258 329	365 753		8 805 328	8 805 328

截至 2012 年年末,公司预计负债余额为 258 329 元。

(注:上表中"资本性支出"行中的各年份金额,是按照预计每年污水处理量的比例确定的,每年不同,相当于本金;"应计利息"等于每年年初(上年年末)的预计负债乘以折现率 4.65%;到 2039 年年末,累计的预计负债余额等于预计将发生的恢复性大修理支出。相关的计提原理可参考《国际财务报告解释公告第 12 号——服务特许权安排》(IFRIC 12)后附的举例 2、3 对合同约定的大修理义务计提的说明。需要指出的是:尽管在一般情况下,对固定资产的大修理并不构成企业的一项现时义务,因此企业不能在固定资产使用期间内计提大修理相关的预计负债,但是本案例中所涉及的是 BOT 合同项下所约定的合同义务,因此该公司作为 BOT 的运营方,可以在运营期间就其所承担的期满移交时的恢复性大修理的合同义务确认预计负债。)

2013 年,公司对移交前的大修理费用进行了重新估计,认为原预计金额过大,新的估计金额为 4 226 557 元。新计算的各年度应提大修理费用如下表所示。

新计算的各年度应提大修理费用

年份	2010	2011	2012	2013	……	2039	累计
年内计提预计负债	33 302	41 820	43 764	45 799		49 088	2 393 584
应计利息	0	1 548	3 564	5 765		64 795	1 832 973
年末预计负债余额	33 302	76 670	123 998	175 561		4 226 557	4 226 557

按照新的计算表，截至2012年年末应计提的大修理费用相关预计负债的余额应为123 998元，与账面已提金额差异134 331元。

对该项差额的处理有两种观点：

(1) 将差异134 331元全部计入2013年度的当期损益，2013年度按照新的计算表计提，预计负债余额调整为175 561元。

(2) 此处对于大修理费用的预计属于会计估计变更，其影响额应当在2013年及未来期间调整，而不是全部处理在2013年。即按照新的测算应计提大修理支出4 226 557元，截至2012年年末已计提了258 329元，还需要计提3 968 228元，自2013年年初开始，将3 968 228元重新在2013—2039年期间内分期预计。

解答：

赞同上述观点(2)，即本案例中公司对于大维修费用的预计属于会计估计变更，其影响额应当在2013年及未来期间调整，即按照新的测算应提大修理费用4 226 557元，截至2012年年末已计提了258 329元，还需要计提3 968 228元，自2013年年初开始，将3 968 228元重新在2013—2039年内分期预计。

结论基础：

根据《企业会计准则第28号——会计政策、会计估计变更和差错》第八条规定："……会计估计变更，是指由于资产和负债的当前状况及预期经济利益和义务发生了变化，从而对资产或负债的账面价值或者资产的定期消耗金额进行调整。"由此可知，会计估计变更就其内容而言可分为两类：一类是直接涉及资产和负债账面价值调整的变更，即其估计变更直接影响本报告期期末相关资产、负债的账面价值；另一类是对资产的定期消耗金额的调整。当然后一类变更最终也影响到资产和负债的账面价值，但其侧重点是对定期消耗金额的系统调整，更侧重于对资产、负债的总额在其受益期间内如何进行系统分摊的问题。

《企业会计准则第28号——会计政策、会计估计变更和差错更正》第九条规定："企业对会计估计变更应当采用未来适用法处理。会计估计变更仅影响变更当期的，其影响数应当在变更当期予以确认；既影响变更当期又影响未来期间的，其影响数应当在变更当期和未来期间予以确认。"

综合上述规定分析可知：直接决定本报告期末资产、负债账面价值的会计估计变更(如对资产减值准备金额的调整)的损益影响应全部立即确认在本报告期内；涉及资产定期消耗金额调整的会计估计变更，其影响的期间包括当期和未来期间，因此其损益影响应当在受影响的各期内采用系统的方式逐步予以体现，而不能一次性全部体现在变更当期的损益中。

分析本案例中的预计大修理费用变更，是如何在一段时间内逐步确认预计负债及其损益影响的问题。虽然会计准则对"会计估计变更"的定义中没有提到"对负债的定期计提金额的调整"，但我们理解，由于此处预计负债定期计提金额确定的基础是相关基础设施的使用程度，其性质与"资产定期消耗金额的调整"相类似，根据《企业会计准则第28号——会计政策、会计估计变更和差错更正》第九条的规定，本案例中预计大修理费用的变更既影响变更当期又影响未来期间,故变更金额应该在当期及未来期间进行分摊。

本案例中所涉及的是相关预计负债未在无形资产初始确认时计入资产成本,而是在运营过程中逐步计提并确认为损益。在某些情况下,如果此类预计负债在无形资产初始确认时按折现值计入无形资产的初始成本,后续按期计提摊销,并就折现影响的释放逐步确认利息支出,则在此情况下预计负债金额的调整应按照《企业会计准则解释第 6 号》第一条所述原则处理,即“由于技术进步、法律要求或市场环境变化等原因,特定固定资产的履行弃置义务可能发生支出金额、预计弃置时点、折现率等变动而引起的预计负债变动,应按照以下原则调整该固定资产的成本:①对于预计负债的减少,以该固定资产账面价值为限扣减固定资产成本。如果预计负债的减少额超过该固定资产账面价值,超出部分确认为当期损益;②对于预计负债的增加,增加该固定资产的成本。按照上述原则调整的固定资产,在资产剩余使用年限内计提折旧。一旦该固定资产的使用寿命结束,预计负债的所有后续变动应在发生时确认为损益。”由此可见,如果将相关预计负债在初始确认时计入资产成本,则其后续变更所产生的损益影响是通过对相关资产在剩余使用年限内的折旧或摊销的调整体现出来的,与此处所述的“相关预计负债未在无形资产初始确认时计入资产成本,而是在运营过程中逐步计提并确认为损益”情况下预计负债发生会计估计变更的损益影响的处理原则一致。

另外,还需要补充说明的是:根据《企业会计准则解释第 2 号》第五条的规定,“按照合同规定,企业为使有关基础设施保持一定的服务能力或在移交给合同授予方之前保持一定的使用状态,预计将发生的支出,应当按照《企业会计准则第 13 号——或有事项》的规定处理”。在具体操作中,应注意区分此类支出在什么情况下应在相关无形资产达到可供使用状态时按折现值一次性确认并计入相关无形资产的原值,什么时候应在使用期间内逐期计提并计入该期内的生产成本或者期间费用。参照《国际会计准则第 16 号——固定资产》的有关规定(参照下文附录),其主要的依据应当是:该等支出义务的产生是与特定无形资产的购建或者在特定期间内将其用于生产产品以外的用途相关,还是与在特定期间内使用该基础设施生产产品或提供服务相关。如属于前一情况的,应在资产取得时,将预计弃置费用的现值资本化计入无形资产成本中,并在后续使用寿命内采用摊销方法将其计入营业成本;如属于后一情况的,应当在将该基础设施用于生产产品或提供服务的期间内逐期予以确认,并计入营业成本。

《国际会计准则第 16 号——不动产、厂场与设备》对此类支出会计处理的相关规定如下:

1. 参照 IAS 16 第 16(c)段规定,固定资产的成本应包括“the initial estimate of the costs of dismantling and removing the item and restoring the site on which it is located, the obligation for which an entity incurs either when the item is acquired or as a consequence of having used the item during a particular period for purposes other than to produce inventories during that peri-

od.”。

2. 该准则第18段进一步指出："An entity applies IAS 2 *Inventories* to the costs of obligations for dismantling, removing and restoring the site on which an item is located that are incurred during a particular period as a consequence of having used the item to produce inventories during that period. The obligations for costs accounted for in accordance with IAS 2 or IAS 16 are recognised and measured in accordance with IAS 37 *Provisions, Contingent Liabilities and Contingent Assets*."

3. 关于这一问题，可进一步参阅IAS 16后附的"结论基础"部分的BC13～BC16段，尤其是其中的BC15段，其表述为：The Board observed that whether the obligation is incurred upon acquisition of the item or while it is being used, its underlying nature and its association with the asset are the same. Therefore, the Board decided that the cost of an item should include the costs of dismantlement, removal or restoration, the obligation for which an entity has incurred as a consequence of having used the item during a particular period other than to produce inventories during that period. An entity applies IAS 2 *Inventories* to the costs of these obligations that are incurred as a consequence of having used the item during a particular period to produce inventories during that period. The Board observed that accounting for these costs initially in accordance with IAS 2 acknowledges their nature. Furthermore, doing so achieves the same result as including these costs as an element of the cost of an item of property, plant and equipment, depreciating them over the production period just completed and identifying the depreciation charge as a cost to produce another asset (inventory), in which case the depreciation charge constitutes part of the cost of that other asset.

问题4-3-2 TOT项目确定为金融资产或无形资产的判断

问题：

如下文"背景"部分所述，A公司对采用TOT模式建设的污水处理设施是确认一项金融资产，还是确认一项无形资产？经营期间收到的现金流，是否全部确认为收入，成本是否为当年运营投入加无形资产的摊销金额？

背景：

A公司与某政府签订协议，采用TOT模式建设污水处理设施，污水处理厂建成后，A公司以9 000万元的价格，取得其25年的经营权。政府每年按照污水处理量向A公司支付污水处理费，收费价格第一年1.60元/吨，第二年以后变为1.70元/吨，每届满两个运营年按照特定公式调整一次。每年如果处理量低于2.5万吨时，最低收费不得低于设计处理量的70%计算的费用，由政府补偿差价。

解答:

根据《企业会计准则解释第 2 号》第五条规定:

(1) 合同规定基础设施建成后的一定期间内,项目公司可以无条件地自合同授予方收取确定金额的货币资金或其他金融资产的;或在项目公司提供经营服务的收费低于某一限定金额的情况下,合同授予方按照合同规定负责将有关差价补偿给项目公司的,应当在确认收入的同时确认金融资产,并按照《企业会计准则第 22 号——金融工具确认和计量》的规定处理。

(2) 合同规定项目公司在有关基础设施建成后,从事经营的一定期间内有权利向获取服务的对象收取费用,但收费金额不确定的,该权利不构成一项无条件收取现金的权利,项目公司应当在确认收入的同时确认无形资产。

根据上文背景资料分析,该合同只是约定了保底处理量,但并未约定 A 公司可以无条件地自合同授予方收取的确定金额(因为污水处理费单价“每届满两个运营年按照特定公式调整一次”,而价格调整既可能调高也可能调低,所以没有确定的应收款项总额)。因此,本案例中的 BOT /TOT 业务应采用《企业会计准则第 2 号》第五条中规定的“无形资产模式”进行会计处理,其中没有金融资产确认。

在无形资产模式下,在运营期间,A 公司应把可向合同授予方收取的全部价款(含保底水量所对应的处理费)均确认为收入;成本包括当年运营投入、无形资产摊销,以及为保证基础设施处于良好状态而根据《企业会计准则第 13 号——或有事项》按期预提的定期更新改造支出或大修理支出等。

问题 4-3-3 关于 BT 项目公司收入成本确认的问题

问题:

如下文背景资料所述,B 公司作为 BT 项目的项目公司,自身不直接提供建造服务,是否需要按照《企业会计准则第 15 号——建造合同》确认建造合同收入?如果需要,如何确认建造合同收入及建设期的利息收入?

背景:

A 集团中标某 BT 项目,由 A 集团公司下属分公司承担施工建设,A 集团公司出资成立 B 项目公司(作为 BT 项目指挥部),负责 BT 项目资金的筹措与支付、项目的协调,并根据经业主、监理单位、施工单位三方确认的结算计量单支付相应的工程建设款给实施施工的 A 集团下属分公司。

BT 项目中标金额为 837 328 928.00 元(不含利息),项目交工验收合格后进入回购期,回购款分三次支付,第一次在工程交工验收合格之日起 1 个月内支付,支付额度为中标价(扣除暂列金额)的 60%及其 2 年期利息,利率取交工验收合格之日后第一天 3 年期中国人民银行贷款基准利率上浮 20%;第二次在工程交工验收合格之日起 1 年后第一个月内支付,支付额度为中标价(扣除暂列金额)的 35%及其 3 年期利息,利率取交工验收合格之日后第一天 3 年期中国人民银行贷款基准利率上浮 20%;第三次在竣工验收后 1 个月内支付,支付额度为最终审计工程总价(含原协议约定的主要材料的调差、现场签证变更、设计变更等合同约定应计入回购款的所有款项)的剩余应付款,该部分回购款不计利息。回购利率上浮的费用已包含了A集团的融资成本及工程建设期间的管理费用。BT项目完工进度如下表所示。

BT项目完工进度

时间	完工进度
2012年12月31日	46.81%
2013年12月31日	74.71%
2014年6月30日	87.09%
2014年8月31日	100.00%

BT项目于2014年8月31日完成全部工程量,交工验收时间为2014年9月12日,预计竣工验收时间为2016年9月。

B公司于2014年9月16日收到第一期回购款,按合同规定中标价(扣除暂列金额)的60%:457 324 870.00元及其利息67 501 151.00元,另外收到工程奖励款15 000 000.00元。2015年、2016年预计收款时间如下表所示。

预计收款时间

	收款时间	收款比例	本金	利息	奖励	收款金额合计
完工时间	2014年8月					
第一次收款	2014年9月	60%	457 324 870.00	67 501 151.00	15 000 000.00	539 826 021.00
第二次收款	2015年9月	35%	266 772 841.00	59 063 507.00		325 836 348.00
第三次收款	2016年9月		113 231 217.00(暂未考虑审价金额)			113 231 217.00
合计			837 328 928.00	126 564 658.00	15 000 000.00	978 893 586.00

注:利息按中国人民银行3年期贷款利率6.15%上浮20%计算,即年利率为7.38%。

解答:

1. 关于B公司收入确认方式问题:

目前在我国企业会计准则体系下的已生效规定中,对BT项目没有明确的解释和规定。上市公司可参照的BT项目规定主要是证监会会计部《上市公司执行企业会计准则监管问题解答(2011年第1期,总第5期)》中的如下规定:

问题3:部分上市公司采用BT(建设-移交)模式参与公共基础设施建设,合同授予方是政府(包括政府有关部门或政府授权的企业),BT项目公司负责该项目的投融资和建设,项目完工后移交给政府,政府根据回购协议在规定的期限内支付回购资金(含占用资金的投资回报)。对于此类 BT 业务,应如何进行会计处理?

解答:对于符合上述条件的 BT 业务,应参照企业会计准则对 BOT 业务的相关会计处理规定进行核算:项目公司同时提供建造服务的,建造期间,对于所提供的建造服务按照《企业会计准则第 15 号——建造合同》确认相关的收入和成本,建造合同收入按应收取对价的公允价值计量,同时确认长期应收款;项目公司未提供建造服务的,应按照建造过程中支付的工程价款等考虑合同规定,确认长期应收款。其中,长期应收款应采用摊余成本计量并按期确认利息收入,实际利率在长期应收款存续期间内一般保持不变。

本问题解答发布前相关 BT 业务未按上述规定进行处理的,应当进行追溯调整,追溯调整不切实可行的除外。

但我们理解,该规定与会计基本原则(如收入确认和计量应采用"总额法"还是"净额法"的区分原则)可能存在冲突,因此在实务操作中应谨慎引用和参照。财政部最初在《企业会计准则解释第 5 号》的征求意见稿中也有意引入该规定,但最终在《企业会计准则解释第 5 号》定稿发布时未纳入。

我们认为 BT 项目公司作为 BT 项目的首要责任人,应采用"总额法"确认建造合同收入和结转建造合同成本,主要理由如下:

(1) 关于 BT 业务应适用的会计处理模式问题。我们理解,此处证监会问题解答中所列举的 BT 项目的基本特征也是很多建造合同项目所共同具备的特征(除了单独设置项目公司这一点以外,但我们理解,是否单独设置项目公司,只是法律形式问题,一般不会影响会计处理模式确定所依据的经济实质),并非 BT 项目所独有。在 IFRS 下,一般理解 BT 项目并不在 IFRIC 12 的适用范围内,而只是"建造合同+融资服务"两者的结合体,这种情况在企业的经营性项目建设中也有见到,即通常所称的"带资建设"。因此,似乎没有必要对 BT 模式的适用条件参照《企业会计准则解释第 2 号》第五条对 BOT 模式的适用条件作出过于严格的限定。此处所述的处理原则是可以推广到所有具备"建造合同+融资服务"两项特征的投资项目中投资方(兼建设方)的会计处理的,其基本要点是:根据《企业会计准则第 15 号——建造合同》在建设期间确认建造合同收入,同时根据《企业会计准则第 14 号——收入》和《企业会计准则第 22 号——金融工具确认和计量》的规定在建设期间和后续还款期间确认融资利息收入。

(2) 关于在项目公司未提供实际建造服务的情况下,是否应确认建造合同收入的问题。我们理解,这个问题在《企业会计准则解释第 2 号》第五条中就已提出,但结合这几年来《企业会计准则解释第 2 号》第五条在实践中的运用情况来看,我们认为该规定并不合理,并且与 IFRS 下的操作存在差异(IFRS 下的 IFRIC 12 中并无此规定)。我们认为,如果项目公司实质上承担了项目总包方的职责(即使其在法律上不具有总承包资质),需对项目的进度、工程质量、成本控制、安全生产等承担最终责任的,则应当认为符合采用"总额法"确认收入的条件,项目公司应当在建设期间,按照《企业会计准则第 15 号——建造合同》的规定,就分包商所提供的建造服务和其自身提供的管理服务确认建造合同收入,同时将应支付给分包商的分包价款确认为合同成本。并且,目前的规定可能导致项目公司只需自身提供少量建造服务即可确认全部的建造合同收入,而不提供建造服务则不能确认任何建造合同收入,差异过大而缺乏衔接,而要求全额确认建造合同收入则可以避免这一问题。当然,如果建造服务全部外包,则此时就外包部分确认的建造合同收入(建造服务的公允价值)很可能等于应支付给分包商的合同价款,即收入和成本相等。

本案例中,B公司"作为该BT项目指挥部,负责资金的筹措与支付、项目的协调,并根据经业主、监理单位、施工单位三方确认的结算计量单支付相应的工程建设款给实施施工的集团下属分公司",因此B公司虽然不直接从事基础设施建造,但对施工方的工作起到监督管理作用,并就施工方的合同履行情况向业主方承担总的责任。因此,基于其作为指挥部的身份,即使不直接提供建造合同劳务,也应在建造期间按照建造合同准则的相关规定确认建造合同收入(建造合同收入的总额等于回购价款按照适当的利率折现到预计完工日的折现值),支付给施工方的价款确认为营业成本;后续回购期间确认融资利息收入。

关于利息收入计量中对于利率的选取问题,一般按以下原则处理:如果作为该BT项目业主的地方政府发行了期限类似的地方债券,或者其属下的融资平台公司发行了期限类似的城投债,则确认利息收入所使用的利率为该债券的到期收益率;如果没有可比的地方债或者城投债的,可选择与回购期限相同或最为接近的期限的人民银行的贷款基准利率,或者合同约定的利率。

在收入的确认和计量的基本原则方面,还应注意以下问题:

(1)根据《企业会计准则讲解(2010)》第224～225页中的表述,"(六)具有融资性质的分期收款销售商品的处理企业销售商品,有时会采取分期收款的方式,如分期收款发出商品,即商品已经交付,货款分期收回。如果延期收取的货款具有融资性质,其实质是企业向购货方提供信贷时,企业应当按照应收的合同或协议价款的公允价值确定收入金额。应收的合同或协议价款的公允价值,通常应当按照其未来现金流量现值或商品现销价格计算确定。应收的合同或协议价款与其公允价值之间的差额,应当在合同或协议期间内,按照应收款项的摊余成本和实际利率计算确定的金额进行摊销,作为财务费用的抵减处理。其中,实际利率是指具有类似信用等级的企业发行类似工具的现时利率,或者将应收的合同或协议价款折现为商品现销价格时的折现率等",对于具有融资性质的销售需要按折现值确认收入,建造合同同样适用。

在建设期间,如果事先不能合理预估每一期的完工进度和由此形成的收入和长期应收款金额,以及合理估计完工时间和回购期的开始时间,则建设期间内可以不确认利息收入,而是将回购价款总额折现到预计完工日,以该折现值作为建造期间应确认的建造合同收入的总额;融资利息收入只在完工后开始确认。

(2)根据背景资料,业主在回购时支付利息,故在完工时(即完工进度达到100%,所有建造合同收入均已确认完毕)开始确认融资利息收入。在建设期按照回购款的折现值确认收入时,同时确认未实现融资收益。

(3) 如果存在 BT 项目公司并未承担项目总包方的职责,无需对项目的进度、工程质量、成本控制、安全生产等承担最终责任的情况,则基于收入确认和计量应采用“总额法”还是“净额法”的判断标准(参阅《计学撮要 2011》第 141～146 页),并参照证监会《上市公司执行企业会计准则监管问题解答》[2011 年第 1 期,总第 5 期]中的上述解答处理,即仅就企业可获得的管理费确认收入,其余资金往来按代收代付进行核算。该种情况比较少。

2. B 公司收入的确认和计量的具体操作:

首先,根据《企业会计准则第 15 号——建造合同》第十一条:“奖励款,是指工程达到或超过规定的标准,客户同意支付的额外款项。奖励款同时满足下列条件的,才能构成合同收入:(一)根据合同目前完成情况,足以判断工程进度和工程质量能够达到或超过规定的标准;(二)奖励金额能够可靠地计量。”因此,B 公司收到的奖励款 1 500 万元应计入建造合同收入总额。但因为该奖励款能否收到,在合同开始执行时存在较大不确定性,因此在满足《企业会计准则第 15 号——建造合同》第十一条所列各项条件时才确认为建造合同收入,而在合同开始执行时编制的长期应收款实际利率摊销表中对该奖励款不予考虑。

根据背景资料中的预计收款明细表、实际完工日期及交工验收日期,B 公司需要以 2014 年 8 月 31 日为完工基准日,将 2014—2016 年各期预计收款额,按回购期实际执行利率(中国人民银行三年期贷款利率 6.15%上浮 20%)为折现率,计算出 2014 年 8 月 31 日的现值(而不单独计算内含报酬率作为折现率)。具体过程如下:

(1) 三次收款总额分别为:2014 年 9 月 524 826 021.00 元(不含奖励款 1 500万元);2015 年 9 月 325 836 348.00 元;2016 年 9 月 113 231 217.00 元。

(2) 折现率为中国人民银行三年期贷款利率 6.15%上浮 20%,即 7.38%。相应地 9 个月的折现率为:$(1+7.38\%)^{\frac{9}{12}}-1=5.49\%$;8 个月的折现率为:$(1+7.38\%)^{\frac{8}{12}}-1=4.86\%$;1 个月的折现率为:$(1+7.38\%)^{\frac{1}{12}}-1=0.595\%$。

(3) 假设完工进度根据施工单位提供的数据计算,但最后一期进行调整,即截至 2012 年年末为 46.81%,截至 2013 年年末为 74.71%(2013 年年内新增完工进度为 27.90%),截至 2014 年 6 月末为 87.09%,2014 年 8 月末为 100%(2014 年内新增完工进度为 25.29%)。

则:未来三次收款总额按 7.38%折现到项目完工日(2014 年 8 月末)的折现值$=[524\,826\,021.00+325\,836\,348.00/(1+7.38\%)+113\,231\,217.00/(1+7.38\%)^2]/(1+0.595\%)=920\,989\,041.68$(元)。

假设建设期间应确认的建造合同总收入为 X,即:

2012 年内确认 $46.81\%X$,2013 年内确认 $27.90\%X$,2014 年内确认 $25.29\%X$,则有:

$46.81\%X\times(1+7.38\%)\times(1+4.86\%)+27.90\%X\times(1+4.86\%)+25.29\%X=920\,989\,041.68$。解得 $X=858\,695\,324.29$(元),即建设期内应确认的建造合同收入总额(不含 1 500 万元的奖励款,此处假设奖励款在实际收到时

确认为收入)。根据各年度完工进度计算,2012 年内确认建造合同收入 401 955 281.30元;2013 年内确认建造合同收入 239 575 995.48 元;2014 年内确认建造合同收入 217 164 047.51 元。分录为:借记“长期应收款——本金”科目,贷记“营业收入”科目。同时按完工进度结转合同成本到营业成本。

据此,可编制长期应收款的实际利率摊销表如下。须注意:由于完工(2014 年 8 月)距离第一次收款有 1 个月的时间差,因此截至 2014 年 8 月末累积的长期应收款 920 989 041.68 元在 2014 年 9 月收款前还应确认 1 个月的利息收入:920 989 041.68×0.595%= 5 481 068.76(元),截至第一笔款项收到前该长期应收款的账面价值为 926 470 110.45 元。

年份	年初长期应收款账面价值	利息收入	长期应收款增加(减少)	期末长期应收款账面价值
	(1)=上年(4)	(2)=(1)×利率	(3)	(4)=(1)+(2)+(3)
2012 年年末			401 955 281.30	401 955 281.30
2013 年年末	401 955 281.30	29 664 299.76	239 575 995.48	671 195 576.54
2014 年 8 月末	671 195 576.54	32 629 417.63	217 164 047.51	920 989 041.68
2014 年 9 月末	920 989 041.68	5 481 068.76	−524 826 021.00	401 644 089.45
2015 年 9 月末	401 644 089.45	29 641 333.80	−325 836 348.00	105 449 075.25
2016 年 9 月末	105 449 075.25	7 782 141.75	−113 231 217.00	
合计		105 198 261.71	(利息收入=收款总额 963 893 586.00−应确认的建造合同收入总额 858 695 324.29)	

会计处理:

确认利息收入的会计分录为:借记“长期应收款”科目,贷记“财务费用(或其他业务收入)”科目。

确认长期应收款增加的会计分录为:借记“长期应收款”科目,贷记“营业收入”科目。

确认长期应收款减少的会计分录为:借记“银行存款”科目,贷记“长期应收款”科目。

问题 4-3-4 PPP 联合体参与方的会计核算

问题:

如下文背景资料所述,A 公司是否需要将联合体纳入合并范围? A 公司销售给联合体的设备收入如何确认?

背景:

A 公司(已上市公司)与 B 公司(A 公司的母公司)、C 公司、D 公司组成联合体参与某城际轨道交通工程 PPP 项目,该项目合同价款为人民币 40 亿元(暂定)。本联合体与当地地铁公司签订合同并生效后,将与当地地铁公司共同以现金方式组建项目公司,A 公司预计投资额约为 7 亿元,占项目公司 48%的股权。A 公司和 B 公司合计占 90%的股权。A 公司为该项目公司的主要设备、集成系统供应商。

项目建成后由当地地铁公司受让联合体成员所持项目公司股权,股权转让金为项目合同总价扣除项目公司银行贷款及业主方投入资金后的余额。股权转让金分 5 次支付,每次支付股权转让金的比例分别为:40%、20%、20%、10%、10%,同时计付融资费用。第一次股权转让金支付为开始试运营日后 12 个月末,以后每隔 12 个月进行下一次支付,至股权转让金支付结束。当地地铁公司提供必要的回购担保供项目公司开展项目融资,具体包括出具项目股权回购承诺函、授予项目公司特许经营权等。

2014 年 11 月项目公司成立,A 公司按照比例缴纳出资 1.53 亿元,占实缴资本的 48%。当月,A 公司向项目公司出售设备,销售金额为 4 亿元,成本为 3 亿元,项目毛利 1 亿元。项目公司采购后作为项目成本。

A 公司目前将该项投资作为长期股权投资核算。

解答:

城市轨道交通的 PPP 项目涉及土建、线路、车辆、信号系统、供电、机电设备等多个专业,因此在实务中,此类 PPP 的具体操作模式往往是:不同专业的企业通过签署联合体协议,组建联合体进行投标,中标后设立项目公司作为联合体实施 PPP 项目的建设(项目公司为法律上的业主),到项目建成后(一般为开始载客试运营后)一段时间内由当地政府或其指定方(如当地的地铁公司等)回购项目公司股权,即通过股权转让方式实现 PPP 投资方的退出。后续该项目公司可能会继续存在(作为该线路的运营主体),但后续该项目公司的经营状况与 PPP 的投资方已经无关。

在本案例中,从表面形式看,该项投资属于权益性投资,A 公司办理了正常的出资手续,项目公司办理了正常的验资手续,符合法律上出资的形式要件。然而,从投资的性质看,该项投资并不具备权益性投资的普遍特征。A 公司的投资在其出资之日,就约定了在固定的时间以相对固定的金额(含融资费用)退出。从风险角度分析,A 公司实际上仅承担了来源于回购义务人(当地地铁公司)的信用风险而不是项目公司的经营风险,其交易实质更接近于 A 公司接受项目公司的权益作为质押物,向其提供资金并收取资金占用费,该项投资的实质为债权性投资。

根据上述业务模式,该项目公司实际上是一个《企业会计准则第 41 号——在其他主体中权益的披露》所定义的“结构化主体”,其设立目的是作为联合体成员实施 PPP 项目的载体。该结构化主体自身没有业务,可以认为就是一个没有商业实质的“壳”,按照传统的观点判断对其是否具有控制、共同控制或重大影响是没有实际意义的。

由于日后股权转让后该项目公司可能作为该线路的运营主体而继续存在,因此项目公司自身在账务处理中,可能会按照“出包方式建造固定资产”的模式进行会计处理，即把相应的工程成本计入“在建工程”（而不是按照建造合同模式确认收入和成本），到日后达到预定可使用状态后转固。但是，对于联合体的各成员单位而言，其参与该PPP项目的目的是通过提供商品、建造合同或服务赚取营业收入，以及通过提供垫付资金获取融资利息收入，因此各成员单位在PPP项目中所负责的部分就是其自己的一个BT项目，基于“实质重于形式”的原则，联合体成员单位在其自身的财务报表中应当将其对项目公司的工程投入确认为存货，采用BT项目的会计核算模式进行会计处理（具体请参阅《计学撮要2013》和本书中关于BT业务投资方收入确认和会计核算的问题解答）。

就本案例中A公司的会计处理模式而言，根据业务的实质，A公司和B公司是投资目的是参与某城际轨道交通工程PPP项目的建设，投入资金也会在确定的时间以固定回报率收回，A公司和B公司在建设完成后将退出所投资的公司。从实质重于形式的角度来说，A公司与B公司并不是整个项目或项目公司的主导者或控制者（项目的实质主导权或控制权在作为业主和回购义务人的当地地铁公司手中），不具有控制权。不应编制合并报表。

在本案例中，A公司是该PPP项目的主要设备供应商。如果A公司采用《企业会计准则第14号——收入》规定的“销售商品模式”确认设备销售收入，则设备销售收入的确认时点并不是在将设备交付给项目公司时（这只是相当于将存货从自己的仓库移到了自己的BT项目上，仅仅是控制范围内发生的位移），而是整个PPP项目经当地政府初步验收合格，具备载客试运营条件时。如前所述，虽然A公司持有项目公司股权比例为48%，但因为并不把项目公司作为一个具有商业实质的“企业”来看待，因此无需像对合营、联营企业的顺流销售那样按比例抵销未实现收益。

如果A公司采用《企业会计准则第15号——建造合同》所规范的“建造合同模式”确认收入，则可在PPP项目的建设期间按建造合同模式确认营业收入。根据建造合同准则规定，如果在资产负债表日能够对合同的履行结果作出可靠估计的，则可以使用完工百分比法确认收入和结转成本。

问题 4-3-5　EMC合同中用能单位的会计核算

问题：

在合同能源管理（EMC）项目中，根据“背景”部分所述的业务模式，用能单位应如何进行会计核算？

背景：

A公司为垃圾填埋气发电企业，成立于2009年7月。2012年7月，A公司与××市垃圾管理处签订垃圾场填埋气开发利用权的协议，同时，A公司与B公司就该垃圾填埋气电厂的建设经营签订合作协议，协议约定，B公司负责前期建设直接投资850万元、打井及收集系统建设及维护费用、电厂建设及运行维护费用、日常管理费用等，A公司承担垃圾使用费；合同约定期限为4年，如果B公司因各种原因4年发电量达不到4 800万度则双方合作时间顺延至发电量至 4 800 万度电为止,但延长时间最长不超过合同期后 4 个月。B 公司无独立经营该项目的资质,故 A 公司按 0.42 元/度购买 B 公司发电,再以 0.589 元/度的价格销售给电网公司,其中差价为该发电收入所产生的各项税收优惠及电费补贴收入(0.169 元/度),均归 A 公司所有。B 公司如果在 4 年合作期限内,发电量超过 4 800 万度电量,A 公司按 0.42 元/度结算给 B 公司。双方合作期满后,B 公司现场建设工程及购买设备产权全部移交给 A 公司。在双方合作期内,B 公司不享有股权。截至目前,发电机组已运行 1 年。

问题是:A 公司是否需要将该合作项目的电厂资产入账?如何确认收入和成本?

解答:

本案例中的业务属于合同能源管理业务。根据《国务院办公厅转发发展改革委等部门关于加快推行合同能源管理促进节能服务产业发展意见的通知》(国办发[2010]25 号)规定:"企业采用合同能源管理方式实施节能改造,如购建资产和接受服务能够合理区分且单独计量的,应当分别予以核算,按照国家统一的会计准则制度处理;如不能合理区分或虽能区分但不能单独计量的,企业实际支付给节能服务公司的支出作为费用列支,能源管理合同期满,用能单位取得相关资产作为接受捐赠处理,节能服务公司作为赠与处理"。

现行会计准则对 BOT 业务模式会计处理的规定仅涉及合同运营方(节能服务公司)的会计处理,不涉及合同授予方(用能单位)的会计处理,因此本案例中的 A 公司作为用能单位,不适用 BOT 会计模式。

在本案例中,B 公司按合同约定负责前期建设直接投资 850 万元、打井及收集系统建设及维护费用、电厂建设及运行维护费用、日常管理费用等,因此是该电厂在合作期间的实际建设方和运营方,只是因为其没有项目的独立运营资质,必须通过 A 公司向电网公司售电;A 公司在该业务中可获得的经济利益包括每度电 0.169 元的税收优惠和财政补贴(由电网公司支付)以及在合作期满时无偿取得该项目相关的设备,在此过程中实际上不承担电厂建设和运营的风险(因此也不能适用融资租赁的会计模式),且约定的 0.42 元/度的结算单价难以在"期满后的设备价款"和"对运营管理支出的补偿"这两部分之间作出合理区分。据此,我们建议的会计处理模式如下:

1. 在该电厂的建设期和合同约定由 B 公司运营期间,该电厂不确认为 A 公司的资产,其运营费用也不在 A 公司账面上体现。运营期满无偿取得该电厂的固定资产时,按届时的公允价值(如果无法合理确定公允价值的,可按照这些固定资产的原值和正常使用寿命计算届时的净值,作为对公允价值的模拟)确认为固定资产,同时贷记"营业外收入"科目。

2. 如果售电合同是 A 公司独立与电网公司谈判签约的,在与电网公司签约后再引入 B 公司作为电厂的建设和运营方,另外谈判确定双方之间的结算价格,则运营期间 A 公司应当将从电网公司取得的 0.589 元/度售电价款全额确认为营业收入,结算给 B 公司的 0.42 元/度作为营业成本;如果与电网公司之间的售电合同的谈判是由 B 公司参与甚至主导的,则运营期间 A 公司仅就实际获得的 0.169 元/度差价款确认营业收入，另外的 0.42 元/度作为代收代付的往来款项处理。

无论是上述何种情况，由 A 公司承担的支付给垃圾填埋场方面的使用费等支出均在发生时计入 A 公司的营业成本。

即，在项目合作期间，A 公司账面上仅体现相关的售电收入和成本，以及可能存在的往来款项。

第四节 会计政策、会计估计变更及会计差错更正相关问题

问题 4-4-1 外币报表折算中使用的汇率的数据来源变更的相关会计处理

问题：

外币报表折算中使用的汇率的数据来源能否变更？如可以变更，则应作为会计政策变更还是会计估计变更？

背景：

A 公司的香港子公司(香港子公司的记账本位币为港币)B 自设立以来，一直采用中国人民银行的汇率(以下简称“人民银行汇率”)进行外币业务会计处理；A 公司在编制合并报表时，也一直采用该汇率进行外币报表的折算。2014 年 12 月份，B 公司考虑到其所有持有的货币头寸(currency exposure)均为可自由兑换货币和离岸人民币，且其是一家香港本地公司，月末汇率应以香港市场汇率(如彭博社公布的汇率，以下称为“Bloomberg rate”)折算，才能反映真实业务表现，不过由于以前业务规模不大，用 Bloomberg rate 和用人民银行汇率的折算结果相差不远，所以与母公司同用人民银行汇率折算；但由于人民银行汇率和 Bloomberg 汇率之间的差异有变大的趋势，所以 B 公司决定自 2014 年 12 月份开始采用 Bloomberg rate，即 B 公司除港币外的币种交易及外币报表折算为港币本位币时不再采用人民银行汇率而是采用 Bloomberg rate，B 公司为 A 公司提供人民币报表时采用人民银行汇率进行报表折算。

解答：

我们倾向于认为：在“期末外币货币性项目按即期汇率折合到记账本位币”这一会计政策下，将期末即期汇率的具体选取方法作为一项会计估计，其变更按会计估计变更处理。

结论基础：

《企业会计准则第 28 号——会计政策、会计估计变更和差错更正》及其讲解对“会计政策”和“会计估计”的定义分别是：

会计政策，是指企业在会计确认、计量和报告中所采用的原则、基础和会计处理方法。

会计估计，是指企业对结果不确定的交易或者事项以最近可利用的信息为

基础所作的判断。由于商业活动中内在的不确定因素影响,许多财务报表中的项目不能精确地计量,而只能加以估计。估计涉及以最近可利用的、可靠的信息为基础所作的判断。(《企业会计准则讲解(2010)》第 475 页)

会计估计变更,是指由于资产和负债的当前状况及预期经济利益和义务发生了变化,从而对资产或负债的账面价值或者资产的定期消耗金额进行调整。

《企业会计准则讲解(2010)》第二十九章第一节之"三、会计政策变更与会计估计变更的划分"中的"(一)会计政策变更与会计估计变更的划分基础"部分要求"企业应当以变更事项的会计确认、计量基础和列报项目是否发生变更作为判断该变更是会计政策变更,还是会计估计变更的划分基础",其中提到:(见该书第 477 页)

根据会计确认、计量基础和列报项目所选择的、为取得与该项目有关的金额或数值所采用的处理方法,不是会计政策,而是会计估计,其相应的变更是会计估计变更。

【例 29-4】 某企业需要对某项资产采用公允价值进行计量,而公允价值的确定需要根据市场情况选择不同的处理方法。在不存在销售协议和资产活跃市场的情况下,需要根据同行业类似资产的近期交易价格对该项资产进行估计;在不存在销售协议但存在资产活跃市场的情况下,其公允价值应当按照该项资产的市场价格为基础进行估计。因为企业所确定的公允价值是与该项资产有关的金额,所以为确定公允价值所采用的处理方法是会计估计,不是会计政策。相应地,当企业面对的市场情况发生变化时,其采用的确定公允价值的方法变更是会计估计变更,不是会计政策变更。

总之,在单个会计期间,会计政策决定了财务报表所列报的会计信息和列报方式;会计估计是用来确定与财务报表所列报的会计信息有关的金额和数值。

根据《企业会计准则第 19 号——外币折算》第十一条规定:"企业在资产负债表日,应当按照下列规定对外币货币性项目和外币非货币性项目进行处理:(一)外币货币性项目,采用资产负债表日即期汇率折算。因资产负债表日即期汇率与初始确认时或者前一资产负债表日即期汇率不同而产生的汇兑差额,计入当期损益……"据此,"外币货币性项目在资产负债表日应按当日即期汇率折算为记账本位币金额"决定了外币货币性项目在报表中的计量基础,因而是一项会计政策。但在该项会计政策的框架内,"即期汇率"是选择中国人民银行公布的中间价,还是选择 Bloomberg rate 等其他来源的即期汇率数据,就属于会计估计。

无论选择何种汇率作为期末即期汇率,其目的是一致的,即面对汇率波动的不确定性的影响,更合理地反映出期末外币货币性项目在当前状态下预计可转换到本位币的金额,尽可能提高计量的准确性。A 公司和 B 公司所处的经济环境不同,因而根据其自身情况分别选择了其所在的主要经济环境中的汇率,这些汇率尽管数据来源不同,但都针对同一时点,因此均符合"即期汇率"的定义和判断标准,而且均分别适合其各自所处的主要经济环境,是外币资产价值折合记账本位币金额的最佳估计。

相应地，A公司在编制合并报表时，也不能按照合并报表层面统一母子公司会计政策的要求，强行统一母子公司所采用的期末折算汇率。

后续，如果经济环境发生变化，其他来源的即期汇率数据能够更合理地反映外币货币性项目可转换到本位币的金额时，也可在履行适当程序的基础上改用其他来源的汇率数据作为即期汇率，该变更作为会计估计变更处理，符合准则对“会计估计变更”的定义和判断标准。

第五章

信息披露和列报业务的问答

第一节　报表列报和披露的相关问题

问题 5-1-1　支付给劳务派遣人员的工资如何列报

问题：

支付给劳务派遣人员的工资在财务报表中应如何列报？

背景：

A 公司与某人力资源顾问有限公司签订劳务派遣协议，部分职工为劳务派遣性质，针对该部分员工的工资费用，A 公司通过“管理费用”及“销售费用”科目中的“劳务费”明细科目核算，2013 年 1～6 月劳务费金额约 350 万元，今后公司仍将长期保持这种劳务派遣用工关系。

劳务派遣协议约定 A 公司按照每人 100 元/月/人的标准支付给人力资源顾问有限公司作为管理费；A 公司对派遣员工具有用工管理权，有权根据其规章制度对派遣员工进行奖惩；A 公司在解除、终止与派遣员工的用工关系时，需承担相应的经济补偿和赔偿责任；被派遣员工在工作期间出现工伤、伤亡、职业病等情况，A 公司需要承担相应的费用。

解答：

本案例的关键在于判断这部分派遣员工在经济实质上是否属于 A 公司的职工，在此基础上确定适当的会计处理和列报方法。

此问题处理的准则依据主要是《企业会计准则第 9 号——职工薪酬》及其应用指南对“职工”的定义。根据《企业会计准则第 9 号——职工薪酬(2014 年修订)》第三条规定：“本准则所称职工，是指与企业订立劳动合同的所有人员，含全职、兼职和临时职工，也包括虽未与企业订立劳动合同但由企业正式任命的人员。未与企业订立劳动合同或未由其正式任命，但向企业所提供服务与职工所提供服务类似的人员，也属于职工的范畴，包括通过企业与劳务中介公司签订用工合同而向企业提供服务的人员。”

A 公司需要分析其与人力资源顾问公司的劳务派遣协议，以及派遣员工与人力资源顾问有限公司签订的劳动合同，分析相关交易的经济实质，包括交易过程中相关风险和报酬的承担情况，如：

(1) 人力资源顾问公司收取管理费用金额的确定方式，其从该交易中获取的报酬是否是固定的。根据劳务派遣协议，A 公司按照每人 100 元/月/人的标准支付给人力资源顾问有限公司，表明人力资源顾问有限公司在此交易中的报酬是相对固定的。

(2) 对被派遣人员的管理责任和处分权限主要由谁承担。根据劳务派遣协议，A 公司对派遣员工具有用工管理权，有权根据其规章制度对派遣员工进行奖惩；A 公司在解除、终止与派遣员工的用工关系时，需承担相应的经济补偿和赔偿责任；被派遣员工在工作期间出现工伤、伤亡、职业病等情况，A 公司需要承担相应的费用。

从对上述两项的分析来看，该派遣员工在经济实质上属于 A 公司的“职工”的可能性较大。相应地，A 公司对这部分派遣员工的相关费用应通过“应付职工薪酬——劳务派遣人员费用”科目核算。

对于 A 公司对相应的现金流量在其现金流量表上的列报问题，应进一步分析如下：

1. 如果根据上述分析，劳务派遣人员不属于 A 公司的“职工”的，则支付相关费用时，在现金流量表上应列报为“支付的其他与经营活动有关的现金”(此处假设这些劳务派遣人员没有从事 A 公司的固定资产购建活动，下同)。

2. 如果根据上述分析，劳务派遣人员属于 A 公司的“职工”的，则应进一步分析这部分支出是否先由人力资源顾问有限公司垫付：

(1) 如果这部分支出由 A 公司直接支付给劳务派遣人员本人，或者先由 A 公司支付给人力资源顾问有限公司，再由人力资源顾问有限公司转付给劳务派遣人员的(人力资源顾问有限公司系代收代付，不垫款)，则此时 A 公司支付该笔款项是为了结清其与劳务派遣人员之间的债权债务关系，因此在现金流量表上应列报为“支付给职工以及为职工支付的现金”。

(2) 如果这部分支出先由人力资源顾问有限公司垫付给劳务派遣人员，再由其向 A 公司收回，则鉴于 A 公司付款时，劳务派遣人员个人应得报酬已经结清，A 公司支付款项是为了结清其与人力资源顾问有限公司之间的债权债务关系(此时该笔款项已从“应付职工薪酬”科目转入“其他应付款”科目核算)，则此时支付的款项应列报为“支付的其他与经营活动有关的现金”。

问题 5-1-2 子公司对外销售是否依据母公司经营范围进行重分类及关联关系披露的问题

问题：

(1) 子公司销售产品给母公司作为原材料使用，合并层面是否需要将子公司的主营收入及成本重分类至其他业务收入及成本？

(2) 在 IPO 申报财务报表中，是否只需要披露在申报期内与公司存在往来或交易的关联方?

解答:

1. 在母公司编制合并报表时,无论母公司以从子公司购入的原材料生产的产品是否实现对外销售,子公司的对内销售均已进行抵销,因此在合并报表层面无须再对已被抵销的子公司的对内收入和成本重分类。而对于子公司对外部销售的部分,在合并报表的“实体理论”下,是将合并集团看作一个独立的会计主体,而不是将合并报表看作母公司个别报表的延伸,因此在合并报表层面子公司对外销售的产品,虽然对母公司来说属于原材料,但对合并集团来说,仍然属于主营业务范畴(正常产品销售),无须进行重分类。

2. 在IPO申报财务报表中,不能仅仅披露与发行人存在往来或交易的关联方,而应当按照相关规定披露所有对发行人有重要影响的关联方,尤其是对于存在控制关系的关联方的披露要求更为严格。IPO采用的关联方认定口径最宽,需要综合考虑《公司法》、《企业会计准则》、《上市公司信息披露管理办法》、信息披露准则、证券交易所颁布的相关业务规则等法规的规定。(关于《企业会计准则》与相关上市规则中对关联方口径认定的差异,请参阅《计学撮要2011》第57~59页)。

此外,证监会以《关于做好首次公开发行股票公司2012年度财务报告专项检查工作的通知》(发行监管函[2012]551号)发起的IPO自查工作,也对关联方关系和交易的认定极其关注,因此注册会计师在执行IPO业务时,应结合发行监管函[2012]551号、《关于进一步提高首次公开发行股票公司财务信息披露质量有关问题的意见》(证监会公告[2012]14号)、《会计监管风险提示第4号——首次公开发行股票公司审计》、《会计监管风险提示第2号——通过未披露关联方实施的舞弊风险》等的要求执行审计程序,对关联方关系和交易获取充分适当的审计证据。

企业会计准则和证券监管规定中的相关内容如下:

《首次公开发行股票并上市管理办法》(证监会第32号令)第三十二条规定:“发行人应完整披露关联方关系并按重要性原则恰当披露关联交易。关联交易价格公允,不存在通过关联交易操纵利润的情形。”

《公开发行证券的公司信息披露内容与格式准则第1号——招股说明书》第三十三条规定:“发行人应采用方框图或其他有效形式,全面披露发起人、持有发行人5%以上股份的主要股东、实际控制人,控股股东、实际控制人所控制的其他企业,发行人的职能部门、分公司、控股子公司、参股子公司,以及其他有重要影响的关联方。”第五十三条规定:“发行人应根据《公司法》和《企业会计准则》的相关规定披露关联方、关联关系和关联交易。”

《企业会计准则第36号——关联方披露》第九条规定:“企业无论是否发生关联方交易,均应当在附注中披露与母公司和子公司有关的下列信息:……”《企业会计准则讲解(2010)》第三十七章第四节要求:“一、企业无论是否发生关联方交易,均应当在附注中披露与该企业之间存在控制关系的母公司和子公司有关的信息。”“二、企业与关联方发生关联方交易的,应当在附注中披露该关联方关系的性质、交易类型及交易要素。”

问题 5-1-3 不可提前支取的结构性存款的报表列示

问题：

不可提前支取的结构性存款如何列示？

背景：

A 公司于 2013 年 7 月 29 日与招商银行某支行签订《招商银行公司客户结构性存款协议》，自 2013 年 11 月 1 日从招商银行某支行活期账户转入 1.4 亿元至结构性存款账户并取得结构性存款证实书（账户为公司名称）。根据协议约定，该存款存续期间为 3 个月，在存续期间内公司不可提前支取。

解答：

本案例需要分析该项结构性存款的主要条款。目前的结构性存款主要包含两种情况：

1. 提供保本承诺（有的同时提供最低收益承诺），利息收益金额根据利率、汇率、国际市场上某种大宗商品行情等因素而相应变动。这类结构性存款属于包含嵌入衍生工具的混合工具，且嵌入的利率、汇率衍生工具与主合同（定期存款）在经济特征及风险方面不存在紧密关系。根据《企业会计准则第 22 号——金融工具确认和计量》第二十一条和第二十二条的规定，可以选择以下方法之一进行核算：

（1）将此类混合金融工具整体指定为以公允价值计量且其变动计入当期损益的金融资产，作为一个整体以公允价值计量，其公允价值变动计入损益，在资产负债表上列报在“交易性金融资产”项目中。

（2）将嵌入衍生工具从混合工具中分拆，将该衍生工具单独作为一项以公允价值计量且其变动计入当期损益的金融资产或金融负债，将剩余的定期存款成分按常规方法核算和列报，即对定期存款部分列报在“货币资金”项目中，对衍生工具部分列报在“交易性金融资产”或“交易性金融负债”项目中。

2. 名为“结构性存款”，实际上就是普通的定期存款，提供保本承诺，利率事先约定。其核算和列报方式与普通的定期存款相同，可参阅《计学撮要 2013》之“问题 5-2-2 关于定期存款能否作为现金以及在期末能否计提利息收入”。

关于该结构性存款在现金流量表上是否可作为“现金及现金等价物”的问题，根据《企业会计准则讲解（2010）》第三十二章现金流量表，第一节，对现金等价物的解释：

（二）现金等价物

现金等价物，是指企业持有的期限短、流动性强、易于转换为已知金额现金、价值变动风险很小的投资。其中，“期限短”一般是指从购买日起 3 个月内到期。例如可在证券市场上流通的 3 个月内到期的短期债券等。

现金等价物虽然不是现金，但其支付能力与现金的差别不大，可视为现金。例如，企业为保证支付能力，手持必要的现金，为了不使现金闲置，可以购买短

期债券,在需要现金时,随时可以变现。"(见原书第 523 页)

因此,该存款虽然在 3 个月内到期,但因不可以在市场上流通变现,其不具有与现金相同的支付能力,因此不能作为现金等价物考虑。

问题 5-1-4 第三方支付平台账户中的款项如何列报

问题:

公司在第三方支付平台账户中的款项如何列报?

背景:

A 公司与支付宝等第三方平台签订协议,第三方支付平台进行收付款。约定:A 公司对于自己开立的支付宝账户,可以设置密码等安全措施;24 小时即时在线查询;可以要求"提现"至指定账户;可以要求第三方平台冻结账户;因支付宝账户、密码等遗失、泄密等导致的损失,由 A 公司自行承担等。另外,A 公司在会计上确认收入可能与第三方平台收款、第三方平台收款后转入 A 公司银行账号之间存在时间差。

解答:

根据上文背景资料,A 公司对于自己开立的支付宝账户,可以设置密码等安全措施;24 小时即时在线查询;可以要求"提现"至指定账户;可以要求第三方平台冻结账户;因支付宝账户、密码等遗失、泄密等导致的损失,由 A 公司自行承担等。根据这些条款,在支付宝账户的余额实际是由 A 公司拥有控制权,因此对 A 公司来说,支付宝账户内的资金余额应在报表中确认为一项"其他货币资金",对应地,支付宝账户中收到的资金,在《企业会计准则第 14 号——收入》规定的收入确认条件满足之前,贷记"预收账款"科目。

应注意的是,收入确认的时点与"预收账款"的时点可能并不相同,收入应在满足收入确认的条件(比如客户已"确认收货"后)后确认。

问题 5-1-5 专项储备和一般风险准备相关问题

问题:

权益法核算时,是否将被投资企业提取的专项储备和一般风险准备视作权益项目?是否属于其他综合收益?

解答:

1. 权益法核算中是否将被投资企业提取的专项储备和一般风险准备视作权益项目。

根据《企业会计准则第 2 号——长期股权投资(2014 年修订)》第十一条规定,在权益法下,"投资方取得长期股权投资后,……投资方对于被投资单位除净损益、其他综合收益和利润分配以外所有者权益的其他变动,应当调整长期股权投资的账面价值并计入所有者权益。"《〈企业会计准则第 2 号——长期股权投资(2014 年修订)〉应用指南》中进一步规定:"被投资单位除净损益、其他综合收益以及利润分配以外的所有者权益的其他变动的因素，主要包括被投资单位接受其他股东的资本性投入、被投资单位发行可分离交易的可转债中包含的权益成分、以权益结算的股份支付、其他股东对被投资单位增资导致投资方持股比例变动等。投资方应按所持股权比例计算应享有的份额，调整长期股权投资的账面价值，同时计入资本公积(其他资本公积)，并在备查簿中予以登记，投资方在后续处置股权投资但对剩余股权仍采用权益法核算时，应按处置比例将这部分资本公积转入当期投资收益:对剩余股权终止权益法核算时，将这部分资本公积全部转入当期投资收益。”(见该准则单行本第 51 页)

根据《企业会计准则解释第 3 号》第三条的规定，已提取尚未实际使用的安全费和维简费余额应当作为“专项储备”，在资产负债表的所有者权益大类下单独列报。“一般风险准备”也属于留存收益类的所有者权益类项目。但“专项储备”和“一般风险准备”都属于留存收益(有特定用途限制的留存收益)，并不是其他综合收益的组成部分。因此，被投资单位这些准备金发生变动的情况下，按权益法核算时也应当相应调整长期股权投资的账面价值，同时调整“资本公积——其他资本公积”科目。

通常情况下，被投资企业提取专项储备时，其对应的借方科目是成本、费用类科目，即按照其计提数计入当期损益，相应减少了投资方在权益法核算中确认的投资收益。但对于尚未动用的专项储备余额而言，其属于股东权益类项目(本质上是留存收益的组成部分)，因此并未实际导致被投资企业净资产的减少，相应地，权益法核算的长期股权投资账面余额应保持不变。针对本期已提取但尚未使用的专项储备余额，投资方在进行权益法核算时，应编制以下调整分录:借:“长期股权投资——损益调整”科目;贷:“资本公积——其他资本公积”科目(其金额为:被投资企业专项储备的本期净增加额×本企业持股比例)。这部分资本公积在后续处置被投资企业股权时可以转入投资收益中。但由于专项储备对于被投资企业而言并不属于其他综合收益，因此在权益法核算中按照被投资企业专项储备的净变动额相应确认的资本公积变动额也不属于投资方的其他综合收益。

根据《金融企业财务规则》(财政部令第 42 号)及其实施指南(财金[2007]23 号)、《金融企业准备金计提管理办法》(财金[2012]20 号)等相关规定，金融企业的一般风险准备是从税后利润中提取的，作为利润分配的组成部分，即一般风险准备的提取既不影响股东权益总额，也不影响净利润，其财务影响与盈余公积的计提类似。相应地，投资方在进行权益法核算时，无需对一般风险准备的计提额作出特殊的调整处理。

2. 专项储备和一般风险准备是否认定为其他综合收益。

目前对“其他综合收益”尚无一个可概括其所有包含项目的共同特征的描述性定义，而只能采用正向列举的方式明确其范围和内容，属于列举范围的项目即为其他综合收益;不属于列举范围内的项目就不是其他综合收益。根据《企业会计准则第 30 号——财务报表列报(2014 年修订)》第三十三条等相关规定，利润表中的“其他综合收益”反映企业根据企业会计准则规定未在当期损益中确认的各项利得和损失扣除所得税影响后的净额，主要包括可供出售金融资产公允价值变动产生的利得(或损失)、持有至到期投资重分类为可供出售金融资产形成的利得(或损失)、按照权益法核算的在被投资单位以后会计期间在满足规定条件时将重分类进损益的其他综合收益中所享有的份额、现金流量套期工具产生的利得(或损失)中属于有效套期的部分、外币财务报表折算差额等。

而"专项储备"一般在计提时已计入了生产成本或制造费用中,并随着销售成本的结转计入了损益;"一般风险准备"一般按金融企业税后利润的法定比例进行计提。因此,两者都属于限定用途的留存收益,不符合"其他综合收益"的定义。

问题 5-1-6 关于反向购买中股本披露问题

问题:

反向购买中股本如何披露?

背景:

A 公司于 2013 年 3 月 20 日通过 B 股份公司向原 A 公司全体股东定向发行 1 010 275 140 股人民币普通股(每股面值 1 元,下同),实现借壳上市,定向增发前 B 股份公司的股本总数为 288 420 000 元,原 A 公司的股本总数为1 120 000 000元,定向增发后股本总数变为 1 298 695 140 元。

原 A 公司通过反向购买实现上市,合并报表层面以原 A 公司为主体进行合并,合并报表中的期初股本金额以原 A 公司的股本金额进行了列示,请问在股本披露时,披露的期初股本总数是以原 A 公司的股份为年初数进行披露,还是以原 B 股份公司的股份数进行披露?

(注:B 股份公司为壳公司,原 A 公司指 A 公司上市前的公司主体。)

解答:

由于反向购买会计方法只是在合并报表层面运用,重组后上市公司的个别报表仍然以"法人主体的延续性"作为确定会计主体的基础,因此个别报表层面和合并报表层面确定前期比较数据(包括股本数据在内)的基础不同:

1. 合并报表层面的期初股本应当是法律上购买方(原 B 股份公司)向法律上被购买方(原 A 公司)的股东发行的股份数,"本期增加"数应当是重组前 B 股份公司原有的股份数;

2. 个别报表层面的期初股本应当是原 B 股份公司重组前原有的股份数;"本期增加"数应当是 B 股份公司向 A 公司的股东发行的股份数。

关于类似案例的实例,可参考辽源均胜电子股份有限公司(现宁波均胜电子股份有限公司)2011 年度财务报表的"股本"项目注释中关于反向收购事项的披露:

31. 股本:

单位:元 币种:人民币

	期初数	本次变动增减(+、-)					期末数
		发行新股	送股	公积金转股	其他	小计	
股份总数	206 324 766.00				185 723 709.00	185 723 709.00	392 048 475.00

2011 年 11 月 29 日,中国证券监督管理委员会以《关于核准辽源得亨股份有限公司向宁波均胜投资集团有限公司等发行股份购买资产的批复》(证监许可(2011)第 1905 号),核准了本公司向均胜集团及其一致行动人发行股份购买资产事宜。截至 2011 年 12 月 13 日完成注入资产的交割,均胜股份、华德塑料、长春均胜、华德奔源相关工商变更手续已完成,均胜集团及其一致行动人持有的均胜股份 75%股权、长春均胜 100%股权、华德塑料 82.30%股权和华德奔源 100%股权已经全部变更登记至上市公司名下。截至 2011 年 12 月 16 日完成发行股份的相关证券登记手续,分别向均胜集团、安泰科技和骆建强发行 172 715 238股、31 311 505 股和 2 298 023 股股份。

在发行股份购买资产的交易完成后,均胜集团及其一致行动人合计持有本公司股份为 246 873 229 股,占重组后本公司股份总数(392 048 475 股)的 62.97%,均胜集团的控股股东王剑峰成为重组后本公司的实际控制人。虽然就该交易的法律形式而言,本公司通过该交易取得了本次所购买的股权资产所在的标的公司的控股权益,但就该交易的经济实质而言,是均胜集团及其一致行动人取得了对本公司的控制权,同时本公司所保留的重组前原有资产、负债不构成《企业会计准则第 20 号——企业合并》及其应用指南和讲解所指的"业务"。因此,本次本公司向均胜集团及其一致行动人发行股份购买资产事宜构成非业务类型的反向购买。

根据财政部《关于做好执行会计准则企业 2008 年年报工作的通知》(财会函[2008]60 号)和财政部会计司《关于非上市公司购买上市公司股权实现间接上市会计处理的复函》(财会便[2009]17 号)的相关规定,"企业购买上市公司,被购买的上市公司不构成业务的,购买企业应按照权益性交易的原则进行处理"。因此,本公司管理层认为,本次重组完成后,本集团的合并财务报表应当依据财会函[2008]60 号文所指的"权益性交易"原则进行编制,即本集团合并财务报表是会计上购买方(由法律上子公司构成的汇总模拟会计主体)的汇总模拟财务报表的延续,其中与所购买资产相关的各项资产、负债、收入和成本费用按照其在所购买资产的汇总模拟财务报表层面所示的账面价值纳入本集团合并财务报表;本公司保留的资产、负债及其相关的收入和成本费用按照以均胜集团及其一致行动人取得对本公司控制权之日(即本次重组完成日)的公允价值为基础持续计算的金额纳入本集团合并财务报表;均胜集团及其一致行动人为取得本公司控制权所支付的对价与取得本公司控制权之日本公司所保留的各项可辨认资产、负债的公允价值之间的差额调整本合并财务报表中的资本公积,不确认商誉或负商誉。

同时,根据本公司与均胜集团及其一致行动人签订的《发行股份购买资产协议》的约定,评估基准日(2010 年 12 月 31 日)与交割基准日(2011 年 12 月 13 日)之间,如果注入资产产生盈利,则该盈利归属于本公司,即 2011 年度经营积累由本公司全体股东共同享有。基于上述情况,本集团合并财务报表中"归属母公司股东的权益"的结构的列报与披露说明如下:

2011 年度年初权益中,股本按照本次新发行股份 206 324 766.00 元列示,年初归属于母公司的净资产 423 376 627.19 元与本次新发行股本的差额 217 051 861.19元全部在资本公积列示。2011 年 12 月 13 日,本次重组完成后,本公司原发行在外的股本 185 723 709.00 元作为新增股份增加股本,同时减少资本公积 185 723 709.00 元,并将资产注入方承担的被重组方母公司交割日前的日常管理费用 9 592 801.38 元,视同对交易对价的调整,调减资本公积;年末股本为 392 048 475.00 元、年末资本公积为 21 735 350.81 元。2011 年年初合并留存收益为零,2011 年度合并净利润构成本集团的 2011 年年末合并留存收益,并按照子公司计提盈余公积额及相应本集团持股比例计算归属于本集团提取的盈余公积 13 914 792.98 元,年末未分配利润为 137 729 305.65 元。

问题 5-1-7 关于对孙公司的持股比例披露问题

问题:

当子公司之间存在互相持股情况时,在合并财务报表的附注中应如何披露合并报表主体对其的表决权比例和持股比例?

背景:

A 公司持有 B 公司 55%的股权,B 公司有一全资子公司 C 公司,A 公司对 C 公司持股比例应该披露为 55%还是 100%?

解答:

在存在子公司之间互相持股的情形下,一般认为附注中对“表决权比例”的表述应为直接、间接控制的表决权比例之和(可控制的表决权比例直接相加,不考虑母公司在中间层子公司中的持股比例,即与判断是否存在控制权时对表决权比例的计算方法一致),因此本案例中,A 公司附注对所持 C 公司的表决权比例应表述为 100%。

但对于“持股比例”如何表述,尚未形成一致意见,实务中存在多种做法:一种做法是与表决权比例的上述计算方法一致,本案例中,A 公司对 C 公司持股比例可表述为“直接持股和通过子公司间接持股总计 100%”,此方法下如不存在特殊情况,表决权比例应与持股比例一致,这种做法相对较为多见;另一种做法是按照母公司股东最终享有权益的比例计算,在本案例中即为 55%。但无论采用哪一种方法,遇到涉及子公司之间互相持股的复杂股权结构时,都应当在附注中说明其持股比例的计算原则,如“按照本集团内各企业对该等子公司的持股比例之和填列”或者“按照本公司最终在该等子公司的净资产中所享有的权益比例填列”等,以提高其可理解性。

问题 5-1-8 客户以非货币资产抵偿债务时,债权的货币性/非货币性属性的判断及其列报

问题:

当客户以非货币资产抵偿债务时,如何判断债权的货币性/非货币性属性,

以及如何在财务报表中列报该项债权?

背景:

A公司所属行业为特种设备制造业,经营范围包括:制造、加工、安装:电梯、自动扶梯。一般项目:销售:电梯、自动扶梯、电梯配件;制造、加工、安装、销售电梯配件。

A公司销售电梯给房地产开发公司,尚未收回款项。对电梯销售款,双方除采用货币结算外,尚有以下处理方式:

房地产开发公司(甲方)与A公司(乙方)签订抵房协议书,约定以甲方开发的房产抵给乙方,作为电梯销售款及安装工程款。该合同的主要条款为:双方结算手续未完成的情况下,所抵房屋未实际交付乙方前甲方拥有该房的所有权;协议履行过程中,甲方根据资金及运营情况可随时解除协议,并同时以货币方式直接支付乙方销售款及工程款;工程结算完毕后,所抵房屋总价超过工程款,乙方补足差价经甲方同意后,乙方可将房屋另行出售,不补足差价,甲方有权收回房屋;所抵房屋总价未超过工程款,经甲方同意后,乙方可将房屋另行出售。

问题是:房地产开发公司以房产抵应付采购电梯款,电梯销售方如何处理?

解答:

根据上文背景资料所述,A公司与客户(房地产开发企业)签订以房抵债协议,约定在未来房屋竣工后以房屋抵顶电梯的销售及安装价款。其中,双方结算手续未完成的情况下,所抵房屋未实际交付乙方前甲方拥有该房的所有权,并且客户(甲方)保留随时恢复以货币结算的选择权;如果抵债房屋价值大于工程款则A公司需补足差价。这些条款表明,在实际取得该房屋所有权之前,A公司所具有的要求权仍然是针对原合同中约定的电梯销售和安装工程价款的特定货币金额,并未享有和承担房屋所有权上的主要风险和报酬。因此,A公司所享有的仍然是一项货币性的债权(但预计结算时间可能距离资产负债表日超过1年),其风险和报酬特征与货币性资产相同,但与非货币性资产存在显著差异。该交易的经济实质相当于:A公司与客户签订协议,约定在未来交房时点结算合同约定的电梯价款(但客户保留提前付款的权利),在结算时点,A公司可以选择以该部分工程款作为购房款的一部分,购买客户开发的商品房(但购买价格以当时的房屋公允价值为准,需多退少补)。

同时,对照《企业会计准则第30号——财务报表列报(2014年修订)》第十七条对"流动资产"的定义和判断标准的规定,此项债权不符合其中的任何一项标准,因此应界定为非流动资产。

作为一项货币性的非流动资产,我们建议将其列报为"长期应收款"。如果能够合理预计结算时间的,可按照适当的折现率将其折现,以该现值进行初始计量,并相应确认电梯销售和安装的营业收入;如果不能合理估计结算时间的(例如考虑到甲方有随时提前以货币结算的权利),则可以直接按照约定结算金额计量,不进行折现。

只有当客户以房产或者货币形式结清该项债权债务之后,该项长期应收款才能终止确认。在结算前不能与有关负债抵销后以净额列报,除非双方另行签订抵销结算协议。

问题 5-1-9 会计准则制度类规范性文件废止后适用会计制度问题

问题:

财会[2015]3 号《关于公布若干废止和失效的会计准则制度类规范性文件目录的通知》下发后,原执行《企业会计制度》的企业应该如何处理?

背景:

A 公司系从事基础设施投资与建设的国有独资企业,其会计核算历年来执行原企业会计准则和《企业会计制度》,审计报告中表述为“按照企业会计准则和《企业会计制度》的规定编制”。

2015 年 2 月 26 日,财政部以财会[2015]3 号《关于公布若干废止和失效的会计准则制度类规范性文件目录的通知》明令废止了 2001 年发布的企业会计准则及《财政部关于印发〈合并会计报表暂行规定〉的通知》(财会字[1995]11 号)、《财政部关于合并会计报表合并范围请示的复函》(财会二字[1996]2 号等。

解答:

1.《企业会计制度》目前并未废止,因此在编制财务报表时仍是可使用的编制基础,直到其本身被财政部正式发文废止为止。但是,如果当地财政、国资部门对大中型企业执行企业会计准则体系(2006)有明确要求的,则 A 公司应在当地财政、国资主管部门规定的时限内,通过董事会或总经理办公会等适当的决策程序作出执行新企业会计准则的决议,并履行必要的报备手续后,转为执行新企业会计准则体系。

2. 对于 2014 年度仍在执行《企业会计制度》的企业而言,鉴于财会[2015]3 号《关于公布若干废止和失效的会计准则制度类规范性文件目录的通知》发布于 2014 年年末资产负债表日之后(2015 年 2 月 16 日),因此,编制 2014 年度财务报表时,如果财务报表批准报出日在 2015 年 2 月 16 日或之后的,则不能引用被该文件废止的各项“会计准则制度类规范性文件”作为准则依据,而不仅仅是将财会[2015]3 号文的发布作为一项“资产负债表日后非调整事项”予以披露。由此,受到影响的企业需要履行会计政策变更的相关决策程序。

3. 随着 2006 年之前发布的各项具体会计准则被全面废止,审计报告和财务报表附注的“编制基础”部分的表述需作相应修正。凡是涉及“企业会计准则和《企业会计制度》”的表述,均需修改如下:

(1) 在同一份审计报告或财务报表附注中首次出现时,修改为:“《企业会计准则——基本准则》和《企业会计制度》(含相关补充规定和问题解答,下同)”。

(2) 在同一份审计报告或财务报表附注中后续出现时,修改为:“《企业会计准则——基本准则》和《企业会计制度》”。

4. 关于合并报表编制问题,《企业会计制度》仅在第 158 条中有原则性规定:“企业对其他单位投资如占该单位资本总额 50%以上(不含 50%),或虽然占该单位注册资本总额不足50%但具有实质控制权的,应当编制合并会计报表。合并会计报表的编制原则和方法,按照国家统一的会计制度中有关合并会计报表的规定执行。企业在编制合并会计报表时,应当将合营企业合并在内,并按照比例合并方法对合营企业的资产、负债、收入、费用、利润等予以合并。”随着《合并会计报表暂行规定》(财会字[1995]11号)被全文废止,财务报表附注“合并报表的编制依据及方法”部分中不能再提及“财政部财会字[1995]11号《关于印发〈合并报表暂行规定〉的通知》”,但在实际操作中仍可参照其规定。由于《企业会计准则第33号——合并财务报表》(2014年修订)是新企业会计准则体系下的文件,与原制度体系差异较大,尤其是新的合并报表准则中的合并范围确定原则与《企业会计制度》第158条存在冲突,因此不建议直接参照《企业会计准则第33号——合并财务报表》(2014年修订)的规定编制合并报表。

问题5-1-10 关于每股收益计算问题

问题:

根据下文背景资料所述,A公司应如何计算每股收益?

背景:

A公司是一家在深圳中小板上市的公司,2012年年末公司股本为197 891 024.00元。

2013年5月31日,A公司非公开增发77 900 000股普通股,发行价为7.12元/股,共募集资金554 648 000.00元,扣除发行费用后募集资金净额520 279 108.00元。其中302 260 333.90元用于同一控制下收购子公司65.65%的股权,剩余资金用于对该收购的子公司进行增资。A公司发行后2013年年末总股本为275 791 024.00元。

2013年度财务报告批准报出日为2014年3月26日,同日公司董事会审议通过2013年度公司分配预案,以截至2013年12月31日公司总股本275 791 024股为基数,向全体股东按每10股派发现金股利人民币0.50元(含税);同时,以资本公积金向全体股东每10股转增5股,截至2013年度财务报表批准报出日,分配预案尚未经公司股东大会批准。

解答:

《公开发行证券的公司信息披露编报规则第9号——净资产收益率和每股收益的计算及披露》(2010年修订)第八条规定:

报告期内发生同一控制下企业合并,合并方在合并日发行新股份并作为对价的,计算报告期末的基本每股收益时,应把该股份视同在合并期初即已发行在外的普通股处理(按权重为1进行加权平均)。计算比较期间的基本每股收益时,应把该股份视同在比较期间期初即已发行在外的普通股处理。计算报告期末扣除非经常性损益后的每股收益时,合并方在合并日发行的新股份从合并日起次月进行加权。计算比较期间扣除非经常性损益后的每股收益时,合并方在合并日发行的新股份不予加权计算(权重为零)。

报告期发生同一控制下企业合并，合并方在合并日发行新股份并作为对价的，计算报告期和比较期间的稀释每股收益时，比照计算基本每股收益的原则处理。

由于募集资金净额 520 279 108 元中 302 260 333.90 元用于收购同一控制下子公司的股权，所占比例为 58%，其余 42%用于对该收购的子公司进行增资，因此根据上述规定，对本次增发股份的 58%视同在最早比较期间期初即已发行在外，即权数为 1.0；对本次增发股份的 42%根据实际发行在外月份数进行加权，即在计算 2013 年度加权平均普通股股份数时的权数为 7/12，在重新计算 2012 年度加权平均普通股股份数时的权数为零。

根据《企业会计准则第 34 号——每股收益》第十三条规定："发行在外普通股或潜在普通股的数量因派发股票股利、公积金转增资本、拆股而增加或因并股而减少，但不影响所有者权益金额的，应当按调整后的股数重新计算各列报期间的每股收益。上述变化发生于资产负债表日至财务报告批准报出日之间的，应当以调整后的股数重新计算各列报期间的每股收益。"《公开发行证券的公司信息披露编报规则第 9 号——净资产收益率和每股收益的计算及披露》(2010 年修订)第七条规定："在资产负债表日至财务报告批准报出日之间发生派发股票股利、公积金转增股本、拆股或并股，影响发行在外普通股或潜在普通股数量，但不影响所有者权益金额的，应当按调整后的股数重新计算各比较期间的每股收益"。结合这两条规定，只有在资产负债表日到财务报表批准报出日之间实际发生"派发股票股利、公积金转增股本、拆股或并股"的情况下才需要按照发生后的口径重新计算每股收益。因此对于本案例中 2013 年度公司分配预案，由于尚未经过公司股东大会批准，截至 2013 年度财务报表批准报出日并未实际实施，故在计算每股收益指标中均不予考虑，即无需按照此处尚未正式实施的转增预案的口径模拟计算转增后的每股收益。

综合上述分析：

(1) 计算 2013 年度每股收益时，年末发行在外的普通股加权平均数＝197 891 024＋77 900 000×58%＋77 900 000×42%×7/12。

(2) 计算 2012 年度每股收益时，年末发行在外的普通股加权平均数＝197 891 024＋77 900 000×58%。

(3) 计算 2014 年一季度每股收益时，年末发行在外的普通股加权平均数＝275 791 024。

(4) 计算 2013 年一季度每股收益时，年末发行在外的普通股加权平均数＝197 891 024＋77 900 000×58%。

(5) 计算 2013 年扣除非经常性损益后的每股收益时，年末发行在外的普通股加权平均数＝197 891 024＋77 900 000×7/12。

(6) 计算 2012 年扣除非经常性损益后的每股收益时，年末发行在外的普通股加权平均数＝197 891 024。

(7) 计算 2014 年一季度扣除非经常性损益后的每股收益时，年末发行在外的普通股加权平均数＝275 791 024。

(8) 计算 2013 年一季度扣除非经常性损益后的每股收益时，年末发行在外的普通股加权平均数＝197 891 024。

问题 5-1-11 每股收益计算和披露的特殊问题

问题：

根据下文资料，A 公司 2011 年、2012 年、2013 年、2014 年 3 月 31 日 3 年一期的财务报表计算 2011 年每股收益时，是否应按照资本公积转增股本后的股本数重新计算每股收益？

背景：

A 公司于 2011 年 12 月公开发行 3 446 万股并上市，2012 年股东大会决议，以资本公积金向全体股东每 10 股转增 10 股，其 2010 年、2011 年、2012 年、2013 年各期净资产情况如下表所示。

各期净资产情况

项目	2010.12.31	2011.12.31	2012.12.31	2013.12.31
股本	103 360 000.00	137 820 000.00	137 820 000.00	275 640 000.00
资本公积	43 730 242.10	813 580 670.57	813 580 670.57	675 760 670.57
专项储备	2 713 164.15	1 775 710.75	1 869 530.41	2 642 457.12
盈余公积	26 018 756.81	38 763 344.09	49 229 942.70	60 512 913.91
未分配利润	140 764 833.60	212 085 351.54	241 957 841.82	313 270 464.06
归属于母公司所有者权益合计	316 586 996.66	1 204 025 076.95	1 244 457 985.50	1 327 826 505.66
少数股东权益	—	—	—	16 465 734.70
所有者权益合计	316 586 996.66	1 204 025 076.95	1 244 457 985.50	1 344 292 240.36
负债和所有者权益总计	691 447 616.52	1 580 730 703.77	1 498 010 260.31	1 545 800 644.53

A 公司 2011 年度净利润为 120 241 105.22 元。

解答：

根据上文背景资料分析，A 公司 2011 年 12 月实现 IPO，因发行溢价原因导致资本公积的大幅增加，2013 年内根据 2012 年股东大会决议，以资本公积金向全体股东每 10 股转增 10 股，即转增股数为 13 782 万股，相应减少资本公积 13 782 万元，该金额已大于 IPO 前公司资本公积的账面余额，因此可以合理推断 2013 年内转增股本的资本公积基本来源于 2011 年 12 月 IPO 时的发行溢价。

但是，根据《企业会计准则第 34 号——每股收益》第十三条规定："发行在外普通股或潜在普通股的数量因派发股票股利、公积金转增资本、拆股而增加或因并股而减少，但不影响所有者权益金额的，应当按调整后的股数重新计算各列报期间的每股收益”。《公开发行证券的公司信息披露编报规则第 9 号——净资产收益率和每股收益的计算及披露(2010 年修订)》第五条规定,在基本每股收益的计算公式中,“S1 为报告期因公积金转增股本或股票股利分配等增加股份数”,其权数为 100%。

据此,虽然可以合理推断本案例中 2013 年内转增股本的资本公积基本来源于 2011 年 12 月 IPO 时的发行溢价,但是对于 IPO 之前的各年度(2010 年、2011 年),仍应按照会计准则和证监会信息披露规则的规定,按照现在资本公积转增后的口径调整当时的股份数,作为计算每股收益的基础,故 A 公司 2011 年每股收益=120 241 105.22 /(103 360 000.00+103 360 000.00)=0.58 元/股。这里的首要考虑是保证不同年度之间股份的可比性,确保为了计算每股收益之目的,不同年份的“1 股”是等价的。

问题 5-1-12 重大资产重组中备考报表的编制是否需要考虑资产重组过程中的融资架构

问题:

重大资产重组中备考报表的编制是否需要考虑资产重组过程中的融资架构?

背景:

某上市公司拟通过银行借款和部分自有资金的方式收购一家企业(构成非同一控制下的企业合并)。根据《公开发行证券的公司信息披露内容与格式准则第 26 号——上市公司重大资产重组申请文件》,需根据该准则的要求依据交易完成后的资产、业务架构编制上市公司最近一年的简要备考利润表、最近一年年末的简要备考资产负债表。问题是:备考报表是否需要考虑重组之后的融资架构?

解答:

我们理解,此处的“融资架构”是指支付并购价款的资金来源的相关安排,因此与本次合并事项是直接相关的。在分析备考报表是否需一并模拟该资产重组过程中的融资架构时,需要考虑的因素包括:拟采用的融资架构是否已在重大资产重组的预案中披露?与银行等资金提供方的相关协议(如并购贷款)是否已经正式签订?备考报表编制的基本假设中是否包含“在最早期间期初已支付协议约定的并购价款”的假设?

如果:①备考报表编制的基本假设中包含“在最早期间期初已支付协议约定的并购价款”的假设;②拟采用的融资架构已在重大资产重组预案中披露;③截至备考报表批准报出日已与银行等资金提供方就该项融资安排达成正式协议,则在备考报表中可以反映与并购事项直接相关的融资安排的影响,并在备考报表附注的“编制基础和基本假设”部分披露该等融资安排;否则,在备考报表中模拟该融资架构可能缺乏充分的依据,此时可以在编制基础中声明“本备考合并财务报表未考虑可能需借入的并购贷款等融资安排的影响”。

如果该项融资的目的与支付并购价款无关，属于与企业合并同时发生的、相对独立的非企业合并事项，则在编制备考报表时，是否需模拟与企业合并（资产注入）同时发生的融资等非企业合并事项，并无明确规定。但通常理解是不需要模拟此类与企业合并同时发生的非企业合并事项。这主要是因为备考报表的编制目的主要是用于显示假设拟实施的架构重组交易在最早期间期初即已完成，则对上市公司的财务状况、经营成果有何影响。但是，融资虽然可能与资产注入是同时发生的，但仍然属于相对独立的非企业合并事项，并不是架构重组的组成部分，如果单独发生此类融资交易，一般理解是无需编制备考财务报表的；并且事实上重组方在历史上也不存在这样一笔可支配的货币资金，将该笔目前融资的货币资金模拟到备考报表报告期期初，对备考报表使用者而言并无实质意义。

问题 5-1-13 矿山地质环境治理恢复相关预计负债和保证金的核算

问题：

矿山开采企业根据法律法规规定和采矿权出让合同约定承担环境治理恢复义务的，应如何确认和计量相关预计负债？该企业根据当地政府规定缴存的地质环境治理保证金应如何进行会计核算？

背景：

A公司系石膏矿开采企业，自1999年成立以来从未缴纳过“地质环境治理保证金”。根据××省财政厅××省国土资源厅“×财综[2005]81号”文件相关规定，A公司截至2014年年底应缴纳的环境治理保证金共计300万元。该文件同时规定，采矿权人履行矿山环境治理义务，经验收合格后，保证金本息返还采矿权人。

解答：

企业按照地方政府规定缴存“地质环境治理保证金”的依据是其依照法律法规规定和相关采矿权出让合同等约定，应承担地质环境的治理恢复义务。该项义务属于企业因从事矿山开采活动而承担的现时义务。因此，企业应当在矿山开采过程中逐年计提确认相应的预计负债，而将按规定缴存的保证金作为履行该义务的担保。该项预计负债的每年计提金额＝预计采矿权期满时为履行地质环境治理恢复义务所需支出的金额/年金终值系数。如果无法合理估计“预计采矿权期满时为履行地质环境治理恢复义务所需支出的金额”，也可以按照地方政府规定的保证金缴存金额标准计算，即在缴存保证金的同时等额确认预计负债。

即，每期末缴存保证金和计提地质环境治理恢复义务相关预计负债的分录分别如下：

借：长期应收款——地质环境治理恢复保证金

　　贷：银行存款

借:生产成本
　　贷:预计负债——地质环境治理恢复义务

(注:上述两个分录的金额可能不等)

上述长期应收款,如果当地政府和银行规定可以计息的,则每期期末可按适用的定期存款利率计息,确认利息收入,贷记"财务费用——利息收入"科目。上述预计负债,期末应按实际利率法,以摊余成本计量,确认利息支出,借记"财务费用——利息支出"科目,贷记"预计负债"科目,并在每年年末对该预计负债的金额进行复核,必要时进行会计估计变更。该项会计估计变更的会计处理可参考"问题 4-3-1(BOT 污水处理厂预计大维修费用变动的相关问题)"。

另外,对此处的预计负债是否可确认递延所得税资产的问题,请参阅"问题 2-3-3(矿山弃置费用是否确认递延所得税)"。

在期末资产负债表上,因为长期应收款是作为履行预计负债相关义务的担保,故参照《企业会计准则第 37 号——金融工具列报》中关于金融资产和金融负债抵销列报条件的规定,应分别列报为一项资产和一项负债,不能抵销后按净额列报。

如果企业未按规定缴存的保证金,则应在财务报表附注中披露截至本年度末应缴存而尚未缴存的该保证金的累计金额。如果根据当地政府规定和相关合同约定,企业欠缴、迟缴此类保证金可能面临罚款等处罚的,还应对可能发生的罚款等金额作出合理的估计和会计确认,并在财务报表附注中充分披露相关信息。保证金和迟缴罚款(如有)的相关会计处理不影响与环境治理恢复义务相关的预计负债的确认和计量。

问题 5-1-14　建筑施工企业总分包单位安全生产费的相关会计处理

问题:

建筑施工企业总分包单位何时计提安全生产费,如何进行账务处理?

背景:

A 公司主营业务为工程项目的设计、建筑工程、设备安装等业务。根据《企业安全生产费用提取和使用管理办法》(财企[2012]16 号)规定,施工企业应当提取安全生产费用。据此,A 公司在各工程的项目概算总成本中预计了安全生产费用,并根据各年度完工率反映在各年的营业成本中。

解答:

根据《企业安全生产费用提取和使用管理办法》(财企[2012]16 号)第七条规定,建设工程施工企业以建筑安装工程造价为计提依据,提取的安全费用列入工程造价。因此,我们理解,对此问题的处理可以采用两种做法:

方法 1:在建造合同开始履行时,即按照该合同约定的工程造价为依据计提全额的安全生产费,计入专项储备和工程施工(单列"提取安全生产费"明细科目反映),但已计提而尚未使用的专项储备在确定完工进度时不纳入考虑,已实际使用的安全生产费应计入实际发生的合同成本中。

方法2:不在账面上反映安全生产费的计提情况,仅根据实际使用或实际拨付给分包商的安全生产费计入已发生的合同成本,并相应体现在营业成本中。

方法1与方法2相比,对已发生合同成本、营业成本和完工进度的计量相同,不同点在于方法1将造成“存货——工程施工”与“专项储备”两者的同步增加,增加的金额等于已计提但尚未使用的安全生产费。这两种方法各有优缺点,方法1能够完整地在账内反映安全生产费的计提和使用情况,以及反映尚未使用的支出额度,但会导致资产和净资产的同步虚增;方法2的优缺点则与方法1相反。

从账务处理(确认和计量)的完整性角度,我们倾向于采用“方法1”在账内完整地体现出安全生产费的计提、使用情况,以及未用完的额度。但为了避免出现财务报表中资产和净资产同时虚增的结果,在编制资产负债表时,可以将“工程施工——提取安全生产费”和“专项储备”两个科目的余额抵销列报,即在财务报表列报方面体现“方法2”下的处理结果。

另外,根据财企[2012]16号文第七条,总包单位是计提安全生产费用的责任单位,分包单位需要使用安全生产费时,由总包单位向分包单位进行支付。因此,分包单位不应当再计提安全生产费。

在上述“方法1”下,根据上述规定,结合《企业会计准则第15号——建造合同》有关合同成本与合同收入确认的规定,在涉及总分包的情况下,双方应作账务处理如下:

1. 总包方:

(1) 按总包合同价款计提安全生产费时:

借:工程施工——提取安全生产费
　　贷:专项储备

该项“工程施工——提取安全生产费”科目的余额应按照完工进度逐步转入“工程施工——成本”科目。

(2) 将专项储备拨付给分包方时:

借:专项储备
　　贷:银行存款

总包方自行承担的工程量需自行动用专项储备的,一方面根据实际支出的专项储备金额借记“专项储备”科目,贷记“银行存款”等科目;另一方面按照相同金额借记“工程施工——成本”科目,贷记“工程施工——提取安全生产费”科目。

2. 分包方:

(1) 收到总包方拨付的安全生产费时:

借:银行存款
　　贷:专项储备

(2) 在实际使用专项储备时,分包方除了借记“专项储备”科目,贷记“银行存款”等科目以外,为了体现收入确认“总额法”的要求(如果专项储备是总额拨付、包干使用,则分包方承担了这一过程中的主要风险和报酬),还应根据实际使用的专项储备金额计入合同成本(借：工程施工——成本，贷：工程结算)，并在计算完工百分比和确认合同收入时将其纳入考虑。其中，如果按照累计已发生的合同成本占预计总成本的比例来确定完工进度，则相当于本期按实际发生的安全生产费支出借记“营业成本”，贷记“营业收入”。

问题 5-1-15　募集资金置换自有资金时涉及专项储备的处理

问题：

如下文背景资料所述，A公司用募集资金置换自有资金时涉及专项储备时如何处理？

背景：

A公司从事煤矿开采、发电等业务。2014年11月21日，A公司非公开发行股票申请获得了证监会核准，其中募集资金中的6.22亿元用于B煤矿扩能改造项目。B煤矿扩能改造项目于2014年2月取得发改委核准文件，实际取得核准前已进行施工并完成大部分工程，截至2014年12月31日，B煤矿扩能改造项目已基本完工。该项目支出中的部分项目使用了安全生产费、维简费等专项储备，并已经转入固定资产或费用化。非公开发行经证监会核准后尚未实施，截至2014年12月31日尚未募集到资金。A公司计划以该次非公开发行募集资金置换B煤矿扩能改造项目已经发生的投入资金，并将原使用的专项储备进行恢复。

解答：

本案例首先需要考虑将安全生产费和维简费等专项储备用于扩能改造工程项目，是否符合相关的资金管理规定？

1. 根据“财政部、国家安全生产监管总局关于印发《企业安全生产费用提取和使用管理办法》的通知”(财企[2012]16号)第十七条规定：

煤炭生产企业安全费用应当按照以下范围使用：

(一)煤与瓦斯突出及高瓦斯矿井落实“两个四位一体”综合防突措施支出，包括瓦斯区域预抽、保护层开采区域防突措施、开展突出区域和局部预测、实施局部补充防突措施、更新改造防突设备和设施、建立突出防治实验室等支出；

(二)煤矿安全生产改造和重大隐患治理支出，包括“一通三防”(通风，防瓦斯、防煤尘、防灭火)、防治水、供电、运输等系统设备改造和灾害治理工程，实施煤矿机械化改造，实施矿压(冲击地压)、热害、露天矿边坡治理、采空区治理等支出；

(三)完善煤矿井下监测监控、人员定位、紧急避险、压风自救、供水施救和通信联络安全避险“六大系统”支出，应急救援技术装备、设施配置和维护保养支出，事故逃生和紧急避难设施设备的配置和应急演练支出；

(四)开展重大危险源和事故隐患评估、监控和整改支出；

(五)安全生产检查、评价(不包括新建、改建、扩建项目安全评价)、咨询、标准化建设支出；

(六)配备和更新现场作业人员安全防护用品支出；

(七)安全生产宣传、教育、培训支出；

（八）安全生产适用新技术、新标准、新工艺、新装备的推广应用支出；

（九）安全设施及特种设备检测检验支出；

（十）其他与安全生产直接相关的支出。

2. 根据《关于规范煤矿维简费管理问题的若干规定》(财建[2004]119 号文附件)第五条的规定：

煤矿维简费，主要用于煤矿生产正常接续的开延深、技术改造等，以确保矿井持续稳定和安全生产，提高效率。具体使用范围是：

（一）矿井（露天）开拓延伸工程；

（二）矿井（露天）技术改造；

（三）煤矿固定资产更新、改造和固定资产零星购置；

（四）矿区生产补充勘探；

（五）综合利用和“三废”治理支出；

（六）大型煤矿一次折迁民房 50 户以上的费用和中小煤矿采动范围的搬迁赔偿；

（七）矿井新技术的推广；

（八）小型矿井的改造联合工程。

A 公司需要核对使用专项储备用于“B 煤矿扩能改造项目”是否符合对安全生产费和维简费用途的规定。如果不符合规定的，应当按会计差错处理，将已减少的专项储备余额予以转回。

如果将安全生产费、维简费用于“B 煤矿扩能改造项目”是符合规定的，则对于由此形成的固定资产，应按《企业会计准则解释第 3 号》第三条规定处理，即：企业使用提取的安全生产费、维简费等专项储备形成固定资产的，应当通过“在建工程”科目归集所发生的支出，待安全项目完工达到预定可使用状态时确认为固定资产；同时，按照形成固定资产的成本冲减专项储备，并确认相同金额的累计折旧。该固定资产在以后期间不再计提折旧。

专项储备是从成本、费用中提取，用于未来特定用途支出的资金额度，但并无特定的资产与其对应。因此，使用募集资金置换先期投入的自有资金时，只需将相应金额的募集资金从募集资金银行存款专户转出，转入基本户或一般户即可，无需其他账务处理，也不应转回已使用的专项储备。原先已经按规定在达到预定可使用状态时一次性提足折旧的固定资产已计提的折旧也不应转回。

第二节　现金流量表的相关问题

问题 5-2-1　IFRS 下，支付资本化利息的现金流出在现金流量表中的列报问题：

在 IFRS 下，《国际会计准则第 7 号——现金流量表》中第 32 段指出：“某期的已付利息总额，无论是在损益中作为费用确认，还是按照《国际会计准则第23号——借款费用》予以资本化，都应当在现金流量表中披露”。那么，公司是否应当在现金流量表中将报告期间的已付利息总额作为一个单独的项目予以列报？

解答：

在IFRS下，对于与支付资本化利息相关的现金流出的列报，可以选择以下两种方法之一：①作为“支付的利息”的一部分计入筹资活动(或经营活动)的现金流量；②在“投资活动现金流量”大类下单设“支付的资本化利息”项目予以列报。

上述方法①即在现金流量表正表中将已付利息总额作为一个单独的项目予以列报。方法②下的现金流量表正表中没有“支付的利息总额”项目，如采用方法②，则同时应在现金流量表的正表或注释中披露报告期内所支付的利息总额(资本化利息和费用化利息的支付金额的合计数)。

结论基础：

IAS 7 第 32 段中并没有明确规定公司是否应当在现金流量表中将报告期间的已付利息总额作为一个单独的项目予以列报。因此，只要可以从现金流量表所提供的信息中明确识别出已付利息总额，就可以满足 IAS7 第 32 段的要求。因此在IFRS下的现金流量表中，对于资本化利息的列报方式存在会计政策选择，即既可以列入“支付的利息”也可以列入“购建固定资产支付的现金”，但一旦选定其中一种列报方式，即应保持一贯应用，不得随意变更。另外，如果选择将资本化利息列入“购建固定资产支付的现金”，则还应在现金流量表的正表或注释中单独披露本期支付的利息总额。

还可以参考 US GAAP ASC 230-10-45-13 中的表述：“以下各项都属于投资活动现金流量：……(3)购买时或购买前后一段较短期间内为取得固定资产及其他生产性资产而发生的支出(包括计入资产成本的资本化利息)。一般而言，只有预付款、首付款或其他在购买时或购买前后一段较短期间内为取得固定资产及其他生产性资产而发生的支出是投资活动现金流出。但是，导致对出售方直接承担负债的业务属于融资交易……因而后续偿还该项负债本金的相关现金流出应计入融资活动现金流出。”

问题 5-2-2 银行承兑汇票保证金的列示

问题：

A公司为了在银行开立承兑汇票，在银行存放50%的承兑保证金3 000万元，期限为一年。该保证金是否属于现金及现金等价物？如果不属于现金及现金等价物，则现金流量表的现金及现金等价物金额与报表中货币资金项目无勾稽关系？在现金流量表中如何列示？

解答：

1. 不能随时用于支付的存款不属于现金，而承兑汇票保证金是指企业向开户行申请办理银行承兑汇票业务时，作为银行承兑汇票出票人按照自己在开户行(承兑行)信用等级的不同所需缴纳的保证银行承兑汇票到期承付的资金，属于向银行借款的质押物，与其余借款质押的银行存款一样，无论保证金的时间期限，都不能随时用于支付，不属于现金的范畴。

现金等价物是指企业持有的期限短、流动性强、易于转换为已知金额现金、价值变动风险很小的投资。现金等价物虽然不是现金，但其支付能力与现金的差别不大，可视为现金。承兑汇票保证金在票据到期日前处于冻结状态，不能随时支取用于满足支付用途。因此，即使对于期限在 3 个月内的银行承兑汇票保证金，也不能在现金流量表中作为"现金"或 "现金等价物"。本案例中所述承兑汇票保证金不属于"现金"或"现金等价物"的范畴。

2. 承兑汇票的保证金在现金流量表上的列报，应区分以下两种情况分别处理：

(1) 票据到期后直接从保证金支付票据款的，则直接按照开具票据的用途，将其归入相应的现金流量项目，例如"购买商品、接受劳务支付的现金"或者"购建固定资产、无形资产和其他长期资产支付的现金"。

(2) 票据到期后，原保证金解冻退回，以其他来源的资金支付票据款的，则票据保证金被冻结时，作为"支付的其他与筹资活动有关的现金"，解冻时作为"收到的其他与筹资活动有关的现金"。

3. 现金流量表的现金与现金等价物不一定与资产负债表中货币资金项目存在完全一致的勾稽关系。

资产负债表中的货币资金分为库存现金、银行存款、其他货币资金等。"其他货币资金"项目包括企业存放在银行和其他金融机构的外埠存款、银行汇票存款、银行本票存款、信用卡存款、信用证保证金存款、履约保证金存款和存出投资款等项目。

现金流量表中的现金指企业库存现金及可以随时用于支付的银行存款，现金等价物是指企业持有的期限短、流动性强、易于转换为已知金额现金、价值变动风险很小的投资。而反映在资产负债表中的没有预先通知不能随时支取的银行定期存款、保证金、企业信用证存款等款项，则属于受限制的资金，企业不能随时用于支付，在现金流量表的"现金"和"现金等价物"中不包括此类款项。

本案例属于资产负债表中货币资金项目的金额大于现金流量表中现金及现金等价物项目的金额，原因为资产负债表中货币资金包含着现金流量表中不包括的承兑汇票保证金金额。

第三节 关联方关系及其交易认定与披露的相关问题

问题 5-3-1 涉及租金分享安排的关联方关系判断

问题：

如下文背景资料所述，B商场是否应该将C公司作为关联方披露？

背景：

A公司系以经营管理装饰城为主业的公司。经营模式为租入出租人物业，运用“A公司”的商业品牌打造商城并招商，收入来源为转租收入和管理费等。

A公司各商城除B商场外，均以全资子公司的名义经营。B商场系A公司和C公司共同出资设立，注册资本50万元，其中A公司出资51%，C公司出资49%。B商场的税后利润占A公司合并利润的1/3，属于重要的子公司。B商场租赁C公司房产转租经营，C公司根据B商场转租收入扣除运营成本后的70%计算租金收入，B商场将其作为租金支出计入成本，C公司与A公司达成协议，不参与B商场税后利润的收益分配，主要为了了解商场的经营情况，为计算租赁收入提供充分的依据。

解答：

首先，对于B商场来说，是否将C公司作为关联方披露，取决于C公司是否对B商场具有重大影响。通常来说，C公司持有B商场49%的股权，应对其有重大影响，但根据背景资料所述，C公司入股B商场主要是为了“了解商场的经营情况，为计算租赁收入提供充分的依据”，且“C公司根据商场转租收入扣除运营成本后的70%计算租金收入”但“不参与商场税后利润的收益分配”，即C公司的入股主要是一项租赁收益分享安排(A公司和C公司按3∶7的比例分享该物业的对外出租净收益)，此时双方对B商场股权结构的约定不具有实质意义。根据不同情况，C公司对B商场可能具有控制、共同控制或重大影响，也可能都不具备。我们应根据投资协议、公司章程等文件具体分析，获取充分证据，以判断C公司对B商场的关系是否符合《企业会计准则第33号——合并财务报表》(2014年修订)、《企业会计准则第40号——合营安排》和《企业会计准则第2号——长期股权投资》(2014年修订)对“控制”、“共同控制”或“重大影响”的定义。我们理解可能存在(但不限于)以下情形：

1. 如果B商场的唯一业务就是转租该项从C公司租入的物业，其他期间费用很少，则A公司与C公司事实上是在按3∶7分享该物业的对外出租净收益，且C公司得到其中大头。在此情况下，应对照《企业会计准则第33号——合并财务报表》(2014年修订)及其应用指南中对“权力与回报的关系”的相关指引，判断A公司是否实质上构成C公司的代理人。如果该代理关系成立，则B公司事实上是C公司的子公司(而不是A公司的子公司)。需考虑的因素有(但不限于)：A公司在租户选择、租金谈判和租约签订方面的自主权大小；C公司是否有权随时撤销其与B商场之间的租约而收回该物业；等等。

2. 如果认为A公司不是C公司就该物业对外出租事宜的代理人，且该物业的对外出租事宜由A公司负责决策，但股东协议中约定C公司拥有参与决策的权力(非否决权)，则C公司对B商场具有重大影响。

3. 如果认为A公司不是C公司就该物业对外出租事宜的代理人，且该物业的对外出租事宜由A公司全权处理，股东协议中约定C公司不能干预A公司对该物业出租的自主经营权,C 公司仅有知情权和监督权等保护性权利,则 C 公司对 B 商场不具有控制、共同控制或重大影响。

在判断 A 公司对 B 商场具有控制权的前提下,如果 C 公司对 B 商场不具有重大影响,则无论是 B 商场单户报表还是 A 公司合并报表都不将 C 公司作为关联方披露。如果 C 公司对 B 商场具有重大影响,则无论 B 商场单户报表还是 A 公司合并报表都应当将 C 公司作为关联方披露,但在 A 公司合并报表层面的关联方交易,应只披露 C 公司与其可施加重大影响的合并报表内组成部分(B 商场)之间的交易和往来余额,不含与集团内其无法实施重大影响的其他组成部分之间的交易和往来余额。具体可参考《计学撮要 2013》第 512 页“问题 5-3-3 合并报表中对重要子公司的少数股东、关键管理人员等特定关联方关系和交易的认定和披露”。

问题 5-3-2 对本企业具有重大影响的投资者的母公司及其控制的所有公司是否均为本企业的关联方

问题:

对本企业具有重大影响的投资者的母公司及其控制的所有公司是否均为本企业的关联方?

背景:

甲公司持有乙公司 25%股权且对其有重大影响,甲公司之母公司及其控制的所有公司是否均为乙公司的关联方?

解答:

在明确甲公司属于乙公司关联方的前提下,甲公司所属集团(指基于控制关系而由母公司及其所控制的所有子公司所构成的经济实体,下同)内的所有公司(即甲公司之母公司及其控制的所有公司)均应认定为乙公司的关联方。

结论基础:

2009 年 11 月,IASB 修订了《国际会计准则第 24 号——关联方披露》,其中第 9 段对关联方的范围进行了重新界定,其原文为(节选):

An entity is related to a reporting entity if any of the following conditions applies:

(i) The entity and the reporting entity are members of the same group (which means that each parent, subsidiary and fellow subsidiary is related to the others).

(ii) One entity is an associate or joint venture of the other entity (or an associate or joint venture of a member of a group of which the other entity is a member).

(iii) Both entities are joint ventures of the same third party.

(iv) One entity is a joint venture of a third entity and the other entity is an associate of the third entity.

(v) The entity is a post-employment benefit plan for the benefit of employees of either the reporting entity or an entity related to the reporting entity. If the reporting entity is itself such a plan, the sponsoring employers are also related to the reporting entity.

(vi) The entity is controlled or jointly controlled by a person identified in (a).

(vii) A person identified in (a)(i) has significant influence over the entity or is a member of the key management personnel of the entity (or of a parent of the entity).

从上述(ii)中可知,当某一主体是另一主体的联营企业或合营企业,或另一主体所在企业集团内任何成员企业的联营企业或合营企业时,这两个主体之间即存在关联方关系。这样规定的逻辑基础是:"控制"和"共同控制"可以逐层向下传递,因此在判断关联方关系是否存在时,应当将某一主体与其所在企业集团内的其他成员企业作为一个整体看待。需要注意的是:"重大影响"仅可存在于存在直接投资关系的双方之间,不能再向下传递,因此可能存在"间接控制"和"间接共同控制",但不能存在"间接重大影响"。

例如,假设甲公司之母公司有一个子公司 A,因为乙公司是甲公司的联营企业(因持有乙公司 20%以上股权而对乙公司具有重大影响),而甲公司与 A 同属于一个合并集团,因此乙公司与 A 之间也存在关联方关系。虽然 A 公司不能直接控制甲公司,但因为 A 公司与甲公司同受一个集团控制,这两家企业在财务和经营决策方面总是会保持一致的步调,因而应作为一个整体看待。

根据 IAS 24 的最新修订,《企业会计准则讲解》(2010)第三十七章"关联方披露"也做了相应修订。虽然其中没有直接指明此类情况属于关联方,但是其中所遵循的"控制和共同控制的逐层向下传递"、"重大影响不能逐层向下传递"、"同受一方重大影响的两方之间不构成关联方"等原则,在中国企业会计准则下也同样适用,因此我们建议借鉴 IAS 24 第 9 段的上述规定,将甲公司之母公司控制的所有公司均界定为乙公司的关联方。

问题 5-3-3 关联方交易是否具有商业实质、是否应认定为权益性交易的判断

问题:

在实务操作中,判断关联方交易是否具有商业实质,是否应认定为权益性交易,需要注意哪些方面?

背景:

B 公司是上市公司 A 公司的控股股东。C 公司是 B 公司与某外资企业合资设立的工业气体公司,其中 B 公司持股比例 47%,外资持股比例 53%并具有实质控制权和进行管理。C 公司生产的工业气体主要供 A 公司生产炼钢,A 公司是 C 公司生产的工业气体的主要使用方。

C公司生产的工业气体并不是直接销售给使用方A公司。工业气体的交易流程如下:第一步,C公司生产的工业气体先销售给B公司,B公司与C公司签订有气体最低使用量的管道产品供应合同。第二步,B公司将购自C公司的工业气体通过自己的管道进行加压等简单处理后销售给A公司,A公司与B公司签订有气体供应协议,但未有最低使用量的要求。

2008年金融危机以来,A公司产品市场需求下降,对工业气体的需求量相应下降,因此,A公司向B公司采购的气体量减少。相应地,B公司采购C公司的工业气体的采购量自然下降,未达到B公司与C公司合同约定的最低使用量的要求。按照B公司与C公司签订的管道产品供应合同中的约定,B公司需就未达到最低使用量的部分向C公司支付最低使用量费用。

2007年7月7日,B公司与C公司的外方股东就C公司的第四期项目签署了投资建设48 000 Nm^3 /h空分装置的意向书,C公司为此进行了工程设计、设备订购等前期工作,后来由于气体用量没有预期的提高,第四期项目取消。2013年6月,B公司与C公司就一直以来未解决的最低使用量费用与第四期项目取消补偿达成协议,约定由B公司支付C公司最低使用量费用4 000万元和第四期项目取消补偿1 400万元,共计5 400万元。B公司已于2013年7月将上述款项支付给C公司,C公司也将于2013年12月31日前向B公司开具发票。

2011年9月,A公司为满足公司发展规划需求,开始自行建造35 000 Nm^3 /h空分装置,截至2013年已具备运行条件。受钢铁市场持续低位运行及A公司规划调整的影响,工业气体用量未达到原空分装置设计时的规模,导致开机运行时气体富余造成放散,公司气体成本增加。为提高资产运营效率,降低用氧成本,提高经营效益,将该装置转让给C公司;C公司收购后与其现有的一、二、三期空分装置统一运营,可利用四套装置进行组合开停,减少氧气放散,有效降低成本。A、C双方从综合经济效益及设备运行可靠性等因素考虑,双方签订资产转让协议,A公司向C公司出售该空分装置,约定出售总价为人民币34 405万元,预计转让净收益5 366万元。该关联交易事项经A公司临时股东大会决议通过,截至2013年11月底已收到C公司转让款项2亿元。

问题是:根据上述背景资料介绍,B公司支付给C公司的最低使用费以及第四期项目取消赔偿应如何进行会计处理?A公司向C公司转让资产所取得的收益如何确认?

解答:

本案例需要考虑2013年A公司向C公司出售空分装置的售价与2013年6月B公司根据协议支付给C公司的补偿款之间是否有关联[参照《企业会计准则解释第5号》第五条和《企业会计准则第33号——合并财务报表》(2014年修订)第五十一条所给出的判断“一揽子交易”的参考标准],是否存在母公司B公司通过C公司向子公司A公司输送利益的情况。

如果A公司向C公司出售空分装置的定价为依据评估值确定的公允价值,在没有证据表明B公司支付给C公司的补偿款与A公司的出售价格有关联的情况下,可分别作为独立交易处理。即,A 公司确认固定资产处置收益,B 公司将采购补差款 4 000 万元计入当期费用,将第四期装置取消补偿 1 400 万元计入营业外支出。否则,A 公司出售价款中超出公允价值部分应作为权益性交易处理。

但是,值得关注的问题是:

(1) 本案例中"C 公司生产的工业气体主要供 A 公司生产炼钢,A 公司是 C 公司生产的工业气体的主要使用方",即 B 公司支付给 C 公司的最低使用量费用 4 000 万元和第四期项目取消补偿 1 400 万元,以及 A 公司转让给 C 公司的空分装置,其实都是针对 A 公司的生产需求的。在此情况下,由于 A 公司自身开工不足导致对工业气体需求量不足,2011 年内 A 公司自建并于 2013 年具备运行条件的空分装置存在减值迹象,应按照《企业会计准则第 8 号——资产减值》的规定对其进行减值测试。也就是说,虽然此次 A 公司出售给 C 公司空分装置的交易定价有评估报告作为支持,但仍需关注其评估方法和评估结果的合理性,例如此处的评估价值 34 405 万元是否为按照成本法(资产基础法)的评估结果,如果是,则 A 公司需要聘请评估机构采用收益法对其进行重新评估,确定是否发生减值。根据本案例的具体情况,收益法评估结果可以更合理地代表该资产的公允价值。

(2) 需要确定 B 公司支付给 C 公司的最低使用量费用 4 000 万元和第四期项目取消补偿 1 400 万元这两笔金额的确定依据,例如"最低使用量费用"是否为按照 C 公司生产装置在最低使用量下运行时所不可避免的固定成本确定的,与原先合同约定的补偿款金额是否一致;"第四期项目取消补偿"是否系根据 C 公司在第四期项目已发生的前期投入金额确定的。要关注是否存在这样的可能性:B 公司通过向 C 公司支付较高的补偿款,换取 C 公司同意按较高的价格收购 A 公司的空分装置。

根据上文背景资料分析,自 2008 年起,B 公司向 C 公司的采购量就未达到最低采购量,根据管道产品供应合同中的约定,就应该就当年未达标的采购量支付采购补差款,在以前年度 B 公司应该针对此采购补偿款确认负债,计入当期采购费用,而不是在 2013 年达成最终协议时才计入 2013 年的采购成本(实际上应该是把补差 4 000 万元予以费用化,而不是计入采购成本)。同样,如果 2008 年 C 公司相关建设项目就已经取消,B 公司当时就可能需要对 C 公司进行补偿,因此需要对照《企业会计准则第 13 号——或有事项》对预计负债确认条件的规定,考虑在 2013 年前期是否符合将此补偿款确认为"预计负债"的条件。

第四节 非经常性损益认定的相关问题

问题 5-4-1 自产产品"先租后售"情况下的销售利润能否不认定为非经常

性损益

问题：

自产产品“先租后售”情况下的销售利润能否不认定为非经常性损益？

背景：

A公司生产的ATM机分为两种销售模式：第一种为直接生产销售ATM机，第二种为与银行签订运营服务的协议，公司拥有ATM的所有权，银行收取客户的手续费按一定比例分给A公司，A公司作为固定资产列报此类ATM机，如果后续有出售机会，再将该部分ATM机进行销售。

解答：

本案例主要考虑以下问题：

首先，A公司应对其“先租后售”业务模式有明确的定义，制定相应的管理制度，对此类业务的操作和审批流程、期末对资产状态和交易状态的定期复核、出售交易的发起和租、售的定价原则等问题作出明确规定，并严格执行。

其次，在明确定义此类业务模式的基础上，对照《企业会计准则第21号——租赁》的规定，判断出租的ATM机所构成的是经营租赁还是融资租赁交易，以及“租”和“售”这两个交易环节是否构成“一揽子交易”。

如果经判断认为构成融资租赁交易的，则由于租赁标的物是A公司的自产产品，故在租赁期开始日即可根据ATM机的公允价值(同类产品在直接销售模式下的对外销售价格)确认销售收入并结转成本(参考《国际会计准则第17号——租赁》第42～46段，见后面附录)，相应地此时的销售利润可确认为经常性损益。如果“租”和“售”这两个交易环节构成“一揽子交易”的，则也可以基本确定此时的“租”构成融资租赁，按照本段所述的同一原则处理。

如果经判断认为构成经营租赁交易的，则应当根据“非经常性损益”的定义，根据以往的历史经验，分析“先租后售”模式下最终实现销售的比例、销售业务发生的频率和规模、该模式下的销售利润(销售价款与销售时ATM机账面价值之间的差额)对合并报表整体归属母公司股东的净利润的贡献程度等因素，综合分析判断此处的销售环节净损益是否符合不认定为“非经常性损益”的条件。如果“先租后售”模式下ATM机销售产生的净损益并不是偶发性的，且事实上该业务模式是公司销售自产ATM机的重要业务模式，有证据表明在未来将成为公司净利润的稳定来源的，则也可以不认定为非经常性损益(但在利润表中仍列报为“营业外收入”)，但应当在财务报表附注中充分披露该认定的原因。

可参考：《计学撮要2011》第121～122页[例1]对投资性房地产处置损益是否可不认定为非经常性损益的讨论。

附录：

《国际会计准则第17号——租赁》第42～46段：

英文原文：

42. Manufacturer or dealer lessors shall recognise selling profit or loss in the period, in accordance with the policy followed by the entity for outright

sales. If artificially low rates of interest are quoted, selling profit shall be restricted to that which would apply if a market rate of interest were charged. Costs incurredby manufacturer or dealer lessors in connection with negotiating and arranging a lease shall be recognised as an expense when the selling profit is recognised.

43. Manufacturers or dealers often offer to customers the choice of either buying or leasing an asset. A finance lease of an asset by a manufacturer or dealer lessor gives rise to two types of income:

(a) profit or loss equivalent to the profit or loss resulting from an outright sale of the asset being leased, at normal selling prices, reflecting any applicable volume or trade discounts; and

(b) finance income over the lease term.

44. The sales revenue recognised at the commencement of the lease term by a manufacturer or dealer lessor is the fair value of the asset, or, if lower, the present value of the minimum lease payments accruing to the lessor, computed at a market rate of interest. The cost of sale recognised at the commencement of the lease term is the cost, or carrying amount if different, of the leased property less the present value of the unguaranteed residual value. The difference between the sales revenue and the cost of sale is the selling profit, which is recognised in accordance with the entity's policy for outright sales.

45. Manufacturer or dealer lessors sometimes quote artificially low rates of interest in order to attract customers. The use of such a rate would result in an excessive portion of the total income from the transaction being recognised at the time of sale. If artificially low rates of interest are quoted, selling profit is restricted to that which would apply if a market rate of interest were charged.

46. Costs incurred by a manufacturer or dealer lessor in connection with negotiating and arranging a finance lease are recognised as an expense at the commencement of the lease term because they are mainly related to earning the manufacturer's or dealer's selling profit.

中文翻译:

42. 制造商或经销商出租人应按照企业在立即销售时所遵循的政策,将销售利润或亏损计入当期收益。如人为地用低利率报价,则销售利润应限于采用商业利率时所能得到的利润。初始直接费用应于租赁开始时确认为收益表中的一项费用。

43. 制造商或经销商常常向顾客提供购买或者租赁一项资产的选择权。制造商或经销商出租人出租的融资租赁资产,会产生两种收益:

(1) 以正常售价立即销售用于出租的资产所形成的利润或亏损(已扣除所有适用的数量折扣或商业折扣);

(2) 租赁期间的财务收益。

44. 制造商或经销商出租人在融资租赁期开始时记录的销售收入，应为该资产的公允价值；如出租人应收的最低租赁付款额按商业利率计算得出的现值比该资产公允价值小，则记录的销售收入应为该现值。在租赁期开始时确认的销售成本，等于租赁资产的成本（如成本不同于账面金额时，则为账面金额）减去未经担保残值的现值后的余额。销售收入与销售成本的差额为销售利润，这部分利润应按企业遵循的销售政策予以确认。

45. 为了吸引顾客，制造商或经销商出租人有时会人为地用低利率来报价。使用这种低利率的结果，是使在销售时确认从该交易形成的收益总额中包含了超出部分。如人为地引用低利率，销售利润应限于采用商业利率时所能得到的利润。

46. 初始直接费用通常在租赁期开始时确认为费用，因为它们主要与制造商或经销商赚取的销售利润有关。

问题 5-4-2　一定年限内可以持续获得的政府补助能否作为经常性损益

问题：

一定年限内可以持续获得的政府补助能否作为经常性损益？

背景：

根据2011年10月国土资源部、财政部、地方政府签订的“关于建设矿产资源综合利用示范基地合作协议”，A公司预期2011年至2015年能持续得到项目补助资金，如铜坑低品位锌多金属矿资源综合利用工程（铜坑）、地表低品位氧化矿、100号矿体无序空区残留破碎矿柱群安全开采工程（高峰）等，其中部分项目补助是与收益相关的，该部分是否为经常性损益。

解答：

本案例中所述的政府补助尽管可以在一定年限内持续获取，但仍应作为非经常性损益。主要考虑是：

1. 在实际操作中，可以认可不作为非经常性损益的政府补助应同时满足以下条件：

(1) 属于与正常经营业务密切相关的、与收益相关的政府补助。与资产相关的政府补助或者与正常经营业务并非密切相关的与收益相关的政府补助均不能作为经常性损益。

(2) 该正常经营业务属于以下两种情况之一：①属于关系国计民生的重要基础性行业（如基本生活必需品），政府对其实施限价，导致政策性亏损的；②属于国家产业政策重点扶持的具有战略意义的新兴行业（如新能源、环保、信息产业等），需利用财政、税务方面的优惠政策鼓励和扶持其发展的。

(3) 该补助金额的计算方法是：根据本企业销售商品或提供劳务的数量以及有关文件规定的单位定额标准计算，或依据事先确定的比例计算。

(4) 该补贴将在可预见的未来长期有效，成为企业业务模式的内在组成部分，在可预见的未来成为企业收益的稳定的、可预期的来源，为财务报表使用者预测企业的未来盈利能力提供依据。

本案例中的补贴并不符合上述条件。

2. 根据“背景”部分所述情况，A 公司预计 2015 年可继续获得该项补贴，但 2016 年之后能否持续获取存在不确定性，因而不能在可预见的未来成为企业收益的稳定来源。